幕末オランダ留学生の研究

宮永 孝

日本経済評論社

幕府オランダ留学生

後列右より 津田真一郎 布施鉉吉郎(?) 榎本釜次郎 林研海 伊東方成

前列右より 西周助 赤松大三郎 肥田浜五郎 沢太郎左衛門

(林家蔵)

後列右より 布施鉉吉郎 榎本釜次郎 中島兼吉 肥田浜五郎

前列右より 飯田心平 田口俊平

(慶応義塾大学図書館蔵)

沢太郎左衛門
(三崎ユキ氏提供)

若き日の榎本釜次郎
(三崎ユキ氏提供)

内田恒次郎
(勝山光郎氏提供)

古川庄八（三崎ユキ氏提供）

田口俊平

若き日の赤松大三郎

中島兼吉
（渡蘭後撮影したもの）

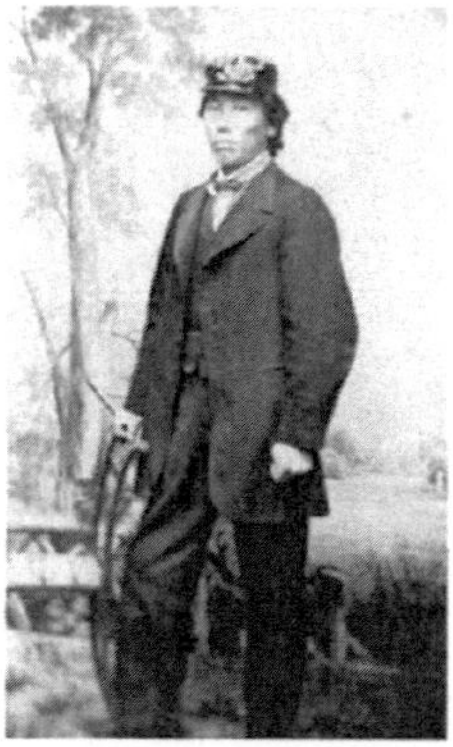

中島兼吉（声楽家の故
中島兼子の祖父）

山下岩吉（三崎ユキ氏提供）

大川喜太郎

上田虎吉

維新後の大野弥三郎
（三崎ユキ氏提供）

西　周助

西　周助
（三崎ユキ氏提供）

津田真一郎
（三崎ユキ氏提供）

晩年の沢太郎左衛門
（沢松野氏提供）

林　研海
（東大史料編纂所蔵）

オランダ留学中の
伊東方成

松本銈太郎

赤松大三郎（左）と原田吾
一（慶応義塾大学図書館
蔵）

原田吾一
（東大史料編纂所蔵）

留学生と関わりをもった人々

J.J.ホフマン
（ライデン大学提供）

ドンケル・クルティウス
（元出島の商館長）

フィデリック・カイザー教授（ライデン大学提供）

フィッセリング教授
（ライデン大学提供）

日本人留学生が会ったライデン市長ジーヘンベーク

内田恒次郎が会ったアルバム製造業者F.W.リンク

ポンペ
（慶応義塾大学図書館蔵）

ホイヘンス
（オランダ国防省提供）

ディノー艦長

シーボルトの長男アレキサンダー
（ライデンの古文書館蔵）

ペルス・ライケン
（オランダ国防省提供）

中島兼吉とオランダ女性（中島兼子氏提供）

初代アルフレート・クルップ［1812-1887］（慶応義塾大学図書館蔵）

中島兼吉の娘マリー・フローリック
［1864－1926？］（ヤン・フライス氏提供）

オランダ到着まで

バタビアの「インド・ホテル」内の大食堂

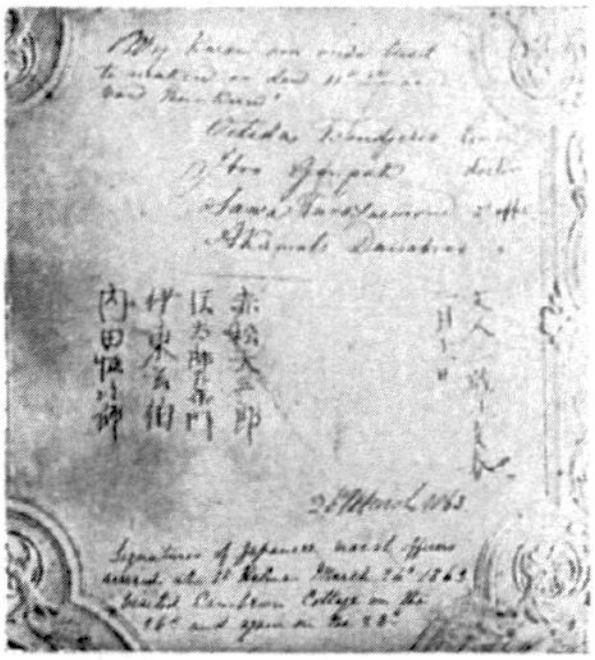

セント・ヘレナにおける日本人留学生らの署名（慶応義塾大学図書館蔵）

バタビアのハルモニー・クラブ（1860年代の写真）

フォールンセ運河
テルナーテ号はここを通ってロッテルダムへ向かった（筆者撮影）

ライデン市ブレーストラート
（当時の銅版画より）

1860年代のロッテルダム港
（当時の銅版画より）

留学生の下宿他

山下・古川の下宿——中央の家（ライデン）

西の二度目の下宿（ライデン）

赤松の下宿（アムステルダム）

中島の下宿——右より三軒目（ライデン

大野の下宿（アムステルダム）

赤松・上田・古川・山下の下宿（ドルトレヒト）

フィッセリング教授の家（筆者撮影）

赤松・上田・山下らの下宿（ドルトレヒト）

開陽丸建造中のヒップス造船所（シモン・ファン・ハイン博物館提供）

建造中の開陽丸（ドルトレヒトの古文書館提供）

開陽丸（シモン・ファン・ハイン博物館提供）

ヒップス・エン・ゾーネン造船所で建設中の日進
（ドルトレヒトの古文書館提供）

オランダ商事会社からヒップス造船所に
贈られた銀製のカップ（シモン・ファン・
ハイン博物館提供）

ライデン大学の天文台——1858年〜61年にかけて造られた（当時の銅版画より）

ブラーウェルスハーフェンの町——正面の立像は詩人カッツ（筆者撮影）

19世紀のライデン市のブレーストラート

ホフマン博士宅前（当時の銅版画より）

ライデンの王立オランダ鉄工所
（中島の修業地，現存しない）

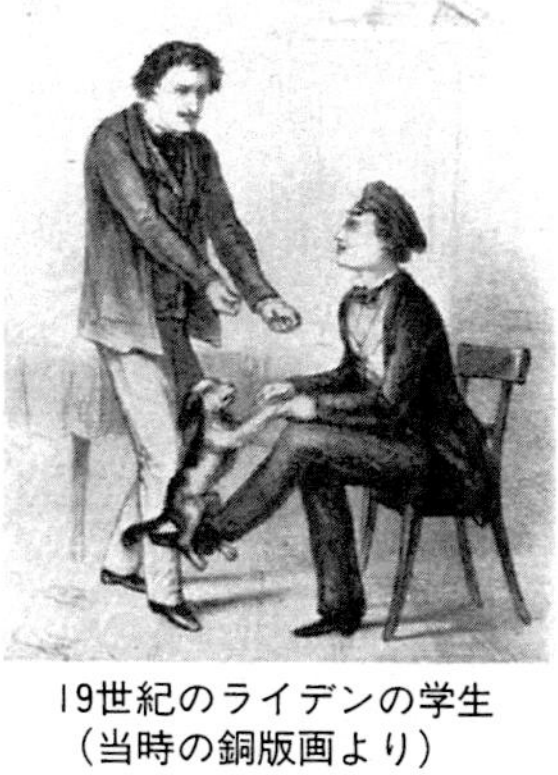

19世紀のライデンの学生
（当時の銅版画より）

ライデンの航海学校（当時の銅版画より）

伊東と林が学んだデン・ヘルダーの海軍病院（オランダ国防省提供）

19世紀のライデンの駅

1860年代のアムステルダム
正面はダム広場，うしろの四辺形の建物が王宮
（アムステルダムの古文書館蔵）

ケイゼルス・クローンの銅版［レンブラトのエッチングより］
（アムステルダムの古文書館蔵）

ベルヴュー・ホテル前（当時の銅版画より，ハーグ古文書館蔵）

1870年代のハーグ
（当時の銅板画より）

1870年代のスヘベニンゲンの海岸
（当時の銅版画より）

沢が訪れたハーレムのセント・
バーボ教会（筆者撮影）

ニューウェ・ディープの軍港
（1860年代の銅版画より）

現在のスヘベニンゲンの海岸（筆者撮影）

パリ万博会場
日の丸の旗が見える
（『ル・モンド・イリュスト
トレ』より）

パリ万博会場での日本人芸人
（『ル・モンド・イリュスト
トレ』より）

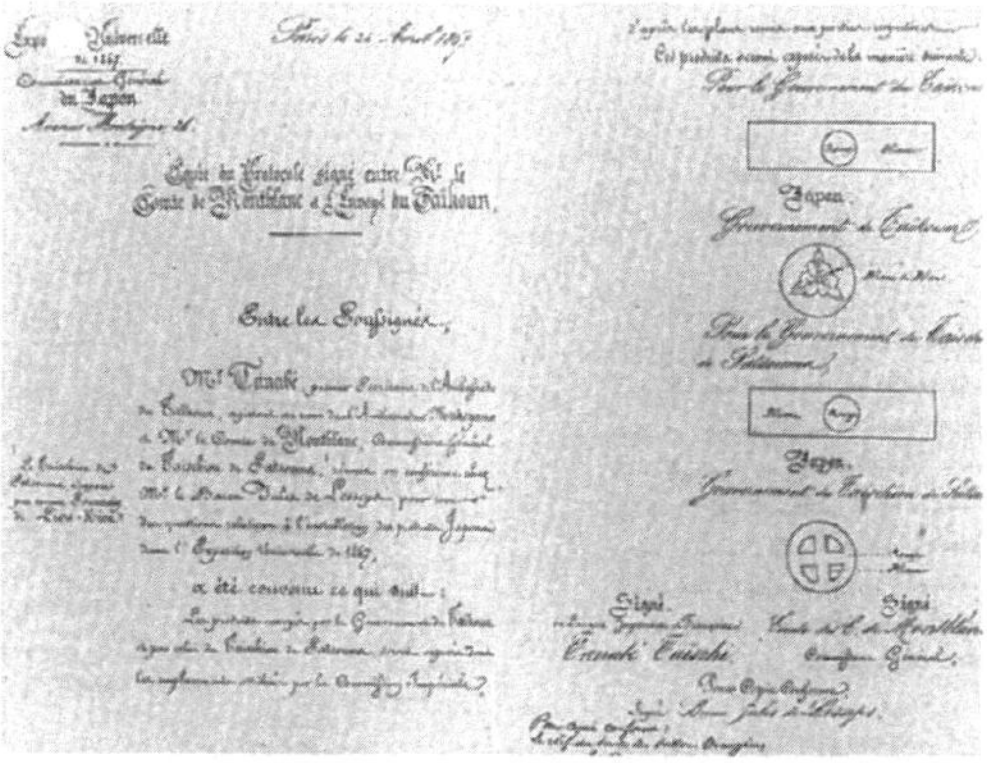

パリ万国博覧会のとき幕府と薩摩藩とが交わした議定書（フランス外務省蔵）

徳川昭武一行が泊ったパリのグラントテル内の大食堂

ベルギーのアントウェルペン（アントワープ）

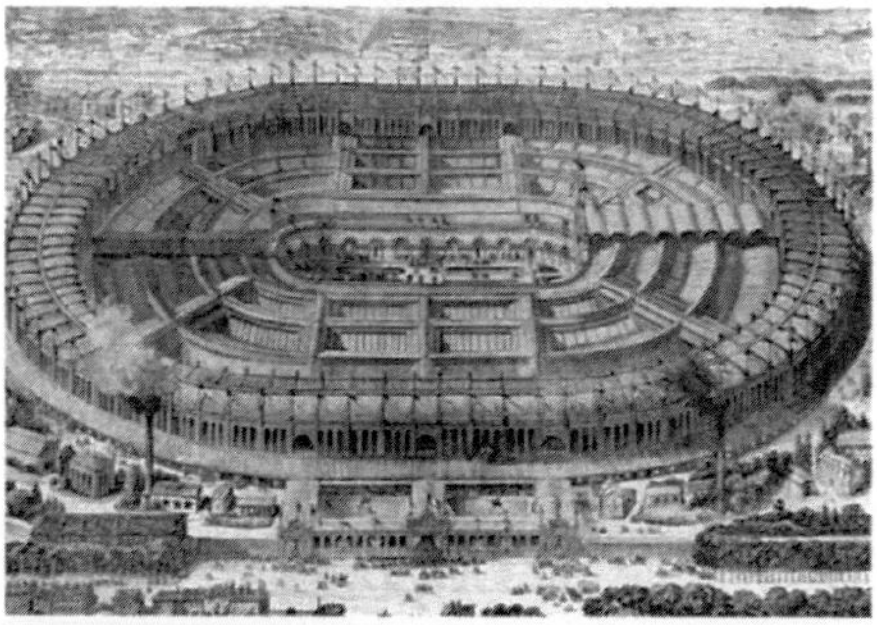

パリの万国博覧会場（『ル・モンド・イリュストレ』より）

アムステルダムのドーレン・ホテル
（アムステルダムの古文書館蔵）

正面の建物――徳川昭武の旅宿
（ペルゴレーズ街53番地）

留学生の名刺他

大川喜太郎の名刺

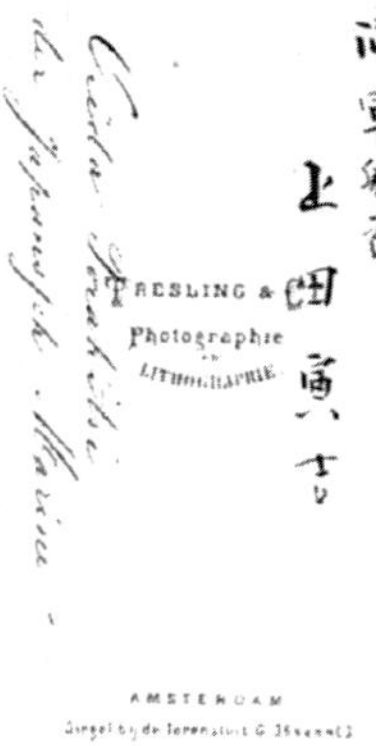

上田虎吉の名刺

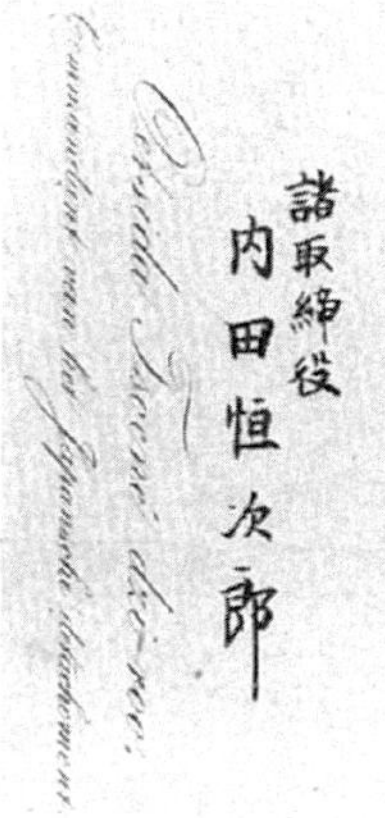

内田恒次郎の名刺
（筆者所蔵）

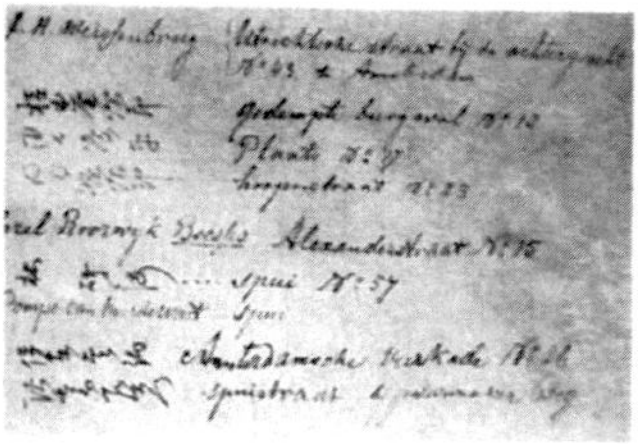

赤松大三郎の書き込み

佐野栄寿左衛門が写真の
裏に書いた署名

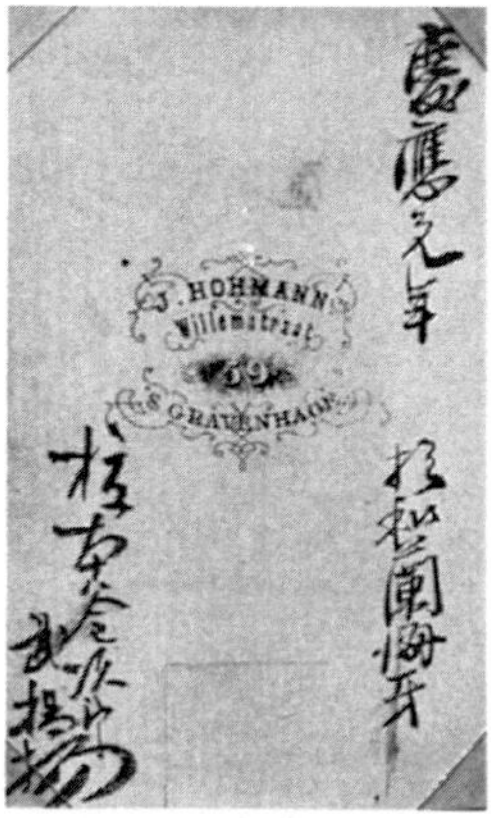

榎本釜次郎の署名
（慶応義塾大学図書館蔵）

向山公使

斎藤賢次郎［ジラール・ド・
ケン―― モンブラン伯の私設
秘書］（東大史料編纂所蔵）

モンブラン伯爵

当時のアムステルダムの駅。現在の「西公園」の近くにあった（アムステルダム古文書館蔵）

J.J.ファビィウスが描いた大川の墓
（アムステルダム歴史博物館蔵）

アムステルダム市「西墓地」正面入口――現在はない（アムステルダムの古文書館蔵）

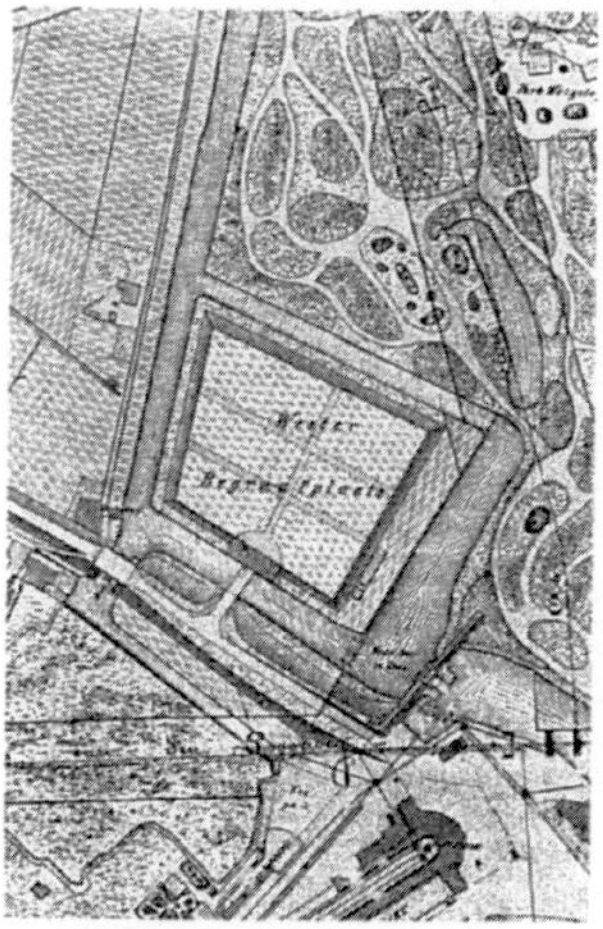

「西墓地」の地図
（アムステルダム古文書館蔵）

「西墓地」の跡。現在は公園となっている（筆者撮影）

同右

パリのペール=ラシューズ墓地にある野中元右衛門の墓（勝山光郎氏提供）

左は前田元行の墓、右は横山敬一の墓（筆者撮影）

マルセイユのサン・ピエール墓地にある横山敬一の墓の裏面（筆者撮影）

目次

装幀＊林　佳恵

オランダ留学生の航海図

留学生往路
開陽丸航海路
赤松大三郎帰路

年月日は陰暦で示した。陽暦との対照は後掲の年表を参照されたい。

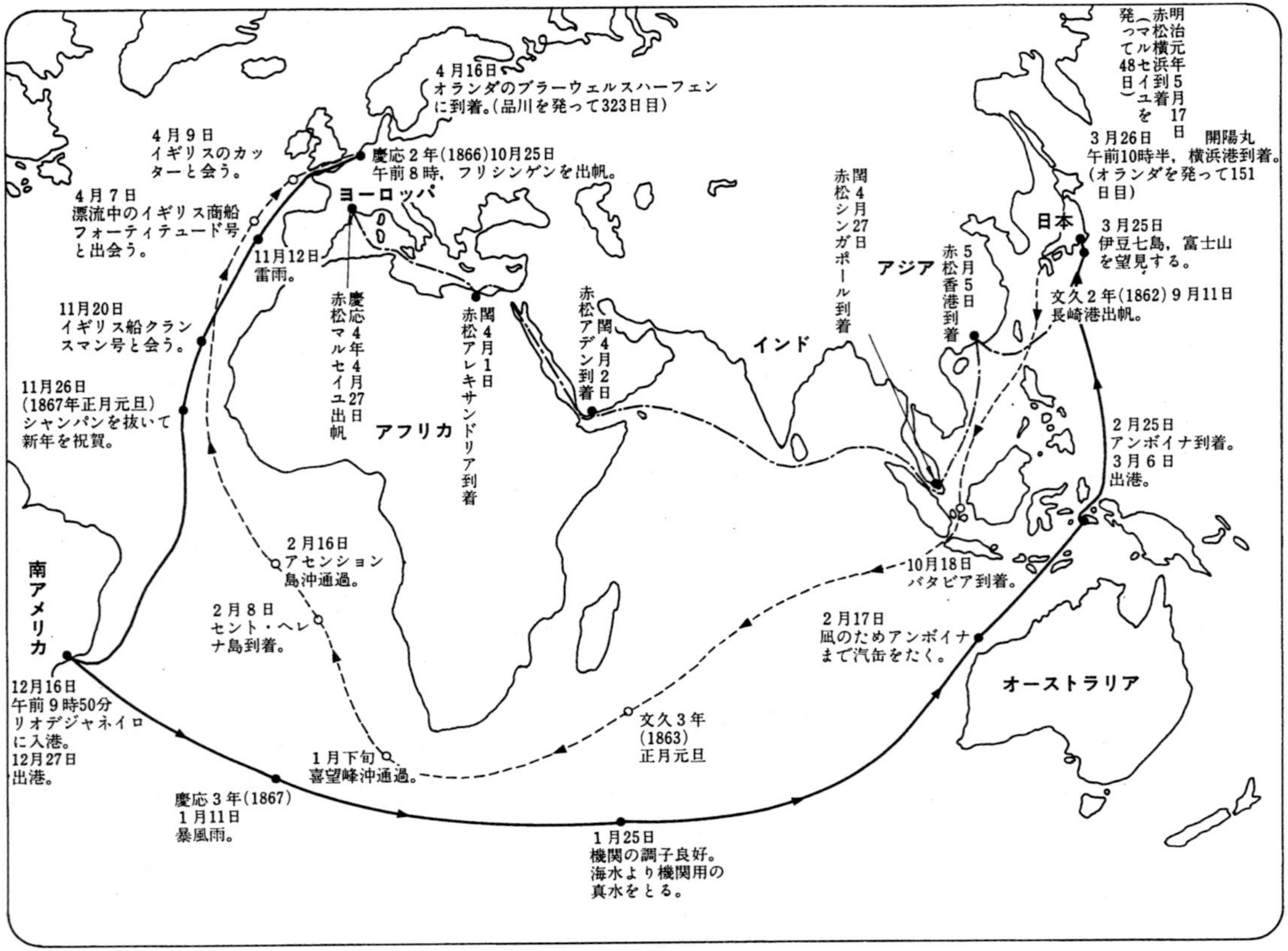

序章

本書は幕末の動乱期に渡蘭した、徳川幕府初の欧州留学生の若き日の群像を描いたものである。一八五四年、ペリー提督が率いる黒船艦隊の開国要求によってようやく鎖国の殻を破らざるを得なくなった幕府は、アメリカと和親条約を締結したのを皮切りに、イギリス・ロシア・オランダ等とも条約を結び、一方、最恵国オランダの海軍教育班の協力を得て、船舶の運用・機関・造船・砲術等を長崎海軍伝習所において幕臣及び諸藩の選抜生に学ばせ、西洋式海軍建設の口火を切った。

しかし、幕府は世情騒然たる最中に軍事のみに力を注いだわけでなく、洋学の研究・教育機関として蕃書調所を、西洋医学の教育施設として長崎養生所（のちの精得館）などを設立し、西欧の近代的文化や科学技術導入の基を拓いたのである。

「和蘭《おらんだ》行御軍艦方」とも「蘭国御用御軍艦方」とも呼ばれたオランダ留学生（十六名）のうち士分の大半は、軍艦操練所・蕃書調所・長崎養生所といった公的機関に所属したり、そこで研究や伝習に従事していた者である。オランダ留学生たちは、日本の近代化達成の抱負と期待をになない、将来の日本建設のために西洋文明に直にふれ、かの地の学問・技術・文化を学びとる責任と使命を帯びていた。オランダは万里のかなたにある国である。士分五名中の某は一人息子であったので、オランダ留学を仰付けられるや、その父は知人や友人から、いかにお上の命とはいえ、生還の期しがたい遠国に大事な跡取りを遣るとは気が狂ったのであろうと、さんざん揶揄されたということである。いずれにせよ、幕命を奉じて渡蘭した各留学生は、危惧と予想される困苦をも顧みず、決死の覚悟で海のかなたの異国に旅立ったのである。かれらの心をしっかりと支えていたのは、国家の選良としての自覚と士魂であった。

幕府は西欧列強の仲間入りをするには海軍力の強化と拡張が急務であると考え、アメリカに軍艦三隻を発注し、同時に海軍諸術を伝習させるために留学生を派遣することに決した。が、南北戦争の勃発によりアメリカ側より謝絶して来たので、急きょオランダに振替え、取りあえず洋式軍艦一隻を注文し、その建造の見学と実習、あわせて海軍諸術を修得させることにし、ここに留学生派遣が決定したのである。一行は、海軍関係・人文科学・医学・技術班など、四つの部門から成っていた。その構成と研修科目等については次章にゆずるが、それぞれ渡蘭後、専門とするところを多年にわたって刻苦精励したことはいうまでもない。この留学生団の特徴として挙げられるのは、身分制のやかましかった時代に、その壁を破って職方と呼ばれた技術者（鍛冶屋・鋳物師・船大工・時計師・水夫等）をサムライの一行に加えたことであり、この一事をとっても幕府の力の入れ方、その期待がいかに大きかったかが、判るというものである。

しかし、一行十六名の幸先は悪く、品川出帆後、程なく乗艦（咸臨丸）の機関の故障、留学生の発病（麻疹）と災難にあい、長崎では職方（宮大工）一名が病いのため一行から早くも脱落した。また一行は南方洋上で難船のため九死に一生を得、ようやく土民の舟や蘭船に救出されるといった一幕もあった。その後再び長く、苦しい航海をつづけ、どうやら無事目的地オランダにたどりつく。留学生の中には、在蘭中に病魔に襲われ、志を遂げずに無念の二字を口にして客死した者もいれば、学業に励まず徒食し、帰国後まもなく病死した者、俊英かつ有為の材でありながら不遇に終わった者、新政府に仕え名をあげ功を遂げ爵位を授与された者など、めいめい与えられた運命にしょう容として従い、さまざまの人生模様を織りなしている。時が移り、時代が変って、新政府に迎合し、うまく世渡りし、異例の累進を遂げた留学者がいた反面、学才や優れた技術に恵まれながら、歴史の潮流に押し流され、ついに世に出る機会に恵まれず、埋没していった者もいた。こうした埋れ木の生活を送った留学生の運命を思うとき、そこに人生の悲哀をまざまざと感じざるを得ない。幕末の日本人留学生のオランダ体験、帰国後の人生、日本の近代化に対するその寄与、オランダ留学生と幕府の遣欧使節との関わりなど、筆者はオランダ留学を広く、軍事・文化・科学・外交の点からも多角的に捉えようと志した。

日本の近代化にきわめて重要な役割を果たしたオランダ留学生とオランダ側の寄与に関する種々の資料を集大成し

たものが、日蘭学会編・大久保利謙編著の『幕末和蘭留学関係史料集成』『続・幕末和蘭留学関係史料集成』（雄松堂出版刊）である。留学生であった赤松大三郎（則良）関係その他の史料を中心に据え、五科学習関係のオランダ文などを集成したのがこの史料集である。オランダ留学に関する目ぼしい史料の大半はほぼ網羅されている観がある。筆者は今述べた史料集を機軸とし、国内外で入手した史料、現地での調査等を経て描いたのが本書である。とくに史料集成に収録されていない、オランダ留学生に関する新史料として、現地で収集した当時の新聞雑誌の記事を利用することができた。たとえば『アルヘメーン・ハンデルスブラット紙』は、日本人留学生の関連記事を比較的多くのせているが、一八六三年六月から一八六八年六月までの分をマイクロフィルムで判読し、その他『ロッテルダム新聞』『新ロッテルダム新聞』『ライデン新聞』『ドルトレヒト新聞』『オランダ雑誌』『ザ・タイムズ』などにのっていた記事なども採取し、参考にすることができた。

しかし、渡蘭後の各留学生の動静や日常生活や学習の様子などについては依然不明な点を多く残しており、すべては今後の調査と史料の発掘に待つほかないのである。一つには在蘭中の残されている史料がきわめて少なく、比較的筆まめであった赤松大三郎の私記（留学日記と手帳）等に依ってわずかに概略が知れる程度である。赤松の在蘭日記のような根本史料が、更にいつの日か発見されることを願わずにはおれない。

日本の近代化と技術の発達に大きな貢献をなした幕末のオランダ留学に若干注意を払い、論考が出るようになったのは昭和初期に入ってからであり、元外交官の水田信利、史家の幸田成友博士らが小論の形で先駆的な業績をあげたが、当時は、今日のような史料集は無く、現地で実地調査をする機会にも恵まれぬ時代であったから、限られた史料と悪条件のもとで研究を集大成して、一冊にまとめることは到底望むべくもなかった。筆者の研究もまた、諸先学の過去の業績のうえに成立している。が、筆者が執筆前に秘かに志したことは、日本の文化史上かなり大きな意義をもつオランダ留学を多角的に究め集約することであった。本書では、留学生派遣の由来と顛末、航海記、各留学生のオランダ体験、幕末の政治・外交史の中での遣外使節と在蘭留学生との関係、オランダ留学と密接な関係をもつ軍艦開陽丸の命運、帰国後の各留学生の生きざま、日本人掛であった蘭人（ホフマン博士と医師ポンペ）などについて叙述されている。が、もとより遺漏なくオランダ留学の全貌を解明したわけではなく、本書が後進のための一道標ともなれば幸いである。

幕生十六名の霊に捧ぐ

著　者

第一章　オランダへの航海

幕府最初の欧州留学生派遣の事情

徳川幕府がヨーロッパの近代文化や科学技術を学ばせるために、十六名（うち一名は脱落）の海軍留学生を最恵国オランダへ派遣するまでには紆余曲折があった。万延元年ごろから文久元年（一八六一）にかけて、幕府は海軍を拡張し、軍艦を製造し、軍制を改革しようといった機運に向かっていた。が、文久元年一月から二月にかけて、軍艦奉行（木村摂津守・井上信濃守）らの間で「留学生 并《ならびに》 造船伝習建議案」といったものが作られた。この建策の内容は、伝習生は長崎海軍伝習所で航海術を修め、太平洋横断にも成功したので技量も優れており、この上は「海防接戦之儀」（海上戦術）を学ぶことが急務であり、かれらは兵術と外国事情の探索を兼ねて海外留学させるべきであるといったものである。

しかし、この献策は外国奉行らの賛同を得ることができたが、幕府の財政難から勘定奉行の反対にあって一時頓挫した。けれど駐日公使タウンゼンド・ハリスが任期満ちて帰国する際に「我政府に軍艦の用意なかるべからず、学術伝習の等閑るべからず……」（田辺太一『幕末外交談』）と、閣老安藤信睦にいい、アメリカ修好通商条約第十条にある「日本政府、合衆国より軍艦、蒸気船、商船、漁船船、大砲、軍用器並兵器の類、其他需要の諸物を買入、又は製作を誂へ、或は其国の学者海陸軍法之士諸科の職人並船夫を雇う事」を引いて、アメリカへの艦船、武器製造等の委託を勧めた。

これに対して幕府は文久元年七月九日付をもってハリスに久世、安藤両閣老より正式に洋式軍艦二隻の建造を委託する書簡を送った。

亜墨利加合衆国ミュス《ママ》トルレシテント
エキセレンシー・トウ《ママ》ンセントハル《ママ》リス江
以書翰《しよかんをもつて》申入候、兼《かね》て会話之序相談および置しごとく、別紙註文之通《とおり》軍艦二隻その政府工場に於て打立頼入度《たく》、就ては先般此方役人差遣し為立合候事可然旨忠告の趣あれとも、右は即今治定の答およびがたく、猶《なお》後日の商議に譲り、兎《と》に角《かく》右二隻の軍艦製造之儀はその政府の懇親を頼み方事周旋を望むところ也
尤委細之儀は猶外国奉行より引合可及候間其段心得居らるゝ様いたし度候、拝具謹言
久世大和守　花押
安藤対馬守　花押

右の引用文[1]によると、軍艦二隻はアメリカの造船所で建造してもらうが、役向の者――工事の監督（留学生）の派遣は「猶後日の商議に譲り」ということであるから、あとで相談のうえ決定したいというのである。

この間にも幕府は海軍の拡張とその強化に一層の拍車をかけ、文久二年の閏八月には小普請入りしている者の一部が御軍艦奉行支配に組み入れられることになった。勝海舟の『海軍歴史』に「同年閏八月十二日、小普請支配之者（小普請入りしているが御目見以上のもの）百九十五人、同組（小普請で御目見以下のもの）三十人、都合二百六十《ママ》六人、御軍艦奉行支配に被属《ぞくせられ》、其後《そのご》海軍奉行並支配に被属」とある（括弧内は引用者）。この時期の海軍奉行（御軍艦奉行）は木村攝津守（芥舟）で、同役並は勝麟太郎（海舟）であり、そのあと矢田堀景蔵（鴻）へと引き継がれる。後述するオランダ留学生の内田恒次郎、榎本釜次郎、沢太郎左衛門、赤松大三郎、田口俊平らはいずれもこの軍艦組に所属していたが、軍艦奉行木村攝津守と勘定奉行小栗上野守の周旋によって、文久二年九月晦日にはアメリカへ留

学生が派遣されることに決した。

軍艦組内田恒次郎らがアメリカに派遣されることに内定したのは万延元年（一八六〇）十一月十日のことであり、軍艦組より、内田恒次郎・榎本釜次郎・沢太郎左衛門・高橋三郎・田口俊平ら五名に、蕃書調所教授方より津田真一郎（真道）と西周助（周《あまね》）ら二名が特旨をもって参加が許された。両人の参加は、外国奉行大久保越中守（忠寛）がかれらの留学の志を知り、二人のために大いに周旋した結果であった。アメリカ行の内命を受けた者はその準備に取りかかっていた矢先、文久元年（一八六一）春ごろよりアメリカでは南北戦争が始まり、「ハリスも其後本国の状況益々不穏で工業力の上に於ても到底外国軍艦製造引受の余裕は無いといふので、遂に文久二年（一八六二）正月に至って日本からの依頼に依る軍艦製造引受の事は此際《このさい》一と先づ断るといふことを申出て来たので、従って此《ここ》に亜米利加留学生派遣のことも中止となった」（『赤松則良半生談』。以下、本文では『半生談』と略す）ということである。

軍艦の建造と留学生派遣の中止についての史料は決して多くはなく、勝海舟の『海軍歴史』（巻二十三——船譜——第五条）の「和蘭留学および開陽艦の記事」に、

文久二壬戌《じんじゅつ》政府大《おおい》ニ海軍ヲ拡張セントスル折柄、蒸気軍艦三隻ヲ米国政府ニ注文シ、且《かつ》留学生ヲモ遣《つかわ》スヘキ筈ナリシカ、適《たまたま》同国南北戦争ニテ其需《そのもとめ》ニ応セス（後略）

といった条がある位であり、戌《いぬ》二月には急きょオランダに振替えが決定した。

「和蘭江御軍艦御誂《おあつらえ》相成候ニ付見込之趣相伺候書付」（外国奉行大久保越中守、軍艦奉行井上信濃守、同木村攝津守、蕃書調所頭取古賀謹一郎らが連名で提出した意見書）の主旨は、軍艦製造中、御軍艦組と蕃書調所出役のものが諸術研究のためアメリカ行を命じられ、それを名誉と考え出発の準備をしていたところ支障が生じ中止となった。ア

メリカに代ってオランダに蒸気軍艦一隻を発注することになったからには、堅い決意でいた件《くだん》の者どもをオランダ行に「振替《ふりかえ》」て、差し遣わして欲しいといったもので、振替えのいきさつについての短い記事を与えている。

亜米利加《あめりか》国政府江蒸気軍艦二艘御誂相成、製造中御軍艦組蕃書調所出役之もの等諸術為研究被差遣候旨被仰渡、夫〻支度取《したくとり》整《ととの》ひ候儀之処、亜国政府之方差支有之、急速治定《ちじょう》之御請《うけ》ハ不申上趣候処、今般和蘭国江蒸気軍艦一艘御誂相成候ニ付てハ、右製造方却《かえ》て速《すみやか》ニ出来可申義と奉存候間、前書亜国江業前《わざまえ》為修行《しゅぎょうのため》被差遣候旨被仰渡候御軍艦組蕃書調所出役之者共ハ、銘〻《めいめい》支度等も出来いたし居、何時《いつ》被差遣候ても差支無之、且ハ銘〻一途《いちず》ニ蕃国江被差遣候儀を規模と致し、深く存込罷在候を遅延相成候てハ、右等之気張《きばり》を失ひ可申と奉存候ニ付、和蘭国江御誂相成候蒸気軍艦製造之方江振替《ふりかえ》、前書之者共被差遣候様仕度此段奉伺候以上

戌《いぬ》二月

留学生らが、アメリカ行から一転してオランダ行を命じられたのは文久二年（一八六二）戌三月十三日（陽暦四月十一日）のことで、軍艦操練所において井上信濃守（清直）より、左記のような命令を受けた。

先般亜米利加政府之蒸気軍艦御誂相成右製造中諸術研究として被差遣《さしつかはされ》旨被仰渡、夫々《それぞれ》支度相整ひ候儀之所、亜国政府之方差支有之《これあり》、急速其運びに不至《いたらず》候に付、今般改て右軍艦和蘭国政府之御誂替相成、依て役々の者も同国へ可相越候。（『旧幕府』）

赤松の『半生談』によると、江戸でこの命令を受けた者は、士分では内田恒次郎・榎本釜次郎・沢太郎左衛門・赤

松大三郎（高橋三郎の代り）・田口俊平・津田真一郎・西周助ら七名と、新たに留学を命じられた長崎養生所詰の医師林研海と伊東方成の二名であり、両人は長崎より一行に加わる旨奉行衆より伝えられた。

更に約二カ月後の同年五月二十二日（陽暦六月十九日）、こんどは職方七名（古川庄八・山下岩吉・中島兼吉・大野弥三郎・上田寅吉・大川喜太郎・久保田伊三郎）らがオランダ行を命じられた[2]。先にオランダ行を拝命した士分らに加えて職方《しょくかた》（技術者）が加えられたのは、赤松大三郎の「六十年前の阿蘭陀留学」（『大日本』）によれば、「留学として洋行する者九人は皆士分の者であるが、夫《そ》れでは実地の方面に不都合であらうと云ふので、海軍諸技術研究と云ふ立場から見て、更に各種の技術者を同行に加へること、なった」ということで、各分野の専門的技術者を参加させたということである。

文久二年壬戌六月十七日（陽暦七月十三日）――脇坂安宅、水野忠精、板倉勝静ら三閣老の連名でオランダの国務大臣に宛てて留学生の受け入れ方を「伝習人名前書」（留学生らの名簿）を添えて正式に申し入れた。

壬戌六月十七日

エキセルレンシー

和蘭国事務大臣江

以書翰申入候、抑《そもそも》我国人先年貴国教師の伝習を受し以来、我国おゐて航海之諸術始て開け、爾来其学未《いまだ》精熟に至らずと雖《いえど》も、漸く其奥旨を得んとす、雖《しかりといえども》然、巨艦の製作に至ては未た其工作の場を設るに暇あらす、たとひ急にこれを設るとも俄に精巧に至らん事甚た難んずる所なり、依て吾国滞在之イカテウヰットエスクワイル《（オランダ総領事デ・ウィット）》江貴国おゐて蒸気軍艦打立之儀相頼み候処、同人にも無《なく》異儀了諾ありて、其段速に貴国江申達し候由、誠に満足之至に候、然《しかし》ては別紙名前之者貴国江差遣し、右製造中船打立方ハ勿論、以《ついでをもって》序外諸術をも修行為致度、尤《もっとも》学科之儀は各自その所志を以て夫々《それぞれ》取極可学問、諸事可然《しかるべく》周旋頼入候、尤船之大サ、馬力の強弱、砲銃之員数、費用之多寡等は委細右同人より被申達し儀と存する間、今こゝに贅せす、此段申入度如斯候、拝具謹言

脇坂中務大輔　花押
水野和泉守　花押
板倉周防守　花押

これによると[3]、学術研修のカリキュラムは当初から決められていたわけではなく、留学生らの任意、志すところに任せられていたことが判る。今引いた本文のあと、派遣される留学生らの氏名が添えられているが[4]、士分の者たちだけの名はあってもなぜか職方のそれはない。

伝習人名前書
取締役　内田恒次郎
士　官　榎本釜次郎
沢太郎左衛門
赤松大三郎
田口俊平
津田真一郎
西　周助
官　医　伊藤《ママ》玄伯

外ニ　水夫小頭、測器師、大工、鍛冶職、鋳物師、平水夫等　七人

林　硯海《ママ》

通計十六人

かくして留学生十六名のオランダ派遣は決まったが、オランダへの軍艦建造の発注はすでに三月二十二日（陽暦四月二十日）付で、久世大和守と安藤対馬守の連名でオランダ総領事デ・ウィット（J. K. de Wit）に宛てて出されていた。デ・ウィットは幕府からの建造要請を外交事務として受けとめず、貿易問題として処理することにし、長崎のオランダ商事会社の駐在員ボードワァン（A. J. Bauduin）に、幕府の希望を伝えた。ボードワァンは早速、アムステルダムの本社に連絡をとったが、幕府の要請に応じる用意がある、との返信を得たのは一八六二年六月二十四日のことであった。

オランダ商事会社は海軍大臣カッテンディケに諮り(5)、その協力を取りつけ、王立蒸気船機関局の監査官ホイヘンス海軍大佐(6)（H.Huygens）を軍艦建造の顧問とした。また同社はロッテルダムのオランダ汽船会社の社長ファン・オールト（J. W. L. van Oordt）に設計と見積を依頼した。一八六三年春には、建造計画は完成したので、造船所を探す段階に至ったが、ホイヘンスの提案で競争入札とはせず、造船会社を五つほど当たった結果、ドルトレヒトのヒップス・エン・ゾーネン造船会社が、どこよりも早く、安く建造できることがわかり、同造船所と契約を結ぶことにした(7)。

（1）「米国往復書簡」『続通信全覧』所収。

（2）「沢太郎左衛門日記」（「蘭国往復書簡」『続通信全覧』所収）。

（3）同右。
（4）同右。
（5）De Kaiyo-Maru : bestelling en bow の九頁を参照。なお、『よみがえる幕末の軍艦――開陽丸』（昭和五十四年、開陽丸展のカタログ）では「開陽丸の航跡㈠」を参照。
（6）注（5）の蘭文カタログの九頁を参照。
（7）同右、一〇頁を参照。

オランダ留学生の構成と特色

文久二年のわが国最初の欧州留学生（オランダ留学生）は、本来、軍艦建造をオランダに発注したことに端を発しており、その建造の「立合」（現場監督）の名目で派遣に至ったものであるが、海軍留学生をオランダに派遣する議のきっかけとなったのは、幕末最後のオランダ商館長ドンケル・クルティウス(8)や第一次オランダ海軍教育団の団長ファビウス中佐(9)らの進言によるところが大きく、とりわけファビウスは積極的にこれを強調したという。留学生十六名のオランダ行が決まったところで、一同は出発の準備に取りかかり、文久二年六月十一日（陽暦七月七日）に在府の士分一同は軍艦操練所に召し出され、御軍艦奉行井上信濃守（清直、川路左衛門尉聖謨の弟）より、

ファビウス
（スハウテン氏提供）

「此度御暇を賜はって学業の為和蘭へ遣さる」との旨を伝えられたのち、洋行について種々注意を受け、いくつか誓言させられた(10)。そのうちの主なものは、

一、如何なる場合にも日本の秘密を洩さゞること。
一、切支丹宗門に肩を入れまじきこと。
一、本朝《ほんちょう》（わが国）の風俗を改めまじきこと。

等であった。

士分の者はこれら数カ条の誓詞に血判をさせられた。オランダに派遣される留学生らは当時「蘭国御用御軍艦方」とも「和蘭行御軍艦方(11)」とも呼ばれたが、総数十六名から成る留学団は、大別すると海軍班・洋学班・医学班から構成されていた。ここで各留学生の班・氏名・身分・地位・専攻科目・出国時の年齢等について述べると次のようになる。

〔海軍班〕

取締（団長）　内田恒《つね》次郎（正雄）……（旗本千五百石、海軍諸術、二十五歳――天保九年十一月生まれ）
榎本釜次郎（武揚《たけあき》）……（御家人、軍艦組、機関学、二十七歳――天保七年八月生まれ）
沢太郎左衛門（貞説）……（御家人、軍艦組、砲術、二十九歳――天保六年六月生まれ）
赤松大三郎（則良《のりよし》）……（御家人、軍艦組、造船学、二十二歳――天保十二年十一月生まれ）
田口俊平（良直）……（久世家家臣、軍艦操練所教授方出役、測量学、四十五歳――文政元年三月生まれ）

〔同職方〕

古川庄八……（水夫小頭、船舶運用〔操縦〕・水夫の扱い方、二十七歳――天保七年七月生まれ）

山下岩吉……（一等水夫、船舶運用、二十二歳——天保十二年一月生まれ）
中島兼吉（成道）……（鋳物師、蒸気気罐その他の鋳造、三十一歳——天保三年六月生まれ）
大野弥三郎（規周《のりちか》）……（時計師、測量機械の製造、四十三歳——文政三年一月生まれ）
上田虎吉（寅吉）……（船大工、造船術、四十一歳——文政六年三月生まれ）
大川喜太郎……（鍛冶職、鋳物一般とくにシャフトの製造、三十一歳——天保三年生まれ——慶応元年八月二日アムステルダムで病死）
久保田伊三郎……（宮大工、艦内装飾等、生年月日不詳、病気により脱落し、文久三年七月二十四日江戸で死亡）
〔洋学班〕
津田真一郎（真道《まみち》）……（津山藩士、蕃書〔洋書〕調書教授手伝並、人文・社会科学（法律・国際法・財政学・統計学）、三十四歳——文政十二年六月生まれ）
西　周助（周《あまね》）……（津和野藩士、蕃書調所教授手伝並、同右、三十五歳——文政十二年二月生まれ）
〔医学班〕
伊東玄伯（方成）……（奥医師見習、医学、三十一歳——天保三年九月生まれ）
林　研海（紀《つな》）……（奥医師、医学、十九歳——弘化元年六月生まれ）

海軍班の士分の者らが初めアメリカ行の予定であったとき、軍艦操練所の高橋三郎が一行に加わるはずであったが、オランダに注文換えになるや、赤松大三郎がこれに代ったのである。(12) 赤松がその選に上ったのは、すでに万延元年に遣米使節に随行して渡米した経験があることや古賀謹一郎（開成所頭取）が推挙したものであった。

ここで簡単に参加者一同の横顔について述べると、内田は、旗本千五百石の若様（養子）で御小姓組出身であり、身分が一番高いところから、一行の取締役（団長格）となった。これに次ぐ身分は伊東と林の奥医師である。榎本も沢も赤松もただ士分というだけの御家人である。田口は久世広周の家臣であったが、久世が老中であったところから、その御声掛かりで一行に加わった。田口は一行の中で最年長の四十五歳、赤松は「此人は御老中の御声掛で此行に加はったので、和蘭語の素養もなかったので留学中も頗《すこぶ》る不便を感じ、従って修業も思はしく出来なかったのは気の毒に思った。帰朝後間《ま》もなく世を去ったが、私とは、二十歳余の老輩で私等の如き世事に馴れぬ青年は対手《ママ》にされなかった位だから、其性行等に就いては多くを知らない」と述べている（『半生談』）。

要するにオランダ語の知識はなく、また習っても年のせいで物覚えがおそく、加えて渡蘭後は病弱であったから、他の若い連中とは同じように修業できなかったということであろう。

「職方」の中では、古川と山下は船舶と水夫の扱い方を学ぶ予定で、中島も榊原藩（越後高田十五万石）抱えの鋳物師であり、大砲の鋳造にかけては優れた技量をもっていた。当時の人々には痘痕のあるものが多かったが、中島も赤松によれば「大アバタの男であった[13]」という。大野は越前大野藩抱えの優れた時計師・測量機械師であった。オランダ語の素養は無かったが、バタビアからオランダまでの航海中に勉強し「日常には差支《さしつかえ》無い丈になった[14]」ということである。上田は伊豆の戸田《へだ》の船大工で、ロシアのプチャーチン一行が下田で難破したために西洋型帆船（のちの君沢型）の建造に従事した経験を有する船大工で、赤松と同じ造船術を学ぶ予定であった。大川は腕のよい海軍所（海軍操練所）御用達の鍛冶屋で、多くの西洋型船の建造にも携わったこともあり、渡蘭後「西洋の精巧なる鍛冶術を学ばうといふ目的であった[15]」が、不幸にも留学中に病死した。久保田は小石川の名高い宮大工であり、長崎まで一行に同行したが、喀血し、長崎養生所で蘭医ポンペやボードワンらの診療を受けたが、江戸に戻ったのち死去した。

オランダ行の留学生の一団は海軍・洋学・医学・技術の四班から構成されているものの、当初の幕府の計画では軍艦建造の「立合」（監督）と諸学術（海軍諸技術）の修得が第一の狙いであったが、次第に参加者が殖えてゆき十六名の研修団となったものである。この留学団は系統だった組織体というよりは「学習目的を異にした独立体の合流である」[16]。が、時代の変革期に際して、めいめいが幕命を奉じ、近代日本を創造するための「共通の建設的な課題」[17]を抱いての渡航であった。大久保利謙教授はオランダ留学の基本的特色について「このオランダ留学生団は、結果においてとはいえ、当時の洋学の全領域にわたり、しかも近代的国防科学から近代的政治経済の学へと多角的綜合的に近代国家の建設を目ざすという前向きの実践性をもち、各留学生のレベルもすぐれて高い」[18]と述べておられるが、じっさい日本の近代化達成の抱負と期待をになって派遣された各留学生は、人物・識見・学術といい、また技術・技量の点で他に比べて決して遜色がない第一級の人間であり、当時のエリートであったといっても過言でない。

(8) ヤン・ヘンドリック・ドンケル・クルティウス（Jan Hendrik Donker Curtius）は一八一三年四月二十一日にアルンヘムで生まれた。一八三〇年九月ライデン大学に入学し、法律を修め、卒業後ジャバのセマラン（現インドネシア・東カリマンタン州の州都）に赴き裁判所に勤務する。のちバタビアの高等裁判所の評定官に任じられ、一八五二年七月（嘉永五年六月）から一八五五年七月（安政二年六月）まで出島の商館長として在勤した。その後一八六〇年三月まで駐日オランダ領事を勤め帰国した。晩年には郷里のアルンヘムに帰り、そこで一八七九年十一月二十七日に亡くなった。

(9) ヘルハルドゥス・ファビウス（Gerhardus Fabius, 1806~88）の軍歴については、従来わが国でくわしく知られていなかったが、オランダ国防省から教示を得たところによると、次のような経歴の人である。一八〇六年十二月十三日にリセ（Lisse）で生まれ、一八八八年三月二十四日同地で死去した。一八二〇年十月二日、アムステルダムの航海学校に入学したが、翌一八二一年七月四日同校から逃げ出し、いったんは父親の手で連れ戻されたが、同年九月十三日退学した。この年水夫としてオランダ海軍に入隊。一八二四年、少尉候補生となる。一八二六年、海軍少尉、一八三二年一月海軍中尉となる。一八四四年一月、海軍少佐に進み、一八五四年一月、中佐となる。一八六〇年二月、海軍大佐、一八六四年七月、海軍少将、一八六七年七月、海軍中将となり、一八六九年七月一日退役した。一八七三年、アムステルダムの海軍司令官、翌一八七四年、国会議員となった。

(10)『赤松則良半生談』一二二頁。
(11) 同右、一二四頁。
(12) 同右、一一九頁。
(13)「六十年前の阿蘭陀留学」(『大日本』大正七年七月号、八六頁)。
(14) 同右。
(15) 同右。
(16) 日蘭学会編、大久保利謙編著『幕末和蘭留学関係史料集成』の「総説」三一頁。
(17) 同右、三二頁。
(18) 同右、三三頁。

オランダにおける留学生の修学年数・学習科目・居住地について

日本人留学生十五名はライデン到着後、しばらくブレーストラートの「ホテル・ド・ハウデン・ゾン」(現在の百五十五番地)で暮らし、下宿が決まった時点で学習科目と留学目的にしたがって、めいめい散って行った。洋学班に属する津田真一郎と西周助ら二名と技術班(職方)五名は、そのままライデンに滞在し、内田恒次郎以下の海軍・医学班七名はひとまずハーグに移り居を定めた。海軍班の赤松大三郎はのちに開陽丸の建造に立ち会うためにドルトレヒトに移動し、さらに留学延期に伴いアムステルダムに転宅した。医学班の林研海と伊東玄伯は、しばらく海軍班の者とハーグで暮らしたのち、デン・ヘルダーのニューウェ・ディープに移り住み、以後帰国するまで居住地は変らなかった。両人は当地の「海軍病院」(Marine Hospitaal)で研修したことは判っているが、病院内で寝起きしていたものか、デン・ヘルダー市内で暮らしたものか明らかにできない。いずれにせよこの二人の医師については、今後の調査を待たねばならない。

次に留学生の滞在年限について述べると、フィッセリング教授に師事して「五科」を学んだ津田・西の帰国が最も早く、両人は満二カ年ライデンに滞在した。海軍班の主な使命は軍艦建造の監督でもあったから、誂えた軍艦が竣工すれば、それに搭乗して日本に回航する任務を負っていた。開陽丸がドルトレヒトのヒップス・エン・ゾーネン造船所で着工したのは文久二年(一八六二)のことで、艦の竜骨据え付けは翌文久三年八月一日(一八六三年九月十三日)、進水式は慶応元年九月十四日(一八六五年十一月二日)であり、艤装を終えて日本へ向けてフリシンゲンを出帆したのは慶応二年十月二十五日(一八六六年十二月一日)のことであった。このとき内田・榎本・田口・沢ら士分四名と大野・中島・山下・古川・上田ら職方五名(大川はアムステルダムで客死)は、開陽丸で帰国の途についたが、これら帰国組は約三年半ほどオランダで留学生活を送ったことになる。しかし、かねて留学延期を願い出ていた赤松と林・伊東の両医師は、願いを実現し、引き続き留学を継続することになった。が、慶応四年(一八六八)一月、駐仏日本公使・栗本安芸守より幕府瓦解の連絡を受けた赤松だけは、同年四月、栗本以下フランス留学生らと共に帰国の途についた。林と伊東の帰国は赤松よりもおそく、同年十一月であった。結局、赤松・伊東・林らの留学期間が最も長く、約五年にも及んだ。また伊東方成は明治維新後、再びオランダに留学し、明治四年(一八七一)春三月から明治七年(一八七四)春まで三年余、ユトレヒトの「オランダ眼科病院」で主として眼科学を修めた。

留学生は専攻とする学科の研鑽に励むかたわら、幕府の使節がフランスにやって来る都度、ある者は再三呼び出しを受け、その用務を果たした。日本使節の用向きでパリその他の地に出かけたのは、主として海軍班に属する士分の者たちである。

日本使節は夷狄《いてき》の国にやって来ても万事に不慣れであるため戸惑うことが多く、すでに西洋での暮らしが長く、外国事情や語学にも通じている在蘭留学生に声をかけるのは当然のことであった。元治元年（一八六四）四月、横浜鎖港交渉のためパリにやって来た、第三回目の遣外使節――外国奉行池田筑後守（長発）一行中に、支配定役横山敬一という林研海の縁者がいたが、この者がマルセイユで病死したことによって、内田恒次郎は取締ということで林を伴ってパリに赴いた。内田は十日間ほどパリに滞在し、使節一行と諸所を訪れ、一方、医師の林は使節団の主治医として一行が帰国するまで随従した。いったんオランダに戻った内田は、再度の呼び出しにこんどは榎本を伴ってパリにやって来たが、それはフランス政府が譲渡を仄めかした装鉄軍艦の下検分をする仕事を課せられたためであり、両人は使節に代ってフランスの海軍大臣とも会い、軍艦の譲渡と日本人留学生の受け入れ問題に関して実務レベルの話し合いをした。

また横須賀造船所を建設する用向きで、柴田日向守（貞太郎）の遣仏使節が慶応元年（一八六五）九月上旬にパリに到着したが、このとき榎本は機械買入れの件で、沢は火薬製造機と附属諸器具購入の件で柴田理事官と会い、その買上方と代金支払い問題で折衝している。

慶応三年（一八六七）三月、フランス皇帝ナポレオン三世の勧めに応じて幕府は「パリ万国博覧会」に参加することになり、将軍慶喜の名代として派遣された徳川昭武がパリに到着した。このときオランダに残留していた赤松と伊東・林ら医師二名は、パリに遊んだ。赤松は博覧会場、パリ郊外の貯水池や古城、ヴェルサイユ宮殿、パリの植物園などを見学に訪れた外、夜は観劇に出かけたり、昭武の随員――渋沢・山内・高松・保科らと勝手気ままに語り合ってパリの夜を楽しんだ。博覧会の用務を一応終えた昭武は、随員と共に締盟各国歴訪への旅に出発し、スイスを経て同年九月十五日（陽暦）オランダに入った。このとき赤松ら在蘭留学生五名（うち二名はあとから留学した松本銈太郎と緒方弘斎）は国境の町ゼフェナールまで民部大輔一行を出迎えた。一行は九月二十四日（陽暦）ベルギーに向けて発つまで九日間オランダに滞在し、この間に軍港・造船所・兵営・兵器工場・博物館・病院等を見学に訪れたが、在蘭留学生らも随従し、案内役を勤めた。民部大輔一行の滞欧中の費用は、日本から為替を組んで送金する手はずになっていたが、それが遅延し、ために持ち金が底をつくようになっていた。赤松は昭武一行がオランダに入国する前に、山高・渋沢より手紙をもらい、金が欠乏しているので一時オランダの方で都合して欲しい旨依頼された。赤松は一介の留学生ながら金策に奔走し、かねて昵懇のオランダ商事会社から五万ドルの借入に成功した。

次に各留学生がオランダにおいて学んだとされる科目、師事した教師名、居住地、滞在期間等について、一応これまでに判明しているものをまとめると次のようになる。が、その居住地については未だ不明な点を多く残している。

留学生の動向

氏名	学習科目	教師名	居住地	滞在期間
内田恒次郎(成章)	オランダ語	J・A・ファン・ディク	ライデン市「ホテル・ド・ハウデン・ゾン」	一八六三・六・四〜六・十四
	オランダ語	J・C・フレデリックス	ハーグ市ニューウェストラートの「チーマン」宅（番地不詳）	一八六三・六・十五〜六・十六
	船具・砲術・機械学・運用の諸科	J・A・E・ディノー海軍大尉	ハーグ市ホーヘンストラート二十三番地（旧番地）	一八六三・六・十七〜九月上旬
	理学・化学・物理・数学	ポンペ・ファン・メールデルフォールト	ランダーボーテン（不詳）	一八六三・九・一〜

榎本釜次郎（武揚）	絵画・地理学・美術	（不詳）		
	オランダ語	J・A・ファン・ディーク	ライデン市「ホテル・ド・ハウデン・ゾン」	一八六三・六・四～六・十四
	オランダ語	J・C・フレデリックス	ハーグ市ニューウェストラートの「チーマン」宅（番地不詳）	一八六三・六・十五～六・十八
	船具・砲術・運用の諸科	J・A・E・ディノー海軍大尉	ヘデンプテ・ブルフワル十八番地（旧番地）	一八六三・六・十九～一八六六・
	蒸気学	H・ホイヘンス海軍大佐		
	理学・化学・物理・数学	ポンペ・ファン・メールデルフォールト		
	化学	F・P・ステュテルヘイム		
沢太郎左衛門（貞説）	オランダ語	J・A・ファン・ディーク	ライデン市「ホテル・ド・ハウデン・ゾン」	一八六三・六・四～六・十四
	オランダ語	J・C・フレデリックス	ハーグ市ニューウェストラートの「チーマン」宅（番地不詳）	一八六三・六・十五～六・十六
			スパイ一番地（旧番地）	一八六三・六・十七～

	大砲・小銃・火薬製造法	海軍大佐ヴァルテルス・ド・フレメリーの部下（名前不詳）	スパイストラートに転居。	一八六三・七・二十～
			ウェッテレンのコーバル火薬工場に入所	一八六四・十一・二十八～一八六六・二・五（？）
	機械学	J・A・E・ディノー海軍大尉		
田口俊平（良直）	理学・化学・物理・数学	ポンペ・ファン・メールデルフォールト		
	オランダ語	J・A・ファン・ディク	ライデン市「ホテル・ド・ハウデン・ゾン」	一八六三・六・四～六・十四
	オランダ語	J・C・フレデリックス	ハーグ市ニューウェストラートの「チーマン」宅（番地不詳）	一八六三・六・十五～
			プラーツ十七番地（旧番地）	～一八六三・十一・四
	船具・機械学・砲術・運用の諸科	J・A・E・ディノー海軍大尉	ラームストラート三十九番地（旧番地）	一八六三・十一・五～一八六六・
赤松大三郎（則良）	理学・化学・物理・数学	ポンペ・ファン・メールデルフォールト		
	オランダ語	J・A・ファン・ディク	ライデン市「ホテル・ド・ハウデン・ゾン」	一八六三・六・四～六・十二
	オランダ語	J・C・フレデリックス	ハーグ市ニューウェストラートの「チーマン」宅（番	一八六三・六・十五～六・十六（？）

			地不詳）	
	機械学	J・A・E・ディノー海軍大尉	ワーヘンストラートのベェール方（番地不詳）に転宅	一八六三・七・二十五
	理学・化学・物理・数学	ポンペ・ファン・メールデルフォールト	ドルトレヒト市の旧造幣所内（現在のCの九百五十九番地）	一八六三・十二・一～一八六五・五・三十一
	造船学	ティーデマン及びトロク	アムステルダム市ビネン九十三番地（現在の百八十番地）	一八六五・六・一～一八六八・五・十（？）
	土木・水利・建築	ファン・デル・マーテ		
	フランス語	（不詳）		
林　研海(紀)	オランダ語	J・A・ファン・ディク	ライデン市「ホテル・ド・ハウデン・ゾン」	一八六三・六・四～六・十四
	オランダ語	J・C・フレデリックス	ハーグ市ニューウェストラートの「チーマン」宅（番地不詳）	一八六三・六・十五～六・三十一（？）
			スパイ五十七番地(旧番地)より、スパイ七十五番地モーデマークル方に転宅	一八六三・七・二～一八六四・十一（？）
	理学・化学・物理・数	ポンペ・ファン・メー	デン・ヘルダー市ニューウ	一八六四・十二・六～一八

伊東玄伯（方成）	学	ルデルフォールト	ェ・ディープ（「海軍病院」内？）	六八・
	医学一般	H・H・H・スロット（病院長）医師 S・D・サエリセ医師 D・ヘレマ博士 P・C・ド・ヴィンテル（薬剤師）		
	化学	F・P・ステュテルヘイム		
	オランダ語	J・A・ファン・ディク	ライデン市「ホテル・ド・ハウデン・ゾン」	一八六三・六・四〜六・十四
	オランダ語	J・C・フレデリックス	ハーグ市ニューウェストラートの「チーマン」宅（番地不詳）	一八六三・六・十五〜 一八六三・六・三十一（？）
	理学・化学・物理・数学	ポンペ・ファン・メールデルフォールト	アムステルダムセ・フェアカーデ二十六番地（旧番地）	一八六三・七月上旬〜 一八六四・十一（？）
	医学一般	H・H・H・スロット医師 S・D・サエリセ医師	デン・ヘルダー市ニューウェ・ディープ（「海軍病院」内？）	一八六四・十二・六〜一八六八

	化学	D・ヘレマ博士 P・C・ド・ヴィンテル（薬剤師） F・P・ステュテルヘイム		
	眼科学	「オランダ眼科病院」 ランドルト医師 H・スネレン教授 エンゲルマン教授	ユトレヒト市ウィッテフラウエンストラート六百五十一番地（現在の八番地）	一八七一・三・～一八七四・三（？）
津田真一郎（行彦）	オランダ語	J・A・ファン・ディク	ライデン市「ホテル・ド・ハウデン・ゾン」	一八六三・六・四～七・二十
	「五科」（自然法・国際公法・国法学・経済学・統計学）	シモン・フィッセリング	ホーフラントセ・ケルクフラフト二十七番地（現在の四十四番地）	一八六三・七・二十一～一八六四・七・十一
			ホーヘウールト二百九十番地（現在百二十五番地）	一八六四・七・十二～一八六五・十二・一まで
西　周助（時懋のち周）	オランダ語	J・A・ファン・ディク	ライデン市「ホテル・ド・ハウデン・ゾン」	一八六三・六・四～七・二十
	「五科」（自然法・国際公法・国法学・経済学）	シモン・フィッセリング	ホーイフラフト八百二十七番地（現在の九十四番地）	一八六三・七・二十一～
			ブレーストラートのアウデドルプ宅（？）	一八六四（？）

	・統計学）		ニューウェ・レイン九十七番地（現在の九十四番地）	一八六五・十二・一まで
大野弥三郎（規周）	オランダ語	J・A・ファン・ディク	ライデン市「ホテル・ド・ハウデン・ゾン」	一八六三・六・四〜六・二十五
			レーベンダール三百四十六番地（現在の二十七番地）	一八六三・六・二十六〜一八六四・九月上旬
	天文用の精密器機（？）数学（？）	フレデリック・カイゼル教授（ライデン天文台長）		
	オランダ語（？）	ホフマン教授（ライデン大学）		
	海上測器	ライデン市内時計店（不詳）	アムステルダム市トーレン・ステーヒ三百八十一番地（現在の七番地）	一八六四・九・三〜一八六六・十二（？）
	時計・精密機器	アンドレアス・ホーヴゥ、アブラハム・ファン・エムデン		一八六六・八・十三
上田寅吉	オランダ語	J・A・ファン・ディク	ライデン市「ホテル・ド・ハウデン・ゾン」	一八六三・六・四〜六・二十五
			レーベンダール三百四十六	一八六三・六・二十六〜十

			番地（現在の二十七番地）	一・三十
			ドルトレヒト市の旧造幣所内（現在のCの九百五十九番地）	一八六四・一・二十一～
			のちヒップス造船所内に転居。	一八六五・二・一～
	造船・製図	王立海軍造船所	アムステルダム（不詳）	
古川庄八	オランダ語	J・A・ファン・ディク	ライデン市「ホテル・ド・ハウデン・ゾン」	一八六三・六・四～七・二十
山下岩吉	操艦・水夫の取扱い・航海術	「航海学校」	アウデ・レイン千九十番地（現在の四十三番地）	一八六三・七・二十一～
			デン・ヘルダーのニューウェ・ディープ（ゼーラント号乗組み?）	一八六三・九・二十六～十・六（?）
			「ホテル・ド・ハウデン・ゾン」	一八六三・十月上旬
	艤装一般（綱・帆桁・錨）	ヒップス・エン・ゾーネン造船所	ドルトレヒト市の旧造幣所内（現在のCの九百五十九番地）	一八六三・十月下旬～
		王立海軍造船所	アムステルダム（?）	一八六四・三月末（?）
		灯台船・縄綯場	フリシンゲン	一八六六・

中島兼吉（成道）	オランダ語	J・A・ファン・ディク	ライデン市「ホテル・ド・ハウデン・ゾン」	一八六三・六・四〜七・二十
	鍛冶術・鋳物一般	D・A・スレットレン鋳物工場（?）	アウデ・レイン百二十七番地（現在の五十二番地）	一八六三・七・二十一
		A・T・デコン(?)鉄工場（不詳）	ハーグ（不詳）	一八六四・八・三十
		王立オランダ鉄工場（不詳）	アムステルダム（不詳）	一八六五・六月上旬
			ライデン（不詳）	一八六六・夏から秋
			アムステルダム（不詳）	一八六六・冬〜
大川喜太郎	オランダ語	J・A・ファン・ディク	ライデン市「ホテル・ド・ハウデン・ゾン」	一八六三・六・四〜六・二十五
			アウデ・フェスト千百五十四番地（現在の六十七番地）	一八六三・六・二十五〜
	鍛冶術・鋳物一般	D・A・スレットレン鋳物工場（?）	アムステルダム市ウィッテンブルヘルフラフト九番地	一八六四・（?）
		A・T・デコン（?）海軍造船所（?）	アムステルダム市十四区二百五十九番地（現在のニューマルクト三十八番地で死	一八六五・九・二十一
		市内鉄工場（?）		

去）一八六五・九・二十三「古き西墓地」に埋葬。

オランダ留学生がわが国にもたらしたもの

幕末の激動期に西洋風の近代海軍を創設するのが夢であった徳川幕府は、それを自らの手で創る人材も技術も力量をも持ち合わせていなかった。富強政策の一環として、ひとまずオランダに洋式軍艦の製造を依託するのと並行して、海軍研修生を派遣することを立案し、かつ実行に移した。海軍留学生をオランダに派遣した具体的成果は、一級軍艦開陽を入手したことだけにとどまらず、黎明期のわが国に西洋近代の諸学術・文化・技術をもたらす端緒を開いた。特派された各留学生は覇気満々とし、かつ使命感にもえ、それぞれ自分の専門とする学科に孜孜《しし》として励んだ。が、士分の者も職方一同も幕府派遣のいわば国家の選良であることを十分に自認していただけに、先進の軍事科学・文化・技術を修得する取り組み方が自ずと異なり、めいめい責務を十分に自覚し、努力を惜しまなかった。たしかに一部の者を除けば、幕府の人選に手違いは無かったし、人物・識見・力量の点でも概ね各分野における第一級の人間を遣わしたことがわかる。当時、まさに勤王攘夷の嵐が疾風迅雷の勢いで進み、国内騒然としていたにもかかわらず、幕府は英断をもって留学生を派遣することに決し、西欧の軍事・科学・文化・技術等を体得させ、国家繁栄の基を築こうとしたことは日本近代史上の壮図であったといえる。

士分の中で一番身分が高く、一行の取締でもあった内田恒次郎は、留学中、一応海軍諸術を学んだとされているが、漸次かれの関心は美術・地理学・博物学の方面に向かい、軍事科学はそれほど打ち込んで学ばなかった。帰国後、一時幕府の御軍艦頭となって幕府海軍と関わりをもったが、明治維新後は軍事を事とせず、文教の府における教官や官僚となった。新政府は、洋行帰りの内田の新知識に属目したものか、かれは明治元年には早くも権判事に登用され、次いで大学南校（東京大学の前身）の中博士（二等教授）や文部省の中教授を歴任した。明治三年には箕作麟祥・福沢諭吉らと共に、学校御用掛となり、翌四年には学制取調掛に任じられ、明治五年の学制発令に少なからず貢献した。とくに明治期の教育制度を制定する上で重要な参考文献となったものは、内田がオランダの教育法規（一八五七年二月に公布された）を訳した『和蘭学制』（二巻、開成学校出版、明治二年刊）であった。内田は文部省に編輯寮が設立されると、編輯助として官版の編述に携わったが、『海軍沿革論』（明治二年刊）、『海外国勢便覧』（一巻、大学南校蔵版）、『輿地誌略』（七巻、大学南校蔵版、明治三年刊）、『習字輿地誌略』（初篇一巻、明治三年刊）、『地学教授本』（初学十科全書第一集、三巻、修静館刊、明治八年）[19]等の著書を通じて、盛んに啓蒙活動を行い、文事をもって近代日本の建設に尽した。ことに『輿地誌略』（地理学書）は明治初期のベストセラーの一つとなり、小学校・師範学校等でも用いられた。内田が世界地理書を書くに至った事情と動機は明らかでないが、福沢諭吉の『西洋事情』（慶応二年刊）や『世界国盡』（明治二年刊）等に触発されたものらしい。『輿地誌略』の種本については、その「凡例」の中で「此書原本ハ『マッケー』氏及『ゴールド、スミス』氏ノ地理書共ニ英版及『カラームルス』氏ノ地理書蘭版等ニ據テ抄譯スト雖《いえ》トモ間類ニ触レテ他書ヨリ抄出スル所少ナカラズ然レドモ煩ヲ厭フテ今盡ク其書名ヲ挙ケス」と述べているだけで、執筆の際に依拠した参考文献名を明示していない。が、おそらくマッケー（Alexander Mackay, 1815～95）の著述である初・中等学校用の『現代地理の手引』（Manual of Modern Geography, 1861）、J・ゴールドスミス（Goldsmith すなわち Sir. Richard Phillips 1767～?）の『地理学入門』（Goldsmith's Grammar of Geography, 1868）、ヤコブ・ヤンスゾーン・クラメルス（Jacob Janszoon Kramers, 1802～69）の『地理、統計、歴史便覧』

(Geographisch-Statistisch-historisch handboek, 1850)、フレデリック・マーチン（Frederick Martin）の『ザ・ステーツマンズ・ヤーブック』(The Statesman's year-book, 1869) 等を利用したものと考えられている（石山洋「内田正雄『輿地誌略』の成立」）。挿絵・付図については、内田自らが「予嘗て欧州ニ在リシ日、余暇ヲ以テ各国ノ捉影《フォートグラヒー》ヲ緊蓄シ、其数幾ント三千、冊数二十ニ満ツ、其中ヨリ模写シテ本編中ニ挿入ス」といっているように、留学中、ヨーロッパ各地で蒐集したもので、既述の参考文献ともども帰国のみぎり持ち帰ったものと想像されるが、それらは余すところなく本書の執筆の際に利用された。オランダ留学を契機として、欧州で収集した数多の地理学上の資料が啓蒙的地理学書を編述する際に大いに役立ち、文教面で見事に開花したことは、やはり留学の大きな成果の一つであったといえる。

榎本釜次郎（武揚）が在蘭中、主に学んだものは蒸気機関学であり、その外、留学仲間と共に海軍諸術（船具・砲術・運用）、理学・化学・物理・オランダ語等を学んだ。榎本の興味の対象は科学万般に及んでおり、非常に知識欲旺盛であった印象を受ける。かれは学習の合い間に遣仏使節（池田筑後守一行・柴田日向守一行）の用を弁じるため何度かフランスを訪れ、機械購入や洋式軍艦等についてフランス政府と交渉し、軍事科学についての知識を得たり、また赤松・ポンペと共にイギリスに赴いて、軍事施設・軍需産業・炭坑等を見学し、知見を肥やした。欧州での視察旅行と在蘭中に得た科学・技術についての知識の一部は、北海道開拓事業に生かされた。榎本はまたオランダ滞在中、赤松と共に丁墺《デンマーク》戦争を観戦したが、このとき布陣方法・近代兵器・戦法等について学ぶところが多々あったが、函館戦争における火器の運用と戦法には、そのときの体験が多少は活かされたものに違いない。

榎本はオランダ留学中、どのような生活を送り、どのような書物を読み、それがかれの人格形成とその後の人生にどのような影響を与えたのか、これについて答えることは容易ではない。オランダ時代の榎本について知り得る資料はほとんど無く、不明な点を多く残しており、よく判らぬというのが実情である。赤松と違って、実在したであろう日記・メモ・ノート、将来した本などについても未だ発見されていないが、ただハーグ滞在中、オランダ語の師匠であったJ・C・フレデリックスにフランス語の原書から訳してもらった稿本『万国海律全書』(Internationale Regels en Diplomatie der Zee, door Theodore Ortolan.....naar het Fransch bewerkt door J. C. Frederiks）だけは、当時精読していたもので、帰国の際に持ち帰ったものである。これは現在宮内庁書陵部に保管されている。同書は表紙を除いて、活字化されてはおらず、フレデリックスの蘭文訳を製本したもののようだが、井黒弥太郎氏の『榎本武揚』によると、二冊揃いで上下二巻から成り、上巻は三四九頁、下巻は四一九頁で、洋けい紙にペン書きしてあるという。余白に榎本自身の書き込み（蘭文・和文）も散見するとのことで、通り一ぺんの一読ではなかったことが判る。原書はテオドール・オルトラン仏国海軍大佐が著したもので、榎本が所持していたのは第三版（一八五六年刊）であったようである。

当時の日本においては、国際法の知識を有する者は西周、津田真道、榎本釜次郎等を除くとほとんど皆無に近く、榎本は幕艦を率いて蝦夷に走るとき、オルトランの『万国海律全書』を持参し、独立国の存立や、海戦に必要な諸規程・定則など、戦時国際公法についての知識を同書より吸収し、かつそれをより所とし、内外の難局に当たった。榎本がオルトランの著述に注目したのは、当時の日本が直面していた国際的難局のためであったと想像されるが、内憂と外患とに対処する方法としても国際法を活用することを考えていたからであろう。また合理主義に徹していた榎本は帰朝後、幕府海軍の服装の改革に着手し、開陽丸乗組員（水夫・火夫）の装いは木綿の筒袖・股引であったものを羅紗仕立とし、士官は洋式に改め、ズボンを用いるようにした。(20) 榎本は約三カ年半の留学を通じて、西洋の近代科学・技術にじかにふれたわけであるが、早くから化学や機械が将来の日本の殖産興業にとって不可欠であることを認識し、開拓使出仕時代にはその知識が遺憾なく発揮され、日本の近代化に少なからず貢献したが、これも目に見えぬオランダ留学の成果であったといえようか。

赤松大三郎は在蘭中、オランダ語・フランス語・物理・化学・数学・土木などを学んだが、主として学んだものは海軍諸術と造船技術であった。卓絶したオランダ語の学力を持っていたから学び得たところも大きかったと思われる。ハーグよりドルトレヒトに移った赤松の主な仕事は、ヒップス・エン・ゾーネン造船所で建設中であった軍艦開陽の監督であったから、日々、建造工事の進捗具合を実見し、造船術の研鑽に努め、更にアムステルダムに転宅してからは「王立海軍造船所」で、工場内を視察し、工場の管理・職工の使用ぶりなどを研究した。[21]が、明治維新後、横須賀造船所所長として軍艦の設計に携わったとき、一番役立ったのはアムステルダム滞在中に習い覚えた製図法・造艦技術であった。そのときの体験が、維新後、彼をして欧式軍艦の建造に従事せしめ、また後年二十年の長きにわたって造船協会の会長として明治期の造船界の指導的役割を演じさせたが、これもオランダ留学の成果であったといえるかも知れぬ。

田口俊平は留学生の中では最年長であり、当時四十五歳。在蘭中、オランダ語・蒸気機関学・航海術・戦術等を学んだとされているが、オランダ語の素養に乏しく、修学の方ははかばかしくなかったようである。生来、足が悪く、渡蘭時、外に出ると悪童の嘲笑を買ったようであり、病弱でもあったから自然下宿にこもってあまり外出しなかったように思われる。異国にあって語学ができぬのは、手足をもぎとられ、目も口も不自由な人間になったにも等しく、留学中も頗る不便を感じたのは[22]無理からぬことであった。留学中の動静については判らぬことが多いが、日本人掛のポンペが留学生の修学の様子について報告した書簡[23]によると、田口は毎日徒食していたという。帰朝後、海軍操練所にしばらく出仕したが、何ら目立った活躍もせず、病床について程なく不帰の客となった。享年五十歳。オランダからはアルバム三冊、外国知名の士女（ビスマルク、ナポレオン三世その他）の写真四十枚、貨幣、剥製の鳥、石板絵、双眼鏡、航海地図、軍艦及び大砲の図面、オランダの雑誌数冊等を持ち帰ったけれど[24]、田口をオランダへ派遣した成果はゼロであったと見てよい。その人間性はともかく、不遇な留学生であったと思われる。

沢太郎左衛門の専攻は海上砲術ということであったが、在蘭中、オランダ語・理学・化学・物理・数学などを学んだ外、海軍諸術や大砲・小銃などについても知識を深めた。が、何といっても一番打ち込んで学んだのは火薬製造法とその製造機についてであった。沢は赤松と同じように語学力に非常に秀でていたから、専攻科目の修得にはあずかって力があったと思われる。沢は基礎学力をつけたのち、海軍諸術の稽古に励み、かたわらオランダ国内の火薬工場を視察したあとで、海相カッテンディケの紹介状をもらってベルギーに赴き、ウェッテレン及びヒューウェーの火薬製造工場に工員として入所し、日夜研鑽に努め、更にリェージュの小銃工場を数カ所見学に訪れ、技術研究に励んだ。慶応元乙丑年七月十七日、柴田日向守一行が使節としてパリにやって来たとき、幕府で購入すべき火薬製造機と付属器具類を注文することに決したので、ブリュッセル在住の火薬製造機械のエキスパートであるヘルビリョンにその製作を依頼した。付属試験器及び雷管製造機械等だけは、オランダの専門メーカーに発注した。

ベルギー・オランダの製造業者に注文した火薬製造機・同付属機械・器具類は、慶応二丙寅年八月晦日にすべて完成し、同年九月に日本へ向けて発送した。が、これらの品々が日本に到着したとき、すでに幕府は崩壊しており、しばらく陸揚のままとなっていた。けれど維新後、陸軍造兵司の所管で板橋に火薬製造所が建設された時、これら舶来の機械は同所に据えられた。当時、これら外国製の機械に明るい者は少なく、その運用にもたびたび支障を来たしたらしいが、明治五年一月、函館戦争後、特赦を受けた沢は、同年八月、陸軍省兼務のまま、板橋火薬製造所における火薬製造作業について指導を行い、硝石の精製・硫黄蒸留・製炭・配合・粉末・混和・圧搾・造粒・乾燥等の諸法、化学実験の方法等など、火薬の製造に不可欠な技術と知識をことごとく伝授した。[25] わが国が近代的火薬（黒色火薬）を製造できるようになったのは、沢太郎左衛門がオランダ・ベルギーで修得した知識と将来した機械に負うところが大きく、これはオランダ派遣への軍事科学面での成果として評価されてもよいように思う。

伊東玄伯と林研海ら二名の医学生は、渡蘭後、まずオランダ語や理学・化学・物理・数学等を一カ年ほど学んだ後、ニューウェ・ディープの「海軍病院」に移ったものと思われる。が、在蘭中の両人についての史料はきわめて少なく、その動静については不明な点が多い。ほとんど判らぬといった方が当を得ているようだ。二人は「海軍病院」で院長のH・H・スロット、S・D・サエリセ、D・ヘレマらの医師、薬剤師P・C・ド・ヴィンテルなどに師事し、医学一般について修めたようだが、具体的にどのような医学教育を受けたものか判然としない。しかし、伊東玄伯についていえば、留学中の一八六七年（慶応三）に数カ月間、ロッテルダムの「市立病院」で実務につき、同僚のド・ブライン De Bruijn と親交を結び、一緒に撮った写真などを知人に献呈したという。(26) また後述するように、伊東は維新後、再度渡蘭し、こんどはユトレヒトの「オランダ眼科病院」でランドルト医師、H・スネレン、エンゲルマン両教授らに師事し、眼科学を学んだ。

明治維新後、両人は洋行帰りの輝かしい経歴と出自と抜擢とにより出世街道を歩み、林研海（紀）は第二代軍医総監にまで進み、伊東玄伯（名を「方成」と改めた）は侍医を経て宮中顧問官となったが、明治期の日本医学に対する貢献度からいえば、何ら語るべきものはなかったように思われる。

なおオランダ医学からドイツ医学に流れが変ってゆく経緯について述べると、幕府崩壊とともに幕府が創った医学所も一時廃絶の憂き目を見、西洋医学の伝習も廃止の観があった。が、新政府は明治元年（一八六八）三月、医学尊重を布告し、ここに西洋医学の再興が成った。同年五月、長崎の精得館、同年六月、江戸の医学所（東京医学所）などでは暫時従前のオランダ医学が教授されたが、奥羽戦争に従事して医療に功績があったイギリス公使館付医官ウィリアム・ウィリス（一八三七〜九四）は新政府の招聘を受けて、医療と教育面を主管しイギリス医学を伝え、また米国宣教師ヘボン（一八一五〜一九一一）はアメリカ医学を伝授するに及んで、二人が教授する英米医学は幕末から明治初年にかけて日本医学界の二大潮流として旧来のオランダ医学に取って代る気配さえ見えた。

長崎でポンペの後任者ボードワァンの門に学び、維新後、大学権判事に任じられ、医道改正御用掛を命じられた岩佐純と相良知安らは、共にオランダ医学を修めた俊秀であったが、大学南校の教師兼新政府の顧問でもあったオランダ系米人G・F・フェルフェック Verfeck（一八三〇～九八）に意見を徴したところ、ドイツ医学こそ世界に冠絶するものであるといわれた。そこで英米二国の医学書と読み比べてみたところ、ドイツ医学の学説の方が学術的に数段上であることを知り、また旧来のオランダ医学及び医書は、ドイツ医学の亜流、ドイツ医学書をオランダ語に訳したものが多いことが判明し、ドイツ医学の優秀性を政府に力説するに至った。ドイツ医学に転向するに際しては英米医学主張者との激しい確執があったようであるが、アメリカのような共和国の学風を排除し、立憲君主国の学風を輸入する必要がある、との副島種臣の意見もあって、ドイツ派が英米派を制して、明治四年七月を境に大学東校（東京大学医学部の前身）のイギリス学風は一変し、長くドイツ学風が日本の医学界の一大潮流となった（田制佐重「明治初期英独医学の争覆」、『日本科学史夜話』所収）。

維新後の新日本における外国文化と新学術の移植者として多大の貢献をしたのは、西周と津田真道であった。二人は人文科学の分野で翻訳と著述を通じて活躍し、わが国に少なからぬ思想的影響を与えた文化と学術の建設者でもあった。西と津田は、とくに人文科学導入への道を開いたパイオニア的存在とし、明治期の日本学術の発展に寄与し、オランダ留学の成果を大いにあげた代表的な人物でもあった。留学前、蕃書調所教授手伝並であった両人は、かねてから西洋に留学し、じかに泰西の新学術（政法の学）を会得したい、といった高遠な理想と志を胸に秘め、何度かその機会を待ったが、なかなか実現せず、年来の希望も絶えて、半ばあきらめていた矢先、ようやく一筋の希望が見えてきた。

幕閣の要人に願い出ていた留学は、熱心な運動と蕃書調所掛役となった大久保越中守（忠寛）の口添えと周旋が効を奏して、ついに留学が決定した。当初アメリカ行から一転してオランダ行に変更となった理由についてはすでにふれたのでここでは繰り返さない。オランダ到着後、両人は約一カ月半ばかり、ライデン市ブレーストラートの「ホテル・ド・ハウデン・ゾン」で他の仲間と暮らした後、下宿に移ったが、ライデン大学のホフマン博士（日本人掛）の斡旋により雇い入れたJ・A・ファン・ディクについて約三カ月間オランダ語を学んだのち、フィッセリング教授に師事した。かれらが留学の目的としたものは西周助書簡（関係者各位宛――一八六三年六月十二日ホフマン博士受領）に述べられており、それによると、江戸の学校（蕃書調所）の設備と教授法の不備欠陥を正し、わが国の開国後の現実的な諸問題に対処すべく、内政と外政の施策に役立つ技術的知識を修得するにあった。もちろん時間的な制約や学習科目の範囲が多岐にわたっているため、悠揚迫らぬ態度で学ぶわけにはゆかぬから、当然大要だけを速修的に学ぶ必要があった。だからかれらがフィッセリングより受けたいわゆる「五科」の講義は概論的なもので、その蘊奥にまでふれたものとはいえなかった。が、帰国後経済学以外はすべて訳され、わが国の文化に寄与するところが甚だ大きかったことは否めない。(27)

二人が学んだ「五科」は、新生日本にとって不可欠の重要な学問ばかりであり、諸外国と国交が樹立されると「万国公法」（「国際法」）の知識が必要となり、貿易が行われると、当然、経済学や統計学の知識が必要になり、国内の新情勢や政治体制の改革ともなれば、政治学・法律学の知識が欠くことができぬものであった（渡辺実『近代日本の海外留学史』）。

かれらがフィッセリングの私宅において学び、また下宿において師の講義メモを筆録し、日本に持ち帰った講義の成果は、翻訳書の形をとって公にされた。一応、西の訳書として掲げることができるのは、次の二点である。

Volkenregt『万国公法之学』（国際公法学）……『国際公法』ともいい、西の訳述を門人が筆記したものを基にして慶応四年ごろ刊行された。

Natuurregt『政法之学』（法哲学）……『性法略』と題して、西の友人神田孝平が訳し、西の校閲を経て明治四年に刊行されたもの。

津田もまた訳筆を執り、次のようなものを刊行している。

Staatsregt『国法之学』（国法学）……津田はこれを『泰西国法論』と題して公刊した。

Statistiek『政表之学』（統計学）……これを津田は『表紀提綱』として明治七年に刊行した。

Staatshuishoudkunde『制産之学』（経済学）だけはついぞ刊行されなかった。


西、津田の留学の成果は、単に著訳書を刊行することだけによって世に問われたわけではなく、政治学上の意見を諮問に応じて上申し、有形無形の感化を与えたといえる。たとえば、慶応三年（一八六七）十月十三日は、将軍慶喜が政権返上を決定した日に当たるが、当時、京四条大宮西入更雀寺に寄寓していた西は、同夜召し出され、ヨーロッパの政体・官制等について意見を徴された。このときはその輪郭だけを答えるにとどめ、程なく徳川家を中心とする立憲政治を企画し、「議題草案」なるものを上書した。これは主に将軍を元首とした公議政体について論じたものだが、更に「泰政官制略説」と題する上申書を起草し、ヨーロッパの三権分立の概念と制度、イギリス及びフランスの行政・議会の組織について紹介献言した。[28]

津田も慶応三年九月、「日本総制度・関東領制度」を起草し、幕府解体後の新政府が採るべき国家政体（政府を江戸に置き、大統領を設け、上院と下院を設置する）について企画したが、これも西の上申書と同じ意図のもとに草されたものであり、その裏にはフィッセリング教授から授けられた憲法知識が影響を及ぼしている。[29] 西の上申書にしろ、津田が立案したものにせよ、いずれもわが国における立憲思想の揺籃期を記念する貴重な文献であり、[30] オランダ仕込みの政治思想が以外なところに影響を与えている。しかし、幕府瓦解後の日本の行方を眺める時、薩長雄藩連合の専制政治が確立してゆく中で、かれらがオランダで学び得た自由主義思想や議会政治思想は、結局のところ何ら具体的な形をとって国政に反映することなく潰えたことが判る。

また西、津田は留学中、「五科」とは別に「哲学」を学んでいる。かれらが新たに西洋哲学の洗礼を受けたのは、当時のオランダにおける蘭・仏・英・独の哲学であり、オランダ哲学はC・W・オプゾーメル教授（一八一一～九二）の著述を通じて、その学説（実証主義）を識り、[31] フランス哲学はオーギュスト・コント、イギリス哲学はベンサム、ミル、スペンサー等に代表されるものを学び、ドイツ哲学はカントらの思想にふれた。とくに西は儒教の共和思想でもある「天下一家、四海一国」という立場からカントの「永久平和論」に共鳴したようだが、[32] むろんカント哲学の真髄を究めるまでには至らず、津田はコントの実証主義を奉じ、時にはお互い哲学談議を行った。

西はつとに「哲学」という語を造ったことで知られているが、かれはすでに留学前より哲学について若干浅薄な知識を持っていた。備前の人松岡隣宛の書簡（文久二年五月十五日付）に「小生頃来西洋の性理之学又経済之学抔《など》の一端を窺候処、実に可驚公平正大の論にて、従来所学漢説とは頗《すこぶ》る趣を異にし候所も有之哉と相覚申候。尤《もっとも》彼の耶蘇教抔は、今西洋一般の所奉に有之候へども、毛の生えたる仏法にて、卑陋の極取るべきこと無之と相覚申候。只「フィロソフィア」（Philosophia）之学にて、性命之理を説くは程朱《ていしゅ》にも軼《す》ぎ、公順自然之道に本づき経済之大本を建てたるは所謂王政にも勝り……」とあり、すでに哲学に注目していたことが判る。

西が当初、*Philosophia*（もとギリシャ語、これはラテン語）の訳語として「性理之学」を用いたのは、宗儒の書の中に見られる字句に準拠したものであって、これは本来の意味とかけ離れている。かれが「哲学」という語を案出するまで、「斐稿蘇比」（明治三年に起草した『開題門』において使用）という訳字を当てていたが、明治五年ごろより「哲学」の語を用いるようになり、同年に寄稿した「生性発蘊」において「フィロソフィア」の字義を説明しながら、宗学の用語「性理学」や「理学」の使用をやめて、初めて日本人として「哲学」と訳して用いることに決定したようである。西はいう「理学、理論ナド訳スルヲ直訳トスレドモ他ニ紛ル、コト多キ為ニ今哲学ト訳シ東州ノ儒学ニ分ツ」と。しかし、「生性発蘊」は稿本にすぎなかったから、西が「哲学」の字句を用いたからといっても広く世間に流布浸透することはなかった。この語が定着し、広く世に用いられるようになったのは明治七年刊行の『百一新論』をもって嚆矢とする。(33)西は「哲学」以外にも「主観・客観・理性・悟性・実在・現象・演繹・帰納」といった多くの哲学用語を諸学者らと諮って選定し、その後の日本における哲学研究に大きな影響を与えた。(34)西、津田は維新後、新政府に仕えるかたわら、明六社に参画して他の学者らと共に著訳述に華々しく活躍し、啓蒙活動を行い、新思想・新知識の開発と伝播に努めたが、留学中に得た学術と思想はむだに終わらず、見事に結実し、新日本の文化的建設に大いに貢献したのである。

厳然たる身分差があった当時、従来の幕府の慣例を破って、多くの職方（技術者）を士分の者と一緒にオランダに留学させたこと自体、長い徳川体制の歴史の中で稀有の出来ごとであり、この一事をとってしても新しい時代の到来が身近に迫っていた観がある。が、幕府は造艦技術の修得と海軍拡張に迫られていたから、旧来の身分の枠をあえて取払い、破格の挙に出たことは特筆すべきことである。(35)従来、幕末のオランダ留学生といえば、士分の者に関した研究がほとんどであり、とりわけ西周・津田真道らが脚光を浴び、論じられる機会も多く、一方職方に至ってはあまり注意を向けられることはなかった。それは士分の者に比して、維新後、名を上げ功を遂げた者は少なく、その多くが名声とは無縁の生活を送り、無名のまま歴史の中に埋没していったからであろう。けれどかれらは、それぞれ西洋の新技術を体得して帰国し、特別の技能をもってそれぞれ地位を得、新日本の技術文明発展の道を拓いたことは否めず、士分の者たちの業績と比べて決して華々しいものではないが、その功績は日本の技術移入史の上からもとくに明記しておかなければならない。

古川と山下は、船舶の操縦と水夫の扱方・帆縫・艦上の仕事などを学ぶのを主目的とし、在蘭中、ライデンの「航海学校」やオランダ海軍の軍艦で実地に訓練を受けた外、操縦法も教わり、一八六三年（文久三）十月にはドルトレヒトのヒップス・エン・ゾーネン造船所にて、建造中の開陽丸の艤装一般（綱・帆桁・錨）を手伝いながら実地にそれを学び、翌一八六四年（元治元）三月末には、アムステルダムに移り、「王立海軍造船所」や灯台船・縄綯場《なわない》（綱《ロープ》などの製造場）で訓練を受けた。[36]函館戦争の際、榎本軍に加わった古川は、戦争終結後、開拓使御用掛に出仕し数年間北海航路の船長を勤め、明治十年二月一日に海軍横須賀造船所に入ってからは、造船課に勤務し、長く船具・製綱等の責任者（主任・工場長）を勤めた。確言をはばかられるが、意外と製綱などにオランダ仕込みの影響などが見られたのではないかと想像される。

山下は明治四年一月以後、新政府の海船方（のちに造船方、造船局、主船寮、海軍省と名称が変った）に仕え、明治二十二年六月、横須賀造船所を最後に退職するまで、主として製綱・帆縫（製帆）部門の主任・工場長を勤めている。古川とほぼ同じような畑を歩いたことが判るが、オランダで身につけた製綱・製帆技術が大いに生かされたのではなかろうか。

中島兼吉は、在蘭中、大砲及び鋳造術一般を研修した者であるが、帰国後、しばらく造幣寮に身を置き、のち造兵司（大阪砲兵工廠の前身）に入所した。中島はオランダ流の鋳造術を身につけたいわば洋行帰りの〝鋳物師〟として、明治三年（一八七〇）の大阪砲兵工廠の創業から明治十三年九月、同所を依願退職するまで銅砲鋳造所監務と建築課長等を兼任し、約十年間にわたって創成期の同工廠の建設に尽くした。中島は大阪砲兵工廠が開設に先立つ三月に、長崎に遣わされ、「長崎製鉄所」（旧幕府の施設、のちの三菱長崎造船所）からオランダの機械類（蒸気機関・蒸気ハンマー・圧延機・ボール盤・旋盤・製材機・ネジ切盤・小道具類・金属材料等）をもたらし、職工（模工・旋工・炉工・鍛工等）を大阪に召致して、工廠の作業に従事させた。鋳物場・鍛冶場・機械場・火工場が動きだしたのは、明治三年六月から十月にかけてであり、「副提理格」（副監督官の意か）として工廠内を主管し、運営に携わったようである。[37]

大阪工廠では、大砲以外に維新前後、国内に流入した新旧の形式の各種兵器の調理・改造に事業の大半が費やされたということで、西南戦争の際には兵器の修理や小もの（小銃または小口径砲のことか？）も生産したという。[38]中島がオランダで体得した鋳造一般についての知識と技術は、鋳鉄砲の製造に限らず、工廠内のすべての部門で生かされたことと思われる。

大野弥三郎は、留学中、天文用の精密機器・海上測器・時計・精密機器一般について学び、明治元年（一八六八）新政府に仕え、太政官勤務となり、工作方判事を拝命したが、明治四年（一八七一）二月、大阪に造幣寮（のちに造幣局に改称）が創設されてからは、大阪へ赴任し、明治十九年（一八八六）二月、退官するまで十二年余ただ一筋に工作畑を歩いた。大野は造幣寮内の大勢の外国人技術者の中にまじって銅工作場を監督し、[39]明治二年六月には経緯機（蘭名・テオドート）を、明治九年九月には験温器三個を造り宮内庁に納入したが、その他オランダ風の「塔時計」（昭和二年まで使用）や地金用天秤などを製作した。とくに在職中に大野が造った天秤の数は五十台ほどになるそうだが、[40]当時まだ日本で製作できなかった金銀を秤る精巧な「地金天秤」（Billion balances）を造って、造幣寮内の外国人技術者たちを驚嘆させたという。[41]これらの精密器械を作る技術はすべて在蘭中に修得したもので、ここに見事に生かされたわけであるが、在蘭中に学んだクロノメーター（航海用時計）の技術はやがて大野父子が創設した「大野懐中時計製造所」（のちに測量器械類を製造する）へと受け継がれてゆく。この工場は弥三郎がまだ造幣局に勤務していた明治十三年九月ごろ大阪市西成郡樋口につくられたもので、明治十九年二月退職後、運営に本格的に乗り出した時、突然亡くなったので一時大きな打撃を受け、[42]のち測量器具を作る「大野製造所」（明治二十年十月創立、大阪市北区天満橋筋二丁目）に変った。ここで注目せねばならぬのは、大野父子が懐中時計製作場を経営していた時分での、同工場で養成された技術者・職工の技能である。明治二十年代以後、かれらは各地に設立された時計工場で技師・熟練工として活躍したことによって、[43]大野弥三郎規周や養子の規好がオランダやスイスから持ち帰った時計の技術が弟子たちの腕の中で長く命脈を保つことになるのである。大野規周は日本の時計産業史上、ひじょうに重要な地位を占め、かつ大きな足跡を今日に残している。

上田寅吉が在蘭中に学び得たものは実地修業による造船技術と造船製図であった。渡蘭前にすでに欧式船舶を建造した経験を有し、留学中はドルトレヒトのヒップス・エン・ゾーネン造船所やアムステルダムの「王立海軍造船所」で更に実地経験を積んだ。戊辰の役では、榎本らと共に開陽丸に乗り蝦夷に走り、幕軍降伏後、一時津軽の牢屋(44)に下ったが、やがて許され郷里である伊豆の戸田《へだ》村に帰った。明治三年、明治政府に徴され、のちの海軍省に入り、以後長らく横須賀造船所に在勤した。上田は明治二十年五月に退職するまで十六年余、大工長、工長として現場で指導に当たったが、生来手先の器用な人間であり、欧式船の製図もオランダで実地に修業していたから、海軍少将兼大丞赤松則良が、明治八年から十年ごろまで造船所所長を勤めていたとき、その命を受けて軍艦四隻の図面をひいた。このとき赤松の設計で建造されたのは、

清輝（三檣バーク形装帆の艦、単螺旋、排水量八九七トン）
天城（清輝の姉妹艦、排水量一〇三〇トン）
海門（三檣バーク形装帆の艦、単螺旋、排水量一三五八トン）
天竜（同右、排水量一五四七トン）

などであり、この四艦はお雇い外国人（技師）の手を借りずに、日本人だけの手で建造したものであった(45)。本邦初の国産軍艦（海防艦）の誕生は、赤松と上田の共同作業の成果でもあるが、オランダで修得した造船技術と知識が余すところなく利用され、この大事業を成功に導いたものと思われる。後年、赤松は欧式海軍創設時代を追想し、上田寅吉の功績を称えて「上田はわが造船史上の一大恩人である」と、賛辞を呈しているが、この伊豆の船大工の明治期の日本海軍建設に対する貢献は、深く銘記されねばならない。

(19) 中島満洲夫「内田正雄著『輿地誌略』の研究」(『地理』第十三巻十一号)。

(20) 加茂儀一『榎本武揚』六一〜六二頁。

(21) 『赤松則良半生談』一九六頁。

(22) 同右、一二〇頁。

(23) ARA II Buitenlandse Zaken 2.05.15 Consulaat Yokohama inv. N°10 [1867].

一八六七年三月二十九日付、外国奉行宛ポルスブルック書簡(この中にポンペ書簡の一部が引用されている)。

Alleen zeker heer *Zagoetsu* heeft niets uitgevoerd en zÿn tÿd verbeuzeld. Deze zal niet verstandiger terugkomen, dan hÿ hier aankwam......Bÿ een ieder laten de vertrokkenen aangename herinneringen acter wegens hun goed gedrag. Behalve genoemde *Zagoetsu*.

(24) 田口耕平『田口俊平翁記』四三〜四四頁。

(25) 沢鑑之丞『海軍七十年史談』二〇八頁。

(26) Monumenta Nipponica vol. V, 1942, p.261.

(27) 麻生義輝『近世日本哲学史』五五頁。

(28) 沼田次郎「ライデンにおける西周と津田真道——フィッセリングとの往復書翰を通して」(『東洋大学大学院紀要第十九集』)。

(29) 大久保利謙『幕末維新の洋学』一〇〇頁。

(30) 同右。

(31) 麻生義輝『近世日本哲学史』六六頁。

(32) 大久保利謙『幕末維新の洋学』一〇一頁。

(33) 桑木厳翼『西周の百一新論』四頁。

(34) 淡野安太郎『明治初期の思想』七三頁。

(35) 大久保利謙「幕末オランダ特使ならびに留学派遣の意義」(『赤松則良半生談』所収)。

(36) 水田信利『黎明期の我が海軍と和蘭』一七二頁。

（37）三宅宏司「大阪砲兵工廠の創設」（『技術と文明』第一冊、一巻一号、二八〜二九頁）。
（38）同右、二九頁。
（39）山口隆二『国際時計通信』二六〇〜二六一頁。
（40）『造幣局百年史』（資料編）二七頁。
（41）注（39）と同一箇所。
（42）注（39）、二六二頁。
（43）注（39）、二六三頁。
（44）後藤一民「西洋型船艦の建造と上田寅吉」（『伝記』第二巻第五号）。
（45）『赤松則良半生談』三〇二頁。

江戸より長崎へ

さて留学生の一行はいよいよオランダに向けて旅立つことになったが、当時はまだ日本と欧州とを結ぶ郵便船や遠洋定期船は無かったので、一同まず軍艦咸臨丸に乗り組んで長崎に向かうことになった。

文久二壬戌年六月十八日（一八六二年七月十四日）——この日は出帆には幸先《さいさき》がよいような好天にめぐまれ、オランダ行の者たちは三々五々、築地の軍艦操練所を目ざした。今日、交通機関の発達により、地球の裏側に位置するオランダといってもジェット機の直航便で十数時間余りで着くので、そんなに遠国ではないし、われわれは外国といっても隣りの都市《まち》に出かけるような気持で旅立つが、約百三十年前の当時であってみれば、唐天竺よりもはるかに遠い、地の果てにでも行くような心地がしたことであろう。それだけにオランダ留学の途に上る者たちは喜びと悲壮とが混

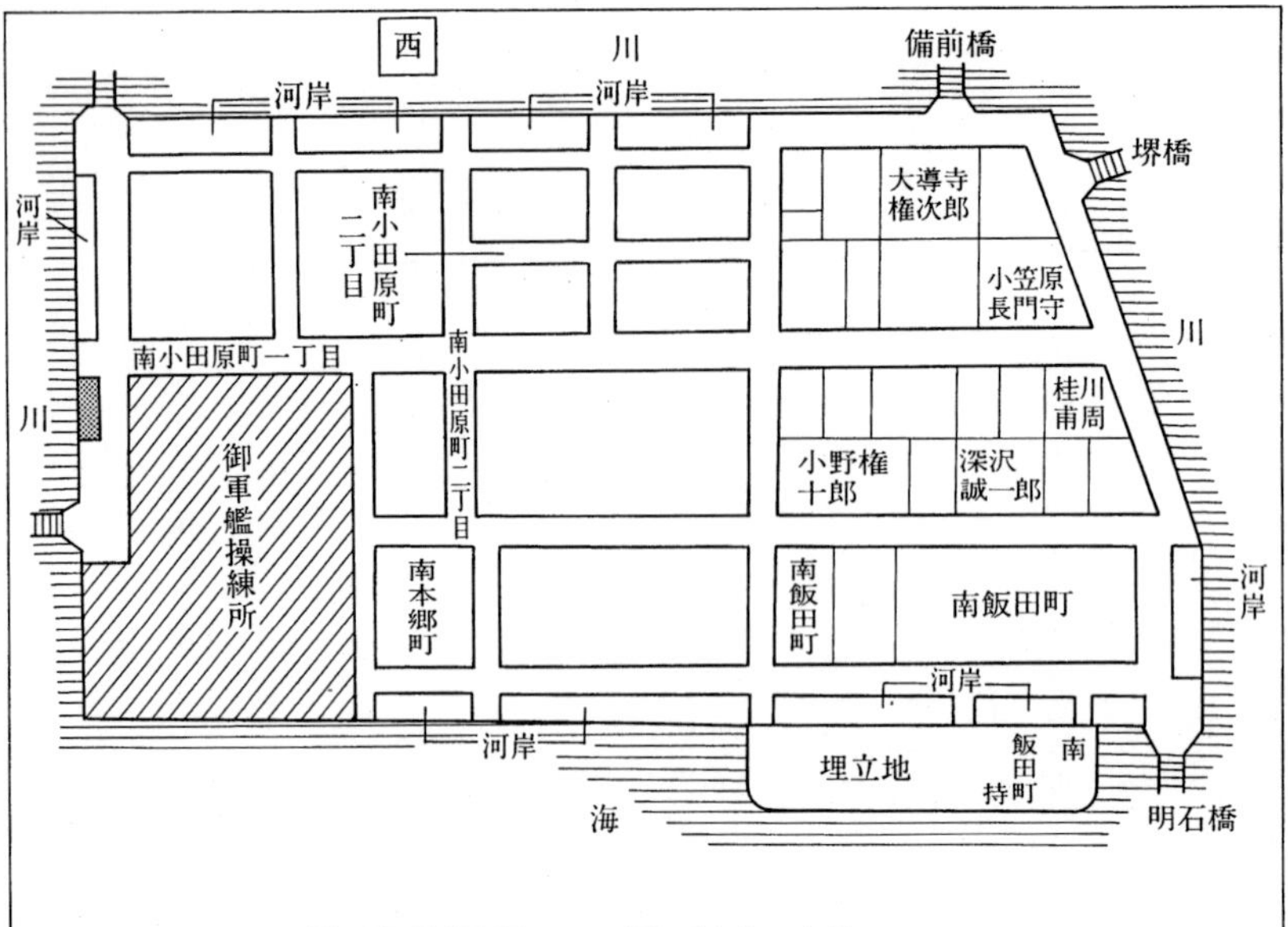

《御軍艦操練所及びその周辺(文久2年)》

じり合った複雑な気持と覚悟を持って赴いたにちがいない。長崎伝習を命ぜられた者やその家族すら、別れにのぞんで「水盃」[46]をくみかわしたというから、そのせつない胸の内は察して余りある。旅立つ者も、見送る者も、再会は期しがたいかも知れぬ、とよほどの覚悟をしたであろうし、とくに父母や妻子を残して行くだけに、後ろ髪をひかれる心地だったと思われる。

津田真一郎は外国に物学びにゆかんとする際に父、吉太夫文行のもとにいとまごいを告げに赴いた折に詠んだ歌に――、

いはむすへ　せむすへしらに　かなしさの
限りの知らぬ別れなるかも

というのがあるが、生還の望みのない旅立ちについての哀傷の情がまざまざと感じられる。

また出発に臨んでの感懐を綴ったものに次のようなものがあり、肉親との愛別離苦を切々と述べてい

る。

旅はしも、もの憂きものと、むかしより、言伝へけり、はらからや、族と別れ、妻子らや、真児をおきて、天離る、遠き国辺に、何すとかゆく。垂乳根《たらちね》の、母が持し、鏡なす妹とわかれて、ちちのみの、父が賞てし、真玉なす真児をおきて、西洋に、吾渡らくは、そ許にしも、学《まなび》の草の、新草の、ありとし聞けば、その草の、花手折るがね、実を拾ふがね。同じくかへしに曰く、哀しくも、またうれしくも、乗船のほにこそ別けぬ、学草原。

西周の「和蘭紀行」にも、渡蘭に臨んでの心境を綴った一節があり、そこに読み取れるものは、学の蘊奥をきわめ、覚道《かくどう》を求めて決死の覚悟で海原を渡ろうとする仏僧に肖《なら》った自分の姿である。

抑《そもそも》かゝる大任を蒙りつるは賎しき身に余れる御恵ともおほへぬれと、才薄く学浅けれはなか〱に惶《こう》くて蚊の山負へる心地そすなる、されと素《もと》より業となしつる道の為《ため》にしあれは、よし死ねはとていなミ奉らしと心に誓ひ、夫《か》のいにしえの空海伝教等か仏の道求めんとて唐天竺へ行きしもかくこそあらめなと、名高き僧たちもちて自《みずか》らおくらへんもいとおこがましく覚へ侍るなり……

在府の留学生一行は品川出帆の日、築地の軍艦操練所にひとまず集合し、そこから押送船《おしおくりぶね》（主に生魚を市場に運送した船）に乗って沖合いの咸臨丸に至ったようである。操練所までは各留学生の肉親、朋友、懇意の人々などの見送りがあったようである。西は同日の六ツ半（午前七時ごろ）津田とともに下谷二丁目の寓居を、沢は五ツ半（午前九時）にそれぞれ家を出て集合場所（操練所）に参集し、そこを八ツ（午後二時）少し前に押送船で出帆し、咸臨丸へは八ツ半（午後三時）に乗り組んだ(47)。沢太郎左衛門の日記に、次のようなくだりがある。

六月十八日巳快晴

本日、咸臨丸御船、長崎に向け出帆に付、昼後八ツ時、和蘭行の者一同乗組。

この日、咸臨丸に搭乗した「和蘭行御軍艦方」の員数は、長崎で医学を修業中の伊東・林の両人を除いた十四名で、官命で長崎まで行く同艦には艦長矢田堀景蔵（鴻）以下百名の船員と、志摩《しま》国的矢《まとや》（三重県志摩郡磯部町）とその近海の測量に赴こうとする幕府海軍の士官七名、絵図方二名で、オランダ行のものはちょうどこれに便乗する形になった。艦内は大勢の乗組員と荷物とで場所を奪われ、西や津田は水夫と共に寝起きせねばならなかった。

かゝりければふねもいとせまく、こミあひて行　（津田真一郎）彦とおのれとはさたまりたるへや（部屋）とてもなく、ホールのうちにてしもへかこ（水夫）なととおなじくねもし、おきもするそいとくるし（苦）……（「西周助和蘭紀行」）

さて、前途に大きな抱負を抱いたオランダ留学生らを乗せた咸臨丸は、七ツ時（午後四時）に品川沖を抜錨し、ひとまず長崎を目ざしてゆっくりと動き出した。この日、ちょうど小笠原島に向かう朝陽丸も江戸湾を出帆した。咸臨丸は品川を発つころから逆風にあったため帆を張ることができず、かまをたきながら航進し、夜半浦賀に到着した。しかし、翌十九日は波浪が高く、艦を動かすことができず、上陸して髪結び、風呂に入る者、さしみを作って酒盛りをやる者などが出た。内田・榎本・田口などは文才に恵まれていたから、漢詩《からうた》を作ってつれづれを慰めた。咸臨丸は「この日よりかせ（風）あしけれはとて、ここにとゝまること四日」（「西周助和蘭紀行」）、二十四日の朝八時ごろ浦賀を出帆し、まっすぐ鳥羽港（三重県東端、鳥羽市、帆船時代は下田と並ぶ港町）を目ざしたが、航海中、機関に故障が生じ、やむなく同日の夕刻下田に投錨した。しかし、浦賀に碇泊しているころから艦内の様子がおかしくなって来た。そのころ関東一円に麻疹が蔓延していたが、咸臨丸でも毎日三、四人ほどの割合いで患者が出、オランダ行の者の中からも、榎本・沢・赤松・内田の順で感染し、職方の者にも伝染した。咸臨丸の士官のうち十二、三人が病臥し、総員の三分の二以上がごろごろ臥せるようになり、出帆もおぼつかなくなり、八月二日まで出発を見合わすことになった。

この日の沢太郎左衛門の日記には、次のように記されている。

今朝五ツ時、本船浦賀港出船、夕六つ時豆州下田に着。乗組の者多人数、麻疹病に付、咸丸《(咸臨)》御船当港へ、八月二日迄滞在す。

咸臨丸の乗組員の大半が予期せぬ流行病に患ったため、病人は陸に上がり旅宿で治癒につとめることになった。留学生のうち沢と榎本は下田坂下町の藤田孫左衛門（下田廻船問屋六三人衆の一人、下田町旧六二五番地に居住）方に入り、養生し、内田（本陣・角屋治左衛門宅に逗留）も軽い麻疹にかかり医師戸塚静伯の診療を受けた。が、七月二十三日には内田が床上げの祝いを行ったのを皮切りに、翌二十四日は沢と榎本の全快祝いが催された。両人は宮大工伊三郎、鍛冶師兼吉・喜太郎及び赤松らを招き、ごちそうをふるまった。

この日の献立は、肴として、あいの煮付・酢の物・家鴨の大平《おおひら》・みその吸物・切身・ひたし物などが出され、膳部には、豆腐汁・うなぎめしなどが供された。また病臥中、世話になった職方の伊三郎に金三分、喜太郎に金二分、兼吉には金一分を祝儀として贈った。

赤松も麻疹に患ったが、幸い軽かったようで二十七日には床上げの祝いをし、沢と榎本を招いている。また下田に逗留中、留学生（榎本・沢・津田・西・田口・赤松ら）は郊外蓮台寺村の温泉に幾度か湯治に出かけている。この思わぬ麻疹さわぎの最中、御軍艦方の豊田という者がこの病いのために七月十七日旅宿で亡くなり、翌十八日に下田の常楽寺で葬儀を行ったが、オランダ行の者より塔婆料として金一分差し出した。津田はその死を悼んで――

あはれ露よりも果《はか》なきは人の命なりけり

と、嘆息をもらしている。

八月二日、ようやく麻疹患者も全復したので一同三十八日ぶりで再び咸臨丸に乗り組み、夕七ツ（午後四時）下田を出帆した。かまをたいて鳥羽に向かったが航路を誤り、紀州沖まで出、四、五里後方にひきかえし、夜半志摩国的矢浦に入港した。津田の手記に「午後鐘時ゆげたていでぬ。三日の日、船潮に流されて、紀伊の国の方にいたりぬ。ここより鑵《かま》をなおして夜十一時頃的矢浦にはてぬ」とある。

咸臨丸は八月三日夜九ツ（十二時）に的矢浦に入港し、ここに八日間碇泊した。四日には沢らが上陸し「灘屋」を休息所とし、料理など注文し、翌五日、沢・赤松・津田と職方七名は、伊勢神宮を参拝するために早暁に下船し「灘屋」に出向いた。ここで旅したくと朝食をすませ、午前四時ごろ、前日注文しておいた川船が来たのでこれに乗り組み、午前六時半ごろ、磯部の岸に到着、直ちに上陸し神宮を参拝した。伊勢参宮は日帰りのつもりであったが、帰途雨にあい、同夜一同笹原の旅籠に投宿した。六日は朝早く出発し、逢坂山を越え、矢達茶屋に寄り、午後四時ごろ磯部宮本の「角屋」に着いた。ここで一同湯に入り、休息し、午後八時ごろ宿を出た。浜辺で迎えの船に乗船し、翌七日の午前四時すぎ咸臨丸に戻った。津田の手記に、四日の日に的矢のある家に上りて沐し、七日(六日)磯部にいたり大神宮を拝み、青峯山に登り、観音堂にいたる、路険しく足労れて、晩に的矢に帰る。

とある。

咸臨丸に乗船していた測量御用の者は、皆六日に上陸した。九日の朝六ツ半（午前七時）、咸臨丸は的矢浦を出帆し、直ちに大坂に向かったが、夕刻になり天気がくずれ、やむなく紀州二木島《にぎしま》（三重県南部、二木島湾）に入港し、ここには十一日の朝まで風雨を避け、それより抜錨し、咸臨丸は追い風にのり快走した。翌十二日の午後十二時すぎ、紀州の由良《ゆら》（紀伊半島西端）と淡路島の海峡を通り、大坂の内海に入り、夕方六時ごろ兵庫津（神戸）に入港した。留学生の一部は、夜に入り上陸し買物をしたが、沢は茶漬茶碗と唐かね鍋を求め、午前二時半ごろ帰艦した。十三日、咸臨丸は朝五ツ時（午前八時）ごろ兵庫を出帆し、須磨、明石を経て播磨灘に至り、小豆島を過ぎ、夜六ツ半（午後七時）すぎ瀬戸内海の塩飽本島《しあくほんじま》に碇泊した。赤松は本船がこの島に帰港した理由について、

此地は私たち一行中の職方古川庄八・山下岩吉の故郷であるから、海外万里の永い旅に上るに当り親戚故旧に対し暇乞をさせんが為めに態々《わざわざ》帰港したので、乗組水夫の大部も亦此島出身者であったので、島民は小舟を艤して来り、本船を取巻き親戚故旧に相見て呼ぶといふ有様であった。（『半生談』）

と述べている。

古川庄八は瀬居島西浦、山下岩吉は高見島の出身であった。両人や咸臨丸乗組員の肉親や親戚・知人などが小舟を

艦にこぎ寄せて、めいめい大声で名前を呼び合ったものであろう。塩飽の地名は塩を焼く、または潮の合流する所の意から来ているらしいが、塩飽諸島は大小約三十ほどの島から成っており、その内の最大の島が本島なのである。海軍伝習が始ってから永井玄蕃頭の建白でこれらの島々から水夫を大勢採用したが、津田は「此咸臨丸の水夫はおほかた此島の人なり」と述べている。

また西の「和蘭紀行」にも咸臨丸が本島に投錨したとき、乗組員の肉親や縁者が舟をこぎ寄せて来てそれぞれ声をかける光景を書きとめている。

しわくはかこ《（水夫）》ともの、うまれくに《（生国）》にて、なへて江と《（江戸）》のミふねにいたちするものハふるきためしありとて、ミな此とこ《（塩飽）》ろよりいてたり、かゝれハかんりんまる《（咸臨丸）》のいかりをろせしまに、しまのひとゝ《（人々）》もはふねしてのりきたり、ちゝ《（父）》のこをよはわり、このちゝ《（父）》をしたひ、あに《（兄）》よをと《（弟）》〱よとよひかふさま、いとなさけありてうれしかるへしとおもはる……

翌十四日、内田・矢田堀は職方を何人か連れて与島《よしま》の名主岡崎藤左衛門宅を訪れ、風呂に入ったのち、ごちそうを食べ、夕刻咸臨丸に戻った。本船は六ツ半時（午後七時）ごろ本島を出帆した。

十五日、石炭不足のため周防の上関《かみのせき》（山口県南東部）に寄港したが、咸臨丸を見物しに小舟が群がった。十六日、午前八時半ごろ同港を出帆し、午後四時ごろ長州の下関に到着し、ここで石炭を積み入れた。十七日の昼すぎ、留学生らは上陸し「福井屋」で休息したのち、市中を遊歩した。十八日の朝五ツ（午前八時）、咸臨丸は下関を出帆したが、小倉あたりにさしかかったとき、嵐と出会い、午後四時半ごろ福浦に入港し風を待った。十九日、午前八時ごろ福浦を出帆し、筑前沖、玄海灘、唐津沖を汽走したが、石炭に不足を来たすようになり、翌二十日の午前六時ごろ、肥前（佐賀県）の田助浦に寄港した。ここで石炭を三万ポンド求めた。留学生らは上陸し、大坂屋兵吉宅で風呂に入り、休息した。また逗留中、買物をする者もあり、沢は唐津焼の茶碗を求めた。田助浦には二十三日の朝まで逗留し、同日の朝五ツ時（午前八時）ごろ、出帆した。

咸臨丸は平戸城側より瀬戸（平戸瀬戸か？）を通り、午後二時ごろ、ようやく目ざす長崎に無事到着した。品川を出帆してから長崎まで六十四日も要したのは、途中、機関の故障や病人が出たり、悪天候その他の事情により、とんだ道草を食ったからである。赤松はこの悠長な航海について「私たちは江戸を六月十八日発してから此日即ち八月二十三日に至る前後六十五日掛かった訳で、途中の故障とは云ひながら今日から思へば実に悠々たる航海であった」（『半生談』）と述べている。

また沢太郎左衛門の日記には長崎到着の模様を次のようにしるされている。

　八月二十三日（陽暦九月十六日）西曇西風
　　田助浦を朝六ツ半時出船、昼後八ツ半時長崎港ニ着船す

この日、長崎湾には外国船が十八隻ばかり入港しており、その多くは商船であった。長崎到着後、仮の宿について相談するため、沢太郎左衛門は大工伊三郎と鍛冶師大川喜太郎を連れて立山御役所御目付の深沢鉄三郎宅を訪れたが「他の御用向で当地滞在中町懸などにて引受けた先例なく全くの新例であるから即答は致し兼ねる」(48)との返事、旅宿が決まるまでオランダ行のものは咸臨丸で暮らさねばならなかった。夜に入り、沢らは夕飯をごちそうになったが、長崎は最近コレラがはやっていると聞いた。

八月二十四日、早朝、深沢鉄三郎より宿泊所について手紙が届き、次いで宿の相談のため町役人らが本船を訪れ、

夕方六時すぎオランダ留学生一同上陸した。一行は、母国を離れるまでの仮の宿として福済寺に決まるまで何度も住居を変えるのだが、この日はとりあえず、下筑後町の福済寺（興徳庵）と大黒町の城谷栄之助宅に分宿した。福済寺には内田・赤松・田口・古川・上田・中島・山下ら七名、城谷方には榎本・沢・津田・西・久保田・大川ら六名が投宿した。

一同、宿が決まったと安心したのはつかの間のことで二十六日、城谷栄之助宅に泊まっていた者六名は、同人宅が宿として不都合があるため、高徳屋に移ることになった。が、この日、立山御役所の命を受けて乙名《おとな》頭取の堀喜八郎が咸臨丸を訪れ、留学生の滞在中の宿は「福済寺」に決まったこと、宿泊料は一カ月一人銀五十匁、食料は手賄い、まかない道具は一切自弁、雇人足は一人一日五百文と取り決めた旨伝えた。同日の午後四時すぎ、内田恒次郎は榎本・大川らを連れて出島の蘭館（オランダ商館）を訪れ、便船その他について相談した。沢太郎左衛門の日記には、

和蘭行に乗組可申《もうすべく》船の義に付、内田恒次郎、外《ほか》、二人出島蘭館に相越し、対談致し候処右船は「カリピソ《(カリプソ)》」号と称し、百頓程の帆前船の由、且つ出船日限は追《おつ》て相違し可申旨、懸《かか》り蘭人より承る

とある。

内田と榎本は、御目付立合いのもとで、オランダ副領事イ・ペー・メットマン（I. P. Mettmann）やオランダ商事会社の長崎駐在員ボードワァンの同席を得て、蘭館内でこの日初めて会談をもったのであるが、一行のオランダまでの船賃やら為替その他について相談した。オランダ商事会社は幕府の軍艦（開陽丸）の建造を引き受けた都合上、日本人留学生の世話をみる手筈となっていた。会談の席上、まず長崎からバタビアまでの船賃が示された。赤松の「六十年前の阿蘭陀留学」によると、次のような内訳となっている。

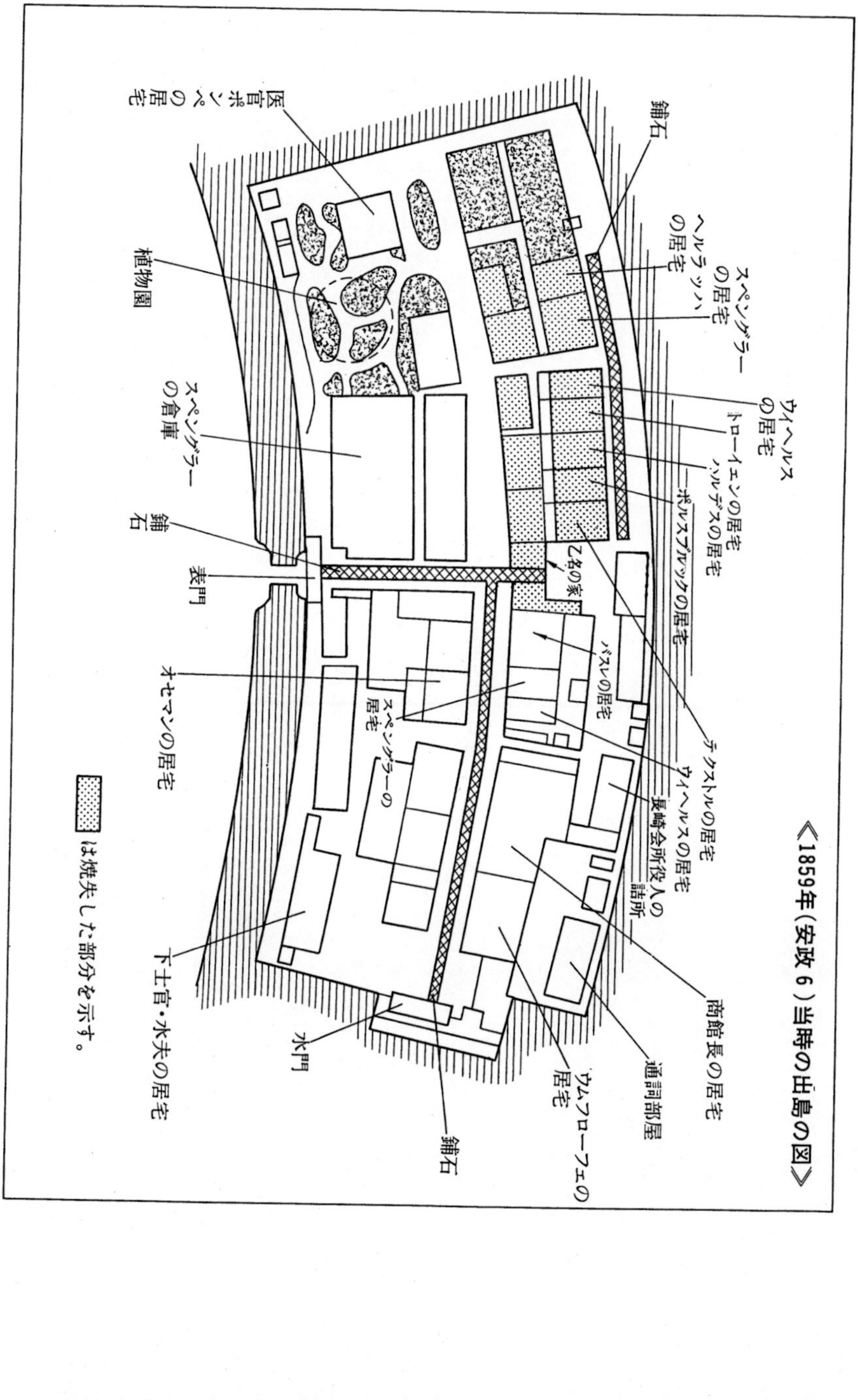

《1859年（安政6）当時の出島の図》

幕末の出島

船賃仕出書　　八月（長崎よりバタヴィア迄）
一、一等客九人　　但一人に付四百ギュルデン《ママ》
此賃銀三千六百ギュルデン
但銀銭一枚に付二ギュルデン七十セント
此銀銭千三百三十三枚三合三勺《しゃく》三才《さい》
一、二等客七人　　但一人に付参百ギュルデン
此賃銀二千七百ギュルデン
但銀銭一枚に付右同断
此銀銭七百七十七枚七合七勺七才
〆銀銭二千百十一枚一合一勺

「一等客」とは内田以下の士分九名、「二等客」は職方六名を指している。じっさいには後述するように宮大工の久保田は肺病のため同行しなかったが、オランダ側は解約分として半額を要求したので、百五十フルデン支払うことになった。結局、バタビアまでの船賃は、締めて五千五百五十フルデンという数字に達した。またバタビアからオランダ（ロッテルダム）までの船賃は、ふつう一等客は約千フルデン、二等客約八百フルデン位が相場だったらしく、これらの旅費は、みな長崎会所が立て替え、のち御軍艦奉行から「付替支払う」ことになった。結局のところ、幕府が「和蘭行御軍艦方」の足代として支払った額は、合計一万六千五百五十フルデンになる。

一行は御用金（身分手当・日当を含めて）として約二万六千ドル（メキシコドル）渡されたが、バタビアまでの入用金だけはボードワァンの所で「通用銀」（オランダ通貨）に換え、バタビアからオランダまでの費用は、オランダ総領事デ・ウィットの尽力によってオランダ商事会社宛の「為替手形」としたという(49)。

また同夜、久保田伊三郎の「万手控」によると、内田と榎本は市内の遊郭に出かけたようで「此日内田君榎本氏遊里行有之候」と記されている。

二十八日、津田真一郎は下関を出帆後、健康がすぐれず、長崎に着いた日、大槻玄俊（医師）より黄疸だといわれ、更に養生所の伊東玄伯・ポンペらの診察を受けたところ、同じ診断が下ったので薬を服用したが、のちに病いもいえた。翌二十九日の午後、久保田伊三郎の「万手控」によると、内田は榎本・沢らを、御供には伊三郎・庄八・岩吉ら職方三名を連れて、御目付同道のうえ、バタビア行のオランダ船「カリプソ号」を挨拶に訪れた。咸臨丸の艦長矢田堀も同船を訪れたので、帰艦の際に「イナサ《（稲佐）》と申マシーネ《（機械工場）》之拵所」を見物し、オランダ人に会ったという。これは津田の手記にある、

　又の日、稲佐の製鉄所を見き、汽力を用ひて、鉄をくさぐさの器械《うつはもの》に作れり、こは永井玄蕃頭ぬしの宮府にまうし奉り、和蘭国にあつらへて、駿河ぬし《（長崎奉行岡部駿河守）》其を成したるなり

とあるもので、留学生らは長崎滞在中、飽之浦の機械工場（のちの三菱長崎造船所）を見学したようである。

九月一日、夕刻、留学生一同は市内見物に出かけた。翌二日は諏訪神社の祭りにつき、榎本ほか五名、祭り見物かたがた中村六三郎と吉尾成斉（医師）宅を訪れた。三日、沢は大工・久保田伊三郎の病の件で、養生所の医師伊東玄伯を訪ね相談した。伊三郎は咸臨丸に乗船以来、カゼ気味であったが、同人の病いは肺病であることがポンペの診断

によって明らかになり、同人は四日に療養のために養生所に入ることになり、沢はこの件で内田の代理として立山役所に相談に出かけた。沢の日記に、

九月四日　丑　曇

大工伊三郎、病気弥《いよいよ》重症にて、遠洋出行難相叶依《あいかないがたく》て養生所に引残し、療養為致度義に付、立山役所へ内田恒次郎代として相越懸合《かけあい》致す

とある。

長崎到着以来、伊三郎はカゼ気味のため、旅宿にひき込もることが多かったが、血痰が出るようになり、ついには養生所でポンペや日本人医師の治療を受けることになった。伊三郎の病状に関する蘭医ポンペの意見書（内田恒次郎宛）というものがあり、その中で、伊三郎は胸に疾患があるのでオランダのような寒冷の地に連れて行けば、遠からず死ぬに決まっているから、日本に残してゆくように勧めている。

原文は次のようなものである。

Desima 23ste October 1862

Daar zich thans in het hospitaal te Nagasaki de japansche timmerman Kubota Jsaburo bevindt, welke zoo ik hoor bestimd is om mede te gaan daar Nederland, zoo moet ik leveel.

Edelgest, rengs midi deelen dat dese man eene bootrukte heegt, waardoor het klimaat in Nederland voor hem, zus nadeelig zal zijn en hij daar altijd zik zul wezen, ja ik ben overtiugd dat hij daar zur waarschijnlijk zal

sterven.
Om deze reden moet ik Uw zo gesrenge dringend aanraden dese man met mide te vramen, maar Nederland maar in Japan achter te laten.
De officier U gedordheid by de kon, Nederlandsche marine.

Pompe van Meerdervoort
Aan Den delgeotreage Heer
Oetida Tsoenediroo
Kommandant van het naar Nederland
Untrekkende marine detachement

これに対する津田の訳文があり、それを次に引いておく。

千八百六十二年十月廿三日　出島ニ於テ今長崎養生所ニ入養セル日本ノ大工久保田屋伊三《ママ》郎ハ尼達蘭《(オランダ)》江召連ラルヘキ人ナリト承ル、因テ貴君ニ告申スヘキハ、此男胸疾アリ、故ニ尼達蘭ノ寒気其害ヲナス事甚シクシテ、彼ハ彼地ニ在テ始終病通シナルヘシ、加え、余鐙スルニ恐ラクハ必定彼地ニアツテ死去スヘシ
右ノ故ヲ以て、余切ニ君ニ勧ム、此男ハ尼達蘭江召連スシテ日本ニ残スヘシ

王国尼達蘭海軍医師
ウ、イ、ル、ポンペ、ファン、メールドル、フォールト

尼達蘭行海軍部伍ノ指揮使貴厳ナル

内田恒次郎君江
戌九月六日　　津田真一郎翻

五日、沢太郎左衛門の母がコレラにより死亡した旨の書簡が、目付深沢鉄三郎を通して沢のもとに届き、同人は喪に服した。翌六日、深沢とその同僚の悔やみ状が届き、夜、沢は茶・酒・カステラ一斤を手土産に深沢鉄三郎宅を訪れた。七日、沢は中間武助の墓参のため寺町の源宗寺を訪れ、夕刻、いとまごいのため関田恒麿宅を訪問した。この日、伊三郎は、内田より留学を断念し、療養するよう申しつけられた。

八日、留学生一同は、出島のボードワァン宅[50]を訪れ、いとまごいを告げた。このときボードワァンより本国宛の添書を受けとった。当時は旅券《パスポート》といったものはなく、長崎駐在のオランダ領事デ・ウィットの紹介状と老中の添書だけを持参し、内田が御用金の手形とともに保管することになった。またこの日、軍艦操練所下役の村瀬源三郎に大工伊三郎の件をたのみ、同人の手当洋銀百八十四枚預けた。また近々、留学生は出港することになっており、この日、大きな荷物だけをカリプソ号に積み込んだ。十日、この日カリプソ号は留学生を乗せて長崎を出帆する予定であったが翌日に延びた。夜、沢らは深沢宅を訪れ、江戸より御徒目付永井五八郎が到着したので、江戸の様子などをたずねた。

(46) 沢鑑之丞『海軍七十年史談』一五五頁。
(47) 「沢太郎左衛門航海記」(『幕末和蘭留学関係史料集成』九一頁)。
(48) 同右、一〇三頁。
(49) 『赤松則良半生談』一三一頁。
(50) ボードワァンの住居は、出島の一号地(百六十一坪)にあったものか。List of Foreign Hongs and Residents and Plan of the Foreign Concessions at Nagasaki 1867. を参照。

長崎出帆

文久二年九月十一日（一八六二年十一月二日）――この日の午前八時、オランダ行の者（長崎養生所の伊東玄伯・林研海の両医師が加わって、士分九名、職方六名）十五名はカリプソ号に乗船した。海岸まで見送りに来た者、戸塚静伯・大槻玄俊・佐藤道碩及び町人四、五人、本船まで来た者の中には、御軍艦取締として長崎に来ていた取調役組頭小林甚六郎、病気につき残留となった大工伊三郎ほか二、三人、ならびに長崎逗留中懇意にしていた茶人が四、五人いた。

カリプソ号の出帆がおくれたのは、船の修理に大分手間どったもので、ようやくこの日の出港となったものである。カリプソ号（Calijpso）はアムステルダムのG《ヘー》・C《セ》・ボセ（Bosche）氏所有の二百トンほどの帆船《バークシップ》で、船長はG《ヘー》・ポールマン（Poolman）といった。同船の積荷は樟脳・銅・ろう・漆器・タバコ・絹・陶磁器などが主なもので、変ったところでは養生所のポンペ医師のコレクション（和書・地図・木版画・原稿・メモのたぐい）十八箱が積み込まれていた。[51]

同船の乗組員の構成は――、

船長　ポールマン

一等航海士……………………………………………一人

二等航海士……………………………………………一人

大工……………………………………………………一人

水夫……………………………………………………六人
コック…………………………………………………一人
給士……………………………………………………一人

から成り、乗客としては、

和蘭行御軍艦組（士分は一等客、職方は二等客）…………十五人
ファン・サーメレン（バタビアに行くオランダ商人）…………一人
アンドリアンス・スコーテン（オランダの職人）…………一人
ラスコイト他（同）……………………………………三人
ウェーセンブリュック（同）……………………………一人

などが乗り組み、合わせて三十三名となった。

日本人留学生らのなり風体は、全員が羽織袴で大小をさしており、中には菅笠《すげがさ》・頭巾・麻上下・唐《から》かさ・提灯などを持参する者がいた。また当然、外国行となったからには生活費や小遣いが必要となるが、赤松は「支給される費用には種々の差別があって、身分手当といふのは身分に従って異り、頭取の内田と医師二人は御目見以上だから私たち御家人とは段が違った」（『半生談』）と述べている。とくに日当についていえば、取締の内田は一日金一両一分、伊東と林は一日金一両、榎本・沢・赤松・田口らは一日金三分、職方の古川と山下は一日金百六十六文六分、大野は一日金一分、上田は一日金六十八文四分、中島と大川は一日金百六十六文六分、職方の中では測量器師の大野弥三郎がいちばん日当がよく、大工の上田寅吉のそれはいちばん低かった(52)。赤松によると、留学生らは二十五カ月分の身分手当と日渡手当（日当）の半額を支給され、残りはメキシコドルに換えて携帯したという。一同、持てるだけの現金を箱に積めて持参するのだが、後述する難船のときにはずいぶん持ち運びには困ったということである。

十二時四十五分――カリプソ号は長崎港を出帆したが高鉾島《たかほこ》のあたりまで進んだとき、風が止み、船は進まなくなり投錨した。この島まで見送って来た者はここで別船に乗り換え、長崎に帰って行った。

この日はすばらしい秋晴れで、湾内も静かであり、東北の微風が吹いていた。沿岸のこだちの多い丘陵のそこかしこに、色まだ浅い黄葉が見られたことであろう。津田は手記の中で、出港日の陽気について「此の日みそらうららかに、げに小春というべきなりけり」としるしている。また当日の沢太郎左衛門の日記には、

九月十一日　午　快晴

一　和蘭行の者一同、朝五ツ時「カリプソ」号に乗船す、昼十二時四十五分、長崎港出船す、高鉾島の脇にて送りの者、別船に乗移り長崎へ帰行す

とある。

見送る者と送られる者、かれらの胸にさまざまな思いが去来したであろうが、ことに初めて渡蘭する者は一様に夢と希望と不安で心を満たしながら、遥かなる旅路についた。……

再び風が出て来たのは夕方で、カリプソ号は港口を出るまで、いざよいつつ進み、夜になって港外に出たころ、ようやく帆走をつづけることができた。

十二日、快晴、気温は華氏七十度（摂氏二十一度）、船あしは良く七里半、この日右舷に五島列島を望んだ。十三日、船あし良好、天気もよかった。朝、乗組員のオランダ人が鳩を一羽捕えた。夜、月明りのもとで帆走をつづけたが、夜半より横揺れがひどくなった。十四日、強い北風が吹いた。船あし八里。夕刻より風が次第に強くなり、夜半、船の揺れ激しく、船室の道具類がひっくり返るほどであった。津田はこの日の航海の様子を手記の中で、

十四日の夕つかたより、雨甚つよく風さへ交りて、船いたくうごきけり。台湾と漢土《(中国本土)》の間をとほりてより、貿易風に入りてはしりけり、はやき事一日におよそ百里ばかりなり

と書きとめている。

十五日、強い北風が吹き、船の動揺激しく、船内に海水が入って来るようになった。午前十一時ごろ、上海に向かうイギリス商船を見た。夜、十一時ごろより嵐模様となった。船あし九里。この日、快晴であれば台湾の島影が見えるはずであったが、曇天のせいで目に入らない。十六日、雨、北東の強い風が吹いた。昨日同様、船の動揺激しく、海水が船内に入って来る。夜十二時ごろより風力が弱まって来たが、うねりは治まらない。十七日、うすぐもり。気温華氏七十四度（摂氏約二十四度）、船あし八里、段々暑くなって来た。留学生らの衣服は、白留袖《とめそで》襦袢二枚に袷羽織でよくなった。十八日、快晴、船あし八里。この日は日曜日に当たり、オランダ人は晴着に着替えたから、日本人留学生の何人かもその例にならった。船長より赤ブドウ酒と菓子をふるまわれた。十九日、快晴、気温華氏七十七度（摂氏二十五度）、船あし三里ほど。二十日、快晴、船あし七里、この日のカリプソ号の位置――東経百十二度五十二分、北緯十五度四分。本船は赤道に徐々に近づいて来ているため暑苦しくなる。沢は航海記の中で「昨夜より単物《ひとえもの》一枚二而少し汗の出るを覚ゆ」と記している。

船は南下するにつれて暑気が増して来たので、留学生らは少しでも涼を求めようと甲板に出るのだが、笑うに笑えぬような妙な恰好である。甲板に出ると直射日光を受け、野郎頭（チョンマゲ頭）では堪えられないので、手拭で頬被りをしたり、菅笠を被ったりしていたからである。

また長崎を出帆して以来、日本人留学生の大半は初めて遠洋航海を経験することになったが、はじめ外国船で出さ

れる食事になじめなかった。が、日を重ねるうちに船よいや洋食にも少しずつ慣れるにつれて、うま味もわかって来た。日本人は朝、緑茶をすすり、蒸餅を食べ、普通の食事は午前十時と午後四時の二回たべたようである。「スープ」というものを飲んだのも、今回の航海が最初であった。その他テーブルの上に出された食物は「鳥のあぶりもの・牛豚の肉飯・さつまいも」などであり、美味であったと、津田は手記の中で述べている。

二十一日、晴、気温華氏八十一度（摂氏二十七度）、船あし七里、船の揺れは昨日ほどひどくはなかった。二十二日、うすぐもり、カリプソ号は快走をつづけ、船あしは七里から八里となった。この日初めて「サバタ島」という島を見た。二十三日から二十四日にかけて風定まらず、本船はただ潮に流されるようになる。二十五日、この日の最高気温は華氏八十六度（摂氏三十度）にも達し、まるで江戸の土用の暑さを思い出すほどであった。船はなぎに遭って進まなかった。夕方、南西五、六里の方角に「ナトゥナ諸島」(Natoena Islands ——南支那海、ボルネオ島とマレー半島との間に位置する）を望見したが、

　　其近傍は夥しい暗礁で非常に危険を覚えたので、夜は碇を投じ船を止め、夜の明けるのを待って航行するといふ始末《しまつ》であった

と、赤松は同夜のカリプソ号の動きを伝えている。

二十六日、サーデル島（無人島）を見、夕刻より風が少し出、涼しくなる。二十七日、好天に恵まれたが、微風すらなく、なぎの状態がつづく。暑気はことのほか厳しく、夜、船室で寝ることすらできなくなった。二十八日、晴、風少し出る。船あし三里。海面を浮遊する海ヘビを見た。二十九日、午前中、風なく、午後になって東北の風が少し吹いた。午後四時ごろ、にわか雨降る。西南西の風が吹き、船あし五、六里となる。海亀の姿を見た。三十日、快晴、

風時々少し吹き、時おりにわか雨が降った。船わずかに進む。むし暑さを覚える。

（51）拙著『ポンペ——近代日本医学の父』。またボードワァン書簡（一八六三年四月十日付）によるとポンペはカリプソ号の遭難により、八箇あった荷のうち箱三箇を失ったとある（フォス美弥子訳『オランダ領事の幕末維新』九一頁）。

（52）「御軍艦組其外之者御手当之義に付相願候書付」（『幕末和蘭留学関係史料集成』七五五～七五八頁）を参照。

ガスパル海峡での遭難

十月一日、南西の風が吹いたが、夕方にはやんだ。先日来はえがたかり、安眠できなくなる。二日、南風吹く。午前十時ごろ風やみ、甲板に出て涼を追うが、耐えがたい暑さに襲われた。三日、午後二時ごろにわか雨降る。夜半になっても、船内は暑苦しく、眠ることができなかった。四日、しぐれ模様、払暁、雷を伴った大雨が降る。本船はカンニンクキリップとガスパス島の間を航行中であった。ガスパル海峡（Gaspar Straat）の上に雨ぐもを認め、雷鳴がとどろいた。風が時々少し吹いた。昼夜とも暑さが耐えがたくなる。このあたりは暗礁が多いため、航行は日中だけとし、夜は必ず錨をおろした。本船のまわりを浮遊する小魚や海鳥の姿が見えた。五日、午前四時に抜錨し、航路を南南西にとり、追い風（微風）に乗り航行をつづけた。午前九時ごろ、西の方角に雨ぐもが見えた。しばらくするとにわか雨が降った。潮流が強いため、本船は次第にポーロウ・リアート島（Poolow-Liat）の方に流されて行った。この島の右手に五、七隻の漁船が見えた。午後六時三十七分、風やみ、投錨。陽が沈んでもむし暑く、一同甲板に出て涼を追った。

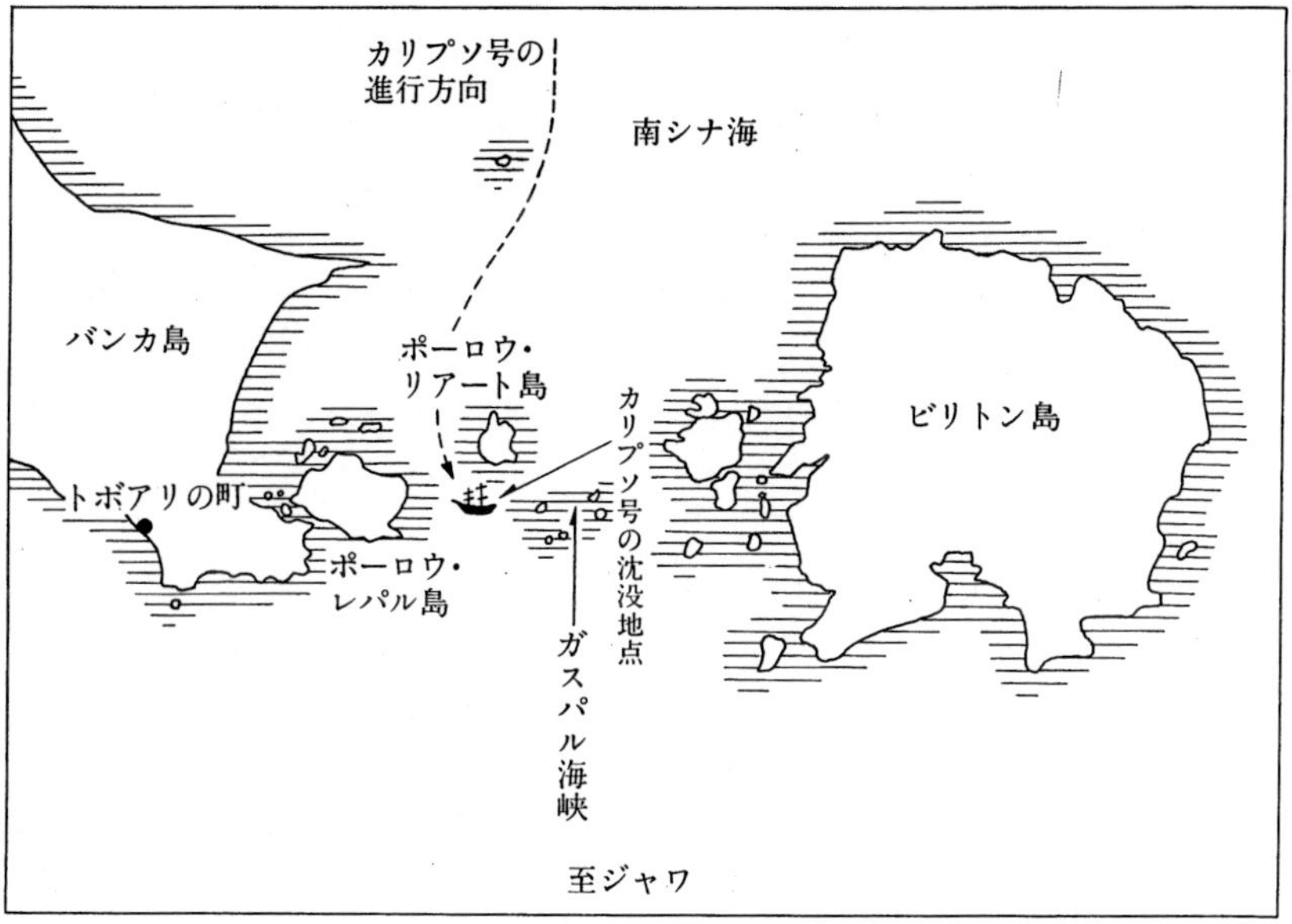

六日、快晴、午前六時ごろ抜錨し、本船を動かそうとするが風なく、強い潮流に流された。そしてポーロウ・リアート島西南において突如ドシンと船底を岩礁にぶつけてしまった。

船が暗礁に乗り上げたことについて赤松は、『半生談』において、

此海峡《ガスパル》（バンカ島とビリトング島との間）の中央にリアート島（Liat）といふ樹木の繁茂した小島があって、其の西の瀬戸は比較的暗礁が少ないので其航路を執ったのであるが、潮流の急な為めいつしか此小島の一里近くまで流されて、此日は此所に投錨した。翌る朝風が出たので是《こ》れ幸と錨を上げて少しく船が出るかと思ふと、船底へドシンと突当ったものがある。素破《すわ》暗礁だといふ騒ぎで船長以下狼狽して脱出に努め、漸くそれを離れるかと思うと又突当て丶了った。（傍点引用者）

と述べている。

カリプソ号は岩石の間にはさまれて微動だもせず、船体

は左に十八、九度傾いたため、船長ポールマンは色を失い、周章狼狽した。船長の様子については、津田は「船主ほと〳〵魂消したる如し」と形容しているし、西は「和蘭紀行」の中で「須臾《しゆゆ》ニシテ風向転シ船復同一礁ニ膠《こう》シ動カス可ラス、船長以下皆色ヲ失フ」と記している。

一同、船体を何度も曳き出そうと試みたが、船は微動だにもしない。船長はこのときから「気力ヲ失ヒ午食モセス、茫然トシテ室内ニ欝ス」と、沢の「幕府軍艦記事」にもあるように狂乱に身をゆだねていた。そのうちに船内に浸水しはじめ、ポンプをもって排水に努めたが、全く効果はなかった。一等航海士は前日より風邪にかかり、床にふせていたが、午後二時半ごろ突如起き出し、水夫五名とともにあらん限りの綱具を用意し、ボートに乗り救援を求めに、ポーロウ・リアート島南岸にいる漁船十一隻の方に向かい、漁船三隻を連れて戻った。漁船に乗っている者の多くはマレー人であり、難破船があると時に海の狼に豹変するので、乗組員一同、不意の襲撃に備え、片時も油断がならなかった。そして綱を本船の車地《キャプスタン》（しゃち）に巻きつけて、船を引っぱり出そうと試みるが、ついに綱具が切れ、徒労に終わってしまった。このとき榎本と古川は、「非常ニ補助ヲ加ヘラレタリ」と、沢は述べている。

そのうちに本船の傾斜は増し、水面に浮いていること自体むずかしくなって来た。万策つきた船長は、日本人留学生を集め次のようにいった。

我輩此不幸ニ出逢シハ諸君ニ対シ申上ヤウモナシ、此場合ニ至リシハ実ニ止ヲ得ザル次第ナリ、此上ハ策ノ施シ方ナシ、依テ一ト先《まず》近傍ノ島ニ一同上陸命ヲ全フシ、尚《な》ホ猶予アラバ船内ニ積込アル荷物ヲ陸揚シ、其上ニテ趣向モアルベシ、何卒以後我命令ヲ御守リアリタシト

七日、時々にわか雨、午前七時すぎ、マレー人漁夫ら十六名が四隻の船に乗り、本船にやって来た。船底の穴はま

すます大きくなり、内田ら士分の者九名、職方四名、オランダ人三名はポーロウ・リアート（またはリアート島）に上陸した。古川と大川は本船に残り荷物の番をすることになった。ポーロウ・リアート島というのは〝中の島〟の意であり、無人島である。遠くから見ると樹木が茂っているのでいかにも島の印象を与えるが、来て見てびっくり、樹木がいずれも水中から生えており、島の中央のあたりに少し乾いた所があるだけで、満潮ともなれば大部分水に浸《ひた》ってしまうのである。この島の形状について西周助は「蒼林蓊欝《おううつ》ノ処ハ島ニ非ラスシテ沙州樹ヲ生スル処ナリ、其中央稍堆キ処乾処有リ、然レトモ猶潮来去ノ跡有リ、知ル是沙州満潮ノ時素《もと》ヨリ没スルコトヲ」と記しているし、津田の手記には「此島、外より望めば、いと大きなり、然れども、上りて見れば、潮来る時は、大かた水のりて、数多の大樹水中に立てり」とあり、島全体は海面すれすれの実に危険きわまりない所であった。

ポーロウ・リアートに上陸した日本人留学生らは、本船から持って来た帆布を張ってテント代りとし、かゆをすすって飢をしのいだ。午後四時すぎ、本船の浸水はいっそうひどくなり、沈没寸前となったが、積荷の大半を島に揚げることができた。その夜、日本人らはマレー人の襲来に備えて、箱底より刀を出し、交々に夜番をしながら、土の上にござを敷いて夜を明かした。その夜は、弦《げん》の月が美しく、南海の孤島に旅愁を味わう壮者《そうしゃ》も万感胸を衝くものがあり、[53] 津田は旅先でのやるせない気持を次のように詠った。

伊久利立《イクリタツ》。賀須巴乃《ガスパノ》海門《セト》ニ。船奈豆三《フネナズミ》。中乃島回乃《ナカノシマワノ》。月乎見加奈《ツキヲミルカナ》

八日、朝、榎本・赤松・伊東・沢ら四名は、カリプソ号に戻り、残した積荷の陸揚げに取りかかった。午前十一時ごろ、三本マストの蒸気船を認めたので信号旗を掲げて救助を求めたが、船は通り過ぎてしまった。そこで島の枯木の頂きに日本とオランダの国旗を掲げ、通行の船に知らせることにし、更に島の二、三カ所で焚火をたいた。昼すぎ

大きなスコールが襲い、人と荷物がズブ濡れになってしまった。一難去り、夕方になるや、西方より一群の蚊のような小虫（ニヤモック）が雲霞《うんか》のごとく島に飛来し、単物《ひとえもの》を着ている日本人の体中を容赦なく刺し、そのため一晩中まんじりともできず、歩き回って夜が明けるのを待った。

　このニヤモックの襲来には毎晩のように悩まされ、一同まったく辟易するのだが、津田は手記において、「此夜、蚊またブヨうみさし、いとなやみけり」[54]と記し、西周助の「和蘭紀行」の中に「此夜一夜沙州上ニ露宿ス、晩来小虫飛集シテ人ノ肌膚ヲ刺ス状蚋子《ぶゆ》ノ如シ、極メテ小ニシテ芥子《かいし》粒大ノ如シ、衣服ノ繊維中ヨリ穿入シテ人ヲ噛ム、奈何《いかん》トモ為ス可ラス、諸人困頓殊ニ甚シ」とあるから、その毒針に悲鳴に近いものを上げている。

　また、野営することになったからには便所も造らねばならず、穴を一つ掘ってそこで用をたすことになったが、沢が野外トイレにいの一番に入って、しゃがんでやっていると、草の中でごそごそするものがいる。何だろうと思ってよく見ると大きな〝赤蛙〟のようなもので、沢はびっくり仰天し、出すものを出さず、逃げ帰ってしまった。仲間にこの生き物について尋ねたところ、山下が「それはヤッコウ〳〵といって鳴いているあれに違いありません……」といった。そこでよく〝ヤッコウ〟なるものをよく観察すると、日本の〝家守〟のようなもので、丈が一尺五寸ほどのものであった。またポーロウ・リアート島には野獣こそいなかったが、「三尺ばかりのキセルのような蛇」がおり、沢はこれには驚くどころか、感嘆の声すら上げている。それは緑色の美しい蛇で「とんと私は欧羅巴《ヨーロッパ》印度等を回りまして以来決して此やうな美しい蛇を見たことはありません」（「幕府軍艦開陽丸の終始」）と述べている。

　九日、朝、お茶にそえて古パンをかじって朝食とした。荷物も大半陸揚し、船長ポールマンと乗組員、榎本・赤松・伊東・古川・大川その他も島に戻って来た。前日、船長はマレー語によく通じているファン・サーメレンに「救援を請う」旨をしるした手紙を書かせ、それを漁船に托し[55]、五十数キロ距てたポーロウ・レパル島（Poolow-Lepar）の酋長ラキアすなわちマス・アゴース（Mas Agoos）のもとに送ってあったので、この日の午前中に酋長夫婦が二十隻ほどの小舟を率いて救援にやって来た。このときの日本人留学生のなりは、みな野郎頭も元結がはじけて、ぶっちら髪で単物の上に大小をさしていたということだが、この姿に救援隊のマレー人も少なからず驚いたということである。相手は日本人だとは判らず、船長のポールマンが地図を出して日本の位置を示してやっと納得した。ひとまずレパル島に行くことになったが、荷物があまりにも多く、人と荷を一度に全部運ぶことができないので、内田・赤松・津田・西・古川・中島・大野・山下らとファン・サーメレン、一等航海士スコーテンらが、第一陣として酋長ラキアのポーロウ・レパル島に向かった。

先発隊がポーロウ・レパル島に到着したのは夜ふけのことである。ポーロウ・レパル島は直径二キロほどの小島で住民も少なく皆回教徒である。小さな島ながら礼拝堂もある。第一陣の日本人らはとりあえず酋長の家にやっかいになることにした。日本人の仮の住居となったその家について、赤松は次のように語っている。

小高い丘の上に在って三千坪程もあろうかと思ふ大きな構で、周囲には板塀を廻らし隅々《すみずみ》には櫓《やぐら》ともいふやうなものが在って、古びた長さ一間半程の元込の砲が備えなどしてあった。家屋は瓦葺の破風造であったが、之は酋長の家だけで普通のものは皆椰子などの葉で葺いたもので、当時の私たちには総てが頗る《すこぶ》珍らしい構造であると感じた。(『半生談』)

先発隊が島に着くと翌日、残った連中を迎えるために七隻の漁船を出したが、帰着予定時刻になってもなかなか戻って来ないので心配になり、みな手分けして島の回りに見張りに立ったり、島のあちこちで焚火をするなど大騒ぎをした。酋長の家に入ってくつろぐことになり、茶を飲み、芭蕉の実を焼いたものや棹物菓子（羊かん、ういろうの類い）のようなものを出されたが、日本人はそれまで握り飯少々と蒸餅を少しばかり口に入れただけで、ひもじい腹をしていたから、何でもうまかった。

十日、ポーロウ・リアート島に残った榎本・沢・田口・林・伊東・大川・上田らとカリプソ号の乗組員は、残った荷物を調べたり、あと片づけをして迎えの船を待っていた。一同は午前中、雨にあい、そのあと暑気に苦しんだ。この日、酋長の配下が芭蕉の実やパイナップルなどを売りに来たのでそれを求めて食べた。また塩がゆを作って食べようとすると、土民が赤鱏《あかえい》（菱形の一メートルもある黄褐色の魚、食用）を売りに来たのでそれも買い上げ、大川がそれを調理し、醬油・砂糖・酒などを入れて煮て食べたが、最も美味を覚えたということである。が、夜、再び件《くだん》のニヤモックが襲い、オーデコロンを体に振りかけ、単衣や割羽織を頭からかぶったり、股引をはいたりして防いだが何の効果もなく、沢と林は島中を動き回ったという。

十一日、午前八時ごろ待ち望んでいた迎えの船七隻がポーロウ・レパル島からやって来たので、直ちに荷物を積込み、第二陣は十一時すぎポーロウ・リアート島を離れた。が、この難破騒ぎによって日本から持って来た積荷の五分の一を失ってしまったばかりか、出島の医官ポンペの貴重なコレクション十八箱（ボードワァンは失ったのは三箱という）も海底のもくずと消えてしまった。カリプソ号の沈没地点は南緯二度四十分、東経百七度十分あたりで、「アルセステ礁」（Alceste Reef）と呼ばれる暗礁の多い、危険な水域で、これより一カ月後、お茶を積んだイギリス船「コロネイ号」（Colonay）も同じ地点で座礁している。(56)

十二日、午前三時ごろ後続の者らがポーロウ・レパル島の船着場に到着したが、闇夜のためにどうすることもできず迎えの者を待っていると、四時半ごろ古川が迎えに来たので、一同安心し、上陸することにした。一方、カリプソ号の船長ポールマンと水夫三名はポーロウ・レパル島にはやって来ず、蘭領ビリトン島（Belitung または Billiton――ボルネオ島とスマトラとの間にある島）の方へ逃げて行ったということである。当時、船を座礁させると重刑を課せられたから、責任のがれに部下を誘って逃亡したものと考えられた。

酋長の家では、遭難者を大いに歓待し、食事も一緒にしたが、土民はふだん芭蕉の実を揚げたもの、米（南京米）などを主食としている。日本人留学生らはヤシ油の臭が鼻をついたが、コーヒー・米の飯・バナナの揚げ物・鳥肉のスープ・魚の煮付・鳥肉の空揚げ・黒砂糖漬けのバナナなどのごちそうを供され口にしたが、食膳に上った料理を全部満喫したわけではない。あるとき取締の内田は、行李の中から曲《まがり》（油で揚げた菓子）のようなものを出して、酋長に与えたところ、一口かんですぐ吐き出してしまった。西周助の「和蘭紀行」に「内田氏ノ行李ニ菓子即日本藤材製ノ寒具《かんぐ》ヲ蔵ス、依テラキアニ与ヘ之ヲ喫セシム、ラキア食フコト半片 悉《ことごと》ク吐出ス」とある。

酋長は接待客のためにフォークやナイフやスプーンなどを出してくれたが、留学生らはまだ西洋料理に慣れてはいなかったので上田寅吉に頼んで箸をつくってもらい、それで三度の食事をとった。酋長らはふだん食物を指で器用につまんで食べていたから、日本人の食事の方法を非常に珍しがって見ていた。

同日の夕刻、小船に乗って立派なオランダ人がレパル島にやって来たが、これはバンカ島（Bangka）のトボアリ（Toboali）港ミュントック町の領事館付の書記官ファン・ダムメンであった。これはポールマン船長及びファン・サーメレンの出した手紙により、オランダ行の日本人がいることを知り、情況を知るためにやって来たものである。ファン・ダムメンは、三、四日の内に蒸気船一隻をレパル島の沖に寄越すから、荷物などを取りまとめ出発の準備をして欲しいと述べた[57]。留学生一同、この役人と夕飯を共にし、ヤギを殺し、焼き肉にして食べた。

十三日、朝食もファン・ダムメンと一緒にとったが、このとき日本人の大小を見て、それを記念にもらえまいか、といった。留学生らはふだん差し以外に、皆土産用として五、六腰位持っていたので、津田は白柄の大小を、内田は蒔絵の硯蓋を贈った。同人はたいそう悦び後日、バンカ島特産の錫製品を送ると約束した。津田の手記に、

十三日の朝、ハア《マ》ンダム《マ》も日本の刀、脇差を得まくほりすといひて、ねむごろに請へるに就て、いなみがたくて、

余大小を与へけり。彼喜びて、報代《むくいしろ》に錫もて作れる器を贈らんといひき(58)

とある。ファン・ダムメンはこの日、正午にポーロウ・レパル島を離れた。蒸気船が近日中に迎えに来るとの報に一同安心したので、船が来るまで名残りに島内の散歩を試みたり、水浴に出かけたりした。

十五日の午前十時ごろ、バンカ島の方向より小舟二隻を引いた蒸気船を認めたが、正午ごろに見えなくなった。しかし、午後二時ごろ沖合にオランダ国旗を翻した軍艦が一隻碇泊し、ボートに乗った海軍大尉一名が島にこぎ寄せ、上陸した。同大尉は、今来た艦はギニー号というバンカ島の常備艦で、艦内にはトボアリ港の弁務官もいること、二隻の曳き船のうち一隻は日本人の荷物のため、もう一隻はオランダ人の遭難者を乗せるために曳いて来たと、語り、速やかに出発の準備をしてほしいといった。これを聞いて、一同小踊りして喜び、早速荷物を積み込みにとりかかったが、荷が多くとても一隻の船には積み切れず、酋長に依頼して漁船を二隻出してもらった。船積みの際には、土民の手も借りたが勤労意欲にとぼしく、夜半ようやく積みおえた。直ちに軍艦ギニー号に赴かんとしたが、ちょうど干潮時で満潮まで待つことにした。この夜またもニヤモックに襲われ一同難儀した。遭難以来いろいろ酋長ラキアには何かと世話になったので、ファン・サーメレンに話してもらって八十六ドル三十セント支払い、また記念品として榎本から短刀一口《ふり》・裁付《たてつけ》袴・日本の旗等を、赤松からは手槍一本が贈られた。十六日、朝、日本人一同はオランダ人と共に四隻の船に分乗し沖合に碇泊中のギニー号を目ざしたが、海上に出て間もなく大雨となり、皆ずぶぬれになってしまった。正午ごろ迎えの軍艦の姿を見つけたが、同艦は蒸気を盛んに焚いて行ってしまった。一同きつねにつままれたような気がしたが、あとで聞いたところによると、座礁したフランス商船の救出に赴いたとのことであった。ギニー号が再びもとの碇泊地点に戻ったのは午後四時ごろで、同艦に乗り込んだのは午後五時ごろであった。さて、一同がギニー号に乗り移ったときの姿は、雨にあったのでぼさぼさの髪に跣足《はだし》で、まるで狂人のようでもあった。それでもトボアリの弁務官ボスヒエルは後甲板で日本人らを丁寧に出迎え、ビールやブドウ酒などを出してもてなし、士官が御酌さえしてくれた。やがて士官室を全部明け渡し、柳行李なども運んでくれたので、衣服を更め身装《みなり》を整え、饗応の料理などを食べた。

ギニー号がポーロウ・レパル沖を抜錨したのは午後七時ごろで、夜十一時ごろトボアリ港に到着した。甲板上から港口や碇泊中の船、そしてガスランプというものを初めて見たりした。ちょうどバタビア通いのメールボート《（郵船）》（百六十馬力の蒸気船）パレンバング号が、黒煙をあげ汽笛を鳴らしながら出港するところであった。この船は日本人留学生をバタビアまで運ぶためトボアリ港に碇泊していたが、ギニー号の到着があまりにも遅いためにしびれを切らし、出帆寸前であったのである。ギニー号はすぐ三十ポンド砲（空砲）を放って停船を命じ、停止したので本艦を横着けし、荷物ともども人間も移乗させた。同夜は出港せず、士官室においてシラバヤの副弁務官夫婦と家族及び召使い、学者、オランダの海軍士官らと深夜まで酒宴を催した。

トボアリの弁務官ボスヒエルにはひとかたならぬ世話になったので、謝礼として内田より金蒔絵の短刀一振が贈られた。田口はギニー号の艦長ペルン・デン・デウスの所望により、大小を一腰進物とした。

十七日、午前四時ごろ郵船パレンバング号は汽走しながらトボアリ港を離れた。……

（53）『赤松則良半生談』一三四頁。
（54）「和蘭留学」（津田道治編『津田真道』所収）。
（55）Monumenta Nipponica vol. V, 1942, p.258.
（56）*Ibid.*, p257.
（57）『赤松則良半生談』一三七頁。
（58）「沢太郎左衛門航海記」（『幕末和蘭留学関係史料集成』一二七頁）。

バタビア到着

文久二年十月十八日（一八六二年十二月九日）——午前八時すぎ郵船パレンバング号は、バタビアの港に投錨した。バタビア（Batavia）はジャカルタの旧称である。この都市は南緯六度十分、東経百六度四十八分のところに位置している。市はジャワの北西海岸——チーリウング（Ciliwung）を中心にして在るが、[59] 現在の新しいジャカルタは南北に十キロほど細長く延びた地区に位置している。旧市街はコタとグロドック地区に集中し、これらの地区こそ往時をしのばせる唯一の町並みといえようか。

バタビアは十七世紀以来オランダの植民地として繁栄の一途をたどって来たが、日本人留学生がこの街に足をふみ入れた当時、蘭領東インド随一の港町であった。一八六〇年代初頭の人口は十一万八千三百人、このうちヨーロッパ人は二千八百人、中国人は群を抜き二万五千人、土着民は八万人、またムアー人とアラブ人が九千五百人ほどいた。チーリウング川の東岸には、オランダ東インド会社が建てた洋館をはじめ、ヨーロッパ各国の建物が軒を並べ、ことに中華街は最も活気に満ちあふれていた。バタビアはいわば東洋貿易の拠点の一つであったのである。

日本人留学生はバタビアの碇泊地に投錨したパレンバング号を下船する前に、甲板の上にたたずみ、四方を望んだが、まず目に入ったものは、碇泊中の世界各国の三、四十隻もの軍艦や商船の姿とか異国情緒に富む西洋建築や活況を呈している街であった。バタビアの第一印象については、赤松が「バタヴィア《ママ》は蘭領第一の港で、各国の軍艦商船が沢山出入りし、近く支那人町、遠くに洋館の宏壮な建物が見えるので、私たちは其《その》繁昌に驚いた」（『半生談』）と述べているし、西周も「和蘭紀行」において、バタビアハ瓜哇《ジャワ》嶋ノ西端ニ在リテ北ニ面ス、港内殊ニ広シ、船舶蟻集《ぎしゅう》シ帆檣林立ス、始メテ陸ニ上ル所支那街トス、支那商大小店ヲ開ク、稍《やや》深クシテ洋商ノ店肆《てんし》家屋有リ、然レドモ土地広濶地ヲ占メ路ヲ開ク共ニ宏敞ニシテ櫛《しっ》比局促《ぴきょくそく》ナラス……

といった風にバタビアを描いている。また津田真道の「はなの志をり」にもこの港町のスケッチがあるので、それを次に引いてみよう。

18世紀初頭のバタビアの地図

バター《ママ》ビアは、いと広き海湾にて、か丶れりける三桅船四十隻ばかり、小舟にて川口を登り街に入る、川口十五六町の間煉《れん》石にて河岸を築き、恒《かき》に川口の土砂をさらふ、其法河中の土砂幾何《いくばく》をさらへて役所に持至るものには、幾何の金をとらすといへり、故に役を起さずして自貧民役を取るなり、又土砂をさらふる機関あり、モッデルモーレンといふ、砂泥車の義なり、こはいと大仕懸《おおしかけ》なり。

バタービヤは、街衛《がいえい》広く、車馬絡繹《らくえき》として織るが如く、西洋人の家は悉く宮殿の如く、支那人の家は日本賈人《ばいにん》の家の如く、土人の家はいと貧し、あわれなる小舎にて、我国の水飲百姓に似たり、西洋人は多くは巨商にて、小賈人は稀なり、唐山人《とうざんじん》も小估《しょうこ》多く、土人大かた奴隷に似たり

19世紀バタビアの風景

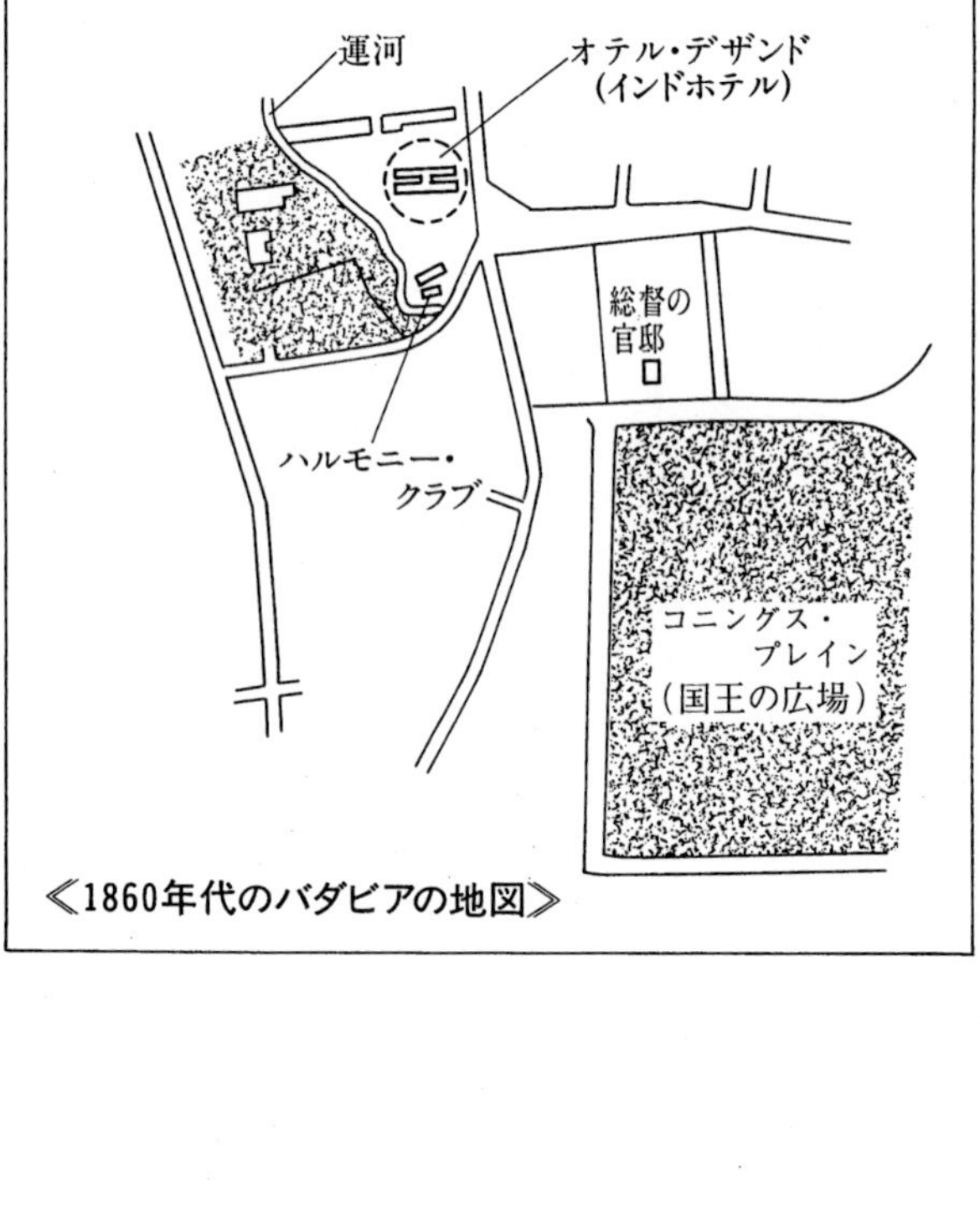

《1860年代のバダビアの地図》

要するにバタビアは、富裕の中でぬくぬくと暮らすヨーロッパの大商人がいる反面、貧苦の中でその日その日を細々と生計を立てている土着の人間もいる、貧富の差が激しい都市であったようだ。

やがて入国監理局の役人と税関吏が本船に来て、旅客の名前を改めたり、荷物などを調べたのち帰って行った。午前九時ごろ、日本人留学生らは二隻のボートに分乗し、運河を進み、同十一時四十分ごろ税関事務所に近い波止場に上陸した。荷物の方はパレンバング号の士官に頼んで、午後に陸揚げしてもらうことにしたが、日本人の荷物は商品ではなかったので通関も滞りなく済んだようである。しかし、上陸してみたもののホテルがまだ決まっていなかったので、上陸地点より一町ばかり離れた所にある「茶屋」でしばらく休んだということである。沢の「幕府軍艦記事」には「然ルニ旅館定マラザルニ寄リ『ハルモニー』待合茶屋ニ至リ休憩ス」とある。すなわち「ハルモニー」とはレイスウエイクストラート（Rijswijk Straat）にあった「ハルモニー・クラブ」（De Societeit "De Harmonie"）のことである。(60)

さて、一同は運河のそばのこの宏壮な紳士クラブでひとまず、休息し、当地の役所から役人が来るのを待ったが、午後一時ごろ税関の書記ホーゲルという者が二頭曳の馬車を沢山つれて「ハルモニー・クラブ」に迎えに来たので、日本人留学生はそれらの馬車に二人ずつ分乗して、旅宿と定まった「ホテル・デ《マ》・イ《マ》ンドス」に向かった。馬車についていえば、赤松は先年、遣米使節の随行員として渡米した折、サンフランシスコで乗ったことがあったが、他の連中は馬車というものに乗るのも今回が初めてであり、しみじみ便利な乗物であると感服した。津田も馬車の快適な乗り心地に満足し、手記の中で、

上陸後馬車にて「ホテル・デ・インドス」に入る、留学生一同馬車の現物を見、又之に乗車せしは実に生れて初《マ》じ《マ》めての快事なりき。

としるしているが、これは「馬車」初乗りの愉快な体験のことを語ったものである。

また沢も「我々馬車ノ現物ヲ見又《また》乗車セシハ此時ヲ以テ嚆矢トス」と述べ、ともに初体験についてふれている。日本人らを乗せた馬車が数珠つなぎとなってホテルに向かう途中で、「蘭人会計役員バッセレイニ出会ス」(61)と沢はしるしているが、これは弁務官《レシデント》より日本人の世話役を言い付けられた政府の役人J《イエ》・A《アー》・G《ヘー》・バスレ（Basslé）であった。

日本人留学生が泊ったバタビアの「インドホテル」
(『古きバタビア』より)

同人は西周助の馬車に途中から便乗し、盛んに日本の様子などを尋ねるので不思議に思い、西が逆にいろいろ質問してみると、ホーゲルと同じように以前、出島に在勤したことがあり、また日本語が少し判るので、日本人掛になったということであった。

日本人留学生らは、松・ヤシ・竹・ゴム・ミモザなどの木立ちに囲まれた白亜の住宅が並んだ街路を通って(62)、赤松のいう「印度ホテル」に着いた。このホテルは、沢によると「ホテル・テス《ママ》インデス」といい、フランス人が経営していたという。正しくはHôtel《オテル》 des《デ》 Indes《ザンド》(フランス語)と綴り、「インドホテル」ほどの意である。一行が止宿したこのホテルについて、沢は「幕府軍艦記事」において、

　此「ホテル」ハ間口二拾間、奥行三拾間程ニテ正面ニ石門アリ、右側ニ二階造リノ建家、左側ニ平家奥ニ又大ナル二階家アリテ中央ハ庭園ナリ、其園中ニ水浴所ヲ設ケ又其傍ニ平家《ひらや》ノ建物アリ、我々ハ此所ニ滞在ス、客室六カ所、其中一番室内田君ニ宛、又食堂ト為セリ、二番室ヨリ五番室マテ我々二人ツ合宿シ、六番室ハ職方六人《ママ》ノ寝室トス

としるしている。

当時このホテルは、バタビアでも一流ホテルの部類に入ったものと思われる。『古きバタビア』(*Oud Batavia*, 1919)によると、一七九八年当時、このホテルの建物は東インドの法務官C《セ》・M《エム》・

ネウン（Neun）の持物であった。が、その後次々と人手に渡ったものである。[63] こんどの大戦では一時、日本軍に接収され、同ホテルに宿泊した経験がある日本人も多いと聞いた。[64] 戦後もずっとあったというが、今はどうなっているか気になるところである。

大小を帯びたチョン髷姿の日本人の一団が泊った、当時の同ホテルの宿泊人は、ヨーロッパ人、ことにオランダ人が多く、部屋も四つに一つは空いていたという。多くは商人たちによって占められ、中には半年以上も長期に渡って泊っている者もいたとのことである。[65] 一八七一年一月十六日――世界旅行の途次、バタビアの同ホテルに泊ったアメリカの著名な政治家ウィリアム・ヘンリー・スワード（William Henry Seward, 1801～72）は『世界旅行』（*Travels Around the World*, 1873）の中で次のよう書きとめているが、概ね沢が描いているものと大きな差異はない。

一月十六日　　バタビアにて

私たちは「インドホテル」まで馬車で行った。このホテルは、私たちが北京から万里の長城に至る途中で宿泊できた支那の宿屋を除けば、ソルト＝レイク＝シティを立って以来、止宿することができた最初の宿であった。「インドホテル」は平家の建物で、円形の中庭を取り巻いており、中央に高い建物がある。そこに立派な事務所、客間、大広間などがあり、また建物全体をベランダが取り巻いている。外側の建物は、個室として用いられているものだが、通廊で本館とつながっている。私たちの部屋に付随しているこぎれいな浴場で、私たちは初めて東洋の風呂を十分に楽しむことができた。というのは、風呂は日本や支那の外国租界にまだうまく伝わっていないからである。同ホテルの風呂は、直径が十五フィートもある大理石の浴槽から成り、水はちょうど気温と同じ温かさであり、澄んでいて、泳げるほど深く張ってある。[66]……

沢によれば、「浴殿」は中庭の中央にあり、円形の大理石《マルメル》製の浴槽であったということである。バタビアは赤道に近く、夏冬とも暑いのでお湯をわかさず、水を用いていたという。士分の者らは一部屋に二人ずつ泊まり、職方連中は、五人で一部屋の文字通りの相部屋であったようである。

インドホテルは馬車も貸し出すので、左側の建物の裏手に大きな馬屋があり、そこに三十頭ほどの馬が飼われていた。そのまた裏手にトイレがあった。留学生らは各部屋に「尿器《ピスポット》」（pispot）が置かれていることを知らず、わざわざそこまで用たしに出かけ、甚だ不便を感じたということである。

（59）Susan Abeyasekere : Jakarta–A History, 1987, p.48.

（60）Monumenta Nipponica, vol. V. 1942 p.258.

（61）バスレについては従来どのような人物か不明であったが、一応知り得たことを次に記そう。フルネームは、Jean Antoine Gustave Adolphe Louis Basslé という。一八二三年十月十二日、スットフェン（Zutphen ——オランダ東部、アムステルダムの東一二五キロにある町）で生まれた。父は Jean F. L. Basslé、母の名は J. B. A. Olthoff という。バスレは、一八四二年十二月二十二日生まれのウィルヘルミナ・クリスティネ・ディペンヘイムという女性と、ハーグで結婚した。翌一八四三年九月十二日、勅令によりオランダ東インド会社の役人となり、一八四五年五月、東インド総督の命により、出島の商務員補に任じられ来日。一八五七年（安政四）、荷倉役、帳簿係、書記となる。一八六一年（文久元）同職を辞任。一八六二年、バタビアの弁務官の命を受けて、内田恒次郎以下の日本人掛となる。一八六三年二月から一八六九年一月まで帳簿の仕事に従事する。一八九七年一月四日ハーグで死去。享年七十五歳。

（62）William H. Seward : Travels around the World, 1973, p.281.

（63）『南シナ・ジャバ・日本』（Chine du Sud, Java, Japon, Librairie Hachette, 1916）には、同ホテルがモーレンフリート（Molenvliet）に在ること、ベットの数は一三八、食事付で部屋代は六フロリンからとあり、英・蘭・仏・独の言葉が通じるとある。

(64)　戦前、O氏は第十六軍通信隊の小隊長であったが、英印軍の六十万ドルの公金監視に行くよう命じられ、部下十五名と共にこのホテルに一晩だけ泊ったという。天井に扇風機がついていたけれど、非常に暑く、寝苦しかったことを覚えている。当時、日本軍はこのホテルのことを「ホテル・デス・インデス」と呼んでいたという。一九四七年（昭和二十二）まで間違いなくあったという。が、一九五〇年代まであったことがガイドブック等によって確認できる。
(65)　「沢太郎左衛門航海記」（『幕末和蘭留学関係史料集成』一三二頁）。
(66)　W・H・スワード『世界旅行』二八一～二八二頁。

バタビアでの留学生

日本人留学生らがバタビアに逗留したのは、十月十八日（陽暦十二月九日）より十一月二日（陽暦十二月二十二日）までの期間であり、宿の待遇もよく、外出するにしても必ず馬車で送り迎えしてくれるし、オランダ人の接待役も付いているので、「難航以来の困難を慰めるに足りて、一同頗《すこぶ》る満足したことであった」（『半生談』）という。また政庁から遣わされた番兵が一名、交互に昼夜兼行で日本人が泊っている部屋の外を警固してくれた。

留学生一同は、至れりつくせりの歓待ぶりに、大いに鋭気を養い、思う存分にバタビアの滞在を楽しむことができた。

津田がバタビアより妻の「おなか」に宛てて出した近況を報ずる手紙に、

（前略）此バタービ《ママ》アのはたごやも至てきれ《ママ》いにて食物も至てよろしく、もてなしの蘭人相応之役人一人付居り、外へ見物等に出候にも車に乗り馬に引せ候て参り、惣《そうじ》て地獄よりにはかに極楽へ参り候様被覚候……

とある一節は、このときの模様を伝えたものである。

日本人留学生は離日以来初めてバタビアにおいて西洋文明にふれ、レンガ造りの洋式灯台、高層の洋館、ガス灯、馬車などに驚嘆したわけだが、何よりもびっくりしたのは、暑気のさなかにホテルにおいて出された「氷」と「アイスクリーム」であった。雪は毎年、加賀の前田家より将軍家に献上されることは知られており、とても下々の口に入るものでないこと位判っていた。が、なぜこんな暑いところに「氷」があるのかふしぎに思って尋ねたところ、カリフォルニアからの輸入品であることを知る。そこでめいめい夕飯のとき、ビールやブドウ酒の中に氷を浮かべて飲んだ。沢は「幕府軍艦記事」の中で、

ホテルニ於テ出ス三食ニ頗《すこぶ》ル珍味ヲ覚エ一同食スル事非常ナリ、又炎熱中氷ヲ見シハ江戸ニ於テ加州侯《(前田)》ヨリ献上ノ外ハ覚エザル故、随分驚キ「アイスクリーム」ノ如キハ別シテ賞翫シ、「ビール」、葡萄酒ニ氷ヲ入レ飲シハ最モ多量ナリ

としるしている。西周助などは「余素《もと》ヨリ酒ヲ嗜ム」といっているように、生来酒好きであったからビールの中に氷を入れて飲み、快い冷たさを満喫している。西の「和蘭紀行」に「此地常ニ暑炎、而《しか》シテ氷ヲカリホルニアヨリ購入ス、晩餐之麦酒《(ビール)》内ニ投シテ涼飲ヲ取ル、快甚シ……」とある。

しかし、好いことばかりはつづかず二週間ほどの逗留中にも病人が何人か出た。いわずと知れた風土病（熱病）に冒されたもので、一行中士分では西・津田・沢・林らと職方三名がこれに罹ったが、幸いいずれも軽く、二、三日で

治った。西の「和蘭紀行」に「一行率病ニ羅ル、カストリセ熱ト云フ、食傷熱ナリ、余モ亦病ムコト数日」とある病気は gastrische koort（軽症腸チフス）のことで、沢は「殊ニ不便ヲ極メシハ小便所ナリ」と記している。

翌十九日、郵船パレンバング号より日本人の積荷が陸揚げされた。船長のシューンより、荷物は税関で検査を受けねばならぬため梱包を解く必要があり、立ち合いの者を遣わして欲しいといわれたので、その旨日本人掛のバスレに尋ね、確かめたところ、その必要はないといい、断り状を出してくれた。やがて荷物は梱包したままホテルの方に届けられた。一同はバタビア滞在中、学校・病院（三カ所）・養育院・製鉄所・監獄・ガス工場・兵営やプリンス・フレデリック議事堂・総督邸などを自由に馬車を駆って見学に訪れているが、日本側の史料からでは日付や訪れた場所の位置及び名称、会った人々の名などがはっきりしない。が、『モヌメンタ・ニッポニカ』（Monumenta Nipponica, vol.V, 1942）に載った論考「一八六二年にバタビア経由で日本からオランダに向かう途中、バンカ島とビリトン島間で難破した日本使節に関する覚書」（Notes on the Japanese Mission which was shipwrecked between Bangka and Billiton in 1862 on its way from Japan to Holland via Batavia）から、ある程度のことは判る。

二十日には、一行はサウランとデーレマン両氏が経営する機械工場「ウィレム三世」や政府の製材所やガス工場を訪れている。二十二日、日本人留学生は全員、政府の蒸気船「テイリウング号」（Tijliwung）に乗り、バタビア湾内のオンルスト島（Onrust）にある海軍施設を訪れたが、訪問者はとくに乾ドックに大きな興味を示した。

見学に訪れた施設中、まず「学校」についていえば、日本人留学生はバスレに案内されて二十三日に同所を訪ねている。学校といってもいろいろあるが、「ウィレム三世」と称するグラマー・スクールである。(67) その学校は郊外にあって、近くには役人や士官らの住宅が建ち並んでいたということだが、校舎内にはいろいろな器具（物理・化学用）や書物などが備えられていて、目を驚かされたと述べている。(68) 教科は地理・物理・化学・数学・語学（フランス語・オランダ語・ラテン語）などで、教師の数は二十名ほどであった。

「病院」は西洋人のためのものと、土着民用に大別されていて、日本人は両方を見学している。原住民用の病院の建物は長屋のような造りで、二十畳じきほどの部屋に分かれ、患者のベッドのそばには食器や薬、生国・年齢・病歴・使用中の薬などを記した書き付け（カルテか？）などがあった。廊下には兵士が一名警固につき、看病人もそれぞれ患者に付き添っていた。患者はジャバ人と中国人とに大別され、その数は合わせて百名ほどであった。津田もバタビアの病院を見学した一人であるが、その手記の中で、「一日病院を訪ひけり。唐人《(中国人)》を入る、病院、土人をいる、病院、各別なり。いと広く、患者百人に踰る」と記している。また病院の構内に精神病棟もあって、それは「長屋を四方ニ造リ、内ニ大ナル広庭」をひらいたものであったという。

その他、病院の付属施設として調剤室や医師の詰所なども訪れたが、薬師《くすし》（医師）の一人がアルコール漬けの子宮をビンの中から取り出して見せてくれた。沢は「幕府軍艦記事」の中で、

くすしの詰処と見へて別に部屋あり、ことに色々の解剖せしもの、此内腸《(はらわた)》など焼酎漬ニしてビン入れたるあり、其一ツをくすしのもていだし、なかより取出して見せける、こは婦人の子宮のよしなり

と記している。

また、一日兵営のそばの西洋人のための病院（「バタビア病院」のことか）を訪れたが、それは前者の病院よりも規模も大きく、施設も立派であった。沢は、シャワー室、湯舟とも大層清潔であったといっている。病棟の裏手に「医学の稽古所」（医学研究所）があって、そこにもアルコール漬の各種の標本（頭のない赤ん坊・生首・内臓等）があり、また医学生が七、八人いたという。内田は「バタビヤ《ママ》病院ニ而《て》見る処」の標本図として、ビン漬めの「モルモット之双頭」（頭が二つくっついたテンジクネズミ）と「ヘルセン《(頭)》之無き小児」の写生図を二枚残している。また

同病院の見聞記として、津田は「西洋人の病院は、いと広く美しく、兼て医学所にて、爪哇《バタビア》、シュモタラ、バンカ等、土人の医生来り学ぶ。教師自らマレイス語《マレー語》を記して、マレイス語にて教ふるなり」と記している。

伊東と林は二十一日に陸軍医療隊の施設を見学に訪れたが、同付属病院で午前九時半から午後十二時半まで過ごし、その間に解剖研究所や原住民の医学生らの修学の様子などを参観した。

その他、一行が訪れたという養育院・製鉄所・監獄・議事堂・総督邸などに関しては記録はなく、沢の兵営についての詳しい記述と津田のガス工場の短い訪問記があるのみである。

「兵営」については、二十一日に蘭人バスレの案内で訪れ、将軍や少佐らが四、五人、日本人留学生らを出迎え、営内をくまなく見せてくれたが、その対応は慇懃をきわめていた。練兵場では歩兵、騎兵、砲兵らから成る調練を見、兵舎や武器庫の中も見せてもらった。なお、兵営からほど遠からぬ所にプリンス・フレデリックと呼ばれる「城塞」があり、そこも士官に案内されて訪れた。沢によると、敷地は一万五千坪ほどで、ちょうど江戸の二、三万石ほどの大名屋敷ほどの規模であったという。構造はレンガ造りで、望楼をもち、銃眼を設け、周囲は深い堀によって取り囲まれ、内堀もあったという。

「ガス工場」については、津田の手記に一行「石炭瓦斯《ガス》を製する所を訪ふ。是もいと大仕懸なり。街衢《がいく》ことに此火光を用ふ、故に夜景甚美」とある位で、語るべきものがない。が、二十日に訪れている。日本人は一間半ほどの「赤い棒」の先端にガラス玉をつけ、土中に引いたガスがその中で燃えて、街路を照らす様を見て、便利でかつ美しいと思ったようである。(69)

話はもとに戻るが、日本人留学生がバタビアに上陸し、インドホテルに旅装を解いた日――十月十八日（陽暦十二月九日）の午後、一同はバタビアの近辺を馬車でドライブしたのち、以前、第二次海軍派遣隊の一等尉官（少佐待遇）として長崎で操砲・造船術などを教授し、内田・沢・赤松らの旧師でもあるベルナルド・ディーデリック・ファン・トローイェン（Bernard Diederic van Trojen, 1825~85）の住居を訪ねた。が、当人留守につき帰途につく途中、久々に再会を果たしている。沢の「幕府軍艦記事」に、

> 以前長崎ニ於て海軍伝習御用の砌《みぎり》、おのれも右御用命せられ其地へ相越セしとき、右教師ニ頼ミたる和蘭海軍一等士官ファ《マ》ントローウ《マ》ェンといふ人、此程彼本国の命ニ而此バターヒヤの土地ニ来リ逗留なせしよし聞しニより、或日内田うじと共ニ其旅宿ニ尋ね行しニ、折悪しく留守ニて出会ず、由《よっ》てむな敷《しく》帰らんとおもふところ途中ニて同人ニ出会、久〻の面会ゆへ彼れも大ニ悦ひ、我等の旅宿江たつね来らんと約して此日立別れぬ

とある一節は、この日の邂逅について述べたものである。

またバタビアに着いて程なく、内田ら士分の者は、バタビアの弁務官《レシデント》、オランダ商事会社の頭取トランクラネン（N. Trankranen）、東インド議会の副議長プリンス（A. Prins）、同名誉議員のファン・デル・ウエイク（H. C. van der Wijck）、東インド陸軍のファン・スヒィルブラント少将（W. C. van Schierbrand）、オランダ東インド海軍のマイイ（J. Maij）、軍艦メデュサ号の搭乗員で海軍中佐のヨンケル・ド・カセムブロート（Jonkheer de Casembroot）、国会議員のファン・ド・グラーフ（W. J. van de Graaff）とケウセニウス（L. W. C. Keuchenius）、東インド陸軍医務隊の長官ワシンク少将（W. Wassink）などを儀礼訪問している。(70)

これらの訪問に対して答礼訪問もなされているが、その前にファン・トローイェンについて述べてみたい。十月二十日（陽暦十二月十一日）の夜、ファン・トローイェンはインドホテルに昔の教え子を訪ね、沢らと会っているが、このとき沢は長崎時代の恩を謝し、ビールをふるまい、お礼に脇差一振り、扇子一本、酒器箱入などを贈った。トローイェンは翌日も訪ねて来たが、このときはいとまごいに来たもので、近日中にバタビアから二十キロほど離れた島

へ赴任すると語り、いずれオランダ本国で再会を期して別れた。

先ほどの儀礼訪問に対する答礼もなされたが、とくに記しておかねばならぬのは、十月二十四日（陽暦十二月十五日）に、取締の内田恒次郎と榎本釜次郎らが、バタビアの南約六十キロのところにあるバイテンゾルフ（Buitenzorg）に、オランダ総督の官邸を表敬訪問していることである。この訪問については日本側の記録はまだ発見されていないが、両人はこの高原の町にある白亜の宏壮な建物の中で総督夫妻と会い歓待を受け、カリーナの巨木、柳、ヤシ、タマリン、大王ヤシなどが立ち並び、蓮《はす》、睡蓮、花藻などが浮ぶ碧い水をたたえた池などの美しい眺めを楽しんだ。

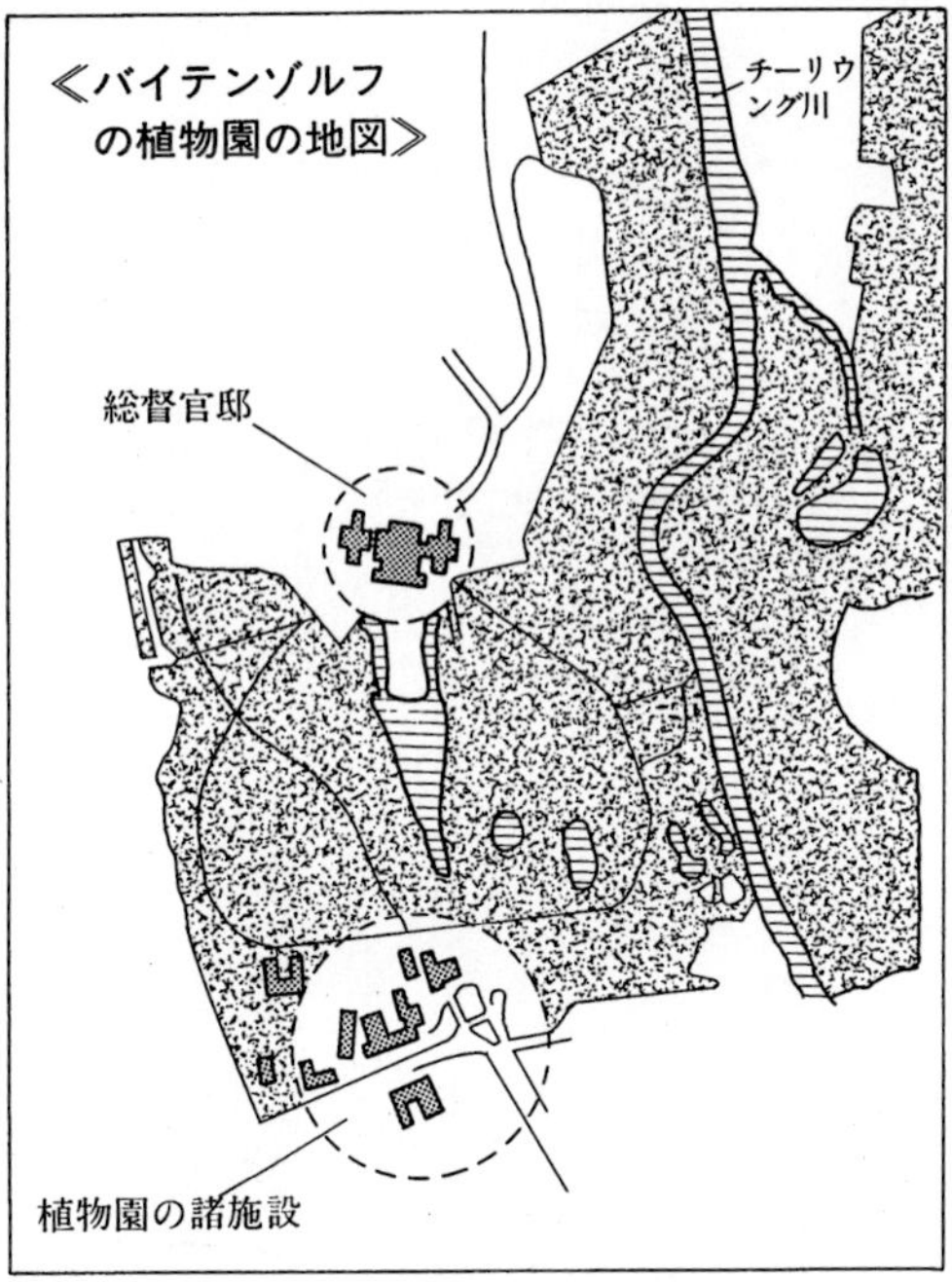

総督官邸を訪れる前に、内田と榎本は鉱山技師フロート（C. D. Groot）に案内され、鉱物標本を見ることに、数時間を費やしている。官邸の訪問は同日の夕方のことで、両人は事務総長ラウドン（A.Loudon）宅をまず訪れたのち、貴賓用の馬車の出迎えを受け、総督官邸を訪れ、蘭領東インド総督であるスルート・ファン・デル・ベェレ(L. A. J. W.Sloet v. d. Beele）男爵夫妻に拝謁したのであった。

翌十月二十五日（陽暦十二月十六日）、内田と榎本は世界一と称せられる当地の大植物園を見学に訪れ、そこで日本の植物などに興味を引かれ、郷愁などを覚えた。なお、両人は正午にバタビアに戻っている[71]。

日本人留学生のうち、とくに士分の者はバタビ

日本人留学生を運んだテルナーテ号

ア滞在中、オランダ商事会社の頭取トランクラネンや機械会社「ウィレム三世」の社長デーレマンらと交誼を深め、何度も自宅を訪ねたり、公の席で会っている。士分の者は士官待遇であるから、「ハルモニー・クラブ」へも幾度か賓客として招かれた。(72) 日曜日には「ワーテルロー広場」で陸軍軍楽隊のコンサートが催されるのであるが、そこに出かけ異国の音楽に耳を傾けた。沢は「ことの習ひとして日曜日《ソンダフ》にはミリタイレミュシーキとて、軍の音楽を奏する事なりき、おのれも一度ゆきて見しに、四方の人〻男女うち交り、車にのり行き見るもの夥し」と述べているし、紳士クラブである「ハルモニー」については、「また我輩の宿りしはたごや《(インドホテル)》にいと近くおなし町の角ニハルモニーと名付けるクリューブホイス（クラブの建物）あり、クリューブホイスといふは寄合茶屋のことにして、日曜日のよひ《(宵)》ハいと賑はしく、この家の軒場ニ数多の燈籠をつらね、あちこちの人寄りつどひ咄し抔《など》なし居りし有様いとうるはし」（「幕府軍艦記事」）と述べ、安息日の夕べ、ガス灯の下で談話に興を尽くす人々の情景をうらやましげに見ている。

訪問やレセプション以外の時は、めいめい故国に報告や手紙を出したり、日誌をつけたりし、また市内の書店に足を運び書物なども求めた。その間にもバタビアを立つ日が刻々と迫っていた。取締の内田はオランダ商事会社の頭取トランクラネン氏と渡蘭の方法について談合し、彼地まではオランダの商船「テルナーテ号」（Ternate）――三橋の快速船で行くことに話が決まった。オランダ商事会社の代理人ファン・オメレン・ルエブ（Van Ommeren Rueb）及びテルナーテ号の船長と日本側との間で、十五名の日本人をバタビアからロッテルダムまで運ぶ契約に調印した。(73) 契約は六カ条から成るが、ちなみに第一条をのぞくと、テルナーテ号の船長T・カルス（Cars）と共に十五名の日本人がロッテルダムまで運ばれるが、士分九名は一等船客、職方六名は二等船客と契約書に明記されている。

十一月二日（陽暦十二月二十二日）――この日の午前五時に、一同は起床し、身支度を整えると、六時にホテルを出、馬車でバタビア港口に向かった。更に一行は、埠頭より三十馬力の蒸気船に乗り、沖合に碇泊中の「テルナーテ号」に向かい、これに乗り組んだ。同船は、長さが約三十六メートル、幅十メートルほどもある約四百トンほどのフレガット形の帆船である。乗組員はロッテルダム出身の船長以下約三十名ほどである。この船は小型ながら喜望峰沖を通過しヨーロッパまで航海する客船として用いられていたが、乗客として、この日十五人の日本人以外に、バタビア在勤を終えて帰国する外交官一名、同書記生一名、海軍軍医一名が乗り組んだ。また積荷も少なからず積んでおり、それらは錫・とう類・くるみ・砂糖・コーヒーなどであった。

日本人掛の蘭人バスレは、終始留学生らに付き添いその世話をしたが、出帆の朝も一同を本船まで見送りに来た。バスレは取締の内田と榎本らがバタビアで撮ってもらった肖像写真を両人に手渡した。乗船したからには部屋割りも決めねばならぬが、その前にテルナーテ号の船室について簡単にふれておこう。同船には、船長の部屋が一つ、士官室四つ、下士官用の部屋二つ、客室が十部屋ほど備えられており、日本人留学生らは一部屋に二人ずつ入ることになった。沢は御医師伊東の同室者となった。いずれにせよ、一同テルナーテ号に乗船したものの、風の都合で港内に碇泊したままであった。

翌三日、「テルナーテ号」は午前八時五十分に抜錨し、バタビア港をゆっくりと出て行った。わずか二週間ほどの滞在ではあったが、ほとんどの者は当地において初めて西洋文明の一端にふれただけに、出帆するに当たってさまざまな想いや感傷が胸をよぎったことであろう。また逗留中の経費はばかにならず、二千五百ドルほども使ってしまった。[74] 昼下がり、本船はバタビアの瀬戸を航行した。やがてにわか雨が降り出し、烈風が吹くようになった。付近は浅瀬が多いために、本船は安全をとって風がおさまるまで投錨、碇泊した。正午の気温は華氏八十八度（摂氏三十一度）ほどもあり、赤松は「此頃は大分暑くて私たちは木綿の筒袖の一枚に割羽織を着て甲板を散歩しても尚《なお》熱く感じた」と語っているが、一同炎暑には悩まされたようである。四日、午前中くもり、午後にわか雨が降った。午前十時ごろ抜錨し、帆走に移ったが、風悪しく船あしはのろく、暑気に苦しめられた。午後六時半ごろ、メンスエイテル（島の名）付近に投錨した。あたりは暗礁が多い。七時半すぎ、月と星の姿を見かけるが、夜八時すぎににわか雨が降り出し、やがて強風も吹く。夜十時を過ぎても風はやまなかった。五日、午前中、強い西風が吹いた。午後はにわか雨が降った。本船は碇泊した。気温は昨日と同じように高く、一同暑気に苦しめられた。沢は炎暑について「殆《ほとんど》堪ゆべからざる程なり」といっている。

六日、終日薄ぐもり。強い西風が吹き、この日も碇泊した。風があるため涼しさを覚えた。七日、午前七時半に抜錨し、針路を変え帆走した。が、午後六時ごろ投錨した。夜八時すぎ、しばらく雲が晴れ、三日月が見えた。八日、払暁にわか雨が降った。午前七時四十五分に抜錨するが、逆風のため昼すぎ投錨、碇泊する。同夜、月が顔をのぞかせたので、一同甲板の上を遊歩した。榎本はテルナーテ号の三等軍医エイセレンと物理学について深夜まで話し込む。九日、早朝、西北の風が吹き、午前九時五十分に抜錨し、直ちに帆走に移った。バタビア港に向かう、七、八隻のオランダ船を目撃した。午後、逆風にあい、投錨、碇泊した。午後五時ごろ、風の向きが南南西に変り、再び抜錨、帆走した。しかし、午後七時ごろ再び投錨、碇泊した。昨夜と同じように月が出たので、一同甲板の上で夕涼みした。十日、快晴。午前九時に抜錨し、直ちに帆走した。午後三時半、投錨。この日は昨日よりも進んだ。碇泊地は、バタビアの高山「聖ニコラ」（St. Nicola）の頂《プント》を西北に望む地点である。

（67） Susan Abeyasekere : Jakarta – A History, 1987, p.61. この学校は一八六〇年にサレムバに開設されたギムナジウムである。

(68) 「沢太郎左衛門航海記」（『幕末和蘭留学関係史料集成』一四五頁）。
(69) Jakarta – A History によると、バタビアの市街（ヴェルテフレーデン地区）にガス灯がともるようになったのは一八六〇年代に入ってからであるという。
(70) Monumenta Nipponica, vol. V, 1942, p.259.
(71) 同右。
(72) 同右。
(73) 『幕末和蘭留学関係史料集成』七五二頁。
(74) Monumenta Nipponica, vol. V, 1942, p.260.

貿易風に乗って

文久二年十一月十一日（一八六二年十二月三十一日）――終日、晴。午前八時半に抜錨し、帆走した。午後五時ごろ投錨。七時ごろより雨が降り出した。この日は陽暦の大晦日にあたり、晩餐にはいろいろごちそうが出た。船客と日本人一同は一堂に会して祝杯を上げた。夜十二時になると、水夫全員が甲板に集まり、花火をあげ、十八ポンド砲で祝砲を三発発射し、「万歳《フウラー》！」「万歳《フウラー》！」と歓声をあげて新年を迎えた。船室では酒宴が催され、日本人とオランダ人は互いに祝辞を述べ合い、また水夫による寸劇や歌などの余興があった。取締の内田の名をもって水夫全員に祝儀として洋銀百フルデンを贈ったところ、「水夫共が遣《や》って来て握手したが、一行中には閉口していた者もあった」と、赤松は『半生談』の中で述べているが、これは日本人ひとりひとりがオランダ人水夫より握手攻めにあったものであろう。この賑やかな祝宴は午前三時ごろまでつづいたが、その夜の情景を写した一節があるので引いてみよう。

今夜西洋ヲウデヤール《(大晦日)》にて闔船《こうせん》皆酒を酌《く》みて唱歌する事我邦所謂《いわゆる》忘年会之如し、パッサギール《(船客)》一同我々共々互ニ酒を挙げ保生を賀す、愉々快々夜十二時発砲三声共ニ新年を賀するなり、二時四十分眠ニ付く（榎本の「渡蘭日記」）

翌十二日は陽暦一八六三年一月一日である。本船は午前九時すぎ抜錨し、帆走したが、海峡の入口――スマトラ島の側のノース・アイランド付近で午後五時ごろ投錨し、碇泊した。この日、マレー人の物売りの船が二隻ばかりテルナーテ号に近づき、果物や小猿や文鳥などを商った。十三日、午前六時に抜錨し、帆走した。午後になって風が強くなった。午後四時ごろ、本船はスマトラの東岸とヤーハ島の西岸との間――アレイエルという所に投錨した。十四日、悪天候のため同所に碇泊をつづけた。マレー人の物売りの船が再びやって来、内田はかご入りの鳥を二羽求めた。榎本は昨夜より下痢に悩み、衰弱していた。十五日、午前中、オランダ船の船長がテルナーテ号にやって来た。本船は午後に抜錨、帆走したが、夕刻、強い潮流のため北東に流される。夜、十時四十分に投錨した。本船の位置はノールト・エイラント島を北西に見る地点であった。この日、榎本は下痢から回復した。同夜、月を見ることができた。

十六日、午前六時ごろ本船は抜錨し、シュンダ（スンダ）海峡に入った。が、午後六時すぎ投錨した。海峡の景色は、日本の中国や四国のそれによく似ていることに気づいた。草木が茂り、風光絶景であった。ただ故国の風景と趣を異にしている点は、ヤシの樹がやたらと多いことである。夜になって月が出た。

十七日、午前七時に抜錨し、帆走した。風力定まらず、夕方になってにわか雨が降った。この日、船はすこぶる動揺した。夜になって月が出た。十八日、夜半より降り出した雨、正午ごろまで降りつづいたのち快晴となる。が、船あしはかばかしくなかった。風待ちの商船の姿をあちこちに見かける。夜になって月が出た。一同、甲板の上に出て、颪に当たった。十九日、雨のち晴。終日帆走し、この日ついにシュンダ海峡を通過した。晩さんのとき、明日からの大航海の無事を祈って、一同乾杯した。すでにバタビアを出帆してから二週間以上になるが、暑い上に風の具合が悪く、このころより無聊に苦しむ船客が出てくる。目に入るものは渺茫たる海原と雨雲が主なもので、日本人は退屈しのぎに花札や将棋をやるか、読書するしかなかった。日中、甲板の上を遊歩しても灼熱の太陽に照りつけられるので、再び船室に戻るしかない。しかし、そこも暑いだけで決して快適な場所ではないのである。

狭く暑い船室の中で日本人はどのように暮らし、退屈を慰めたものか、それについての記録は少ないが、内田と西は退屈しのぎに交換教授を始めた。内田は西に洋算法を教授し、西はかれにオランダ文法を教えた。西周助の「和蘭紀行」にはインド洋に出るまでの船客の様子について、次のように記されている。

是ヨリ爪哇《バタビア》島ノ西端ニ至リスマタラ爪哇トノ間ナルシュンダ海峡ヲ越エ、漸《ようや》ク南シテ赤道下ヲ過キ、再ヒ貿易風ノ域ニ入ル、船内無聊、四望唯蒼海渺茫《そうかい》タルノミ、日ニ書ヲ読ミ、博戯ヲナスノ外他無シ、余内田氏ニ従ヒ洋算法ヲ講シ内田氏余ニ従ヒ文典ヲ受ク、交互ニ相師トス

二十日、晴。早朝に甲板に出るものもいたが、もう陸地は見えなかった。午後にはインド洋上を帆走していた。バタビアからこのあたりまでは、風の具合さえよければ通常四日ほどの航程であるが、思いのほか手間取ってしまった。夜になり、本船の位置を測定したら、東経百四度二十五分、南緯六度四十二分であることが判った。本船はこれより航路を西南西にとり、まっすぐ喜望峰に向かった。夜、月が出たが、十二時すぎ雨が降った。

二十一日、快晴。風は穏やかながら、インド洋に出たせいか、船の動揺が激しい。この日、三、四隻の商船が見えた。夜半、雨が降った。二十二日、波、風ともに穏やかである。商船六隻を見る。昼すぎ、日本の長鳥に似た白鳥一

羽を見た。暑気に苦しみ、沢は「本日熱気大暑の如し」と記している。二十三日、終日、風無く、船あしが落ちる。昼すぎ本船のそばに鮫が一尾やって来たので釣ろうとしたが、逃げられてしまった。この日、イギリスとオランダの商船を見た。夜、十二時すぎ雨が降った。二十四日、正午に雨となる。また雨が降る前は、熱気のために船室と金具等、焼けるように暑くなった。この日から風の向きが南より東に変った。このあたりは貿易風《トレイドウィンド》とモンスーンの境にあたる所である。二十五日、快晴に恵まれたが、風なく、船の動揺もなかった。夕方、ボービス鳥数羽が舷側を飛んでゆくのが見えた。

二十六日、風の向き西南に変り、潮、東に流れる。波のうねりは相州《そうしゅう》灘（三浦半島〜大島〜伊豆半島南端以北の海域）のそれを思わせた。昨日と同じようにボービス鳥が飛んで来た。二十七日、夜半ごろより早朝まで雨が降る。右舷にイギリスの商船を見た。またこの日もボービス鳥が飛んで来た。二十八日、風なく、船あしは昨日と同じ。商船一隻を見る。夜半ににわか雨が三十分ばかり降った。二十九日、朝から昼ごろまで風が吹いた。これは貿易風ではなく、変化風であった。夕方、甲板に出ると冷気を感じ、単衣の筒袖ではおれないほど涼しい。

十二月一日（陽暦一月二十日）——午前中、少し風はあったが、午後にやむ。再びボービス鳥一羽を見る。二日、本船の位置を測ったら、東経百五度五十八分、南緯十三度二十五分であった。この日は朝からなぎであり、気温は高かった。お昼すぎに一間二尺ほどの鮫一尾を釣りあげ、夕飯のときにバターで揚げて食べたが、なかなかうまかった。船長は、鮫が釣れることは良風に恵まれることの前兆である、といい、乗組員一同満悦の態に見えた。夜、風が少し出、涼しさを覚える。三日、快晴。終日、なぎとなり、熱気が増した。気温は華氏九十二度（摂氏約三十三度）となり、暑気耐えがたくなる。夕方、商船二隻見る。四日、昨日よりも涼しく、風もあったが、正午に実測したところ、本船は北及び東の方向に流されていることが判った。昨今の暑気のため、食事のときの肉料理（豚のベーコンなど）がのどを通らなくなる。夜、月が好いので一同甲板に出て夜空を仰ぐと、十字星《クライス・ステル》がキラキラまたたいている。東南の空高くきらめく十字星を珍しく思い、また詩興を催したものか、詩才に富む榎本は、この夜、七言絶句一首を賦した。

弥月天涯失寸青　長風相送入南溟
船頭一夜警過冷　巽位漸高十字星

弥月《びげつ》　天涯《てんがい》　寸青を失ふ
長風相送って　南溟《なんめい》に入る
船頭　一夜　過冷《かれい》を警《いまし》む
巽位《そんい》　漸《ようや》く高し　十字星

五日、終日なぎ。商船二隻を見る。暑気に苦しむ。六、七里あった船あし次第に落ち、一里までになる。六日、昼すぎ商船一隻を見る。夜に入り、東南の方向より風が吹いた。貿易風とのことで、一同大いに悦んだ。船あしは七里ほど。夜間、甲板の上を遊歩する。七日、終日、南々東の貿易風が吹き、船あしは七里までになった。夜八時ごろ「飛魚」が二匹、船内に飛び込んで来たのでこれを捕え食べたが、カマスのような味がした。

八日、前日と同じように貿易風が吹いた。船あしは五里から六里までになる。朝八時ごろ船一隻を見た。夜、月が出たので一同、甲板の上を遊歩し、涼しい夜気にあたった。九日、本船は貿易風に乗り帆走した。昼すぎ白鳥一羽を見る。日ごとに涼しくなり、夜間、甲板に出ると筒袖では膚寒さを覚える。十日、この日、飛魚をたくさん目撃した。白鳥一羽見る。船は動揺なく、ひたすら快走をつづけた。午後五時より夜十二時まで強風が吹く。月夜であったので、一同甲板の上で涼を追った。十一日、東南の風となり、全帆を上げて帆走した。暑気は減じ、夜になると涼しさを覚えるようになる。この日の夜も十字星が見えた。十二日、快晴。冷気が増し、羽織を着て甲板の上を歩くようになる。夜に入り月が出る。十三日、風力・方向ともに変らず。飛魚を見る。夜、月が出る。十四日、この日羅針盤の差を見たところ、偏西十五度であった。

十五日、晴れのち小雨。わずかに蒸し暑さを覚える。午前中、プロインフィスと呼ばれる鮫のような魚を四、五尾見る。夜に入ってにわか雨少し降る。この日、沢は日本の暦を見、航海の長きについて赤松・伊東らと話し合い、故国のことなどを想い出した。十六日、船あし、四里から六里に至る。夜に入り月が出る。十七日、夕方、風増し、船の動揺激しくなる。船あしは五里から六里半になる。夜、船長の部屋に一同集まり、江戸浅草の市《いち》の話に始まり、「江戸絵図」などを広げ、深夜までよもやまの話をした。十八日、また飛魚やイギリス船を見る。船あし五里。夜に入り、月が出る。

十九日、晴。この日、アムステルダムの商船一隻を望見した。本船の位置は、東経七十三度四十四分、南緯二十三度二十一分であった。また正午の気温は華氏二十二度（摂氏マイナス約五度）。夜、食堂で沢・榎本・林らはバタビア滞在中の話をし、往来の電線を張った丸木棒（カポック）のことを話題とした。この日の午後、榎本は漢詩を一首賦したが、それは次のようなものであった。

路入南溟已幾千　　海風吹夢日如年
尋常午睡為清課　　正是家郷窮臘天

路《みち》は南溟《なんめい》に入りて已《すで》に幾千　　海風夢を吹いて日は年の如し

午睡を尋常として清課《せいか》となし　正《まさ》に是れ家郷に臘天《ろうてん》を窮《きわ》む

二十日、快晴。この日、貿易風つよく、船あしは六里から七里までになった。夕方、船を一隻みた。二十一日、船あしは七里。この日は暑く、昼寝をするには耐え難いほどであった。お昼ごろ、五尺ほどのシイラ（背方は青藍色、腹方は淡黄色の海魚）を一尾釣り上げたので、夕飯のときに料理して食べたが、鮫よりも味はよかった。二十二日、くもりのち雨。船あしは八、九里。夕立ち模様のため動揺が激しくなった。夜、九時ごろ、本船のそばをすれすれに通る外国船が一隻あって、あわや接触するところであった。

二十三日、昨夜来の雨、朝まで激しく降りつづく。船あしは八里ほどであったが、昼すぎ落ちて、六里ほどになる。二十四日、快晴。船あしは六、七里。二十五日、風力減じ、船あし一、二里位まで落ちる。二十六日、本船は無風帯と貿易風の境にあり、風もたびたび変った。が、船あしは進んだ。なお、本船はマダガスカル島の沖に近づき、これより喜望峰の近傍に至るのであるが、このあたりは台風や竜巻の多発地帯であるので、船長をはじめ一同ひそかに心配した。二十七日、終日、微風が吹き、船あしは三里ほど。ここ二、三日は冷気が感じられ、まるで日本の秋を思い出させるような陽気である。二十八日、晴。船あし三、四里。夕刻より六、七里となる。本船はマダガスカル島の沖合を帆走中であった。このあたりは陽暦の十一月から三月まで台風が多発するので、船長は大いに心配した。

十二月二十九日（陽暦二月十七日）は、ちょうど日本の「大晦日」に当たり、一同船長の部屋に集まり、江戸の歳末の状況などについて「江戸絵図」を広げて話し合ったり、将棋などを指して夜おそくまで過ごした。が、みな一様に懐郷の情に堪えなかった。最年長の田口俊平は戯れに一句よんだ。

未だ貸す《マダガスカル》と聞いて嬉しき年の暮

このあと、赤松がつづけて――、

パッサト《貿易風》過ぎてボイト《スコール》乗り込め

とやった。

明けて文久三癸亥《みずのとい》年正月元日（一八六三年二月十八日）――天気はくもり、少々むし暑く、日本の五月ごろの陽気であった。本船は、東経五十二度十二分、南緯二十八度二十八分に位置し、マダガスカル島の東六百五十キロのところにあるレユーニオン島（Réunion）の沖を航行中であった。

一行は元旦の式を行うために早朝に起床し、黒紋付に小袴・割羽織を着用し、脇差・扇子を携えて、午前十時にKajuit《カヨイト》（船室）に集合し、お互い新年の祝詞を述べ合った。このとき屠蘇《とそ》の代りに「シャンパン」を七本抜き、船長・一等航海士・相客のオランダ人三名等を招いて祝宴を開いたが、オランダの水夫らも代る代る内田をはじめ日本人留学生のもとへやって来て新年の祝詞を述べた。この日の晩さんは、今までに味わったことがないほどのご馳走で、それは船長が異郷で新年を迎える日本人を慰めるために、とくに意を用いて用意してくれたメニューであった。ちなみに中身をのぞくと、次のような献立である――、

白ブドウ酒三本・フェミセリのスープ・湯煮のジャガイモ・鶏のカツレツ・青豆の砂糖煮・野菜のバター煮・豚肉の酢あえ・鶏の丸煮・牛のくん製・ナシの砂糖煮・フッチングの菓子・乾ブドウの砂糖漬・アーモンドと桃のかん詰め・アイスクリーム等々。

日本人は、このころになると西洋料理にも馴れてきていたが、食膳に桃の「かん詰め」が出されたときは少なからず驚いた。そもそも「かん詰め」の存在そのものを知ったのはこのときが最初であったからである。日本人ばかりが新年を祝し、祝宴を張っているわけにはゆかず、夕食のときに日本人の名義をもって、水夫全員にSlokje《スロッキエ》（アペリチフ）二本を贈った。

この日、沢は新春を祝って次のような句をつくった。

帆に触れる風も新し沖の春

また榎本もこの日、七言律一首を賦したがそれは次のようなものである。

四大乾坤海水環　着鞭先我孰躋攀
一年両度逢三伏　万里孤行入百蛮
博望曾慙招世笑　長沙空抱済時艱
蒼涼此景向誰語　眼見狂瀾立作山

四大の乾坤《けんこん》海水環《めぐ》る　着鞭《ちゃくべん》我に先んじて孰《たれ》か躋攀《せいはん》す
一年に両度三伏《さんぷく》に逢ふ　万里の孤行百蛮に入る
博望曾《かつ》て慙づ世笑を招きしを　長沙空しく抱く時艱《じかん》を済はんことを
蒼涼《そうりょう》たる此の景誰に向かってか語る　眼見《まのあたりみ》る狂瀾の立《たちどこ》ろに山を作《な》すを

なお、元日の正午に実測したところ、本船はレユーニオン島の沖を通過したことが明らかになり、台風の危険地域を避け得たと船長が語ったので、一同安堵の胸をなでおろすことができた。

二日、くもりのちにわか雨。終日、風の向き一定せず、船あし一、二里。船一隻を見た。三日、快晴。船あしはかどらず。午後二時すぎに風が吹いたが、船あし三、四里。夕方、大気は湿気を含むようになる。船一隻を見る。四日、午前中、強い風が吹き、船あし六、七里となる。夕方、大雨が降り、荒れ模様となる。夜半、風波が高くなり、舷側より海水が入るようになる。船の動揺激しく、船長この夜眠らず、立詰めだった。五日、くもり。午前八時ごろ、イギリス商船を見る。お互い国旗を揚げて示した。マダガスカル沖をほぼ通過する。船あし、午後に四、五里となる。六日、風なくなぎ模様であるが、波は高く、船の動揺も激しい。お昼ごろアホウドリの姿を見た。夜半、雨が降り、船の動揺一段と激しくなる。七日、午後四時ごろ鯨を見る。この日も船の動揺は激しかった。夜中に、甲板に出て天を仰ぐと、月が出ていた。八日、なぎにあう。船の動揺は少なく、夜に入り、オランダ人らと歌をうたった。九日、晴のち雨。午前中、一尺五寸ほどの松魚（かつを）を釣ったので、昼食のときに食べたが、味は日本のものと何ら変らなかった。午後四時ごろより風雨激しくなり、船も動揺する。夜に入り、月が出た。

十日、くもり。本船は、アフリカのセント・ルシア（St. Lucia——西インド諸島西部、ウィンドワード諸島に位置）を距たること海里七十里のところを航行中。船あしは五、六里であった。鰹鳥を何羽か見かける。この日、大気冷たく、ヤシ油は凝結した。十一日、午前中くもり、午後雷雨となる。船あし八里ほど。船の動揺は激しくなる。夜に入ると、なぎとなるが、高波がときどき舷側を打った。十二日、波高く、本船は潮流のため南方に流された。夜半、月が出る。十三日、終日、冷気がただよう。午前中、アホウドリと鰹鳥を見る。夜に入り月が出た。十四日、快晴。なぎのため船あしが落ちる。本船は喜望峰まで二十四、五里の地点に達した。船三隻を見る。午後三時すぎ、鮫一尾釣る。また鰹鳥やアホウドリの姿も見る。夕方七時ごろより、風少し出る。夜に入り月が出た。十五日、風弱く、船あしが落ちる。オランダの三檣帆船《バーク》を見る。昼食に昨日釣ったフカをオープンパイにしたものが出たが、榎本などは一口食べてよした組である。このあたりの海面の色は薄黄色であった。これは陸地が近いことを示すもので、河口より流れでた泥砂で黄濁したものである。

西周助の「和蘭紀行」にも、〝黄色の海〟についての記述が見られる。

船今港《(ケープタウン)》ヲ拒ルコト盖《けだ》シ数十里ノ外洋ニ在リ、故ニ其片影ヲ望ムコト能ハス、失望ニ属スルナリ、然レトモ此辺洋面ノ水色黄ヲ帯フルコト猶《なお》支那沿海ノ如シ、因《よっ》テ陸地ノ遠カラサルヲ知ルナリ

十六日、晴。船あし三、四里。海鳥を見る。この日、本船はアフリカの陸地まで十七里のあたりを航行していた。十七日、昨夜一時ごろより風が吹き、早朝六時ごろまでつづいた。船の動揺が激しく、船室のものことごとく顛倒した。午前八時の船あし七里ほど。午後四時ごろ三檣帆船を見る。十八日、晴。風強く、船の動揺は激しい。午前中、鯨と海ガメとアホウドリ数羽を見る。午後、船三隻を見る。海の色、緑青色だったものが徐々にうすらぎ濃緑となる。このあたりの気候は、日本の秋九月ごろの陽気で、綿入筒袖襦袢一枚ほどでちょうどよくなる。十九日、船あし六里。さまざまの海鳥を見る。夜八時ごろ月が出た。二十日、昨夜の三時半ごろよりなぎとなる。午前九時半ごろ風少し吹く。船あし三里。本船はすでに喜望峰沖を越えた。二十一日、午前十時ごろ、多数のイルカを見る。諸鳥が群をなして飛んでゆくのが見えた。夜九時半ごろ、にわか雨降る。二十二日、晴。早朝より烈風が吹くが、逆方向のため、船あしはかどらず、高波が舷側を打った。午前中、船二隻を見る。午後三時ごろより雨雲が出る。アホウドリその他の鳥を見る。波浪が高くなる。二十三日、船三隻を見、鳥が群飛するのを目撃した。榎本は肩の下、右手にリューマチ

の痛みを覚えた。二十四日、風弱く、船あし二、三里より四、五里となる。海面にデンキクラゲが浮遊していたので捕え、榎本はそれを写生した。夕飯の前に二尺七寸ほどの鮪《しび》(マグロの成魚)を一尾釣ったので、さしみにして食べた。夜、十一時ごろより雨が少し降り出した。二十五日、夜半に雨降る。午前八時ごろより西南の風が吹くようになる。

二十六日、船あし、四、五里。夜に入り、風向きよくなる。船あし増し、五、六里となった。二十七日、終日、風の向き及び方位は変らなかった。榎本と赤松は、大君(将軍)に拝謁した夢を見る。二十八日、船あし、二、三里。海鳥が飛ぶのを見る。二十九日、船あしは昨日と同じく二、三里。昼すぎ木の枝のようなものが浮遊しているのを見た。

二月一日(陽暦三月十九日)——微風吹く。船を一隻見る。二日、晴のちにわか雨。午前二時ごろより風が少し吹きだし、船あし三、四里となった。午前中、雨少し降る。船一隻を見る。夜十一時ごろにわか雨となる。三日、晴。ボービス鳥一羽と船一隻見る。四日、本船の位置を実測したら、西経零度三十七分、南緯二十一度十分であった。午前中、右舷にオランダの商船一隻を見る。同船はテルナーテ号に信号をもって〝経度〟を尋ねたので、信号をもって答えた。この船はセント・ヘレナ島に寄らず本国へ直行すると信号して来た。この日、榎本は釣りをするが、魚を落してしまった。五日、船あし、六、七里となる。暖気増す。オランダの商船(三檣帆船)とことばを交わした。六日、ボービス鳥や魚が躍るのを見る。昨日会った商船を再び見る。

セント・ヘレナ島

二月七日（陽暦三月二十五日）――テルナーテ号は貿易風に乗って快走をつづけていた。正午に実測したところ、本船の位置は、西経五度三十八分、南緯十六度六分であった。セント・ヘレナ島のジェイムズタウン港は西経五度三十八分、南緯十六度八分であるので、本船との差はわずか二分の差（約四キロ）である。当然、島影が視界に入らねばならない。ところが、島らしきものは何も見えない。船長はじめ一同不安になった。潮のせいで方角を誤ったとも考えられたので、再度実測を試みたが、答えは同じである。そこで一等航海士が大檣に昇り、望遠鏡で東西を見わたすや、右舷前方に島が見える、と大声で叫んだので、一同ほっとし、手に手に望遠鏡をもって見ると、約十四、五マイル先の雲間に、鯨の形をした淡青色の島が見えた。セント・ヘレナ島を望見したのは、同日の午後一時ごろのことである。

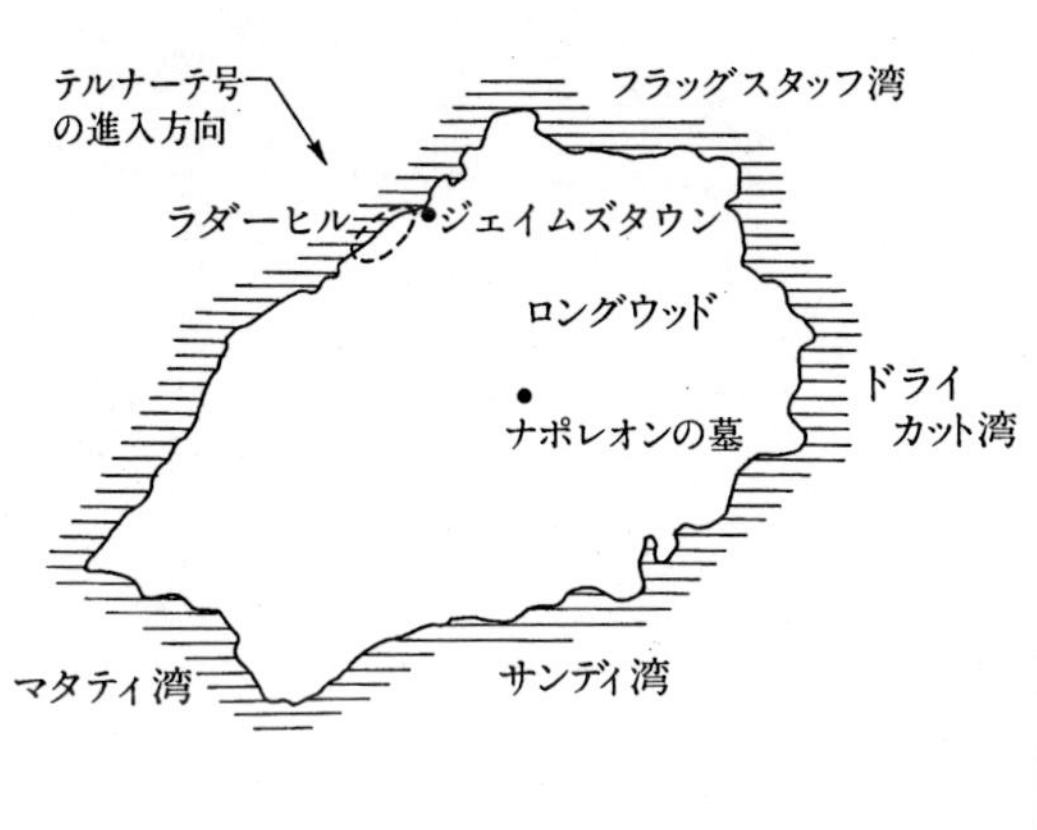

《セント・ヘレナ島の地図》

島を発見するまでの一同の不安や焦燥について、榎本は「渡蘭日記」の中で、朝来風色依然、正午之実測ニ依るに船《(テルナーテ)》全く「シント、《ママ》ヘレナ」島之付近ニあり、しかれ共更ニ島影ヲ見す、甲必丹《カピタン》始《はじめ》按針役大ニ惑へり、潮路之所為なるへき抔いゝて更ニ又按針役大檣上に上りて四方を望む、中《ちゅう》一時頃ニ雲《うん》烟《えん》沓靄中ニ彷彿と島影を弁《わきまう》、共ニ喜あへり

と記している。が、この日の空は一体にくもっており、島の上にはかすみがかかっていたのでその発見がおくれたものであろう。

留学生一同、テルナーテ号に乗ってバタビアを発って以来、百数十日もの間茫漠たる大海原の間にあって、海と空だけを見たのち、ようやく島影を見たわけであるが、このときの感慨と筆舌に尽しがたい悦びの一端を、赤松は次のように漏らしている。

二月七日《(陰暦)》の午後に右舷の方十四、五哩の距離に一抹の島影を髣髴《ほうふつ》の間に認める。之そ爪哇出発以来初めて寄港するセント・ヘレナ島(St. Helena)である。私たち一行がテルナーテ号に搭じてバタヴィアを抜錨してから此日まで百二十四日茫洋たる大海の間に在って水と空とを仰ぐばかり、初めて島影を見、今将《まさ》に暫くなりとも此に上陸しようとするのであって、私たちの嬉しさは詞《ことば》には尽せぬ程であった。(『半生談』)

午後四時ごろ、本船の針路を東北東に取ったころ、風が少し南に転じたので帆を減じて帆走した。暮れ方、榎本は、あかね色の空を背に屹立しているセント・ヘレナの島を見ているうちに、ナポレオンのことを想い出し、次のような七言絶句を吟じた。

1800年代のセント・ヘレナ島

去載深秋発瓊陽　　路程十有五旬強
春風喚醒往時夢　　吹向烈翁幽死場

去載《きょさい》（去年）の深秋　瓊陽《けいよう》（長崎）を発す
路程　十有五旬強
春風喚《よ》び醒《さま》す　往時の夢
吹き向《むか》ふ　烈翁《ナポレオン》幽死の場

明けて二月八日の午前六時半ごろ、セント・ヘレナの島の形が手に取るように判ったので、日本人一同雀躍《じゃくやく》して悦んだが、「此の折の嬉しさといふものは、到底陸にのみ居る人の想像の及ぶ処ではありません」と沢は談話筆記（『旧幕府』）の中で述べている。

本船は島の左側を航行しながら、円錐形の険山《けんざん》を見たが、岩石が多く、樹木はもとより緑地も少なく全山、木なしの印象を受けた。セント・ヘレナ島の形状については津田真一郎の淡彩画《スケッチ》があるので次に引いてみよう。

周囲十二里許《ばかり》、此島はもと海底より噴出せし火山にて、断岸削立《だんがんさくりつ》、此港とサンドバイドといへる処の外は絶へて登るべからず、砲台港の左右厳石の間に立ち、ヤームストーン邑《むら》の入口は厚き石壖《いしがき》を築き、其上に大砲を架し、前に溝を穿り、溝と壖の間にも大砲、大臼砲を備えて防御する。邑は両岸の間なる谷間に築きて狭く長し。邑の右山上に兵士の屯する家あり、高さ海面を抜く事二町許、羊腸《ようちょう》の路を登る、別に木梯《きばしご》あり、兵士昇降するを見る、身の毛立ばかりなり

ここでセント・ヘレナ島の歴史や地勢について簡単に瞥見しておこう。同島は一五〇二年にポルトガル人によって発見されたが、放棄され、一六四五年オランダ人に領有されるに至った。しかし、オランダ人は一六五一年喜望峰に代えてこの島を放棄してしまった。その後、イギリスの東インド会社の領有に帰し、インドとイギリス間の船舶の寄港地となったのである。一七七二年、オランダ人はこの島を東インド会社から奪ったが、翌年再び同会社のものとなった。一八三二年八月二十五日付の法令によって、島はイギリス国王に移譲されることになり、それ以来イギリス領となっている。

セント・ヘレナは火山島で、玄武岩から成っており、地表の所々に熔岩が散在している。海の方から見ると同島は、不毛の峨峨たる山や峻しい丘陵に取り囲まれているという(75)。同島はピラミッド型をしており、遠方から見ると、洋上に浮かぶ荒涼たる「岩の固まり」の印象を与える。けれど島の内部に入ると、豊かな緑が見られ、谷あいや丘陵の斜面では大麦・トウモロコシ・ジャガイモ・野菜などが栽培されているし、リンゴ・モモ・ナシ・プラム・マルメロ・アンズ等の果物なども産する。しかし、概して果物の質はあまり良くはない。新鮮な魚をはじめ、牛肉・羊肉・鶏肉などはかなり高値ではあるが、いつでも手に入る。水は豊富にあり、良質である。島のいたる所で水がこんこんと湧き出、人造の貯水槽もあって、船舶はそこから水の供給を受ける。

島の周囲は約二十八マイルほどある。この島の唯一の町はジェイムズタウンといい、海に臨む山あいにあり、行政の中心地でもある。町は広くて舗装の行き届いた通りの両側に形成され、谷底に沿って一マイルほど走っている。人

口は約二千五百人ほどで、人家が約二百五十ほどある。

午前九時半ごろ小雨が降り出し、終日断続的に降った。涼風もあって、赤道に近い割りには暑さもしのげそうであった。午前十一時ごろ、テルナーテ号は上陸場から約三百メートルの地点に投錨した。このとき港内に碇泊していた船は全部で六隻で、その内訳はイギリス商船が四隻、スウェーデン、プロシア（ハンブルグ）の船が各一隻であった。この外にも帆檣もなく舷《ふなばた》も摧《くだ》けて無残にも焼けただれた船が五隻ほど見えたので、不思議に思ってのちほど尋ねてみたところ、アメリカの奴隷船で、イギリスの軍艦に捕獲され、この島に引致され、黒人は保護下に置かれたところで、焼き捨てられたということである。

投錨してしばらくすると、島の検疫官が書記役をつれ、艀《はしけ》に乗って本船にやって来た。流行病患者の有無を尋ねたわけだが、船長より病人は一人もいない、との答えに接すると、「紅点ノアル細旗ヲ中檣ノ頂キニ引揚」（「幕府軍艦記事」）たということである。

これは「流行病患者はいない」、という意味の小旗信号であった。検疫がすむと、たちまち黒人の男女二、三人を乗せた小舟が何隻か本船の周りにやって来た。それにはホテルの客引きや洗濯屋のご用聞などが乗っており、何かご用はありませんか、ホテルはこういう所にあります、といって盛んに勧誘する。船客は長途の航海を経て来たので洗わずにいた下着が多く、一行は明日の夕刻まで洗濯して納めるよう洗濯屋の老婆に命じたのはよいが、あまりにも洗い賃の高いのに驚いたということである。たとえば木綿の筒袖の襦袢が一枚二十二セントふんだくられ、洗濯代で下着を新調できるな、といって笑った位である。

偖《さ》テ本船ニハ当島ノ警察医及書記役来リ流行病者ノ有無ヲ検ス、船長ヨリ病者ハ一切無之《これなく》旨ヲ答へ、紅点ノアル細旗ヲ中檣ノ頂キニ引揚タリ、之レヲ見ルヤ岸ヨリ数隻ノ小舟乗リ来リ、雑用及旅宿ノ事洗濯物ヲ問フ、我輩船中ニ用ヒタル汚穢《おわい》ノ襦袢類ヲ洗婦ニ頼ム、明日夕刻マデニ納メシムルヲ約ス、木綿筒袖襦袢一枚洋銀二拾二銭ナリ、其高価ニハ驚キタリ（「幕府軍艦記事」）

同日の午後一時、一同ははしけぶねを雇い上陸することになった。はしけは舵が無く、舳先に三尺ほどの丸太を付けたもので、接岸地点（石段）は大洋から打ち寄せる波浪が強く小舟をつなぎとめることができないので、陸に上るものは舳先の円材によって飛揚がる趣向であった。日本人の一行はテルナーテ号の船長の案内で上陸すると、市街の入口にあたる石門を通った。右手に憲兵の詰め所があり、そして隣家が港長《ハーバーマスター》の官舎となっていた。そこには柱が立っており、その頂に丸い球が載せてあった。これは碇泊の船舶に正午の時刻を知らせるものである。また左手の丘の上にはイギリスの国旗が翻っている。そのそばには灯台がある。灯台の前には幅十間（約十八メートル）ほどの本通りが走っており、その左側には各国の国旗を掲げた領事館が軒を並べていた。

日本人留学生らは目抜き通り《メインストリート》の中央にある「ストラーズ・ホテル」（Storer's Hotel）に投宿した。同ホテルはバルコニーの付いた三階建ての家で、部屋の数は数十、二階はサロンと寝室になっていた。一行は二階に上り、サロンで休息しビールを飲んでいると、イギリスの外交官一名と三人の紳士風の者が一緒にやって来て、日本人一行の安着を祝したのち、同島の鎮台が面会いたしたいといっているのでどうか明日、ロングウッドの官舎の方までぜひお出でを請う、といった主旨の伝言を伝えた。が、当初、案内人兼通訳の船長がそばにいないために、榎本と西の二人が筆談にて応対したが、なかなか意が十分に通ぜず、ただ手真似で話すだけで、そのうち船長がやって来てようやく子細が判明するといったあんばいであった。それより取締の内田は船長と共に同島在留オランダの弁務官（領事を兼ねる）モス宅を訪れ、当地の通貨と両替えした。

昼食後、榎本・伊東・林・津田・西・沢らは市街見物に出かけることにし、一同羽織袴に両刀を帯び、草履をはいて本通りを歩くと、たちまち大勢の野次馬に取り囲まれた。ことに子供たちは、何やらわけのわからぬことを叫びながら、青ばえほども沢山あとをつけて来た。おそらく、見なれぬ日本人の異様な風体に好奇心を大いに刺激され、ひやかしたものであろう。山の手の方へ向かって三町（約三百三十メートル）ほど行くと、道は左右に分かれ、右の山道を更に三町ほど行った所に、大きな庭園を持つ家があった。その邸宅の門前に十二、三歳ぐらいの少女が立っており、「中にお入りなさい」と手招きした。一同はおもしろ半分、試しに入ってみようということになり、娘に案内されながら門をくぐり屋根のある所に行った。すると五十年配の男と三十七、八歳位の婦人と二十歳位の娘とが出て来て、園内のこんもり茂った木立ちの下の涼しい場所に設けた椅子の方に案内し、すわるように手まねした。それから、コーヒー、シェリー酒、菓子などを出し、さかんに歓待してくれた。異様な服装をした日本人を招き入れたのは、その風変わりな姿を見んと欲したものであった。一同は、手厚いもてなしを受けながら歓談に興じようとするが、言葉がいっこうに通ぜず、ただ手まねで思うことを伝えようとするだけであった。

　同宅を辞して帰途につく途中、再び大きな庭園のある家に招かれそこへも入った。その家の主人の名はプリッチャード（R. M. Pritchard）というイギリス人である。同夫妻と子供（少女）はビールやシェリー酒などを出して一同をもてなしてくれたが、日本人は前回同様に言葉が通じないために苦労し、ただ笑ったり握手するしかなかった。帰路も同じ道を帰ったが、ある家の前を通ったところ子供たちの声が聞こえるので、中に入ると四、五歳から十歳位までの子供たちが語学を学んでいる。それでここは何の建物かと尋ねると、学校《スクール》とのことであった。街路の店舗はどれも小さなものであったが、その内の一軒で内田は、手ぬぐい・紙・香水・島の全景及び名所を描いた絵・ナポレオンの住居を描いた小冊子などを求めた[76]。

　同夜七時に、一同はホテルの大広間でテルナーテ号の船長ほか三名のオランダ人と会食したが、皆久々に新鮮な野菜・肉（小牛の肉・羊肉）・魚・果物などを満喫することができた。夜、内田ほか八名はホテルに泊り、残りの者

（田口・中島・大川・大野ら）は本船に帰った。

九日、快晴。朝、本船に水を積入れる。午前八時ごろ本船より田口・古川・上田・山下らがホテルにやって来た。一同、朝食を九時半にとった。それより昨日訪ねて来た島の役人とイギリス士官ら五名の来訪を受け、鎮台の官舎までお出でを請う、といわれ、午後一時に訪ねることを約束する。この日は好天に恵まれたこともあって、一同島内の見物に出かけることにした。前日は通訳がいなかったために諸事不便を感じたので、土地の者でオランダ語に通じている男を一名雇って同行させることにした。一同は午前十時に馬車三台に四人ずつ分乗し、通訳（ベルギーのアントウェルペン出身）は馬にまたがりホテルを出発した。まず訪れたのは病院と寺院で、次いで沢のたっての頼みで砲台を訪れ、午後になってテルナーテ号の船長の案内でロングウッドにある鎮台の官舎を表敬訪問した。それより、せっかくの機会だからナポレオンの古跡をも見物されよ、といった船長の発議で、テルナーテ号の相客二名と共に再び馬車に分乗して、まずナポレオンの墓所を訪ねることにした。ナポレオンの墓がある所はジェイムズタウンから十二キロほど山奥に入った「山道の谷間にある幽静な処」で、そこに至る景観については津田に紀行文があるのでそれを引いてみよう。

九日《（陰暦）》拿波倫《ナポレオン》の墓を見にゆく。各車に駕《の》りぬ。一車二馬を駕し、四人乗るなり。余は榎本、伊東、西と同車す。山腹に羊腸の路を広く作りて車を通すべし、右に瀑布あり、高さ百丈ありといへり、中間より風に吹れて霧散するさまおかし、此島周囲より見れば焼石のみにて木草生ふべくも見えず、然れども山間山谷は草生ひ木繁《しげ》り、すが〳〵しきありさまなり。邑《（ロングウッド）》の近き処に覇《は》王樹叢生《おうじゅそうせい》す、高五六《ママ》なるあり、小《ママ》きあり、赤き花開き実を結ぶ、黒奴等くふよしなり。山路三里許《ばかり》も登りたる処の谷間に、拿波倫の墓あり、広さ三間に二間もありぬべし、平たく石を敷き、鉄柵を廻らす、中に草花があり、赤くうるはし、楊樹四五本、木芙《もくふ》蓉華《ようはな》さき、檜樹《ひのき》あり、此外に木柵あり、兵卒一人づゝ守れり、各墓に謁し、姓名を題しさる。（「はなの志をり」）

この谷間の幽邃《ゆうすい》境で、ナポレオンの遺骸は一八四〇年十月十五日に発掘され、フランスに引渡されるまで眠っていたが、日本人留学生らは遺体のない墓（幅約一メートル三十、長さ約二メートル三十の一枚石を敷いたもの）のことを知らずに詣で、ナポレオンの盛時を回想し、栄光の無常と人生のはかなさに胸うたれた。同行の榎本は慨嘆の情を禁じ得ず、次のような漢詩を賦した。

長林烟雨鎖孤栖　　末路英雄意転迷
今日弔来人不見　　覇王樹畔鳥空啼

長　林《(ロングウッド)》の烟雨《えんう》　孤栖《こせい》を鎖《とざ》す
末路の英雄　意《こころ》転《うた》た迷ふ
今日　弔来の人を見ず
覇《は》王樹《おうじゅ》の畔《ほとり》　鳥空しく啼《な》く

号を「梁川」と称した榎本釜次郎（武揚）は、後年この種の七言絶句を墨書し、人によく与えたようで、今引いたこの詩を幅物としたものが、今日東京農業大学教授中村重正氏宅に残されている。中村教授の曾祖父の妹は喜和といい、明治期墨田河畔――向島の榎本邸に行儀見習にあがっていた。武揚は冷酒を好み、興に乗じて漢詩を書くのをたのしみとしたが、ある日、ほろ酔いきげんで、喜和に紙と硯を持って来るようにいいつけると、この詩を書き、墨も

セント・ヘレナ島のロングウッドにある
ナポレオンの住居（日本人留学生が訪れた所）

まだ乾かぬうちに、するすると丸めて黙って彼女に手渡したという。

この武揚の書は喜和の兄（中村教授の曾祖父）の手に渡り、かれはそれを表具し、中村家の家宝とした。筆者が先年、中村教授とお会いしたときの記憶をたどると、「覇王樹」は〝ウチワサボテン〟の意とのことで、同教授は、「この火山島の植生はアフリカ西部と似ているというから、はたして覇王樹（サボテン）があったかどうか疑わしいが、おそらく覇を唱えたナポレオンとあわせたのであろう」と述べられた。また地名のLongwoodを榎本は「長林」と訳しているが、原文中の「鳥」は〝うずらの類〟もしくは〝土ばと〟が思いあたり、今でもそう考えている、とのことである。

鉄柵をめぐらしたナポレオンの墓碑を訪れた日本人一行は再び馬車に乗り、かれの寓居を訪れることにした。一同馬車を走らせ、山上で酒とか肴をひさぐ人家で小休止し、御者たちにもビールをふるまって喉をうるおした。それより四キロほど行くとロングウッドという山上の平野に出た。ナポレオンが流謫の日々を送り、五十二年の生涯を終えた家が残っている。ロングウッドという所は「海抜千七百六十尺、二十五万余坪の平野で昔は松の森林であったが、奈翁《（ナポレオン）》の幽居を設ける為めに悉《ことごと》く伐り尽したとかいふことで、四望眼を遮る大樹なく、半《なか》は畑となり半は雑草が繁って居る」（「六十年前の阿蘭陀留学」）といった、実に荒涼とした土地である。

約千二、三百坪ほどの庭園の中央に、二十四、五坪ほどの「小規模の木造家屋」が当時のままに保存されている。ナポレオンが一八一五年十一月より一八二一年五月五日まで約六カ年を過ごした住居は、内田によると「家ハ平家ニ而美ならず」[77]ということだが、家の前に清水をひいた実に気持のよい池があって、そこではアヒルや鵞鳥などが泳いでいた。池の周囲には各種の樹木が植えてあり、中でも「高キ枝ヨリ根ヲ生シタルモノ、如ク垂レシ」とちのきのような奇怪な木に注意をひかれた。一同は管理人のフランスの準士官（老兵）の案内で、間口三間、奥行八間ほどの建物の屋内に入り、随従の将官の部屋・フロントルーム（玄関の間）・ナポレオンの居間・台所・食堂・浴室・玉突き部屋・従者の部屋などを見て回ったが、屋内の装飾はとても質素な印象を受けた。居間にはナポレオンの胸像が、玉突き部屋には来訪者名簿が置かれ、留学生らもそれに姓名を自署した。

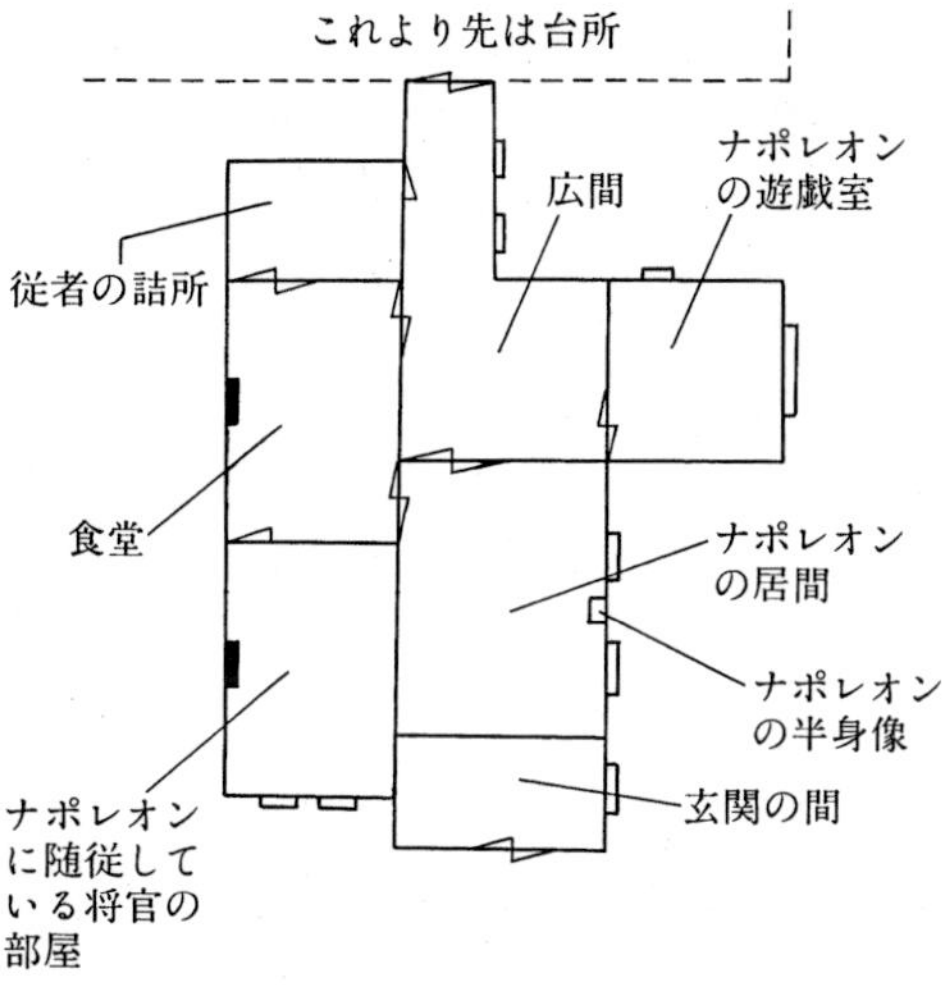

《ナポレオンの居宅の見取図》

一行は、ナポレオンの幽居を見物し終えてから、フランスの退役陸軍少佐リュスマン（ナポレオンの元部下）という者が日本人に会いたがっており、同人の家に立ち寄って欲しい、と管理人より云われたので、その家に赴いた。このフランス士官の家は「又四五町許《ばかり》に家あり、こは拿波倫《ナポレオン》の新宅にて、いまた住すてうせにけるといふ、こはさらにうるはし」（「はなの志をり」）といったものだった。これはナポレオンが生前、新築を命じた建物であるが、その竣工を待たずして死去したので、リュスマンがそのあとを襲って入居したものである。リュスマンはナポレオンの軍隊では大尉であったが、元皇帝に従ってこの島にやって来たもので、その死後も引きつづきこの地に家族と共に暮らしていた。当時七十歳ほどであった。リュスマン宅では家族総出で日本人の一行を出迎え、大いに歓待した。

それより一行は再び馬車に乗り鎮台の官舎を訪れたが、行き違いとなり、総督に会えずホテルにひとまず戻ることにした。が、この日、一同は官舎の庭園で、一メートル以上もある、草を食う野生の「大亀」を見て非常に珍しく思ったということである。ホテルに戻ったのは午後六時ごろで、それより夕食をとった。その夜、室内はひじょうに蒸し暑く冬の平均気温は華氏五十八度ほどなのに、沢によると、気温は華氏八十度（摂氏約二十七度）まで上ったということである。同夜、田口・古川・上田・山下らはテルナーテ号に戻り、残りはホテルで泊った。

十日、雨のち晴。午前中、榎本・赤松・伊東・沢ら四人は散策を試み、その折スウェーデン、ノルウエー、アメリカの各領事館を訪れ、いろいろ歓待されたが、これは要するに日本人が珍しいので供応に招いたもので、領事とその家族らにさんざん見世物になった。しかし、何よりも困ったのは言葉で、お互いただにやにや笑っているばかりであった。昼食後、内田・伊東・赤松・沢の四名は、前々日にいちばん手厚く歓待してくれたイギリス人プリッチャード宅をいとまごいを兼ねて再訪し、日本の扇と日がさを贈ったところ、大層珍しがり悦んだということである。[78] 辞去するとき、記念に何か書いて下さい、と「アルバム」の一片を差し広げられたので、長さ約二十五、六センチ、幅約二十センチほどの頁《ページ》のまわりに唐草模様が絡み合ったものの中央に、オランダ文で文久三年二月八日（一八六三年三月二十六日）にセント・ヘレナ島を訪れたことを記し、その下に欧文・和文で自著し、更に主人のプリッチャード氏がペンをとって次のように書き添えた。

26 March 1863

Signature of Japanese naval officers arrived at St. Helena, March 26th 1863.

Visited Cambrian Cottage on the 26th and again on the 28th.

一八六三年三月二十六日、セント・ヘレナ島に寄港した日本海軍士官の署名。二十六日に「キャンブリアン荘」を訪れ、二十八日再訪す。

内田らはプリッチャード氏宅を二度までも訪れ、手厚いもてなしを受けたわけであるが、これより約五十年後の大正二年三月十六日、東京高等商船学校の練習船「大成丸」が遠洋航海の途次、この島に寄ったことがあった。沢太郎左衛門の長男鑑之丞は、同船が日本を発つ前に亡父の日記の中からセント・ヘレナに関するくだりを書き抜き、それを練習船の船長に渡してあった。船長と練習生は船が島に寄港したら「ミセス・プリッチャード」の名で、当時日本人留学生を物珍しく眺めた少女が生存しているかどうか探り当てることにした。

幸いこの時ならぬ訪問者らは、昔と同じ場所――キャンブリアン荘にくだんの少女を見つけることができた。歳月人を待たず、かつての可憐なおとめは、すでに老齢の婦人となっていた。「もう六十に手の届く人づきの好さそうな一人の老婆《おばあ》さんが、小暗く涼しい室《へや》の椅子に倚って居た。当時僅か七・八歳であった此ミセス・プリッチャードは第三の娘《三女》であることが分った」(「大成丸世界周航記」)。

当時大成丸の練習生らがミセス・プリッチャードに面会して来意を告げたところ、「老婆は大いに驚き且つ嬉しい様子で、五十余年前わが留学生の署名のあるアルバムを示され、その時日本海軍の創立者であられた方々が再度御訪問下《くだ》されてこの署名を残して行かれ、又今日は世界で名高い日本国の海員諸氏のお尋ねを受けるとは、何共《なんとも》たとへやうのない幸福でありますと涙を浮かべての大満足であった」(『海軍七十年史談』)ということである。往年の少女は思いもかけぬ訪問者に驚きながら喜悦を隠すことができず、目に涙を浮かべ、さも往時を懐かしそうに想像した姿が彷彿とするようである。

翌日、テルナーテ号は出帆する予定であったので、午後三時ごろ一同はホテルに戻り支払いをすませた。このとき

のホテルの勘定書には――、

宿泊費……………………一人一泊十六シリング
シェリー酒………………一瓶一シリング十六ペンス
苦味ビール………………一瓶三シリング
ジン………………………一瓶二シリング十一ペンス
マニラ製の巻き煙草……十本で一シリング半ペンス
ビール……………………一瓶一シリング半ペンス
髪油………………………一瓶四シリング
布巾………………………一尺につき二シリング

とあり、この外、

ホテルの給仕に……………三ドル
部屋付の老婆《メイド》に…………二ドル
通訳兼案内者に……………五ドル

など支払った。が、沢によるとこの島での換金レートは、一ポンドはオランダの十二フルデン半に換算され、このとき日本の一両は二フルデン六十五セント、一ポンドは四両三分弱に当たったということである。

午後五時すぎ、日本人一同は「ストラーズ・ホテル」を引き払い、埠頭よりくだんの船に飛び乗りテルナーテ号に戻った。本船に戻り一同寄り合って島のことをあれこれ話していると、甲板の方で何やら大騒ぎが始まった。「一同出掛けて見ると半黒の婦人が沢山遣《や》って来た。何であるかといふと之《これ》が皆淫売婦なので、中に四十歳以上とも見える婆も雑って居た。すると上玉だといふのを得やうとするのでせう、集って来た水夫の中で競争が始まる。之が腕力でやるから堪らない。遂には泣出す女もある様な、実に埒《らち》もない騒であったのです」（「幕府軍艦開陽丸の終始」）。沢の「幕府軍艦記事」にも、白黒混血児《ムラート》の売春婦が数名、テルナーテ号にやって来て一騒動が起ったくだりが見えるが、内田はその「航海記」において、「スコール《(スクーナー船)》ノ為女相手す」とだけ一行書きとめている。船内の騒ぎを意に介さず、この夜、珍しく林研海は歌を一首詠んだ。

ますらをが沖の小島にあととめし
　むかしを照らす春の夜の月

（75）『マスュウ・C・ペリー提督の私記』（The Personal Journal of Commodore Matthew C. Perry,1986）一七〜一八頁。
（76）「内田恒次郎航海記」（『幕末和蘭留学関係史料集成』六〇頁）。
（77）同右、六三頁。
（78）『旧幕府』第二巻第四号、三三頁。

オランダへ

二月十一日（陽暦三月二十九日）の午前七時に、テルナーテ号はジェイムズタウン港を出帆し、針路を北北西にとった。ロッテルダムのオランダ商船も同行出帆したが、海上は静穏で貿易風のおかげで快走をつづけた。十二日、晴。針路は依然北北西、帆を全部張って航行した。十三日、晴。船あしは平均五里。十四日、南東の風が吹き、船あし平均六里となった。十五日、晴。船あしは六里から八里まで上った。十六日、晴。南東の風が吹いていた。午前六時ごろ、西の方向に「アセンション島」（Ascension Island ——イギリス領の火山島）を望見した。船長の話によると、当時この島の人口は約四百人で、その多くはイギリス軍人とその家族である。全島岩石でおおわれ、飲料水に乏しく、産物といったものはとくに無いが、海鳥の卵を採って売っていた。ジョージタウンという町に砲台と駐屯地があって、その側に船舶の碇泊に適した小さな湾がある。この島には精巧な望遠鏡が据えつけてあり、怪しい船——とくに奴隷船などを見つけたら、すぐ軍艦を急行させ碇泊を命じるということである。津田は同島について「大さシントヘレナ《セント・ヘレナ》許、飲料なしといふ。英領にて、英軍艦、此両島間を徘徊して、スラーフ《奴隷》売買の船を探討すといふ」（「はなの志をり」）と述べている。同船が同島に近づいたころ、ボービス鳥を沢山見るようになった。また風は北西に変り、気温は華氏八十五度（摂氏約二十九度）を示し、暑さを覚えた。

十七日、南東の風が吹き、船あし六里から七里。十八日、東南の風が吹き、船あしは三里、四里まで落ちた。この日は復活祭《パセン》にあたり、朝食前にチョコレートが出た。午後北風が吹き、夜に入り月が出た。十九日、くもり。南東の風が吹く。赤道に近いため暖気が増して来た。船あし八里。二十日、東の風が吹いたが、風の向きは一定しなかった。午後四時半ごろなぎになる。夜、風は東北から東南に変り、にわか雨が降った。船あしは二里まで落ちた。二十一日、午前中にわか雨降る。午前九時ごろより風少し出る。船あし二里。夕方より大雨となり、夜九時ごろやんだ。二十二日、晴。針路を北にとる。風の向き定まらず。船あしは二里から五里に上った。二本マストの船を望見する。夜九時半より西北西の風が吹いた。

二十三日、くもり。午前四時半から五時ごろまでなぎとなる。午前中、微風が吹くが、針路定まらず。夕方五時ごろより風が出て、船あし六里から八里に至る。午後二時半ごろ、昨日見た二檣帆船と旗によって交信し、ロッテルダムの船で、名を「コープハンデル」号であることを知った。この日、本船は赤道直下を通過したが「炎熱は実に盛んにして、夜分寝まするに苦しむ程でした」と沢は述べている。二十四日、くもり。午前五時半ごろ、なぎとなる。針路定まらず。午後、少し風が吹く。にわか雨降る。針路を北北西にとる。船あしは平均四里であった。二十五日、晴。船あし平均四里。午前十一時ごろオーストリアの商船と出会う。風の向き定まらず。夕方、また商船を一隻見る。この日は、江戸を発って二百七十二日、バタビアを発って百十日、セント・ヘレナ島を出帆して十四日目に当たった。

二十六日、晴。針路を北北西にとる。夜に入りにわか雨となる。榎本は病気により不快を覚えた。二十七日、船あし平均一里半。夕方、微風吹く。商船を二隻見る。イルカを一匹釣る。二十八日、晴。船あし一里から一里半。午後三時ごろより東北東の風が吹いた。針路定まらず。二十九日、針路を北西にとる。午前十時ごろイギリス船一隻を見る。お昼すぎ東北の風吹く。南の方向に雷鳴を聞いた。三十日、晴。早暁に風少し吹く。本船は、五里半ばかり走った。三月一日(陽暦四月十八日)、晴。早暁、風の向き北東に変り、約五里ばかり走った。この日は土曜日であったので、水夫らは衣類を洗った。日本人らも着古した衣類等を洗濯してもらったが、一枚につき十一セント請求された。なお、正午に実測した本船の位置は、北緯六度六分、西経二十六度五十分であった。二日、晴。針路は北北西。約六里半ばかり走る。この日は日曜日に当たり、昨夜殺した豚が食膳に出されたので、乗客一同ひさびさに美味を覚えた。榎本の病気、少し快方に向かった。三日、約六里ばかり走る。早朝、風の向きやや変る。この夜、初めて北極星を見た。四日、晴。六里半ばかり帆走する。針路をほぼ北西にとる。五日、針路をやや北西にとる。約七里ばかり走る。夕方より風力増す。六日、くもり。午前五時半ごろ、西の方向にイギリス商船を認め、これと旗をもって交信した。同船はケープタウンを発し、ロンドンへ向かうところであった。午後二時半ごろ鯨三頭を見る。七日、晴。針路を北北西にとる。船あしは平均七里であった。

八日、晴。早暁、風力は減じ、船あし落ち、約四里となる。商船一隻と鯨七頭を見る。お昼に榎本の快気祝いの膳が出た。九日、晴。船あし落ち、船進まず。夜九時ごろ、にわか雨降る。十日、針路を北北西にとる。早暁、風少し吹く。午前十時ごろ浮草を見る。船あし約五里。イギリス商船を一隻見る。十一日、晴。船あし二里。アゾレス諸島（Azores Islands ――リスボンの西一四五〇キロ付近から西北西に位置）のサルカッソ海に近いため、海の色は褐色となった。十二日、針路を北北西にとった。午前中、微風吹き、船あし約四里。夕方、風力弱まり、船あし二里となる。十三日、船あし二里。夜に入り風が少し吹いた。十四日、南東の風が吹くが、船あし落ちる。夕方、再び微風が吹いた。十五日、くもり。針路を北北東にとる。帆走すること四里半から五里半。午後六時ごろ、西インドに向かう蒸気船を一隻見た。十六日、早暁、船あし少し落ちる。午前六時半ごろ船を一隻見る。夕方、船を二隻見る。十七日、針路定まらず。午後、商船を一隻見る。また海上に漂う海草をたくさん見た。十八日、風なく針路は定まらず。商船を二隻見た。夕方、風が出た。十九日、午前五時ごろ、にわか雨が降った。針路を北北東にとる。船を一隻見る。夜に入り、再びにわか雨が降る。北西の方角に稲光りがした。赤松の「航海日記」に「北西之方ニ電《ママ》ありて其光烈しく白昼の如くなりし」とある。二十日、午前二時ごろ一隻のスクーナー船を見る。夜、時々にわか雨降った。二十一日、晴。船あし約三里半。午前五時半ごろ、商船を一隻見る。十時ごろ西の方向に鯨を一頭見る。夕方、アメリカ行らしき三檣帆船を見た。二十二日、船あし約六里半。夜に入り八里となる。天気晴朗ではあったが湿気が多かった。二十三日、船あし約七里半。湿気に苦しむ。お昼すぎ針路を北北東にとった。二十四日、くもり時々雨。六、七里走る。夜半に商船を一隻見る。二十五日はくもり空で、霧は深かった。針路を北東にとる。船あし約八里。六里ばかり走る。雲が空を覆い、また濃霧のため実測はできなかった。赤松の「航海日記」に「霧深き事甚しく雨の如し」とある。

二十六日、雨、霧。針路を北東にとる。八里ばかり走った。昨日同様、濃霧に悩まされたため実測はできなかった。夕方、北の方向に船を一隻見た。二十七日、晴。針路を北東にとる。早暁より空晴れわたる。正午に実測した結果、小島及び暗礁の多い海域をすでに通過したことを知り、一同安心した。午後三時ごろより西の風が吹くようになる。二十八日、船あし、八里から九里に至る。波高く、船の動揺激しくなる。夕方、商船を一隻見る。二十九日、晴。針路を東北東にとる。風力は弱まったが、波高く、本船は動揺した。三十日、くもり。風の向きは北北西より北東に変った。船あし七里。夜に入り約三里となる。

四月一日（陽暦五月十八日）——正午に実測したところ、本船の位置は、北緯四十八度十六分、西経十度二十一分であった。針路定まらず、夕方、時々雨が降った。本船と同じ方向をとる商船を一隻見た。二日、くもり。早暁、にわか雨降る。寒気訪れ、日本の二月上旬の寒さを覚えた。午前六時ごろ、オランダ、フランスその他の国の商船を九隻ばかり見た。波は高く、船は動揺した。午後、針路を北西にとった。夜に入り風強まり、船の動揺再び激しくなる。船内に絶えず海水が入り、また夜中、闇夜のため見張りを立てた。三日、くもり。早暁、風力は減じたが、波は高かった。針路は北西にとったままであった。午前十一時半になぎとなる。午後、商船を二隻見る。夕方より、風が強くなった。四日、くもり。早暁、風力を増す。午後、商船を二隻見た。夕方六時、針路を北東にとる。夜に入り風強くなる。五日、くもり。船あし、一里から二里。午前中、商船を四隻見た。六日、くもり。針路を南南東にとった。商船を数隻見る。七日、晴。針路を北北西にとった。船あし約一里。午前六時ごろ、風下の方向に昨日見た商船を見る。同船について沢は、「午前十一時頃でもあらうか、英吉利《イギリス》の旗を掲げた二百噸《トン》程の小さな商船が一艘、本船の近傍へ遣《や》って来て信号を為た、信号に因って見ると此船は亜非利加《アフリカ》の地方からして英国へ帰らうと云ふ際に風の方向が悪くなって洋中に漂ひ居ること百日余であった。其の為めに薪水食料が尽きて、乗組の者一同が非常に難義して居るから救助為て呉ろといふ様な訳ですから、テルナーテ船は直に乗寄せて先方の望む所の飲料水及食料などの欠乏品を与へて救助しました。斯様《かよう》なことは帆前《ほまえ》船の小さな《ママ》ので此の辺を航海する者には時々あることださうです」（「幕府軍艦開陽丸の終始」）と語っている。

このイギリス商船は「フォーティテュード号」（Fortitude）といい、アフリカの西部——ナイジェリアのラゴス（Lagos）を発して百日間になるが、食糧と水は二日前に尽き、数日間というもの飲まず食わずで航海をつづけていたものである。船名が意味するとおり、堅忍不抜の精神をもって苦境を耐え凌いでいたところ、たまたま通りがかったテルナーテ号に救われたものである。フォーティテュード号は、水・パン・バター・ユネーバー《オランダジン》などを恵んでもらったのち去って行った。[79]

午後、風は北北東になり、本船の針路を東にとった。八日、商船を九隻見る。夜に入り風力が増し、船あしは約四里となった。

(79) 赤松「航海日記」(『幕末和蘭留学関係史料集成』三〇九頁)。

第二章　オランダにおける留学生活

三百二十三日目のオランダ——ブラーウェルスハーフェン港

文久三年四月九日（一八六三年五月二十六日）——本船は針路を東北東にとった。この日テルナーテ号の周辺に、十三隻ほどの船が目撃された。午前十時半ごろ、一隻のイギリスのカッター（一本マストの帆船）が近づいて来て、新聞や食料品（ジャガイモ）などを買わぬかといった。この商い船は、船がイギリス海峡に入るときまって商いに来るということであった。船の大きさは十二、三間（約二十数メートル）ほどである。

ちなみに商品の値いを聞いたが、その値段の高いのにどぎもを抜かれた。

ジャガイモ（一斗二、三升位）……十二フルデン。

鶏卵百個……二十四フルデン。

新聞紙一枚（十日ばかり前の『タイムズ紙』）……二フルデン半。

本船のオランダ人乗客は、やはりニュースに飢えていたのであろうか、法外の値段と思いつつも『タイムズ紙』を求めたということである。

正午に航海士が天測したところ、北緯四十九度六分、西経五度五十一分と出た。陽気はすでに初夏とはいいながら、大分膚寒く思われた。正午の気温は華氏五十八度五分（摂氏約十四度）であった。日本人留学生の身なりは、綿入小袖に胴着（防寒用の下着）、それにラシャ製の羽織を着、裁付袴《たてつけばかま》（下部を脚絆《きゃはん》のようにした、はかま）をはいていた。が、極力風を通さぬように配慮したつもりでも、じっさい甲板に出てみるとこれでも寒いと思われた。テルナーテ号はすでにイギリス海峡に入っていた。……

翌十日——本船の進路は相変らず東北東であった。七ノット平均の速力で航進をつづけていたが、海はいたって静かであった。午後七時半ごろ、イギリスの陸地の方に視線を向けると三、四十隻もの漁船の姿が見える。一週間前、イギリス海峡は相当時化《しけ》たため、海峡の入口で船体を破損した船もあったということである。

日が沈み夜になった。イギリスの灯台が静かに放つ灯火が海面をこうこうと照らしている。一同、航海の目鼻がついたので大いに元気を得たようで、沢は「もはやこの航海も終りに間がないとなったので、一同なかなか勢が出てきました」と述べている。

十一日——航路は依然、東北東。午後四時半、イギリスのポートランド岬（Portland Bill）の灯火を北北東の方角にみた。その距離はおよそ四里ほどであった。

十二日——くもり。午後三時ごろからイギリス名物の濃霧《ピースーパー》が立ちこめてきた。二十メートル先も見えなくなり、本船は大事をとった。速力を落さねばならなくなり、帆をおろし微速で航進した。風は北西の風であった。夜になると船同志、衝突する恐れも出てきたので、どの船も警笛を鳴らしながら進むのだが、一刻の油断も許されない。赤松の航海日記に、「風北西、霧深き事咫尺《しせき》を弁せす、雨の如し、是に依て霧中合図を用ひて鐘を打ツ……」とある。

十三日——早暁、イギリスのヘイスティングズ（Hastings——イングランド南東部、ロンドンの南東百一キロ）の灯台（赤レンガ製で山上にある）の明りが見えた。午前六時すぎにはイギリスのレイエ港を北の方角にみた。午前十一時になろうとするころ、イギリスの港を基地とする水先案内船《パイロット・ボート》がここかしこに姿を見せ、信号によって「水先案内を承ります」と促したが、テルナーテ号の方では、それにいちいち断るのが忙しかった。

やがてオランダの国旗を掲げた水先案内船（一本マストのカッター）がやって来たので、その船に案内を頼むことにした。このパイロット・ボートについては、赤松の「航海日記」に此時、和蘭のローツ舶コットル《(カツター)》なるもの壹艘来ル、ブローウェルセハーヘン、グーレー及マースの水先をなす物也、此水先を頼ミ、壹人之者本船江乗組、此時又壹艘のテキセル案内船来ル（後略）

とあるし、『津田真道』にも

翌朝英国より「パイロット」船数多出て来る信号を似て夫々《それぞれ》断る、午前十一時頃和蘭国旗を揚けし「パイロット」船来る、依て其船より水先案内を雇入午後四時少々過「ドヴア《ママ》」の瀬戸を航行す……

とある。

この日の午後四時ごろ、テルナーテ号はドーバー海峡（カレー海峡ともいう）を無事通過した。そしてちょうど同じころ左舷の十キロ先にドーバー（Dover ——イングランド南東部、ロンドンの東百二十四キロ）の城と灯台を望見した。「イギリスの白い崖」と呼ばれる白亜の断崖《だんがい》については日本人は言及していないが、霧の間をぬってかすかに見たものに違いない。

更に右舷方向に、雲間から丘陵が見えたが、それはフランスの海岸であると教えられた。けれど灯台らしきものは目に入らなかった。その後、本船から更に南南東の方角に視線を向けると、カレー（Calais ——パ・ド・カレー県北部の港）の灯火が見えた。なお、数日前から午前二時を少し過ぎたころもう太陽が出、日没も午後九時であったので、夜間はわずかに五時間ほどであった。

十四日——空模様は、昨日と同じで曇天である。午前三時ごろより風が強くなり、本船の針路は定まらなかった。お昼ごろには、フランスとベルギーの国境あたりの沖まで来ていた。午後五時ごろ、北西の洋上に浮ぶ灯台船《リフトシップ》を見る。

風は東風であった。夜九時ごろと十二時半を回ったころ、またもや灯台船の灯火が見えた。

十五日——東北東の風が吹いていたが、風向きが悪く、本船の速力は出ない。またも灯台船が姿をみせ、更には数十隻の漁船が見えた。午前十時ごろより、オランダ南西部——ワルセレン Walcheren のミデルブルフ Middelburg（ゼーラント州の州都）の高い塔が望見できた。更に右舷より陸地を望むと、ウェストカペレ Westkapele（ワルセレン島の町の名）の灯台が見えた。この日、日本人留学生らは初めてオランダの陸地を甲板の上より望見したわけだが、迎えてくれるオランダは、山の無い、平坦な土地の印象を与えたようである。赤松の「航海日記」から引くと……

十時頃ゟ《より》和蘭地方ゼーランドのワルセーレンの内、ミットルビュルフ（ミデルブルフ）の高キ塔を見る、又ウエストカペルレのヒュールトーレン（vuurtoren —— 〝灯台〟の意）を遥かスチュールボールト（右舷）の方に見る、此地方平地にして山を見す（括弧内引用者、以下同）。

文中の「高キ塔」とは風車か灯台ではないかと思われる。テルナーテ号は右舷方向に陸地を見ながら航進をつづけたわけではあるが、やがて夜になるころ、ウェストハウエンの灯台の明りを見ることができた。あとはこの島を右に半分ほども回れば、目ざす目的地ブラーウェルスハーフェンまで、もう目と鼻の先である。

文久三年四月十六日（一八六三年六月二日）——晴。早朝、留学生らは甲板の上に出て、あたりの景色に視線を向けた。が、自然目は遥かかなたに見える陸地の方に向いてしまう。天気は晴朗であったが、風向きは良いとはいえなかった。午前三時四十分ごろ、日の出を見る。日差しはやわらかであった。六時半ごろに右舷の方角にはっきりとス

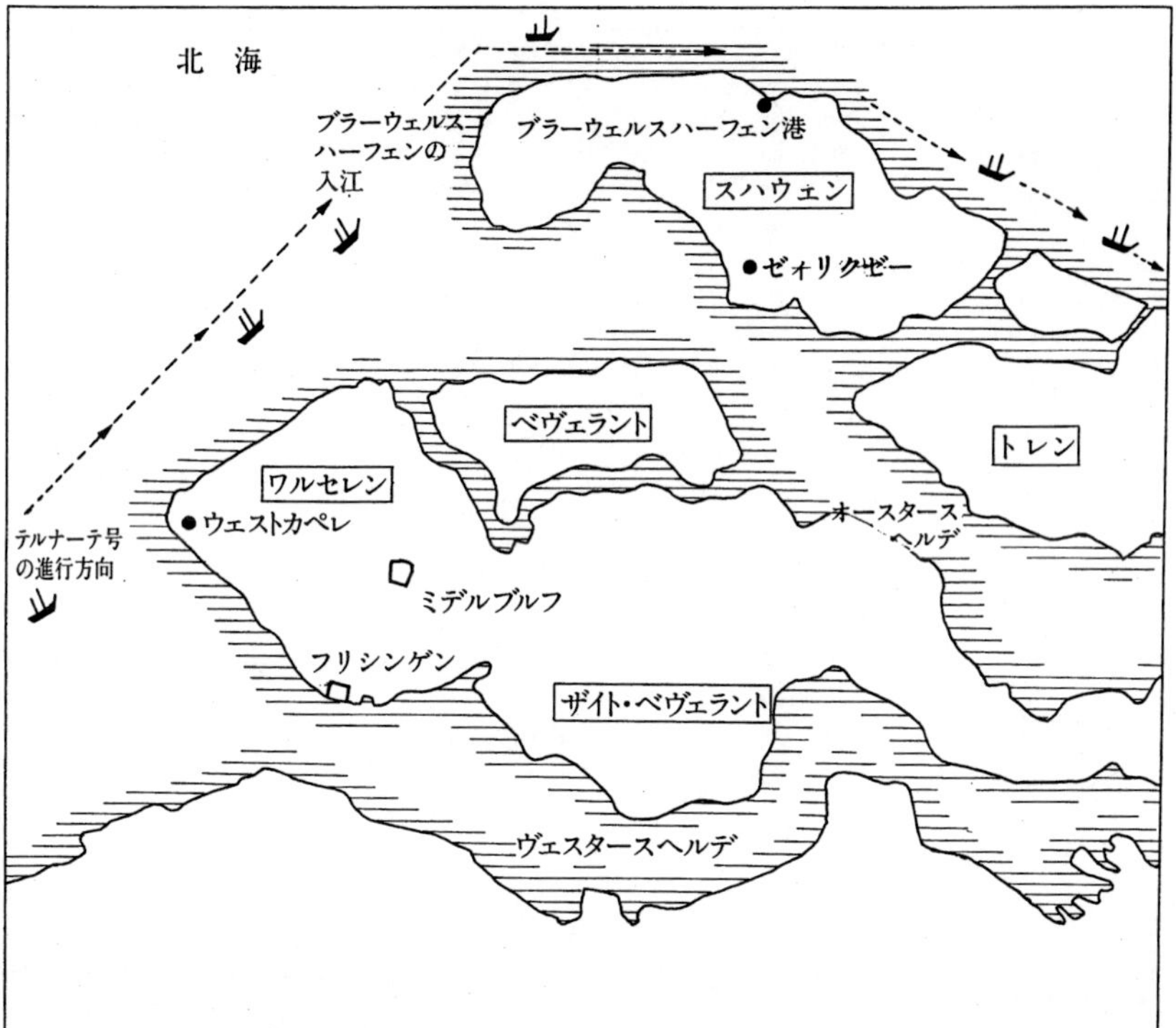

≪オランダ南西部の地図≫

ハウェン（Schouwen――オランダの南西、ゼーラント州の島）地方を見た。土地は低く、赤土の小山の印象を受けた。午前十時半ごろ、先日本船に寄って来た水先案内の船が近づき、本船と並んで航進を開始した。

テルナーテ号はやがてブラーウェルスハーフェンの入江《ハット》に入った。左側に黒、右側には白のブイ《トン》がそれぞれ数十箇置かれていて、航路を示していた。本船の右舷はスハウェンの陸地であり、船からは約三、四百メートル位しか離れていない。防波堤の役割を果たしている土手――そこには青々とした草が一面に茂っている。灯台、風車、人家もちらほら見える。赤松はいかにもオランダらしい風景を、次のように書きしるしている。

　右の方はスコーウェンの地方にして、

隔る事纔《わず》か三四町、土手を築て高波を除ける、青草生茂りて班に人家を見、ウイントモーレン（風車）多し、所々に入江ありて小舟を繋ぐ、弐箇の灯台有、風北東、ロフ約三里余なれとも、此時干潮にて川口ゟ《より》落る水勢強く、走る事僅《わずか》なり……

午後六時ごろ、瀬戸（両側から陸地が迫っている小さな海峡）を航進中のテルナーテ号を目ざして、前方より引き船《タグボート》がやって来て、本船の曳綱を取って、川内に引き込みはじめた。この曳船《スレープボート》は三十馬力の外輪船でロッテルダムからやって来たものであった。そして夜八時ごろようやくブラーウェルスハーフェンの瀬戸（nauw）に投錨した。なお、引き船はその後すぐにロッテルダムに引き返した。

ブラーウェルスハーフェンの瀬戸には各国の商船の外、曳船・小型の船などの姿がみられ、帆柱や綱類などが所狭いまでに林立していた。

ブローウェルスハーフェン江碇泊之船はロットルタム（ロッテルダム）のフレカット商船ヘルトフ・ファン・レーキホルセル、并《ならび》に是を引来りたるラードル蒸気船壹艘、ノールウェーゲン国（ノルウェー）のブリッキ（横帆の二本マストの船）商船壹艘なり、其他商船陸地の方に寄て数ふべからず、檣并綱具等にて林の如し

（赤松の「航海日記」）

『津田真道』には、テルナーテ号の入港に関して「八時『ブロウェルスハーヘン』碇場《ていば》に投錨す」とあるが、港（旧港）そのものの中には入港しなかったものと思う。

いずれにしても幕府派遣の留学生十五名は、品川を出帆して実に三百二十四日をも要した、長途の大航海を終え、

無事オランダに到着することができた。時に、文久三年四月十六日（一八六三年六月二日）午後八時ごろのことである。赤松は後年、オランダ到着の様子を「六十年前の和蘭陀留学」の中で、

> 前年（一八六二年）六月十八日日本江戸を出発してから此日迄、実に三百二十三日であった。私達一行十五人は長崎を離れてからは、南洋の海難に遭遇して爪哇《バタビア》に上陸したのと、セント・ヘレナの孤島に薪水を得る為めに寄港した以外は、茫洋たる海上に昼を送り夜を迎へ、殆ど一年に近き月日を費して、目的の地たる和蘭に恙《つが》なく到着したのである

と述べている。

テルナーテ号がブラーウェルスハーフェンの碇泊地に投錨して程なくすると、税官吏《コミエス》と役人が本船を訪れ、船内をいろいろ改め、また病人の有無、積荷などを改めて行ったが、チョン髷に和服、しかも両刀を帯びている見慣れぬ風体の日本人の姿にびっくりした様子であった。かれらは日本人の一行が到着したことをロッテルダムその他の地に電報で知らせることを請け合うと、夜九時半ごろ船客のコーヘニウスとブルームらを伴って引き上げていった。

この夜の到着の模様について、沢太郎左衛門は談話筆記『旧幕府』所収の中で、

ブラーウェルスハーフェンの港（筆者撮影）

八時にブロー《ママ》スハアヘンへ到着して錨を入れ、蒸気船は直に其處《そこ》から去って翌日を待ちました。夫《それ》と同時に通ひ船へ其の港の税関官吏及警察官が乗組んで本船へ漕寄せて乗移りまして、病人の有無を問ひ又荷物の検査を致しましたが、此の役人共は吾々の姿を視て余程驚いた様子でした。夫から内田君に其の者等が種々尋問致して而《しか》して、ロットルダム、ハーゲ府及《および》レイデンへの電報を受合って帰りました。此の電報は日本人取扱掛を命ぜられた和蘭人(ホフマン博士――引用者)へ傳達致しまする為でござります

と述べている。

同夜十一時、日本人一行は船長の部屋に集まり、船長及び船医に酒を出して安着したことを祝した。

ブラーウェルスハーフェン(Brouwershaven)は、今日人口わずかに三千四、五百の小さな港町であるが、かつてはデルフトのビールの集積地として非常に栄えた町である。けれどももう昔の賑わいはみじんもなく、今は静かな行楽地、ヨット遊びの基地となっている。この小さな街には、目立った建物は多くはないが、十五世紀に建てられたというゴシック様式の聖ニコラス教会と市役所《ラートハイス》(一五九九年に建設されたフランドル・ルネッサンス様式の石造建築で、小さな鐘楼が付いている)がこの田舎町の代表的建造物として知られている。また町の中央広場には、オランダの国民詩人・小説家・科学者として有名なヤコブ・カッツ(Jacob Cats, 1577~1660)のブロンズ像が建っている。

その碑文には、

1577
Geboren te
Brouwershaven

Ter
Nagedagtenis
Van
Jacob Cats

（一五七七年、ブラーウェルスハーフェンで生まれたヤコブ・カッツの想い出のために）

とある。

筆者が初めてこの街を訪れたのは、もう八、九年前の夏のことである。ロッテルダムよりバスに乗り、途中でゼィリクゼー（Zierikzee ――スハウェン島の町、人口約七千）で一度乗り換えて行ったが、ロッテルダムからだと一時間四十分ほどの行程である。ロッテルダムから約八十キロ、ゼィリクゼーからだと十一キロほどの所に位置している。

ブラーウェルスハーフェンの街は、深く町中に入り組んだ旧港を中心にして、その両側に町並みがあり、家はどれも小じんまりとしている。だいだい色の屋根がわらと白亜の壁がよく映えて、とても美しい。港の入口の先には青々とした土手が伸びていて、その土手のすぐそばはもう瀬戸である。紺青《こんじょう》色の海が見渡す限り広がっている。百数十年前に当地に到着した日本人一行に思いをはせながら、土手に沿って漫然と歩いてみたが、夏とはいえ吹いて来る風は冷たかった。……

日本人留学生らのうち何人かは当地到着後、小舟で旧港に入り、上陸したものと思う。そのうちの一人に赤松がいたと思われる。赤松はブラーウェルスハーフェンの町のたたずまいをスケッチして「ブローウェルスハーフェンの町、家数凡《およそ》弐百間も有るへし、皆赤のバックステーン（レンガ）の家、大家は僅か弐間のミを見る、余は皆小なり」と述べている。この町は一九五三年に洪水により、水浸しになったということである。

話は多少前後するが、オランダに到着した日本の留学生らは、オランダ到着後、Japansche Detachement in Nederlanden（在蘭日本派遣隊）と称することになった。

当地に着いてほどなく、留学生の諸取締（団長）・内田恒次郎は、オランダの役人より「書留郵便」を手渡された。その書簡の表書きは、日本文字で「内田恒次郎様」と記してあった。差し出し人の名は、Prof.J.J.Hoffmann（ヨハン・ヨゼフ・ホフマン教授）となっていた。が、その書き方が、日本人の書いたもののようにも取れるので、よほど不思議に思われ、一同首をかしげた。この内田宛の手紙について赤松は、

今度我輩和蘭江来るに付て、掛りとしてレーデンに住せるプロフェッソル、ホフマン氏命を受け、先日ゟ《より》我輩の着待受たるよし、書状来る、ロットルダム江着相成たらは直ちに迎、且亦案内もあるへき故、嚮導《きょうどう》之為来るへきよしなり

と書きしるしているところから考察すると、日本人らが程なく到着することを見越して、ブラーウェルスハーフェンの郵便局に留めておいたものであろう。

本文はオランダ語で書かれていたが、その文章を沢太郎左衛門は次のように訳している。

今般日本国の方々和蘭国に於て海軍の業《わざ》及其他の学術を御修業あらん為御出の義既《すで》に此程バタアビヤ鎮台より其筋に通知有之、依て和蘭本国に御着あらば拙者をして御差支無き様御取扱可申旨和蘭政府より委任を受候に付ロットルダム府の碇《てい》場にテルナーテ船着相成候は丶速《すみやか》に船内に出張拝顔を得候而御相談可致《いたすべく》候、此段御承知迄申進置

候也

千八百六十三年四月十日、レイデン市

支那日本学博士　イ、ヘ、ホフマン

ホフマンは、当時ライデン大学のシナ学・日本学の教授であり、かたわらオランダ植民地省の日本語翻訳官[80]を兼務していた。オランダ本国の外務省は、日本の海軍留学生がわが国に派遣される、という報告に接すると、その受け入れ準備に取り掛ったが、誰にかれらの面倒をみさせるか、といった問題が生じた。そこで第一候補にあがったのは中国語・日本語に堪能なホフマンであった。ホフマンはやがて日本人留学生の相談役・世話役に任じられ、終始懇切な指示や助言を与えたばかりか、学習科目や就学方法の選定においても斡旋の労をとった。ホフマンの日本語はもっぱら独学によって修めたもので、かれは字引だけを頼りに読み書きを修得した篤学者であった。

なお、オランダでは主要港に出入りする船舶の情報が新聞に報じられるが、一八六三年六月四日付の『ロッテルダム新聞』(Rotterdamsche Courant) の「船舶情報」Scheepstijdingen には、六月三日入港した船としてテルナーテ号の名前が出ている。

Scheepstijdingen.

Brouwersh. (Z) *Aang.*

3 junij *Tvende Brödre*

Christiansen, Holmstr.

Adriana Petronella,

V. d. Velde. Helvoet
Vertrokken.
3 *Ternate*, Cars, Helvoet
Tvende Brödre, Geelmuyden, Dordrecht

船舶情報

ブラーウェルスハーフェン入港
六月三日——「トフェンデ・ブロードレ号」
船長クリスティアンセン（ホルムストランド）
「アドリアナ・ペトロネルラ号」
船長・ファン・デル・フェルデ（ヘレフートスライス）
ヘレフートスライスに向けて出港す。
同　日——「テルナーテ号」
船長カルス（ヘレフートスライス）
「トフェンデ・ブロードレ号」
船長ヘールムイデン（ドルトレヒト）

翌六月三日（これより陽暦で記す）——天気は晴。午前八時十六分ごろ、きのうの引き船（蒸気船）がまたやって来た。留学生たちはオランダ到着後の第一夜をテルナーテ号の船内で過ごしたのである。ブラーウェルスハーフェンの住民は、奇妙な風体の日本人の一行が当地に来たことを伝え聞いたようで、朝から商船などに乗ってテルナーテ号の周囲に寄せて来て、わいわい騒いでいた。また船長と顔見知りらしい、土地の役人らしい人物（町長？）が船内にやって来て安着の悦びを伝えたが、本当のねらいはサムライの一行を見物するためであり、あわよくば日本人と知り合いになろうと思って来たものである。

（80）　Album Scholasticum　の七〇頁には次のようにある。

HOFFMANN Johan Joseph
* 1805 Febr. 16†1878 Jan. 19.
(HONORAIR HOOGLEERAAR)
1855 Maart 21 (K. B.) is ann J. J. Hoffmann te Leiden, Japansche Translateur van het Gouvernement in Nederl, Indië den *titel* van *Hoogleeraar* verleend.

ホフマン博士との出会い

錨を上げたテルナーテ号を引き船が引きはじめたのは、午前十時二十八分すぎのことである。本船は右舷にスハウエン地方、左舷にはフゥレー（Goeree ——オランダの南西、ゼーラント州）地方を臨みながら、エルファアトと呼ばれる幅四、五百メートルの瀬戸をゆっくりと進んでいった。この瀬戸は船舶の往来がひんぱんであり、いわばロッテルダムへの幹線道路の役割を果たしており、沢は、

ヘレフートスライスの町
（当時の銅版画より，筆者収蔵）

ヘレフートスライスの運河──留学生らは，この運河を通ってロッテルダムに向かった

　此辺はロッテルダム通行の小蒸気船が、多分に往復します故、非常な賑ひでございまして、我々は斯様の景況を見ましたのは始めてのことでございますから、実に其盛んなのに驚きました（『旧幕府』）

と述べている。

　甲板の上から目に入る景色といえば、平坦な陸地と黒白のブイ、海だけで、山らしいものは一つも無かった。陸地も海面から一メートル二、三十センチほどわずかに高いだけである。

　土手の上には所々に人家があって、それが景色に画趣を添えていた。村らしいものは、寄港地のヘレフートスライスに着くまで、二村を数えるのみであった。テルナーテ号は午後六時半ごろ、ヘレフートスライス Hellevoetsluis に到着した。ここにはハリングフリート（フリートは〝小川〟の意）に面した小さな港があり、沢は、「こちらで云ふと恰《あたか》も品川海から永代へ這入《はいい》る入口に似て居る処であって、此川の入口は碇《いかり》を打つに及ばず、船を岸に横付と致すことが出来ます」（『旧幕府』）と述べており、また赤松の「航海日記」には、

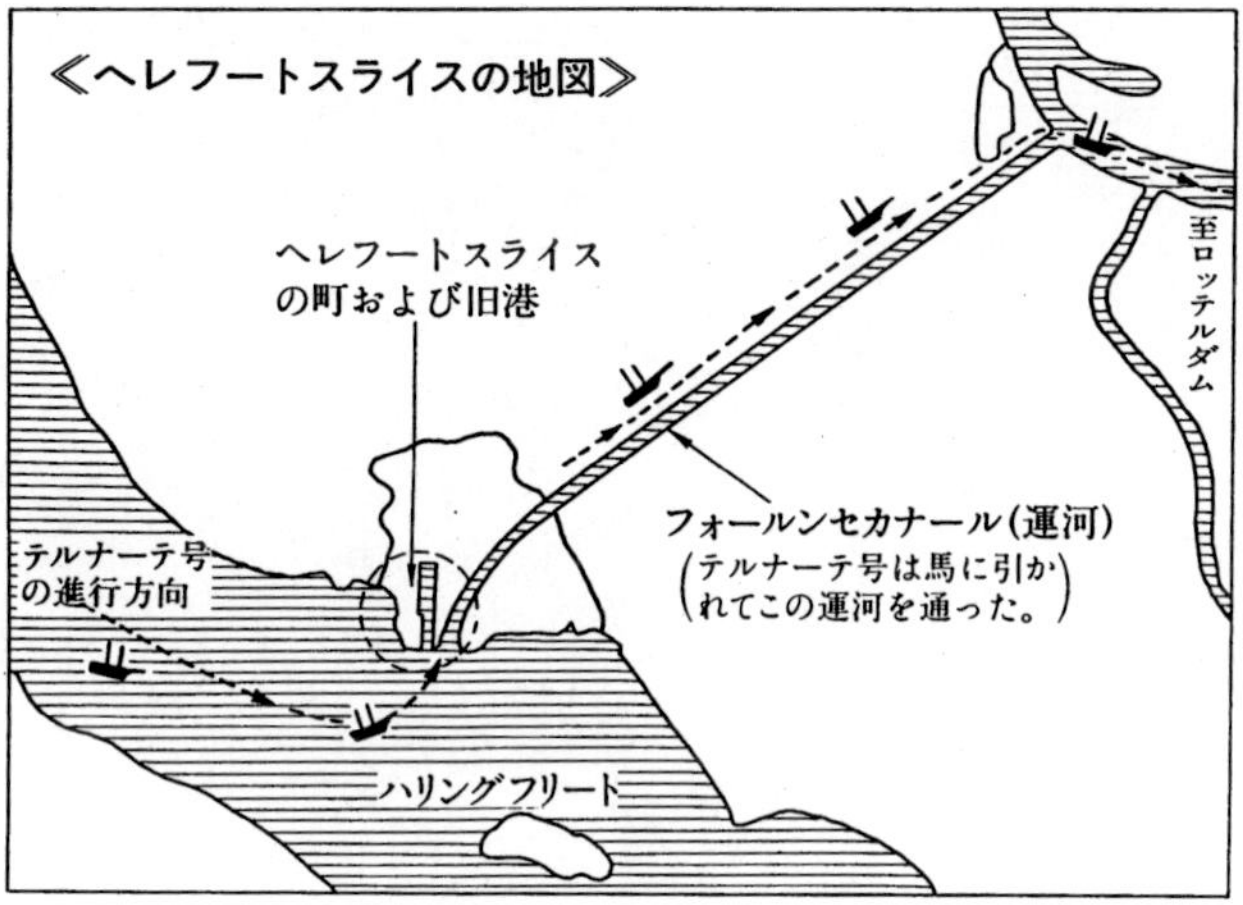

《ヘレフートスライスの地図》

> 夕六時半、ヘレフートスロイスのカナール（運河）の口江至りて岸江綱を以て本船を繋く、此地は和蘭セーランドの内、フヲール子（フォルネ地方）の壹都会之地にして、家数五六百間も有るへし、カナールの脇に壹箇の堀有て、町中に至る船々を入るる川なり、川内に数艘のスクー子ル、コットル（カッター）、チァルケン（不詳）船等繋きたるを見る

とある。

テルナーテ号は旧港の中に入って投錨をせず、フォールンセカナール（Voornse Kanaal）の入口に着岸したものに違いない。ここからロッテルダムのマース川まで約三十キロの道程であるが、マース川に出るまでフォールンセカナールは内陸部を一直線に横断している。先年、ヘレフートスライスの町で、この運河のことを土地の古老に聞いたことがあったが、「昔はこの運河を通ってロッテルダムに出たが、今は途中までしかゆけぬ」とのことであった。現在はもう使用されていない。

現在のヘレフートスライスの人口は約七千、町の歴史は古く、一六八八年にウィレム三世がイギリス遠征にここから出帆したことで知られており、昔からオランダの軍港として用いられた。一八三一年までイギリスのハリッチ（Harwich ——イングランド南東部にある港町）

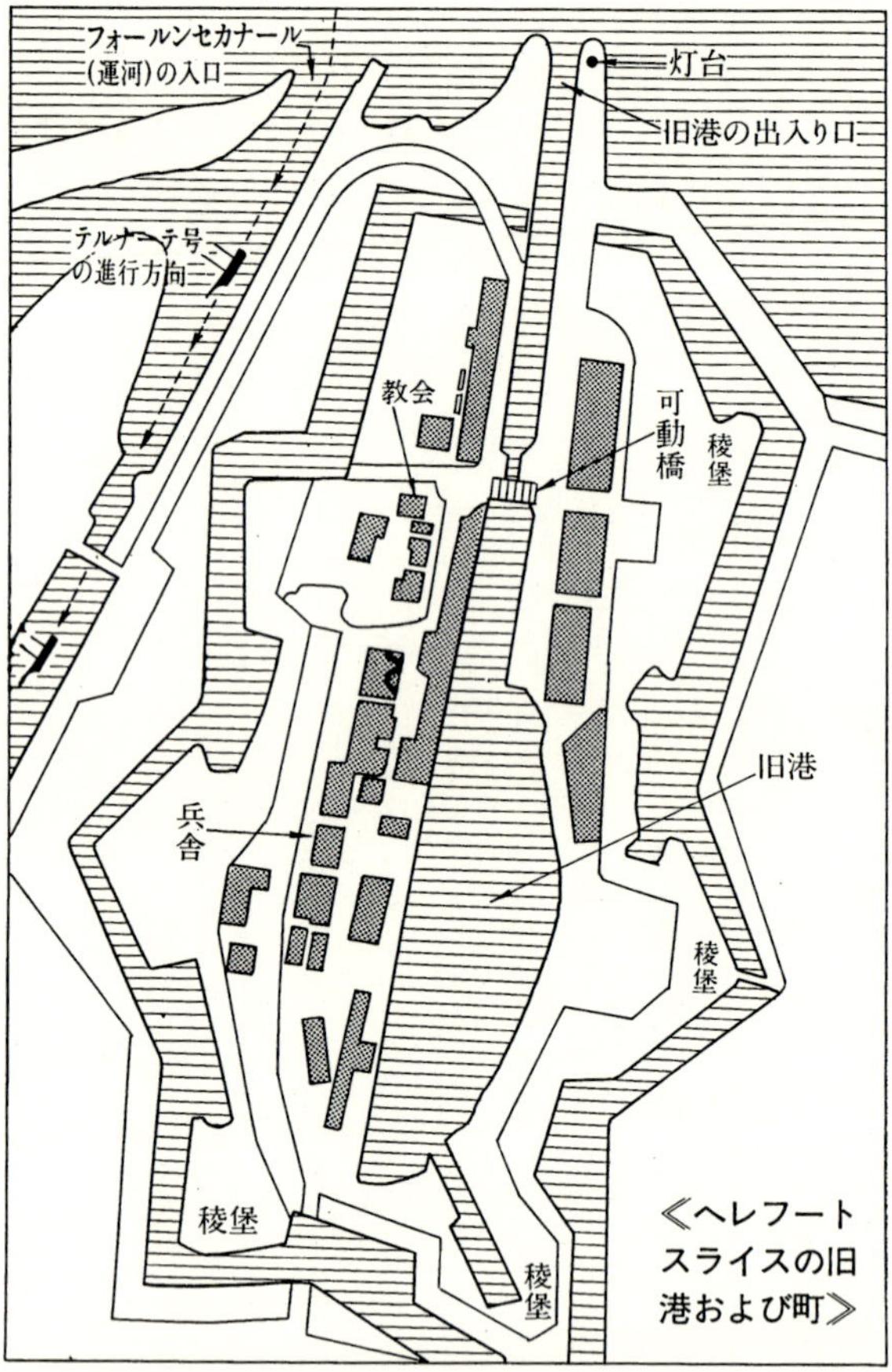

≪ヘレフートスライスの旧港および町≫

への郵便船の発着地であり、旧港は第二次大戦中はドイツ軍の巡視船の基地として使用された。街には壁垣や古い家並が当時のままに残っていて、今では行楽地、ヨットの係留地となっている。

旧港そのものは、高台より見れば〝ワニ〟のような奇妙な形をしており、港に沿って家並みがある。赤松が「カナールの脇に壹箇の堀有て……」といっているのはこの旧港のことである。

さて、ここでもブラーウェルスハーフェンのときと同じように、日本人を一目みようと、大勢の見物人が押しかけ、河岸に集まった男女は数え切れぬほどであった。その中には二尺七寸（約八十センチ）ほどの小人もいて、せいぜい四、五歳位の子供にしか見えなかった。この小人はケルミス（定期市）の見せ物に出て百フルデンほど得たと、連れの男がいった。また老婆が一人、日本人のそばに寄って来て、果物を買えというので、値段を聞いて、みかんとクルミ（ノーテン）を求めた。オランダのみかん《オラニエ・アペル》は一箇八セント、長崎の〝中嶋密柑〟と同じであり、クルミも日本のものと何ら変るところがなかったが、ただ皮が少々薄かった。

午後七時ごろ（沢によれば午後八時ごろ）に、ライデンから日本人掛のホフマン教授がテルナーテ号にやって来たので、日本語を交えて挨拶し、その後、よもやまの話をしたが、かれは明朝を約して程なく帰って行った。赤松の「航海日記」には、「夕七時後、プロフェッソル、ホフマン来りたり、依て一同揃《そろって》面会なす」とある。

この日、テルナーテ号の乗組員は、半数上陸した。この日ヘレフートスライスの港や運河に碇泊していた船舶は十数隻を数え、イギリスやスウェーデンの船が多かった。『ロッテルダム新聞』一八六三年六月三日付の「船舶情報」には、次のようにある。

Hellevoet　　Aang.

……………………………

Ternate, Cars, Brouwersh.

Vertrokken.

（ヘレフートスライスに着いた船舶――テルナーテ号――ブラーウェルスハーフェンを出港――ほどの意）

四日――くもり。午前三時半にヘレフートスライスのフォールンセカナールの水門《スライス》が開いたので、本船を運河の中に引き入れた。運河に船を引き入れるのは満潮時を見計らってのことである。

ロッテルダムまでの行程は約五、六時間ほどで、その間本船を馬に曳かせるのである。赤松は「此地よりロットルダムに至るは、満潮を待て本船を馬にて牽《ひ》かせ、フヲール子カナールを通る、ロットルダムに至る貳時行なるよし」（「航海記」）と述べている。

午前八時ごろ、本船の用意が整ったので、二十頭ほどの馬をもって岸沿いを曳いてもらうことになった。運河の幅は場所によって異なるが、約五十メートルから百五十メートルといったところである。日本人の一行はこの川筋において初めて釣橋とか跳ね橋を見たわけであるが、その素晴しい構造や規模の大きさに瞠目した。馬に船を曳かせる模様、船舶の往来の賑ぎわいなどについて沢は、

翌十八日（和暦）午前三時頃に本船に綱をとりまして、又川の半《な》かばへ引出し、其綱に馬二十匹を付けまして、岸にある土手の上を牽いて参りました。丁度《ちょうど》日本の本所小梅引船の通りで船を引く様な工合でありました。此所の川巾《かわはば》は八十五間ございます。矢張り小蒸気船バッテイラの様な船が往来して居りまして、非常な混雑でございました。此《この》川筋に於て私共は始て釣橋撥《はね》橋を見ましたが、之《これ》は便利な橋だと思いました（『旧幕府』）

と述べている。

本船を馬に曳かせながら、甲板の上から見る両岸堤の景色は絶景であった。土手の下はすべて平野である。畑は少ない代りに牧草地がつづき、そこには牛・馬・羊などが放牧されている。時たま田舎家がちらほら見えるだけで、山も丘陵も目に入らない。

午後一時四十分ごろ、フォールンセカナールの出口にあたるニューウェルスライス（Nieuwersluis）に到着した。運河の出入り口の両岸に数十軒の家や跳ね橋などが見られた。ここで一行は満潮まで二時間半ほど待つのだが、この間に下船して街を見物している。

午後四時、水門が開いて本船を引き出し、曳き船を待っていると、やがてそれがやって来たので本船を曳かせ、当地を離れた。このときホフマン博士が再びやって来て、すぐテルナーテ号に乗組んだ。ホフマンは、ロッテルダムに

着岸後、すぐ汽車でライデンに赴く手はずになっている旨を一同に伝えた。テルナーテ号の航海ももう終わりに近づいているが、これよりマース川の方に向かい、あとは日本人を最終目的地のロッテルダムの埠頭で下船させるだけとなった。

午後五時四十五分――ついに本船はロッテルダム港に到着、直ちに投錨した。ロッテルダム（Rotterdam）は、ライン川とムーズ川の下流分流のニューウェ・ムーズ川の沿岸に位置するヨーロッパ有数の貿易港の一つであるが、当時すでに「三千トンの船も自由に河岸に横付けすることのできる立派な港」（『半生談』）であったという。

テルナーテ号は入港に先立ち「日章旗」をマストに掲げていたが、そのせいもあって、岸壁（ド・ブームピェスあたりか？）には数百人の見物人がひしめきあっていた。赤松の「航海記」に、

> ロットル《ママ》タム町、甚《はなはだ》美麗にして上陸すへき場ニは已《すで》にテルナーテ船の檣上に我国旗を引揚て有る故、数百の老若群衆して我輩の上陸を待てり、斯《かく》の如き数百の人中を通行せん事甚難かるへしと恐縮の思をなせり

とある。

テルナーテ号入港の知らせに接した、同船の持主レーキホルセンの養子シュルレルという者が、子供二名を連れて同船の様子を見に訪れた。

また税関の役人が三名、本船にやって来てホフマン博士と談合し、そのあと日本人が持参した荷物を改めた。午後六時半ごろ、長い航海の間世話になった船長や乗組員にていねいに礼を述べ、かついとまごいを告げてから、シュルレルとホフマンの先導のもとに端艇（ボート）に乗り移り、ようやくロッテルダムの岸壁[81]に上陸した。上陸の模様について沢は、

1860年代のデルフトセ・ポールト（筆者収蔵）

> 午後五時四十五分にテルナーテ船はロッテルダム府の碇場に着しまして、本船は岸に繋止めました。是時《このとき》ロッテルダムの河岸には、矢張り数万《ママ》の男女が群集致しまして、我々の上陸を見やうと思て、人の波を打って居ましたが、巡査が数十人で之《これ》を制して居りました（『旧幕府』）

と述べている。

沢によれば、日本人を一目見ようと河岸に集まった群集は「数万」ということだが、これは大分誇張されていると思われる。かりに数万の雲霞《うんか》のごとき群集が埠頭に集まっていたものなら、当然当時のオランダの主要な新聞にも何らかの記事が出ているはずと思われたので、先年いろいろ調べてみたが、日本人に対する言及は何もなかった。赤松が「航海記」の中で書きしるしているように、実際は数百人の群集であったように思われる。

留学生一行がロッテルダムに上陸した時、群集の中から突然、「万歳！」とか「日本万歳！」といった歓声が二、三回上った。日本人を歓呼の声をもって迎える様子について、沢は「十五人共にロッテルダムに上陸致しました。此時見物の中からして同音にへぺへぺウウラア（万歳）又はイヤッパニイス・へぺへぺウウラア（日本万歳）と二三回大声で叫びました」（『旧幕府』）と述べている。

「へぺへぺウウラア」はオランダ語で記せばHiep《ヒープ》 hiep《ヒープ》 hoera《フウラー》であり、「イヤッパニイス・へぺへぺウウラア」はJapanners《ヤパネルス》 hiep《ヒープ》 hiep《ヒープ》 hoera《フウラー》ということになる。

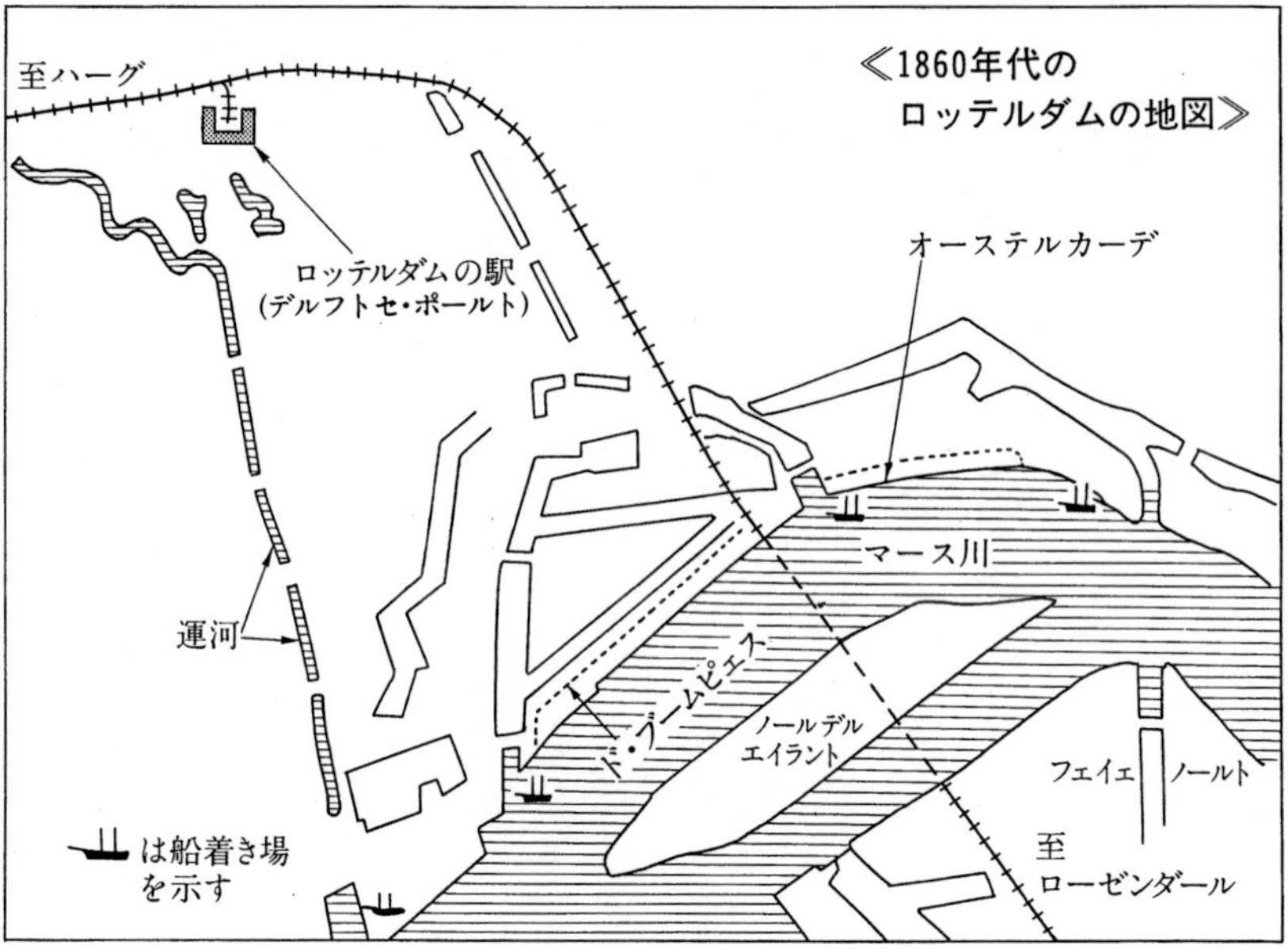

ロッテルダムの岸壁には、すでに四人乗りの二頭曳の馬車が五台、日本人一行を待ち構えていた。留学生らは、黒紋付もしくは羅紗《ラシャ》の羽織に小袖、裁付袴をはき両刀を帯び、頭はチョンマゲ姿、足には草履をはき、警官に道をかき分けてもらいながら、ようやく馬車に分乗することができた。やがて警官に付き添ってもらい、見物の群集を押し分けながら市街を通過したが、このとき街路沿いの家々の二階、三階の窓という窓からは、大勢の見物人が顔や半身を乗り出していた。また主だった家では、日蘭の国旗を十字にして掲げ、祝意を表していた。市民は髷を結った日本人の頭を見て奇異に感じたであろうが、もともと坊主頭であった医師の伊東と林だけは、長い航海の間に伸びてしまい、今では散切り《ざんぎ》（斬髪）であり、ヨーロッパではすこぶる体裁がよかった。

　間もなく五台の馬車は、ロッテルダムの駅につくのだが、その鉄道駅について沢は、「午後七時三十五分にはホルラ《マ》ン《マ》ゼスポウルウエフと云ふ停車場に達しました所が、此場所は煉瓦造りの大建築でございまして、手広な待合所が三ケ所もあり、其傍《そのそば》にスタチヨンス、コッヒイホイス（コーヒー店）と云ふ所がございましたが、之は一寸した洋食及びボウトルアム（バター付パンの意）其他コウヒイ紅茶菓子類洋酒等を商《あき》なって居る所でございます」と語っている。

「ホルランゼスポウルウエフ」の原綴りは Hollansche《ホルランセ》 Spoorweg《スポールヴェヒ》（オランダ鉄道の意）であるが、当時は「デルフトセ・ポールト」(Delftsche Poort)（〝デルフトの門〟の意）または「セントラールスタシオン」(Central Station)と呼ばれていたものであり、その位置は戦前の中央駅があった場所である。

さて、日本人の一行はホフマン博士の案内で直ちに一等車（コンパートメント）に乗り込み、ひとまず大勢の見物人に取り囲まれることを免れることができた。目的地のライデンまでの乗車賃は二フルデンであった。汽車は午後七時四十五分に発車し、途中デルフト、スレースウェーキ、スガラーフェンハーゲ（ハーグ）などに停車したのち、同八時三十五分にライデンに到着した。一行は汽車というものをじっさい見るのも、またそれに乗るのも今回が初めてであり、ただただ驚嘆するしかなかった。赤松は「ホフマン博士に案内されて上等の室に席を占めた私たちは、其設備の優れたると其速力の迅《はや》くして便利なことは聞きもし想像もした以上なのに驚いた」(82)と語っている。

（81） 一同が上陸した場所はロッテルダムで一番大きな埠頭ド・ブームピェス(De Boempies)ではなかろうか。

（82） 『赤松則良半生談』一六〇頁。

ライデン

当時、ロッテルダムからライデンまで約一時間かかった計算になる。ライデンの駅にも非常な見物人が出ていて、ここでも警察官にやじ馬を押し分けてもらって初めて出迎えの馬車に乗るといったあんばいであった。一行はそれよりブレーストラート（Breestraat）にある「ホテル・ド・ハウデン・ゾン」に行き、そこを当分の間の滞在所とすることになった。赤松の「航海記」に、「八時二十分レイエン《ママ》（ライデン）江着、此スタションゟ《より》車（馬車）に乗りてブレースタラートの旅館ホーテル・デ・ホウデンゾン《ママ》江到着す」とある。

筆者はかってこのホテルのことを多少調べもし、またその報告を活字にしたこともあったが、誤りがあったのでこの機会に訂正しておく。九年前にこのホテルのことをライデンの古文書館で調べた時、現在のブレーストラート二十三番地（「美術店」）がその建物であるとの結論に達したが、渡蘭のたびにその建物を見ているうちに疑問を抱くようになった。外観から判断して、建物の構造そのものが元ホテルとは思えなくなったからである。そこで先年、再び史料を洗い直した結果、自分の調査結果が間違っていたことを知った。

カール・ベディカーの『オランダ』（一九一〇年版）によると、昔ライデンにはホテルが七軒ほどあったことが判る。その主な名称と位置は次のようである。

Lion d'Or……………（ブレーストラート）
Soleil d'Or……………（「ホテル・ド・ハウデン・ゾン」が名称変更したもの、ブレーストラート）
Hôtel Plaats Royaal……………（ノールトエインデ街とラーペンブルフが交差する角あたり）
Levedag……………（ブレーストラート、市庁舎の斜め前）
Hôtel de la Poste……………（市庁舎の裏手、ライン河畔）

赤松、沢、津田らが「ホテル・デ・ゾン」といっているのは、正式にはHotel de Gouden Zon《ホテル・ド・ハウデン・ゾン》と呼ばれるもので

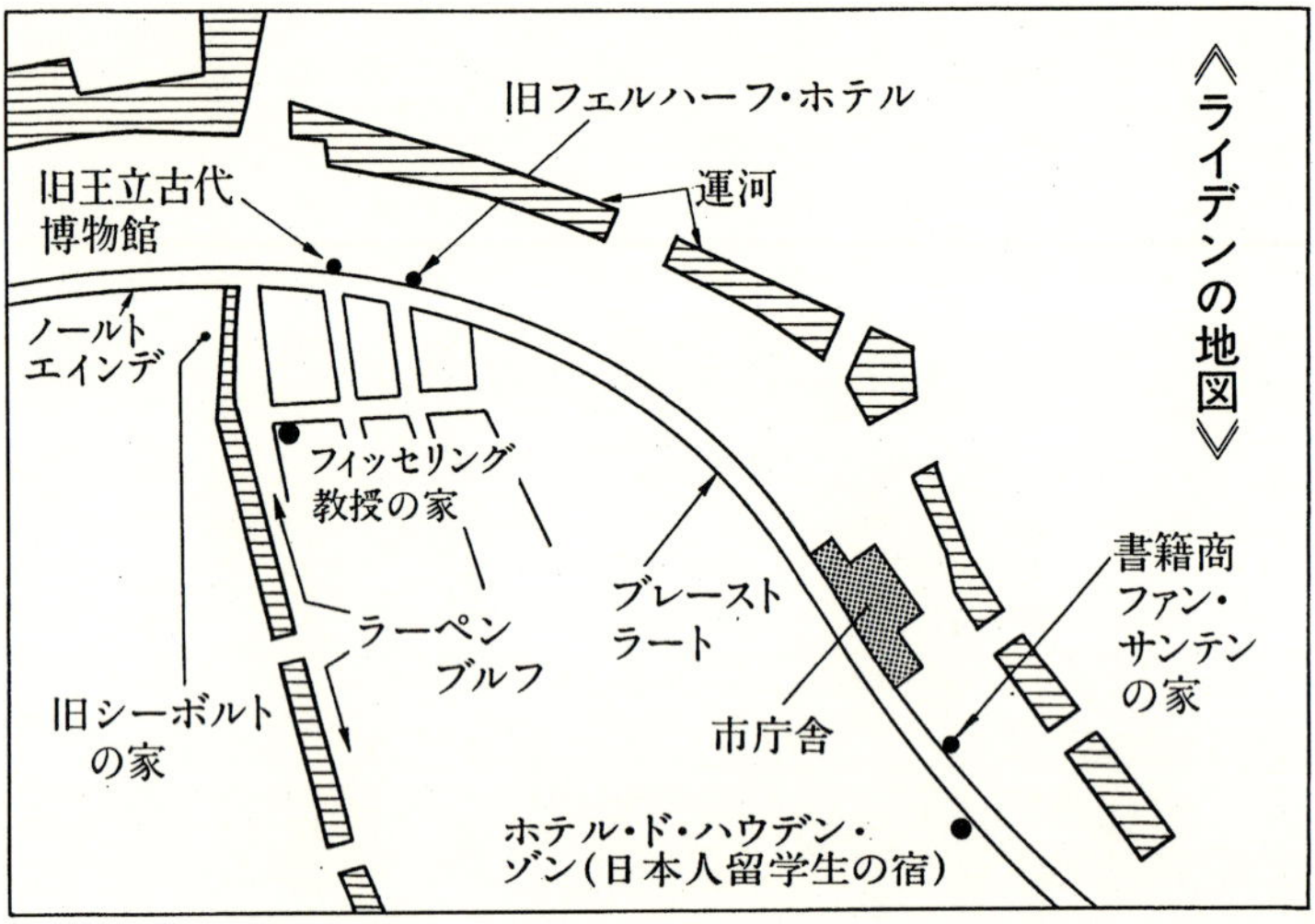

あり、今の街路名・番地だとブレーストラート一五五番に当たる。建物は現存し、今はたしか洋品店になっていたと記憶している。当時の写真は無いが、二十世紀初頭に撮った写真はある。「ホテル・ド・ハウデン・ゾン」の名称が用いられたのは一八九二年(明治二十五年)ごろまでであり、その後Hôtel Le Soleil d'Or(〝黄金の太陽〟の意)と名を改めた。ヘオルヘ・ジャン・オベルテュル(George Jean Oberthür)というアムステルダム生まれの男(当時五十三歳)が、一八四三年から一八六六年一月まで同ホテルの持主であったことが判る。一八六六年五月以後は、ローレンス・マルティヌス・フレデリクス・スミット[83]が経営を引き継いでいる。

なお、一八六〇年代の『総合住所氏名案内書』(Algemeen Adresboek)にはライデン市内のホテルの名や広告は出ていないが、オベルテュルに関する記載が見られる。

Oberthür, G. J. logementhouder. breêstr. 4, 279

logementhouder は「ホテル経営者」の意である。

これも先年、やり残した仕事であり、調べが進まなかった課題の一つであったが、ようやく日本人留学生のオランダ到着を報ずる記事を発見することができた。一八六三年六月六日付の『ロッテルダム新聞』の「国内ニュース」(Binnenland) に小さく取り上げられている。

Leyden 5 *junij*.

——Eenige der Japansche jongelingen, welke naar Nederland zijn gekomen om hunne opleiding te ontvangen, hebben aanvankelijk hun intrek genomen in het hotel de Zon alhier.

ライデン——六月五日。

教育を受けにわが国にやって来た何人かの日本青年は、まず当地の「ホテル・ド・ゾン」に旅装をといた。

六月五日——快晴。午前十時ごろ、ホフマン博士は弟子を二名伴って「ホテル・ド・ゾン」を訪れ、日本人一行を市内見物に連れ出した。ホフマンの弟子というのは日本学を専攻しているド・ブルウクとメイトルという学生であり、この二人は交代で日本人の案内

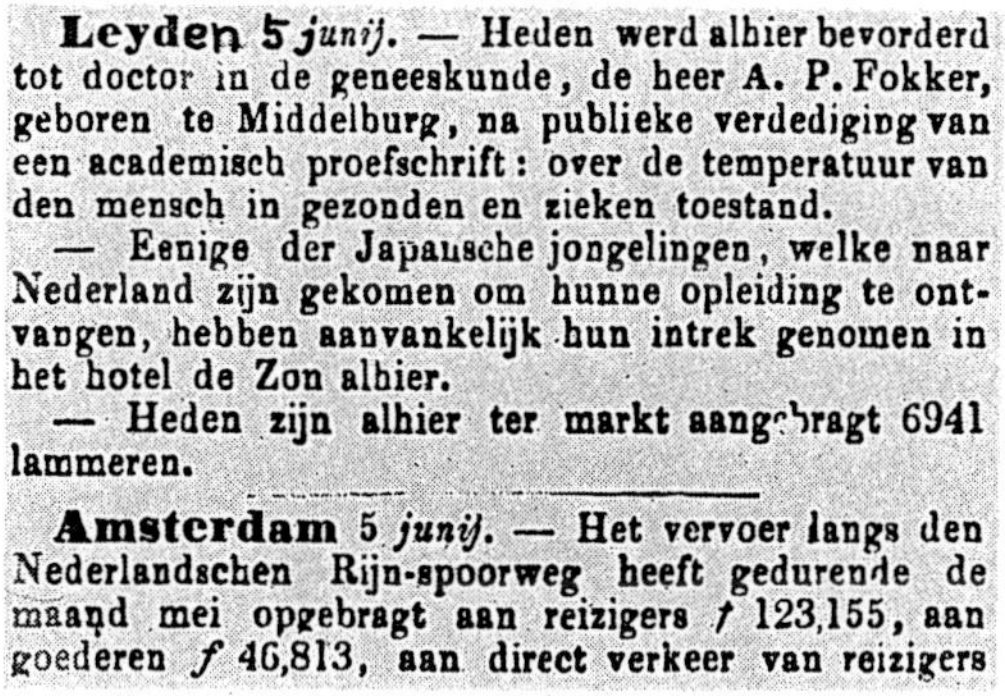

Leyden 5 *junij*. — Heden werd alhier bevorderd tot doctor in de geneeskunde, de heer A. P. Fokker, geboren te Middelburg, na publieke verdediging van een academisch proefschrift: over de temperatuur van den mensch in gezonden en zieken toestand.

— Eenige der Japansche jongelingen, welke naar Nederland zijn gekomen om hunne opleiding te ontvangen, hebben aanvankelijk hun intrek genomen in het hotel de Zon alhier.

— Heden zijn alhier ter markt aangebragt 6941 lammeren.

Amsterdam 5 *junij*. — Het vervoer langs den Nederlandschen Rijn-spoorweg heeft gedurende de maand mei opgebragt aan reizigers *f* 123,155, aan goederen *f* 46,813, aan direct verkeer van reizigers

留学生らがライデンに着いたことを知らせる
『ロッテルダム新聞』の記事

人だかりしているのが
「ホテル・ド・ハウデン・ゾン」

を勧めた。一同は馬車に分乗して当地の主な建物などを訪れたのであるが、困ったのはどこに行っても馬車が止まるや、すぐ数百人ほどの野次馬に取り囲まれ、身動きができなくなることであった。津田はその様子を、

此日午前十時より一行馬車に分乗し「レーデン」市街を見物せり、馬車止まれば数百の見物人忽《たちま》ち謂集《いしゅう》し一歩も進む事能《あた》はず

と書き遺している。

一行がこの日、見物したのは、大・中・小学校、動物園、植物園、養育院、博物館、寺院、病院、城などであった。しかし、一行はどのような名称をもつ建物・施設等を訪れたものか留学生らの私記にも明らかにされていないが、おそらく次のようなものであろう。

まず大学というのは、いうまでもなくライデン大学のことである。この大学は一五七五年、ウィレム一世によって創設されたオランダ最古の大学で、とくに医学と自然科学の分野で優れた業績をあげている。古い大学の建物(現在の本部)はラーペンブルフ Rapenburg の運河沿いにあるが、ここはもともとドミニコ派の尼僧院であった。各学部は市街に分散していたが、おそらく一行は現在の大学本部が置かれているこの建物を訪れ、これに付随する「植物園」De Hortus Botanicus を見学したものと思う。この植物園は一五八七年に創設になるものだが、園内には世界中から集められた珍しい植物が植えられている。蘭領東インドやシーボルトが日本から持ち帰った植物(竹・モミジ・桜など)も数多く見られる。また温室もあって、その中にはヤシ科の植物が栽培されている。

中学や小学校というのは、ロックホールストストラート Lokhorststraat にあった「市立ヒムナジウム」Stedelijk gymnasium や「市立学校」(小学校) Stads-scholen を指すものと思われる。後者はハーフェルストラート Haverstraat とマーレンドルプス=アフテルフラフト Marendorps-achtergracht に各一カ所ずつあった。当時は技術学校・音楽学校・航海学校なども市内にあった。

動物園については調べがつかなかったが、養育院というのは、ホーフラントセ・ケルクフラフト Hooglandschekerkgracht にあった「プロテスタント孤児院」Hervormden weeshuis のことか、あるいはシント・ヤコブスフラフトSt.Jacobsgracht の「ローマカトリック教会の孤児養育院」Roomschen wees-en armhuis 及びピィーテルスケルクホフ Pieterskerkhof の「ワロンの孤児及び養老院」Waalschen wees-en oudeliedenhuis のいずれかを指すものであろう。

当時、博物館は市内に二つあり、それらはブレーストラートにあった「古代博物館」Museüm van Oudheden と「シーボルトの国立日本博物館」's Rijks Japansch museum von Siebold である。「古代博物館」は一八三七年に現在のブレーストラート十八番地に設けられ、やがて隣家も吸収するに至った。一九一九年以後、現在のラーペンブルフ二十八番にある。

寺院は市内に十五カ所もあるが、おそらくクロックステーヒ kloksteeg（小路）を入って左手にある、ゴシック様式の「聖ペィーテルス大教会」Pieterskerk やピィーテルスケルクフラフトの「ホーフラントセまたは聖パンクラス教会」Hooglandsche-of St. Pankraskerk を見学したものと思われる。

病院はフラウエカンプ（Vrouwekamp ——現在の国立民俗学博物館があるあたり）にあったもので、正式な名称は「カエシリア病院または市病院」（Caecilia-Gasthuis of Stads ziekenzaal）といった。この建物は現存しない。

城（De Burcht）については赤松の「航海記」に、

今朝十時ゟ《より》ホフマン并《ならびに》貳人の弟子、デ・ブレウク并メートル来りて我輩を□（不明）市中見物に出る、車にて所々

留学生らが訪れたライデンの城
（1870年代の銅版画より）

集廻したる上、古昔の城を見る、此城は小岡の上に在りて、バックステーン（レンガ）にて築立、円形をなす、……

とある。

この円形の城は市内のほぼ中央に位置しているが、その歴史は古く、十世紀ごろに築かれたとされている。銃眼つきの丸い胸壁がぐるりと丘の上を取り囲んでいる感じで、城内には古井戸が一つあるだけである。日本人の一行は、銃眼よりすばらしい市街を垣間見たことであろう。

ホフマンが日本人のガイド役に連れて来た二人の弟子については十分な調査が及ばなかったが、ライデン大学の『入学者名簿』（Album Studiosorum, 1875）にド・ブルウク（De Breuk）の名前が見られる。この学生はハーレム出身であり、一八三三年四月四日に十八歳で入学し、文学を専攻したことが判る。なお、記載事項は次のようなものである。

Apr.
4. Henricus Roelofsius DE BREUK Harlemo Batavus. 18, L）

また「メイトル」（Le Maitre?）の方も同名簿に名前が見られるが、医学を専攻しておりはたして同一人物かどうか確認はできない。今後の調査を持たねばならない。

（83）Laurens Martinus Fredericus Smits のこと。Bev. reg. 1870-1880 buurt 9 folio 147 を参照。

二派に分かれる

馬車による市内見物をしているうちに昼近くなったので、一同はいったん「ホテル・ド・ゾン」に戻り、昼食を食べることになった。正午に宿の食堂で食事をしていると、長崎より日本人留学生の一行より遅れて帰国の途につき、すでにハーグに帰っていた出島の元医官ポンペが訪ねて来た。ポンペはこのたび海軍大臣カッテンディケの命により「日本人掛」となり、その挨拶をかねて訪ねたものであった。ポンペは、海軍諸術や万般の学を修めるには、首都のハーグの方が好いといった考えを持っていたので、日本人をライデンに留めて修業させようとするホフマン教授の意見と相いれなかった。この日、ポンペは挨拶をおえ、一同と食事をともにしながら、旧知の林や伊東などと旧交をあたためたのち、再訪を約して立ち去った。当時ポンペは、ハーグ市スパイ Spui 一番地（現在のスパイストラート Spuistraat 七十一番地、繁華な通りの角に位置）に住んでいた。

医師のポンペがホテルにやって来たことについて、津田は、

　「ホウ〳〵」の体にて正午帰館せしに、以前長崎に於て医学の伝習を松本良順氏其他に教授せし「ポンペイ」医師の来訪あり、同氏は和蘭海軍卿「カッテンデーキ《ママ》」氏（長崎に於て海軍に係《かかわ》る諸学術を教授せられたる海軍士官なりし）より日本留学生掛を命せられたる旨吹聴あり、暫く対話（食事を共にせり）「ハーゲ」（海牙府）へ帰行せ

らる。（『津田真道』）

また、この日、これまで一同は長い間風呂に入ってないので湯屋《バートハイス》に入湯に行っている。おそらく長い航海中は、シャワーを浴びた程度であり、風呂好きな日本人には、ゆっくり体のあかを落して、さっぱりしたい気持で一杯であったことであろう。

ホテルでどこかに風呂屋はないか、と尋ねたところ、ここから一町ほど（約百メートル）のところに「リュトヘルス」という湯屋があることを教えられ、早速皆で出かけ入湯したという。

各浴室《バートカーメル》は三人ほど入れる大きさであり、椅子・鏡・マッチなどが備えられていて、湯船《バートカイプ》はブリキ製であった。複雑なハンドル操作によって湯を出したりする〝ブリキ製の湯船〟は、今日ヨーロッパでまだ用いている所もあって、筆者が先年エディンバラの宿で入った風呂おけも「ブリキ」製であった。

一同がヨーロッパにおいて風呂に入ったのが、これが最初であったが、ただ入浴料や石けんの高いことに非常に驚かされた。津田は、

一行長く入浴せざる故《ゆえ》当所湯屋「リュトヘルス」へ参り入浴す、入場料一回五十セント、石鹸料一個銀十セントなり、本邦に於ける銭湯十二文に比すれば其高価なる事只々《ただただ》驚く計《ばか》りなり、湯殿は三人入にして戸を閉ち「スツール」（椅子）鏡台又火道具迄備へ湯桶《ゆぶね》は「ブリッキ」にて製す、蓋《けだ》し欧羅巴《ヨーロッパ》の湯屋に於て入浴せしは此時を以て嚆《こう》矢《し》とす。（『津田真道』）

と書き遺している。

風呂屋「リュトヘルス」については、以前からもっと知りたいと思っていたが、オランダ語の原綴がはっきりと判らなかったので調べようもなかった。

が、最近、フリーメイソンリー（相互扶助や友愛を目的とする秘密結社）のライデン支部（「ラ・ヴェルテュー」La Vertu）の古文書係アブラハム・フゥートハルス氏より手紙をもらい、ようやく積年の胸のつかえをなでおろすことができた。「リュトヘルス」は〝Rutgers〟ではないかという。この人物は「ラ・ヴェルテュー」の会員であり、職業は風呂屋の理事であったという。目下のところ、これ以上のことは判らぬが、調査を依頼しておいた。

また赤松の「六十年前の阿蘭陀留学」（『大日本』大正七年九月号）によると、「更に博士（ホフマン）と同道で此地の知事夫妻などをも訪問した」ということだが、「知事夫妻」とはライデン市長夫婦のことである。

当時のライデン市長はD・ティブゥール・シーヘンベーク（D.Tieboel Siegenbeek）、助役はH・P・C・ストフエルスとN・オリヴィエである。市長のシーヘンベークは一八五八年から六六年までの八年間、市長職にあり、ブレーストラート四区三百十五番地（現在のブレーストラート八十五番地）に住んでいた。[84] この建物は今もブレーストラートにあり、現在は学生用のアパートになっている。

一方、日本人留学生の動向を伝えるオランダ側の史料を求めるとなると、当時の新聞記事が最も利用価値が高いが、アムステルダムの『アルヘメーン・ハンデルスブラット紙』（Algemeen Handelsblad）（一八六三年六月十日付）に、一行がハーグで家を賃借することになった旨を伝える短い記事が出ている。

's GRAVENHAGE, 9 Junij.

Naar men verneemt zullen eenige der jeugdige Japanezen zich in de residentie komen vestigen. Tot dat einde is voor hen in de hooge Nieuwstraat eene woning gehuurd.

六月九日　ハーグ

何人かの若い日本人は、当地において居を定めることになっているということである。そのためかれらはホーへ・ニューウェストラートに家を一軒借りた。

七日――この日は、日本人がライデンに来て最初の日曜日であった。早朝より「ホテル・ド・ゾン」の前は、日本人を一目見ようと大勢の群集がひしめきあっており、一歩も外に出られそうもなかった。午後二時ごろ、ホフマン博士がやって来て、また馬車に乗ってブレーストラートの市長宅を訪れた。沢は、「又馬車に乗って此《この》土地の知事の所へ設問《せつもん》に出掛けました。同家にては夫婦が出迎ひまして、如何にも丁寧な扱ひを受けましたので、其交際の巧みなるのには感心致しました。其時に始めて、日本人が他客を扱う工合は、実に拙《せつ》な仕方であると思ひました」と語っているが、この日、生活上の種々の相談をかねて訪問したものであろう。

ホテルから市長宅まで歩いても、せいぜい十分位の距離であるが、わざわざ馬車を用いている。おそらく大勢の野次馬に付きまとわれることを避けるためであったのであろう。今引いた沢の談話筆記によれば、一行は市長宅できわめて懇切ていねいな扱いを受けているが、市長の妻エリザベット（当時五十五歳）(85)の客のあしらい方がよほど良かったのであろう。

八日――月曜日、朝、雨が降った。午前中、内田、榎本、伊東、林、津田及び職方の大川らはハーグに出かけ、午後四時ごろ帰宿。これらの面々は何の目的でハーグに出かけたものか明らかでない。が、下宿先の様子を見に行ったものか。

十日――この日、ポンペはオランダの外務大臣の意見書（日本人の学術修業に関するもの）を携えて再び「ホテル・ド・ゾン」を訪ね、留学生らといろいろ話し合った。ポンペの話では、ハーグに来なければ到底十分な修業が出来ないので、早々にライデンを引き払ってハーグに移った方がよい、という。そこで、士分の榎本、沢、伊東、林、田口ら五名は一足早くハーグに移ることに決し、職方五名と西、津田はライデンに残ることになった。赤松は日本人留学生が二派に分れて修業することになったことを「超《こ》えて数日、ポンペは再び来て日本人の修業に就ての和蘭外務卿の意見書を持参して色々と勧説したので、遂《つい》に私達は西、津田両人と職方一同を尚ほライデンに残して四月二十七日(陽暦六月十三日)ハーグへ移った」(「六十年前の阿蘭陀留学」)と述べている。

翌十一日——氏名は明らかでないが、数名の日本人(おそらく士分の者か)がホフマン博士に連れられてハーグの各省を訪ねている。一八六三年六月十二日付の『ライデン新聞』(Leydsche Courant)の記事は次のようなものである。

's GRAVENHAGE, 11 Junij.

— Heden hebben eenige jeugdige Japanners, onder geleide van Prof. Hoffmann, de residentie bezocht en tevens hunne opwachting gemaakt bij de ministers van koloniën, binnenl. zaken en marine.

ハーグ——六月十一日。

本日、何人かの若い日本人は、ホフマン教授の案内でハーグを訪れ、更に植民地省・内務省・海軍省などを表敬訪問した。

かねての手はず通り、ハーグに移る班のうち榎本・沢・伊東・林・田口ら五名は先発として「ホテル・ド・ゾン」

を引き払い、ハーグに移動し、ニューウェストラート Nieuwestraat のチーマンという家に入った。先発班を案内したのは世話掛のポンペであった。が、身を寄せたチーマンの家は、士分の者たちが一緒に住むには手狭であったので、ポンペに改めて下宿探しを依頼したようである。

また『ライデン新聞』（六月十五日付）の「国内便り」のコラムには、次のような記事がみられる。

BINNENLANDSCHE BERIGTEN

LEYDEN, 13 Junij.

—Een drietal van de Japansche marine-officieren zijn heden onder geleide van Jhr. Pompe van Meerdervoort naar 's Hage vertrokken, om daar voorloopig in een voor hen gehuurde woning te worden gehuisvest. Ook de twee aan het detachement toegevoegde studenten in de geneeskunde zijn mede vertrokken: deze zullen echter spoedig naar Leyden terugkeeren, om, overeenkomstig de bedoeling van hun gouvernement, en zooals zij zelven wenschen, te Leyden te studeren, welks hoogeschool één jaar geleden door het gezantschap van Japan met één plegtig bezoek vereerd werd. Twee studenten in de regten blijven hier voor goed gevestigd, terwijl het de wensch van den chef des detachements is, dat één bootsman en een matroos op de bloeijende kweekschool voor zeevart alhier, die hij gisteren bezocht heeft, mogen worden toegelaten. Vier werklieden, te weten één instrumentmaker, één gieter, een scheepstimmerman, zullen voor alsnog tot nadere bepaling hier verblijven. De vier laatstgenoemden verstaan geen Hollandsch.

ライデン——六月十三日。

――日本の海軍士官のうち三名は、本日ポンペ・ファン・メールデルフォールトに案内されてハーグに向けて出発した。ハーグでは一時借りておいてあった家に住むことになる。また日本海軍派遣隊に加えられた二名の医学生も一緒に出発した。しかし、これらの人々は直きにライデンに戻ってくるであろう。かれらの政府の要請に応じ、またライデンで学ぶのがかれら自身の願いであるからである。

一年前に日本の使節（文久遣欧使節――引用者）が儀礼訪問したライデン大学で法律を学ぶ二名の学生は、いつまでも当地に住むことになろう。一方、日本派遣隊の指揮官が望んでいることは、水夫長と水夫各一名を当地のすばらしい航海学校に入れることである。指揮官は昨日この学校を訪れた。二名の水夫はけさ入学を許可された。四人の職人、すなわち、機械製作者、鋳物師、鍛冶屋、船大工らは別命あるまでライデンに滞在する予定である。後者の四名は、オランダ語を少しも解さない。

「法律を学ぶ二名の学生」（Twee studenten in de regten）とは、いうまでもなく、津田真道と西周助のことである。「水夫長と水夫各一名」（één bootsman en één matroos）とは、職方班の古川庄八と山下岩吉のことである。後者の二人が入学を許可された「航海学校」（Kweekschool voor Zeevaart）はノールトエインデ（Noordeinde――通りの名）の端ハルへバァーター（Galgewater――運河の名）に面した一角にあったが、現在当時の建物らしきものは残っていない。今の敷地内にそれらしき堂々たる建物が立っているが、礎石の年号によると、一八七八年十月に建てた、と記してあるので、当時のものでないことは明らかである。先年同校のことをいろいろ調べたが、はかばかしくなく、当初、日本人水夫が入学したころ、航海学校はきっと市内の他の場所にあったに違いないと考えていた。けれどライデンの古文書館で聞いたところによると、学校の位置は昔も今も変らないとのことであった。

十九世紀の航海学校の銅版画が存在するので、それによってありし日の盛況ぶりを偲ぶことができる。水田信利氏

（故人）の『黎明期の我が海軍と和蘭』によると、古川と山下は一八六三年（文久三）六月二十五日からこの航海学校に学んだことが記録に残っているとのことであるが、これはどのような史料にもとづいて書かれたものか興味あるところである。また同書に両人の修学の様子などが記されているが、二人は風俗・習慣・言語の異なる世界に放り出され、とまどいを感じたものか、いったんは寄宿舎に入ったが、数日を経ずして通学生となったという。ライデンの航海学校の記録は存在したが、破棄されたと先年、国防省の海事史課から連絡を得たことがある。ただ、筆者が最近知り得たことといえば、一八六〇年代の同校の理事の名はA・ルートヘルス・ファン・デル・ルフ（A.Rutgers van der Loeff）、校長はJ・F・クライト（J.F.Kluit）、教頭はM・A・ヒュブレフト（M.A.Hubrecht）といった。(86)

(84) Bev. reg. 1860-1870 buurt 12 folio 9 及び Bev. reg. 1854-1860 buurt 12 folio 7 を参照。
(85) 同右、住民登録簿を参照。
(86) Algemeen Adresboek 1865, p.94 を参照。

ライデンの留学生

ライデンに残った津田・西ら士分の者と職方・大野、中島、大川、古川、山下らの居住地について述べてみたい。かれらは内田ら七名がハーグに移って行ってから約一カ月ほどホテル住いをつづけ、やがて日本人掛のホフマン博士の世話でめいめい下宿先が決まると、逐次宿を引き払って行ったと思われる。津田や西に比べると、職方の者はオランダ語の知識は皆無にひとしかったから、前途ははなはだ心細く思われたことであろう。

ライデンに残って修学に励んだ日本人の居住地に関しては、ライデンの古文書館に残る「住民登録簿」（Bevolkingsregister 1860–1870）によって知ることができる。まず津田真一郎について述べると、かれは七区ホーフラントセ・ケルクフラフト Wijk 7 Hooglandsche Kerkgracht 街二十七番地（現在の四十四番地）の家に入居した。この住所は赤松の「在蘭日誌」（墨書）の裏にメモしてあった次のような記述の内容とほぼ一致する。

Hooglandsche Kerkgracht } J.Hoffmann

〃　〃　overkant van Hoffman } Tsuda

Hooigracht oudendorp } Nisi

“overkant van Hoffmann” は「ホフマン宅の向かい側」の意であり、津田は当時ホフマン博士と同町内に住んでいたことが判る。筆者は、当初、赤松のこのメモを見たとき、現在の番地でいえば四十番地もしくは四十二番地かと考えたが、現在の四十四番地――ホーフラントセ・ケルクフラフト（数百年前までこの通りは運河であった）とモリアーン（Moriaan）横町とが交差する、角から数えて四軒目の家である。そこは美しい聖パンクラス教会（ホーフラントセ教会ともいう。十五世紀に建てられたゴシック様式の寺院）と目と鼻の先にある。

建物は、赤レンガから観てほとんど手が加えられておらず、ほぼ当時と変らない印象を受ける。しかし、津田がこの場所にいたのはわずか一年ほどで、翌年引っ越している。いずれにせよ最初に登録した記録は次のようなものである。

登記した日付…………（空白）

姓　名……………Sinitsiroe
名　前……………Tsoeda
性　別……………Man
世帯主との関係………(空白)
生年月日…………1829
生まれた場所………Tsoejama (Japan)
独身・既婚の状態……(空白)
宗　教……………(空白)
職　業……………(空白)
住　所……………(空白)
転入登録年月日………21 July 63
前の住所…………Jedo
移動年月日…………(空白)
移動先……………(空白)
死亡年月日…………(空白)
原　籍……………(空白)
備　考……………(空白)

転入登録したのが、一八六三年七月二十一日と記載されているところから考えて、オランダ人宅に身を寄せたのはこの日付の前後であろう。津田がホーフラントセ・ケルクフラフト街二十七番地に入居した当時、同じ尾根の下で暮らしたオランダ人家族について述べてみよう。津田の家主の名はハルトフ・マウリッツ（Hartog Maurits）といい、一八二五年八月二十三日ライデンで生まれている。職業は「商人」（koopman）と記録にあるが、何の商売であったものか判らない。妻の名はステルク・カロリナ（Sterk Carolina）、一八三五年九月十三日にアムステルダムで生まれている。ハルトフ・マウリッツにはハルトフ・ジュリア（Hartog Julia）という未婚の妹がおり、この女性は一八三〇年八月十四日にライデンで生まれている。

津田はホーフラントセ・ケルクフラフトの下宿を引き払い翌一八六四年七月十二日、こんどは三区のホーヘウールト（Wijk 3, Hoogewoerd）二百九十番地（現在のホーヘウールト百二十五番地）に移った。二度目の下宿先は前の住所から歩いてもせいぜい十分位の距離にある所で、ホーイフラフト（Hooigracht）とホーヘウールト（Hogewoerd）とが交差する、角から四軒目の大きな家である。またそこからニューウェ・レイン川（Nieuwe Rijn）の跳ね橋を渡るとすぐ西の二度目の下宿先があり、両人は数分の距離内で暮らしていたことになる。

西も津田と同じように二度ばかり下宿を変えているが、最初に住んだのは、ホーフラントセ教会の裏手――カースマルクト（Kaasmarkt）とホーイフラフトとが交差する角から数えて七軒目に当たる、七区ホーイフラフト（Wijk7, Hooigracht）八百二十七番地（現在の九十四番地）の家である。現在は仕出し屋（traiteur）となっている。建物は当時と大して変らぬようであるが、一階の店舗の部分はだいぶ手が加えられている。津田の第一回目の下宿からここまでは歩いて五分位のものであろうか。

西の最初の住民登録は次のようになっている（記入あるものだけにとどめる）。

姓　名……………Siusoeke

名　前……………Nisi
性　別……………Man
生年月日…………1829
生まれた場所……Tuwano (Japan)
転入登録年月日……21 July 63
前の住所…………Yedo
移動先……………7, 97

西が最初に身を寄せた下宿のオランダ人については未調査である。

西の「覚え書き」に「元治元年甲子　三十六歳ヲ来丁府広街《ブレードスタラード》老村氏の棲ニ迎フ」といったくだりがあるが、その意は一八六四年、三十六歳になった時、ライデン市ブレーストラートの Ouderdorp 宅に身を寄せた、ということであろう。おそらくこの記述は、ホーイフラフトの下宿からブレーストラートの下宿（不詳）に再び引っ越したことを指しているように思われる。西は更に翌慶応元年（一八六五）にも下宿を変えているが、手記には「慶応元年乙丑三十七歳ヲ来丁府因河畔《オップチレン》裁縫商某ノ棲上に迎フ」とある。「因河畔《オップチレン》」はオランダ語の op Rijn《オップレイン》（〝ライン河畔〟の意）で、「棲」は建物の意であるから、この一文の意味は、ライン河畔に住むドレスメーカー（仕立屋）の家に厄介になった、ということであろう。

なお、西の三度目の下宿先についても住民登録が残っており、それには七区ニューウェ・レイン（Wijk 7. Nieuwe Rijn）九十七番地（現在の九十四番地）とある。そこはミデルステ・フラフト（Middelste gracht）とニューウェ・レインとが交差する角の赤い屋根かわらの家である。家の前はすぐ運河となっている。津田の二度目の下宿にも近く、

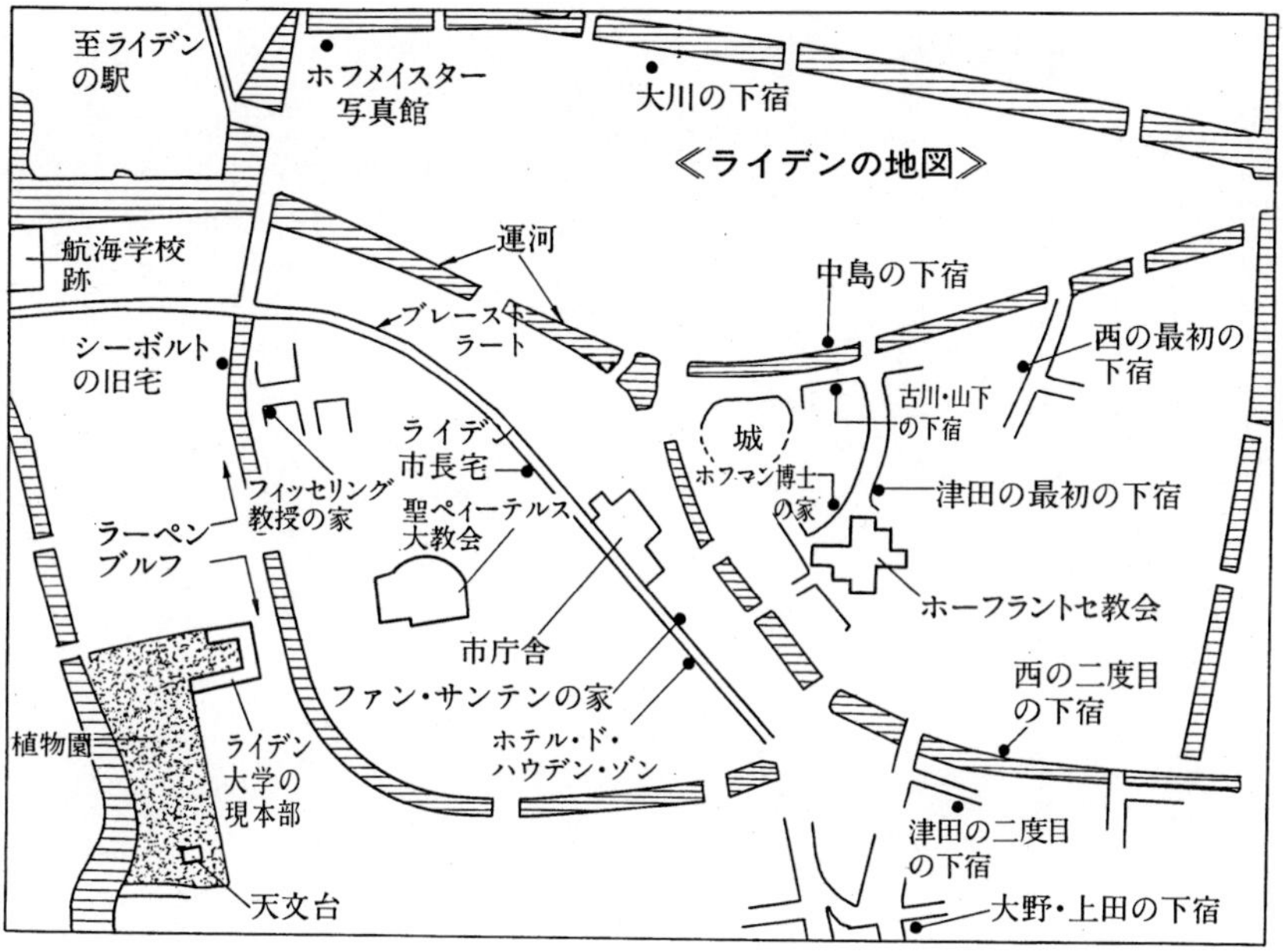

跳ね橋を渡りホーヘ・ウールトの街路に入ればすぐである。当時、運河沿いにはニレの木が沢山見られたであろうが、近年、ますますその数も減って来ている。

次に職方五名の下宿について述べてみよう。まず古川と山下のそれだが、この二人は別々には暮らさず同じ屋根の下で暮らしたことが判る。この両人が下宿したのは、七区のアウデ・レイン(Wijk 7. Oude Rhyn)千九十番地(現在の四十三番地)の家である。家主はステファネス・ファン・コーテン(Stevanes van Kooten)というパン屋である。住民登録簿には古川・山下の順で記載されており、古川の記載は、

姓名……………Foeroe gawa
名前……………Sjoohatsi
姓別……………Man
生年月日…………1835
生まれた場所………Siwakusima (Japan)
転入登録年月日………21 July 63
前の住所…………Yedo

職　業……………bootsman des Jap. marine

となっており、その他の記載欄は空白である。山下の登録は、

姓　名……………Yamast
名　前……………Iwakitsi
性　別……………Man
生年月日…………1840
生まれた場所………上に同じ
転入登録年月日………上に同じ
前の住所……………上に同じ
職　業……………eerste matroos der Japansche Marine

となっている。古川の職業欄にあるオランダ語は「日本海軍の水夫長」ほどの意であり、山下のものは「日本海軍の一等水夫」の意である。両人が住んだ家はホーフラントセ・ケルクフラフトとアウデ・レイン（Oude Rijn）とが交差する角から三軒目の運河に面した家である。そこはホフマン博士の家から歩いて数分の所に位置している。

中島の下宿は、運河を隔てて古川・山下の家のほぼ真向いに位置し、住所は六区のアウデ・レイン(Wijk 6. Ouderyn《ママ》)百二十七番地（現在の五十二番地）である。そこは跳ね橋（〝教会橋《ケルクブルッフ》〟）を渡り、現在の「ライデン貯蓄銀行」（Leidse Spaarbank）がある建物の一軒置いてとなりの家である。当時の家主の名はエルディク（Eldik）といい、職業

は事務員である。中島の登録は次のようになっている。

姓　名……………Nakasima
名　前……………Kanekitsi
性　別……………Man
生年月日…………1841
生まれた場所……Yedo (Japan)
転入登録年月日…21 July 63
前の住所…………Jedo (Japan)
職　業……………gieter
移動先……………30 Aug 64 s'Gravenhage

中島の職業欄は gieter（鋳造職）となっており、約一年後にはハーグに移動している。

大野と上田は、二区のレーベンダール（Wijk 2. Levendaal）三百四十六番地（現在のレーベンダール二十七番地）の家に同居した。家主の名はモーゼス・ファン・レイン（Mozes van Reÿn）といい、職業は商人であった。両人が一緒に暮らした家は、コレファールストラート（Korevaarstraat）とレーベンダール街とが交わる角に位置し今もあるが、だいぶ改修されている。現在そこは玩具店になっている。この辺一帯は大変交通量の多いところで、付近の家はかなりとりこわされている。津田の二番目の下宿から五、六分の距離である。

まず大野の住民登録から述べると、その記載は次のようなものである。

姓　名……………Oono
名　前……………Yasaboeroo
性　別……………Man
生年月日…………1818
生まれた場所……Jedo (Japan)
職業………………Instrumentmaker
転入登録年月日…26 Juny 63
前の住所…………Jedo (Japan)
移動年月日………3 sept 64
移動先……………Amsterdam

すなわち、大野の職業は「器具製造業者」(instrumentmaker) となっており、ライデン滞在約一年数カ月後にアムステルダムに移動している。上田の記録は大野のすぐ下に記載されており、それには、

姓　名……………Oeöda
名　前……………Torakitsi
性　別……………Man
生年月日…………1821

生まれた場所……上に同じ
職　業……Scheepstimmerman
転入登録年月日……上に同じ
前の住所……上に同じ
移動年月日……21 Jan. 64
移動先……Dordrecht

上田の職業は「船大工」（Scheepstimmerman）となっており、ライデン滞在は半年位であったことが判る。年が明けて早々とドルトレヒトに移動しているからである。大川の下宿先は、六区のアウデ・フェスト（Wijk 6.Oude Vest）千百五十四番地（現在の六十七番地）である。その家は今もあり、建物もほぼ昔のままである。下宿はコッデ横町（Kodde Steeg）とアウデ・フェスト街が交差するちょうど角の所に位置し、目の前にはアウデ・フェストの運河の水が静かに流れている。そこからは、かれが毎日通ったであろう鋳物工場も近いのである。

大川が身を寄せた家の戸主はクラウス・ヘイトマン（Klaüs Heitmann）といい、職業は大川と同業の「鍛冶工」（Smid）であったことが判る。大川の住民登録の記載は次のようなものである。

性　別……Oogawa《ママ》
名　前……Kitaroo
性　別……Man
生年月日……1834

生まれた場所…………Jedo (Japan)
独身・既婚の状態……H
職　業………………Smid
転入登録年月日………25 Juny 63
前の住所……………Jedo (Japan)

独身・既婚の状態の欄に「H」とあるのは、gehuwd 〃結婚したる〃の意である。ライデンに滞在した他の仲間が、押し並べて「独身」と戸籍吏の前で答えているのに比べると、大川の場合は、正直に答えているが、江戸に残して来た女房のことが片時も脳裏を離れなかったものか、興味をひかれる。

ライデンに残った七名の日本人の生活と修学の様子については後で述べることにして、ハーグに移った内田ら七名の動きを追ってみることにする。ハーグに移動した一行七名の正確な日時については定かではないが、沢の談話によれば、四月二十七日（陽暦六月十三日）、赤松の「六十年前の阿蘭陀留学」には四月二十八日（陽暦六月十五《ママ》日――十四日の誤り）であると記されている。

いずれにせよハーグでは、まずニューウェストラート (Nieuwestraat) のチーマンという者の家を仮に一同の合宿所としたということである。しかし、同所で全員が暮らすにはあまりにも手狭であったために、ポンペにその旨を伝え、改めて下宿を捜してもらうことになった。暫定的措置として一時身を置いたチーマン方の戸口には毎日大勢の見物人が押しかけ、一寸でも外に出ると、「忽《たちま》ち野次馬に取りかこまれ」、歩行もおぼつかない程であったという。とくに街に買物に出るときには、必ず警官に同行を頼むしまつであった。

このように日本人がハーグ市民の環視の的となったのは、一つには見慣れぬ日本人の風俗（チョンマゲ、和服、大小を腰に帯びていること）が非常に珍しかったからである。六月十四日はちょうど日曜日に当たっており、沢によると、数百名の学童が宿の門前に集まって、ぎゃあぎゃあ叫んだり、窓にいたずらをする者もいたという。なお、「此日三時の汽車にて、内田、赤松両君が此宿（チーマン方）に着致しました」（『旧幕府』）ということだが、この二人はライデンで残務を整理するためにハーグ入りが一足おくれたものであろう。ちなみに、ライデンの駅舎が完成したのは一八四三年六月十四日であり、ライデン・ハーグ間の鉄道が開通したのは翌一八四四年十二月六日のことであった。ライデンからハーグやロッテルダム方面へ向かう汽車の時刻表は次のようになっている。(87) 汽車は毎日運行し、午前中に一便、午後三便あった。

（午前）
十時六分発

（午後）
十二時五十八分発
六時三分発
九時十三分発

おそらく内田と赤松はこの日、午後の一番汽車でライデンを発ち、ハーグ到着後は道草を食い三時ごろに一同の宿所に帰って来たのではなかろうか。

この日の夕刻六時ごろ、ポンペがチーマン方にやって来た。海軍大臣カッテンディケの官邸で音楽会が催されるので、一同を迎えに来たとの来意であった。早速、一同は身じたくをし、ポンペと一緒にカッテンディケ宅（ベザイデンハウト五十五番地、現存しない）に向かった。訪問先には、ハーグの紳士淑女が大勢、日本人の一行を待ち構えていた。おそらくカッテンディケの家では、サムライの国から来た異様な風態の外国人を親しい友人にじっくり見せてやろうと配慮し、そのために市の名士らを呼んだのではなかろうか。

その夜の日本人の装いは、羽織袴に大小を腰に帯び、足は紺足袋に草履ばきであり、頭髪は医学生の伊東と林を除くと、全員大髻《おおたぶさ》（髪を頭上に集めて束ねたもの）で、被《かぶ》り物はなかった。ただポンペの忠告により、皆白の皮の手袋をはめて行った。一行七名のうち、ひときわ服装が目だっていたのは、「内田君の金糸《きんし》縫の緞子《どんす》の小袴、榎本君の鼠《ねずみ》地の琥珀の割り羽織（乗馬、旅行などに用いる羽織）でございました」（『旧幕府』）ということである。

カッテンディケ宅で日本人を初めて見た来客は、さすがに驚いた様で、あ然として声はなく、やがてお互いささやき合い、笑う者も出て来たということである。その晩、一同は初めて西洋音楽（ピアノ及びその他の楽器）を耳にすることができた。

日本人留学生は外国で専門とする学科を修得するにしても、まず何よりも語学の修得が急務であった。オランダに留学した仲間（士分）の語学力と自分のオランダ語の力について、赤松は『半生談』の中で次のように述べている。

私は坪井塾以来書籍の上では蘭語の修業も相応に積んで居て大抵《たいてい》の用にも差支ないけれど、発音が正しくないから之《これ》を匡正《きょうせい》練習することが必要であるとホフマンやポンペにも言われて居た。内田・伊東も書物は読めるようになっていたが、会話は下手であった。其次は榎本・沢・林で多少の素養はあったが、田口は船中で少し学んだだけで而も年齢が長けていたから青年のように外国語の進歩を見ることの出来なかったのも無理のないことで、甚だ怪しかったと覚える。

赤松は職方の蘭語についてはほとんどふれていないが、もともとかれらは文事に暗い技術屋でもあるから、語学のほうはまず心もとなかったと観てよかろう。それでも渡蘭の船中で多少は学んだものか。ライデンでは修業に先立って、ホフマンやその弟子およびファン・ディクから改めてオランダ語を学んだようである。

赤松が初めて蘭語を学んだのは、坪井信良の蘭学塾であり、塾頭の小木元悦（医師）や先輩の塾生より、箕作阮甫の『和蘭文典』やエスポルチングの『生理学』、ヤンキーヘンキーの『問答書』などを教材に用い、主に訳読を学んだ。のちに長崎の海軍伝習生に選抜されてからは、オランダ人のウィヘルスやユンブロー、ペルス・レイケン大尉などから直接教授法（通詞が付いたが）で数学・測量術・航海術・造船学・砲術・機関学などを教わった。が、聴取には役立ったにしても、会話そのものの勉強にはならなかったように思われる。赤松は読み書きには相当自信があったが、発音や会話力は劣っていたようである。けれど一同の中では語学力は抜群であった[88]。

内田は十八、九歳の若さで学問所（昌平黌）の試問に甲科及第した秀才であった。赤松は人を介して内田よりオランダ語の教授を請われたので、坪井塾の塾生の身分で覚つかないながらＡＢＣ《アベセ》から蘭学の手ほどきをしてやった。内田も長崎で海軍伝習生となり、オランダ人教師から航海術・測量・数学・語学などを学んだが、生来頭がよいうえに、物覚えが早く、おまけに国漢の深い素養があったから、語学修得のスピードも早かったように思われる。

赤松は、伊東・林・沢・榎本らの学力を高く評価せず、「多少の素養」があった程度と述べているが、この発言を額面通りに受けとるわけにはゆかぬ。医学生の伊東や林の学力については何ともいえぬが、沢や榎本の語学力は赤松や内田に比べて遜色がないほど高かったようだ。榎本に至っては語学の天才でもあり、オランダ語以外に英・仏・ラテン語・ロシア語等まで学び、しかも相当な運用力があった。

田口は一行中の最年長者でもあったから、他の若い連中より物覚えが劣ったようである。在蘭中、修学のほうは振わなかったのも語学に問題があったように思われる。西や津田の学力は言うまでもなくＡランクに属するものである。幕府が選抜した留学生（士分）は概して語学力にも優れた者が選ばれており、田口を除いて選定を誤っていないように思う。

（87） De Breuk & Smits, Algemeen Adresboek van de stad Leyden, p.11.

（88） 赤松は蘭文の読解力のみならず作文力もあったようで、在蘭中、見事なオランダ文（手紙等）を書き、また論文を発表している。後者は「日本の羅針盤に関する小論」（Iets over de Japansche Kompasroos）と題するもので、一八六五年十月二日にアムステルダムで発表した。元東大教授沼田次郎氏は Verhandelin en Berigten betrekkelijk het Zeewezen の中でこの小論を発見し、その全文を「幕末のオランダ留学生——赤松大三郎とその蘭語論文」と題して、『蘭学資料研究会研究報告』第六九号で紹介した。

ハーグの留学生

ハーグに移った内田ら七名は、いちどは共同生活を始めたものの、オランダ語の修得に適さぬといった理由から、なるべく離散して住んだ方がよろしかろうということから、一人一人別に暮らすことに評議が一決した。六月十七日に取締の内田が、まず家具・賄い付きの下宿先に移ったのを皮切りに、同月十九日に榎本も下宿を求めて転居した。このとき日本人世話役のポンペから話しがあり、これまで合宿した家（ニューウェストラートの下宿）も家賃の都合があるからといった理由で、六月中はその家にいなければならず、伊東・赤松・沢・林ら四名は漸時そのまま滞在することになった。

馴れぬ異国での生活に、留学生一同は日常のこまごまとした用事をしてもらうためにウィッテという小使いを日給二フルデン五十セントで雇い入れることにし、洗濯物の持運びと買物等の御用を聞いてもらうことにした。ポンペの世話でウィッテを正式に雇ったのは六月二十九日からであり、翌三十日から仕事をしてもらうことになり、御用聞きのために立ち寄る時間と場所は次のように定められた。

午前九時……ニューウェストラート（Nieuwestraat）の合宿所（チーマン方）
同十時………ヘデムプテ・ブルフワル（Gedempte burgwal）　榎本
同十一時……プラーツ十七番地（Plaats No. 17）　内田
午後一時……スパイ五十七番地（Spui No. 57）　伊東・林

その他、夕方の六時から七時の間に、再び榎本方や合宿所に立ち寄ってもらうことにした。

六月三十日は、朝から好天に恵まれたので、一同記念写真を撮ることに決し、伊東・林・榎本・赤松・沢ら五名は、ウィレムストラート四十七番地（Willemstraat No. 47）のH《ハー》・プロンク(H. Pronk)という写真館に出かけ、めいめい写真を撮ったが、沢によれば、留学生がオランダ到着後、写真を撮ったのは、これが最初とのことである。午後十一時ごろ和服に大小を帯びて馬車で出かけたところ、たちまち雲霞のごとき野次馬に取りかこまれ、しばらく交通も遮断したくらいであったという。

此時の服装は誰れも羽織袴帯刀で、草履《ぞうり》を穿《は》き、午前十一時頃に馬車で写真屋に行きましたが、写真屋の軒下《のきした》は、見物人で実に立錐《りっすい》の地も無い位の混雑、嘘《うそ》でも何でもない、全く一時往来止めと成ってしまいました。（『旧幕府』）

プロンクといった写真館があったウィレムストラートは、当時の古い建物の大半が取り毀され、新興住宅地となっている。ホーマン写真館は約八十年前まで実在したらしいが、現在は子孫も判らない。ちなみに内田は、のちにこの写真館で撮った写真を一枚添えて某オランダ人に日本刀を一振り贈ったとのことである。「豊後高田住藤原実行」の銘が刻まれたこの刀は、刃長七十センチ、茎長十九センチ、元幅三・一センチ、切先幅二・二センチのもので、アムステルダム在住の彫刻家ザイストラ氏の所蔵品であったが、現在は里帰りし、日本に来ているとのことである。ザイストラ氏がこの刀を手に入れた経路をたどると、何人もの手を経たことが明らかになる。かれが入手する前はアーネン市在住の医師の家にあったもので、その医師の先祖が更に他のオランダ人から手に入れたものらしい。そのときは特別なガラスケースの中にこの刀と内田の写真が一緒に収められていたとのことである。(89)

渡蘭した留学生たちは土産用に日本刀を何本も持って行っており、その内の一本であったと考えて間違いはなかろう。内田の写真に見える佩力は、千五百石の旗本の差し料としてきっと名のある刀であったと思われるが、それだけは決して手離すはずはなかったと考えられる。内田は帰国後、早世したところから考えて、もともと丈夫な方ではなく、おそらく在蘭中、病んだとき世話になった医師にでも、お礼に一振り贈呈したのではなかろうか。

内田の写真について言及したついでにかれの名刺のことにもふれておく。内田ら海軍留学生の写真や名刺はかなり沢山オランダに残されているが、内田自身の「名刺」となると、これまで未だ見たことはなかった。が、一九八五年の盛夏、図らずもその持主から筆者は幸運にもそれを贈られた。

それは、出島のオランダ商館長と日蘭混血児の調査取材に渡蘭した折、アムステルダム在住の実業家・勝山光郎氏より下宿先に連絡が入った。「内田の名刺と文久遣外使節の写真を所持するオランダ人が、ハーグに住んでいるが、会ってみませんか」ということであった。持主はP・C・リンク（Rinck）という名の老人であり、もう老衰しているので元気なうちに会っておいた方がよい、と勧められた。筆者はかねて内田の新史料の発掘を心がけていたときであったので、このニュースに欣喜雀躍した。そして残り少ない夏も過ぎ、そろそろ枯葉も見られる八月末に、勝山氏の車でハーグに向かった。

午後二時すぎ電話で約束した通りドライフェンストラート（Druivenstraat）にあるリンク氏の私宅を訪問した。リンク氏は最近あまり健康がすぐれず、静かに暮らしているという。当時八十七歳の高齢ながら、まだ耳も口の方も達者な感じを受けたが、何となくさえぬ声から、健康の方がはかばかしくない印象を受けた。

リンク氏は一八九九年五月十八日、ハーグに生まれ、長じて国家警察官となり、二十九年間勤務し、警視を最後に現役を退き、恩給生活に入った。リンク氏の祖父はフリートゥリヒ・ヴィルヘルム・リンク（Friedrich Wilhelm Rinck, 1817~1902）というドイツ人で、一八一七年にアイゼナハ（Eisenach——東ドイツ南西部の町）で生まれ、一八二三年にオランダのハーグにやって来て、オランダ人の妻を娶り、一九〇二年同地で亡くなったという。職業は写真帳《アルバム》の製造業者であった。リンク氏が家に伝わる話として記憶しているのは、日本人が三度、祖父のF・W・リンクが当時住んでいたハーグ市スハウブルフ（Schouwburg）二番地の自宅を訪れたということである。

最初の訪問客は文久使節の一行中の五、六名であり、お土産に『図像山海経詳註《せんかいきょう》』(90)（文會堂蔵板）とある漢文の本を一冊と人物写真《ポートレイト》を八枚ほど置いて行ったということである。訪問者の中には医師・松本弘安《こうあん》（一八三四~九三）その他の面々（名前不詳）がいたらしい。二回目、三回目の日本人訪問者については定かでないが、この中に内田がいたということである。リンク氏によれば、日本人がやって来たのは製本や装丁の技術を学ぶためであったという。内田と製本（綴じ方）とは結びつかないが、かれはオランダ滞在中、欧州各地の写真や風俗・風景画をたくさん蒐集したというから、あるいはそれらを製本する術《すべ》を知るためにリンク氏の祖父を訪ね、その際に自分の名刺を置いて行ったとも考えられる。

リンク氏は「文久使節の写真と漢籍は家宝であるので譲れないが、内田の名刺なら差し上げましょう」といって好意を示してくれた。内田の名刺（縦八センチ、横四センチ二ミリ）の表には「諸取締役　内田恒次郎」（墨書）とあり、その左側にはオランダ語で、

Oetsida Tsoené dzi roo,
Commandant van het Japansche detachement.
（〃在蘭日本派遣隊の指揮官〃ほどの意）

と印刷されている。

つかのまの訪問であったが、リンク氏から貴重な話を聞かせてもらった上、珍しい内田の名刺まで恵与されて、こんなうれしいことはなかった。やがて丁寧にお礼を言って戸外に出たが、街中、西日に照らされていて、まだいく分暑かった。……

再びハーグの日本人留学生に話を戻すと、その後、いろいろ下宿を物色した結果、ようやく一人ずつ分散して住める下宿が見つかり、逐次移って行った。赤松の『半生談』には、「内田はホウフスタラートの某方、榎本はヘデンプテビルフヮルのスコロイトル方、沢はスポイスタラートの小銃火薬販売業のペプト方、伊東と林とはスホイ街の烟草《たばこ》屋の二階に合宿し、田口はウァヘンスタラートの之も烟草屋の二階を借りたが、私は同町内の時計師ベエルという者の二階に下宿することになった」とあり、各留学生の落ち着き先について述べている。これらの下宿はいずれも二階の幾間かを貸したもので、沢の談話によれば、「蘭語では之《これ》をヘメブレーデ、カームルと云ひ、英語ではロッチン《マ》グ《マ》ハウスと申します」ということである。沢のいっているのは Gemeubileerd《ヘメウビレールト》 Kamer《カーメル》（家具付き貸部屋）のことであろう。

めいめいが移って行った先に関する記述としては、赤松の『半生談』と沢の談話筆記がある以外に、赤松の「在蘭日誌」（和綴、自筆、墨書）の表紙の裏に、日本文字とオランダ語でメモしたライデンとハーグにおける仲間の住所・氏名についての記載がある。その中からハーグに住んだ者のものだけを原文通りに拾うと次のようになる。

榎本釜次郎　Gedempte burgwal No. 18
田口俊平　Plaats No. 17
内田恒次郎　hoogenstraat No. 23
林　研海　Spui No. 57
伊東玄伯　Amsterdamsche Veerkade No. 26
沢太郎左衛門　Spuistraat bÿ geweermaker Beg

榎本の下宿があったヘデムプテ・ブルフワルは昔は「聖《シント》アントニス・ブルフワル」（St. Antonis Burgwal）と呼ばれ、運河と河岸があった所で現在は埋て立てられ街路となっている。『ハーグ』（La Haye, chez W. P. van Stockum, 1855）によると、オランダの著名な哲学者スピノザ（一六三二～七七）も晩年にこの通りに住んだという。ヘデムプテ・ブルフワルは昔の建物が少なく、現在は大きなモダンな建物に取って代られている。近年、ハーグの街並みも地域によっては取り毀しが急速に進んでいる。

榎本の下宿先について、赤松の『半生談』には「ヘデンプテビルフヮルのスコロイドル方」とあるが、当時この町名・番地に住んでいた住人は、ウィレム・シュレーダ（Willem Schröder）である。「スコロイドル」は Schröder を読んだものであろう。この戸主は一八一七年五月八日にハーグで生まれたことが住民登録簿によって知ることができる。職業は「催眠術師」（Magnetiseur）となっていた。榎本は催眠術師と同居していたことになるが、一つ屋根の下で一緒に暮らした期間は二年ほどであり、一八六五年にこのオランダ人はパフィルヨエンスフラフト（Paviljoensgracht）二十二番地に移って行った。

田口の下宿先には、マリア・ルイザ・ヤムブルゥス（Maria Louisa Jambroes）という裁縫師（naaister）とペトルス・ヨハンネス・カレル・ヤンソン（Petrus Johannes Karel Janson）というアムステルダム生まれの印紙税監査官が住んでいた。生年月日は一八〇九年八月二十八日と記されている。

内田の下宿があったホーヘンストラートはハーグでも最も高台にあり、昔は名士が大勢住み、比較的大きな家が建ち並んでいる街路である。今日この通りは繁華街の一つとなっている。内田の下宿（今は時計店）には、ドイツ・マインツ生まれのウォルフスケール・ドロテア（Wolfskehl Dorothea）とロザリ（Rosalie）の姉妹が住んでいた。職業は女中となっている。

林の下宿にはダニエル・ポラック・ダニエルス（Daniel Polak Daniëls）という名の、一八二五年七月三日生まれの弁護士が住んでいた。

伊東の下宿があったアムステルダムセ・フェアカーデ（通りの名）は、当時はまだ運河であり、アムステルダムに運ぶ商品を満載した船が出た所でもある。この界隈[91]も近年取り毀しが進んでおり、空地があったり、新しい建物が立っている。当時を彷彿させるような建物はもう多く見られない。伊東の同居人は、一八一六年二月二十八日ハーグ生まれのフレデリック・クンラート・クラウスハープト（Frederik Coenraad Craushaupt）とウェヤー・ロデウェィク・ヘンドリック（Weyer Lodewyk Hendrik）という薬剤師が住んでいた。この薬剤師は一八三四年二月二十二日生まれと記載されている。

沢と赤松の下宿についてはおおよその位置はつかめたが、残念ながら未だ確認していない。沢は「私はスポイスタラアトの小銃火薬等の販売を致しまする、ペフトと云ふ者の家へ住居致しました」（『旧幕府』）と述べているところ

《ハーグ市街の地図》

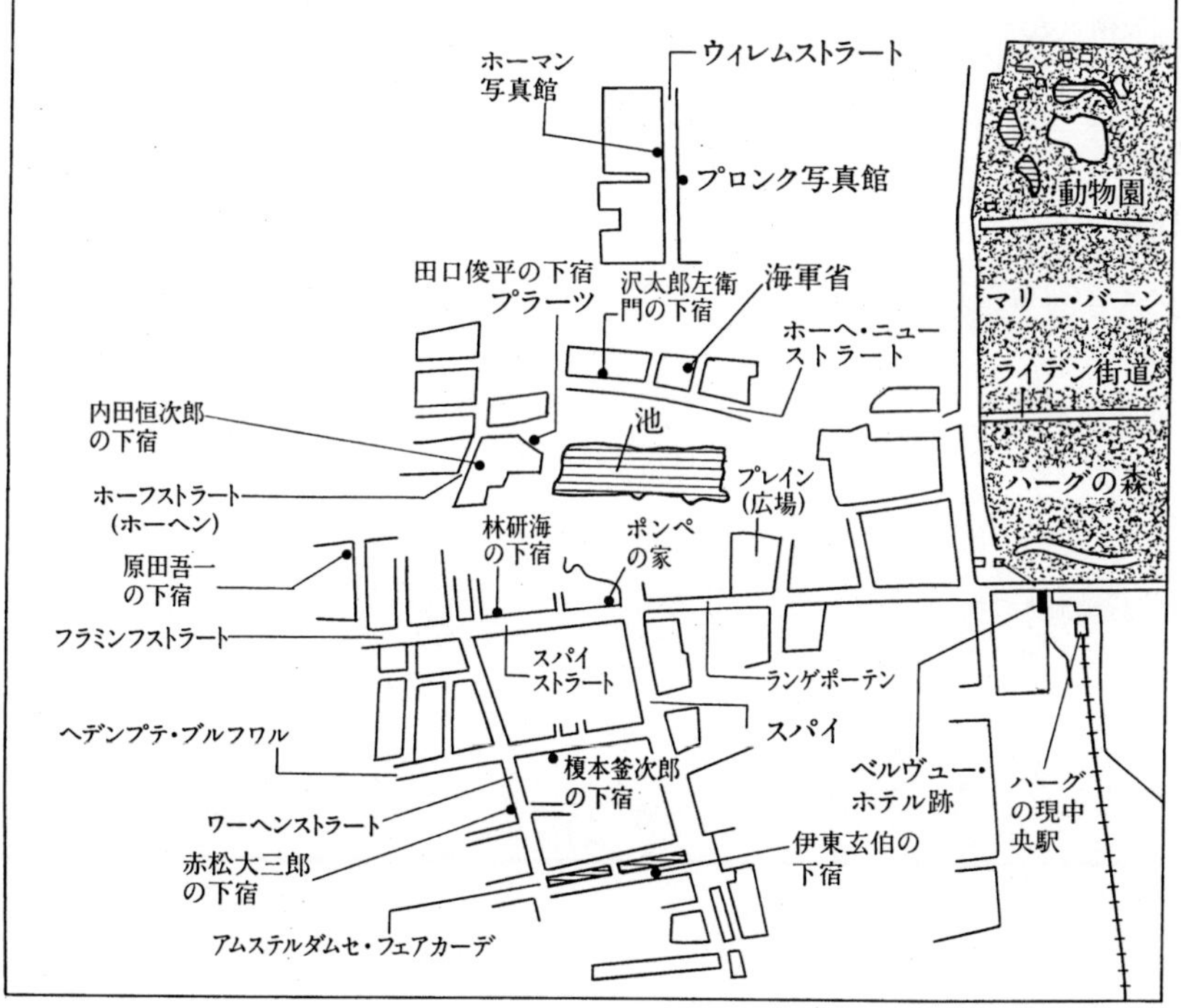

から考えて、『ハーグとスヘベニンゲンの住所録』（Adresboek van's Gravenhage en Scheveningen door J. de Rosa, 1863）にある、Becht, H.M. —instrumentmaker, Spui I（H・M・ベフト——機器製造業者、スパイ一番地）に該当するとも考えられる。

赤松の下宿はワーヘンストラート（Wagenstraat）の「時計師ベエルの家の二階」というだけで、番地や同居人（オランダ人）の名前までは調べがつかなかった。が、赤松は身を寄せたオランダ人一家について次のように回想している。

私の下宿した家の主人は五十歳許《ばかり》の誠に篤実親切な老人であって、暇があると風俗・歴史・科学等に就いて語って呉《く》れた。家族は妻君と丈《せ》の高い二十一、二歳の息子、二十歳位の小柄な娘、其他小さいのは七、八歳に至る二、三人の男の子が居た。私は此長男と娘とに間もなく大層心易くなって、彼等は能《よ》く種々の対手《あいて》になって呉《く》れたので今でも明瞭に覚えている。此家族の外には二人の小僧が雇はれていた。(『半生談』)

(89) 勝山光郎氏談。氏は刀剣関係の業界紙に発表した。新聞名については不詳。

(90)『山海経』(十八巻)は、禹王の撰とも伯益の撰ともいわれるもので、周・秦以来の古書で、わが国では徳川時代の初めに翻刻された。内容は地理というよりは雑書類に入るという(大修館『大漢和辞典』)。筆者が見たものは新安汪漢校とあり、序文には仁和柴紹炳撰とあるから使節の随員が渡欧の途上、香港で求めたものであろう。

(91)『ハーグ』(La Haye,tome second,chez W.P.van Stockum, 1855)の二〇一頁。

馴れぬ生活

ハーグに移った内田ら七名は研修を開始するに先立ち、オランダ語の教師J《イエー》・C《セー》・フレデリックスを月給二百フルデンで雇い入れ、語学のけいこをつけてもらうことにした。内田・沢・赤松・榎本らは相当読み書きが達者であったけれど、発音や会話となると劣ったから、実地の練習を積むことが緊要であった。そこで日本人世話役のポンペやホフマンらが労をとって、国会議員・市会議員・大学教授といったいわば知識階級の家に出入りできるように段取りを決めてくれた。(92) つまり生きた語学を実地を踏んで学ばせようとの配慮であった。

日本人留学生はたいてい昼食やお茶の時間に招かれたが、招く方ではお国風の服装で来てくれと注文をつける。そこで一同はいつも羽織袴に大小を差し、紺の足袋に草履といった姿で出かけた。招待者が日本人を招くのは、半ば珍しい東洋人をじっくり見物してやろう、といった意図があり、招かれるままにじっさい出かけてみると、先方の親類や縁者までが一行を待ち構えている。日本人は見世物になっていたといってよい。とくに人目を引いたのは髪型と日本刀であったと思われるが、いつ何時、刀を抜いて見せてほしい、と所望されてもよいように「刀身は常に手入れを怠らないで所望に応じては鞘を払ふて示すだけの用意はしておった」(『半生談』)ということである。留学生はどこでも見世物の対象であったとはいえ、異郷にあって特別何のたのしみもなく、毎日寂莫の感を抱いていたときであったから、暖かいもてなしは実にうれしかった。

日本人留学生は江戸を発つ時、万事「御国風《おくにふう》」を守る、といった誓詞を幕府に差し出した手前、日本政府の意向を固く守り、和服を着て、頭髪も純日本式でおし通していたけれど、日本式の服装・結髪はややもすれば人目を引くばかりか、諸事不便であり、「諸家へ出入致したり、市街を往復致したりするにも、其都度《そのつど》見物人の来襲にて、常に巡査の保護を受けなければなりません……」(『旧幕府』)ということで、とうとう海軍大臣カッテンディケの勧めによって、洋服に更《か》え、靴をはくことに決した。しかし、赤松によると、いつ何時帰国命令が出るかも判らないので刈る訳にゆかず、月代《さかやき》を生《はや》して、前から見ると西洋人のように斬髪で、うしろの方には髷《まげ》をつけて帽子でこれを隠すようにしていたという。仲間のうちでいちばん羨ましがられたのは医師の伊東と林であり、医師はもともと坊主頭であったから、忽《たちま》ち頭の先から爪先までヨーロッパ風に改まったということである。最後まで本朝の風俗を改めようとはしなかったのは取締役の内田である。取締といった立場上、誓約を破棄できず、衣類だけは筒袖(たもとがなく、筒の形をした袖)を着、頭には突灰兜《とっぱいかぶと》(縁のまわりに垂《た》れを付けた頭巾)のようなものをかぶって市中を歩いていたが、かえって奇異な感じを与え、人目を引くしまつで、見物人はますます多くなるので、ついに止むなく洋装にしたということである。

ハーグに居を構えた留学生らがいちばん不快を覚えたのは、買物や誂物やカフェに入ったとき前金を要したことであった。また商店で何を求めても一品しか見せず、たとえば靴屋に行き、靴を見せてほしい、といえば一足しか出さない。これは足に合わぬ、といえばすぐそれを片づけてからでないと別なのを見せない。時計屋に行って、時計を見せてほしい、といえば一個しか出さない。気に入らぬといえば、まずそれをしまってから他の品を見せる。日本人留学生は、オランダ人というのは何とケチ臭い人間かと、思わず商人の態度に反感を抱きまた立腹もした。

当時、留学生たちの指導兼監督役であった医師のボードワァン（A. F. Bauduin ——ポンペの誤りか？）に訳をたずねたところ、ようやく合点が行った。

——竹内下野守ら一行のいわゆる文久の遣外使節が欧州六カ国に派遣され、オランダに滞在したとき、従者の中に、商店を冷かしては、商品を万引きしたり、強奪する者がいたので、商店街では日本人と聞くと先年の例があるので警戒するようになっていた。

このような事情があったので、以後、留学生らは日本人の名誉を挽回するためにも、努めて悪い印象を与えないようにし、買物や飲食店に入ったときは、できるだけチップを多く置くようにしたという。数カ月後、その効果が現われるようになり、某日、ボードワァン（ポンペ？）が地元の一新聞（新聞名、記事不詳）を持って榎本を訪ねて語った内容は、次のようなものであった。

——先年、わが国にやって来た日本人は下種《す》な連中であった。が、今回やって来た日本人はいずれも立派な人間である。決して不心得をやらない。これこそ真の日本紳士である。

日本人留学生を礼讃した記事が新聞に出てから「市民の態度はガラリと一変した。どの商店へ行ってもお世辞タラタラ品物はあり丈けを示すという有様になり、何事に就いても親切に取扱って呉れ、一行も急に居心地が好くなったということである」(「和蘭童謡〔ツウェー・ヤッパネース〕」[93])。

日本人の奇異なる頭髪や服装がハーグの一般市民の好奇心を大いに引いたことは想像にかたくないが、大人の見物人はまだしも、市中の子供らの悪戯《いたずら》には相当手を焼いたようである。ぞろぞろと尾行され、さんざんからかわれた上、とうとう日本人を揶揄した流行歌《はやりうた》が頑是ない子供たちに歌われるようになったからである。

ことにいちばん悪童たちの嘲笑を買ったのは田口俊平であったらしく、かれは洋服を着、帽子をかぶり、チョンマゲを結い市街を歩いたが、生来の跛行のためよけいにからかわれたようである。

子供たちが田口を囃した歌というのは次のようなものであった。

Twee《トウエ》 Japanees《ヤパネース》 eene《エネ》 bas《バス》 bas《バス》 bas《バス》, eenen《エーネン》 strijkstok《ストレイクストック》 daar《ダール》 heen《ヘーン》 gaan《ハーン》.

(二人の日本人が行く。一人はコントラバスを、もう一人はその弓を持ってあちらに行く)

これは表向きの意味であるが、その裏の意味は、乞食でさえ、バスと弓とを一人で持って行くのに、頓馬な日本人は二人がかりである。日本人は一人歩きさえ満足にできない、というのである。これは先年オランダを訪れた竹内下野守一行がいつも主従そろって歩いた様子を揶揄した歌とのことである。

これに似た流行歌にもう一つ、

Twee《トウェ》 violen《ヴィオレン》 en《エン》 een《エーン》 bas《バス》 bas《バス》 bas《バス》. En《エン》 een《エーン》 strijkstok《ストレイクストック》 erbij《エルベイ》, waar《ワール》 geen《ヘーン》 snaar《スナール》 op《オプ》 was《ワス》.

（二挺のバイオリンに一挺のコントラバス。それに一本のバイオリンの弓ではどうしても弾けぬ）

これは必ずしも日本人を愚弄したものではないが、次に引くものは日本人をあからさまに侮辱したものである。歌詞は残っていないが、その意味だけを述べると次のようになる。

世の中に厚い皮は数々あれど
日本人の面《つら》の皮ほど厚いものはない
これを楽器に張ったならば
きっとよい音が出ることだろう。

日本人を嘲笑誹謗した歌には後日譚がある。明治三十四年五月――オランダ留学生の一人であった沢の嫡男、沢鑑《かん》之丞《のじょう》（万延元年一月二十日生まれ、昭和二十二年五月二十一日没。当時、海軍技術大佐、のちに中将となる）はヨーロッパを周遊中ハーグに寄った。一日、この海軍士官は駅前のベルヴュー・ホテルを出て近くの森（〝ハーグの森《ボス》〟）に散歩に出た。ちょうど小学生の一団が公園の入口のあたりにいたが、東洋人の姿を見るや急に一斉に「パアパア・ギャー・ギャー」何か歌らしいものを歌い出した。その歌詞を聞いていると、かねて榎本子爵や亡父から聞いていた例の日本人を誹謗した歌であろうと、思った。

学童の歌をよく意味も判らぬままに聞いていると、公園の木立の中から一人老紳士が出て来て、子供たちに何やら一喝した。たちまち子供らは散り散りに逃げていった。沢大佐はすぐその紳士へ英語で挨拶し、いま子供たちが歌っていたのは、昔ハーグで流行したこれこれの意味ではありませんか、と尋ねたところ、相手は大いに顔を赤らめ、全くその通りです、貴殿はどうしてご存知か、と反問した。沢大佐は、亡父がオランダに海軍留学生として御厄介になっていたときに、たびたび歌われたものだということを聞いておりました、と答えた。

翌明治三十五年、沢は帰国後、ハーグの森での一件を榎本海軍中将に話したところ、榎本もふと往時を思いだし、「今昔の感に堪えない」といって、二人して大笑したとのことである（『海軍七十年史談』）。

六月二十二日——赤松の留学日記は、六月六日でいったんは中断していたが、この日から再び記載されるようになる。日本人留学生はめいめい在蘭中、日々の克明な日記とまではゆかなくとも備忘録《メモ》程度のものをつけていたと考えられるが、現在のところ沢の談話筆記（『旧幕府』所収）、赤松の「在蘭日記抄」（欠落部分あり）と黒皮の手帳四冊を除くと、史料となるものは見当たらない。が、比較的こまかく日常の出来事と行動を書き留めていた赤松の在蘭日記から留学生の行動を追ってみることにする。

この日の昼下がり、先年第二次オランダ海軍派遣隊の一員として長崎に来、蒸気機関学を講じるかたわら飽之浦の工場建設に力を尽したハルデス（M. H.Hardes）は、帰国後栄達をとげフリシンゲンの海軍工廠で理事を勤め、更に政府の命を奉じてイギリスにいたが、ポンペと一緒に赤松の下宿を訪ねた。どのような用事で赤松を訪ねたものか明らかではないが、日本の海軍留学生がハーグに来ていることを聞きつけて、旧知に会いたいあまり表敬訪問したものであろう。ハルデスはしばらく赤松らと会って話をしたのち辞去したが、榎本にも会いたいとのことで、林が案内役として同行した。

夕方、赤松は市街の散歩に出るが、洋服を着ていたおかげで野次馬に取り囲まれることもなく、赤松は「今は蘭服を着して西洋人に偽したる故安心して遊歩せり」と書きしるしている。夜十時、ヘデムプテ・ブルフワルの榎本の下宿を訪ねると、ハルデスがいた。その後少し散歩してワーヘンストラートの下宿に帰った。

二十三日朝、仕立屋がやって来て洋服の寸法を取って行った。また時計屋も赤松の下宿を訪ねているが、懐中時計

1860年代のハーグの森（筆者収蔵）

でも求めたものか。夜、八時半ごろ田口と榎本が訪れ、九時ごろに帰って行った。九時半ごろ赤松は伊東と一緒にプラーツ十七番地の田口方を訪ね、帰途ホーヘンストラート二十三番地の内田の下宿を訪問している。

二十四日、空模様は晴。数日来、少し暑さを覚えるようになる。気温は華氏七十八度（摂氏二十六度）。来週の月曜日より、フレデリックスというオランダ人について蘭語をけいこすることになった。この日、林・榎本・沢らはスパイストラートのポンペ方を訪れている。赤松は午後一時半ごろ市街の散歩に出たのち、職人が八、九名いる工場（不詳）を訪れた。伊東・沢・田口らは馬車で赤松方を訪れ、借間のことを相談する。のち一緒にハーグの森に散歩に赴く。赤松は五時ごろ、下宿から約四町ほどの距離にある銭湯[94]に行く。一等のフロ代は、石けん付で一人六十六セントであった。六時ごろ帰宅した。二十五日、雨のち晴。気温は昨日とあまり大差なく、二十二度（摂氏）であった。午後二時ごろ、榎本と内田が赤松の下宿を訪れた。赤松は先日、仕立屋にあつらえさせた洋服を受け取った。夕方、七時半ごろ馬車が来たので赤松はこれに搭乗、まず内田の下宿に向かった。同夜、海相カッテンディケに日本政府からの贈り物と書状を届ける任務をになっていた。夜八時ごろ、一同馬車に乗り内田宅を出発した。カッテンディケ宅には、海相夫妻、息子三人、娘一人、元長崎出島の商館長ヤン・ヘンドリック・ドンケル・クルティウス（Jan Hendrik Donker Curtius, 1813～79, 安政六年〔一八五九〕帰国した）、元第二次海軍派遣隊の士官ウィヘルス（N. O.Wichers）夫妻などが控えていて、日本人と久々の対面をした。日本人留学生らは居間でしばらく歓談したのち、庭内を散歩し、九時半ごろ辞去した。

二十六日、晴。寒暖計は華氏七十二度（摂氏約二十二度）を示していた。赤松は午前中、下宿で過ごした。この日、赤松は仲間四人（名前不詳）と馬車二台に分乗し、スヘベニンゲン（Scheveningen）の海岸に出かけた。北海に面したスヘベニンゲンの海岸は、今日オランダ随一の避暑地となっている。ハーグの街から市電に二十分も乗れば海岸に出るが、途中、車窓から見る緑の木立《ボスエ》ちもすばらしい。

この海岸避暑地の歴史は古く、十四世紀ごろは漁村にすぎなかったが、一八一五年以後海水浴場として用いられている。夏の行楽地として市民や外国人がスヘベニンゲンを訪れ、たまに体を水にひたし、また日なたぼっこするのは六月から九月までで、六月中旬から八月末まで最も人で賑わうそうである。(95) スヘベニンゲン通りにヨーロッパで最初のレンガ敷きの公道が完成したのは十七世紀のことで、十九世紀末ごろまで四輪馬車が走っていた。海岸に沿って散歩道が約三キロもつづき、そのかたわらにカフェ・レストラン・遊戯場・土産店などが軒をつらねている。

当時の海岸保養地スヘベニンゲンについて赤松は次のように素描している。

往来並木にして平地景色能《よ》し、シケーフェニンフ《ママ》町はハーゲを去る事凡《およそ》拾八九町もあるへし、北の方海面（北海のこと）に添ふたる処に在、此地ゟ《より》車を下りて海辺を歩行す、砂深くし甚難渋なり、借馬あり是《これ》に乗りて砂地を往復せり、是ゟしてバットホイス（海の家）に至り、麦酒、イチゴ、桜実等を用ゆ、此バットホイスの庭に於て日々夕七時ゟ音楽を奏す……。（「赤松大三郎留学日記」）

文意は、赤松らは馬車で海岸へ出かけ、砂浜を遊歩したり、乗馬を楽しんだということであろう。そしてのどが乾いたところで海の家（badhuis）に入ってしばらく休息し、その間にビールや旬《しゅん》のイチゴや桜んぼを味わったということである。

スヘベニンゲンの海岸
（当時の銅版画より・筆者収蔵）

海岸にある歓楽宮や海の家が初めて造られたのは一七一五年ごろとのことで、歴史は古い。そこでは日没後、音楽会が催されたようで、日曜日ともなると数千人もの群集が訪れたということである。なお、今日、砂浜ばかりか緑なす砂《ドウ》丘《イン》も見られ、それがこの避暑地に独特の景観を添えているが、赤松は「バットホイスは甚大《はなはだ》家にして表は海面江向、裏手は遥か遠くあるヘウヘルドイン（砂丘）等を見通し実に絶景なり」と、口をきわめて賞賛している。また海岸に「数十なる車」（脱衣車）が置かれているのが目に入ったが、これは「程能《ほどよ》き深さの処に於てセーバット（海水浴）を用ゆるに具するよし」と述べている。後日、沢もオランダ人と海水浴に行ったことを談話筆記（『旧幕府』）の中で、述べているが、後述することにする。

赤松らは五時ごろ、馬車を返し、帰途についた。帰宅後、榎本・内田らの来訪があり、七時半ごろ赤松は内田と一緒にポンペ宅を訪れ、九時すぎ帰宅した。

二十七日、晴。この日より四、五日の間、ポンペは私用でハーグを留守にし、赤松はオランダ人の返礼訪問のことで内田と相談している。赤松は市街を散歩したのち夜十一時半すぎに帰宅した。

二十八日、晴。午後二時半ごろ、赤松は散歩がてら榎本宅を訪問。そこにはミーネ（不詳）、レナルツ一家（不詳）が来ており、夕飯後、一緒に馬車でスへベニンゲンの海の家に出かけ、音楽の演奏を聴いた。赤松は夜七時ごろ帰宅し、同夜十時半ごろ再びホーヘンストラートの内田宅を訪れた。内田は明日、交渉のためライデンに行く予定だと告げた。

二十九日、快晴。寒暖計は華氏七十二、三度を示した。午前九時ごろ、ブーセス（不詳）と榎本が赤松の下宿を訪れた。午後三時、ブーセスが再訪し、しばらく歓談したのち、赤松・ブーセス・林ら三名は、榎本方を訪れた。赤松は五時ごろ帰宅。夜九時ごろ、榎本、ブーセス、ミーネ、レナルツ、スコロイトルの息子（榎本の下宿の息子のことか）ら、赤松方を訪問、夜十一時ごろまでよもやまの話をする。なおこの日から、先に述べたウィッテというオランダ人（小使い）を雇い入れた。赤松の「留学日記」には、「今日ゟ《より》してベデーンデ（bediende —— 〝召使〟の意）なる者、名はウィッテ、六人にて召遣ふ、但し貳ケ月の積り」とある。

三十日、快晴。寒暖計は華氏七十三度（摂氏約二十三度）を示した。午前十時ごろ、榎本・林・伊東・沢・赤松らは六人乗りの馬車に乗り、ウィレムストラートのプロンク写真館に人物写真《ポートレート》を取りに行き、その帰り途、ポンペ方を訪れた。留学生らは撮った写真に筆で署名や献辞を書いて、仲間同志で交換した模様である。午後二時ごろ、オランダ語教師フレデリックスは赤松宅を訪問し、四時ごろまで話して行った。

夜、七時半ごろ榎本が、八時にはブーセスが赤松宅を再訪、しばらくして帰った。赤松は林と一緒に市街に散歩に出、十時ごろ内田宅に寄る。内田は所用でライデンに行っていたが、本日ハーグに帰ったものである。赤松は十一時に帰宅。

（92）『赤松則良半生談』一六三頁。
（93）林若樹「和蘭童謡〔ツウェー・ヤッパネース〕」（『新小説』南蛮紅毛号、大正十五年七月、一六〇頁）。
（94）当時、ハーグのヘフェルス・ディノートプレイン（Gevers Deynootplein）には「市浴場」（Stedelijk Badhuis）があったが、この大衆浴場は一八八四年に取り毀わされ、現在の「クルハウス」（Kurhaus）に代った。
（95）ベディカー『ベルギー・オランダ』（Belgium and Holland, 1910）の三四三頁。

受講始まる

七月二日（陰暦の五月十七日）――晴。今日よりいよいよ、ハーグで研修する士分ら七名は、初めて授業を受けることになった。その模様について沢は、「内田君外六人はフレデリッキ《ママ》と云ふ語学師を、一ケ月二百ギュルデンにて雇ひ、普通学の授業を受くることに致しまして、五月十六日（陰暦）に授業が始まりました」（『旧幕府』）と語っている。フレデリックスという語学教師はオランダ語の外に数学（代数・幾何）をも担当したようである。

受講者らはホーヘンストラートの内田方に午後一時に参集した。この日はいきなり講義を聴いたわけではなく、各人の語学力と数学の知識を試す試験だけが行われ、四時ごろには帰宅できた。なお、スパイ五十七番地に下宿していた林は、同日の夕方、スパイ七十五番地のモーデマークル方に転居した。赤松は夜十時ごろ林の新宅を訪れたのち、しばらく市中をぶらぶら歩いてから帰宅した。

ところで日本人留学生らが受講した科目と教師名を挙げると次のようになる。

船具・砲術・運用・機械学……J・A・E・ディノー海軍大尉――内田・榎本・沢・田口・赤松
蒸気機関学………H・ホイヘンス海軍大佐――榎本
大砲・小銃・火薬製造法……W・ド・フレメリー海軍大佐及びその部下――沢
造船学……ティーデマンとトロク――赤松
理学・化学・人身窮理学……ポンペ・ファン・メールデルフォールト――伊東・林・榎本・赤松
化学……フレデリックス及びF・P・スチュテルヘイム――林・伊東・榎本

内田は、榎本・沢・田口・赤松らとディノー海軍大尉より船具、砲術、運用などの学科を学んだとされているが、専修すべき科目は造船学であった。けれど在蘭中、地理学に関心を抱くようになり、欧州各地の名所の絵や写真を三千枚ほど蒐集し、後年『輿地誌略』を上梓するときの材料とした。伊東と林の専攻は医学であったけど、まずポンペについて理学・化学・人身窮理学などを修め、のちにデン・ヘルダー（Den Helder ——アムステルダムの北九十四キロの地にある港湾都市）のニューウェ・ディープ（Nieuwe Diep）にある「海軍病院」（Het Marine Hospitaal）に入り医学一般を修めた。赤松が『半生談』において「ハーグの近郊ニュウウェジップの海軍鎮守府病院」といっているものがそれである。当時、海軍病院は軍港があるヘレフートスライスとデン・ヘルダーに二カ所しかなかった。榎本は生来進取の気性に富んでいただけに、向学心がひじょうに旺盛であり、何人もの蘭人教師の講義を受けている。

三日、晴。朝九時ごろ赤松の下宿をブーセスが訪れた。赤松は昨日受けた数学の問題を自分で採点している。十時からホーヘンストラートの内田方でポンペの窮理学（物理学）の講義があった。ポンペの講義はこの日から始まったのである。このときポンペは神奈川で英人が暗殺された一件[96]で、英政府が幕府に百万ドルの賠償金を要求したことを報じる日本の新聞を留学生らに見せた。夜九時ごろ、ブーセスは友人の公証人事務所の書記某を連れて赤松方を再訪した。夜十一時ごろ帰る。赤松はミーネ宅を訪れ、肖像写真を交換し、夜十二時ごろ帰宅。

四日、晴。十時から内田方でディノー大尉の機械学《トイフ》（tuig）の講義があり、内田・沢・田口・赤松らがこれを受講した。午後はオランダ語と数学のテストが行われた。

五日、晴。午前十時から内田方で講義を受ける。お昼前にライデンのファン・バーク（書籍商）の息子が、娘を連れて赤松方を訪問、しばらく話をしたのち帰って行った。昼食時にライデンの津田と西が赤松の下宿を訪れた。二人とも洋服を着、「高き冠物」（帽子）をかぶっていた。両人の風体はもうこのころになると完全に欧風であった。赤松は両人を内田や田口や榎本や伊東・林らの下宿に連れて行った。やがて津田と西は、伊東と沢に連れられてロッテルダムに出かけた。カルス（テルナーテ号の船長）とエーセレン大尉の家を訪問するためである。赤松は少々気分がすぐれなかったので同行しなかった。が、夕方、林・榎本・ブーセスらと馬車でスヘベニンゲンの海の家に音楽を聴きに出かけている。すでにミーネやフィッセル（不詳）の一家や田口らが来ていた。赤松は夜九時ごろ帰宅した。

六日、晴。午前中、内田方で物理の講義が、午後からは代数とオランダ語の授業があった。赤松はこれまでスパイストラートのベフト方に間借りしていたが、ワーヘンストラートの時計師ベェール方に家具付の部屋を求めて引っ越す計画でいたところ、この日家主のベェールから承諾の手紙が来た。しかし、七月中はまだ居住者がいるので、八月初めに引っ越して欲しいとの内意を伝えられた。この日も来客が絶えず、午前と夕方の二回、ブーセス、マリオウ（不詳）らの友人が赤松方を訪れている。夜九時ごろ、赤松はミーネ宅を訪問した。

七日、晴。午前十時半ごろアムステルダムのハ・ム・ファン・エイキ（五十七、八歳位、不詳）が赤松宅を訪れ、しばらく歓話したのち再訪することを約して帰って行った。午後一時から、オランダ語と数学の授業があった。夕方、ブーセスとマリオウらが赤松方を訪問。赤松はブーセスとともに内田方を訪問し、入費について少し調べた。のち内田と一緒に市内を遊歩し、夜十一時ごろ帰宅した。

なお、留学生のうち士分の者は、渡蘭後それぞれ役割を内田留学生取締より申し渡されたが、それを次に示そう。(97)

榎本……御用向の談判、取締のつきそい、御用状の下書・草稿を書く仕事のほか、月番（一カ月交替の当番）。

沢・赤松 ……御用金の出納の手伝い及び月番。

伊東・林 ……留学生仲間の診療と月番。

田口……………月番のほか臨時の御用を勤める。
津田
西　}……………欧文書簡の翻訳（蘭訳及び和訳）と月番

こうして見ると、赤松の役割は今でいう会計係を兼ねていたようである。

八日、晴。午前中、内田方で物理学の講義が、午後からはオランダ語と代数のテストが行われた。赤松は夕刻、フィッセルとともにマリー・バーン（現在の Marie Veld のことか。「ハーグの森」のとなりにある野原）のディーレンタイン・ソシエティト（〝動物園クラブ〟の意）に出かけた。そこにはすでにフィッセル一家の者、男女五名ほどがいた。同夜、このクラブで音楽会が催されたようで、赤松の「留学日記」には「夜十時、ミュシーキ（音楽）終リ帰宅ス」とある。

九日、晴。午前中は平常授業があり、午後は幾何（meetkunde）の講義があった。三時ごろ、ライデン大学生メイトルが赤松宅を訪問したので、榎本・林・田口らの下宿に案内した。その後、赤松はかれらと一緒に食事をした。メイトルは、七時半ごろライデンへの帰途についた。赤松は「此次の日曜日にはベ《マ》スーク《マ》（訪問）をレイデンに約す」と書きしるしている。

十日、晴。午前中、ポンペの物理学の講義があった。午後はいつも通りオランダ語の授業を受けた。

十一日、午前、午後とも平常授業があった。午後四時ごろ、ロッテルダムのヨハネス・エーセレイ（不詳）という者が赤松宅を訪れた。夕食を共にしたのち内田方に案内し、夜八時半ごろ馬車で市内を乗り回した後、駅まで見送る。赤松は帰宅後、ライデン行の支度をした。

十二日、晴。赤松は早朝に起床しいろいろ準備し、七時半、伊東・林・榎本・沢らとハーグの駅に赴く。ライデンまで一等の切符を求め、一等の車室《コンパートメント》に入った。汽車は八時一分に発車し、八時四十分ライデン駅に到着。同駅には、ホフマンの弟子のド・ブルウク、メイトルら二名と津田が一行を出迎えに出ていた。まず西の下宿を訪れ、久々に歓談したのち、ホフマン宅とシフヒリス（不詳）宅を訪れた。その後、ホテル・ド・ゾンに行き「蒸餅」を食べた。これは残り少なくなって来た日本の味であったろう。その後さらに様子を見かたがた職方一同の下宿先を訪れてから再びホフマン宅に寄り、しばらくしていとまを告げ、津田の下宿を訪問した。

津田と会った一同は、ホテル・ド・ゾンに再び戻って夕食をすませたのち、ファン・バーク宅を訪れ、ホテルに再び戻った。この日はちょうど日曜日であったので、市内は寂として声なく、馬車のきしる音もわずかであったという。やがて一同は、ホテルで馬車を呼んでもらい、帰途についた。ライデンの駅までは、津田・西・メイトル・ブルウクら四人が見送ってくれた。一同は駅頭で見送り人と別れたのち、六時九分に車中の人となった。汽車は七時少し前にハーグの駅に到着した。赤松は七時十分に帰宅。この日は丸一日、人と会うことであわただしく暮れたようである。

十三日、晴。午前中はポンペの物理学を受講し、午後はいつも通りオランダ語の授業を受けた。

十四日、晴。午前中は例のごとく物理学の授業があったものと思われる。赤松の「留学日記」には午前中の記事がない。午後にはオランダ語と数学のテストが行われた。赤松は講義が終わってから市街を遊歩し、五時に帰宅した。夕方、来客があり、それはライデンのホテル・ド・ゾンの息子（ヘオルヘ・ヘンドリック・オーベルトゥール、二十歳(98)）であった。赤松はただ「五時帰宅、レイデンゟ《より》デゾン《ママ》の息来る」と書きしるしている。

十五日、晴。午前中はいつものように物理の講義を受け、午後はオランダ語の授業があった。赤松は四時ごろ銭湯に行き、四時半ごろ帰宅した。帰宅したところ、ライデンのメイトルが赤松の帰りを待っていた。同夜、両人は下宿で夕飯をともにし、夜七時半ごろ馬車を雇い榎本宅に向かった。それから赤松・伊東・林・榎本・沢・メイトルら六名はハーグの森に音楽を聴きに出かけた。一同は森で楽団の音楽をしばらく堪能したのち、そぞろ歩きをし、再び馬車に乗り榎本宅に行った。メイトルをハーグの駅まで見送った時は、十時近くになっていた。赤松は帰宅後、日本の新聞に目を通すのであるが、昨今の日本の様子を伝える記事はどれも不穏な空気を伝えるものばかりであることを知る。陽暦の五月十三日付で、長崎奉行より「本国英国との一条ニ付」（文久二年八月の生麦事件及び同年十二月の品川御殿山イギリス公使館焼打事件のことか）や攘夷の気運がみなぎっているので、長崎在住のオランダ人の安全は保障しがたく、とくに夜間の外出は控えて欲しい旨要請が出されたことを伝えている。また長崎湾に碇泊している外国の軍艦は、英艦三隻、フランスとロシア艦が各二隻、オランダ艦は一隻で、とくに横浜では同地在住の外国人の中で社会的動揺がひどく、めいめい荷物類をまとめ、逃げ出す用意をし、婦女子に至ってはシナに引き上げた、と伝えていた。

十六日、晴。午後、語学教師フレデリックスの授業があるはずであったが、その友人が急死したため休講となった。赤松は在蘭中、オランダの新聞をまめに読んでいたようで、一応世界事情にもよく通じていたと思われる。この日、新聞で読んだ記事として「留学日記」に筆録しているのは、先月中にフランスのバサイン将軍がメキシコシティを占領したこと、フランスの上院議員がメキシコの政務を見るために本国を発する用意があること、メキシコに駐留する仏兵は五千名だが、その他は帰国のうわさがあることなどである。

十七日、晴。午前中のポンペの物理の講義は休講となった。赤松の「留学日記」には、「ポンペ氏俗事ニ付他所江至りしに依てナチュールキュンデの学無之事」とある。が、午後スパイのポンペ方で授業（数学）が行われたようである。赤松は四時ごろ帰宅する。夕方の六時ごろ榎本から手紙が来るのだが、文面は今夕、ディノー海軍大尉宅を訪れる約束なので同行して欲しい、との要請であった。赤松と榎本は七時ごろディノー宅を訪問した。同氏宅でトルク技師（試験官）と会い、ディノーを交えて二時間ばかり歓談した。赤松らは夜十時ごろ、いとまを告げ帰途についた。トルクには八丈《はちじょう》（八丈島原産の絹織物）一反を贈物としたと、赤松は書き留めている。

十八日、雨、くもり。午前と午後の講義は平常通り行われた。夕方、ブーセスは赤松方を訪ねる。のち赤松は市街をそぞろ歩き林研海方を訪れる。夜十一時に帰宅。またこの日、沢が近々スパイストラートに引っ越すことになっているので、赤松は荷物等の取り片付けを手伝っている。

十九日、雨少し降る、のち曇天。午前中、バスチンフ博士（不詳）、赤松方を訪れる。赤松はライデンへ送る手紙（ホフマン宛の蘭文か?）を書くのに終日多忙をきわめた。夕方、ブーセス・林・榎本・沢らが赤松方を訪問した。

二十日、雨のちくもり。午前、午後、平常通りの講義を受ける。夕方、赤松は市中の散歩に出かけ、フィッセル宅を訪れた。のち内田方を訪問。夕方の六時ごろ、スパイストラートに引っ越す沢の荷物を片付ける仕事を手伝う。沢はこの日引き移った。赤松は終夜、ライデンのホフマン博士に出す手紙を書くのに多忙をきわめた。

二十一日、雨のちくもり。午前中、ブーセスが赤松方を訪れた。午後はオランダ語の授業を受ける。赤松は七月二十五日（土曜日）にワーヘンストラートの時計師ベェール方に引っ越す手はずになっており、この日の夕刻より身のまわり品を除く荷物をベェール宅に送る旨、先方に伝えた。夕刻六時ごろより荷物等をまとめ、七時には馬車に乗せて送った。夜、八時半ごろ赤松は林に付き添われてベェール方を訪れる。赤松は夜十時ごろ帰宅した。

二十二日、雨のちくもり。午前中はポンペの物理学、午後は語学の授業を受講す。赤松は夕方、榎本宅を訪問、それより榎本・沢・田口らとともにリアルツ（不詳）の案内でハーグの駅に近いオラニエ公の鉄工場（ijzerfabriek）等を見物したのち、ホッツ宅を訪問し、八時すぎ帰宅した。この日の「留学日記」には日本のニュースが書き留められている。日本の大君（将軍家茂）の逝去は風聞であったことを知る。家茂が四月に江戸へ下向したこと、イギリス政府との交渉が未解決であること、長崎・横浜の居留地に住む婦女子はみなその地を離れ、内陸部に逃れたこと、医師ボードワァンと飽之浦の工場建設に従事しているオランダ人の職工らは全員、船内で寝泊りしていることなどを伝えている。

二十三日、大雨ののち晴。午前、午後ともいつもの授業が行われた。夕方、赤松は、榎本と一緒にホッツ宅を訪れ、夕食を共にしながら政治及び諸外国の話などをし、夜一時半ごろ帰宅した。この日、赤松は先日訪れた鉄工場より鉄板十八枚を入手した。

二十四日、雨のち晴。午前中は、物理学、午後は語学の授業を受ける。赤松は明日ワーヘンストラートのベェール方に引っ越すので、残りの荷物を新宅に運んだ。伊東もアムステルダムセ・フェアカーデに引き移る予定なので荷物を搬出する。夕方、榎本と林、赤松を訪れた。

二十五日、雨。この日、赤松は少々頭痛がしたので午前、午後の講義を休んだ。また午後一時に海軍の検査官宅をポンペの案内で訪れるはずであったが、これも頭痛につきほごにする。語学教師フレデリックス・林・榎本・田口ら赤松を見舞う。夕刻七時、赤松は転居につき支払いをすませ、まず伊東を新宅まで付き添い、それよりワーヘンストラートのベェール方（赤松は〝ビー方〟といっている）に引っ越した。同夜、林・沢・田口、内田らが赤松の新宅を訪れた。

二十六日、晴。赤松は、時計の件でライデンの津田に手紙を出した。午前中は荷物の取り片付けなどで多忙をきわめた。午後、林と榎本の訪問を受けるが、両人は二時半ごろ帰った。赤松は、三時ごろ、アムステルダムセ・フェアカーデの伊東の新宅を訪れ、歓談ののち五時ごろ帰宅した。夕方、田口の訪問をうけた。フレデリックスより、明日の授業《レス》は平常どおり行われる旨伝えられる。

二十七日、晴。ブーセスが赤松宅を午前八時五十分に訪れた。赤松は九時ごろホーヘンストラートの内田方に赴き、語学の授業を受け、午後三時より再び語学の授業を受講した。午後二時十五分ごろ、ライデンの津田とメイトル、時計の件で赤松方を訪れ、歓談ののち夕飯を共にする。そのあと一緒に伊東方を訪れる。夕刻七時半に津田・メイトル・伊東・赤松らは馬車にてハーグの駅に行った。津田とメイトルは八時四十分ごろの最終列車でライデンに帰った。

同夜、ハルデスは赤松方を訪問した。

二十八日、晴。午前九時から十二時まで、代数と幾何の講義があった。午後二時ごろ赤松は林宅を訪れたが、林がスヘベニンゲンに行ったことを知る。その後、沢宅を訪れたが、同人も不在であった。午後一時、フレデリックスは赤松方を訪れた。赤松は夕方、沢方を訪れ夜十一時ごろまで歓談し、十一時すぎ帰宅した。

赤松によると、林はこの日ハーグにはいないが、榎本・ハルデスらとロッテルダムのマース川左岸――フィイェノールト(Fijenoord) にある「オランダ汽船会社」の工場を見学に赴いている。日本人留学生らがこの工場に視察に出かけたことは新聞にも記事が出ている。『アルヘメーン・ハンデルスブラット紙』(Algemeen Handelsblad) 一八六三年七月三十日付の記事は次のようなものである。

ROTTERDAM, 28 Julij.

——De officier van marine Enomota《ママ》 kamadzi roo, en de doctor Hayäsi Ken Kai, beide in Japansche dienst, bezochten heden, vergezeld van den Heer Hardes, officier machinist bij de Nederlandsche marine, de fabriek van stoom en andere werktuigen van de Nederlandsche stoomboot-maatschappij te Fejenoord : met de meeste belangstelling namen de Japanners, alles tot in de minste bijzonderheid, in oogenschouw, waarbij zij blijken gaven van hooge wetenschappelijke kennis, ook in het vak van werktuigkunde te bezitten. Na den Heer van Oordt, directeur der genoemde maatschappij, in wiens gezelschap de fabriek werd bezigtigd, hunne erkentelijkheid voor de gegeven inlichtingen en vriendschappelijke ontvangst te hebben betuigd, vertrokken zij des namiddags omstreeks 3½ ure weder naar 's Hage (N. R. C.)

ロッテルダム――七月二十八日。

海軍士官榎本釜次郎と医師である林研海は、両人とも日本政府に任えているのだが、本日、オランダ海軍の機関将校ハルデス氏に伴われて、フィイェノールトにあるオランダ汽船会社の蒸気機関及びその他の機械を作っている工場を訪れた。これらの日本人は最大の関心をもって、最も小さな事柄に至るまで、一切を見て回った。この視察によって、かれらは機械学の分野においても、高度の知識をもっていることがはっきり判った。上述の会社社長フゥエル・ファン・オールト氏の集いに臨み、与えられた情報や友情に満ちた歓迎に対して感謝を述べたのち、かれらは午後三時半ごろ再びハーグに帰って行った。

二十九日、晴。赤松は午前八時に榎本宅を訪れた。榎本はこの日ハルデスに案内され、デン・ヘルダーのニューウェ・ディープに赴いた。おそらく同所の海軍の諸施設の見学が目的ではなかったかと思われる。

各留学生は、午前九時にスパイにおいて（ポンペ方か?）セーフルの学（不詳）、午後一時半から内田方で物理学、三時から五時まではオランダ語の各授業を受けた。赤松は五時ごろ銭湯に行った。夕刻、市内に散歩に出たのち、夜九時ごろ沢宅を訪れ、十時半ごろ帰宅した。

三十日、晴。朝九時からは幾何学の授業、午後三時から五時まではオランダ語の授業があった。午後一時ごろ、赤松はウエイナンツ兄弟（ヘンリー・ウィレム）と一緒に伊東宅を訪れ、そののち一緒にホーヘンストラートの内田方を訪れ、三時からの語学の授業を受けた。赤松、夕刻七時ごろ、フィッセル宅を訪れた。七時半ごろハルデスが、赤松宅を訪れ歓談した。ハルデスは十時半ごろ帰宅した。夜十一時ごろ、ライデンの津田より赤松のもとにオランダ商事会社の件で手紙が来た。

三十一日、晴。早朝、赤松は内田方を訪れた。内田は御用向きによってライデンに赴いたため、留守中の後事をゆだねられたものである。午前九時からフレデリックスの授業を受ける。十二時半ごろ、赤松は林と一緒にハーグの森の中を散歩した。午後三時から再びフレデリックスの授業を受けた。五時半すぎ、ブーセスが赤松方を訪れた。

八月一日、晴。赤松は、午前八時ごろ内田方を訪れた。内田は海相カッテンディケに案内されてゼーラント(オランダ南西部の州)方面に赴き、十九日に帰宅する予定だと告げた。午前九時からスパイのポンペ方で語学を、午後からは物理学の授業を受けるはずであったが、ハーグを留守にしている者が多いため休講となる。赤松と林は十二時半すぎ、ハーグの森を散歩した。ここ五、六日の間、赤松は朝から夕方まで熱心に講義を受講したため、久々に閑散を得て遊歩したので爽快な心地がしたと書きしるしている。三時から再び語学の授業があり、赤松は五時ごろ帰宅した。

デン・ヘルダーに行っていた榎本とハルデスは、この日ハーグに戻ったと、小使のウィッテが、赤松宅に知らせに来た。夕刻六時ごろ、赤松は榎本宅を訪れ、榎本・ハルデスと会い、夜九時ごろ帰宅した。林が赤松方を訪ねた。

二日、晴。午後二時ごろ、日本人留学生をオランダまで運んだテルナーテ号の船長と親族の者二名(ロッテルダム在住)は、日本人を無事オランダまで送り届けたことに対する感状を日本政府から出して欲しい旨、かねてホフマン博士に話しておいたが、まだ何の音沙汰もないので、赤松方に催促に訪れた。折悪しく取締の内田と榎本はハーグを留守にしているため、赤松は話の主旨を聞きおき、来週の日曜日にはロッテルダムに行く用事があるので、その節に感状を持参できる旨、相手に伝えた。テルナーテ号の船長らは、しばらく話してからロッテルダムに帰って行った。赤松は「右一条に付レイデン江今朝至るへき用意をなす」と「留学日記」に書きしるしている。

午前十時、沢は赤松宅を訪れ、十一時に一緒にハーグの駅に赴き、十一時二十四分発の汽車に乗りライデンに向かった。十二時ごろライデンに到着。沢と赤松らは、最初にファン・バーク宅を訪れ、次いでメイトル宅を訪問するが、メイトルはアルクマール(アムステルダムの北北西三十六キロに位置する町)に出かけて留守であり、九月に帰宅の予定と聞かされる。しばらく休息したのち、津田の下宿を訪れ、二時におそい昼食をとった。沢・赤松の両人は、ホフマン博士とレヘレル（不詳）宅をも訪問するつもりであったが、二人ともプロシアに旅行に出かけ不在であるため面会できず、代って職方一同と会ったのち、再びファン・バーク方を訪ね、次いで夕刻六時ごろ西の下宿を訪問し、よもやまの話をした。夜九時に一同（職方らと蘭人か？）と別れ、ライデン駅より汽車に搭乗、車中で歩兵隊の大尉、銃兵隊の大尉らと知己となった。十時ごろハーグに帰着した。

三日、晴。午前中、数学の授業がスパイのポンペ方で行われた。ポンペの講義は休講であった。午後、内田がハーグに戻って来た。赤松と林は市内の遊歩に出かけた。散歩のあと内田宅に赴き、内田と会った。三時から語学の授業を受け、赤松は五時に帰宅した。帰宅後、赤松はアムステルダムのオランダ商事会社に提出する書類を認めた。

四日、晴。午前中、内田方で語学の授業を受けた。午後一時ごろ、赤松はハーグの森を散歩した。午後三時から再び語学の授業を受け、帰宅後、再び提出書類の作成に取りかかった。

五日、くもりのち雨。赤松は早朝に起床。取締の内田とボルスト（蘭人、不詳）と一番列車でアムステルダムに赴いた。アムステルダムには午前十時十分に到着。それよりオランダ商事会社（現在のヘーレンフラフト四百六十六番地）に赴き、御用金三千ドルを交換し、昼食後、国立博物館を見物した。再び雨が降り出したので、博物館・動物園[99]等の見学を切り上げた。しかし、オランダ商事会社の社員の案内でダイヤモンドの研磨工場[100]を訪れ、研磨機その他を見学した。午後三時半ごろ、オテル・ド・ドゥーレン（Hôtel de Doelen ――現存する）の向かい側にあるオテル・デ・ペイイ・バ（Hôtel des Pays Bas ――ニュードゥーレンストラート十一番地、三年前に取り毀す）に行き、休息ののち夕飯を食べた。午後四時十分ごろ同ホテルを出てアムステルダム駅に向かった。四時半ごろ同駅を発し、六時すぎハーグに帰った。

赤松は「留学日記」の中で、「三時、ホーフスタラートに於て語学可有之《あるべき》処、内田君留守ニ付……」（傍点筆者）と書きしるしているが、これはこの日、内田は海相カッテンディケと共に再びアムステルダムに行ったことを指している。両人はわざわざ何の目的で同地に赴いたのか、その理由については判然としないが、ともあれ日本人の訪問は、アムステルダムの『アルヘメーン・ハンデルスブラット紙』に報じられている。

AMSTERDAM, Donderdag 6 Augustus.
Aan hetzelfde hotel zijn gisteren afgestapt twee Japannezen, die eenige merkwaardigheden alhier hebben bezocht en na het middagmaal in genoemd hotel te hebben gebruikt, met de trein van 4½ ure weder vertrokken.

オランダ商事会社の建物
(アムステルダム古文書館蔵)

アムステルダム——八月六日(木曜日)
昨日、同ホテル(「オテル・デ・ペイイ・バ」)に二人の日本人が立ち寄った。かれらは当地の名所を何箇所か訪れ、上述のホテルで昼食をとったのち、四時半の汽車で再び去って行った。

原文にある「二人の日本人」(twee Japannezen)については、一人は内田恒次郎であり、もう一人の方は赤松を指すものであろう。

六日、くもり。午前中、代数の授業を受けた赤松は、午後一時、ハーグの森を散歩した。三時からホーヘンストラートの内田宅で語学の授業が行われるはずであったが、内田は留守につき、別な場所(某宅)を借り受けて行われた。三時にそこに集まった者は、語学教師のフレデリックス、榎本・田口・伊東・林・赤松らであった。沢は病気につき授業を休んだ。五時に授業が終わってから、赤松は沢方を見舞っている。夕方、内田宅にファン・トイル大佐が訪れ、夜十一時ごろまで赤松らと歓談した。同時刻にバタビアから送られて来た新聞を見たところ、日本のことが詳しく出ているのを知る。赤松は十一時ごろ帰途についた。

七日、くもりのち雨。午前中、スパイのポンペ宅で数学の授業を受けた。午後一時からは物理学の講義があるはずであったが、ポンペは用事があって休講となった。三時からはいつものように語学の授業が行われた。赤松は夜七時ごろ、パルクストラート十三番地に住むファン・トイル大佐宅を訪問し、夜十時ごろまで歓談した。

八日、晴。赤松は午前中、内田方で幾何と代数の講義を受け、午後一時からは林と一緒に銭湯に行き、のちハーグの森を散歩した。帰途、ファン・トイル大佐と会った。三時からは語学の授業を受けた。赤松は夜七時ごろ再び散歩に出、のち伊東とファン・トイル宅に立寄った。程なくいとまを告げ、帰宅した。同夜、赤松は明日ロッテルダムに持参する感状（テルナーテ号の船長に与える）の準備をした。

九日、早朝、林と田口が赤松を迎えに来た。三人同道にて午前九時十分ごろハーグの駅に着く。ライデンの古川も来ており、四人一緒に九時十六分発の汽車に搭乗しロッテルダムに向かった。十時十分ごろロッテルダムに到着、それより馬車に乗り、ヘンデリンフストラートのカルス（テルナーテ号の船長）宅を訪れた。けれどカルスは不在につき、一同は市街を散歩し、ランゲホーヘンストラート、市庁舎の向かい角にあるファン・エセーレン博士宅を訪れた。同人も不在であった。やむなく一同は再び馬車に乗り、十一時ごろカルス宅を訪れ、主人の帰りを待たせてもらう。しばらくしてカルスは帰って来た。聞けばこの日は誕生日に当たり、その祝いの席に出席していたという。赤松らは持参した感状をカルスに渡したのち、しばらく歓談し、午後二時ごろいとまを告げ、馬車にて美術館に向かった。赤松の「留学日記」には「此所（カルスの家）ゟ《より》シキルデレーのミュセウムに至る」とあるだけで、何という名称の美術館を訪れたものか定かでない。おそらくスヒーダムセ・ディク（Schiedamsche Dyk）に在った、「ボーイマンス美術館及び古代博物館」（Museum Boymans en Museum van Oudheden）であったと思われる。

同館を見学したのち、一同は「ヂーレントト《ママ》イン（dierentuin ――動物園の意）ニ至ル」ということだが、これはディーエルハールデ（Diergaarde）に在った動・植物園を指すものと思われる。当時、そこはロッテルダムの駅（〝デルフトセ・ポールト〟）の近くにあった。一同は一人五十セントの入園料を払って、園内を自由に見物した。

午後三時半、一同は動・植物園を出ると、再びエセーレン博士宅を訪れた。エセーレンはアムステルダムに行き留守につき、父母に面会した。やがてエセーレンは帰宅したので、散歩がてら一緒に市街見物し、途中で馬車を拾って五時ごろ同氏宅に戻り、夕食をごちそうになった。五時半ごろいとまを告げ、駅に向かい、午後六時すぎハーグに帰った。赤松はその足で林宅を訪問し、夜十時ごろ下宿に戻った。

十日、午前中、ポンペ宅で数学と代数の講義が行われた。午後一時すぎ、赤松は林とともにハーグの森へ遊歩に出かけた。午後三時から内田宅で語学の授業。夕方七時すぎ、赤松・林・田口ら三名は、フレデリックス宅（フラミンフストラート四十番地）を訪れ、めいめい夜十時すぎ帰途についた。

十一日、午前九時から内田方で幾何の授業が行われ、午後三時からはいつもの語学の授業があった。赤松は夕方の七時半すぎ榎本宅を訪ねた。トイル大佐も同宅を訪れ、夜九時すぎ一緒にバスチンフ宅を訪問した。バスチンフ（不詳）はプロシアに赴くことになっているので、いとまごいのために訪れたものである。赤松はトイル大佐と別れ、十時半ごろ再び榎本宅を訪れ、しばらく話し込んだのち、十一時十分すぎ帰宅した。

十二日、晴。午前中ポンペ宅で数学の講義が、午後からは語学の授業が行われた。赤松は午後一時すぎ銭湯に行き、のち散歩に出かけた。赤松の「留学日記」のこの日付の記事によると、かれはハーグの森にあるクラブ（名称不詳）の会員になろうとして、かねてポンペに取なしを頼んでおいた。が、未だ「ポンペカラ《から》何の咄《はな》しもなし」とのことであった。諮問、選考等に手間どったもののようである。入会させるかどうかを決めるには記名投票ならぬ〝豆投票〟によるのである。これは賛成の場合には箱の中に「白豆」を、反対のときは、「黒豆」を投じ、その豆の多寡によって入会が決まるのである。
日本人留学生の消息を伝える新聞記事はしばらく絶えていたが、ようやく小記事が『ライデン新聞』(Leydsche Courant——一八六三年八月十二日付)に載った。それは次のようなものである。

——Er zijn thans zeven Japanners hier gehuisvest, namelijk zes zee-officieren, waaronder de kommandant, mitsgaders een geneeskundige. Zij houden zich nu nog uitsluitend bezig met het aanleeren van talen, alsookmet theoretische oefeningen in de zeevaartkunde. Later zullen eenigen zich met der woon vestigen te Vlissingen en de anderen aan het Nieuwe Diep. De kommandant blijft in de residentie wonen. Al de overige mede onlangs aangekomem Japanners wonen te Leyden en zullen zich geheel aan de industrie wijden. Hun verblijf hier te lande is bepaald op vier jaren.

目下七名の日本人が当地に下宿している。すなわち医師一名と六名の海軍士官で、その中には指揮官がいる。かれらは航海術の理論的訓練と同じく、いまだに言葉を学ぶのに忙しい。いずれ何人かはフリシンゲンに住み、他の者はニューウェ・ディープに住むことであろう。指揮官はずっとハーグで暮らすであろう。その他の最近オランダに到着した日本人はライデンに住んで、産業に全力を傾けることになっている。かれらがオランダに滞在するのは四年と定められている。

十三日、晴。赤松は、午前中は幾何の授業を受講し、午後一時から遊歩に出かけ、午後三時からはいつもの語学の授業を受けた。

十四日、晴。この日は午前中、代数の授業があるはずであったが、これに代って語学の授業が行われた。赤松は午後一時から林とハーグの森に散歩に出かけた。クラブで暫時休息したのち、再び遊歩に出かけた。三時から内田方で再び語学の授業を受けた。夕方、六時半ごろ、赤松・林・榎本ら三名はファン・トイル大佐宅を訪れたのち、同大佐と一緒に試射場に赴き、船舶用の鉄板の硬度試験を見学した。試射場は海辺の砂丘にあったが、一同は歩行に苦しんだようである。けれどもあたりの景色だけは素晴らしかった。夜八時ごろ同所を発し帰路についた。九時ごろトイル大佐宅に戻り、十時まで懇談した。

十五日、晴。午後中、幾何の授業があるはずであったが、休講となる。赤松は市街の散歩に出かけた。午後三時から語学の授業があった。赤松は夕方、ハルデス宅（デンネンウェフにある）を訪れた。

十六日、この日は日曜日に当たり、赤松は久々にライデンに赴いた。ライデンにはお昼ごろ着き、まず中島方を訪れたのち、ファン・バーク宅を訪問した。やがて林・沢・津田らもバーク宅にやって来た。この日、一同は船遊びをやったようで、赤松の「留学日記」には「小舟にてレイン川の一枝ハルグワートルを遡りて至りたるよし」とある。「ハルグワートル」は「ハウトクワルティエル」（Houtkwartier ――ライデンの北に位置する地区）のことか。一同は小舟でデ・フヒンキ（不詳）まで行き、所々遊歩したのち、再び舟に乗り、流れを下って午後四時ごろファン・バーク宅に戻った。同宅で夕飯をごちそうになり、食後、しばらく歓談した。赤松らは最後列車でハーグに帰った。

十七日、雨。この日、赤松・内田・ディノー海軍大尉他二名は、ハーグの駅より二番列車（九時十五分発）に搭乗し、ロッテルダムに向かった。同地には午前十時ごろ到着した。かれらの目的は新しく建造された装甲艦（船長約十八間半、船体の幅三間、百二十馬力の蒸気船）を見学することにあった。

十八日、平常の授業が行われた。夕方七時ごろ、ファン・トイル大佐とマリオウ（不詳）が赤松の下宿を訪ねた。十九日、この日も別段変ったことはなかったようである。この日からボスカント（不詳）において金属展示会が開かれたという。

二十日、雨。赤松は夜八時ごろウィヘルス（第二回オランダ海軍派遣隊の隊員で元二等尉官）宅を訪れ、懇談ののち十時ごろ帰宅した。

二十一日、雨。午前中は平常の授業が行われた。午後一時から赤松はフレデリックスとともに博物館に赴くが、プリンス・ファン・オラニエ公が来館されるため閉館となったので図書館に行った。しかし、同館も閉館であったので、こんどは「シキルデレーのミュセウム」(Koninklyk kabinet van Schilderyen――〝王立美術館〟)を訪れ、これを見学した。午後三時から内田方で語学の授業を受けた。夜八時半すぎ林宅を訪れ、十一時ごろ帰宅した。

二十二日、くもり。午前中は、幾何学、午後一時からは物理学と語学の授業が行われた。赤松は午後五時ごろより明日ロッテルダムに持参する書簡を清書した。夜八時すぎ、ブーセス、ファン・ホールン兄弟（不詳）、林、榎本らが赤松の下宿を訪ね、十時ごろ帰って行った。十時半すぎこんどはフレデリックスの来訪をうけた。同人は十一時半ごろ帰った。

二十三日、くもり。赤松は午前中に林宅を訪れたようである。「スホイ江至る」とだけ記している。午後、汽車でロッテルダムに赴き、レーキファルセル（不詳）宛の蘭文書簡をテルナーテ号の船長に手渡した。同船長宅で昼食をごちそうになったのち、家族と一緒にテルナーテ号を訪れた。舵手ウィルレムソンと久々に会い、一緒に諸々を遊歩し、夕方再び船長宅に寄り夕飯をごちそうになった。赤松はそれよりリュスマン（不詳）宅（ロッテルダムの駅近く）を訪問した。のち最終列車でハーグに戻るのだが、時計の針は十時を回っていた。帰宅したら、ライデンのピーテル・ファン・サンテン（書籍商）より結婚した旨の通知が届いていた。

二十四日、くもり。午前、午後、平常の授業が行われた。赤松は伊東の病床を見舞った。のちフィッセル宅を訪れ結婚したファン・サンテンへの祝詞をことづけた。

二十五日、くもり。午前中、いつもの授業が行われた。赤松は午後一時すぎ展覧会を観に赴いた。そのあとハーグの森を散歩した。この日は、アレクサンデル親王の誕生日に当たっていたので、正午にマリー・フェルト(Malie Veld)でパレードがあるはずであった。しかし、午前十一時ごろより雨が降り出し、中止となった。けれど十二時すぎ雨はやみ、晴天となった。午後三時から語学の授業を受けた。夜八時ごろ、金銭出納の計算のため内田宅を訪れたが、ファン・トイル大佐が訪ねて来たので仕事を中断した。夜十一時ごろ帰宅した。

二十六日、雨、雷雨。午前、午後ともいつもの授業を受けた。夕方よりハーグの森で音楽会が催されるはずであったが、雨天により中止となった。そのため赤松はスパイの林宅を訪れ、懇談ののち夜十時ごろ帰宅した。

二十七日、雨のちくもり。午前中はぐだんの授業。赤松は午後一時すぎウィレムストラートのホーマン写真館へ写真《ポートレート》を受け取りに行った。午後三時から語学の授業を受けた。夜八時すぎ、沢とともに内田宅を訪れ、出納簿の整理を行い、夜十一時ごろ帰宅した。

二十八日、くもり、雷。午前、午後、いつもの授業を受けた。赤松は、午後一時すぎ林とホーマン写真館を訪れ、写真を受け取った。

二十九日、晴。午前、午後ともに平常授業。午後、赤松はホーヘンストラートの内田宅を訪れた。ディノー海軍大尉とポンペが訪ねて来た。両人は、昨日の夕刻到着した郵便船(mailboot)がもたらした、日本の新聞を持参していた。夕方、沢より和食を用意したから賞味して欲しい旨の手紙が来たので、赤松は同人宅を訪れ、これを食した。夕食後、ハーグの森を散歩したのち、林宅(?)を訪れ、夜十時半ごろ帰宅した。

三十日、くもり、大雨、雷雨。赤松、午前中に伊東宅を訪れた。午後一時すぎスヘベニンゲンに行くのだが、途中で大雨にあった。夕方七時ごろ、フレデリックス宅を訪れた。

三十一日、くもり。いつもの授業を受けた。

九月一日、晴。午前、午後の授業はいつものようにホーヘンストラートの内田方で行われるはずであったが、内田は転宅したので、赤松方で行われた。赤松は午後の授業をカゼのために休んだ。が、午後銭湯に行き、夕方内田の新宅を訪れた。(101)

二日、晴。いつものように内田宅で授業が行われた。赤松は夕方七時すぎハーグの森に散歩に出かけた。夜九時すぎ林と一緒にフレデリックス宅を訪問した。

三日、晴。午前、午後、くだんの授業が行われた。この日、ビンネンホフ（Binnenhof――国会、騎士の館とも呼ばれる）の中庭において、国民音楽祭が催され、音楽家二百名、歌手七十名が出演した。この音楽祭は、オランダが王政を唱えてから五十年――ワーテルローの戦いで戦傷を負った士卒を救済するためのきょ金を集めるために開かれるものであった。赤松は夕方七時すぎ内田とともにハーグの森に散歩に出かけ、それより伊東宅を訪れ、夜十時半帰宅した。

四日、午前、午後ともくだんの授業。この日、ファン・オラニエ親王の誕生日に当たり、種々の祝い事があった。赤松は午前十一時五十分ごろマリー・バーン（Malie baan――マリー・フェルト〔Malie Veld〕ともいう）に赴き、パレードを観た。

正午より、近衛連隊（歩兵・野砲・騎兵から成る大隊、中隊）の行進が始まった。

五日、雨。午前、午後とも平常授業。午後一時から、赤松は内田と一緒にビンネンホフに音楽を聴きに行き、夕方七時半からはウィレムストラートのクラブ――ド・フルエーニヒンフに赴いた。夜九時ごろ林宅を訪れ、十一時ごろ帰宅した。

六日、くもり。午前十一時ごろ、ライデンのブリューク（大学生ド・ブルウクのことか？）が赤松宅を訪れた。

赤松の「留学日記」は翌九月七日（月曜日）から九月十一日（金曜日）まで記載なく、欠落している。

十二日、午前十時半ごろ、ライデンの古川・上田・山下らの下宿先の主人が、ホフマンの書簡を持参し、赤松宅を訪れた。訪問の主旨は、こんど古川と山下はオランダ軍艦に乗り外国へ行くことになったので、下宿を今月限りで引き払う旨、家主に伝えたところ、それでは一カ年間借りるとの当初の約束に反する、とホフマンに異議を申し立てたもので、取締の内田宛のホフマン書簡を手渡すためであった。

そのゆえ赤松は、午後の授業を休み、談判のためライデンに赴き、津田・ファン・バーク宅を訪れたのち、夜九時半の最終列車でハーグに帰った。

十三日、午前中、ディノー海軍大尉・赤松・内田・榎本ら四名は、ハーグ郊外ワースドルプ（Waasdorp）の練兵場に赴き、演練を見学した。当年をもってオランダは王国となって五十年目に当たり、その祝いとして年一回軍事演習が行われることになり、この日はそれに当たっていた。練兵場にはハーグやライデンやデルフトの連隊が来ており、実戦さながらの様相を呈した。赤松はお昼に帰宅し、午後三時から語学の授業を受けた。夕方、プラーツの田口方を訪れ、「御用状」を認め、夜十二時半ごろ帰宅した。

十五日、くもり。赤松は手紙を書く必要から午前中の授業を休み、午後一時すぎ内田宅を訪れ、封をした書簡を差し出した。午後三時より語学の授業を受けた。夜、田口は、赤松宅を訪れた。

十六日、くもり。午前中、プルーフヘルドにおいて装甲の試験が行われるので、赤松はディノー海軍大尉とともに見学に赴き、二時ごろ帰宅した。午後三時からはいつもの語学の授業を受けた。

またこの日、ヒップス造船所で建造中の開陽丸に「龍骨」が据えられたが、これについてのニュースは、九月十八日付の『アルヘメーン・ハンデルスブラット紙』に次のように出ている。

建造中の開陽丸（ドルトレヒト古文書館蔵）

DORDRECHT, 16 Sept.

Heden werd op de nieuw aangelegd werf van de Heeren C. Gips en Zonen, in het Willigenbosch alhier, de kiel gelegd van het door gemelde scheepsbouwmeesters aangenomen oorlogschip ten dienste van het Japansche gouvernement.

ドルトレヒト　九月十六日

当地ウィリヘンボスのC・ヒップス・エン・ゾーネン氏の新しい隣接した造船所において、上述の造船業者が請負った日本政府に用いられる軍艦に龍骨がすえられた。

十七日、くもり。午前、午後ともくだんの授業が行われた。午後一時すぎ、赤松はライデンのファン・バークとともに金属の展示会を見学に赴いたが、この日は国王の臨席があり、会場には入れなかった。ファン・バークは夕方ライデンに帰った。赤松は、夜フレデリックス宅を訪れた。

十八日、午前中はくもり空であったが、午後には晴れた。午前、午後とも平常通りの授業行われた。ライデン在住の職方が御手当金の借用を願い出たので、赤松は半年分を支給すべくこれを計算した。職方一同は、昨年、渡蘭の途次、南シナ海において乗船が難破した折、衣類その他の持物の一部を失ったため、オランダ到着後、物入りが多かった。ことに古川と山下は、こんどオランダの軍艦「ゼーラント号」(Zeeland――一八五九年に竣工したオランダ海軍初の蒸気軍艦)に乗り組み、南アメリカ・喜望峰・紅海の方まで航海実習に赴くため、その支度等に経費がかさんだようである。

持参した御用金のうちから、賄いと御手当金としてすでに職方六名には千五百二十二フルデン余りが、士分の者らには八千八百六十八フルデンほど支払われたので、有金は乏しくなり、一年もつかも危ぶまれた。そこでオランダ商事会社に借用を申し込んだところ断わられてしまった。留学生一同、先々の暮らしを考えると心配でたまらず、御用状を日本に送ることにした。が、本国の政情は不安定であっただけに、送金があるかどうかも心もとなく思われた。

二十日、雨。一週間ほど前から天気が悪く、寒気がつづいた。寒暖計の針は華氏五十八度から六十度位(摂氏約十五、六度)を上下していた。赤松は「我《わが》十月の気候也、天気は我五月梅雨の節の如く更に定らす」(「留学日記」)と書きしるしている。

赤松は午後二時半の汽車でライデンに向かい、到着後直ちにファン・バーク宅を訪れた。同宅で夕飯をごちそうになったのち、職方の下宿を訪ね、借用を申し出た御手当金(総額千五百二十二フルデン六十八セント)を手渡した。その後、赤松は西や津田とも会っているが、思いがけないことに西周助と一緒にライデンの妓楼にあがっている。赤松の「留学日記」には「夫ゟ《より》西氏宅江至る、津田にも面会、西の案内に依て遊女屋を試ミる」とある。

一八六〇年代には、ライデン市内に何カ所か遊女屋があったが、代表的な遊女屋は「リッケポット」(Likkepot)や「フェイフ・ステーレン」(Vijf sterren――〝五ツ星〟の意)などであり、そこは西や津田の下宿からも近かったことがわかる。また遊女にしても、その年齢は二十二、三歳から三十三、四歳位までで、氏名も古文書館の記録によって知ることができる。

いずれにせよ、赤松は登楼したのち、夜九時十九分の最終列車でハーグに帰っている。

二十一日、雨、夕方より雷雨。早朝、ライデンの津田・西・古川ら三名は、赤松宅を訪れ、しばらく歓談したのち、赤松同道で内田宅を訪れ、そのあと田口宅を訪問した。なお、この日はオランダの国民議会（Staten Generaal）の開始日に当たっていた。十二時すぎ、各連隊の兵士らが出て、ビンネンホフや国王が通る道などを警護していた。

二十二日、くもり。午前、午後とも平常授業。赤松は、夜七時すぎファン・トイル大佐宅を訪れた。

二十三日、晴、午後より雷雨。午前、午後とも平常通りの授業が行われた。午後三時ごろライデンのド・ブルウクとメイトルが赤松宅を訪れた。この日の朝、ワールスドルプの練兵場において四大隊、四騎兵大隊から成る兵士の演練が行われた。

二十四日、くもり。午前、午後ともいつもの授業が行われた。赤松は、夕方、病気の榎本を見舞った。

二十五日、くもり。古川と山下はオランダ軍艦ゼーラント号に乗り組み航海訓練を受けることになったので、取締の内田は、この日の朝ハーグを発ち、ライデンに行き、両人を連れてデン・ヘルダーのニューウェ・ディープ（Nieuwe diep）に赴くことになった。ニューウェ・ディープは北オランダ運河の入口にある軍港で、オランダ海軍の埠頭や諸施設、海軍病院、海軍兵学校などがあり、艦隊の投錨地でもある。

このため内田は、午前中の語学の授業を欠席したようだが、赤松ほかは午後の物理学と語学の講義を受けている。けれど沢はカゼで臥せていたので授業には出なかった。赤松の「留学日記」には「沢太郎左衛門、風邪ニ付見舞之事」とある。夕飯後、赤松は林と共に田口宅を訪れ、そのあとハーグの森を散歩し、夜九時ごろ帰宅した。この日、赤松のもとに海相カッテンディケから晩さん（九月二十九日夕方六時）の招待状が来た。

二十六日、晴。午前、午後ともくだんの学科があった。赤松は夜八時半の最終列車でライデンに向かい、同所で一泊した。

二十七日、晴。この朝、赤松はライデンより馬車でカトウェイク（katwijk ——アムステルダムの南西四十五キロ、北海に面した海岸保養地）に赴いた。カトウェイクの正称はカトウェク・アン・ゼー（Katwyk ann Zee）という。この町はもともと漁村（ニシン漁）であったが、一八四八年以来海水浴場として注目されるようになった。また十七世紀に造られた古い教会や灯台などもあって、すばらしい景観を添えている。赤松は当地の有名な水門を観、浜辺の海の家で景色をたん能しながらビールを飲み、しばしの憩いを楽しんでいる。カトウェイクで見学したものは「留学日記」にくわしいが、その一節を引いてみよう。

此処《ここ》に世界有名之スロイス《ママ》（水門——引用者、以下同）有、是は千八百四年ゟ《より》千八百七年迄三ケ年ニテ成就せる者、元来此国の水患（水害）を恐れて此スロイスを製したる者也、外国人和蘭江来れはヨーロッパは勿論東国の人といへとも必ず此スロイスを見物に来るといふ、即に御国使節（文久遣欧使節）両度まで此スロイスを見物せりといふ、殊之外《ことのほか》精功に作れるもの、和蘭には実に稀なる大石を以て外頬《がいきょう》を覆ふ、海岸ゟ《より》壹町半程内地也、此地に番屋有、此者の案内にて戸を開き内手之方仕掛を見る……（中略）

此処ゟ《より》西之方凡《およそ》三町半、小なる砂山を越てハットホイス《ママ》（海の家）有、シケーフェニンフ（スヘベニンゲン）のバットホイスと同じ、然し小なる方、終日来り遊ふ者絶へす

此ハットホイスにて麦酒《ビール》杯を用ひ談話長くして、既《すで》に二時過に及ひたる故、車をウナがし、カトウェーキの町を過キ、レインビュルフを過きてレイテン（ライデン）江着ス……

赤松が「世界有名之スロイス」といっているのは、カトウェイクの北にある運河（一八〇七年に完成した）の入口にある巨大な〝水門《スライス》〟（sluis）を指している。この水門は〝古きライン川〟の水を北海に灌水させるとき用いられるもので、引き潮のとき、溜った水を海に放水するために五、六時間、開かれるとのことである（ベディカー『ベル

ギー・オランダ』一九一〇年)。

赤松は二時すぎに馬車を雇って、カトウェイクの町の中を通り、レインスビュルフを経てライデンに向かった。途中、これら二つの町の中間地点に在る石灰・製塩工場を見学するつもりであったが、三時四十九分のライデン発の汽車に乗りおくれる心配があったので、やむなくあきらめた。ライデンには三時十分ごろ到着した。ハーグに帰着後、カゼで臥せている沢を見舞い、しばらく懇談したが、そのうちに語学教師のフレデリックスの使いが呼びに来たので、同宅を訪れ、夜十二時ごろまで話し込んだ。

二十八日、晴。午前、午後ともくだんの学科を受講した。前夜、日本よりオランダの郵便船が帰着し、祖国の新聞をもたらした。しかし、留学生らは長崎を発ってから今日まで三百日余りになるが、故国から便りを受けとってはいなかった。新聞によると、オランダ軍艦メデュサ号は先ごろ下関海峡で長州の砲台から砲撃をうけたのである。

二十九日、くもりのち午後晴。午前、午後とも平常授業。この日の午前十一時半ごろ、古川と山下をニューウェ・ディープに引き連れて行った内田が、ハーグに戻って来た。本国では下関海峡で蘭艦メデュサ号が長州の砲台から攻撃を受けるといった事件が起ったため、在蘭中の日本人留学生はその反動を恐れてずいぶん心痛した。が、引きつづき学科等に励むように、といった内務大臣の達しが届いたので、一同安堵の胸をなでおろすことができた。

夕方五時半すぎ、赤松・内田・榎本・伊東らは、先日の招待に応じて、カッテンディケ宅を訪れ、供応を受けた。この日、ディノー海軍大尉・ポンペ・ウィヘルス・ブラーウ(不詳)なども招かれていた。赤松によると、オランダの社会的慣例として、冬になると、晩さんによく相互に人を招くとのことである。二、三日前に招待客のもとに案内状を送り、当日になると食事の用意をする。御馳走にあずかる方は必ず礼服を着、白い手袋をはめて主人宅に出かける。当日は主人と奥方だけが客人と同席し、子供たちは遠慮する。客が全員そろうと一同食堂に入り、食事をしながら歓談する。和やかなうちに食事と話が終わり、主人夫妻にいとまごいを告げて、下男の案内で戸口の外に出るのだが、このとき下男には一人につき一フルデンを心付けとして与えるのが、オランダの慣行であるという。

三十日、晴。午前、午後とも平常授業。午後二時から三時まで物理の講義が、三時から五時までは語学の授業が行われた。赤松は昼休み時間にハーグの森へ散歩に出かけた。夕刻七時ごろ沢を見舞い、夜十時ごろ帰宅した。

十月一日、くもり。午前、午後とも平常授業。

二日、くもり。午前、午後ともくだんの授業。赤松は夕方、ファン・トイル大佐宅を訪れ、懇談ののち、夜十一時ごろ帰宅した。

三日、晴。午前、午後とも平常授業。赤松は夕方、沢を見舞った。夜十時すぎ榎本と共に「市中遊歩」に出ているが、この日両人は、ハーグの遊女屋に登楼したように思える。この日の赤松の「留学日記」の記事の大部分は、ハーグ市内にある遊女屋の数、かれが知る女郎屋の女主人名・妓女の名前・揚代・飲物の料金などによって占められているからである。

当ハーケ(ハーグ)遊女屋数軒有る内、知る処《ママ》の遊女屋はフリュウェールスタラート(現在の Fluwelen Burgwal のことか)に在りて主人は女なり、名をアリタといふ、遊女はマリー・アンナ・実名マリー・ロウィサ并《ならび》ニリーサ・ハイデ、英女(イギリス女)の五人也、価一夜五ギュルデン、ローイウェイン(赤ワイン?)壹本三ギュルデン、ポンス(飲み物の一種)或はホロック(グロック酒のこと)一杯ニ付五十セント、サンハンエ(シャンペン?)壹本七ギュルデン、是は定価なる由なり

ハーグの古文書館で得た情報によると、一八五〇年代から六〇年代にかけて遊女屋が分布していたのは、アフテロム(Achterom)、バヒネストラート(Bagijnestraat)、ブラーウェルストラート(Brouwerstraat)、ホフシンゲル

(Hogsingel)、カルバーマルクト(Kalvermarkt)、カゼルネストラート(Kazernestraat)、ケルクプレイン(Kerkplein)、ゼイルストラート(Zeilstraat)などであり、赤松がいうように数軒ですまなかったようである。

赤松は、遊女屋の経営者の名前や遊女名などを具体的に挙げているところから、時折、秘かに登楼し、ひいきにしていた女性もいたように考えられる。また赤松はライデンの遊女の揚代にもふれているが、一夜の料金はハーグもライデンもほぼ同じであったことが判る。

○レイデンにて遊女上等之者一夜五ギュルデン、暫時之間は二ギュルデンなるよし、ハーケにては尚《なお》上等之者多く有之由也、ローイウェイン(赤ブドウ酒?)壹本定価にて二ギュルデン也

四日、晴。早朝、林は赤松方を訪れ、午後一緒に沢宅に見舞いに赴いた。夜九時ごろ市内を遊歩したのち、十一時ごろ帰宅した。

五日、くもり。午前、午後とも平常授業。去る九月二十五日、古川と山下はオランダ軍艦ゼーラント号で航海実地訓練を受けるため、内田に連れられてニューウェ・ディープに赴き、司令官ペルス・レイケン(102)に引き渡された。が、昨日(十月四日)海相カッテンディケから着いた書簡には、両人を引き取って欲しいといった主旨の文章が綴られていた。——オランダは昔のよしみで日本に力を貸し、かつ親睦を計って来たが、昨今の日蘭関係は冷えて来ており、今にも戦争に至ろうとしている。古川と山下を引き受けたのは日本との盟友のよしみをもってしたことである。けれど両人をわが国の軍艦で航海演習をさせようとしたところ、英仏政府より異議が出たので、要望にそえなくなり、またゼーラント号を日本へ派遣させる計画もあるので両人を呼び戻して欲しい、とあった。

この日、赤松は先月分の出納を計算するために内田宅を訪れ、夜十一時ごろ帰宅した。

六日、晴。この日の赤松の「留学日記」には、ただ「午前、午後とも学科例之通り」と一行見られるだけで、特記すべきことは何も書かれていない。

七日、くもり。午前、午後ともに平常授業。正午にライデンのファン・バークが赤松宅を訪れたが、折悪しく同人はハーグの森へ散歩に出ており、会えなかった。今日は榎本の誕生日に当たっており、誕生祝いに来て欲しいとの手紙が来たので、赤松は夕方七時ごろ榎本宅を訪れ、歓談ののち夜十一時半ごろ帰宅した。

留守中、ニューウェ・ディープを引きあげた古川と山下が訪ねて来たが、両人は赤松が不在なので再び戻るつもりで立ち去った。赤松は帰宅後、両人を待ったが、訪ねて来る様子もないので、いろいろ心当たりを捜したところ、古川だけが訪ねて来た。結局、この夜、古川はホテルに泊り、山下は沢宅に一晩厄介になった。日本よりオランダの郵便船が帰着した。

八日、くもり。午前、午後とも平常授業。この日、ポンペは久々に日本から手紙を受け取ったが、それには昨今の長崎の様子などが伝えられていた。――かつてポンペが造った病院（長崎養生所）がますます繁盛して来ていること。勝麟太郎が飽之浦の工場と造船所を総官することになること。松本良順の息子銈太郎が医学修業のためオランダに行く手はずになっていたが、諸般の事情から延期され、また第二次の留学生派遣も漸時延引となったことなどを伝えていた。この日は、沢の母親の忌日につき、赤松は夕方の七時半から夜十一時まで沢宅で過ごした。

九日、くもり。午前、午後ともいつもの授業。赤松と沢は、夕方七時すぎに内田宅を訪れ、先月分の会計を行った。赤松は夜十一時すぎに帰宅した。古川と山下はいったんライデンに戻ることになり、この日の夕刻七時に汽車でライデンに向かった。

ゼーラント号の消息を伝える記事が『アルヘメーン・ハンデルスブラット紙』（一八六三年十月九日付）に出ている。

NIEUWEDIEP, 7 Oct.

Zr. Ms. stoomfregat Zeeland is heden middag, onder het lossen der gebruikelijke salutsshoten, van hier naar Vlissingen gestoomd en zal aldaar door den minister van marine worden geinspecteerd.

ニューウェ・ディープ　十月七日

蒸気艦ゼーラント号は今日の午後、慣例となっている祝砲を発し、当地よりフリシンゲンに向かって航進した。同艦はフリシンゲンにおいて海軍大臣の査閲を受けることであろう。

十日、晴。午前、午後とも平常授業。赤松は午後一時よりハーグの森へ遊歩に出かけた。フレデリックスの妻は、今日が誕生日なので赤松はその祝いに招かれた。またハーグの図書館（王立図書館のことか[103]）のホルトロップ（不詳）という者から、赤松宛に手紙が来た。またこの日、ゼーラント号の記事が『アルヘメーン・ハンデルスブラット紙』に掲載された。

NIEUWEDIEP, 8 Oct.

Volgens nader berigt is Zr. Ms. stoom-fregat zeeland naar Vlissingen vertrokken om daar een bezoek te ontvangen van een der Belgische Ministers : ook onze Minister van Marine zal bij dat bezoek tegenwoordig zijn ; daarna vertrekt de Zeeland naar de Kaap de Goede Hoop.

ニューウェ・ディープ　十月八日

更にくわしい情報によると、蒸気艦ゼーラント号は、ベルギーの大臣の訪問を受けるためにフリシンゲンに向かったとのことである。またわが国の海軍大臣は、その訪問に付き添うことになっている。その後、ゼーラント号は喜望峰に向かう予定である。

十一日、晴。午前十時すぎ赤松は榎本とともに歩いてレイスウェイク（Rijswijk——オランダ西部、ハーグの南東に隣接する町）に行き、それよりデルフト（ハーグの南東八キロ）に赴いた。両人は夕方ハーグに戻った。

十二日、晴。午前、午後とも平常授業。

十三日、くもり。午前、午後ともくだんの授業が行われた。

十四日、くもり。赤松の「留学日記」には記載はない。

十五日、くもり、小雨。午前、午後とも平常授業。この日の夕方七時から「モーレスタラート」（Molenstraat《モーレンストラート》 の誤りか?）で古本市が開かれたので、赤松はフレデリックスと共に出かけた。夜十時すぎフレデリックス宅に行き十一時半ごろまで歓談し、その後帰宅した。

十六日、くもり。午前、午後とも平常授業。赤松は夕方散歩に出、夜八時すぎフレデリックス宅に寄り、十一時すぎ帰宅した。

十七日、雨。赤松の「留学日記」には記載はない。

十八日、くもり。この日の午前十時に、赤松は内田と共にハーグの駅に行き、十時半にライデンのホフマン博士と待ち合わせた。やがて赤松・内田・ホフマンら三名は、同じ汽車でロッテルダムに至り、更にそこから蒸気船でマース川をさかのぼり、十二時五十分ごろドルトレヒトの船着場（メルウェデ・カーデ Merwede Kade にあった）に到着した。そこにはヒップス氏と、フートハルト氏（小学校の校長）の両人が出迎えていた。やがて一同はアウデ・マース川畔のヒップスの造船所に赴いた。幕府が注文した船の建造はまだ本格的に始まってはおらず、来年の十二月上旬より船の肋材《スパント》（spant）の取りつけが始まるとのことであった。その後フートハルト氏宅に赴いた。赤松はドルトレヒト移転後、同宅に下宿するのだが、下宿先の下検分と相談に寄ったものと思われる。赤松は「然《しか》して同氏江引移方、彌来ル西洋十二月朔日に取極《とりきめ》、且《かつ》万端惣《すべ》て相談致し……」と書きしるしている。

午後、一同はヒップス宅を訪れたのち、馬車で同氏のクラブ（不詳）に行きごちそうになった。三時ごろいとまごいを告げ、再び蒸気船に乗りロッテルダムに戻った。更に駅より汽車に乗り、夜八時半ごろハーグに帰着した。この日の赤松の「留学日記」には、当時のドルトレヒトの町の記述が見られるが、それには「ドルドレ《ママ》クトは三百年前洪水にて成れる島にして、町家数多く人口二万五千余人也といふ、随分繁昌《はんじょう》の地にして造物方多し、町家並方宜《よろ》しく人気ハーゲより宜敷《よろしき》様子見ゆ」とある。

十九日、くもり。午前、午後とも平常授業。ゼーラント号の記事が『アルヘメーン・ハンデルスブラット紙』に出ている。

VLISSINGEN, 17 Oct.

——Van het vertrek van Zr. Ms. fregat met stoomvermogen Zeeland, tot heden toe nog niets met zekerheid te melden.

フリシンゲシ　十月十七日

蒸気艦ゼーラント号の出港は、本日に至るもまだたしかに伝えられていない。

二十日、晴。午前、午後とも平常授業。

二十一日、くもりのち雨。午前、午後ともいつもの授業。午後二時からハーグの森で演奏会があった。夕方、伊東・林・榎本・沢らは、赤松宅を訪れた。夜九時すぎ、赤松は林とともに遊歩に出、コーヒー店に入る。十一時半ごろ帰宅した。

赤松は、上海電として新聞に載っていた記事として、イギリス軍艦が鹿児島で武力衝突を起したこと、長崎在留の蘭医ボードワァンが不用になったので一万五千ドルの賞与金を与えられ、本国に帰国することになったことなどを書きとめている。だがこれらの記事は信ずるに足らず、次の郵便船がもたらすニュースを待たねばならぬ、といっている。いずれにせよ赤松は時折、オランダの新聞にも目を通していたようである。

二十二日、雨。午前、午後とも平常授業。

二十三日、晴。午前、午後ともいつもの授業が行われた。この日の夕刻七時すぎ、赤松はベザイデンハウト(Bezuidenhout)のウィヘルス宅を訪れ、夜十一時ごろ帰宅した。

二十四日、晴。午前、午後とも平常授業。

二十五日、晴。午前中、林と榎本、赤松宅を訪れる。赤松は、午後ハーグの森へ遊歩に出かけ、森の中のクラブ(名称不詳)に寄った。森ではいつもの音楽会が催されていた。

二十六日、晴。午前、午後とも平常授業。

二十七日、晴。午前、午後ともいつもの授業。赤松は午後一時から三時まで、ガス工場を見学した。

二十八日、くもり。午前、午後とも平常授業。この日の赤松の「留学日記」には寒気についてしるされている。十月上旬より段々寒さが厳しくなり、暖をとるようになったことにふれ、「当月八日頃《よ》《り》して殊之外《ことのほか》向寒ニ相成、市中多分はカッヘル（蘭・kachel——ストーブの意）を用ゆ」と述べている。この年は例年よりも寒気が訪れるのが早かった。ふつうストーブを用いるのは十一月上旬から翌年の四月、五月末までであるという。この日の夕刻、郵便船が到着したようである。

二十九日、くもり。午前、午後とも平常授業。ハーグ在住の砂糖工場の経営者ラウウィッキという者は、商売の不振により、住居を売り立てに出したが、買手がつかず、生活は困窮の極に達し、この日のお昼ごろに使いを立てて合力に訪れたという。この種の物乞いは当時オランダに多く見られたようで、赤松は「拠《よりどころ》なく乞食同断の振舞をして諸方富家を犯すよしなり」と書きしるしている。

三十日、くもり。午前、午後とも平常授業。夕方、赤松宅をブリセス（ブーセス？）が訪れた。正午にハーグは風雨に襲われたが、しばらくしてやんだ。夜八時半ごろ再び暴風雨となり、雷鳴がとどろいた。が、十二時ごろ収まった。

三十一日、くもり。午前、午後とも正常授業。四、五日のうちにポンペの姪がバダビアに赴くことになっているので、赤松は東インドのヤーファ（不詳）在留のバスレ（バタビアで世話になった者か？）宛の手紙を託した。またこの日、赤松はフィッセル宅を訪れ、十二月より『スターツ・クーラント紙』（Staats Courant）を毎日配達してくれるよう依頼した。

十一月一日この日、赤松は終日家にいたようである。特筆すべき記事は「留学日記」に見られない。

二日、午前、午後とも平常授業。ライデンの古川と大野が赤松宅を訪れた。赤松は夕方、ブロムコストル（不詳）宅を訪れ、懇談ののち、夜十時半ごろ帰宅した。

三日、午前、午後とも平常授業。赤松は、榎本が風邪で臥せているのでこれを見舞い、夕方、フレデリックス宅を訪れた。

四日、晴。午前、午後とも平常授業。田口がこれまで下宿していたプラーツの下宿は部屋がよくなく、また「同人養生之為め宜《よろ》しからさる趣ニ付」（田口は健康がすぐれなかったものか?・）、かねてより転宅を希望していたが、今の部屋よりも広く、家賃も同じ下宿が、ラームストラート（Raamstraat）三十九番地に見つかり、この日、荷物等を新宅に送った。赤松は夕刻フレデリックス宅を訪れた。

五日、風、晴。午前、午後とも平常授業。赤松によると、四、五日前から寒気が厳しくなり、ストーブ《（カツヘル）》を用いるようになったという。なお、この日、田口はラームストラートの新しい下宿に引き移った模様である。

六日、風、くもり、夕方より雨。午前、午後とも平常授業。

七日、くもり、夕方より雨。午前、午後とも平常授業。赤松は夕方、散歩に出かけるのだが、雨がぱらついて来たので遊女屋に足を運んだように思われる。赤松は「夕刻より遊歩、雨少〻と降《ふる》ロイサ方江至ル」（傍点引用者）と書きしるしている。が、「ロイサ」は、源氏名をマリー・アンナという、「マリー・ロウィサ」のことではなかろうか。

八日（日）と九日（月）は、「留学日記」に記事が見られない。

十日、午前、午後とも平常授業。来る十一月十七日は、オランダが王国となって五十年目に当たり、その建国の記念祝典を挙行することになっているので、その用意のため、ハーグ市内はたいへんな混雑振りであったという。この祝典のことを「オラニエ・フェースト」（Oranje feest）といったらしいが、家ごとにオランダ国旗を出し、燈火をともし、来たる日曜日からは人はオラニエ公の小さなきれはしを服の表に縫い付け、そうでないときは市民が寄り集まってなぐり合うとのことである。また市内のウイレム公園《パルク》の中に記念碑を建てる計画があり、国王自らその礎石を据えることになっている、と赤松は聞き伝えで知った。

赤松は十一月十一日（水曜日）から十四日（土曜日）まで、風邪により下宿に引きこもっていた。

十五日、くもり。風邪を平癒した赤松は、この日の朝、ライデンに出かけ、夕刻ハーグに戻っている。

十六日、くもり。「留学日記」には記載はない。

十七日、くもり。この日は先に述べた「オラニエ・フェースト」の祭典が行われるので、いつもの学科は休講となった。祝典のため市内はたいへんな賑わいであった。正午ごろ、赤松の下宿にボルストというオランダ人が飛び込んで来て、故国から手紙が来たことを伝えた。赤松は早速、内田宅に急いだが、日本から届いた手紙というのは、軍艦操練所から一通、あとは内田・林・榎本・津田・西宛のものばかりで、その他の者には来ていなかった。これには皆落胆したという。御用状（軍艦操練所から来たもの）によると、バタビアやセントヘレナから出した三度の手紙はすべて江戸に着いたことが知れたし、難破による借入金の件も、二十カ月分の金が為替にして送られることを知り、一同喜びで胸がいっぱいになった。

午後、赤松は再び内田宅を訪れ、それより二人は馬車で市内見物に出かけ、ウイレム公園まで行き、国王が記念碑の礎石を据えるのを見学した。その後更に馬車を走らせて市内見物をつづけ、赤松は四時ごろいったん帰宅した。夕方の五時半ごろから町内ごとにイルミネーション（照明）がともされ、その明るさといったら白昼のようであった。市内の人出もたいへんなもので、赤松によれば、その数は数万人であったという。赤松は祝典の催しが佳境に入ったころ、再び馬車を雇って市内見物に出かけている。

また郵便船がもたらした新聞は、昨今の日本の国内情況を克明に伝えており、赤松はその一部を抜いて子細に書きとめている。将軍家茂が上洛し攘夷祈願の行幸が行われたこと、萩（長州）藩がアメリカ商船ペンブロック号を初めとし英米仏蘭国の軍艦を下関海峡で砲撃したこと、薩摩藩士が生麦において英人リチャードソン他三人を殺傷し、いわゆる〝生麦事件〟を起したことや、薩州がイギリス艦隊と交戦し、幕府は償金四十四万ドル支払うことになったことなど、英字新聞に掲載された記事なども参酌して書き綴っている。

十八日、は記載がない。

十九日、午後、赤松はライデンに赴き、西や津田らと市内を遊歩した。当地も「オラニエ・フェースト」のためイルミネーションが施され、たいへんな賑わいであった。赤松は市内見物ののち、最終列車でハーグに戻った。赤松の「留学日記」は、十一月二十日（金曜日）より月末まで記載はなく、欠落している。

(96) 生麦事件のことか。
(97) 『続幕末和蘭留学関係史料集成』三二一～三二二頁。
(98) Bev. reg, 1860–1870 buurt 9 folio 150 によると、一八四三年六月十四日にライデンで生まれている。
(99) 一八三六年に開園した俗に「アルティス」（Artis）と呼ばれる動物園。文久遣外使節らも同所を訪れている。
(100) おそらくM・E・コステル（Coster）の工場を指すものと思われる。住所は Zwanenburger Straat 十二番地。アムステルダムの赤松の下宿の真向い（アムステル川畔）あたりに位置する。文久遣外使節、岩倉使節団もこの有名な研磨工場を訪れたが、現存しない。
(101) Landerboten の下宿を指すが、番地は不詳。
(102) ヘルハルト・クリスティアン・クンラート・ペルス・レイケン（Gerhard Christiaan Coenraad Pels Rijcken）は一八一〇年一月八日プリセンハーへで生まれ、一八八九年五月二日ブレダで亡くなった。一八二五年九月一日、少尉候補生。一八二八年十月一日、一等少尉候補生。一八三三年四月一日、海軍中尉。一八四六年一月一日、海軍少佐。一八五六年五月一日、海軍中佐。一八六一年二月十九日、海軍大佐。一八六五年七月一日、海軍少将。翌六六年までデン・ヘルダーの海軍基地の司令官を勤める。一八六六年六月一日から一八六八年六月四日まで海軍長官を勤める。階級は海軍中将。一八六六年六月四日から一八七〇年四月一日まで非職。以後、恩給生活に入る。
(103) この図書館は一七九八年に創設された。当時の建物は一七三四年から三八年にかけて造られたもの。現在はハーグの中央駅のとなりに在る。

ドルトレヒト

十二月一日、晴。赤松は、この日、住みなれたハーグを引き払い、ドルトレヒトに移った。午前十時半にハーグの駅に行き、ホフマン博士や上田と待ち合わせ、一緒にロッテルダムに向かった。ロッテルダムには十一時二十分ごろ着き、赤松によるとそれより乗合馬車で「ヲーストルカーデ」に向かったという。「ヲーストルカーデ」は Oosterkade（〝東の埠頭〟の意）のことであろう。当時、この波止場からドルトレヒトやゴリンケム（Gorinchem——オランダ南部のワール川とマース川とが合流する地点にある町）行の蒸気船が出ていた。

正午に、ホフマン・上田・赤松ら三名はコルネリス・ド・ウィッテ号に乗船し、午後一時四十分ドルトレヒトに到着した。ホフマン博士は連れを同地に案内したのち、ライデンに帰って行った。

この日の赤松の「留学日記」から引くと——

今朝十時半ニ、スタチヨン（ハーグの駅——引用者、以下同）江至ル、既《すで》ニホフマン、寅吉と共に来れり、同道二而《にて》十一時二十分ロッテルタム（ロッテルダム）江着、夫ゟ《より》ヲミニビュス（乗合馬車）にて、ヲーストルカーデ（オースターカーデ）江至り、十二時、コル子リステウィッテ（コルネリス・ド・ウィッテ号）にて同所出帆、一時四十分トルトレクト（ドルトレヒト）着ス、ホフマンは帰ル

また欄外には、赤松のドルトレヒトにおける町名・下宿先・家主の名などがみえる。

ドルトレクト江移ル、フラールスタラート・デ・ミュント、クードハ《マ》ル《マ》ト氏ヲ住宅トス

今日よりしてドルトレクトを住所とす

赤松のいう「フラールスタラート」は「フォールストラート」(voorstraat) のことである。下宿先の住所は Wykc Munt 959(現在のCの九百五十九番地)であり、「ミュント」とは munt《ムント》(旧造幣所)のことである。昔、ここで貨幣を鋳造したことから、一般に「ムント」の呼称で市民から親しまれている。この建物は一部、老朽化しているが、今もあり、現在、音楽学校として使用されている。当時、ここにJ・P・フートハルト(Goedhart)という名の小学校の校長とその家族が暮らしていた。赤松は『半生談』の中で、

ドルト(ドルトレヒト)へ出張した私は先づ造船所主のギ《マ》ップス《マ》(ヒップス)兄弟に面会した。此造船所はギップス兄弟三人の共同のものであって其中兄のギップスが主として経営の任に当って居り、此人が特に私たちの事を心配もし優待もして呉《く》れたのであった。私たちの下宿も亦《また》同氏の斡旋に因《よ》って選択されたが、私の住居としたのは和蘭共和政府時代から其一州の首都として繁昌した此ドルト市の其時分の貨幣製造所であった宏壮な建物の一部で、当時は小学校として校長のゴット《マ》・ハ《マ》ルト(Good Har《マ》t)が夫れを借受けて校舎に充《あ》て、教員一両名と生徒三、四十人とが毎日通って来た。

ギップスは私達の蘭語を学ぶ便利を慮って特に恁《こ》ういう場所を選んで呉れたのであったが、私は最早《もはや》語学の稽古は余暇にすることにして、専《もっぱ》ら造船場へ通ふことを日課にしたが、其距離は僅かに五丁に過ぎないから、三度の食事は下宿に於て取ることにした。其晩餐は校長始め其家族と食卓を共にするのが例であった。

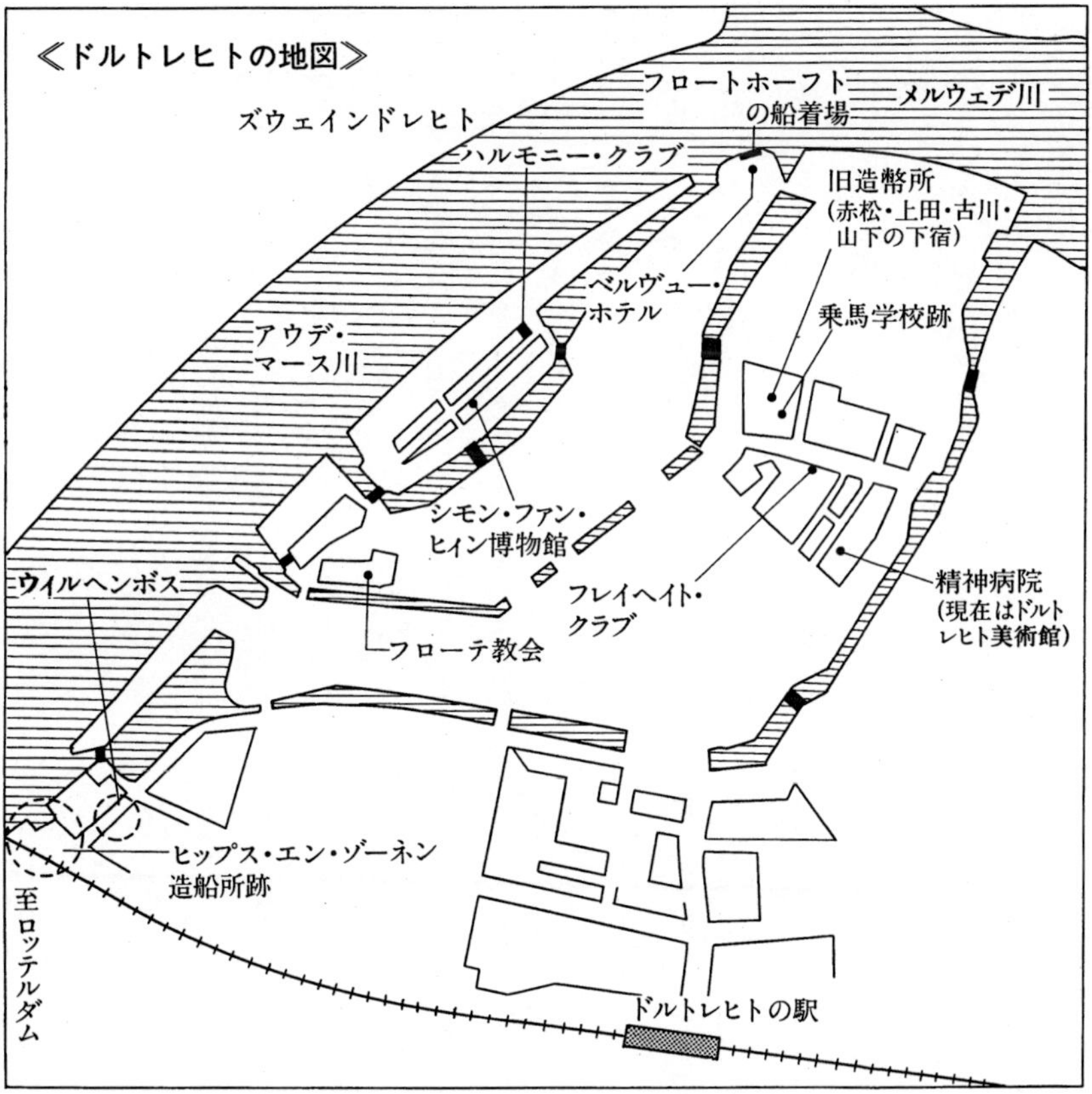

校長ゴット《ママ》・ハルトは五十歳許《ばかり》、妻君の外に二十歳、十五、六歳、十二、三歳の三人の息子が居た。之等の青少年は皆私の為めには好い話対《はなしあ》手《いて》で、それによって詞《ことば》も練習し、風俗も覚えた。殊に長男は年齢の差も少ないので私は特に親しくし、夜は共に机を並べて其頃漸く出来た許《ばかり》の瓦斯《ガス》ランプの下で数学の問題を解き、或は欧州の歴史を繙読《はんどく》するのが毎夜の課業であった。数学は私の方が遥かに進んで居たので常に教へる立場に在った。当時私の占有して居たのは居間・寝室・便所付洗面所の三室で、ストーヴ《ママ》の燃料は当方持《もち》、宿料一ケ月三十ギュルデン、食料は別に支払ふ約束であった。斯《か》くしてドルト滞在の約二箇年を愉快に過ぐ《ママ》した

のである。

この「ムント」にまず住んだのは赤松と上田であり、後に古川と山下も同居するようになった。ドルトレヒトの古文書館には、赤松と上田の記録（住民登録）が残されているが、古川と山下のものは見当たらない。

赤松らが世話になったヨゼフ・ピィーテル・フートハルト（Joseph Pieter Goedhart）は一八二二年十一月八日にドゥベルダム(Dubbeldam)で生まれ、当時四十一歳。妻はピィテルネルラ・ヨハンナ・フェルフゥフェン(Pieternella Johanna Verhoeven）といい、一八二三年九月十八日ミデルブルフ（Middelburg）で生まれ、夫と同じく四十代であったことが判る。戸主であるフートハルトの職業は「教師」(onderwyzer）となっている。

この夫婦は三男四女の子宝に恵まれている。『住民登録票』(Bevolgingsregister 1860-1890）によって同夫婦の子供たちの氏名を拾うと次のようになる。

（長男）バスティアン・ヤン・フートハルト（Bastiaan Jan Goedhart）……一八四八年一月二十三日ドルトレヒト生まれ。

（二男）コルネリス・フートハルト（Cornelis Goedhart）……一八五一年三月十三日ドルトレヒト生まれ。

（長女）アンナ・コルネリア・フートハルト（Anna Cornelia Goedhart）……一八五三年五月六日ドルトレヒト生まれ。

（三男）ヨゼフ・ピィテル・フートハルト（Josef Pieter Goedhart）……一八五六年七月二十一日ドルトレヒト生まれ。

（二女）ヨハンナ・ヘレナ・フートハルト（Johanna Helena Goedhart）……一八五七年十月二十八日ドルトレヒ

ト生まれ。

（三女）コルネリア・フートハルト（Cornelia Goedhart）……一八五九年九月二日ドルトレヒト生まれ。

（四女）マリア・エンゲルベルタ・フートハルト（Maria Engelbertha Goedhart）……一八六一年五月四日ドルトレヒト生まれ。

赤松が『半生談』の中で「妻君の外に二十歳、十五、六歳、十二、三歳の三人の息子が居た。……」といっている者は、長男のバスティアン・ヤン（当時十五歳）、二男のコルネリス（当時十二歳）、三男のヨゼフ・ピィテル（当時七歳）をそれぞれ指すものと思われる。

次に赤松大三郎の記録について述べると、それは次のようにある。

転入登録年月日……4 Dec. 1863
姓名……Akamatjoe
名前……Dai Saburos
性別……Man
年齢……21 Yaar
生まれた場所……Yeddo Japan
職業……off. Jap. Marine
現住所……C. 959
ドルトレヒトに来た日……I Dec. 1863

前の住所……………………………………Japan.

また上田寅吉の記録は次のようなものである。

姓名……………………………………Oeÿda
名前……………………………………Torakitsi
性別……………………………………Man
年齢……………………………………42 Yaar
生まれた場所………………………id
職業……………………………………Scheepmaker
ドルトレヒトに来た日……………id
前の住所………………………………id

要するに赤松の記録は、——日本の海軍士官、日本国江戸の生まれ、二十一《ママ》歳。宗教〝なし〟。となっており、上田のそれは、——船大工、日本国江戸の生まれ、四十二《ママ》歳、独身。宗教〝なし〟。住所同上。としるしてある。記録によると、両人は陽暦一八六三年十二月一日（文久三年十月二十一日）にドルトレヒトに来ており、住民登録は十二月四日（陽暦）に行われている。

十二月二日（水曜日）から四日（金曜日）までは、「留学日記」には記載がない。

五日、くもり。この日の午後二時ごろ、赤松と上田らの荷物を乗せた船が到着した。赤松は荷物の取り片付けに丸一日かかった模様である。赤松らはドルトレヒト到着後、当地の風に従い、朝九時ごろに朝食（紅茶・パン・チーズ）を食べ、正午に昼食（コーヒー・パン・チーズ）をとり、午後一時半に食事（肉類など）を用いたという。夕方の六時から七時にかけて、紅茶だけを飲み、夜十一時には紅茶または温めたラム酒を飲んだと書きしるしている。

ヒップス・エン・ゾーネン造船所

安政二年（一八五五）から明治二年（一八六九）にかけての約十五年間に、日本政府（幕府）や佐賀藩の注文に応じてオランダで建造されたり、贈呈を受けた軍艦は、

観光丸（スームビング号、外輪船、備砲六門、百五十馬力）
咸臨丸（ヤパン号、スクリュー船、備砲十二門、百馬力、十万ドル）
朝陽丸（エド号、スクリュー船、備砲十二門、百馬力、十万ドル）
開陽丸（原名上に同じ、スクリュー船、備砲二十六門、四百馬力、四十万ドル）
日進（原名上に同じ、スクリュー船、備砲十門、七百十馬力、二十七万三千九百フルデン）

などである。このうち観光丸（一八五五年フリシンゲンで建造）はオランダ国王ウィレム三世より徳川幕府に贈呈されたものである。

幕府より軍艦建造の依頼を受けその仲介者となった「オランダ商事会社」（Nederlandsche Handelmaatschappij）は、艦の建造の立案と設計を「オランダ汽船会社」（Nederlandsche Stoombootschappij）に依頼し、建造の方はドルトレヒト市の「ヒップス・エン・ゾーネン（C. Gips en Zonen）造船所」に委託することにしたが、同造船所との

契約は一八六三年五月十八日（文久三年四月一日）にアムステルダムの「オランダ商事会社」の本社において取りかわされた。開陽丸の造船契約書（ドルトレヒト市の「シモン・ファン・ヒィン博物館」所蔵）において定められたのは、「ヒップス社は一八六六年六月までに、艦をブラーウェルスハーフェンに回送し、同地において艤装を行うこと。オランダ商事会社はヒップス社に対して、契約金八十三万一千二百フルデンを支払うものとする」といったものである。ヒップス・エン・ゾーネン社が艦の竜骨《キール》の据えつけに着手したのは、内田ら日本の海軍留学生らがオランダに到着して四カ月後の文久三年（一八六三）八月のことである。艦体はヒップス・エン・ゾーネン造船所で造られ、機関（四百馬力）はロッテルダムのオランダ汽船会社、汽罐《ボイラー》はアムステルダムのドゥドック・ファン・ヘール・エン・パウル・ファン・フリシンゲン社（Dudok van Heel en Paul van Vlissingen）が製作に当たり、進水式後の機関と諸装備の搭載は、ヘレフートスライスの海軍工廠（marinewerf）で行われた。

開陽丸が建造され、赤松大三郎・上田寅吉・古川庄八・山下岩吉らが青春の一時期を過ごしたドルトレヒトは、ロッテルダムの南東二十キロの所に位置し、ライン川、アウデ・マース川、メルウェデ川などが貫流している中洲の港町である。今日、人口十万ほどの市《まち》だが、中世には最も重要な商業都市として栄えた所である。が、この港町は今はロッテルダムやアントウェルペンにとって代られ、昔のような賑わいはない。けれど運送業・冶金・化学・造船・金属工業の町として繁栄しているようだ。市全体は今も港町らしい独特な雰囲気が漂っている。新しい家並みも見られるが、旧市街——河岸近くの地区まで足を伸ばせば、古い建物も多く見られ、それが運河に影を落とし、画趣に富んだ景観を与えている。見方によっては美しい街といえようか。

開陽丸が竣工したヒップス・エン・ゾーネン造船所はアウデ・マース川（Oude Maas）沿岸のウィルヘンボス（Wilgenbos）にあったが、今は無くその跡地は現在「ファン・デル・ウェース」（A. van der Wees & Co.）といった輸送会社となっている。数年前まで往時をしのばせる古い建物（倉庫のようなもの）が一棟残っていたが、これも最近取り毀されてしまった。同造船所の創立者はピィーテル・ヒップス（Pieter Gips ── 一八〇一年十一月五日～一八六五年四月十九日）といい、子供を六人もうけ、三人が造船業に従事した。造船所はウィルヘンボスにあった外、もう二カ所あり、その内の一つは、市内のリーディクス・ハーフェン（Riedijks Haven）にあったが、これも現存しない。開陽丸の建造にじっさい携わったのはピィーテルの息子である、コルネリス・ヒップス（Cornelis Gips ── 一八二七年二月十七日～一九一一年七月二十三日）、グレゴリス・ヒップス（Gregoris Gips ── 生没年不詳）、ディルク・ブースト・ヒップス（Dirk Boest Gips ── 生没年不詳）であろうか。ヒップス兄弟については今後の調査を待たねばならない。

六日（日曜日）と翌七日は「留学日記」には記載はない。

八日、くもりのち雨。午後、ヤンセン（医師？）という者が、ファン・トイル大佐の紹介で赤松宅を訪れた。

九日、くもり。赤松は午前中、ヒップスの造船所（werf）に行った。夕方、再びヤンセンが訪ねて来た。「留学日記」は「夕刻、ヤンセン来る、達《たつ》て薦めるに依て同行、ハルモニー江至リ、ビリヤルト(biljart ── 玉突き）を為す」とある。

ヒップス兄弟
（アムステルダムの海事博物館蔵）

「ハルモニー」といっているのは、「ハルモニー・クラブ」（Sociëteit de Harmonie）のことである。所在地はビンネン・ワレフェスト（Binnen Walevest）五番地である。建物は、この通りとフェールスティヘル（Veersteiger）小路とが交差する角にある。

赤松は同クラブで玉突きをやったのち、コックーホイス

（不詳）に行き、そこでブルールス大尉と知り合いになった。

十日、くもり、午後晴れる。赤松は午前中に支度を整え、ドルトレヒトの桟橋より蒸気船でロッテルダムに向かった。それより午後二時二十五分の汽車でハーグに向かい、同地には三時ごろ到着した。沢・内田・フレデリックスらの家を訪れ、同夜ホテル（「ベルヴュー・ホテル」か？）で一泊した。

十一日、晴。午前中、赤松は内田・林・田口宅を訪れた。榎本・林・伊東・沢らはライデンに赴いた。赤松は午後一時二十五分の汽車でハーグを出発、二時半ロッテルダムに到着し、それより蒸気船でドルトレヒトに向かい、同地には四時半ごろ帰着した。

十二日、晴。午後にヤンセンという者が赤松方を訪れ、一緒にメケルン大佐宅を訪れた。同宅でブルールスと会い、一同それよりファン・ホーフ大尉宅を訪れ、次いでブルールス宅に赴いた。赤松は夕方四時ごろ帰宅した。

十三日、晴。午後一時すぎ、赤松は馬車でメケルン大佐宅を訪れ、それよりブルールス大尉宅を訪問した。のち同人と一緒にスティルワール将軍宅、ヤンセン宅等を訪れる。同人宅で馬車を返し、ブルールス宅で休息したのち、四時ごろ帰宅した。

十四日、くもり。夕方、赤松は喜劇を観に赴いた。赤松によれば、ドルトレヒトの喜劇はハーグやロッテルダムのものより大がかりではないが、まんざら捨てたものではないという。役者の多くはロッテルダムから来るが、ドルトレヒト出身の者も混じっている。料金は仕切り席で一フルデン四十セント、一般席は一フルデン十セントより六十セ

ドルトレヒトの「ハルモニー・クラブ」
（中央の建物，筆者撮影）

ントまで、別に五十セント払えばその座席を取って置いてくれる。

十五日、くもり。赤松は午前中、ヒップスの造船所に行った。午後一時すぎ、ブルールス宅を訪れるが、同人は留守であった。三時ごろドルトレヒト市長の使いが来て、日曜日の祝賀会の件、中止となった旨伝えた。

十六日、雨。午後、赤松はブルールス宅を訪れるが、同人留守につき帰途についた。午後二時ごろ、ブルールスが訪ねて来た。夕方、赤松はヤンセン宅を訪れるが、同人不在につき、女房ならびに娘としばらく歓談したのち帰宅した。

十七日、くもり。夜七時半すぎ、隣家に住むフラス医師が赤松宅を訪れ、十一時ごろまで雑談して帰って行った。

十八日、晴。赤松は造船所へ行った。

十九日、くもり。赤松は午前中にブルールス宅を訪れ、午後、造船所に赴いた。

二十日、くもり。午後二時すぎ、赤松はブルールスと一緒に市長及びベーラールス大尉宅を訪れ、三時すぎよりヒップス宅を訪問し、夜帰宅した。

二十一日、大風、くもり。赤松は午前中、下宿で過ごし、午後、ドルトレヒトの対岸にあるパーペンドレヒト(Papendrecht――マース川の支流ド・ノールトの右岸に位置)に赴くのだが、これはこの日、商船の繋引（船渠《ドック》に挙げることか）を見学するためであった。夕方の五時ごろ帰宅した。

二十二日、風雨。赤松は終日下宿で過ごし、夜、観劇に出かけた。

二十三日、雨。赤松は昨夜より頭痛と悪寒《お》を覚え、終日在宅。夕方、ヤンセンの訪問をうけた。

二十四日、雨。赤松、風邪につき、終日下宿で過ごした。

二十五日、雨。風邪につき外出せず、終日下宿で過ごした。赤松によると、数日来、寒気が襲い、この日は風が強く、雨が少々降った。また時々雪がぱらついた。「我十二月半の寒サなり」と書きしるしている。

二十六日、くもり。赤松は風邪につき終日在宅。

二十七日、晴。赤松は、この日気分が良かったので、馬車にて諸方を訪れた。まず当地シキュッテレー（不詳）の指揮者、某大尉、ヒップス宅等を訪れたのち帰宅した。

二十八日、くもり。この日の朝、赤松は造船所を訪れるが、気分が悪くなり早々に帰宅した。

二十九日、くもり。赤松、病気につき終日在宅。ブルールスが見舞いに訪れた。

三十日、くもり、雷。病気につき終日在宅。

三十一日、くもり。赤松はようやく病気が全快した。この日は大晦日に当たり、市内はたいへんな賑わいであったという。かれは夜十二時すぎまでフートハルトの家族と共にトランプ遊び（Kaartspel）をして過ごした。

一八六四年一月一日（文久三年十一月二十二日）――晴。この日の朝の気温は華氏十九度（摂氏零下約七度）であった。寒気厳しく、小川はすでに氷結した。赤松によると、西洋の新年といっても平日とほとんど変るところがなかったという。ただ年来の習わしとして、学校や職人らは休み、貧窮の者や中産階級の者は、新年の祝儀として年賀に回ったり、使いを立ててめいめい名刺を知人宅に遣し、あるいは親類の者らが参集するという。赤松もドルトレヒトに住むようになってから知人も得たので、名刺を送ったという。夜に入り、かれはフートハルトの家族とトランプ遊びをして時を過ごした。

二日、晴。寒気厳しく、寒暖計の針はこの朝、華氏十八度を示した。朝、赤松はオランダの新年につき、ハーグやライデンへ年賀に赴いた。ロッテルダムに向かう蒸気船の中で、ファン・ブラーケル（ドルトレヒトの住民）と知り合いになった。ロッテルダムの波止場には午後一時十五分ごろ到着し、それより馬車でロッテルダムの駅に向かった。一時五十五分の汽車に乗り、三時ごろハーグに到着した。到着後すぐ伊東宅を訪れ、そのあと銭湯に行った。夕方、伊東宅で夕食をごちそうになるのだが、榎本・沢・林らも同宅を訪れたので、夜八時まで歓談した。そののち赤松は最終列車でライデンに向かった。ライデン到着後、西と津田の下宿を訪れるが、両人は不在であったのでブレーストラートのホテル・ド・ハウデン・ゾンに行き、同ホテルの一家とライデン逗留中のことなどを話題として歓談したようである。そのあとかれはファン・バーク宅を訪れ、夕飯をごちそうになったあと、夜一時まで懇談し、再びホテル・ド・ハウデン・ゾンに戻り、同所で一泊した。

三日、この日も寒気厳しく、気温は華氏十八度であった。昨夜十一時ごろから雪が降り出し、朝家々の屋根はまっ白であった。窓ガラスも朝になると皆凍ってしまい、透明のガラスといえども、紙を張りつけた観があり、しかも模様の付いた「白紙張り」のようであった。

数日来、寒気はことのほか厳しいため、朝起きる前に下女に暖炉をたててもらわねば、ベッドから這い出せないほどであった。デン・ヘルダーから戻った古川と山下は、その後、まだ下宿が決まらず、ずっとホテル・ド・ハウデン・ゾンで暮らしていたが、ホフマン博士がホテル主と契約した賄付のへや代は、一カ月一人五十フルデンであったので、寒中といえども暖《カツヘル》を取ることができず、寒さの中で起臥していたという。

この日、赤松は午前八時半ごろ起床すると、朝食（パン・紅茶・バター・牛のくん製《ロークフレース》など）を食べたのち、昼食を注文してホテルを出、九時ごろ津田の下宿を訪れた。が、津田は不在につき西の下宿を訪れ、しばらく歓談したのち、再び津田宅を訪れた。それより十二時ごろホフマン宅を訪ね、万端相談し、その後ホテル・ド・ハウデン・ゾンで昼食をとった。赤松は、昼食には「コッフヒーを用ゆ」とだけ書きしるしているが、おそらく昼食をコーヒーとパンだけで簡単にすませたものと思われる。

ファン・バークより迎えの使いが来たので同宅に赴き、それよりコーヒー店に入り、オランダ人二名（名前は不詳）と馬車に乗りライデン郊外のレイデルドルプ（Leiderdorp）に向かった。外気は凍るように冷たかったが、狭い車中に腰をおろした乗客四人は、たえず葉巻をくゆらせていたので、家の中で暖を取るよりも暖かであったという。

レイデルドルプ到着後、赤松らが訪れたのはレンガ工場（steenbakkerij）であった。工場主は六十年配の男で、娘が四人いて、長女の知人もやって来たので、一同ユネーバー（オランダ焼酎）を飲んだ。その後、その娘の知り合いの案内で風車などを見物したのち、当地のコーヒー店に入り、再びユネーバーを飲み、玉突きをやった。

すでに時計は午後四時を回っていたので、馬車を走らせ、ライデンに戻ることにした。ライデンには四時半ごろ到着し、それよりファン・バーク宅を再び訪れ、夕食をごちそうになった。津田も同宅にやって来たので、夜十一時半ごろまでトランプ遊びをやった。ホテルに戻ると、大野・中島・大川・古川・山下らが赤松の帰りを待っていた。赤松は就寝前にハーグに戻る支度を整えた。

四日、晴。赤松はこの朝八時半に起床し、朝食をすませたのち、ファン・バーク宅を訪れ、いとまを告げ、午前十時の汽車でハーグに戻った。ハーグ到着後、直ちに林宅を訪れた。午後一時半ごろポンペと会い、二時半には内田宅を訪れ、百フルデン受け取った。それより四時二十五分の汽車でハーグを発ち、ロッテルダムに向かい、さらに駅より船着場のあるオースターカーデに至ったが、マース川はすでに昨夜より氷結しているため、蒸気船の運行は不通となってていることを知り、ためにドルトレヒトに帰れなくなり、ホーフストラートのファン・エセーレン博士宅を訪れた。が、同人はニューウェ・ディープに出かけて留守であったため、夜七時四十四分の汽車で再びハーグに戻り、スパイのホテル（不詳）に旅装を解き、ひとまずハーグで一泊することにし、航路が開くのを待つことにした。同夜、赤松は内田宅を再訪した。

五日、この日の朝の寒気はことのほか厳しく、午前八時の気温は華氏十五度、夜十二時のそれは十六度であった。赤松は午前八時半に起床し、朝食を取ったのち、内田宅を訪れ、それより『ロッテルダム新聞』を求め、交通事情について情報を得ようとした。新聞によると、オランダ・ベルギー間の鉄道は、マース川が氷結したため一時不通となっていたが、この日から運行を再開していた。しかし、時刻は午前十時を過ぎていたため、九時四十五分の列車に間に合わず、ひとまずロッテルダムに赴き、同地で一泊したのち、翌日ドルトレヒトに帰ることにした。そこで、内田・沢宅に寄っていとまごいを告げたのち、午後一時二十五分の汽車でハーグを発ち、二時半にロッテルダムに到着した。直ちにマース川畔ブームピエス（Boempjes）の「バットホテル」（Badhotel）に旅装を解き、午後四時には夕飯を食べた。

赤松は同ホテルで何人かのオランダ人と面識を得たが、その中にはファン・ヘーレンという者、フリシンゲンの第二歩兵連隊の一等士官（大尉に相当か）、モットという者、東インドのヤーファーのサマランク在住の者二名、などがいたが、赤松はこの四名と夜にコーヒー店に出かけた。

六日、晴。赤松は午前八時半に起床し、九時に朝食をとり、昨日知り合った同宿の客にいとまごいを告げると船着き場に行き、切符を求めた。ドルトレヒトまでの料金は二フルデン四十五セントであった。午前九時五十分に渡し船に乗船した。このフェリーは氷の間を通り抜けながら進み、ロッテルダムの対岸にあって戸数百軒ほどのカテンドレヒト（Katendrecht）に到着した。ここで乗合馬車《オムニブス》（Omnibus）に荷物を積み込むまで間が少しあるので、赤松はコーヒー店に入り、酒を一杯ひっかけた。かれはドルトレヒトで一度会ったことがあるヤン・スコーテンという者と再会した。

用意が整ったので、やがて旅人は乗合馬車に乗った。これは三頭引き——九人乗りの馬車であった。当時、カテンドレヒトにはこの種の馬車が四台あったという。赤松が乗った馬車にはオランダ人が四名、うち一人はセ・イ・ファイラントという、ブレダ（ノールト・ブラバント州の町）在住の陸軍士官学校の生徒（十八、九歳位）で、また馬車が動き出してから乗せた五十年配のイギリス人（ブリキ職人）が一名、合わせて六名の乗客が乗っていた。馬車は一時間半ばかり走り、十二時十五分ごろズウェインドレヒト（Zwijndrecht——ドルトレヒトの対岸にある町）に着いた。

赤松によると、当時、ズウェインドレヒトは人口二千人ほどの村であり、ここから小船に乗って対岸のドルトレヒトに渡るのである。マース川が凍ったときには船に客を三人ほど乗せ、水夫が三人で氷の上をそれを引っぱって進み、氷が砕けておれば水夫が船に乗り、棹で前に進めたりする。乗客もまた棹をもって小舟を進める。かくして一町半ほどの距離を三十分ほどで渡るのである。赤松がマース川を渡河し、ドルトレヒトの岸に着いたとき、大勢の人だかりがしていたという。赤松は午後一時十分ごろ下宿に帰ることができた。

七日、晴。寒気厳しく、寒暖計の針は華氏十五度を示した。昨六日の夕刻、フロニゲン（アムステルダムの北東二一七キロ）に赴いたメケルン大佐が、発作により死去したことを伝える書簡が届いた。

八日、晴。寒気は昨日よりも厳しく、この日の朝の気温は華氏十三度であった。マース川は氷結し、氷の厚さは一尺余り（約三〇・三センチ）もあり、対岸のパーペンドレヒトやズウェインドレヒトにまで歩いて行けるほどであった。マース川の川幅は約一町（約一〇九メートル）ほどもあるのだが、大勢の人が出ており、平地と何ら変らぬ様相を呈していたという。川の上では寒さを物ともせず、大勢のスケーター（schaatsenrijder）が氷の上を滑走し、また河畔には見物人も出ていた。夕方、ヤンセンは赤松宅を訪れた。

九日、くもり。この日は昨日よりも寒さが和らぎ、気温は華氏三十度であった。赤松はせんだって遠出したときの「肉刺《にくきし》」（足に刺し傷をつくった意か？）に悩み、その傷が癒えないために、終日下宿で過ごさざるを得なかった。しかし、世間のうわさは何かと耳に入って来たようで、マース川で死人が出たことを知らされた——今暁の暖気により、氷が薄くなっていることに十分な注意を払わず、早朝より何人かのスケーターがすべって遊んでいたところ、氷の裂け目に落ち、救けるすべもなく、死体も今だに氷の下にあって引き上げられぬ、といったものであった。

十日、晴。寒さは昨日よりやや増し、午前八時の気温は華氏二十八度であった。マース川にはすでに氷が張っており、その厚さは五寸余り（約十五センチ）もあり、川面を歩くことができた。マース川の氷の上には、数十軒の店

（小屋）が出、川の往来は平地と変らず、赤松はこの日の人出と賑わいを「数千の人々群集して新に町をなし市の如し、シカーツセンレイエ《ママ》ル（スケーターの意）は群集の半《なかば》に過ぐ」と述べている。赤松は午前十一時半ごろから、ヒップスのマスト付氷上ボートに乗り、氷すべりを楽しんでいる。風はわずかであったが、帆で動く氷上ボートは「大なる蒸気車の如し」といった印象を受けた。

十一日、晴。午前八時の気温は華氏二十九度。赤松は十時半ごろヒップス宅を訪れ、その後ヒップスと共にマース川へ出かけ、マスト付氷上ボートに乗った。この日は昨日より風があり、氷上を飛ぶように滑走できたという。赤松は午後二時半ごろいったん帰宅し、三時半すぎ造船所に出かけた。

十二日、晴。午前八時の気温、華氏二十七度。午前十一時ごろ、ハーグの沢より手紙が来たが、その中に赤松の自宅から来た書簡（文久三年九月十七日付）も入っていたようである。文面によると、宅の方は別段変りなく、御手当金も滞りなく支払われているとのことであった。

十三日、晴。再び寒気が強まり、午前八時の気温、華氏二十三度、夜十二時のそれは二十六度あった。赤松は足痛につき、終日下宿で過ごした。ヤンセンが訪ねて来た。

十四日、晴。気温は昨日とあまり変らず、午前八時には華氏二十一度、夜十二時には二十三度あった。赤松はこの日も足痛のため外出せず、終日家で過ごした。マース川の氷の厚さは約一尺余りあり、向こう岸のズウェインドレヒトやパーペンドレヒトまで、氷の上を馬車あるいは徒歩でも渡れた。この日、赤松のもとへハーグのフレデリックスから手紙が届いた。それは、故国に残して来た留学生らの肉親の死などを伝えるもので、愕《がく》然とさせる内容を含んでいた。――取締の内田は、両親と妻と叔母一名を失い、榎本は兄を失い、伊東は実父を失った、といったものである。

十五日、くもり。午前八時の気温、華氏二十五度、夜十二時の気温、二十二度。

十六日、くもり。午前八時の気温十八度、夜十二時のそれは二十度であった。この日は寒気強く、外出の際にはじつに難渋したという。赤松は、ハーグのフレデリックス、沢、フィッセルらに手紙を出した。夕刻七時すぎ、某画家宅を訪ねた。

十七日、くもり。朝八時の気温は華氏十五度、夜十二時から午前二時までの気温は二十七度であった。赤松は午前中、下宿で過ごした。午後、マース川へ行き、ヒップスのマスト付氷上ボートで諸方へ行った。この日、日曜日でもあったので、マース川の氷の上には数千の群集が出て、ロッテルダムからドルトレヒト、更にそこからホーリンヘムまで、日本の東海道のように、往復はマスト付氷上ボートで行われたという。氷すべりを見物する者は仮設の売店（小屋）の中に入り、暖を取り、あるいは軒先に立って、ユネーバーやポンスやグロッグ（Grog——火酒と水とを割ったもの）などを飲んでいた。赤松は、その光景は暖かい国に生まれた者にとって、実に珍しいものであった、と述べている。

十八日、くもり。昨夜十二時から雨が少し降ったので、それが朝になって凍ってしまい、市中どこも氷のように光り、足をすべらす危険があった。このようなときは、その土地の法律によって、家を持っている者は砂とか石炭の粉を軒先にまくことになっていた。赤松によると、十二時すぎから、砂や石炭粉などがまかれたため、歩行もできるようになったという。

十九日、くもり。寒気和らぎ、気温は華氏三十度であった。赤松は終日下宿で過ごした。夕方、スミット少佐なる者、ヒップスと一緒に赤松宅を訪れ、夜十時ごろ帰って行った。

二十日、くもり。気温は華氏三十五度。昨夜十二時ごろから雨が降った。寒気は和らぎ、マース川は表面の氷だけがとけ、氷の厚さは約一寸（三センチ）ほどになった。マスト付氷上ボートは使用できても、スケートは氷が薄いため危険であった。夕方、六時ごろ、ブルールスが赤松を訪ねて来た。赤松は夕刻七時ごろフヲルクスレーシンク（不詳）へ出かけた。

二十一日、くもり。気温、華氏二十九度。いったんとけたマース川の氷も、再び凍り、この日の朝、氷すべりができるようになった。しかし、赤松は終日家で過ごした模様である。

二十二日、くもり。気温、華氏三十五度。

二十三日、くもり。気温、華氏三十五度。赤松は終日下宿で過ごした。この日は家主フートハルトの息子（バスティアン・ヤン、十六歳）の誕生日であったので、赤松は五フルデン出してアルバムを求め、これを贈物とした。夜十二時まで歓談。

二十四日、晴。気温、華氏三十六度。赤松は終日下宿で過ごした。

二十五日、晴のちくもり。赤松は早朝、造船所へ出かけた。交通の便を図るため、すでに氷を割ってズウェインドレヒトまで小船が通れるようにし、鉄道も利用できるようになっていた。乗合馬車の便もたくさんあって、旅人の利用に供されていた。赤松は諸々方々を遊歩したのち、お昼ごろ帰宅した。

翌二十六日（火曜日）から二月六日（土曜日）まで約十日間ほど、「留学日記」は欠落している。

二月七日、快晴。寒気強からず、朝の気温は華氏三十五度であった。が、いかにもオランダの気候らしく、午後から空模様がにわかに変り、霧が降りて来、湿気も増して来た。真冬とはいえ、降雪はわずかであり、降り積ることはあまりなく、小雨ばかりが多い。赤松はせんだってから風邪を引き、ようやく全快したが、痔が起り、歩行にも難渋し、終日下宿で過ごした。夕方、ヒップスら五名が、年頭の礼として訪れたので、シャンペン等を出してごちそうした。夜十一時ごろまで歓談した。

八日、くもり。寒気がゆるみ、マース川の氷もとけたので、蒸気船が運行するようになった。赤松は、この日も痔病に悩み、終日家で過ごした。『ロッテルダム新聞』を見たところ、日本から遣欧使節（横浜鎖港談判のための使節——池田筑後守一行）が来ることを知った。赤松の「留学日記」には「日本ゟ《より》再ひ使節ヨーロッパ江赴くへきよし」とある。

九日、くもり。この日も赤松は外出せず、下宿で過ごした。

十日、雪、くもり。寒気は厳しくなかったが、昨夜十二時ごろから降り出した雪はやまず、十五センチばかり積もった。

十一日、くもり。寒気は次第にゆるんで来た。赤松は終日家で過ごした。

赤松は二月十二日（金曜日）から同月二十五日（木曜日）までの約二週間、病のため下宿で過ごした。「留学日記」には記載事項は無く、「此間病気ニ而閉篭り、無別条」とある。

二十六日、晴。赤松は病気も全快したので、衣服を改め、明日から出勤のつもりでいた。久々にハーグに手紙を出したり、ベーラールス大尉《カピテインロイテナント》の訪問をうけた。夜十一時ごろ、ハーグの榎本はクーフールデンとホッツ（H. P. Hotz——印刷機械製造業者？）というオランダ人を二名連れて訪ねて来た。榎本は内田より八日間の暇を得て、デンマーク戦争（プロシア・オーストリアがデンマークと戦端を開いた）を見物するために、赤松を誘いに来たものである。

デンマーク戦争観戦の勧誘について、赤松は『半生談』の中で、「元治元年正月二十日（一八六四年二月二十七日《ママ》）の夕刻《ママ》、ハーグに居った榎本が和蘭の青年士官二人を伴って突然ドルト《（ドルトレヒト）》に私の下宿を訪ねて来た。丁抹《デンマーク》の戦争見物に出掛けようと思ふが一緒に行かないかとの誘ひ話に、私は固《もと》より願っても容易に得られない好機会であるから二つ返事で直に旅行の準備に着手した」と語っている。

榎本はすでに手回しよく、ハーグ駐在のプロシア公使やデンマーク公使などから各方面への紹介状を得ていたが、当時オーストリア公使はベルギー公使をも兼ねていたので、まずブリュッセルに出かけ紹介状を書いてもらう必要があった。

観戦武官

一八六三年（文久三年）の冬ごろから、ドルトレヒトやハーグにある陸・海軍の将校クラブなどでは、シュレスヴィヒ・ホルシュタイン問題（Schleswig Holstein——ハンブルクの北方、デンマークのユトランド半島の基部をなし、北半分がシュレスヴィヒで、南半分がホルシュタイン。十九世紀にはデンマークとドイツとの間の係争地であった）が話題になりはじめ、「どこへ動員令が下ったとか、どこの兵が出発した(104)」といったうわさが取りざたされるようになった。シュレスヴィヒの北部にはデンマーク人とドイツ人とが混住し、その南部とホルシュタイン住民はほとんどがドイツ人であった。その人口比率は、ドイツ人約八十五万人に対して、デンマーク人は約十五万で国家的、民族的にも複雑な地区を構成し、絶えず紛争の種となっていた(105)。

当時、プロシアではビスマルクが独裁政治を行い、自由主義者の抑圧、軍備の改革と拡充、ドイツ統一などに邁進していたが、多年懸案となっていたシュレスヴィヒとホルシュタイン両公国の領有をめぐって、何かとデンマーク政府と対立していた。一八六三年三月、デンマーク王がホルシュタインに施行すべき特別憲法を発布するや、ドイツ国内にこの憲法を撤回せよといった反デンマークの声が上がった。ビスマルクはかねてより両公国の獲得を企んでいたが、この機会を利用して、一挙に事を決めようとした。翌一八六四年二月、ヴランゲル総司令官に率いられた、プロシアとオーストリアの連合軍六万五千人はシュレスヴィヒに侵入し、その後ユトランド半島を席捲した。デンマークは死力を尽して戦ったが、戦況は有利に展開せず、時利あらず敗走し、同年十月三十日の「ウィーン講和条約」の成立によって、両公国に関するいっさいの権利をプロシア・オーストリア両国に譲ってその共同統治下におかれることになった。

赤松は内田の許可を得てはいなかったが、この機会を逸すると戦争見物はかなわぬと思い、早速同行することに決した。しかし、旅費等をまだ受け取っていないので、同行の蘭人二名に経費の面倒を一時みてもらって、のちほど支払うことにした。観戦の費用として赤松が試算した額は、八日間で約三百フルデンであった。

二十七日、晴。赤松は早朝に起床し、旅支度を整えると、家主のフートハルトにいとまを告げ、榎本と一緒にヒップスの造船所へ出かけた。「留学日記」には「早朝支度相整、暇を告てホーテル　ベル《マ》ヒュー《マ》江至ル、其前榎本同行にて船造場江至ル」とある。おそらく、しばらく旅行に出て留守にすることをヒップスに告げるためであったのであろう。

「ホーテル　ベルヒュー」とは「ベルヴュー・ホテル」(Hotel Bellevue) のことで、メルウェデ・カーデ（Merwede Kade ——マース川畔）に面した所に位置し、現在の住所はボームストラート（Boomstraat）七番地であり、現存する。そこからはフロートホーフト（Groothoofd）の船着場（ロッテルダムへの蒸気船の発着場）にも近いのである。

このときの榎本と赤松の服装は日本風であったが、きわめて珍妙なものであった。同行のオランダ士官が、洋服だとインド人と見間違えられる恐れがある、というので和服姿で行くことにした——羅紗の筒袖のブッサキ羽織に裁着《たちつけ》袴、大小を差し、靴をはき、日本から持って来た羅紗の帽子をかぶった。帽子は、軍艦方の者が咸臨丸でアメリカに渡ったとき、特別に工夫して用いたものである。また四人ともオランダ製の革の胴乱《どうらん》（背負い袋のようなもの）を肩にかけ、その中に携帯品をすべて入れた。下着類は行き先々で求めればよいと考え、外にはとくに何も持たず、きわめて軽装で観戦の途に上ったということである。

日本人そのものが珍しいうえに両人の服装《なり》はひときわ異彩を放っていたから、いたるところで歓待を受け、おかげで同行のオランダ士官たちもその恩恵に浴することができた。なお沢も榎本らと同行するはずであったが、あいにく風邪をひいていたために行けなかった。

後に独逸のカール親王の本営に行った時などは、幕僚の士官連が彼等の眼には異形とも見える私たち二人の周囲《まわり》を取巻いて珍らしがり、好い服装だ、プラクチッシュ《（実用に則している）》だなどと褒め、或は佩刀の切味《きれあじ》を感嘆してゐた。私たちは到《いた》る処《ところ》懇切に待遇され、同行の和蘭士官も御庇蔭で大なる歓待を受けると悦んで居った。（『半生談』）

ドルトレヒトの「ベルヴュー・ホテル」（筆者撮影）

赤松・榎本ほか二名のオランダ人は、午前十一時半にドルトレヒト号という蒸気船に乗ったが、船着場まで上田寅吉とフートハルト夫妻らが一行を見送った。午後一時ごろ船はムールディク（Moerdijk ――ホーランス・ディープ川畔の町）に着き、ここで一同下船し、そこから汽車に乗り、ベルギー領のローゼンダール（Roosendaal ――オランダ南部、ベルギーのアントウェルペンの北三十九キロ）に一時半ごろ到着した。ローゼンダールの駅では荷物の検査があった。その後、一同再び汽車に乗り、更に南下し、二時半ごろアントウェルペン（Antwerpen ――ブリュッセルの北四十七キロの所に位置する港町）に着き、そこから更に首都ブリュッセルに向かった。同地には三時半ごろ到着した。

一同はブリュッセル・ミディ駅に降りたのであろうか、まだ日中でもあったので馬車で市内を乗回し、寺院を見物している。赤松によると、それは

赤松・榎本の観戦武官姿

「ドムケルキ（″大伽藍″の意）広大の寺にして、仏語はノーツレダーメ（ノートルダム）といふ、プラーセ　フェルテに在り、（中略）ドムケルキはゴッチセステール（ゴチック様式）の建方建立、千三百年代に始め千四百年代に成る、長サ即ち奥行八十間、幅即ち間口四十間、高サ六十間ありて、頂は百二十五本の石柱にかかる、此寺の塔は高サ六十五間……」ということだが、これは「ノートル・ダム・ド・ラ・シャペル」（Notre Dame de la Chapelle）のことを指すものと思われる。この寺院は一二二六年ごろに建設に着手したもので、内陣と翼廊は十三世紀中葉にまでさかのぼり、身廊外陣《げじん》は一四八三年に完成した。赤松は寺院の塔に登りたかったのであるが、刻限が過ぎていたので登ることができず、残念がっている。

　ともあれ榎本と赤松は、ブリュッセルにおいてオーストリア公使エフ・フォン・ランゲナウ（F. von Langenou）に面会した。白髪にして精悍なつらがまえのこの外交官は、快く日本人を引見し、頼みに応じて紹介状を書き、自分の写真などをくれた。やがて四人は汽車にてブリュッセルよりベルリンに行き、そこから更にハンブルクに赴いた。この自由ハンザ都市では、オランダ領事へ・ハ・ワッハテル（G. H. Wachter）を頼って面会し、更に紹介状を何通か書いてもらうことができた。赤松は「此人は六十歳許《ばかり》の肥満した老人で、誠に親切に私たちの為め斡旋して呉れたので今でも忘れられぬ一人である」（『半生談』）と述べ、その厚情を後々までも忘れなかった。

　一行はハンブルクより馬車に乗って、ホルシュタインのアルトナ（Altona――ハンブルクの一地区）まで行った。アルトナはハンブルクからエルベ川を渡れば着くのだが、もうそこは戦場でもあった。このとき一行は、低くたれこめた鉛色の空のもと、寒さに身をふるわせながら、氷結したエルベ川を馬車で渡河するのだが、このときの体験と両岸の寂莫たる田園風景が脳裏に焼き付いた。赤松は後年、折にふれ、ことにつけ往時を回想することがあったが、エルベ川の渡河のことを「今に其《その》光景を思ひ浮べる」と述べている。

日蘭の観戦武官ら四名は、アルトナにおいてオーストリアの陸軍元帥に会ったけれど、このときはアルトナの戦が終わりを告げ、デンマーク軍は退去し、シュレスヴィヒ（Schleswig ——ハンブルクの北百四十三キロ）の国境を固守していたときであった。そこで一行は、「アルトナの前方に既に道も開けたとのことであったので、戦線へ行かうと直に出発したが、又もや普・墺連合軍のスレースウエーキ《シュレスヴィヒ》攻撃が開始された為め、交通は遮断され已《や》むを得ず再びアルトナに立帰って形勢を観望して居た」（『半生談』）ということである。

退却したデンマーク軍はプロシア軍の攻撃を恐れてシュレスヴィヒの四キロ半ほど手前に長い塹壕を掘り、砲塁を何カ所か設けて防禦線を敷き、ダンネヴィルケ（Dannevirke）に拠ったので、普・墺連合軍はこれを攻撃するに至った。ダンネヴィルケは「連合軍精鋭二箇師団に対しては衆寡敵せざること瞭《あきら》かで、遠距離からの砲撃で死傷も僅かな後他愛《たあい》もなく陥って、翌日は丁抹《デンマーク》軍も退却してアルゼン《ママ》島の要塞へ入って了《しま》ったのである」（『半生

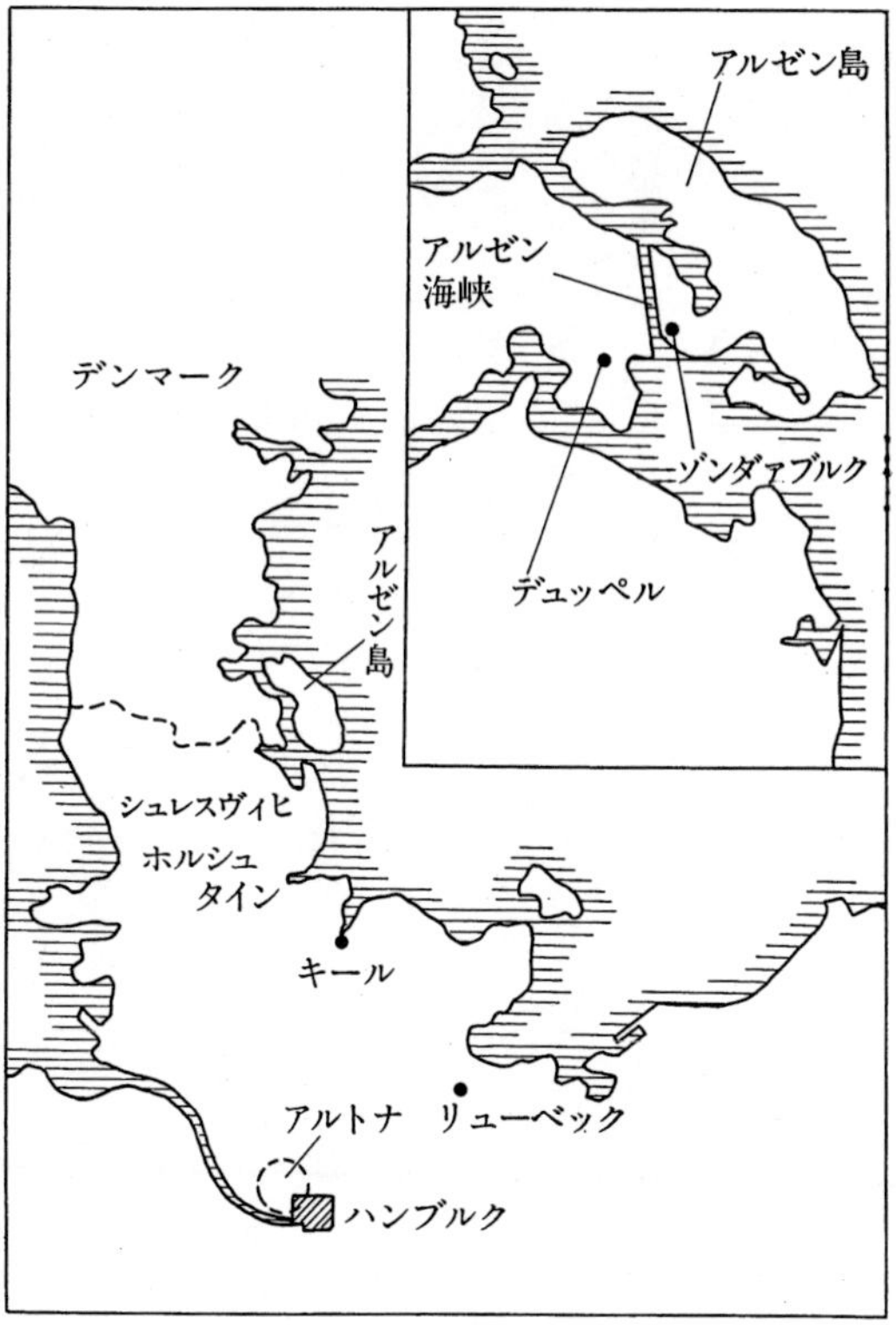

談』）が、戦況の目ざましい進捗は、日蘭の戦争見物者がアルトナに到着してわずか三、四日後のことであった。

ダンネヴィルケの戦いに破れたデンマーク軍三万八千名は、やがてアルゼン島（Alsen ――デンマーク、ユトランド半島南部東岸に接する島）と海峡をへだてた対岸のデュッペル（Düppel）の要塞に立てこもった。デンマーク軍はこの出城を放棄することはなかったが、やがてデンマーク軍と普・墺連合軍との間で激しい戦闘が始まり、双方多少の死傷者を出したのち、普・墺軍はデンマーク最強の要塞「デュッペル」を占領するに至った。このとき「丁抹軍は其鋼鉄艦（ロルフ・クラーケ号のことか？）をアルゼン島との間のカナル（アルゼン海峡か？）に入れて普・墺軍を砲撃し偉功を奏した」（『半生談』）ということだが、デンマーク軍はやがてアルゼン島のゾンダァブルクの要塞に退き、普・墺軍と海峡を隔てて相対峙することになった。この時点でイギリス等の居中調停《きょちゅう》が始まった。

日蘭の戦争見物人がアルトナに着いてデュッペル要塞が陥落するまで「僅か三、四日の後のことで、実に呆気《あっけ》ない憾《うらみ》があった」と赤松は述懐しているが、陥落前に一行はカール親王の幕僚のテント内で寝起きした。当時、兵隊の糧食としては肉のかん詰などが用いられていたが、陣中の食物といえばにぎりめし位しか知らぬ赤松と榎本は、しみじみ贅沢な食物と思った。一行は放浪者さながらに野宿したり、一夜の宿を借りながら戦場にたどり着いたわけだが、時には農家のほし草の中で一晩明かすこともあったという。

アルトナからデュッペルに行く間の村落は到る所兵士が充満し混雑甚だしく、随分寒い夜であったが適当の宿舎は無いし之も一興と或農家の厩の秣《まぐさ》の中に四人潜り込んで一夜を明かしたことなどもあった。（『半生談』）

すでにイギリスが和平交渉の調停に立ち、戦闘も一時小康を得て、当分は大きな戦いもないように思われたので、一行はいったんハンブルクに戻り、再びオランダ領事ワッハテルの世話になった。そしてこんどはデンマーク側から観戦してみようということになり、リューベック（Lübeck――ハンブルクの北東六十九キロ）を経て、汽船でデンマークの首都コペンハーゲンに渡った。

コペンハーゲンでは陸軍省を訪ね、参謀本部のヴェルネル・アブラハムソン（Verner Abrahamson）大佐の案内で「詳しく事務の視察をしたが、和蘭と格別の相違」を見出すことはなかったということである。更に馬車を駆って王宮（アマリエンボー宮殿のことか?）に行き、またここから四、五キロほど離れた所にある「何とかいふ大きなトル《(塔)》ン（不詳）」を見物に行った。一行がコペンハーゲンで一泊だけし、案内役のアブラハムソン大佐と共に、デンマーク軍の本営のあるゾンダァブルク要塞へ行った。赤松は『半生談』の中で、「其夜は宿舎が無くて士官倶楽部《クラブ》の一室に椅子を並べて仮眠したが、室内は暖かくて熟《よ》く眠ることが出来た」と述べている。が、「士官倶楽部」が設けられていたのは、後述の「ホルシュタイン旅館」（Holsteinsches Haus）ではなかろうか。

赤松を案内したアブラハムソン大佐（デンマーク王立図書館蔵）

筆者は、当時の『タイムズ紙』（The Times――マイクロフィルム）に載ったデンマーク戦争に関する記事を拾い読みしていたとき、図らずも日本人（赤松・榎本）の記事を発見することができた。それは『タイムズ紙』の従軍記者が、ゾンダァブルク（Sonderburg――アルゼン島で一番大きな町、古い要塞がある）に置かれたデンマーク軍の司令部で日本の海軍士官二名と会ったという話である。一八六四年三月十一日のことである。

司令部は、憂うつにさせる戦況報告とは別に、毎日大勢来訪者があるので元気づけられていた。記事には日本人の名前が明記されていないが、赤松と榎本に間違いないかと思われる。「日本の海軍士官二名は、聞いた所によると、知力をみがき、あらゆる分野における文明の発展に精通するためにヨーロッパのあちこちを見て回っているとのことである」。

両人が司令部を訪れたのは「武器」（小銃や野砲）が実際どのように使われているか、前線で実見するためであったようだ。イギリスの従軍記者は、「ホルシュタイン旅館《ハオス》」のタバコの煙に咽る談話室で、極東からやって来た二人の徒歩旅行者と出会い、その風貌と挙止を観察する機会に恵まれた。「私は興味を引く二人の徒歩旅行者を見た。二人とも小柄で、肌の色は赤褐色であり、サルのような顔付であった。けれど礼儀正しく、聡明であり、敬意を表して訪ねて来る者に対してはだれかれの別なく、おじぎをしたり作り笑いを見せた」。

赤松と榎本はだれとでも話をするのだが、かれらはオランダ語以外は理解できず、オランダで見つけた通訳（同行のオランダ人クーフールデンまたはホッツのことか？）の助けを借りて応答したという。しかし、言葉には不自由しても賢明な二人は、デンマーク軍の前哨地や稜堡《りょうほ》を見学することができた。両人はまたアルゼン海峡《ズント》に碇泊中の軍艦ロルフ・クラーケ号をも見学に訪れたとある。原文は次のようなものである。

THE WAR IN DENMARK

(FROM OUR SPECIAL CORRESPONDENT WITH THE DANISH ARMY)

DANISH HEADQUARTERS SONDERBORG

MARCH 11

We are cheered every day by the arrival of foreign visitors —— occasional English tourists in quest of a sensation, and today we have even two of the English of Asia, *two Japanese gentlemen, naval officers of rank,* as I am told, who are making the tour of Europe to improve their minds and become acquainted with the progress of civilization in every branch, and who have been brought hither to see the practical [……] of that art of killing

> which, notwithstanding all the efforts of peace societies, will always be held to be the noblest of human pursuits and call forth the greatest efforts of the ingenuity of all ages and countries. I have seen these two interesting wanderers, two little men with baywood complexion and monkey faces, but courteous, intelligent,bowing to and smirking at any one who honours them with a call half-choked by the smoke of a little parlour in the Holsteini-ches Haus, and striving to keep up a conversation with the whole world, notwithstanding the grievous disadvantage of their knowing no language but their own, and having to reply on the aid of an interpreter they picked up in Holland, and who neither understands nor speaks anything but Dutch. With all this drawback, however, these wise men from the Far East have always managed to see all the Danish outposts and bastions between breakfast and lunch, andare now off to visit the Rolf Krake, riding at anchor at about half-a-mile's distance in the Sound.

翌日、アブラハムソン大佐は前線へ案内するといって、一行のために馬を用意してくれた。一同は敵の狙撃に注意しながら前線近くまで進み、馬を下りて塹壕の中に身を入れた。当時の塹壕は「今日から見れば頗る幼稚《ようち》な構造であったには違ひないが、兎に角之《これ》によって幾つかの小砲台を連絡してゐた」と赤松は述懐しているが、敵の弾をおそれるあまり身を低く、非常に注意して戦線を視察し、大佐より敵情・地形・軍の配置等について説明をうけた。前線において具体的事例に即して実見したので、大佐の説明がよく理解できたようで、赤松は後年、「大いに益するところであった」と述べている。

両軍の武器についても注意を払うことを怠らなかったが、プロシア軍の武器の方が質と性能の点でデンマーク軍のものより一日の長があることが判った。プロシア軍は初めから元込式のスナイドル銃やクルップ製の野砲を使用していたのに反して、デンマーク軍は戦端が開かれる寸前になって先込式の銃砲を急きょ元込式に改造する始末であった。

オーストリア軍の武器の様式・性能とも大体デンマーク軍のものと同じ程度であったらしい。野砲としては三斤砲、要塞には六斤砲や二十四斤砲が用いられていたようである。また変ったところでは、すでに野戦電信が用いられていて、その材料を積んだ馬車が行くのを見たということである。

(104) 『赤松則良半生談』一七七頁。
(105) 望田幸男『ドイツ統一戦争』八八頁。

クルップ工場へ立寄る

一行は、戦争見物（前線視察）を一日で終え、その夜はゾンダァブルクの町の「将校クラブ」で一泊し、翌日は再び汽船でコペンハーゲンに戻り、そこから元の道をたどってリューベックに渡り、ハンブルクに帰った。ハンブルクでは「ワッハテル老領事と其家族との親切な待遇を受け、晩餐に招かれなどした」と、赤松は『半生談』の中で述べているが、一行はオランダへの帰途、エッセン（Essen――デュッセルドルフの北東四十三キロ）のクルップ社の工場を視察した。一八六〇年代の同社の鋳鋼工場の面積は、五万五千アールもあった。当時、クルップ社は初代アルフレート・クルップ（一八一二～八七年）の全盛時代であり、ベッセマー製鋼法を採用して、優れた施条鋳鋼砲・鉄砲などを製作していた。一行は、クルップ社で行届いた接待を受けたが、とくに榎本と赤松は、「エッセンの鉄鋼王」（初代クルップ）に晩餐に招かれ歓談し、その折怪しげなドイツ語を話し、何とか意を通じさせることができた。

クルップ会社へ見学に行ったときは会社の構内に在る接待館へ宿泊したが、実に立派な建築で舞踏室・談話室・食堂等の設備も行届いたもので、其時も各国の紳士が六、七人も泊って居ったが、皆会社の華客《とくい》であったらう。食事時間には私たちと卓を共にした。初代のクルップにも面会したが六十歳以上の白髪の老人で、榎本と私とは特に晩餐に招かれた。私たちも怪しげな独逸語で談話を交した。元来和蘭語は独逸語に近似しているから其習得は存外容易《たやす》く、私たちの独逸語も先づ意を通ずるには足りた。(『半生談』)

赤松だけはその後もう一度、佐賀藩から派遣された佐野栄寿左衛門(のちの伯爵佐野常民)を伴ってクルップに面会したが、そのときは工場内の接待館で一週間も厄介になったという。なお赤松はオランダ滞在中に再度観戦に出かけているが、それはかれがドルトレヒトよりアムステルダムに転居して一年目の一八六六年(慶応二)六月、プロシア・イタリア対オーストリア・ドイツ同盟のいわゆる「七週間戦争」が始まったときのことである。赤松は、

普国軍人中に懇意な友人があって、其為《そのため》単身普軍《プロシア》に従って観戦に出掛けたが、丁度ライプチッヒに行ったのが、ケーニヒグレック戦役(七月三日)の終った時で、実戦に参加することが出来なかったが、其戦跡を十分に視察して得る所があった。此戦争も仏帝ナポレオン三世の調停によって終って約一ケ月の後に私は和蘭へ帰った。(「六十年前の和蘭留学」)

と述べ、実戦にこそ立ち会わなかったが、血痕が未だ乾かず、屍臭が鼻につく戦跡を充分に視察することができただけでも、前後大いに学ぶ所があったということである。

なお、赤松には元治元年一月二十日(一八六四年二月二十七日)から二月十二日(陽暦三月十九日)まで三週間

――デンマーク戦争を観戦した記録（日記の類い）が、別冊としてあったようであるが、未見である。これは『幕末和蘭留学関係史料集成』（雄松堂出版）の中にも収録されていない。ともあれ、一行はエッセンを経て国境に近いエメリヒで一夜を明かしたのである。

三月十八日、快晴。早朝、赤松らは駅前のオテル・ロアイアル（Hôtel Royal）の支払いをすませたのち、午前八時二十六分発の汽車に乗りエメリヒ（Emmerich――ライン川畔、オランダの国境に近い町）をあとにした。一同は数週間の観戦旅行中、オランダの新聞など一度も読んだことはなかったが、この国境の町で初めて見ることができた。一行を乗せた汽車は午前八時四十分ごろエルテン（Elten――プロイセンとオランダとの国境の町）で一時停車した。赤松によると、プロイセン（現在のドイツ）からオランダに入国する旅客は、ここで入国審査と荷物の検査を受けることになっていた、という。

やがて、汽車は同駅を八時四十六分ごろ発し、国境を越え、ゼフェナール（Zevenaar――アルンヘムの南東に位置する国境の町）、ダイフェン（Duiven）、ウェスターフォールト（Westervoort）を通過し、午前九時十九分アルンヘム（Arnhem――オランダ東部、ヘルダーラント州の町）に到着した。赤松は、このあたりは小山にして、森林が多く、オランダにしては珍しい景色の地である、と書きしるしている。汽車は九時四十分にアルンヘムを発つと、エーデ（Ede）、マールスベルヘン（Maarsbergen）を経て、十一時二十分ユトレヒト駅（Utrecht――オランダ中部、アムステルダムの南東三十八キロ）に到着した。

汽車は十一時四十分に同駅を発つと、ハルメレン（Harmelen）、ウルデン（Woerden）、アウデワーテル（Oudewater）、フウダ（Gouda）、モールドレヒト（Moordrecht）、ニューウェルケルク（Nieuwerkerk）、カペレ（Capelle）を経て、午後一時十五分ロッテルダムに到着した。赤松は何もふれていないが、一行は同市ののちのマース駅（Maasstation――マース川畔に近い）でおそらく下車したものであろう。それより馬車に乗り「ホルランドル　スタション」（〃デルフトセ・ポールト〃のことか）に至り、一時五十五分の汽車でロッテルダムを離れた。なお、赤松はシキ《マ》ーダ《マ》ム（Schiedam ――ロッテルダムの西に位置す）のヒップスに面会した、といっているが、ロッテルダムを発つ前に会ったものと考えられる。このとき、赤松は八日後の日曜日にスヒーダムを訪れると約束している。

赤松らを乗せた汽車は午後二時四十分にハーグに着いた。一行は駅頭で解散し、赤松自身はそのままホテルに直行した。「留学日記」に、「ボッセフェールホイス（不詳）江例の通り旅宿ヲ取ル」とある。午後四時、赤松は榎本と共にランダボーテン（街路名）の内田宅を訪れ、帰着した旨を伝え、旅行報告をした。五時前に辞去し、榎本と一緒に林宅を訪ね、夕食をごちそうになった。夜八時半ごろ、カッテンディケ宅を訪れている。

十九日、快晴。午前十一時ごろより、赤松は榎本や一緒に観戦旅行に出かけたクーフールデンやホッツらとともに、海軍大臣、外務大臣、オーストリア、プロイセン、デンマーク等の公使らと面会し、無事帰着したことを報告しかつ謝意を述べた。午後三時半、ホッツ宅に行き、旅行中に購入した品々を分配した。

二十日、快晴。赤松は早朝、一番列車でライデンに向かい、諸々方々を訪ね、午後四時半ごろハーグに帰った。そののち五時ごろ沢宅を訪れた。

二十一日、快晴。赤松はハーグに滞在し、諸方を訪れた。

二十二日、快晴。この日も赤松はハーグで泊った。一番列車でドルトレヒトに帰るつもりであったが、明日二十三日、伊東・林らも同行することになり、滞在を一日延ばしたものである。赤松はなすこともなく終日漫然と時を過ごした。

二十三日、晴。赤松は午後四時半の汽車でハーグを発ち帰途につく旨ドルトレヒトの下宿に電報を打った。当時、オランダの電信代は、国内どこでも二十語以下であれば五十セントであったという。赤松はこの二カ月ほど病気や観戦旅行などで風呂には入ってはおらず、そのままで過ごしていたが、この日、十二時ごろ二カ月ぶりで入浴した。赤松はたまった体のあかを落とした気持を「今日久し振にて入湯し心持諭《ママ》快なる事いふはかりなし」と伝えている。

午後二時から諸方にいとまごいに寄った。三時ごろ、クーフールデンから手紙が届き、観戦旅行中、立て替えた諸経費を伝えて来た。今回の旅行に要した額は、一人四百八十一フルデン六十一セントであった。赤松は当初、一人三百フルデンでおさまると考えていたが、思いのほか日数と費用がかさんでしまった。しかし、実戦をまのあたりに見る機会など、そう何度もあるわけではなく、そう思えば金銭では買えぬ貴重な体験をしたことになる。赤松は榎本宅を訪れ、右代金として五百フルデン渡し、支払いを頼んだ。

午後三時半、馬車でフレデリックス宅を訪れたが、留守中につき、馬車を林宅に向かわせた。途中、伊東と会い、共に馬車に乗り、スパイに住む沢宅を訪れ、同所でしばらく歓談した。のち、林宅に向かった。林をひろい、三人同車にてハーグの駅に向かった。赤松・伊東・林ら三名は、午後四時二十五分発の列車に乗り、五時ロッテルダムに着いた。それより乗合馬車に乗り、船着場に出、蒸気船に搭乗し、夕方六時半ごろドルトレヒトに帰着した。三人は七時ごろメルウェデ・カーデのベルヴュー・ホテルに行き、夕飯を食べ、その後市内をぶらついた。伊東と林は同ホテルに泊った。

二十四日、晴。赤松は午前十一時にベルヴュー・ホテルに伊東と林を迎えに行き、ウィルヘンボス（Wilgenbos――マース川畔）のヒップス造船所へ案内した。しばらく造船所内を見学したのち、午後一時半ごろ旧造幣局の下宿に戻り昼食をとり、そののち馬車で市内と郊外とを乗り回した。午後四時半ごろベルヴュー・ホテルに戻り、五時に夕食をとった。夜七時すぎ、市中の遊歩に出た。

二十五日、晴。朝、林と伊東はホテルの支払いをすませたのち、赤松の下宿を訪れた。家主のフートハルトと一緒に赤松・伊東・林らは体操クラブへ赴いた。午後二時ごろ下宿に戻り昼食をとり、四時に伊東と林はハーグに戻るのでフロートホーフトの船着場まで見送った。この日、三人はヒップスの末の弟とも会っている。

二十六日、赤松は終日下宿で過ごした。

二十七日、晴。午後一時ごろ、スヒーダムからコルネリス・ヒップス[106]が約束通り赤松を迎えにドルトレヒトにやって来た。赤松は午後三時ごろヒップス宅を訪れ、四時十五分発の蒸気船にコルネリス・ヒップス兄弟と一緒に搭乗し、夕方、六時半ごろスヒーダムに到着した。直ちにヒップス一族の家々を初めて訪れた。そこにはブリルレ（Brielle――マース川の河口に近い町）からやって来た親類の者が止宿していた。赤松はヒップスの親類の者たちとしばらく歓談したのち、コルネリス・ヒップス宅へ戻り、同夜一晩厄介になった。

二十八日、くもり、風は強かった。早朝、赤松はコルネリス・ヒップスと一緒にスヒーダムのヒップスの造船所へ赴いた。スヒーダムのヒップスとドルトレヒトのヒップスとは同族であった。赤松によればスヒーダムのヒップス家は、息子三人、娘四人の大家族で、男二人は造船所の仕事に従事し、もう一人の息子は弁護士であったという。娘四人のうち一人はブリルレの町に嫁ぎ、一人はスヒーダムのガス工場の総監督にかたづいていた。

赤松は造船所を見学したのち、午後十一時にフィッセルのユネーバー（焼酎）の蒸留所（branderij）に行き、その後スヒーダムの町を遊歩した。それより造船所の沖に係留されている船コスモポリート号に至り、これを見学した。その後、コルネリス・ヒップス宅に戻り、夕飯をごちそうになった。夕食後、赤松は再び外出し、ハスファブリーキ（ガス工場の意か？）に赴いた。夜に入り、風雨が激しくなった。夜八時半、ヒップス宅に寄り、お茶を飲みながら懇談し、十時半ごろコルネリス宅に戻り、同夜も厄介になった。

二十九日、くもり。赤松によると、三月二十日ごろから、晴天と曇天を交互に繰り返し、時には雨模様の天気がつづいたという。けれど寒気は次第にゆるみ、このころの陽気はちょうど日本の正月末のようであったという。木も芽を吹き、春景色の模様をしていた。しかし、眼に入る風景を見ると、気候は日本より一カ月半ほどおくれているような気がした。赤松は早朝、コルネリス・ヒップスにいとまごいを告げると、再びヒップスの造船所へ行き、午前十時半ごろ造船所から蒸気船に乗り十一時十五分ごろロッテルダムに着いた。ここまでヒップスの三男が送って来た。ここで同人に別れを告げ、正午ごろ蒸気船コルネリス・ド・ウィット号に乗りロッテルダムを離れ、午後一時半ごろドルトレヒトに帰着した。

三十日、くもり。赤松は早朝、ウィルヘンボスの造船所へ出かけた。夕方、ヤンセン宅を訪れ、それから一緒にブルールス宅を訪ねたが、留守であったのでフェールスティヘルの「ハルモニー・クラブ」に行き、そこで夜十一時半まで懇談した。この日、赤松は同クラブでデヨンクという者と知り合いになった。赤松は「将校クラブ」の会員になることができたので今度「ハルモニー・クラブ」の会員になりたいと思い、その旨デヨンクに相談した。クラブの会費は安く、「将校クラブ」は年額一フルデン五十セントであった。

三十一日、くもり。午前中、赤松は造船所へ行き、午後二時半から市中の遊歩に出かけた。夜七時ごろ、にわかに市内が騒然となったので、尋ねてみたところ対岸のパーペンドレヒトの村（戸数約五十）で火事が起り、消火器を繰り出す準備のための騒ぎであった。そこで八時ごろから川畔のフロートホーフト（ドルトレヒトの船着場）へ行って川向うを見ると、対岸の家は火炎に包まれ、大勢の見物人が出ていた。マース川の往来もひんぱんに行われた。闇夜の中で消火器具がキラメク様を見た赤松は「我江戸の火事場も違ふ事なし」と書きしるしている。この夜、かなり強い風が吹いていたため、火炎は天を焦がすようであった。

なお、「留学日記」には「九時頃合《より》ソシ《ママ》ーテイト　フレイヘ《ママ》イドに至ル、十一時頃帰宅ス」とあるが、「ソシーテイト・フレイヘイド」とは「自由《フレイヘイト》クラブ」（Sociëteit de Vrijheid）のことで、当時、赤松の下宿にも近いステーフォフェルスロート（Steegoversloot）に在ったが、現在は取り毀されて建物はない。

四月一日、くもり。午前十時、赤松は家主のフートハルトとともに火事跡を見物するためにパーペンドレヒトに行った。そこにはドルトレヒト市長も来ており、若い消防夫がまだくすぶる火を手押しポンプで消していた。焼失家屋は二十六軒、村の約半数が焼け落ちたことになる。両人は火事場をしばらく見物したあと、知人宅を見舞い、暫時休息したのち、お昼ごろマース川を渡って帰宅した。赤松は「一時合《より》当ドルトレクトのカランクシンニフヘスチフテ（注・精神病院）に至る」といっているが、一八六〇年代のドルトレヒトの精神病院は Geneeskundig Gestict voor Krankzinnigen（〝狂人のための医療施設〟ほどの意）といい、建物はリンデフラフト（Lindegracht——現在のムゼウムストラート Museumstraat 四十四番地）に在った。現在は市の美術館として使用されている。建物の脇には大きな庭があり、そこには栃《とち》の大木が何本もおい茂っている。庭を取り巻くようにある建物をじっくり見ると、かつて病棟であったことが彷彿としてくる。

　赤松が記すところに従うと、当時オランダ国内には精神病院は八カ所あり、入院患者は五千二百人、国内の発狂者は約一万四千名であったという。赤松は夜七時すぎにベーラールス（不詳）宅を訪れたが、本人不在につき帰宅した。

　二日、くもり。午前、午後とも赤松は造船所へ出かけ、夕方、ブルールス宅を訪れた。ヤンセンも同宅に来た。赤松は懇談ののち夜十一時半に帰宅した。

　三日、くもり。赤松は終日下宿で過ごした。

　四日、くもり。天気は悪く、雨模様だったので、赤松は下宿で過ごしたが、夕方、隣家フス宅を訪れ、船長二名と会う。ベーラールスもやって来た。夜八時ごろ、ハーグのホッツから電報が来た——明日、フリシンゲンに行くが同行しないかという。赤松は同行のつもりはなかったが、久々にかれと会ってみたいと思った。

　五日、晴。快晴であったが風があって、寒かった。午前十一時ごろ、赤松はフロートホーフトの船着場に行き、蒸気船の到着を待った。十一時二十分ごろ、「フリッ《マ》シンクセボ《マ》ート」（〝フリシンゲンの船〟の意か）が到着した。赤松はホッツとブロウンニ（不詳）と会い、このとき観戦旅行中、ハンブルクで撮った写真《ポートレート》を受け取った。その後、赤松は午後三時ごろに造船所へ赴いた。

六日、晴。赤松は、午前、午後とも造船所へ出かけた。

七日と八日、赤松は外出せず、下宿で過ごした。八日の夕方、ベーラールス宅を訪れた。

九日、晴。赤松は、午前中、造船所へ出かけた。午後、「ハルモニー・クラブ」から使いが来、同クラブに入会を許された旨伝えられた。しかし、外国人であるため会費は年額十二フルデンと割り高である。これを二度(一月と七月)に分けて支払うのである。午後三時半ごろ、「フルエーニヒンクキュンストミン」(不詳、クラブの名称か?)からも使いが来、入会を許可された。

四月十日(日曜日)から十六日(土曜日)まで、「留学日記」には記載なく、欠落している。

十七日、晴。陽気は暖かく、一段と春めいて来たのが判った。目に入るものはもう春の景色である。赤松は午前、午後とも散歩に出かけた。夕方、スピーダムの某から手紙が来た——明日、十八日はスピーダムの市民兵の指揮官ルーランツの勤続五十年祝典があるので、出席して欲しいとの要請であった。

十八日、晴。午前六時ごろ少々小雨が降ったが、九時ごろには晴れた。陽気は暖かであった。赤松は早朝に蒸気船に乗り、ロッテルダムに赴いた。船着場に到着後、馬車でクラーリンゲン(Kralingen——ロッテルダム市外)のヒップスの親類宅を訪れたのち、午前十時ごろロッテルダムに戻り、スミット、ヒップス、その他七名と一緒にスピーダムに赴いた。コルネリス・ヒップス宅で昼食をごちそうになった後、ルーランツ宅を訪れた。赤松はルーランツと共に市民兵の観兵式に臨んだ後、ルーランツ宅に戻った。祝典には数百名が参加し、音楽が演奏され、夜九時から花火が打ち上げられ、夜十一時ごろ式典は終了した。それよりルーランツ宅に数百名の男女が集まり祝賀会が催された。赤松は午前三時ごろ、コルネリス・ヒップス宅に戻り、同所で一泊した。

十九日、晴。赤松は早朝、スピーダム市内を遊歩し、諸々を訪ねた。ルーランツ宅も訪問した。同夜、コルネリス・ヒップス宅に泊った。

二十日、晴。早朝、赤松はスピーダムから蒸気船に乗り、午前十一時ごろドルトレヒトに帰着した。ベーラールスの訪問を受けた。午後三時すぎ、遊歩がてら造船所に行った。

二十一日、空模様は快晴であったが、東の強い風が吹いた。赤松は午前中、下宿で過ごし、午後、メーンデット（不詳）、ヒップス両人とパーペンドレヒトに渡り、そこから馬車でキンデルディク（Kinderdijk――ロッテルダムの南東二十二キロ）に赴いた。キンデルディクは造船業と鋳鉄業で栄えた所であるが、今はオランダ国内に数少なくなった風車が多く見られることで有名である。

赤松らが同地に来たのは、コロース造船所でこの日、進水式があり、その見物のためであった。キンデルディクには午後四時ごろ到着し、造船業者のコロースと初めて会った。進水式のほうは五時半ごろまで待ったが、水が少ないために行えず、延期となった。それゆえ一同は夜七時ごろドルトレヒトに戻った。

二十二日、晴。赤松は午前中、下宿で過ごし、午後再びキンデルディクへ出かけ、三時半ごろ同地に着いた。コロースの造船所を訪れ、進水式に立ち会った。この日、進水したのは小形三檣帆船《バルク》（三百四十六トン）で、船名を「ル・イ・エントホラーフェン」といった。赤松は進水式の祝賀に参列し、夜九時まで造船所で過ごした。それよりドルトレヒトの船で帰宅した。

二十三日、晴。日を追って暖かくなって来た。ドルトレヒト市内や郊外の木々は芽を吹き、また野原は青みを一段と増した。それでも赤松によると、まだ日本の二月末の陽気であるという。午後、遊歩に出かけ、五時ごろ帰宅した。なお、「留学日記」は同年四月二十四日（日曜日）から五月四日（水曜日）まで欠落しているが、この間赤松はずっとドルトレヒトにいた。特記事項もなく、筆をとらなかったものであろう。

(106)　コルネリス・ヒップスは一八二七年二月十七日ドルトレヒトで生まれ、一九一一年七月二十三日ライデンで死去。

横浜鎖港使節

一八六四年五月一日（元治元甲子《きのえね》年三月二十六日）、ハーグ在留の内田恒次郎のもとに、横浜鎖港談判のために派遣された第三回幕府の遣外使節団の随員——外国奉行支配組頭布衣《ふい》・田辺太一より書簡が届いた。

文面は、このたび各国へ御用のために派遣された使節一行がパリに到着したが、航海中より随員の中に風土病にかかる者が出てきた。その都度、土地の医師にかかり治療を受けさせたが、旅行中のことゆえ滞留して手当を受けることがむずかしく、医師にしても、たびたび代るしまつで、診察も薬の調合も行き届かぬ有様で心配であること。さしつかえなければオランダ留学生の内から林研海を使節団に付き従わせたく、早急にパリの「グラントテル」（Grand Hôtel——ブールヴァール・キャプシーヌ街）まで寄こして欲しい、といったものである。

以書状致啓上候然者各国江為御用被差遣候使節一行仏国巴里都府江到着いたし候処航海中より風土病等相煩候者も有之其場所において医師相雇薬用為致候へ共元来性質不慣且客中之事故滞留手当難致其都々医師も相替り診察配剤も行届兼可申哉ニ而心配いたし候間御差支無之候ハヽ其伝習人之内林研海其表に滞留被致候に付使節江被差添候様いたし度御差支無之候ハヽ早々巴里都府グランドホテル江早々御差越有之候様いたし度右者筑後守御目付申談此段可得御意旨申聞候に付如此御座候以上

三月廿二日　　田辺太一

内田　恒次郎様

取締の内田恒次郎のもとに、名指しで医師の林研海を使節団に差し遣わして欲しい旨連絡が入ったのは、使節団には日本人医師が随行しておらず、また一行中の定役・横山敬一がマルセイユに上陸後に病死したことにもよる。が、たまたま横山は林研海の縁者であり、「林は留学生取締の名を以て内田恒次郎が同行し巴里《パリ》へ行った」（『半生談』）ということである。

内田と林はいつオランダを発ったものか定かでないが、岩松太郎（副使河津伊豆守の家来で衣装方、二十三歳）の「航海日記」には、「晦日に和蘭を出立今(陽暦五月六日)日八ツ半時（午後二時半ごろ）に著す」とあるから、おそらく陽暦の五月五日にオランダを出発したものであろう。そして両人のパリ到着については、同航海日記の四月朔日（陽暦五月六日）の記述に「八ツ半時に至て医師一人来る是《これは》林洞海の悴研海と云《いう》三年前に和蘭へ修業に罷越候者なり是者《このもの》当地(オランダ)より呼よせ候なり」とあり、また定役・杉浦愛蔵（譲）の「奉使日記」に「此(陽暦五月六日)日和蘭より林研海江頭取内田恒次郎差添到着いたす」とあるところから考えると、内田は、先に引いた田辺太一が書いた林を召致する手紙を受けとってすぐ、デン・ヘルダーの林研海に電報を打ち、五月五日の朝ハーグの駅で落ち会い、途中、アントウェルペンかブリュッセルで一泊したのちパリに到着したものと考えたい。

ところで横浜鎖港使節はどのような構成で、またいかなる使命を帯びて渡仏したのであろうか。まず遣欧使節団をヨーロッパに派遣するに至った国内情勢から論じてみたい。

幕府は、孝明天皇の勅旨と攘夷派の執拗なる要求によって、文久三年五月十日（一八六三年六月二十五日）をもって攘夷を実行する日と定めたが、叡《えい》慮（天子のみ心）を慰める一手段として、また「一時沸騰している攘夷論の熱を冷すには、今度新規に開いた神奈川（横浜）港を一旦鎖《とざ》して、交易は長崎と箱館の港を盛んにこれまで通りにしても、神奈川だけは一旦鎖してみたい」（『旧事諮問録』）と考えた。幕府は最初、書面をもって閉港の理由を明らかにし、各

渡欧時の池田筑後守（28歳）
（東京大学史料編纂所蔵）

国公使に伝える予定であったが、それでは角が立つということで取りやめ、[107]代って旧交の国オランダと親厚の国アメリカはもちろん各国の公使を軍艦操練所に招き、板倉閣老をはじめ老中列座の上で談判をひらいた。しかし、オランダ、アメリカの公使は「口をそろえて、その説の容れがたい旨をのべ、かつ、国内の騒乱を鎮静することに努めないで、かえって外国に対しこのような談判を開くのは、全く政府の弱力を示すもので、国辱の最大なるものである」[108]とさえいい、イギリス公使のごときは、もしこのような談判を受けたら、直ちに戦端を開くであろうとまでいった。けれど駐日フランス公使ベルクールだけは、幕府の苦衷を察したものか、あるいは日本の歓心を買うようにフランス皇帝ナポレオン三世の訓令を受けていたものか明らかでないが、[109]好意的な発言を行っている。

　こちらへまいっているミニストル《公使》ばかりでかような重大な事を決するという訳にいきませぬから、政府でさほどに御思召ならば、本国政府に談じて御覧なさい。三世ナポレオンがヨーロッパで勢のある人だから、ナポレオンにお頼みになれば、何とか方策を着けましたら、イギリスでも承知しましょうから、ナポレオンに直接に使節をお出しなすったらどうだというのです。私はどこまでも同船してもよし、私の方の書記官も付けていこうというので、それで鎖港の使が出るということになったのです。（『旧事諮問録』）

渡欧して、談判の場でいきなり「鎖港」といったところで、相手の政府はすぐ応じるわけでもないし、またこの目的だけで使節が派遣されたわけでもなかった。文久三年九月二日（一八六三年十月十四日）に横浜郊外の井戸ケ谷で、アンリ・カミュ（Henri Camus）というアフリカ第三大隊所属のフランス軍中尉が、攘夷派の浪士によって殺害された、いわゆる「井戸ケ谷事件」が起ったし、数カ月前の文久三年五月二十三日（陽暦一八六三年七月八日）早朝には、下関海峡を航行中のフランス艦キェン・チャン号（Kien-chang）が長州藩の砲撃を受け、数名の死傷者を出すといった事件が生じた。これらの事件に対して幕府（日本政府）は、その責任において謝罪せねばならなくなったので、ベルクール公使の提案は願ったりかなったりであった。またベルクールは前記二件のために、日本政府からフランスへ謝罪の特使を出して欲しいとも申し出たので、幕府はその意に従うことにし、ひとまず使節をフランスに派遣し、日本の国内情勢等も説明し、更に懸案が解決した上で、「それで工合がよければ、鎖港の談に移る」ことが得策と判断した。そして時宜を得たならば各国を回り、それぞれの政府に掛け合ってみることにし、とりあえず使節団を派遣することにした。(111)

幕府は使節をフランスに派遣することに決するまで紆余曲折があったが、それはあながちベルクール公使一人の建議案によるものではなかった。田辺太一の『幕末外交談』によると、特使派遣の件では、外国奉行支配調役並・岡崎藤左衛門（撫松）はかねて、

横浜の鎖港などは、もちろん実行できることではないが、これをもって朝旨遵奉の一端とし、幕府の義務を尽そうというのであるなら、これを試みても悪くはあるまい。（中略）未だ開いていない港都を開くのを延ばすのも、すでに開いている港を閉鎖するのも、事に大小軽重こそあれ、その条約（勘定奉行兼外国奉行竹内《たけのうち》保徳らが文久二年に両都両港――江戸・大阪・新潟・兵庫――延期について結んだもの）の明文に違反する点では同じである。だから、使節を送って外国の政府と談判させても差し支えがなかろう。（前掲書）

といった意見をもっていた。このことがまず閣老の井上河内守（正直）の耳に入り、更に井上を経て老中板倉勝静の耳にも達し、岡崎はたびたび引見され、その説を徴された。その結果、使節派遣の議は閣老の間で前向きに検討されるに至ったが、折よりベルクール公使の時宜にかなった勧めもあって、ここに使節派遣が一応の決定をみたのである。

派遣が決まった時点でだれを遣わすかが重大な事柄となったが、幕府もその人選に苦慮し、当時若年寄であった秋月左京亮（種樹）と前閣老（老中格）の小笠原長行《ながみち》が候補に上ったが、結局、正使として池田筑後守（長発《ながのぶ》、外国奉行）が、副使として河津伊豆守（祐邦、外国奉行）、河田相模守（煕、目付）らが行くことになった。幕府が使節を派遣することを正式に英仏の駐日公使に同時に通告したのは文久三年十月二十六日（一八六三年十二月六日）であり、また使節の出発にあたり両国公使に、将軍・老中・外国奉行署名の各国元首・外相・公使あての文書を、手交したのは同年十二月二十一日（一八六四年一月二十九日）のことであった[112]。

横浜鎖港談判のために使節が渡欧することを知った列国の反応や態度は、それぞれ国によって若干異なるが、大筋においては同じであった。フランスはとくにカミュ事件では幕府に賠償金を支払わせ、犯人を処罰することを要求する方針で臨むことにし、イギリスは鎖港の件は断固として拒絶し、現条約を変更しない方針を貫くことに決した。また仏外相ド・ルュイスは、日本使節がフランスで武器や軍艦を購入することを妨げたいのでイギリス政府も同様の努力をされたい[113]、と述べ、英仏が使節の本来の使命を拒絶するばかりか、軍艦や武器購入をも妨害することで共同歩調をとることにした。オランダの外相クレメールスは、ハーグ駐在の英公使ウォードより英政府の意向を伝えられ、また一八六四年三月末にハーグ駐在の仏公使と会見した折に仏外相の意向を識ったので、英仏と同じ態度をとることにした。アメリカの国務長官シーウォードは駐米公使ライオンス卿から英政府の方針を伝えられた結果、同じ歩調をとり、譲歩しないことにし、駐日公使ブリュインにもその旨訓令を送った。[114] 要するに英米仏蘭四カ国は、こと鎖港の問題に関しては交渉に一切応じないことで足並みをそろえたのである。

幕府は、使節派遣の件を正式に駐日英仏公使に通告するに先立って、文久三年十二月五日使節団に随行させる通訳の件でベルクールにフランス公使館付の通訳ブレックマン（M. Blekman）[115]を貸与して欲しい旨の要請を閣老四名の署名をつけて差し出した。文面には「わが国の使節を貴国およびその他の国に遣すについては、私どもは世事にうといために、ずっと以前にわが国の使節に随行した貴公使館の通訳ブレックマン氏はどこから見ても役に立つものと考えます。従って、閣下よかれを貸し与えて下さるようお願いいたします」[116]とある。ベルクールはド・ルュイス外相宛の第三百九号報告（一八六四年一月十六日付）において、「日本政府はフランス総領事付の職員の一人を遣仏使節に随行することを承認して欲しい旨正式に要請し、若いオランダ人のブレックマン氏を指名いたしました。かれはファン・デル・ルー氏が到着するまでの三カ年間、私のそばで通訳の仕事をしました。ブレックマン氏は何人かの日本の高官から親切にしてもらいました」と幕府の要請を伝えている。更に第百七十二号報告（同年一月二十三日付）では、日本使節はおそらく横浜を一時的に閉ざすことを要求するであろうが、その成功はとうてい叶えられぬこと、酒類に対する軽減税率のことが再び問題となること、渡欧に先立ち経費として四十万ドル分の金がイギリスの銀行（セントラル・バンク・オブ・インディア）に払い込まれたこと、使節はパリに一カ月ほど滞在し、そのあと条約締盟国を訪れること、いずれにせよ使節はフランスの斡旋を求めることがあり得ること等について詳細を伝えている。第三百十三号報告（一八六四年一月二十八日付）は、幕府の真のねらいを詳しく報じ、その中で重ねて鎖港に関する個人的な意見を披瀝し、「私は日本使節が横浜鎖港を求めるであろうことをよく承知しているが、江戸の政府は、列強が貿易の中心といった観点からすればこれほど重要であり、多くの困難と努力によって築いた港を放棄すると、本気で考えていると私は思わない……」と述べたあと、訪仏の機会にフランス製品に対する輸入税を軽減されよ、といったところ、酒類（ブドー酒・リキュール）は三五％を五％まで、また「パリの製品」は二〇％から五、六％まで下げるとの言質をとったことなどについて伝えている。(117)

一八六四年一月二十九日、ベルクールは「日本使節一覧表」(Liste de Ambassade Japonais) といったものと第百七十八号報告をド・ルュイス外相に送った。前者においては、使節団の主だった人員・日本での肩書・外交上の資格・氏名・所見などを項目に分けて一覧表としている。更に後者の報告書では、昨日（一月二十八日）使節らがフランス公使館を訪れ、公式に出発を告げ、大君及び老中のフランス皇帝宛の親書の写しを手渡されたこと、使節の意のままに使ってもらうためにブレックマン氏を同行させること、先に知らせた通り、使節一行は二月五日（陽暦）に「モンジュ」号に乗船し、神奈川（横浜）港を解纜すること、同艦は上海まで行き、ここで一行は二月二十一日に出帆する郵船に乗り換えるので、フランス到着は三月末ごろになること、使節団の渡航費とヨーロッパ滞在費は、自弁であることは了解済みであること、そして最後に三使節と主な随行員の氏名一覧表を添えます、と結んでいる。

ところで鎖港使節の人員構成は次のようなものであった。

正　　使……………………池田筑後守（二十八歳）
副　　使……………………河津伊豆守（四十四歳）
目　　付……………………河田相模守（三十歳）
外国奉行支配組頭布衣……田辺太一（三十七歳）
勘定格調役…………………田中廉太郎（二十二歳）
調役格通弁御用頭取………西　吉十郎（三十七歳）

徒目付……斎藤次郎太郎（三十四歳）
調役並……須藤時一郎（三十二歳）
調役格
通弁御用出役……塩田三郎（十九歳）
小人目付……谷津勘四郎（三十一歳）
小人頭格
小人目付……堀江六五郎（三十七歳）
定役元締
進物取次上番格……益田鷹之助（二十八歳）
定　役……杉浦愛蔵（二十五歳）
定　役……横山敬一（マルセイユで死去）
同　心……矢野次郎兵衛（十五歳）
定役格
同　心……松濤《まつなみ》権之丞（三十八歳）
通弁出役……尺《せき》　振八（二十三歳）
通弁御用兼小使
当分御雇……益田　進（孝）（十六歳）
御手付翻訳
御用出役……山内六三郎（提雲）（二十七歳）
蕃書調所出役教授手伝
海陸軍兵書取調出役……原田吾一（三十四歳）
池田筑後守
家来……小泉保右衛門（三十八歳）

同……………………………………大関半之助（四十歳）
同……………………………………金上佐助（二十六歳）
河津伊豆守家来（衣装方）……岩松太郎（二十三歳）
同……………………………………別所左二郎（二十五歳）
同……………………………………高橋留三郎（二十七歳）
河田相模守家来……………………玉木三弥（二十三歳）
同……………………………………菅波恒（二十歳）
田辺太一従者………………………三宅復一《またいち》（秀）（十六歳）
田中廉太郎従者……………………名倉予何人《あなと》（年齢不詳）
西吉十郎従者………………………森田弥助（三十九歳）
斎藤次郎太郎
従者…………………………………浦本時藤（二十歳）
理髪師………………………………乙骨亘《わたる》（十七歳）
小遣…………………………………青木梅蔵（年齢不詳）
フランス公使館付通訳……………ブレックマン

以上一行三十五名

文久三年十二月二十九日（一八六四年二月六日）——一行はフランスの通報艦「ル・モンジュ号」[118]（Le Monge）に搭乗し、十七発の祝砲がいんいんと轟く中を横浜を出帆し、渡欧の途についた。ベルクール公使はこの日、早速本国の外務省宛にその旨を通告したが、それは次のようなものであった。

一八六四年二月六日　江戸にて

在日フランス公使館
及び総領事館

大臣閣下

私が最近お出しした書簡の発送と一緒になるかも知れませんが、香港に直行する汽船が出帆した機会に、閣下に日本使節が出発したことをお通知申し上げます。同使節には総領事館のブレックマン氏と通訳二名（臨時の）が随行しておりますが、これは少なくともフランスまで自由に使わせて欲しいと日本政府から要請があったものです。日本の全権委員三名は、本日二月六日に乗船いたしました。

閣外大臣ドルーアン・ド・ルュイス閣下へ(119)

〔筆者訳〕

同艦が上海に到着したのは二月十四日（陽暦）であり、ここでメッサジュリ・アンペリヤルの仏郵船「リダスプ号」（L'Hydaspe）に乗換え、二十一日に出帆し、二月二十四日に次の寄港地である香港に到着した。仏語通訳の塩田三郎はこの地で箱館時代にフランス語を教わったメルメ・ド・カションと再会することができた。一行は更に香港で「アルフェ号」（Alphée）に乗換え、同月二十七日に香港を出帆し、サイゴン、シンガポール、セイロンを経てインド洋に出、アデンに寄港し、紅海をさかのぼり、三月二十五日にスエズに上陸した。ここから一行は別仕立ての列車に乗りカイロに向かった。スエズ運河はまだ開削中で半分ほどしかできていなかった。カイロでは迎賓館に投宿し、三使節は副王に謁見をゆるされた。このとき正使池田が一行を代表して日本語で手短かに挨拶し、それをブレックマンがフランス語に訳した。四月四日、使節一行はギゼーのピラミッドやスフィンクスなどを見学したが、日本から帰

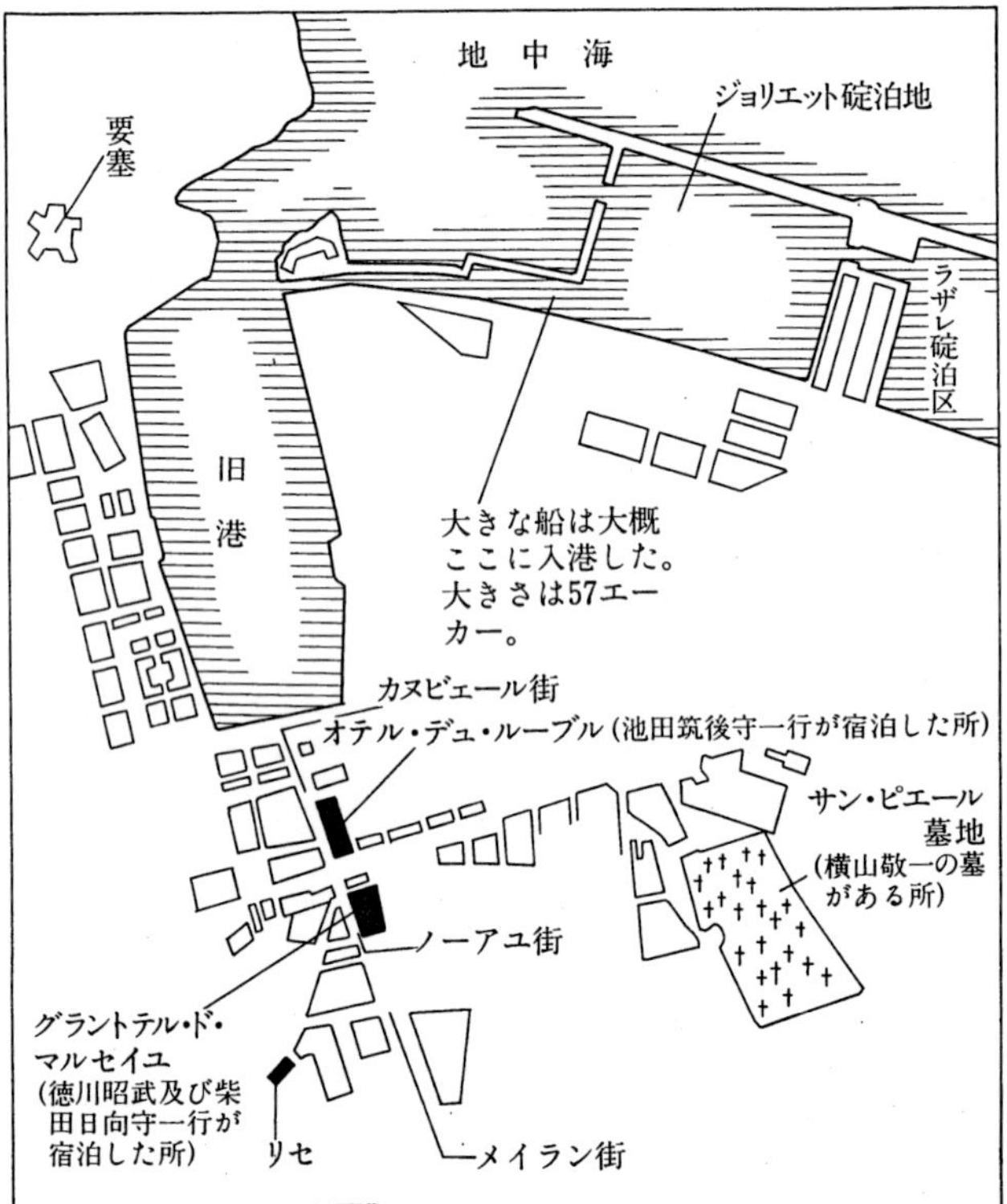

《マルセイユの地図》

国の途上にあり、日本人一行と同じ船に乗り合わせていた写真師フェリックス・ベアトが、スフィンクスを背景とした使節団の写真を撮った。

それより一行は、カイロより汽車でアレクサンドリアに出、四月九日に仏郵船「ラ・ペルーズ号」（La Pérouse）に乗船し、十五日（陰暦三月十日）午後三時——マルセイユのジョリエット岸壁（Quai de la Joliette）に到着した。一行は、マルセイユ市長以下、将官、騎兵らの出迎えを受け、池田は歓迎の挨拶に対して短い謝辞を述べたあと、用意された馬車十台に分乗したのち、軍隊が堵列している間を進んでカヌビェール街の「グラントテル」（Grand Hôtel）に入り旅装をといた。

組頭・田辺太一（三十七歳）の従者として随行していた三宅秀（十六歳）が書きしるした「欧行日記」（『文久航海記』冬至書林・昭和十七年刊）に、一行が投宿したホテルについて、

「カナビール」と云ふ町の七階の「ホテル」に至る。……

とある。

また副使・河津伊豆守（四十四歳）の従者として同行した岩松太郎（二十三歳）の「航海日記」（『遣外使節日記纂輯第三』日本史籍協会・昭和五年刊）には、

我輩投宿の処は十字街の角にして頗る壮なる家屋なり………

とあるだけでホテル名までは記してない。

三宅秀が「カナビールと云ふ町」といっているのは、Rue Cannebière（「カヌビェール街」）のことであろう。この通りはマルセイユの旧港（Vieux Port）のすぐそばに位置する繁華街なのである。池田筑後守の一行が泊ったホテルは、カヌビェール街にある七階建のホテル――後年の Hôtel du Petit-Louvre のことであろう。

(107) 田辺太一『幕末外交談』一〇四頁。
(108) 同右、一頁。
(109) 同右、一〇六頁。
(110) 文久三年九月二日の午後、武州久良岐郡井戸ケ谷村地内で仏士官アンリ・カミュ（当時二十一歳）が浪人体の者三名によって斬殺された事件。「仏国士官カミュス井戸ケ谷村ニ於テ遭害一件」（『横浜市史　資料編5』にくわしい）。
(111) 「欧州奉使談判の模様および御右筆、目付事」（『旧事諮問録　第六編』に収録）を参照。
(112) ねず・まさし「一八六四年のパリ協約をめぐるフランス第二帝制と徳川幕府との交渉」（『歴史学研究』二一〇号）。

(113) 同右、二四頁。
(114) 同右、二四頁。
(115) 一八六四年一月十三日付、フランス外相宛ベルクール書簡。
(116) 同右。
(117) Christian Polak : Le Shôgunat s'ouvre a l'Occident II. La Ikeda Mission を参照。
(118) 一八六四年一月二十九日付、フランス外相宛ベルクール書簡（一七五号）。
(119) 一八六四年二月六日付、フランス外相宛ベルクール書簡。

定役・横山敬一の死

一行はその後マルセイユで市内見物をし、宴会やオペラに招かれたのち、二十日の朝汽車にて当地を離れ、リヨンを経て翌二十一日の午前八時にパリのリオン《ガール・ド・リオン》駅に到着し、キャプシーヌ街の「グラントテル」（Grand Hôtel）に入った。ホテルでは窓に「日章旗」をかかげ、日本使節の旅宿であることを示した。

パリに到着して五日目の四月二十六日（陽暦）、池田は河津・河田・ブレックマンらを連れて外務省を表敬訪問し、大臣ドルーアン・ド・ルュイスを訪ね、まず到着の挨拶をしたのち、ナポレオン三世への謁見や談判の手続をとった。が、その間にマルセイユ到着後、病気のために入院を余儀なくされていた定役・横山敬一の容態の報告が電信でパリの旅宿に毎日届けられていた。

横山敬一はインド洋を航海中、すでにかぜ気味であったようで、船が寄港する先々で医師の治療をうけ、また船内でも診療をうけていたのであるが、エジプト滞在中にかかった黄熱病（yellow fever）が命取りになったのである。

これは蚊が媒介する急性伝染病であり、黄疸・高熱などを起すものらしい。

横山の病状とかれがマルセイユに残留し治療を受けることになったことについて、定役・杉浦愛蔵（譲）の「奉使日記」に、

支配定役横山敬一陀日多該禄より風邪相煩《わずらい》候ニ付医師を命し、薬用せしめたれとも全癒せず、夫よりアレキサ《マ》ン《マ》トルヤに抵《いた》り、尚同症にて地中海船中に於ても医療を加へたれとも、兎角食事進まず、マルセイ《ママ》ルに抵り医師両人迄相雇薬療なすといへと、熱発して容体不宜《よろしからず》。当人願之趣もあり、蒸気車にて夜陰を侵す事尤《もっとも》懸念なる二付、訳官山内六三郎縁者に有之候間、看護のため従者壱人（乙骨亘）附添差残、療養手当厚申付其段組頭より以書簡岡（丘）土セネラール江頼置、快方次第出立いたし候様申渡す

とあるし、また河津伊豆守家来・岩松太郎は「航海日記」の中で、「横山敬一症痏《ママ》にて山内六三郎乙骨亘両人跡へ残りかんびょうの由し《ママ》」としるしている。

当時、横山と同じように鎖港使節に随行した翻訳方・山内六三郎（堤雲、二十七歳）は、明治になって『同方会誌』（五十七号）に当時の様子について一文を寄せているが、それには、

横山敬一氏は、エジプト滞在中、風土病所謂黄熱病に感染せしにや、マルセーユに着するや熱度非常に高く、一行と共に巴里に行く能はず、予は親戚の故を以て、看護滞在を命ぜられ茲《ここ》に滞在一ケ月《ママ》（十日間の誤り——引用者）、名医の投剤、米国老看護婦の親切なる看護も遂に其効なく、異郷に病歿せられぬ。

とある。

横山は十日以上も市内の病院で手厚い看護を受けたにもかかわらずついに不帰の客となるのだが、死去したのは元治元年三月二十一日(一八六四年四月二十六日)の夜十一時四分ごろのことであった。その死去について三宅秀は「航海日記」の中で、

廿二日《ママ》　曇。横山死す。マルセイユより毎日電信機にて便あり。……

と書きしるしているし、談話筆記(「文久鎖港使節随伴記」)の中にも死亡前後の様子などを伝える記述がある。

月の十五日(元治元年三月十五日――引用者)に我一行は愈々《いよいよ》巴里に向って出発しました。所が不幸にも同行の御書役横山敬一君が折からの病気で出発出来ぬ。といふて病人一人を残して行くことも成らぬので、付添人として乙骨をホテルに留めて置いて、一行は巴里へと向いましたが、横山氏と我一行とは遂にこれが永き訣別となりました。

入院した横山の病状は毎日、電報でパリ滞在中の使節に伝えられた。鎖港使節のパリ到着と横山の死については、先にも述べたようにオランダに留学中の内田恒次郎や林研海にも連絡があった。とくに林は横山と遠戚関係にあったので、使節は手紙をもってその死を知らせたのである。そのため内田と林は、用事をかねてパリまで出向いている。

三宅秀は「文久鎖港使節随伴記」の中で、

それから巴里滞在中使節から当時和蘭に居られた林研海氏の所へ手紙を遣りましたが、先方からも用向があったらしく、林研海氏と内田慎太郎《ママ》氏（内田恒次郎の誤まり――引用者）とが和蘭から会いに来られました。

内田と林がオランダよりパリにやって来たのは、すでに述べたように五月六日（陽暦）のことで三宅の「航海日記」にも「四月一日（陰暦――引用者）晴。五時頃《ママ》和蘭より林 並《ならびに》 内田氏至る」とある。両人はパリに逗留中「グラントテル」に滞在し、林は随員の健康診断などに当たったものと想像されるが、内田の行動は皆目判らない。おそらく使節一行と共に諸所方々を訪れたものであろう。内田は林研海を残して五月十五日（陽暦）にオランダに帰ったから、十日ほどパリに遊んだことになる。内田の帰還に関する記事は、杉浦の「奉使日記」に「四月十日　晴　西洋五月十五日　寒暖計六十七　第一時より花園に遊ふ今朝内田恒次郎発足いたす」とあるし、岩松の「航海日記」にも「内田恒次郎今昼九ツ時に当家《（ホテル）》出立和蘭陀へ行林研海残る」といったくだりがみられる。

サン・ピエール墓地の横山敬一の墓（筆者撮影）

ところで、元治元年三月二十二日（洋暦四月二十七日）横山危篤の報に接したパリ在住の使節らは、早速、

奉行替………須藤時一郎（三十二歳）
小人目付……谷津勘四郎（三十一歳）
同心…………松濤権之丞（三十八歳）
小遣…………青木梅蔵？（年齢不詳）

ら四名を、横山の見舞いのためにマルセイユに派遣した。かれらは朝の八時半ごろ宿舎のグラントテルを出ると、午前十一時

ごろ列車に乗り、現地に向かった。使節代理の一行は、葬式をあげることも当然覚悟していたらしく、墓の碑文まで用意して赴いたのである。

見舞いの一行は、病床に静かに横たわっている横山の遺骸を見てがく然とし声はなかったと思われるが、気を取りもどすと剃髪し、納棺の準備に取りかかった。葬式は洋式では行わず、すべて使節の指示通り、日本式で行い、棺には白布をかけ送葬した。

横山の葬儀に関して、使節が出した指令については、『ル・モニトゥール・ユニヴェルセル紙』(Le Moniteur Universel)(一八六四年四月二十八日付)にも紹介されている。

日本使節の武官の一人がマルセイユで亡くなったところである。この知らせに接した使節はパリより次のような指示を与えた。死者の頭髪を切りとり、パリへ持ち帰ること。いかなる僧侶も葬式の列に加えてはならない。棺は普通のものとし、埋葬する前に白い布でそれを包むこと。使節の指示は更に永代の土地を求め、そこに墓を建てることを伝えている。墓の見本は近いうちに送られるということである。

元治元年三月二十四日(一八六四年四月二十九日)――遺骸は馬車に乗せられ、マルセイユ郊外サン・ピエールの墓地(Cimetière de Saint-Pierre)に運ばれ、同日の午前八時ごろ埋葬した。横山の死は現地マルセイユの市民の同情を惹いたもののようであり、埋葬式には、政府高官の名代、市当局の要人ばかりか、大勢の見ず知らずの人までが立ち会い花束を手向けた。

山内六三郎はこのときの模様を次のように伝えている。

市中の人々知るも知らぬも其の死を悲しみ、弔詞を来り述べる者多く、又葬儀にも加はり花環を送れり、予が再遊の時墓詣せしに、市人の花環を掛くるもの尚絶えず、其の厚意に感動せり（「山内堤雲自伝」『同方会誌』五七号）。

横山の葬儀は万事日本風に行われたが、『ル・モニトゥール・ユニヴェルセル紙』（一八六四年五月四日付）によると、「葬列は七、八名から成り、大部分は日本の武官であった」、と伝えている。墓地に着いた棺は穴の中に入れられると、土をかぶせ、その上に火をともした香炉が置かれ、会葬者のひとりひとりがその前でひざまずき、短いお祈りをとなえたのち、香をたいたということである。そしてこの簡素で、感動的な葬儀のあと、日本人は静々と帰って行った、とある。

当日の葬儀の模様やフランス側の会葬者について比較的詳細に伝えているものは『ル・モンド・イリュストレ紙』（Le Monde Illustré）（一八六四年五月二十一日付）の「マルセイユにおける日本人の埋葬」（Enterrement d'un Japonais à Marseille）と題する小記事である。

横山敬一の墓を訪れた池田筑後守の従者たち
（『ル・モンド・イリュストレ』より）

本紙の読者は、マルセイユ到着後、日本使節が随行員の一人を失ったことを覚えていることであろう。この不幸な日本人が息を引きとったのはマルセイユの「グラントテル」においてであった。使節の一部は、祖国からこんなにも遠く離れた国で亡くなった、この不幸な人間の葬儀を行うために当地に残った。遺骸は防腐処置を施したあと、十

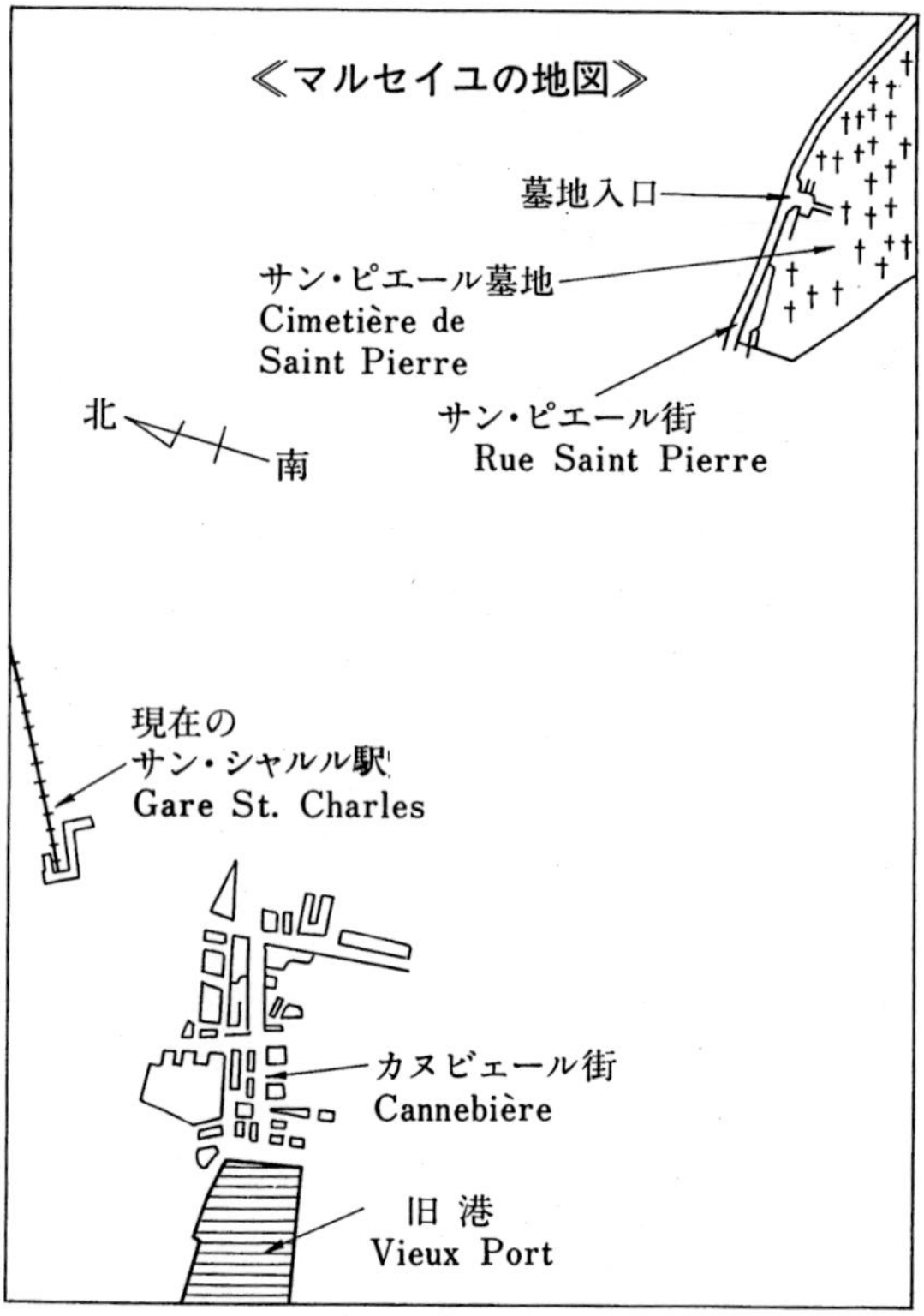

字架を消した柩車にのせられて墓地へ運ばれた。遺体は、木と鉛の二重の棺の中に収められていた。外務省の総領事ファマン氏は、通訳のランベール氏とともに葬列に加わった。「グラントテル」の従業員も葬列に連なった。
　遺体は夕陽と向かい合った所に葬り、その頭部のそばに香炉が置かれた。死者の友人はお祈りをとなえたのち、香をその中でたいた。墓穴の上には花が植えられていた。仮の墓のまわりになわ張りがされ、八日の間、日本人は毎朝八時から九時の間に墓所にやって来て、かれらの儀式を繰り返した。〔筆者訳〕

　横山の墓地は、マルセイユに赴いた使節名代・須藤時一郎らが市の書記ファマンと一緒に共同墓地を三月二十三日（陽暦四月二十八日）訪れ、二千二百五十五フラン払って、墓地正面右側三区（二坪の地）に購《もと》めたものである。サン・ピエール墓地を入ると左側に監理事務所があるが、その斜め横の一隅に横山の墓があり、見つけやすい。筆者は横山の埋葬記録を監理事務所の職員の手をわずらわして調べてもらったが、一八六四年の「埋葬台帳」には日本人の記録は無かった。ひょっとして見落しがあったかも知れぬが……。

碑文は池田筑後守、撰文は田辺太一、碑名は河田相模守がそれぞれ執筆した。石碑の台石に横山の官職名と死亡年月日をフランス語で刻したということである。しかし、筆者は、墓を訪れたとき、墓石に刻まれた日本文字・フランス語を見なかったように思う。

横山の碑名（フランス文）は、『遺露伝習生始末』によると、次のようなものである。

Tombeau de Yokoyama
Nobumichi
Officier Attache
à l'ambassade
Japonaise
Mort à Marseille
Le 26 Avril 1864

（横山信道の墓。日本使節の武官。一八六四年四月二十六日、マルセイユで死去）

また、撰文は、墓の背面の「鋼板」に彫ったもののようだし、正面の〝碑文〟に

横山信道之墓
筑後守池田発書

とあったものも見当たらなかった。

すでに墓を建ててから百数十年経過しており、この間に文字は、すっかり磨滅したものであろう。ただ横山家の紋所「丸に卍《まんじ》」だけは今も残っている。

筆者は墓を掃除し、水と花を添えて帰途についたが、帰りぎわに何気なく横山のとなりの墓（二基）に視線を投じた。横山のすぐとなりは、フランス人の墓である。そのとなりのオベリスク（方尖塔《せん》）の形をした墓は、まぎれもなく日本人のものであった。たしか碑銘は「前田元行」ではなかったかと思うが、ご存知の方があれば教示を得たい。昭和五十七年初秋。筆者は、幕府オランダ留学生の取材をおえて帰国する前、マルセイユで数日過ごした。が、この港町に寄ったのは、横山敬一の墓を訪ねるためであった。

横山に関心があったのは、かれがオランダ留学生・林研海（紀《つな》）の縁者であったことによる。横山敬一は、池田内膳の家来・横山平兵衛の長男として文政十年（一八二七）江戸で生まれた。長じて代官所の手附、次いで長崎奉行支配定役に進み、更に外国奉行支配定役となった。

日本使節付の医師となった林研海は、五月七日(陽暦）より六月四日までパリに滞在し、随員のうち患っている者の治療に従事した。が、五月末にハーグのポンペ医師より手紙が届いた。

研海足下に呈す

足下猶《なお》未た速に帰来せす且つ貴国使節と共に英国に行へきを内田氏より聞て余甚《はなは》だ傷めり○是れ足下学業の為に余か最も好さる所にして修業中に脱出するは甚害あり之か為に学業進ますして却て退くへし学術進達の貴き時期を空しく過き去らしめさるへきは足下の最も善く了解する所なり○足下茲《ここ》に此修業に与らされは余は伊東氏と共に足下に先て学術を進むへきなり○万一使節の人病客あれとも足下之を治するの学術猶未た達せさるへし故に足下学の

未た至らさるを以て猶自《なおみず》から之を療するは甚た危し……（後略）

主旨は、パリから戻った内田氏から聞いたところによると、君はすぐオランダに戻れないばかりか使節と共にイギリスに赴く由、私は心を痛めている。君は修業中の身であるし、使節随員の中に病人がいても、未熟な君の医学の知識・技術では診療にあたることは危険である、といったものである。このあとつづく文面は、君は学術修業のために派遣された留学生であって、パリでたのしむために渡欧したのではない。海相カッテンディケも私と同じ意見である。君は一人で治療に当たってはいけない。患者を損う怖れがある。この手紙をぜひ使節に見せて欲しい。君が速やかにオランダに戻ることを切に望む、といったものである。

ポンペ書簡は一八六四年五月二十六日にハーグで認められたものであるが、その返事は使節の意を体して、田辺太一の名で出されている。内容は——林研海宛の貴書簡の主旨は同人より使節にも伝えられたこと。修業中の医学生を呼び寄せたのは、随員の中に病に斃れる者が出たためであり、決してくつろがせるためでないこと。またホテルで病臥中の者もいるが快方に向かっているので林をオランダに帰したこと。委細は林研海より聴いて欲しいこと。等々。

以書簡申入候過日林研海君江差贈し書簡之趣同人より委曲使節江申述其意を了せり学科修業中最も惜陰之折柄当（パリ）表江迎へしは我使節一行之内病に罹れるものありて已《すで》に不起に及ひしものも有之事情無余儀事ニ而当人勉励之日を敢《あえ》て而遊息に消せしには非す帰府就学之望み切なるといへと亦病者の見捨難きありて是迄滞留せしめ処病者も追々《おいおい》快方に赴候間帰府せしめり此段不悪《あしからず》諒察有之度尤猶宿疾之もの有之右治療方に付委曲は研海君より口陳可被及候間厚く被差含候様頼入候右使節之命に依而《よって》申入候謹言

文久四年甲子《きのえね》（陽暦六月三日）四月廿九日

田辺　太一　花押

フランス政府との鎖港交渉

一方、これまでの池田使節らの主な動きを追ってみると、五月三日（以下陽暦による）午後二時、テュエルリー宮殿において皇帝ナポレオン三世と皇后に謁見を許された使節らは、十四代将軍家茂の国書を奉呈した。謁見の式終了後、池田全権以下いったんグラントテルに戻って小憩を取ったのち、外務省に赴き、外相ドルーアン・ド・ルュイスを正式に訪問した。

フランス滞在中、使節らはオペラ座、ヴェルサイユ宮殿、ヴァンセンヌ城、フォンテヌブローの観兵式などに招待されたばかりか、シェルブール軍港などの見学も許され、大いに歓待された。が、今回の渡欧の主目的である鎖港談判に目を向けてみよう。

フランス政府との会談は五月、六月の二カ月にも及び外務省において秘密会談をも含めて七回も行われ、日本側からは主席全権の池田をはじめとし、河津・河田・田辺・ブレックマンらが出席し、フランス側は外相ドルーアン・ド・ルュイスとその協力者ボスコアト伯爵、書記官などが交渉のテーブルにつき、後にモンブラン伯、フォン・シーボルトなどが交渉の期間中、日仏のあいだで暗躍した。第一回目の会談は五月七日午後三時から行われ、カミュ中尉の殺傷事件の賠償から話が進められた。幕府はその遺族に三万二千ドル支払うことでこの件はかたづき、次いでフランス側は経済問題に話題を転じ、一八六二年の覚書に従い、長崎と横浜に貨物集散所《アントルポー》を造ること、一八五八年に結んだ日仏通商条約の第三条（すべての製品を自由に売買できる権利を認めたもの）の遵守、生糸輸出禁止等に関していろいろ要求やら提言を行い、さいごに対長州問題では、必要ならばその処置について援助する用意がある、といってこの日の会談は終わった。

第二回の会談は、五月十一日に行われ、池田は日本国内の攘夷運動についてる説明し、この際一時、横浜を閉鎖して外国人放逐運動の鋒先をそらし、国内の騒擾を静めたい、と述べたが、仏外相はあくまで条約の履行を迫り、鎖港には絶対に応じないと断言し、あまつさえもし条約を破るようであれば軍艦を差し向けるとまでいった。そればかりか大阪・兵庫（神戸）の二港も開くよう要求した。第三回の会談は、五月十七日の午後行われ、仏外相はへき頭第一に、三港（横浜・長崎・函館）を自由港《ポール・リーブル》（無税交易所）とするように申し入れた。が、池田はそれはとても承服できない。自由港にすると政府の税収入はへるし、国内の商業活動にも甚大な影響が出る、といって仏政府の要求をつっぱねた。これに対して仏外相は、安政条約の履行か、フランスとの戦争か、と最終提案に近い要求を出し恫喝した。が、結局、双方の意見は平行線をたどるだけに終わった。やがて話題は下関事件（キェン・チャン号に対する砲撃）に及び、フランス側はその賠償として、幕府は十万ドル、発砲した長州は四万ドル支払うよう要求した。使節は、この件は自由港の問題と共に次回の会談において返答するといってこの日の談判は終わった。

第三回の会談が終わり、第四回目の会談が開かれるまで二週間経過したが、その間日本使節がフランスに来たことを知って故郷のヴュルツブルクからパリにやって来たフォン・シーボルトは、日本使節とフランス政府の仲に立って取り持ち、日本のために尽力するところが少なくなかった。ことに談判の行きづまりの打開策としてシーボルトが提示した案は、㈠軍艦建造の発注、㈡日本人留学生（自然科学の分野）の派遣、㈢横浜鎖港を行わず、下関・鹿児島を開港し、また長崎・函館を自由港とする、㈣下関事件の賠償を支払う、㈤長州討伐の際にはフランスの武力援助を請う、などであった。

第四回会談は、五月二十八日に開かれ、カミュ中尉の賠償金、留学生派遣の件等では日仏双方で合意をみたが、鎖港の件はこれまで通り平行線をたどった。自由港の要求に対しては、本使節には即答する権限が付与されていない、といって相手の鉾先をにぶらせた。フランス側は安政条約（一八五八年）で取り決められた開港を要求し、もし容れられぬ場合は武力行使も辞せず、と再び脅迫した。池田は、下関事件の処理方法については全権を委任されているので「秘密会談」として貰いたい、と提案し、三使節と通訳以外の者は退場し、外相と書記官ボスコアト伯だけが部屋に残って、秘密会談がもたれることになった。まず自由港に関して議論のやり取りが行われ、池田は、かりに自由港化を約束して帰国しても幕府は批准しないと思われるので、今は同意できないと答えた。次いで外相は下関事件について明確な回答を求めた。これに対して池田全権は、下関の外国船砲撃は朝命・幕令にもとづくものであるから長州侯を処罰することはできない。もしかれを懲罰に付すというのであれば、大君は辞任するか、地位を剝奪されることになる、と苦しい立場を訴えた。外相は十万ドルの賠償金の支払い、下関海峡の通航を承認する権限を付与されているかを糺し、もし長州侯に割り当てられた四万ドルの償金が支払われぬときは、武力にものをいわせてでも支払わせる、といった。使節らは、幕府が長州に対してこれまで行ってきた報復では、貴国は満足しないのかと聞くと、外相は満足していない、と答えた。賠償金については、十万ドルは大君が、四万ドルは長州侯から駐日フランス公使に支払われることを再確認した。下関海峡に関しては、フランス側は、自国の海軍力をもって航行を確保するが、幕府の支援を得たい、と述べた。次いで日本使節らは、自分たちの帰国後三カ月以内に下関海峡の自由な通航が得られないようなら、フランス及び各国の海軍は、大君の支援を得て、この海峡の自由な航行を確保するために干渉してもよいことを約束する、といった一条を承認してしまった。これは、フランス及び列強に権益を確保するための武力行使を許し、幕府が長州制圧のために外国と連携することを承知し、あまつさえ内政干渉を許すといった、列強依存型の軟弱外交を露呈するものであった。秘密会談の終わりに当たって、使節らは約定の中で、絹の輸出には何の妨害もしないこと、カミュ中尉の下手人は徹底究明し、処罰することを約束した。

第五回の会談は、六月四日に行われた。池田全権は本来の使命を果たさんものと、長崎・函館の自由港化（関税撤廃）と横浜在住の外国人の移転費を幕府で負担するから、その代償に横浜鎖港を認めて欲しいと要求した。そしてもしフランスがこの条件をのんでくれたら、日本の世論もフランスにとって有利なものとなろうと説いたが、鎖港の要求は断じて応じられぬ、ときっぱり日本側の再度の懇請を斥けた。けれど仏相は、皇帝の命令を得たならば日本人留学生を歓迎すること、幕府が希望する武器・軍艦を譲渡する用意があること、海軍大臣より軍艦のリストを使節に示すから、その中から希望の艦を選定して欲しいといった。第六回の会談は六月十日にもたれ、席上、池田は横浜鎖港が成らぬ以上、列国を歴訪しても無益なので、やめて帰国する旨を伝えた。第七回の会談は、六月二十日に開かれ、このとき双方協議の上、「パリ約定」（Convention de Paris）を調印した。約定は日本語、フランス語、オランダ語で書かれ、安政五年（一八五八）九月に結んだ「日仏修好通商条約」の、補足的な意味あいで作成されたもので、両国の君主の批准がなくとも効力を発生するものと規定されている。[120] なお、「パリ約定」（巴里の廃約）の全文は六月二十八日に『ル・モニトゥール紙』に発表されたということだが[121]、その原文は駐日公使レオン・ロッシュ宛の本省からの「外交文書」（一八六四年六月二十一日付）の中にも見出せる。その協定の全文（仏文）の和訳を参考までに次に掲げてみよう。

第一条……一八六三年七月、帝国海軍軍艦キェン・チャン号に対して長門（長州国）で砲撃が加えられた、敵対行為の賠償として、日本政府は、大君使節閣下が日本に帰って三カ月後に、江戸駐在のフランス公使にメキシコ銀貨で十四万ピアストル支払うことを約束する。この内の十万ピアストルは日本政府が支払い、四万ピアストルは長門当局が支払う。

第二条……日本政府は、大君使節閣下が日本帰国後三カ月以内に、下関海峡を通過しようとするフランス船が現在直面している妨害を中止せしめ、かつ常に自由な通航が維持されることを同様に約束する。必要があれば、武力に訴え、またフランス海軍分艦隊の司令官と協力して行動するものとする。

第三条……日仏間の貿易の正常な発展を助長するために、一八五八年十月九日、江戸において両国の間で締結された条約の期間中、フランス商人が輸入した品、もしくはフランス国旗の下に輸入された品のために、大君殿下の政府が外国貿易のために最後に許した関税や割引きは維持されることを両国政府は同意する。

従って、この条約が有効であるうちは、日本税関は次の品を免税とすることを認める。——茶の仕上げと梱包用の鉛箔・鉛ろう（はんだ）・むしろ・籐・絵画用の油・藍《あい》・石膏・鍋・かご等々。

また日本税関は、ブドウ酒・酒精飲料・白砂糖・鉄・ブリキ・機械及び部品・亜麻布・柱時計・懐中時計及びその鎖・ガラス製品・薬品などが輸入されるときには、五％の輸入税を課す。またガラス・鏡・陶器・宝石・香水・石けん・武器・刃物類・書籍・紙・版画・絵画などには六％課税される。

第四条……この協定は、一八五八年十月九日に日仏間で締結された条約の不可欠な一部を成すものと見なされ、双方の君主の批准に付せられることを必要とせず、直ちに実施される。

上記にもとづき、下記の諸全権はこの協定書に署名し、印を押した。

一八六四年六月二十日、パリにおいて原本二通[122]を作成する。

（署名）　ドルーアン・ド・ルュイス

池田筑後守

河津伊豆守

河田相模守

〔筆者訳〕

池田全権らは、これまでの談判の経過からみて、とうてい使命を達成することができないと悟り、またフランスの文物や軍備を実見し、「祖国内紛の現状に省み、又、プロシヤの勃興に伴ふ欧州列強均整の破綻を察知し得た結果、祖国は従来の固陋因循《ころういんじゅん》の国論を統一して富強の策を講じ、国際信義を完うして、列国に窺窬《きゆ》（すきをうかがう）させぬのが刻下の急務だと痛感したので、使命を辱めたが為に、異域で灑《そそ》ぐべき血を祖国の土に流すの決意で」[123]「パリの約定」に調印し翌日、帰国することに決して随員らとにわかにパリを発ち、マルセイユへ向かい、そこで英船「オンクセント号」に搭乗した。池田使節らは、途中、次々と船を換えて、元治元年七月十八日（一八六四年八月十九日）午前八時横浜に到着した。

池田は「帰りました頃から、よほど気が変になりまして、横浜に上りました頃から、よほど心配の様子でした……」（『旧事諮問録』）ということだが、周知のとおり、かれは使命を果たさなかったかどで蟄居、隠居（可軒と号した）で半高《はんだか》（六百石）の処分をうけ、河津は閉門、河田は逼塞《ひっそく》の厳罰を免れ得なかった。池田は慶応三年一月十九日軍艦奉行並を命ぜられ、再び筑後守に任じられたが、六月二十七日、同職を辞し七月、再び可軒と号し、岡山に移り住み、その後は二度と世に出なかった。明治十二年九月十二日、四十三歳を一期に世を去った。墓は岡山市郊外平井の東山墓地にある。

（120）高橋邦太郎「悲劇の大使――池田筑後守事蹟考」（『明治文化研究』第二集）。
（121）ねず・まさし「一八六四年のパリ協約をめぐるフランス第二帝制と徳川幕府との交渉」（『歴史学研究』一一〇号、三〇頁）。
（122）仏紙“De Revue Maritime et Coloniale”に発表されたもの。
（123）大塚武松『幕末外交史の研究』七七頁。

ケルミスの祭り

再び赤松の在蘭日記に戻るとしよう。

五月五日（木曜日）――晴。赤松によると、先週来、昨日まで曇天と雨降りを繰り返し、寒さもぶり返し、冬の再来のような陽気であったが、この日は天気も改まり、暖かく、夏のようであったという。キリスト昇天祭（Hemel-vaartsdag）の日に当たり、造船所も休みであったので、赤松は終日下宿で過ごした。夜十時ごろ、ヤンセンの訪問をうけ、ファン・トイルがハーグからドルトレヒトに来たことを告げられたので、早速、一緒にベルヴュー・ホテルに出かけ面会した。帰宅したのは夜十一時ごろであった。

六日、晴。赤松は早朝、造船所へ出かけた。陽気は夏のようであり、木々は花を開き、香気を放ち、散歩日和であった。お昼すぎ赤松はハルニスーン病院（不詳）でファン・トイルに会った。午後、再び散歩に出かけた。この日は、下宿の娘の誕生日であったので、小さな針箱を求め、これを贈物とした。夜、下宿において誕生日の祝いがあった。

七日、雨。赤松は午前十一時ごろ、ハルニスーン病院に行った。それよりファン・トイルと一緒に造船所へ出かけたが、雨が降って来たので共に帰宅した。ファン・トイルとしばらく歓談したのち、再び造船所へ出かけ案内したのち、午後三時ごろ帰宅した。ファン・トイルは午後五時の蒸気船でロッテルダムに帰った。夜、在宿。

八日、晴。赤松は早朝、ファン・トイルの招きに応じてロッテルダムへ出かけ、ホルランセ駅（〝デルフトセ・ポールト〟のことか？）で再会し、やがて伊東、バスチンフなどもハーグからやって来たので、一緒にバイテンシンゲルの「ストホイス病院」（不詳）を訪れ、これを見物した。赤松によると、この病院はオランダ最大のもので、病院長は五十年配のモーレンワートルという名医であったという。午後二時まで病院内を見学し、それより一同、動物園へ行き昼食をとった。午後三時半、ファン・トイルにいとまごいを告げ、赤松・伊東・バスチンフら三名はハーグに赴いた。同夜、赤松は伊東宅で一晩厄介になった。

九日、雨。赤松は諸方を訪問したハーグの街はこの日から戸外祭《ケルミス》り（Kermis）が始まった。ケルミスは宗教に関する〝祭の市〟の意で、ローマ時代からドイツやオランダで行われたということである。ケルミスの祭りは所によって日数が決められていて、ハーグは二週間と定めている。この祭りの期間中、みな誰でも品物を求め、それを知人や友人に贈る習慣となっていた。下男や下女は主人や知り合いの紳士から祝儀をもらえたし、夜になると外出も許された。

ケルミスの祭りの図（当時の銅版画より・筆者収蔵）

ケルミスの期間中、ハーグ市内の広場にはテントが張られ、露店も出て、そこでは菓子類が売られていた。そしてそこがいわば休息所ともなっていた。露店で売られる菓子は、「ベニエカラーム」と呼ばれる、ミカンや桃のようなものに砂糖の衣をかけたものや、「プラッテクーク」といってうどん粉に砂糖をまぜて、ぼったら焼のようにしたもの、三センチ位の厚みのあるワッフルなどであった。

市中の賑わいはたいへんなもので、赤松によると、江戸の両国の賑わいに等しかったという。赤松はボッセ・フェールホイス（不詳）のホテルに投宿した。なお、赤松とは別に、沢・榎本・林ら三名は、ケルミス見物に出ている。沢によると、市中は非常の賑わいで、公園はもちろん、広場には曲馬や手品、その他の見世物が出ていて、大した人出であったという。見世物の中に「バケモノ」と書かれた看板が出ていたので、三人は中に入って見物したが、それは「空中で動物が踊ったり、笑ったりして、いかにも奇態でありました」ということだが、よく調べてみると、鏡の反射作用による錯覚であることが判った。

十日、雨、風。赤松は、金曜日までハーグに滞在する予定なので、留守中、部屋の掃除をしてくれるよう、ドルトレヒトの下宿先に手紙を出した。お昼ごろ、フレデリックス宅を訪れ、しばらく歓談したのち、市中の遊歩に出、田口宅を訪れた。午後、銭湯に行き、夕方、榎本宅を訪問した。夜十一時ごろホテルに戻り一泊した。

十一日、雨、風。赤松は引きつづきこの日もハーグに滞在した。天候はすぐれず、強風が吹き、歩行に難儀したという。同夜、かれは伊東宅に泊った。

十二日、晴。赤松は早朝、榎本宅を訪れた。ライデンの津田も来ており、しばらく懇談した。やがて津田はライデンに帰った。午後一時すぎ、赤松と榎本は市中の遊歩に出、ハーグの森の方まで足を伸ばした。途すがらトルク（不詳）とディノー海軍大尉と会った。ハーグの森ではクラブ（ソシエティト）で休息し、三時ごろ榎本宅に戻った。夜八時半すぎ、榎本・赤松・沢らは市中見物に出た。夜になってたいへんな賑わいであったらしく、赤松は「諸方ケルミスの賑ひに浴す」と書きしるしている。

十三日、晴。早朝、フランスにいる林から赤松のもとに手紙が届いた――文面によると、こんど日本使節（外国奉行・池田筑後守長発）の頼みによりイギリスまで同行することになったので、衣類などを送って欲しい、いうことであった。赤松は早速整え、パリの林のもとに送ってやった。

赤松は諸方にいとまごいを告げたのち、午後の汽車でハーグを発ち、ロッテルダムへは午後一時三十七分に着いた。それよりドルトレヒトの蒸気船に乗り、三時半ごろドルトレヒトに帰着した。明日は聖霊降臨祭《ピンクステルダハ》（Pinksterdag）であり、ゼーラント地方に旅行に出かけるので、旅仕度をせねばならなかった。

十四日、晴。陽気は暖かく、日本の三月末のそれであった。午前十一時半、フートハルトとマイプル（不詳）・赤松・上田ら四名は、ミデルブルフの船でドルトレヒトを出帆し、午後五時、ゼーラント州（オランダ南西部）、ベフェラント（Beveland——鳥と砂丘で有名な半島）のコルトヘネ（Kortgene）に到着した。途中、船中で、赤松らはミデルブルフ（ゼーラントの州都）のデラードという者と懇意になった。コルトヘネの船着場には、馬車が一同を待っており、直ちに乗車して三十分ほど走ると、コルトヘネ村のホフステー・ファン・デル・ビュルフ宅に着いた。同宅の家族と会ったのち、畑などを見学し、同夜コルトヘネ村の宿に泊った。

十五日、晴。早朝、四人はホフステー宅を訪れ、それより馬車に乗りウィッセケルケ村に行った。この村は戸数約五十軒、ホテルもあるような美しい所であったという。それより再びホフステー宅に戻って昼食をとったのち、コーレンスプラート村に赴いた。この村も人家が約五、六十ほどであった。同夜、一同は再びコルトヘネ村の旅館に泊った。

十六日、晴。早朝、一同はコルトヘネ村に別れを告げて、ミデルブルフの船で出帆し、十二時半ごろドルトレヒトに到着した。赤松は旅の疲れが出て、午後はずっと下宿で過ごした。

またこの日、沢の談話筆記「幕府軍艦開陽丸の終始」によると、語学教師のフレデリックスは沢のもとを訪れ、五十フルデンの借用を申し込んでいる。沢は「一体其時分は日本から持って参った入用金は、私と赤松君とで引受けていましたが、支払には内田君の承諾を得べきことになって居た。処《とこ》がフレデリッキ《ママ》が直ぐ五十ギュルデン貸してくれと云はれたので、大いに困りました」と語っている。

沢の手元にはあり余るほどの金があるわけではなし、一旦は貸せぬ、と断わったが、まげて拝借できまいか、と頼まれ、沢は仕方なく自分の一存で借してやったという。フレデリックスは月に二百五十フルデンの月給をとる身であったので、特別の取り計らいで貸したものである。沢がなぜ早急に金が入用になったのか不思議に思い、相手に尋ねたところ、「ケルミスの時分には金が出てこまる、この金もそのために当てるものだ」との返事を得た。

十七日、晴。赤松は午前中、下宿で過ごし、午後、造船所へ出かけ、四時すぎに市中の遊歩に出た。

十八日、晴。赤松は「留学日記」の中で、この日の陽気について「快晴、暖にして我三月末之景色なり」と書きしるしている。午前中は、昨日同様、下宿で過ごし、午後二時半すぎ造船所へ出かけ、夕方の六時半帰宅した。

十九日、晴。赤松は午前中、下宿で過ごし、午後はいつものようにマース川畔の造船所へ出かけた。それよりジルキ（不詳）・ヒップスらと共に川面に浮ぶ筏《いかだ》を訪れた。筏の持主はウェイス・ミュルデンという名のドイツ人である。筏の大きさは平均して、長さが十五丈（約四十五メートル）、幅二丈半（約七・五メートル）ほどもあり、その上に主人や水夫や蘭人部屋（約十畳）などがあった。持主をはじめ水夫頭や水夫を入れると百七十二名の所帯であった。四百年来、ドイツのライン川の上流やバーデン地方で伐採した樫・松などを筏に組み、ライン川を五日ほど下ってオランダに運び、それを更にドルトレヒトに持って来て、売り払うのである。赤松は筏見物を終えたのち、夜八時ごろ帰宅した。

二十日、晴。赤松は午前中、下宿で過ごし、午後ウィルヘンボスの造船所へ出かけた。ドルトレヒトは二十三日（月曜日）よりケルミスが始まるので、市内はその準備のために混雑し、露店や見世物（田舎芝居）なども沢山出て、普段の街の様子とは一変していた。夕方、ハーグから手紙が来て、文面には明日、海相カッテンディケと内田がヒップスの造船所を見学に訪れるとあった。赤松は右の趣をヒップス宅に手紙で知らせた。

二十一日、晴。午前十時ごろ、カッテンディケ・内田・ポンペ・クルース（不詳）ら四名が、ハーグからやって来たが、赤松らとは造船所で会った。内田らは造船所を一見し、しばらく懇談したのち、十二時半ごろハーグへ帰って行った。それより赤松はホッツと会い、またドルトレヒトのガス工場の社長ファン・デル・マーデンと懇意になり、夕方、同人宅をホッツと一緒に訪れ、夜十時半まで歓談した。

二十二日、くもり。午前十時半ごろ、スヒーダムのプリンス（不詳）という者が赤松を訪ねて来た。赤松は同人と共に造船所へ出かけ、それより同人の親戚でドルトレヒト在勤の将校ファン・デ・セニーという者と懇意になった。午後は下宿で過ごした。

二十三日、くもり。昨夜より東北の強い風が吹いた。早朝の気温は華氏五十度（摂氏十度）であった。しかし、午後三時ごろから寒くなって来た。赤松は新聞によって、イギリス諸島が暴風雨に見舞われたことを知る——五月二十一日（土）の夜八時から翌二十二日（日）の午前二時ごろにかけて、ロンドンは暴風雨に襲われ、落雷に会って命を失う者も何人か出た。荒天に見舞われたのは英都だけに限らず、リバプール、マンチェスター、ポーツマスをはじめ、北アイルランドの首都ベルファストにも及んだ。しかし、この間オランダ本国の空模様はずっと近来なき好天であった。

この日からドルトレヒトはケルミスで賑わうようになり、市中の露店のうち準備の整った者から商売を始めた。夕方、赤松は「自由クラブ」に出かけ、玉つきをやった。

二十四日、くもり。この日は寒く、気温は華氏五十度であった。赤松は午前中、下宿で過ごし、午後二時半、ケルミスの賑わいを見るために市中の遊歩に出かけた。

この日、ハーグの内田宅にカッテンディケから書簡が届いた。文面は、明日五月二十五日、オランダから郵便船が出るので、もし日本に出す手紙があれば、今晩中に出して欲しい、といったものであった。すでに故国に出す書簡は整っていたので、早速、カッテンディケに託した。が、その中にドルトレヒトで建造中の軍艦（のちの開陽丸）に装備するクルップ型十六インチ砲の射程表と鋼鉄弾丸の抗力表を添えた。抗力表というのは砲で鉄板を何メートルの距離から撃てば撃ち抜けるかを表にしたものである。沢によると、これを江戸の軍艦操練所の教授方の望月大象と近藤熊吉へ宛てて送ったのであるが、両人はそれを見てたいへん驚いたということである。鉄板など砲弾をもってしても容易に撃ち抜けぬ、と思っていたところ、じっさい撃ち抜く砲丸のあることを知って驚愕したとのことで、当時江戸ではだいぶ物議をかもしたらしい。

二十五日、くもりのち雨。赤松は午前、午後とも下宿で過ごし、夜七時半すぎ「自由クラブ」へ出かけた。同夜、ベルギーからやって来たレオンという者の奇術があり、夜の十二時からは舞踏会が催された。

二十六日、くもり。昨日同様、赤松は午前、午後とも下宿で過ごした。が、夜ホーデンペール（不詳）宅を訪れ懇談した。

「留学日記」は、五月二十七日（金曜日）から六月三日（金曜日）まで記載なく、脱落している。

六月四日、快晴。赤松は市内を散歩した。明日はハーグに赴く予定であった。

「巴里の廃約」——鎖港交渉の挫折

五日、早朝、赤松は蒸気船にてドルトレヒトを発ち、ハーグに向かった。ロッテルダムでカルス船長の留守宅を訪れたのち、午後三時ごろハーグに到着した。榎本宅で林と会った。林は昨日パリから帰着したばかりであった。赤松の「留学日記」に「種々新聞有之」といった字句が見えるが、これは日本使節のことが出ているフランスの新聞を土産に持参し、皆に見せたようにも思える。夜、赤松は田口宅を訪れた。

六日、この日の記述として、赤松は「三日（陰暦）午前、市中遊歩」とだけ書きしるしているが、沢の談話は、林研海の土産話を比較的くわしく伝えている。林がパリを発ったのは六月四日であり、途中ベルギーで一泊したのち六月五日の夜おそくハーグに戻ったものであろう。沢によると、早朝から一同（ハーグ在住の士分の者）林の下宿に参集し、同人から日本使節（横浜鎖港談判の使節）の様子を尋ねた。使節団の副使は河津伊豆守（新徴組頭河津三郎太郎）であるが、パリで甲冑を付けて撮った写真を沢に渡してくれ、と林は託された。

林の口から聞く話は、次のようなものであった。河津その他の人々は、フランス外務省で鎖港の件をはじめ、多くの懸案について話をするつもりであったが、フランス政府はナポレオン三世の命であると称して、談判や応接をあとまわしにし、まず諸々方々の名所に案内し、毎日が見物と接待に明けくれた。使節一行の扱い方は実に巧妙で如才なく、使節はついに自分たちの訪仏の目的を十分に果たす機会を逸するように思われた。何よりも使節一行の服装は和風であったから、外出するつどまたコンコルド広場における閲兵式に臨んだとき、物見高い市民の好奇心をひいた。けれどわが同胞ながら恥しく思ったのは、草履取の徒輩《ともがら》が尻まる出しで白昼街路を堂々と練り歩く姿をみたときである。やがて申し入れた横浜鎖港の話はつぶされたので、結局、使節らは各国巡遊を中止してむなしく帰国の途に上ることになるのだが、沢のもとに西吉十郎（外国奉行調役通弁御用頭取）から手紙が届き、その中にはフランスの新聞に載せる蘭文の写しが入れてあった。それは日本使節が欧州に派遣された主旨と目的を締盟各国に徹底させるために、ジャーナリズムの力を借りて、あまねく知らせようとしたものである。新聞に掲載するオランダ文は未見だが、その邦訳は残っており、それは次のようなものである。

日本

大君殿下ノ使節ヲ欧州各国ニ遣セシハ単ニ和親保続ノ為ニ〆他意アルニアラズ。

蓋《けだ》シ其目的トスル所ニアリ。一ハ此迄日本国内各部ニアリテ外国人ニ対シ種々不都合ノ挙アリシヲ以テ、コレヲ謝メ相当ノ処置ヲナサントスルニアリ。二ハ日本政府自カラ、ソノ力ヲ図リテ在留外国人ヲ保護シ得ベキ様処置セシトノ事ヲ議スルニアリ。即チ神奈川港ヲ鎖閉セントノ事ナリ。蓋此港ハ国ノ大都江戸ニ近ク且国内最要ノ駅逓《えきてい》（宿場）東海道ノ傍《そば》ニアリ。行旅雑還セルヲ以テ、国民ノ外国人ニ仇セントスルモノ、間ヲ覗テ窃発スルヿ偏《ひとえ》ニ此地ニ多シ。又此地ノ新ニ外国人ノ為ニ開キアルヲ以テ、古ニ泥《なず》ムモノハ多ク、コレヲ不可ナリトシ、其貿易ヲ妨ケンヲ計ルモノアリ。故ニ日本政府ソノ衆心ニ戻レルト不良ノ挙多キトヲ以テ、是マヽニ差置テ、竟《つい》ニ外国ノ交誼ニ害スベキ程ノ事起ランヨリハ、寧《むし》ロコレヲ閉ルニシカズトシ、是ヲ条約済各国政府ニ問ハントス。尤《もっとも》各政府同意ノ上ハ、日本政府ニテハ其港ニ居留セシ外国商民共、転住其外ノ為、相当ノ雑費ヲ給セントノ用意アルハ勿論ナリ。然ルニ第一ノ目的ハ、仏朗西《フランス》政府ニアリテハ、即ニ達セリ。是横浜最寄ニアリテ殺害セラレシ仏朗西将官モンシユールカミス（カミュ氏）家族ニ扶助金ヲ与ヘ、又長門国《ながとのくに》（長州）ニ於テ仏朗西軍艦ニ対シ発砲セシヿノ為、償金ヲ出スベキニ議定セシナリ。

第二ノ目的ハ、仏朗西政府之ヲ可トセズ、於是日本使節外各国政府ニ問フトモ詮ナカルベシト〆、コレヲ其本国政府ニ報知シ、別ニ方略ヲ為サント決意シ、外国々君主ヘ贈ルベキ其大君殿下ノ書簡ヲモ齎《もたら》シテ、断然此地ヨリ帰国セントス。

其子細ハ、其使節ノ第一等池田筑後守台下《だいか》（貴人の尊称）仏朗西外国事務大臣ドワンテロイス台下ニ面陳（面会して述べる）セシ語ニテ明カナリ。（句読点、括弧内の注は引用者による）

七日、赤松は午前中、内田宅に戻り、金子《きんす》と船の設計図を受けとったのち、フレデリックスと会った。同日の夜、十二時ごろ、内田のもとにパリの日本使節より、内田恒次郎ほか一名、急遽パリに出張ありたしとの電報が届いた。いわゆる「荷蘭伝習生頭取ヲ巴里府ヘ徴召の辞令」と呼ばれる電文（オランダ文）がそれだが、それは次のようなものであった。

Wegans de belangelyke zaak worden Woetsida en een ander genoodigd met grooten haast hier in Parys.

Japansche Ambassadeur.

右蘭文の邦訳は、「緊要之儀有之候間内田恒次郎外士官一人大急府江可被罷越候」である。

これは杉浦愛蔵の「奉使日記」にある五月四日（陽暦六月七日）付の欄外の記述「此夜伝信機を以て荷蘭伝習生出府之義申遣す」というくだりと一致する。

パリ在住の日本使節から内田のもとに呼び出しが来たことに関しては、赤松は「留学日記」の中で、「同四日（陰暦）夜十二時頃、巴里斯ゟ《より》テレカラーフにて、要用之義有之ニ付、内田并他一人急速巴里使節方江趣《ママ》キ呉様申来ルニ付、早速用意整江決着之上、内田并榎本両氏、五日朝第一のトレイン（一番列車）お以てハーケを発し巴里江趣キ候事」と書きしるしているし、沢も談話筆記において「五月五日《ママ》（陰暦）の夜分に、仏蘭西在留の使節から電報が参りました、内田恒次郎外一人に面会したいから、当地へ御出張あれといふ《ママ》のが来ました。それ由に翌六日の第一列車で内田榎本二君がパリスへ出立致しました」と述べており、概ね両者の話の内容はほぼ同じであることが判る。

八日、この日は沢の子息の祝い事（長男鑑之丞の誕生日）があり、赤松は同宅を訪れ、うなぎのかば焼をごちそうになっている。うなぎは離日以来、口にしていなかったから、久々に賞味することができた。

九日、赤松はこの日何もすることなく、ハーグ市内を遊歩して過ごし、夕方、フレデリックス宅を訪れた。

十日、赤松は早朝、一番列車でハーグを発ち、ライデンに向かった。ライデン到着後、津田・西及びファン・バーク宅を訪問したのち、職方一同の下宿を訪ねた。午後三時ごろ、ホフマン博士宅を訪れ、『雅言集覧』（石川雅望《まさもち》——一七五三～一八三〇——江戸後期の国学者が著わした、いろは順の国語辞典五十巻二一冊。文政九年から嘉永二年にかけて「な」の項まで刊行した）の「な」の部までを贈って、たいへん喜ばれたが、赤松が進物としたものは欠版があり、出版次第、極力取りそろえて送ると約束した。赤松によれば、ホフマンは返礼として自著「大学并其他両三冊之書(124)」を贈られたという。

赤松はそれよりシヘレルニ(不詳)や六月十五日(陽暦)にシナへ赴くホフマンの弟子ド・ブルウクと会い、いとまごいを告げた。もう一人の弟子メイトルは、相変らず学業に精を出していたという。その後、夕方六時の汽車でライデンを発ったが、ドルトレヒトに帰着したのは夜九時半すぎであった。

十一日、赤松は風邪をひき、頭痛がしたので終日下宿で過ごした。

十二日(日曜日)――この日も頭痛に苦しみ、終日下宿で過ごした。

十三日、風邪の方は少し快方に向かっていたが、全快までは至らず、終日下宿で過ごした。蒸すように暑くなり、午後二時ごろから雷雨となったが、五時ごろには快晴となった。赤松によると、オランダで雷鳴を聞いたのは、今日が最初であったという。

十四日、快晴。天気良く、風も少々あって涼しかった。赤松は午後、造船所へ出かけた。夕方よりコイプルス(不詳)宅を訪れ、歓談したのち、夜十二時ごろ帰宅した。

十五日、くもり。赤松は頭痛のため終日下宿で過ごした。夜十二時ごろより大雨となる。

十六日、終日くもり。昨夜の大雨は今朝に至ってやんだ。が、うっとうしい天気であった。午後三時半ごろ、ハーグの沢より赤松のもとに手紙が届いた。文面によると、過日、内田と榎本が急遽パリへ赴いたのは、日本使節が各国巡歴を取りやめ、フランスより帰国の途につくことに決したためであり、申し送り事項や、ツーロン港で進水したばかりの装鉄軍艦を、フランス国王の好意で日本へ譲渡してもよいとの話も出ており、その下検分をさせるために呼び寄せられたものであった。

じっさい内田と榎本は使節の意を体して、フランスの海軍大臣とも面談し、譲渡見込みの軍艦の図面などを見せてもらっている。池田筑後守ら日本使節がフランスの外務大臣と談判を開いた折、フランス皇帝は、日本が洋式軍艦を必要としていることを聞き及び、日仏親善のために、格別の懇親の意を表し、そのあかしとして新造艦を譲渡してもよい、といった。が、この話が出たついでに、使節らはフランス側で軍艦を建造してもらうことを思いついた。

日本は欧州各国と通商和親条約を結んだが、外国と外交交渉したり、互角に渡り合ったりする際に、軍事力が無いと侮りをうけやすい。まず兵制を整え、その威力を背景として、各国と和親を図るのが肝要であり、ことに日本は四方を海にとり囲まれており、いったん外国と戦争になった場合には、外寇《がいこう》（外国の軍隊）を迎え打つ海軍力がほとんどないに等しい。当面の対策として、まずわが国の海軍を充実させる意図から、欧州各国で蒸気軍艦をあつらえ、おいおい日本でもそれが建造できるようにならなくてはならない、といったものが、日本使節ら三名（正使・池田筑後守、副使・河津伊豆守と河田相模守）が連名で、フランスに軍艦の建造を注文することを幕府に具申した主旨であった。[125] が、この話は実現の運びに至らず、そのうちに断ち切れてしまった。日本使節がフランスの海軍大臣に出した書簡によると、フランス政府が譲ろうとした軍艦は、調査の結果、大型艦である上に吃水が深いため、水深の浅い江戸湾で警備につくには不向きであったようである。使節らは、帰国後、艦の設計計画等を幕府で再検討してもらうが、新たに貴国で別紙にあるような軍艦を建造してもらいたい、と述べている。[126]

エキセルレンシー
仏蘭西海軍ミニストル江

甲子五月十三日

以書簡《しよかんをもつて》中入候過日我士官（内田と榎本）之もの其許へ引合およひし軍艦は大形にて水入（吃水）深く我江戸海等之備には適当ならす思はるれは何《いず》れにも拙者共帰国之上我政府へ可申立存候間右絵図等は取調被差越候様いたし

度就《ついて》而は其
国帝殿下格別懇親之訳を以て周旋せらると厚意に随ひ差向別紙通之軍艦其政府之製作場（フランスの造船場）於て新規打立方頼入度候拝具謹言
文久四年子五月十三日
池田筑後守　花押
河津伊豆守　花押
河田相模守　花押

使節らが発注した軍艦の規模・装備等は内田と榎本の連名で出されているが、その覚書は次のようなものである（括弧内は引用者）。

一　長《（船の長さ）》さ大凡四十間（約八十メートル）
一　大砲二十六位ヨリ三十位ニ至ル
　但し内十六挺位は和蘭三十磅《ポンド》へトロッケンカノン（〝旋条のついた大砲〟の意のオランダ語）不及
一　ブーク（船首）ニ備ル大砲六十磅へトロッケンカノン一位
一　食水（吃水）成丈ケ深ラザル方
一　船具成丈ケリフテ（軽い）之方
一　蒸気機関　六百馬力ノミナール
一　スクルーフ（スクリュー）　マンニン氏プリンシーペ（原理）

但し上け下け之仕掛付之もの

一　石炭囲場（石炭庫）十二昼夜分位

一　ファールト（速力）　十里

一　水平線上下ノ所即蒸気部屋并火薬庫等肝要ノ部位丈ケ厚サ英拇半位ノ鉄板ヲ装フ且甲板裏面肝要ノ部位ハ英一拇位ノ鉄板ヲ装フ事

一　大砲ハユイルデッキ即第二甲板に安する事

子五月

内田恒次郎
榎本釜次郎

同月十七日（金曜日）より二十一日（火曜日）まで、赤松の「留学日記」に記載なく、脱落している。が、幸いこの間の空白を一部埋めてくれるものとして沢の談話筆記（「幕府軍艦開陽丸の終始」第七回『同方会報告』明治三十二年四月～七月）がある。

十八日――この日はオランダ国王の銀婚式の祝典《ジルフェレンブライトロフト》が行われ、午前八時ごろからハーグ市街の至るところに国旗が飾られ、また各商店は店頭に銀細工物を飾りつけて、銀婚式の祝意を表した。沢によると街は「肩摩《けんま》轂撃《こくげき》（通行人の肩がすれあい、車の輪の中心の太いまるい部分と部分とがつき当る意――）と云ふべき賑い」であったという。夕方、沢は「マリー・バーン」（Marie baan）という野原へ行ってみたら、花火を打ち上げており、それを見物したが、日本にいた時分、越中島（隅田川河口の左岸）で花火の製作にうき身をやつしていたころのことがふと思い出された。この夜、大仕掛の花火の打ち上げこそなかったが、火色がよいのには感心させられた。

二十日、この日、パリへ出張していた内田と榎本がハーグに戻って来た。両人の話によると、攘夷鎖港の談判はついに行われず、日本使節は帰朝の途につくことに決したという。当初、イギリスその他の国々も訪れる予定であったが、各国巡歴を中止し、その旨を新聞に広告を出し、世間に知らせた。結局、先にも述べたように使節一行は本来の使命を果たさず、一八六四年六月二十五日（元治元年五月二十二日）――いわゆる「巴里の廃約」という覚書を交わしただけで空しく故国を目ざしたのである。

日本使節らが帰国するに先立って、内田は榎本との連名で官金借用の陳情書を出している。それは六月十三日（元治元年五月十日）付のものであるが、主旨は渡蘭の折、非常用の御用金として約二万六千ドル下付されたが、途中で遭難したり、滞在費、船賃等で経費がかさみ、オランダ到着後は下宿代・学費などで更に散財した。当初、江戸表では諸経費はオランダ側で一時立て替えてもらって、後日返却する手はずになっていたが、話は食い違い、諸経費は自弁となった。もちろん非常用の金を使って費用をまかなって来たのであるが、あと数カ月もすれば使い切ってしまう。このことはすでに江戸の軍艦奉行の方にも知らせてあるが、未だ連絡が入らない。使節の方々はこんど帰国なされるわけですが、御持参の御用金の内から二万五千ドル（メキシコドル）ほど立て替えてもらえませんか、といったものである。[127]

甲子五月十日

一　御用金之事

一　私共出帆前御渡相成候御用金者《は》洋銀二万元ニ而《にて》右者全非常用意金之積ニ而持参仕候処途中危難之節諸仕払方入費并船賃等此内ゟ《から》仕払相成其上和蘭陀到着後屋代御賄料ゟ諸学科ニ至る迄都而《すべて》江戸表ニおいて相見込候ニ者和蘭陀国ゟ立替仕払置後日御国ゟ御償戻に相成可申筈に有之候処右大に相違仕諸代料者都而直払之儀に有之右ハ勿論前文

非常用意金中ゟ仕払置候儀ニ御座候間最早不出三四ケ月して全遣切可申此段既に数度以御用状御軍艦奉行江申立候処今に其御沙汰無之就而者《ついては》右月数相過候後者殆不知所為程之儀ニ御座候間　幸《さいわい》今度御銘々様直ニ御帰朝相成候儀に付御持越に相成候御用金中ゟ洋銀二万五千元程御操替置被下候而御帰朝後此段御軍艦奉行江御掛合被下候様奉願候尤《もっとも》此段私共方ゟも早速以御用状奉行江可申立儀ニ御座候以上

子五月十日

内田恒次郎　印

榎本釜次郎　印

金が無いために留学も頓挫したとあっては不体裁であり、幸い使節一行には御用金も余っていたので、その内から十二万五千フラン（うち五千フランは各国の国王に贈る品々の運送費用）を貸し与えることにした。更に使節随員の外国奉行支配組頭・田辺太一は使節の命を受けてアムステルダムのオランダ商事会社頭取に、留学生の取締・内田恒次郎より借用金の申し出があった場合、貸し与えて欲しい、借入金は幕府より長崎にある同社の支店（代理人）に必ず返却いたします、といった主旨の金子借用依頼の手紙を出してくれた。(128)

甲子五月十五日

荷蘭商社頭取江

以書簡申入候其首府回牙《ハーグ》に為伝習相越居候我大君殿下之士官之もの共金子要用之儀有之右士官取締内田恒次郎ゟ借用之儀商社江申出候ハヽ右金子被相渡其

段我政府江被申立次第長崎表にある其商社之アゲント（代理人）江無相違相渡可申右可頼入旨我使節台下の命によって此段申入候彌承允被致候ハ、右之趣内田恒次郎江も申通せられんことを望む謹言

文久四年甲子五月十五日

二十一日、赤松はこの日もドルトレヒトにいたと考えられるが、「留学日記」には何の記載もない。

二十二日、赤松は早朝、始発の蒸気船に乗り、ハーグを目ざした。ハーグ到着後、「田口方尋問、同氏は昨十八日（陽暦六月二十一日）パレイス《パリ》ゟ帰着相成られ候」ということだが、この文面だと田口も内田や榎本と一緒にパリへ出張したことになる。赤松はこの日ドルトレヒトに帰るつもりであったが、日本からの書簡がパリから転送されて来るやも知れず、それを待つことにしてハーグで泊まった。

二十三日、赤松はこの日もハーグに滞在した。「留学日記」には「ハーケ逗留」とだけ記載がある。

二十四日、日本使節の随員の一人、蕃書調所出役教授手伝海陸軍兵書取調出役の原田吾一（のちの一道、陸軍少将、男爵）がこんど陸海軍の兵制や兵学を研修する目的でパリからハーグへやって来た。江戸に送った留学願の中で、原田は、かねてより兵学を研鑽していたが、書物を通じて学ぶだけで兵制全体について理解しがたい所も多分にあり、パリで勉強したいが都合の悪いこともあろうから、オランダ留学生の中に加えて欲しい、といった内容のものである。

甲子五月十四日

口上

私儀者兼々《かねがね》兵学研窮罷在候得共何分書籍之上のみにてハ相分兼候場合多分有之兵制之全体分明無之幸此度パレイス府（パリ）に御差置留学被仰付度存候得共御都合之御場合も有之哉に奉存候間可相成儀に御座候得者和蘭伝習人

之中に御加へ被下度偏に奉願上候以上

文久四年子五月十四日

原田吾一

この留学願いについて使節と随行員らが評議した結果、幕府の兵制局からいまだ留学生を出したことはなく、同人の御用も終わったいま、約二十カ月ほどの期間、オランダに留学させることにし、建造中の艦が完成次第、他の留学生らと一緒に帰国させることにして、右の趣を幕府の方に報告した。

ハーグにやって来た原田は六月三十日（陽暦）までホテルで暮らし、翌七月一日沢の世話でスホールストラート（Schoolstraat）十三番地のポーツ宅に引き移り、フレデリックスについてオランダ語や普通学を学ぶことになった。沢は「五月二十一日（陽暦六月二十四日）にパリスから原田吾一がハーゲへ着致しました。さしずめ下宿がなくて困るから、私が頼まれて方々を捜しました処が、遂にハーゲの内のスコールスタ《ママ》ラート街十三番地ポーツと云ふ者の宅に、室がありましたからそれを借りて、廿八日（陽暦七月一日）に引移ることになりました。同人も矢張り、フレデリッキ氏に就いて語学及普通学を修学することになりました」と述べている（「幕府軍艦開陽丸の終始」）。

原田が新たに仲間となったことで、同夜、赤松・伊東・林・榎本・沢らはかれのホテルに出かけ、夜十二時ごろまで歓談した。

二十五日、早朝、赤松はハーグを立ち、夕方ドルトレヒトに帰着した。赤松の「留学日記」は再び、六月二十六日（日曜日）から七月三日（日曜日）まで記載なく、脱落している。

（124）　赤松「留学日記」（『幕末和蘭留学関係史料集成』）四二二頁。

(125)「仏国政府江御軍艦打立方御誂之儀取計候儀ニ付申上候書付」(『幕末維新外交史料集成』第六巻、一五〇～一五一頁)。
(126) 同右、一一九頁。
(127) 同右、一一三頁。
(128) 同右、一一二頁。

イギリス旅行

二十六日、この日、沢はかねて懇意にしている司法省書記官ウェルテンがハーレム市(Haarlem ──ノールト=ホーラント州の州都、アムステルダムの西十八キロ)へ用事で出かけると聞き、自分も同地の古蹟を見たいと思い、同行することになった。

ハーレムはすでに十世紀ごろその名を歴史にとどめ、一二四五年には伯爵ウィレム二世より特許状を得、また長くノールト=ホーラント州の州都として発展して行った。ハーレムは市中を曲がりくねって流れるスパルネ川の両岸に発達してできた市であるが、街はオランダの他の市と同じように、大小の運河に取りまかれ、また市外には公園や遊歩場などが見られる。市の沿革について述べると、この市を一躍有名にしたのは、一五七二年十二月から翌年七月までの約七カ月間、アハヴァ公の息子──トレドのフレデリックスの率いるスペイン軍によって包囲されたとき、ケナウ・シモンス・ハスセラエルら市の女性軍の勇気あるはなばなしい抵抗ぶりによってである。スペイン軍は艦隊をハーレムメーア(Haarlemmer ──現在はアムステルダム南西の干拓地)に移動させ、市の補給路を断つ戦略を立て、それが効を奏し、やがてハーレム市は条件付で降伏した。フレデリックスは、数日間ほど市民を寛大に扱ったが、その後、総督ウィグボルト・ファン・リッペルダを始めとし、市の主だった住民五十六名、プロテスタントの僧侶、兵士、市民ら約二千名を大量に虐殺した。四年後の一五七七年にスペイン軍はハーレムから放逐され、十七世紀になるとハーレムは亜麻・織物・チューリップの球根等の輸出によって大いに盛えた。今日もハーレムを取りまく約一万七千エーカーの土地では、チューリップやヒヤシンスやその他の花々が栽培され、市をうるおしている。

ハーレムは今日、人口約十七万、アムステルダムから近いこともあって、同市のベッド・タウンの観もあるが、古い歴史的建造物も多い。たとえば市の中心部には、ゴシック様式の市庁舎、聖バーボ教会（St. Bavokerk ——別称「フローテ教会」〔Groote Kerk〕ともいう）などが威容を誇っているし、その他、美術館や博物館も多い。沢がこの市を訪れて見物したものは数多あるが、かれのハーレム見聞記をその口を借りて述べてみよう。

19世紀のハーレムの町（筆者収蔵）

此ハールレムの市は千四百廿三年にローレンスヤ《ママ》ンソンと云ふ者が木版を発明した所で、それ故今以て立派な、モニメント即紀念像があります。此ヤンソンと云ふ人はハールレムのホローテ《ママ》ケルキと云ふ寺の監理者で、且つ此土地の支配を掌って居りました。申し後《おく》れましたが、此モニメントは千八百廿三《ママ》年に出来たものであります。ホローテケルキにダミアートの鐘と云ふのがありますが、鐘の由来は、紀元千二百十九年に十字軍が埃及《エジプト》へ参って、ダミアートに於いて大戦争をいたし、其節ぶん取ったものであると承はりました。形は普通の釣鐘の下が少々広がったもので、文字か絵か不明のものが鋳出してあります。響が大したもので、時の鐘に用いることにいたしました。一里半のハールレム市中何処へでも聞える……

沢が「ローレンスヤンソン」といっている人物は、ローレンス・ヤンスゾーン・コステル（Laurens Janszoon Coster, 1405–1484）という、オランダにおける活版印刷発明者のことで、グーテンベルクと同時代人である。〝コステルの立像〟として知られている青銅の記念像は、一八五六年にロイエル（Royer）によって作られたもので、聖バーボ教会の前――フローテ・マルクト広場に建っている。「ダミアートの鐘」は、ハーレムの住民が第五次十字軍に加わり、一二一九年にエジプトのドミヤート（Dumyat――カイロの北北東一六〇キロ）を陥落させたときに、ぶん取ったもののことである。聖バーボ教会のこの鐘は、十三世紀のハーレム市民の武勲をしのぶよすがとなるように〝ダミエッテ〟と呼ばれている。

沢はこの教会そのものに関しては何も言及していないが、若干それについてふれると、建物は十字架状《クライスフォルミヒ》の聖堂で、長さが四百六十フィートあり十五世紀に工事に着手し、十八世紀に完成した。塔の高さは二百六十フィートもあり、一五二〇年に完成した。この教会には、ヘンデルやモーツァルトも弾いたと伝えられる大型のパイプオルガン（パイプは五千本ある）があるが、これはアムステルダムのクリスチャン・ムルデルが、一七三五年から三八年にかけて製作したものである。

沢はハーレム市内を見物してから郊外にまで足を伸ばし、絵画などを展示した美術館らしきものを訪れている。

それからハールレム《マ》メル《マ》ホート森林のある所の名で、其中にスターツドメインと称する、絵馬額の集め所があります。油絵や水絵やら種々のものがありまして、此絵が四百年来名人のかきましたものを集めたので、美事なものが沢山ございました。(「幕府軍艦開陽丸の終始」)

「ハールレムメルホート」とは市外の Haarlemmer Hout《ハーレムメーア・ハウト》(〃ハールレムの森〃の意)のことで、一八二七年以後、自然林を利用して造った公園があり、並木道には古いブナやシナの木などが立ち並んでいた。沢のいう「スターツドメイン」とはどのような建物を指すのか、調べがつかなかったが、公園の中にあった後年の「戸外クラブ」(Buiten-Societeit)のことをいっているのであろうか。

七月四日、くもり。午前十一時ごろ、ハーグからホッツとホイヘンス海軍大佐らが赤松の下宿を訪ね、三人で昼食をとった。午後五時半、三人はカペル・アン・デ・エースセルモン(ロッテルダム郊外か?)に圧延工場(pletterij)を見学に出かけ、赤松は夜十時ごろ帰宅した。

赤松の「留学日記」には、七月五日(火曜日)より七月七日(木曜日)まで記載なく欠落している。この間の空模様はくもりまたは雨であったようである。

八日、雨。赤松は午前、午後とも造船所で過ごした。夜七時すぎ、ホーレン・ヒップス(不詳)が病気につき、これを見舞った。

これまで日誌をつけることを日課としていた赤松も、このころより断続的に時には長く、また時には短くメモをとるだけになる。概して日記にむらが著しくなる。「留学日記」は七月九日(土曜日)から九月十五日(木曜日)まで記載なく、空白となっている。沢の談話筆記も七月二十二日(陽暦)のエピソードで終わっている。

十一日、この日の夕刻、沢ら留学生(名前は不詳)は、ハーグの動物園《ディーレンタイン》に赴き、演奏を聴いている。動物園は練兵場のマリー・フェルト(Malie Veld)に隣接する一万坪ほどの土地にあり、Dierentuin とか Zoologisch Tuin と呼称されていた。動物園の跡地の一部は現在のアレンツドルプ(Arendsdorp)公園となっている。沢はそこを訪れたときの様子を次のように語っている。

此動物園には多くの鶏の種類を集めまして、此中央に楽堂があります。土曜日〳〵に必ず陸軍の楽隊が来て奏楽をする。此日も奏楽があるので、午後六時からして朋友と聴聞にまいりました。此日の入場券は一人前二ギュルデンと定まって居ります。園内の広さは一万坪ほどありまして、其中に酒売場が中央にあって、所々に少さき食卓を置き、其処で勝手に飲食物を用いる様になって居りまする。(「幕府軍艦開陽丸の終始」)

二十二日、この日はどういうわけか朝から非常に暑く、気温は華氏八十四度(摂氏二十九度)を示した。あまりの暑さに閉口したものか、沢はブラシ工場の経営者パヨーという者と一緒にスヘベニンゲンに海水浴に出かけた。スヘベニンゲンの海水浴場へは、六月二十八日(陽暦)から鉄道馬車《ホース・トラム》が開けていたから、ちょうどそれを利用することにした。沢は「此馬車を見ましたのは此時が初めてゞ、やっと此前年あたりでしたらうか、倫敦《ロンドン》の隅に初めて出来て、それから方々で、真似を初めたのでございます」と述べているが、鉄道馬車の嚆矢は一八三二年にニューヨークで動いたのが最初で、イギリスでは一八六〇年にリバプールで初めて姿を見せ、次いで翌年の一八六一年にロンドンで開通した。沢らが乗ったものはイギリスのそれを真似たもので約三十人乗りの二頭引き馬車で、明治のころに東京の市街を走っていたものと変らなかったようである。沢によれば料金は、一等が三十銭、二等は二十銭、三等が十銭であったという。この日、かれらは一等料金を払って海岸へ出かけた。

スヘベニンゲンはハーグ市の北に位置し、もともと一漁村にすぎなかったが、今ではザントフォールト(Zandvoort――ハーレムより約五マイルの地点に位置、海水浴場として注目されるようになったのは一八八〇年ごろからであり、夏場アムステルダムやハーレムの市民などが多く出かける)と並ぶ、オランダの代表的な海岸保養地となっている。北海沿岸の砂丘を背にして数キロにわたって細長くのびている。海は遠浅であるので、海水浴にはかっこうな場を提供しているが、北海の水は真夏でも冷たいから、実際、海に入る者は少ない。多くの者は砂丘の上で寝そべったり、あるいはデッキチェアに腰を降ろし、日なたぼっこを楽しんでいる。北海の海は灰青色のにぶい色をたたえ、間断なく白い波が海岸をあらう。ときどきヨットや帆をふくらませた漁船が行きかう、のどかな海岸風景が見られる。

……

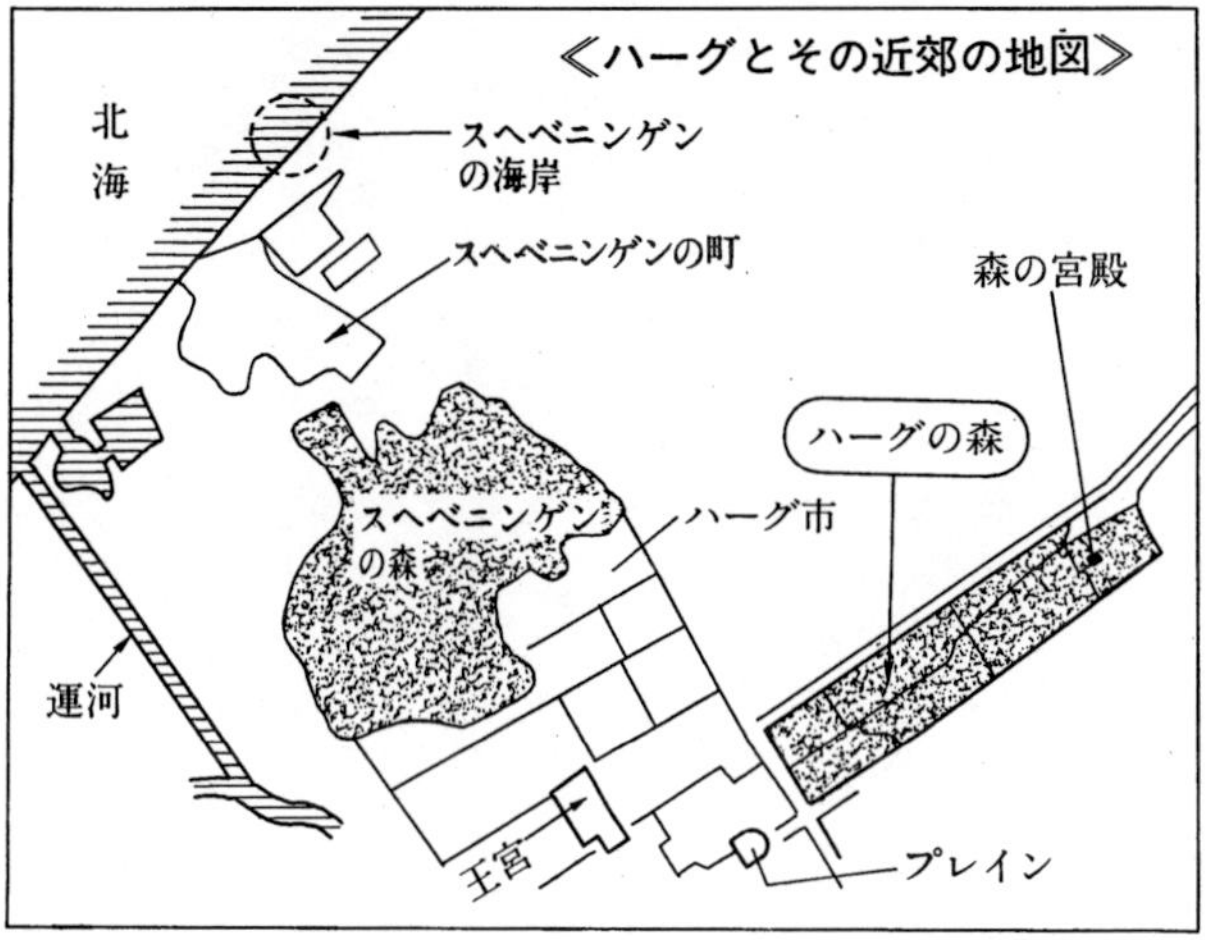

日本人留学生らは何度もスヘベニンゲンの海岸を訪れているが、赤松と沢の手記を除くとこの海岸保養地について言及したものは残されていない。先に赤松の紀行文を紹介したが、当時のスヘベニンゲンと海水浴の模様について沢に語らせてみることにする。

　われ等（沢とパヨー）は一等の馬車に乗って海水浴場に至りましたが、此道程は凡そ日本の一里十町程でありまする。シケーフエニング海岸は遠渚で、海岸には滞在館《バットホテル》が五軒ありまして、二百人より三百人を入る丶家で、それに逗留客も多分にありました。時節柄故どこの宿屋も客が充満して居て、海水に入浴する所の婦人、及《およ》び外見を憚《はばか》る紳士たちは、セイバ《マ》ットワー《マ》ヘンと唱へまする、三方を覆った馬車にて、海上遙に乗出しまして、程よき深さの処で止めて、それより水着を着まして入浴する訳ですから、私も其《その》馬車を雇ふて入浴して見ました。此馬車は一日買切り十二ギュルデンで一回雇は三ギュルデンと定めてあります。……

「セイバットワーヘン」の原綴りはZeebad wagen《ゼーバット・ワーヘン》であり、〝海水浴用の馬車〟ほどの意である。これは沢のいう「三方を覆った馬車」と同じものだが、ヴィクトリア朝のイギリスの海水浴場に姿を現したBathing machine《ベイズイング・マシーン》(脱衣車)に外ならない。当時は裸体を人前にさらすことははばかられたから、水浴者はこの中で体をすっぽり覆うような水着に着がえ、水の中に入るのであった。

九月十六日、雨、雷。早朝、赤松のもとへハーグの林より手紙が来た。文面は、明日は土曜日なので、榎本とともにドルトレヒトに行きたいというのである。赤松はハーレムに出かける約束があったので、訪問を延ばしてくれるよう連絡をとった。午前九時ごろ、ハーグのホッツから、明日おいでを請う、との手紙が来たが、これも断わった。午後、造船所へ出かけた。この日は、昨年の当日、建造中の艦(のちの開陽丸)に龍骨を据えてから一周年に当たり、造船所においてその祝賀会が催された。しかし、空模様はあいにくひどい雷雨で、帰宅の際には造船所から下宿まで馬車を用いざるを得なかった。下宿に戻ったのは夕方の六時ごろであったが、空はくもり、家の中は暗く、夜のようであった。夜七時ごろ、ハーグの林から電報が届き、明朝ハーグに来て欲しい、といって来た。夜、赤松は明日の旅行のしたくをした。

十七日、くもり。早朝、赤松はドルトレヒトを発ち、ロッテルダムに出、そこから汽車に乗り、午前十一時半ごろハーグに到着した。伊東と会い懇談したのち、ハーグを発ち、午後三時半にハーレムに到着した。すでに駅頭にはブルーメンダール(Bloemendaal——ハーレムの北にある町)のトネイという者が馬車と共に赤松の到着を待っていた。赤松は同人と会うのがこれが初めてであったので、まず初対面の挨拶をかわし、それより、出迎えの馬車に搭乗し、オーフェルフェン(Overveen——ハーレムの西に位置する町)を通過したのち、ブルーメンダールに至った。トネイの家族と挨拶をかわし、昼食を共にしてから散歩に出た。夕方、家族の者と歓談して過ごした。

十八日、晴。赤松は諸々方々へ見物に出かけた。赤松はこの日の記事として「留学日記」に「終日、ブルーメンダールに逗留、所々見物ニ出ル、中就、ブレーデローデ氏古跡、砂山より和蘭国海岸を見渡ス、絶景……」と書きしるしているが、「ブレーデローデ氏古跡」とはブレデローデ（Brederode）の古跡のことである。それは堀で守られた本丸を持つ城であり、四つの塔と門楼をもつ。十四世紀ごろに築かれたが、たびたび戦禍をこうむり、荒れるにまかせられていたが、一八六二年に一部復元されたという。「砂山より和蘭国海岸を見渡ス、絶景……」とある字句は、城の裏手にある〝青い階段〞（De Blauwe Trappen）と呼ばれる二百フィートの砂丘に昇り、そこから遙か北海を望見したものであろう。この砂丘からはオランダ北部の平地が見渡せるらしい。

赤松らは昼食後、馬車でハーレムの森に出かけ、森の中を遊歩し、あるいは再び馬車を走らせて、カテンクシレニフヘスチフト（不詳）を見物している。

十九日、早朝、赤松はトネイ一家に厚く礼を述べたのち、いとまごいを告げ、帰途についた。ドルトレヒトのフートハルトもトネイ宅を訪れ、一晩厄介になったのち、一緒にハーグに赴いたものか、赤松は「クードルト《ママ》同断にハーゲ尋訪」と書きしるしている。この日は恒例に従って、議会の開催日に当たっており、国王も大勢のお供を引き連れて開会式に臨むため、行幸を一目見ようと町や村から見物人がハーグにやって来て、「人の山」をなしたということである。同夜、赤松はハーグで泊った。

二十日、フートハルトは一足先にドルトレヒトに帰ったが、赤松はハーグに留まり、夜ドルトレヒトに帰着した。

九月二十一日（水曜日）より同月三十日（金曜日）まで、再び赤松の「留学日記」には記載がない。

三十日、赤松のもとに江戸の軍艦奉行衆より手紙が届き、現在ドルトレヒトで建造中の軍艦は「開陽丸」と名づけるよう命じられた。またハーグの内田からも手紙が来ていたが、開陽丸と命名したことを伏せるよう、また祝儀等について内々で調べておいて欲しい旨依頼された。

十月一日、赤松は内田から依頼された件、ヒップスに問い合わせた。

二日、快晴。好天に恵まれたが昨日の夕方から東北の風が吹き、にわかに寒くなった。赤松が土地の老人から聞いたところによると、例年だと寒気に襲われるのは十一月に入ってからだが、十月初旬に急に寒くなるのは、これまで例がないという。しかし、オランダの気候は変りやすいので、また四、五日のうちに暖かくなるやも知れない、と赤松は書きしるしている。この日の「留学日記」の記述は空模様のことだけが書かれている。

三日（月曜日）から五日（水曜日）までの分は記載なく、再び空白になっている。

六日、快晴。午後、ハーグの内田から赤松のもとに手紙が届いた。先年、横浜閉港の談判のために欧州に派遣された日本使節らが受けた厚遇に対する謝礼として、各国政府及び政府高官へ贈る品々（甲冑・大和錦・刀剣など）が届いた旨、ロンドンから連絡が入った。内田はかねてその贈答品の配分方法について、使節らから命を受けており、そのため渡英し取り計らう必要が生じた。

七日、赤松はイギリス行の相談のため、ハーグに赴き、内田と会い協議をこらした。夜十時ごろロンドンの榎本から手紙が届いた。赤松は同夜ハーグで一泊した。

八日、赤松はこの日もハーグで過ごした。相談ごとその他の用事のため、忙しかったようで「打合等其他事多かりし」と書き留めている。

九日、この日、赤松はライデンに赴き、津田や西らの下宿を訪れた。両人から聞いたところによると、アムステルダムで修学に励んでいる大野はこのころ、肺病におかされていたようである。赤松は「アムステルダム弥三郎、労症にて、始終は寒気湿気等強キ国故、六ケ敷趣キなり、気之毒之事也……」（傍点筆者）と書きしるしている。「労症」（労咳《ろうがい》ともいう）は今でいう肺結核のことである。大野がライデンよりアムステルダムに移住したのは一八六四年九月三日のことである。

赤松は午後二時ごろ、津田・西らと連れ立ってブレーストラートのレストランにかき（oester）を食べに入るが、「今日は日曜日だからかきは出せぬ」といわれる。けれどたって頼んで、ようやく口にすることができた。それより赤松は津田・西らと別れて、午後四時ごろハーグに戻った。この日は、九月九日（陰暦）の節句につき、赤松は沢宅を訪れ、ごちそうになった。夜、フレデリックスの細君の誕生祝いにつき、同人宅を訪れ、しばらく歓談したのち伊東宅に赴き、夜十二時ごろまで懇談した。同夜、赤松はハーグで一泊した。

十日、早朝、赤松は内田はじめ朋友らにいとまごいを告げ、午後一時半ごろドルトレヒトに帰着した。

十一日（火曜日）は「留学日記」に記載はない。

十二日、雨。昨日より陽気は暖かい方であったが、赤松が居住している部屋は大きく、かつ平地よりも約十センチほども低いために、湿気が多く、曇天、晴天を問わず、他の家よりも寒かったという。だからこの日も早朝より暖炉に火をたき、寒さをしのがねばならなかった。

お昼ごろ、ハーグの内田から電報が届き、ロンドン行は、こんどの土曜日（陽暦十月十五日）と知らされる。そのため赤松はにわかに出発の準備を整えることが忙しくなった。

十三日、この日は雨が降り、うっとうしい天気であったが、赤松は出発の準備にかまけていたので、気にはならなかったという。午後三時ごろ、かれは造船所へ出かけ、ヒップスにいとまを告げる。来る土曜日の午後、昨年、メルウェー川畔の造船所（不詳）で建造に着手したコスモポリート二世号の進水式が挙行される旨、ヒップスより知らされるが、赤松はイギリスに向けて発たねばならず、見物できないことを残念がっている。

十四日、くもり。赤松はお昼ごろドルトレヒトを発ち、ハーグに向かった。

赤松と内田は、十月十七日（月曜日）にオランダを発ち、十月二十三日（日曜日）に帰着するまでの一週間、イギリスに滞在した。赤松には、このときの記録を記した、いわゆる「英国行日記」が在ったらしいが、未見。

また「留学日記」の記載は、十月十五日（月曜日）から十一月十七日（木曜日）まで脱落している。

赤松はドルトレヒト滞在中にこんどは榎本とイギリス視察旅行に赴いている。かれは『半生談』の中で次のようにいう。

私はドルトに居った時榎本と共に一箇月許《ばかり》英国旅行をしたことがあった。此時は和蘭海軍卿カッテンデーキなどから紹介状を貰って先づ倫敦《ロンドン》へ行った。榎本は日本に居る頃から英語を習って十分に話せたし、私も兎に角日用の足りるだけには出来て居った。和蘭の倫敦駐劄《さつ》の総領事はニコルソン（Nicolson）といふ六十歳近い白髪の老人で、ミニストルの紹介状持参で訪問すると、大層手厚く待遇して呉れて、領事館内の一室を私たち滞在中の宿に宛行《あてが》って、晩餐には其家族と食卓を共にし、各方面へも種々心配して紹介して呉れるやうな始末で、頗る便益が得られた。シェッフィールドやリヴァプール等をも巡遊したが、主として見学したのは造船所、機関等の機械工場や鉱山等であった。

1860年代のドーバー港の図

赤松は、「内田恒次郎小伝」の中で「和蘭へ着いて後、或時内田は余と共に英国倫敦へ遊ひに往った」と語っているように、何度もイギリスに行ったようで、慶応三年丁卯正月（一八六七年二月）中旬にも内田・ポンペらと渡英した。このときポンペを伴ったのは通訳兼案内役としたためであろう。

赤松・内田・ポンペらは、ハーグより汽車でロッテルダムに出、マース川岸のド・ブームピェス（De Boempjes）の船着場よりロンドン行の汽船に乗ったものと思われる。今日、イギリス行の定期船は、フック・ファン・ホーラント（Hoek van Holland ——ロッテルダムの西二十七キロに位置する港町）より出ているが、当時はマース川岸から出港していた。ロッテルダムからロンドンまでの船賃は三人で三ポンド十五シリングであった。一行はロンドン滞在中に聖ポール寺院・ケンジングトン博物館・水晶宮《クリスタル・パレス》（ジョゼフ・パックストン卿の設計によりガラスと鉄で造った建物。一八五四年に開館）などを見学し、クリスタル・パレスでは食事をし、グロッグ酒（水で割ったリキュールの類）・苦味《ビター》ビール・ワインなどを飲んだ。

またウーリッチ（Woolwich ——テームズ川岸の町）を訪れているが、ここでは王立兵器工場（Royal Arsenal）・王立軍需倉庫（Royal Military Repository）・大砲博物館（Museum of Artillery）・王立陸軍士官学校（Royal Military Academy）などを見学したものと思われる。更にかれらはシェフィールド（Sheffield ——イングランド北部、マンチェスターの東六十七キロ）を訪れている。南ヨークシャ州最大の都市シェフィールドは、刃物製造・食器類・装甲鋼板（軍用）・鋼鉄製品等で有名であり、一行は主として鉄鋼・鋼製品の工場を視察したものであろう。一行はこの町よりマンチェスター、リバプールを経てロンドンに帰った。イギリス土産としては、薬・菓子・書籍・顕微鏡・立体鏡・鉱石などを求めている。

開陽丸の命名式

十一月十八日、晴。午後、赤松は造船所へ出かけた。明日十九日は建造中の艦に名前を付ける式典（命名式）が挙行されることになっており、赤松はその準備のためことのほか多忙をきわめた。夕方六時半、ハーグの内田と沢とがドルトレヒトにやって来た。

十一月十九日、午前十一時、内田・沢・赤松らは日本の礼服を着て造船所へ赴いた。午後二時に内田恒次郎が自ら筆を揮って、幅約一尺ほどの板に「開陽丸」と墨書し、その板を上田寅吉が船首に打ちつけた。「開陽丸」はオランダ語に訳すと De《ド》 Voorlichter《フォールリヒテル》（照らす人・物の意）といったが、同艦は幸田幸友博士の『史話　東と西』（昭和十五年一月、中央公論刊）によると、「最初に開陽といふ日本風の命名があって、それがフォールリヒターと翻訳せられたらしい。訳者は内田か沢か赤松か、それは不分明だが、無双の適訳といはねばならぬ」というのである。幸田博士は「開陽」の訳語としての voorlichter は非常に適格であると絶賛しているわけであるが、「フォールリヒテル」とオランダ語に訳したのは、ほかでもないライデン大学のホフマン博士であった。[129]

この日、幕府が発注した軍艦「開陽」の命名式に立ち会ったのは、日本側を代表して内田・沢・赤松・上田ら四名と、オランダ側からはオランダ商事会社の社長及び取締役のファン・ボス、同社の代理人フリーセントトルプ及び委員のデュラー親子、ドルトレヒト市長デラート、ヒップス及び職人ら多数であった。ことに日本人は全員、和服で式典に臨んだために、その異様な風采が人目を引き、余計見物人が多かったようである。式がすんでから、関係者一同は「ハルモニー・クラブ」に集まって祝宴を開いた。内田は夕方六時半にハーグへ帰って行った。赤松の「留学日記」に「夜十一時、祝義《ママ》相済《あいすみ》、沢氏は当所江一泊」とあるのは、夜おそくまで祝宴がつづき、その折、職人らに祝儀が渡されたものであろう。

なお、この日の命名式の様子は一八六四年十一月二十二日付の『アルヘメーン・ハンデルスブラット紙』に小さな記事が出ている。

Dordrecht, 19 Nov.
Aan het door tusschenkomst der Nederlandsche Handel-maatschappij voor de Japansche regering bij de C. Gips en Zonen alhier in annbouw zijn de schip, werd heden in tegen woordigheid van de heeren president en een der directeuren van deze maatschappij, van den heer kommandant en eenige heden van het te lande zich bevindende Japansche detachement en van eenige de naam gegeven van Kai-Yoo-Mar, in het Hollandsch betekenend Voorlichter.

ドルトレヒト　　十一月十九日。
日本政府のために、オランダ商事会社を通じて当地のC・ヒップス・エン・ゾーネン氏の造船所で建造中の艦に、本日、オランダ商事会社の社長及び重役、オランダ滞在中の日本派遣隊の団長及び隊員らの出席をあおぎ、その艦の建造と関係がある何人かの人々は、オランダ語で voorlichter を意味する〝開陽丸〟という名を与えた。

二十日、午前中、沢はハーグへ帰って行った。赤松は夕方、ハンデンホーゲン（不詳）宅を訪れ、夜十二時ごろ帰宅した。上田寅吉は風邪で臥せており、赤松はその手当をした。「留学日記」には「寅吉、風邪ニ付夫々《それぞれ》手当せり」

とある。

二十一日、赤松は午前、午後とも造船所で過ごし、夜七時から芝居見物に出かけた。

二十二日、くもり。霧深く、夕方より雨となる。赤松は終日下宿で過ごし、夜七時ごろホーレン・ヒップス宅を訪れた。同人宅で来月、東インドに役人として赴く予定のスピーダムのレオナルト・ヒップスと会った。

二十三日、朝、赤松はウェルフレインバーンに赴き、ヒップスと会い、来る土曜日に催す予定の造船所の職人たちの慰労会について相談した。ヒップスの都合により、来週の土曜日に延ばしてくれるよう云われる。宴会に要する費用は約三百五十フルデンと聞かされた。

「留学日記」は二十四日（木曜日）と翌二十五日（金曜日）は日付だけで記事はない。

二十六日、晴。夕方より雨となる。赤松はハーグのホッツの招きに応じて、ドルトレヒトを発ち、お昼ごろハーグに到着した。伊東と林は近日中に医学の実地研究のためニューウェ・ディープの海軍病院へ助手として赴く予定なので、この日の午後五時ごろ、沢の下宿に伊東・林・榎本・赤松らが集まり送別会を開いた。沢はベフト方の職人「レイン」に特別に注文して鰻飯と豚鍋を作ってもらった。漬物は沢自身の手作りであったようである。「自宅ニ於テ離盃ヲ兼《かね》右両君及榎本、赤松両友ヲ招キ「レイン」ニ依頼シ鰻飯并日本製豚鍋ヲ注文シ、「ラマナス」ノ香之物ヲ製シ晩餐ノ馳走ヲ為ス」（沢太郎左衛門「幕府軍艦記事」）。

沢のいう「ラマナス」とはramenas《ラメナス》（スペイン大根、わさび大根の類）のことであろう。宴会ともなれば酒も必要だが、一同はブランデー・苦味ビール・白ブドー酒などを飲み、大いに歓談したようである。赤松は、「七時頃ゟ一同ホッツ方に至る、夜二時帰る」と書きしるしているが、沢は「夜十一時頃マテ是迄ノ経歴ヲ話シ合ヒ愉快ヲ極ム」と述べており、両者の話は一致しない。いずれにせよ、赤松は同夜ハーグで一泊した。

二十七日、晴。夜に入り風雨となる。赤松は早朝、内田宅を訪れたのち、沢より来たる十二月から来年二月までのまかない付へや代（三カ月分）二百フルデンを受けとると、ハーグ在住の仲間にいとまごいを告げ、午後四時ごろハーグを発ち、夜七時ごろドルトレヒトに帰着した。

またこの日から、ディノー海軍大尉による船具運用学の講義が始まった。沢は「此日ヨリ教師『ヂノー』氏ニ依頼シ、新式船具運用学ノ講義ヲ始ム」と書きしるしている。

二十八日、晴。この日はヒップスの四番目の弟コルネリス・ヒップスの結婚式であったので、赤松は十四フルデン七十五セント払って茶箱を求め、贈物とした。午後一時すぎ正装し、馬車に乗り、レインバーンのコルネリス・ヒップス宅に赴き、婚礼の式に参列した。それよりフェーン・ファルク（不詳）と共にペストル将軍《ヘネラール》宅、リンビュルフ・ネチュルム大佐及びロヤール大尉宅等を訪れ、知己となり、午後四時ごろ帰宅した。

二十九日、晴。赤松は終日下宿で過ごした。夜、ホーレン・ヂルキ、ピップス（不詳）らが赤松宅を訪れた。

三十日（水曜日）から十二月二日（金曜日）まで赤松の「留学日記」に記載はない。

十二月三日、くもり。赤松は午前、午後とも造船所で過ごした。過日、赤松はヒップスと船名の命名式の折の祝儀について相談したが、オランダ政府から造船所の職人たちのために饗宴を張ってもよい、といった許可が出、内田恒次郎の承認を得た上で、諸経費を出してもらうことにし、この日の夕刻、ドルトレヒトのクルーンマルクト（不詳）にある料理茶屋（ファン・デル・ホルスト亭か?）の二階を借り切って職人たちにごちそうすることになった。招待された職人は約二百二十八名、職人一人につきビール四本、ソーセージ・ロールパン四つずつ、ヒップスにはかき等がふるまわれた。祝宴は夜十一時ごろまでつづいた。

赤松がヒップス造船所の職人たちを慰労するために出したパーティの招待状が残されているが、それを次にひいてみよう。

Hoog Edel Gestrenge Heer,

Met dezen heb ik de eer UEd uit de noo《マ》dig《マ》en, by het gelegenheid van het feestgeven aan het volk, die op de werf van de heeren Gips by het voor onze regering in aanbouw zynde Schip werkzaam is.

Het zal my byzonder genegen doen,indien UHEd een tijd daarover beschikken magti alsdan wacht ik UHEd geheel officieus morgen zaterdag legen 9 uur's namiddags aan het locaal van der horst.

Ik hoop hierop Uw antwoord te mogen verwachten, my noemede, met de meeste hoogachting en vriendschap ben ik.

UHEd gestr. Dr. Dienaar

Akamats D. S.

Frydag 2 December 1864

拝啓

ヒップス氏の造船所でわが国の軍艦の建造に従事しておられる各位の労をねぎらうための宴に、この招待状をもって貴殿をお招きすることは光栄に思います。

もし御出席賜われば幸いに存じます。明日、土曜日午後九時ごろに、ファン・デル・ホルスト氏のレストランにおいで下さい。

敬意と友情をもってお返事をお待ちいたします。

敬具

一八六四年十二月二日　金曜日　　　　赤松大三郎

また開陽丸の命名式に際して、造船所の職人たちが作ったと考えられている祝賀の歌（四節）の歌詞が現存[130]するが、それを次に引いてみよう。

来れ友だちよ！　広き胸をもって
　今しも宴《えん》は開かれんとす
われらは今ここ　ファン・デル・ホルスト亭にいる
　ホールは飾り立てられている
なぜなら、われらは皆有名なヒップス氏の造船工であり
　われわれは日本《ヤパン》のために開陽《フォールリヒター》丸と名づけられた軍艦を造っているから
来れ　われわれはこれよりわれらの歌を日本政府に捧げよう！
　われわれはかくも愉快な時をいつまでも記憶しておこう
来れ　われわれは心を一つにし　力の限り朗らかに　かの紳士たちに祝盃を捧げん
　日本からやって来たかの紳士たちに！
ドルトレヒトの美しい土地で造船業がますます栄えてゆく

われらの紳士たちがその名声をこの地で、更に遥か遠くまで固めん
なぜなら、ヒップス・エン・ゾーネン氏の船台を離れた　かくも堅牢で　じょうぶな　美しい船より優れたもの
　が造られることはないからである

友人すべてによって　この歌は造船業に捧げられている
われわれは競い合って年々歳々　造船業が盛んになってゆくことを望むものである
歌え造船工たちよ　大声でたのしく　朗々とした声で　ヒップス・エン・ゾーネン氏の造船所の繁栄を

Komt,Vrienden! met een ruime borst
　Nu eens een feest gevierd,
Wij zijn nu hier bij VAN DER HORST,
　De Zaal is opgesierd :
Want wij Scheepmakers, eensgezind,
　Der Heeren Gips, beroemd,
Wij bouwen voor *Japan* het Schip
　De VOORLICHTER genoemd.(bis.)

Komt, wijden wij dan onze zang
　Aan het *Japans Bestuur!*

En wij herdenken dan nog lang
　　Aan dit zoo vrolijk uur.
Komt stellen wij,vereend van zin,
　　Zoo helder als men kan,
Een Toast op deze Heeren in,
　　Die Heeren uit *Japan!* (bis.)

De Scheepbouw bloeije meer en meer,
　　Op Dordrechts schoone grond,
En onze Heeren vesten weer
　　Hun roem heel ver in 't rond.
Want beter Schepen bouwt men niet,
　　Zoo hecht,zoo sterk, zoo schoon,
Als die men hier van stapel liet,
　　Bij de Heeren Gips en zoon. (bis.)

De scheepbouw zij dit lied gewijd,
　　Door heel de Vrienderschaar,
Dat zij,dit wenschen wij om strijd,

Vermeerd're jaar op jaar :
Zingt Schepenmakers, luid en blij
En op een heldren toon,
De welvaart der scheepmakerij
Der Heeren GIPS EN ZOON. (bis.)

十二月四日、晴。赤松は午前、午後とも下宿で過ごし、夕方五時すぎ、スチリム大佐の招待に応じてホテル・リオンに赴き、そこで夕飯をごちそうになった。

この日、ハーグの伊東と林はニューウェ・ディープに向けて出発したが、沢はアルクマールまで、榎本はニューウェ・ディープまで同行した。途中、一同はハーレムで一泊した。沢が「同所『ホテル』『デコローン』ニ一泊ス」といっているものは、カフェ・レストランの「ド・クローン」（de Kroon ——クロート・マルクト広場に近い）であったと思われる。

五日、午前十時に伊東・林・榎本・沢らは乗合馬車に乗り、ひとまずアルクマール（Alkmaar ——アムステルダムの北北西三十六キロにある町。チーズ市が開かれることで有名）まで行き、ここで沢は伊東・林・榎本らと別れてハーグへ帰った。ニューウェ・ディープに向かう三名は、この日アルクマールで一泊した。

六日、赤松はこの日、江戸の自宅に宛てて手紙を出した。伊東・林・榎本らはニューウェ・ディープに到着した。かれらの到着は、二日後の十二月八日『アルヘメーン・ハンデルスブラット紙』に報じられている。

NIEUWE DIEP, 6 Dec.

De Japanezen Itoo Genpak en Hajasi Kenkai zijn alhier aangekomen om bij het marine=hospitaal als geneesheeren te worden opgeleid.

伊東玄伯と林研海という日本人が海軍病院で医師としての教育を受けるために当地に到着した。

ニューウェ・ディープ　十二月六日。

ニューウェ・ディープ（Nieuwe Diep）はウィレムスオールト（Willemsoord）ともいい、デン・ヘルダー（Den Helder――ノールト=ホーラント州北部の港湾都市）の一地区である。そこはデン・ヘルダーの町の海岸の土手沿いに、東に二キロほど行った所にある港であり、ノールト=ホーラント運河の入口に位置している。当時も今もオランダ海軍の軍港となっていて、海軍の諸施設や兵学校・軍病院などがある。伊東と林が学んだ「海軍病院」（Marine-Hospitaal）は一八四〇年に建てられ、一八四二年以後、陸海軍の兵士用に使用された。当時の写真が現在し、それで見るとなかなか立派な病院である。しかし、この病院も第二次大戦のときに、ドイツ空軍の空襲を受けて完全に焼失してしまい、今はその跡地に海軍の兵学校が建っている。

赤松の「留学日記」は十二月七日（水曜日）から同月十一日（日曜日）まで記載がない。八日、この日は「聖ニコラス」の祭日に当たっていた。この祭日には子供や召使いなどに贈物をする慣わしがあるという。

十二日、夕方、赤松は江戸に送る荷物を人手を借りて取引所（スコットマン宅）まで届けた。日本へ向かう船の名はアデリネ号、船主の名はウェープランツといい、同船は十二月十七日に出帆予定であった。赤松が日本へ送った品々は次のようなものである。

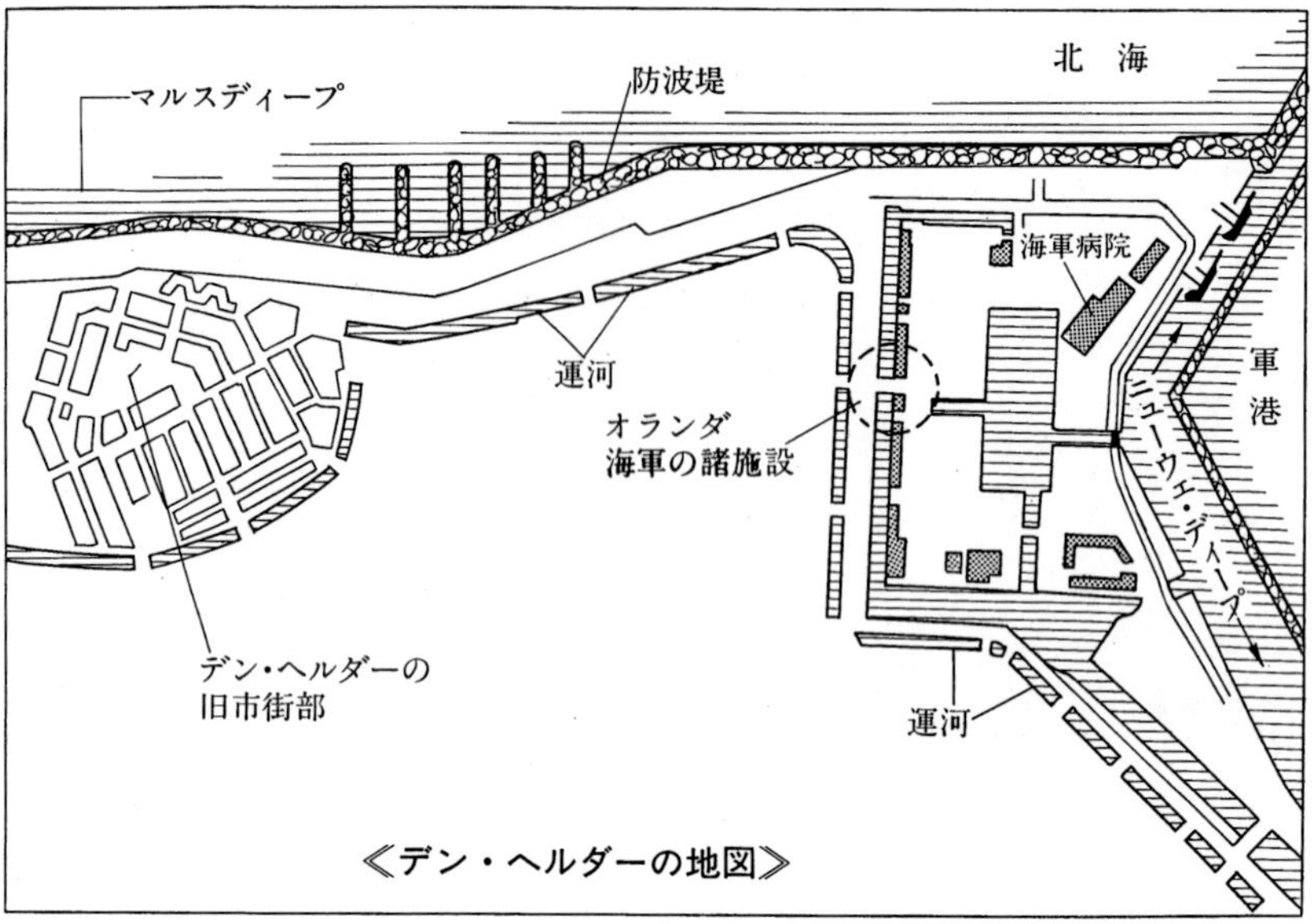

≪デン・ヘルダーの地図≫

ケレヲソット（クレオソート）一びん
懐中筆（万年筆のことか？）二本
眼鏡
写真四十一枚
御誂船写真図（開陽丸の写真）二枚。この内の一枚は
伊沢謹吾（軍艦奉行）に贈られた。
カラームルス（クラメルス）の仏蘭辞典二冊
絵具（油絵具か？）一箱
新聞紙（オランダの新聞——十月四日から十二月十二日
までの分）

またこの日、沢が下宿しているベフト宅では、ベルギー製の「銃筒筋入機械」（銃身の内側に螺旋条溝《らせんじょうこう》を施す機械）が備え付けられることになり、ディノー海軍大尉も見学にやって来た。

十三日、赤松は午前中、造船所へ行く。夜八時すぎホヤールとホーデンペール（不詳）ら赤松を訪れ、夜二時ごろまで話して行った。赤松は両人に少々ごちそうをしてやった。

翌十四日（水曜日）と十五日（木曜日）は「留学日記」に記載はない。

十六日、寒気がつづき、マース川も氷結し、蒸気船の往来も止まってしまった。

翌十七日（土曜日）から十九日（月曜日）まで「留学日記」に記載はない。ここ両日、ドルトレヒトは雪であった。

二十日、くもり。雪。気温は華氏十九度。赤松は午前中、乗馬学校（Rijschool）[131]で乗馬のけいこをした。

二十一日、寒気厳しく、午前八時の気温は華氏十四度、正午は十九度ほどであった。赤松は午後一時すぎ、昨日同様に乗馬学校へ出かけた。午後三時すぎ造船所へ行った。夜十二時の気温は十三度であった。

二十二日、晴。午前十時の気温は華氏十四度であった。赤松は十二時半ごろ乗馬のけいこに出かけた。夕方、ドルトレヒトの「将校クラブ」で会合があり、これに出席した。

二十三日、午前八時の気温は華氏十三度ほどあった。赤松は早朝「ライオン《（レーウ）》ホテル」に行き、運送会社の馬車の一等切符をロッテルダムまで求めた。料金は二フルデン九十セントであった。同社の馬車は午前十一時半にズウェインドレヒト（Zwyndrecht ――アウデ・マース川の右岸にある町）から出るので、一本マストの縦帆装船《スループ》に乗り、そこへ向かった。ドルトレヒトからズウェインドレヒトまでは数百メートルの距離しかなく、いつもなら五、六分で渡れるところ、川が凍っており三十分以上もかかって、ようやく着岸することができた。しかし、対岸に渡ったものの馬車の出発はおくれ、午後二時ごろになってようやくその用意がととのった。馬車にゆられること約一時間半、カテンドレヒト（Katendrecht ――ロッテルダムの郊外）に到着した。ここから小船に乗り換え、ロッテルダムに渡ったが、すでに時刻は午後四時を回っており、三時半に出る汽車には間に合わなかった。そこで赤松はザイトホーラントセ駅（Zuid Hollandsche）のカフェに入り、汽車を待った。結局ハーグに着いたときには、夜九時すぎであった。

二十四日、晴。この日はとくに寒気がやわらぎ、暖かく、気温は華氏三十七、八度（摂氏約三、四度）あった。赤松は終日ハーグに逗留し、内田や榎本宅を訪れ、夜に入りクーフールデン宅を訪問した。同夜はハーグで一泊した。

二十五日、晴。陽気は比較的暖かであった。気温は華氏三十七、八度であった。赤松は榎本とともに、午前十一時十分の汽車に乗りライデンに向かい、津田宅を訪れた。夕方六時の汽車でハーグに戻り、夜八時ごろテルナーテ号の舵手ポールマン（プリンセフラフト〔Prinsegracht〕七十一番地）宅を訪れ、歓談した。この日はケルミスの祭日であった。

二十六日、くもり。暖かな一日であった。赤松は午前、午後を諸方を訪れて過ごし、夕方五時半すぎポールマン宅を訪問し、夕飯をごちそうになった。夜八時半すぎまで懇談し、のちいとまごいを告げ、ホテルに戻る。宿の支払いをすませたのち、ロッテルダムに向かい、バットホテルに投宿した。

またこの日、沢はハーグの「ギリヘンシャ」（不詳）において、ユトレヒトの天文学博士クレーケの温度に関する種々の実験を交えての講演を聴いた。

二十七日、くもり。濃霧がたちこめていた。気温は華氏三十度。赤松は早朝宿を引き払い、「ビィエルブラウエルスハーフェン」（後年のフェエルハーフェン〔Veerhaven〕――ここから対岸のカテンドレヒトまで渡し船が出ていた）の近くにあるスタッフヘルベルグ（不詳）に午前七時半ごろまでに行き、ドルトレヒトまでの馬車の切符（二フルデン七十一セント）を求めた。午前八時半に対岸のカテンドレヒトにフェリーで渡り、それより馬車に乗り換え、午前十一時すぎにドルトレヒトに帰着した。

二十八日、くもり。暖かな陽気であった。マース川の氷は解けようとしていた。赤松は午前中、下宿で過ごし、午後十二時半すぎ乗馬学校へけいこに赴き、それより造船所へ行った。

オランダはここ数日間、クリスマスの季節に当たっていたから、日常の業務を休み催しも多く、市街は非常に賑わっていた。この日ハーグの沢は、友人のスプレッヘルと共に夜八時すぎに集合所（場所及び建物の名は不詳）に行き、少年少女らが演じる舞踏を観た。踊りは夜十二時十五分に終わった。

二十九日、くもり。陽気は暖かであった。赤松は午後、乗馬のけいこに出かけ、そののち下宿に戻った。この日、ヒップスより手紙が届き、先ごろファン・デル・ホルスト亭で催した開陽丸の命名式の祝宴に要した諸経費の明細を知らせて来た。

音楽……………………………十五フルデン
酒及び座敷料…………………二百二十二フルデン十セント
葉巻……………………………五フルデン
カキ……………………………二十三フルデン七十セント
ソーセージ入りロールパン……百二十一フルデン
　　　計　三百八十七フルデン三十セント

三十日（金曜日）は「留学日記」に記載はない。
三十一日、くもり。この日はオランダの大晦日に当たっていたので、ドルトレヒトの市街はたいへんな混雑ぶりであった。赤松は午後、造船所に行った。

(129) De Kaiyo-Maru : bestelling en bow の一二頁参照。
(130) 同右、一七頁。
(131) この乗馬学校はC区の九五一番地——現在あるドルトレヒトの古文書館のすぐ隣りに在った。

諸工場での実見

一八六五年一月一日（元治元年十二月四日）――日曜日、晴。年始回りをする人絶えず、赤松も郷に入っては郷に従い、諸方に名刺を遣わした。

ハーグの沢も、名刺及び書簡をもって諸方に新年の祝賀を述べた。沢によるとここ数日来、寒気厳しく川は氷結したという。この日、沢は下宿先のベフト宅の職人レインとケーレー両人を連れてバイテンシンゲル（Buiten-Singel――ハーグ市内の運河）に出かけ、アイススケートの練習をした。夜に入って、同運河は大勢のスケーターで賑わったという。

二日は「留学日記」に記載はない。

三日、赤松は午前中、下宿で過ごし、午後十二時から一時半まで乗馬のけいこをした。過日、ニューウェ・ディープにいる林研海より二百フルデンほど借金の申し出があったが、赤松は御用煩多のため返事を延ばしていた。この日、借用の催促が来たので早速、手紙を添え郵便為替（postwissel）で二百フルデン送金した。

四日、雪が降った。赤松は午前、午後、乗馬のけいこをし、のち造船所へ出かけた。

五日、晴。昨日より寒気は大いに和らぎ、暖かな一日であった。昨日は雪が降ったために路上は凍りついていたが、夕方より気温が上ったため溶けはじめ、市街地の歩行に困難を覚えた。正午の気温は華氏三十八度あった。赤松はきのうと同じように乗馬のけいこに出かけた。

上田寅吉はこれまで赤松と同じ下宿で暮らしていたが、住居から造船所まで少々距離があり、また諸事不都合なことも多いので、ヒップス氏に相談して、造船所内の事務所の二階に置いてもらうことにした。一カ月の賄い付のへや代は、五十フルデンと契約した。現在いる下宿には月末までいることにし、その旨、家主のフートハルトに伝えた。

六日、晴。風は強かった。昨夜十二時ごろより激しい風雨となる。が、朝になって雨はやんだものの、西の強い風が吹いていた。けれど寒気のほうは厳しくはなかった。午前八時の気温は華氏三十六度、正午には三十七度となった。ここ数日は寒気和らぎ、氷も溶けはじめたが、マース川の氷の厚さは五寸（約十五、六センチ）もあり、蒸気船の運行はもちろん停止しており、対岸へ渡るにも氷の上を歩いて行かねばならなかった。十二時十五分ごろ、メーンデット・ヒップス（不詳）が赤松宅を訪れ、来週の火曜日に「船員会」（Zeemansch college）の集会が予定されており、ごちそうも出るので出席されるよう勧めた。十二時半すぎ赤松は乗馬学校へ出かけ、帰宅後、風が強いために外出せず、下宿で過ごした。

七日、晴。風強く、夜に入りますます激しくなった。赤松は午後十二時半すぎ乗馬学校に行き、三時すぎ造船所へ赴いた。

八日、晴。赤松は終日、下宿で過ごした。

九日、晴。ここ数日、マース川は大風のため水があふれ、また暖気のせいで氷のほとんどが流出した。ドルトレヒト近郊は、ようやく小舟の運行が可能になった。しかし、流氷と大水のためにズウェインドレヒトの村に被害が出たし、ドルトレヒトの一商船も造船所の近くで浅瀬に乗り上げた。赤松はお昼すぎ乗馬のけいこに出かけ、午後三時より造船所に行った。

十日、晴。この日、赤松はハーグの図書館へ出かけたようである。かれの「手帳」（懐中日記）に「ハーケに至りビブリヲテーキ尋問之事」とある。赤松の「留学日記」は、この日より三月中旬まで主として新聞の抜き書きで埋められている。欧州各国の政情や事件、アメリカの南北戦争の戦況、日本の国情などが日ごとにメモ風に綴られており、個人的な記事は少なくなる。が、空白部分はかれの「手帳」（懐中日記）と沢の「幕府軍艦記事」によって一部埋めることができる。

十四日、この日、ハーグの沢はユトレヒト（Utrecht——オランダ中部、アムステルダムの南東三十八キロ）に赴き、同地に住むラールホーフェン（不詳）を訪れ、その案内で造幣所《ムント》を訪問し、鋳造を見学した。沢は貨幣の鋳造工程を見、「其細密ニ且ツ巧ミナルニハ驚ケリ」と感嘆している。沢は同夜七時五十分発の汽車に乗ったが、ホウダ（Gouda——ロッテルダムの北東二十四キロ）まで来たとき、機関車に故障が生じ、列車は二時間ほど停車したため、ロッテルダムに到着したのは夜一時すぎであった。沢はやむを得ず停車場そばの「スタッツヘルペルフ」（救護所の意か?）で一泊したが、部屋は汚ない上に食事もひどく、実に閉口した、と述べている。

二十三日、昨今「ザイトホランセ・コフィハイス」（Zuid-Hollandsch Koffiehuis——ホテルを兼ねたカフェ・レストラン。コルテ・ホーフストラート〔Korte Hoogstraat〕二十七番地）において、シナ人の手品師による興行が打たれていたので、沢と内田はこの日それを観に出かけた。入場料は一等席が一人三フルデン、二等席は二フルデン、三等席一フルデン、四等席は五十セントであった。芸のほうは「日本ノ手品師ノ風ニアラズ」といっているが、客の帽子を借りて、その中からいろいろな品物を出したり、手裏剣（二十四本）投げなどを見せた。沢らがいちばん感心したのは、人を立たせ、その体の周囲に刃物を投げつける手裏剣投げの妙技であった。

二十七日、この日は旧暦の慶応元丑年元旦に当たっていた。朝、雨が降り午後から雪となった。沢は留学仲間へ名刺や手紙を送り、新年を祝賀した。この日、中島兼吉が年賀に訪れたので、沢は昼食に餅をつくらせ、蒸し豚を日本風に煮つけたもの、まがいの雑煮などを出して食べさせ、屠蘇の代用品としてキュラソー（curaçao——リキュールの一種）をごちそうしてやった。

三十日、この日の朝、赤松のもとへハーグの榎本より電報が届いた。赤松の手帳には「肥田布施及飯田」ら三人の名前のみが記されていて、これだけは意味不明だが、これは石川島造船所で建造中の蒸気軍艦（千代田形）へ用いる造船用の器具と機械類を購入する用務を帯びて[132]、軍艦組頭取・肥田浜五郎（一八三〇〜八九）が随員の布施鉉吉郎と飯田心平（のちの西川真三）二名を伴ってオランダに到着したことを伝えるものであった。午後四時すぎに赤松はドルトレヒトを発ち、ハーグに向かった。

沢によると、ハーグはこの日大雪であり、一尺三寸（約四十センチ）も雪が積もったという。肥田・布施・飯田ら三名はハーグの一級ホテル「テウェーヘレ《ママ》ーゲン」（不詳）に旅装を解いた。久々の日本人の到着とあって、各留学生は歓喜してホテルに向かい、日本の様子などを盛んに尋ねたようである。沢は「直ニ悦として相越、久々ニテ日本ノ事情ヲ承ス」と述べている。三人がやって来たことはニューウェ・ディープにいる伊東や林にも書面をもって知らせたとある。ただ沢はこの日、折悪しく風邪をひいていたようで、久しぶりの日本の土産話を聞くどころではなく「自分ハ熱気アリ悪寒強ク甚難儀ス」と述べている。沢は翌三十一日から二月十九日まで「熱病トナリ苦痛甚シク」薬を用いねばならなかった。

三十一日、赤松はこの日もハーグに滞在した。

二月一日、赤松はこの日もハーグに逗留した。手帳には「ハーケ在留」とだけある。上田寅吉はこの日、造幣所跡の下宿を引き払い、造船所内に移った。

二日、赤松は昨日に引きつづきハーグに滞在した。

三日、赤松はこの日もハーグに滞在した。この日、スコック（不詳）という者と知り合いになった。

四日、赤松は海相カッテンディケ、ウィヘルス、カーセンフロート（不詳）、トイル宅などを訪ねた。

五日、午後四時すぎに赤松はハーグを発ち、ドルトレヒトへの帰途についた。

六日、赤松は久しぶりに造船所を訪れ、かつ上田寅吉の様子をみた。

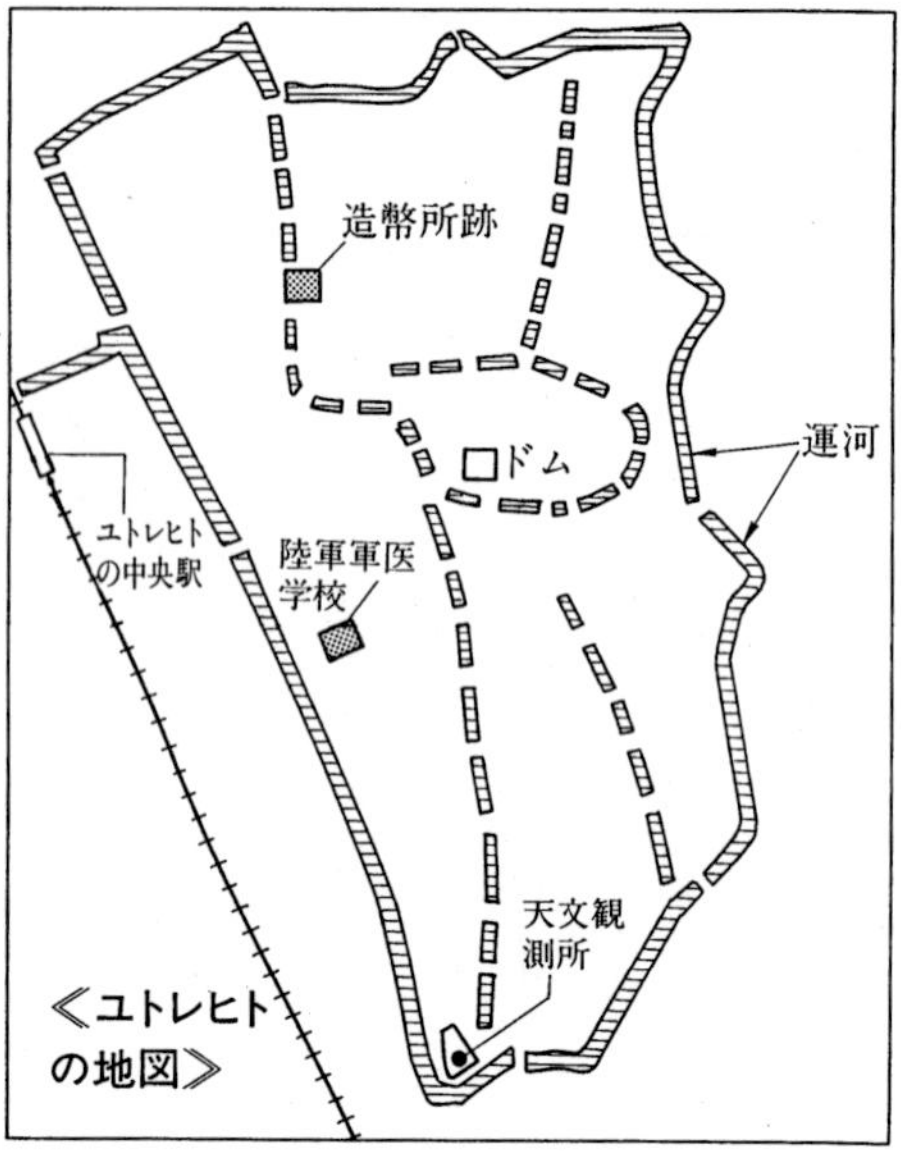

《ユトレヒトの地図》

十九日、この日はオランダ国王の誕生日に当たり、赤松は観兵式を見学した模様である。午後四時から宴会が催された。

二十四日、この日、赤松は肥田浜五郎が持参した故国からの便りを受けとった。

二十六日、ドルトレヒトはくもり。赤松は終日下宿にいたようである。ハーグはこの日雨であった。沢は、日本からやって来た三人（肥田・布施・飯田）に日本料理をごちそうしてやろうと、下宿先の職人レインに同行を頼み、早朝スパイ（Spui）の魚市場へ出かけ、

鮭二ポンド……………………三フルデン
うなぎ《パリング》（二尺ほどのもの十八尾）…五フルデン四十セント

などを買ったのち、更に青物市場に寄り、

大根《ラメナス》五本……………………二十五セント
大根《ラディス》の蕪《かぶ》八ツ……………………十五セント

などを求めた。沢はこれを職人レインに頼んで調理してもらい、うなぎの蒲焼・さしみ・てり焼き・香の物などを作り、夕飯に肥田・布施・飯田ら三名のほか榎本も呼んで、五人で賞味した。

二十七日、午前十時に沢は肥田を連れてハーグにある陸軍の大砲製造工場を訪れ、螺旋条溝の施された十六インチ三十ポンド、六十ポンドの砲身の「ホルヘイト」（holheid ——凹み）の製法を見学した。このときW・ド・フレメリー海軍大佐[133]も海軍省から出張し、いろいろ説明してくれた。が、肥田は初めて砲身に条溝を施す方法を実見し、大

いに驚嘆した。それより一同は砲兵工廠の倉庫のほうも見学させてもらい、各種の大砲と砲弾を見物した。

三月二日、この日、オランダ国王の母アナポリナが亡くなった。享年七十歳。ハーグ市内は半旗を掲げ哀悼の意を表したが、市街はどこもひっそりとしていた。沢によると、皇太后はロシアの先々帝の三女に生まれ、オランダのウィレム二世に嫁したものとのことである。

五日、沢は肥田を伴ってユトレヒトに行き、予備役の陸軍砲兵少佐コルネリスに紹介してもらって、同地の天体観測所（Sterrenkundig observatorium）[134]を訪れ、所長ケレッキに会い、諸器械を見学させてもらったのち、航海用の風雨計・風力測定器・雨量計などの図面を譲りうけた。

ユトレヒトの天体観測所

十五日、晴。午後三時ごろ、肥田浜五郎・古縄亥吉郎（不詳）・中島兼吉ら三名がフリシンゲンからドルトレヒトにやって来た。この三名は赤松と共に造船所及び諸方を見物した。

十六日、くもり。風雪。この日、赤松は終日肥田らを諸方に案内し、風車などを見学した。夜、肥田らを連れてボードワァン宅を訪れ、夜一時ごろ帰宅した。

十七日、くもり。北風。この日ハーグでは国王の母の埋葬式が行われた。おびただしい参列者があったらしい。赤松は午前十時ごろ肥田らと共に造船所へ出かけ、いろいろ検分したのち、十二時ごろ肥田らと蒸気船に乗り、キンデルディクに赴き、懇意にしているクロースの造船所やフォップ・スミットの造船所などを見学した。が、すでに夕方近かったのでクラリンゲン（地名）を訪れることを後日に延ばし、キンデルディクより蒸気船に乗り、ロッテルダムへ向かい、同夜当地の「バットホテル」に投宿した。

十八日、くもり。赤松と肥田ら（?）は、午前十時にロッテルダムの住人シーモンス宅を訪れたのち、同人の案内で一同十一時ごろ馬車で、クラリンゲンにある同人の染物工場を見学した。それよりカペレ・ア・デー・イイセル（Capelle A / D Ijssel――ロッテルダム郊外）にあるビュルフマンスの製鉄工場を見学し、午後三時半ごろバットホテルに戻った。ホテルで夕食をすませたのち、一同はロッテルダムを発ち、夜九時半ハーグに到着した。赤松は同地に泊った。

十九日、晴。榎本・赤松らは肥田らが泊っているホテル（ホテル名は不詳）に赴き、いろいろ協議をこらした。造船所建設に必要な機械の購入、江戸湾に予定されている造船所や製鉄所建設のための場所の設定などについて話し合い、夕方より芝居見物に出かけた。

沢の下宿先の主人ベフトは、こんど銃砲製作上のことについて検査を行うため、ベルギーに行くことになったので、沢も銃砲の製造工場を見学したいと思い、教師のディノー海軍大尉や取締の内田にはかってみたところ、いずれも賛意を示してくれたので、この日、ベフト夫婦とともにハーグを発った。

ベフト夫妻と沢は、午前七時の汽車に乗りハーグをあとにした。ベフトの妻が同行したのは、フランス語に通じており、通訳の仕事をしてもらうためであった。ハーグを発った一行はまずロッテルダムに行き、同所から蒸気船に乗り、ムウルディク（Moerdijk――北ブラバント州の村、ブレダの北西に位置す）に出て、そこから再び汽車に乗り、アントウェルペンを通過し、午後二時にブリュッセルに到着した。

沢ら一行は「北駅」（Gare du Nord）で下車したが、沢によるとブリュッセルまでの所要時間は、パリから七十六時間、ロッテルダムからは二十九時間であったという。沢がこの大都会に第一歩をしるした時、まず驚嘆したのは立派な家が立ち並んだ町並、清潔な道路や美しい公園があることであった。沢はブリュッセルの印象を「市街ニハ豪商紳士ノ立派ナル家々一面ニシテ道路ノ清潔公園ノ美麗ナルハ驚ク程ナリ」(「幕府軍艦記事」)としるしている。

沢らは午後二時半ごろ「ホテル・デ・スウェー」(Hôtel de Suéde のことか?不詳)という二流ホテルに投宿した。代金は一人三フラン五十サンチームであったが、沢の部屋は二階の十号室で、ホテル代は朝食込みで五フランであった。沢とベフト夫妻は旅装を解くと、早速ホテルの食堂へ行き、定食《ターブル・ドオート》を注文した。沢は午後五時すこし前に食事を終え、自分の部屋で休んでいると、ベフト夫妻がやって来て、これより市中の散歩に出かけるが、「シント・ヒューベルトの勧工場《パッサージ》」を見物しに行こうと誘われた。これは一八四七年にクリュイセナール(Cluysenaar)の計画に従って造られた商店街のアーケード、すなわち Galerie St. Hubert《ガルリー・サン・ユベール》(長さ二百三十四ヤード、幅二十六フィート、高さ五十九フィート)のことである。サン・ユベールのアーケードはモンタニュ街(Rue de la Montagne)の入口に位置している。午後六時半ごろベフト夫妻と遊歩に出た沢は、この拱廊状の通路に並んだ商店街やガス燈に感嘆し「此ノバッサージ《ママ》(通路《パッサージュ》)ハ其頃和蘭国ニハ未タ其設ケ一ケ所モナシ、予ハ尤《もっと》モ珍ラシキ事ニ思ヒ其場所ニ至リ見ルニ諸ユル商店軒ヲ並べ、道ノ両側見世先ニハ数多ノ瓦斯燈ヲ点シ実ニ不夜城トハ此事ナルベシト賞歎セリ」とのべている。拱廊には商店の外に劇場やカフェや居酒屋やトイレなどがあったが、沢がもっとも驚嘆したのは水洗トイレであった。

此所ノ道路巾《はば》ハ凡《およ》ソ六間程ニテ長サハ四十間近クト推測ス、其内部ニハ諸商店ノ外ニ劇場アリ、「カッフエイ《ママ》サンタン」アリ、「エスタミ子ー」アリ、其中最モ驚キシハ便所ニシテ其構造ハ入口我邦ノ湯屋ノ景状ニシテ小便所ノ下部ハ滝ノ如キ流水ヲ以テ汚物ヲ流シ、尤モ清潔ヲ極ム、此便所内部ニハ番人アリテ一人ニ付「二サンチーム」ヲ払フ事ナリ(「幕府軍艦記事」)。

沢のいう「カッフェイサンタン」はCafé-Chantant《カフェ・シャンタン》（音楽や余興付きのカフェ）のことであろう。「エスタミ子ー」はestaminet《エスタミネ》（居酒屋）の意である。サン・ユベールの商店街を見物した沢は、ベフト夫妻よりアーケード内の劇場「テヤートル・シント《ママ》ハヒューベルト座」（後年のThéâtre des Galeriesのことか？）に入ろうと誘われたが、芝居を観てもとても台詞は理解できないので、むしろ、ブリュッセル一番の劇場を見学して話の種にしようと思った。そこで沢が入場料をもつ約束で、「ラ・モ子ー町ノ『テヤートル・ローヤル』座」に行き、一人五フラン払ってバルコニー席でオペラを観劇した。

この劇場はモネー広場（Place de la Monnaie）に面した「テアトル・ロアイヤル・ド・ラ・モネー」（Théâtre Royal de la Monnaie）のことであろう。いずれにせよ、沢はバスコ・ダ・ガマを主人公としたオペラを観、役者の立派な衣装や美声に感嘆したのち、夜十二時四十分ごろホテルに帰った。

二十日、ハーグに在留している赤松は、肥田と榎本を連れてミュルレル（不詳）宅を訪ねたようである。

またこの日、沢は午前八時すぎ、ベフトの取引先でもある小銃の弾薬製造工場を訪れ、機械の動き、巧妙な装置に驚嘆した。午後五時、沢はベフト夫婦とともに「北駅」より汽車に乗車し、リエージュ（仏語Liège、フラマン語Luik——ブリュッセルの東南東九十キロ、ムーズ川沿岸の町）に向けて出発した。沢によると、当時のリエージュの人口は約九万六千であったという。三人を乗せた汽車は午後十時ごろ、「スターシオン・デ・ギーユマン」（Station des Guillemins——ムーズ川左岸の駅）に到着した。沢はこの町の二つある駅について「午後十時ニ「スタチョン《マ》・ギ《マ》リエミン」ニ到着ス、此停車場ハ「マース《ママ》」川ノ左側岸ナリ、尚ホ一ケ所停車場ハ「ロングドー」（Station de《スターション・ド・》 Longdoz《ロンド》）ト称シ川ノ右側岸ニアリ」（「幕府軍艦記事」）と述べている。

沢が同夜、「我等『ホテル・デ・ローロップ』ニ旅宿ス」といっているホテルは、アマル街（Rue Hamal——ギーユマン駅から約二キロの地点）にあるHôtel de L'Europeを指すものと思われる。

二十一日、ハーグは明け方に雪が降り、川の水も凍った。赤松はこの日もハーグに逗留した。一方、リエージュで一夜を明かした沢らは、午前中、一日に小銃を千二百挺も製するというオール・シャトー街（Rue Hors Château）にあるレパージ氏（不詳）の大きな工場を見学した。それより銃器製造業者シモン宅を訪れ、各種の小銃を見せてもらったが、沢はこのとき初めて「十二発繰出し元込小銃」を実見した。シモンはベフトと懇意であったので、沢はその知遇を受け、昼食などごちそうになった。午後二時すぎ、沢らはシモンに案内されて「カジノ」というクラブに行った。沢によると、同クラブは建物も立派な上に、庭園も広く、すばらしい景色が見渡せたということである。クラブの会員は小銃工場の持主、小銃製造師、市内のホテルの経営者など、市の相当な資産家などで占められている。午後五時、沢はベフト夫婦と一緒にホテルに戻って夕飯を食べ、夜に入ってルモニエ（Lemonnier――沢らのホテルに近い）のアーケードを見学し、同商店街にある「カッフェー・デラレ子ーサンス」（不詳）に入って、ベフトとビリヤードをやった。

二十二日、ハーグは晴、しかし膚寒かった。赤松はこの日もハーグに逗留した。一方、リエージュの沢は、午前八時にベフトと一緒にシモン宅を訪れ、同人の案内で「炭素焼工場」に行き、その方法など一見した。沢らは正午にホテルに帰り、定食を食べたのち、午後三時ごろ小銃製造所「ナーハーン」宅を訪れ各種の小銃を見学した。それより同人の案内でダマスク鋼（刀剣用の鋼）の工場を訪れ、鋼鉄の配合と焼き入れ方法を見学した。ナーハーンもベフトと懇意であったから、沢も大いに供応を受け、夕飯は同人宅でごちそうになった。沢らは夜十一時にホテルに帰った。

二十三日、ハーグは晴。この日も昨日同様寒かった。赤松は榎本と田口を伴い、午前十一時にハーグを発ち、ドルトレヒトに帰着した。榎本も田口も赤松の下宿に寄ったが、両人はベルヴューー・ホテルに投宿し、同夜、三人は同ホテルで夕飯を食べた。赤松は夜十一時ごろ帰宅した。

この日ベルギーは明け方より雪が降り、寒さも厳しかった。沢は午前六時にベフト、ナーハーンの弟（案内役）らと共にギーユマン駅を発し、ナミュール（Namur――蘭語Namen《ナーメン》――ベルギー中南部、ブリュッセルの南東六十二キロ）にあるポール・マルランの鉄工所を見学に赴いた。沢によると、当時ナミュールの人口は約二万六千であったという。

沢らは午前八時十五分に鉄工所に到着し、直ちにポール・マルランと会い、鉱山と製鉄工場等の見学許可を求めた。沢によると、同製鉄所は鉱山のふもとにあり、長さ二十二、三町（約二千数百メートル）、横幅六十間余り（約百十数メートル）の敷地にあり、そこには鉛の溶鉱炉も添えられていて、毎日、約二千六百名ほどの作業員が仕事に従事していた。鉱山の左側のはるか向こうには数本の煙突が見えたという。

社長のポール・マルランは、沢が日本人だと聞いて大変珍しく思い、いろいろ沢に質問を浴びせかけたが、社長はオランダ語を解さないので、ベフトとナーハーンが通訳した。幸いマルラン社長は沢ら一行を懇切に扱い、製鉄所内の案内を自ら買って出、坑内の案内には鉱夫副主任の「ジャムソン」をつけてくれた。沢はベフトと共に鉱夫の衣類を借りて数十丈の深さの坑に入り、坑内の見学を終えて表に出たときは、午後一時を過ぎていた。

会社の応接間には社長とナーハーンの弟が沢らの帰りを待っていた。社長は「今日は雪が降っていることでもあるし、溶鉱炉の御案内は明日にいたしましょう。これより昼食を差し上げたいので、本館にお出で下さい」といったので、一同、本館の食堂に出向いた。そこには社長の家族がすでにおり、沢らを出迎えたが、東洋人ことに日本人を見るのが珍しく、家族が列席したのはその見物のためであったようだ。沢は「コレ予ノ容貌且ツ挙動ヲ熟覧セントノ為メナルベシト察セリ」としるしている。

食事が始まると沢は社長の家族より、日本の婚姻や教育の方法等について詳しく質問され、それをベフトとナーハーンの弟が通訳した。午後四時ごろ食事が終わったので、沢らは「ホテル・ハルスカムプ」へ行き記帳した。沢らが旅装を解いたホテルというのは、「オテル・ダルスカン」(Hôtel D'Harscamp)のことであろう。これはランジュ街(Rue de l'Ange)の六十室ほどある古いホテルで、すばらしいレストランと庭園があることで知られていた(135)。夜八時にポール・マルラン社長と外一名が訪ねて来たので、沢は夕食《スーペ》を出し、一同にごちそうした。

二十四日、ドルトレヒトは晴。ナミュールは八寸(約二十四、五センチ)ほど雪が降り積った。この日、赤松は榎本と田口を連れて造船所へ行き、そのあと蒸気磨車《ストームサーダモーレン》と引き上げ船台《スレープヘルリンゲン》を見物した。両人は午後四時半の蒸気船でハーグに帰って行った。

沢らはこの日の午前八時にホテルを出ると、ポール・マルランの工場の事務所を訪ね、そこで社長と会った。マルラン社長は自ら溶鉱炉とその付属の機械室等に案内し、詳しく説明してくれた。午後二時に同所を離れ、ホテルに戻り、四時二十二分の汽車に乗りリエージュへの帰途についた。沢らがリエージュのホテル(名前は不詳)に到着したとき、ナーハーンから夕飯の招待が届いており、ベフトと共に同宅を訪れ、ごちそうになった。夜十一時ごろ帰館した。

なお同夜、沢のもとにハーグの榎本より手紙が届き、出発前に海相カッテンディケに依頼しておいた紹介状——「ヒューウェ」(Huy《ユイ》——リエージュの南西二十四キロ、ムース川畔の町のこと)の火薬工場社長ピルロット宛のもの——が同封されていた。

二十五日、ベルギーは快晴。ベフト夫婦はこの日ハーグに帰らねばならず、よって沢はホテルで同夫婦と別れ、午前八時発の汽車でユイに向かった。沢はリエージュ州南西部のこの工業都市について「『此ヒューエー』町ハ『ロイク』(リエージュ)ト『ナーメン』(ナミュール)トノ中央ニシテ『マース』河ノ両岸ニ商店アリ、人口ハ一万一千ト云、此土地ニハ数多ノ諸器械ノ設ケアリテ烟突ハ無数ニシテ林ノ如シ、此所ニ厳重ナル古城アリ、大石ヲ以テ築キシモノナリ、今ハ砲兵ノ屯所トナレリ」と述べている。

旧市街はムーズ川の右岸に位置し、なかなか風光明媚の地であるらしい。沢は「古式ノ欧羅巴《ヨーロッパ》城廓ヲ見シハ此時初テナリ」としるしているものは、一八一八年に築かれた砦(ムーズ川の段丘にある)のことである。この城塞は一八九二年に補強されたという。沢はユイの駅(「ユイ北駅《ノール》」か?)で下車すると、駅前で客を待っている馬車をひろい、直ちにピルロットの火薬製造所に向かった。社長に面会を乞い、海相カッテンディケの紹介状を差し出すと、応接間に案内された。数分後、ピルロット社長が出て来、ていねいな応対を受け、直ちに製造工場の方に案内された。社長はオランダ語も巧みに話したので、説明もよく理解できた。沢は工場内をくまなく見学させてもらうことができたが、見学したものは硝石精製所・硫黄蒸留所・火薬乾燥所などであり、どれも初めて見るものばかりで実に感服したと述べている。

火薬工場の一覧を終えたとき、午後一時をすぎていた。沢は事務所に戻り、社長に礼を述べて辞去しようとすると、もう一日滞在を延ばしゆっくりしてゆくように云われた。沢は、都合があって今日はぜひともオランダの方に帰らねばならぬ、というと、それなら昼食だけでも食べてから出発されよ、としきりに引き留めた。沢は社長の好意をうけ、同人宅へ行って昼食をごちそうになるのだが、ここでもナミュールのポール・マルラン宅のときと同じように、ピルロット社長の家族ばかりか支配人の妻や娘までが沢の到着を待っており、一緒に食卓につくはめに陥った。東洋の珍客をひと目家族たちに見せてやろう、といった社長の意図がありありで、沢も見世物になっていることを実感し「コレ全ク我ヲシテ見世物的ノ境遇ヲ蒙ラシム」としるしている。

昼食後、沢は社長にていねいに礼をいって直に駅に向かい、午後三時の汽車に乗り、六時ごろアントウェルペン(蘭語Antwerpen、仏語Anvers《アンヴェール》――ブリュッセルの北四十七キロ、河港都市)の中央駅(Midden-Statie)に到着した。沢はケー・ファン・ディク(Quai van Dyck――スケルデ川畔に位置、大寺院《カテドラル》に近い)の「オテル・デュ・ラン」(沢は「ホテル・ヂュ・ライン」と記している)Hôtel du Rhin(不詳)に投宿した。沢によると、同ホテルは河岸《ケー》にあって景色のよい所であったという。沢は夕食後、ヴァリエテ座(Théâtre des Variété――メイル広場〔Place de Meir〕

に面した所に位置）に行き、芝居（「歴史狂言」）を観るのだが、この日のせりふはフラマン語であったにもかかわらず、ハーグで同じ芝居を何度も観ていたので、よく理解でき、かつおもしろかったとしるしている。また沢が『アントウェルペン』ニハ『シータデル』ト称スル有力ノ築城アリ、時間ナキ故見物セズ」といっているものは、かれが泊ったホテルの向こう岸（スケルデ川の対岸）にある「フォール・ド・ラ・テート・ド・フランドル」(Fort de la Tête de Flandre）のことを指すものと思われる。

この日の午後、ドルトレヒトの造船所で重大な事故が起り、作業員一名が死亡した。赤松の「留学日記」には次のようにある。

昨廿五日（陽暦）午後御誂軍艦（開陽丸）に仕事せる当国之職人セ・デ・メールといへる者コイルデッキ（不詳）にて槌《つち》を以て楔を打込んとせる処過て足を踏外し船内サードホウト（側面板？）の上に逆に落る、憐むへし、即死、此男其前日四拾歳の祝をなせりといふ、妻子を残す。

(132)　『赤松則良半生談』一九〇頁。

(133)　ヴァルテルス・ド・フレメリー（Walterus de Frémery）は、一八一八年三月二十日北ブラバント州メーヘン（Megen）で生まれ、一八七五年三月三十一日ハーグで亡くなった。軍歴は次のようなものである。一八三四年十一月十六日、少尉候補生二等。一八三八年十月一日、少尉候補生一等。一八四二年十月一日、海軍中尉。一八五三年一月一日、海軍少佐。同年五月一日から一八七五年三月三十一日まで海軍砲術監督官も兼ねた。一八五七年一月一日、退官。一八六二年九月二十四日、海軍中佐（肩書だけ）。一八七〇年四月三日、海軍大佐（肩書だけ）。

(134)　この観測所は一八四八年から活動しており、住所はユトレヒト、ゾンネンブルフ二番地である。現在はユトレヒト大学の所轄となっている。

(135) ベディカー『ベルギー・オランダ』(Karl Baedeker : Belgium and Holland, 1910) の三二一頁。

赤松らの留学延長願い

三月二十六日、この日の空模様は、ドルトレヒトがくもり、雪であり、沢のいるアントウェルペンも雪が降り、非常に寒かった。

沢は中央駅より午前七時発の汽車に乗り帰途についた。途中、ローゼンダールの駅の税関で手荷物の検査を受け、午前九時二十分ムウルディクに到着した。ここで下車、蒸気船に乗り換え、午前十一時にロッテルダムに到着し、それより再び汽車に乗り、午後一時五十分ハーグに帰着した。ハーグ到着後、沢は内田・榎本・ディノー海軍大尉・フレデリックス宅等を逐次訪れ、帰着を報告した。

二十七日、この日、マーストリヒト(Maastricht――オランダ南東部、ドイツのアーヘンの西三十七キロ)より、かねて沢がディノー海軍大尉の紹介で製作を依頼しておいた「バルリスト《マ》・ペンヂ《マ》ュルム」(ballist pendulum――弾丸の速力を測る器械)が出来上ったので、この器具のことに詳しい士官が一名、説明かたがた内田宅に注文品を届けに来た。内田・沢らは陸軍士官の説明を聞き、器械の扱い方をひと通り理解した。沢によれば、弾丸の速力や火薬の強弱を知った日本人は、われわれが最初であるという。

また同日の赤松の手帳によると、大野弥三郎は主人筋の越前家に金子借用の願書を出し、職方両人(大川・中島らか?)も御料(給与)の増額を願い出たとある。またこのころ職方はまだオランダ語の授業を受けていたようで「職方三人之者月々御賄料并先月分蘭語稽古料、但し弥三郎分は貳ケ月分」(傍点引用者)とあるところからも判る。

二十八日、晴。赤松は終日下宿で過ごした。

二十九日、晴。この日は日本の節句に当たり、赤松はいつものように知り合いのオランダ人を招きごちそうをし、上巳《じょうし》（桃の節句）を祝った。

三十日、晴。寒さは少し和らいだ。この日バタビアより便りがあり、同地が平穏であることを知る。

三十一日、この日、ハーグの沢・内田・榎本らは、ディノー海軍大尉に案内されてデルフトの銃砲実験所に赴き、バリスト・ペンデュラムの実地伝習を受け、同器具の使用法及び計算方法等を学んだ。

四月一日、くもり。赤松は終日下宿で過ごした。

六日、くもり。小雨が降り、寒かった。赤松の知人へイスベルト・ホーデンペール（士官）の妻が今晩五時半に男子を出産したので、手紙をもってこれを祝した。ホーレン・ヒップス（不詳）は、昨日より風邪とのことで自宅に引きこもっていたが、この日、赤松のもとに痘瘡であるとの連絡が入った。赤松はこの知らせに驚き、早速見舞いに赴いた。

八日、快晴。ドルトレヒトは昨日まで、日本の極寒のような寒さであったが、昨夜十二時ごろから雨が降り出し、今朝やんで快晴となった。しかし、空模様は急変し、急に暖かくなり、日本の四月中旬の陽気を思い出させたという。

九日、快晴。赤松は午前中、造船所へ行き、上田を訪ね、午後五時から七時まで、ヒップスと馬にまたがって近在を乗り回した。なお、この日は日曜日でもあったので、妻子を連れて市内を遊歩する者が多く、まるで市《いち》のようであったという。

十日、午後、赤松は造船所よりボードワァンの製鉄工場を訪れ、これを見学した。夜八時すぎ、ピートル（不詳）宅を訪れた。

十四日、夜来の雨、今朝やみ、快晴となる。赤松は頭痛につき外出せず、下宿で過ごした。この時期、赤松の「留学日記」に外国事情についての記事がひんぱんに出てくるが、英字新聞をよく読んでいたようである。この日、米国大統領リンカーンは狙撃され、翌日死亡した。

十五日、晴。気温華氏六十三度（摂氏十七度）。赤松は「長閑にして彌《いよいよ》春景色となる」としるしているが、だんだん春めいて来たのであろう。赤松は午前、午後とも下宿で過ごし、夜七時すぎコイプルス（不詳）宅を訪れた。

十六日、快晴。この日はキリスト教の「復活祭《パースダハ》」（Paasdag）に当たり、赤松によると、信者は早暁に寺院に出かけ、夜は家族と共に祭日を祝うという。市中は森閑としていた。

十八日、この日、赤松はファン・ホーフェン（不詳）宅を訪れた。

二十一日、晴。赤松は午前、午後を下宿で過ごし、夜に入ってファン・ホーフェン宅を訪れ、金星・天王星をみた。夜十一時ごろ、ハーグの榎本より手紙が来た。

二十二日、快晴。気温六十八度（摂氏二十度）。この朝、榎本より赤松のもとに再び手紙がきた。赤松は、去る三月二十五日に造船所で事故死した職人セ・デ・メールの家族に対する慰籍料百フルデンを代って手渡して欲しいと、榎本より頼まれた。榎本は骨折したためにドルトレヒトに出向けなかったようである。また故国日本のニュースも添えてあって、軍艦奉行の勝安房守（のちの海舟）が御役御免となったこと、御軍艦所の改革、小栗上総介と石野民部らが御軍艦奉行に任じられたことなどを伝えていた。また赤松はこの日、ホイヘンス・ファン・オード（不詳）の来訪を受けた。

二十三日、快晴。気温七十度（摂氏二十一度）。赤松は終日下宿で過ごしたものか、「留学日記」には記載はない。

二十四日、快晴。気温六十九度（摂氏約二十一度）。赤松はこの日ホーレン・ヒップスより「キリム合戦之書」（不詳）を借り受けた。夜八時ごろ、造船所の職人バース・ヨースデ・フリースなる者が、セ・デ・メールの未亡人を連れて赤松を訪れた。赤松は慰めのことばをかけ、日本政府の名をもって百フルデン手渡した。

二十五日、快晴。気温六十度（摂氏約十六度）。午前十一時ごろ、赤松はH・ハンミンク歩兵少佐の来訪をうけた。

二十六日、快晴。赤松は午後、造船所へ出かけた。開陽丸は月曜日よりカップ（不詳）を取りつけ、また船底の穴の閉塞に取りかかったという。ピート《(ピィーテル?)》・ヒップスの妻が大病をわずらい、危篤に陥っていることを知る。

二十七日、快晴。ここ一週間ほど暖かな陽気がつづいたが、昨日の午後から急に寒くなり、オーバー《(オーフエルヤス)》なしでは外出できなくなった。午後、ヘンネップ少佐の来訪をうけた。

二十八日、快晴。午前十一時ごろ、赤松はピート・ヒップスの妻が死去したことを伝聞にて知り、早速、弔文を遣わした。

二十九日、快晴。再び暖かくなる。赤松の「留学日記」と「手帳」には三十日まで記載はない。

五月一日、快晴。赤松は、先頃暗殺されたリンカーン大統領の犯人を捕えたものには政府から三万ドル、その他諸方から合わせて五万八千ドルの賞金がかけられたことを、しるしている。

四日、快晴。赤松の手帳には「ハーケ江至ル」とだけある。赤松は六月一日（陽暦）にドルトレヒトを引き払ってアムステルダムに転宅のつもりであったから、家主のフートハルトや馬術学校の方にもその旨伝えておいた。この日、下宿先を決めるため正午の蒸気船でハーグに向けて発った。ハーグ到着後、直ちに内田宅を訪れ、右の計画を伝え、かつアムステルダムまでの往復の旅費の支払いを求めた。また留学期間を延長したい旨も内田に伝えた。それより赤松は肥田浜五郎宅を訪れた。肥田も赤松と共にアムステルダムに転宅することになっていた。

五日、快晴。午前十一時、赤松は肥田と共にハーグを発ち、アムステルダムに赴いた。両人はドーレン・ホテル（Doelen Hotel ――ドーレンストラート二十四番地、現存しない）に投宿し、馬車を雇って諸方に下宿の下見に出かけたが、適当な借家を見つけることができなかった。のちフリシンクの製鉄場を訪れ、ラヂール（不詳）に面会し、夜に入って喜劇を観に出かけた。同夜、ドーレン・ホテルで一泊した。

六日、快晴。早朝、大川喜太郎と大野弥三郎がホテルに赤松を訪ねて来た。それより一同、馬車に乗り、大野の下宿（現在のトーレン・ステーヒ〔Toren Steeg〕七番地）に行った。赤松らは終日馬車を乗り回して下宿を捜したが適当な家が見つからず、やむなく夕方、最終列車でハーグに戻った。赤松は肥田の下宿（不詳）で一泊した。

七日、くもり。赤松はハーグに逗留し、肥田方に厄介になった。午後、肥田・飯田らとスヘベニンゲンに赴き、夕方より芝居を観た。

八日、赤松はこの日もハーグに滞在した。ケルミスが始まり、市内はたいへんな賑わいであった。赤松は肥田宅で一泊した。

九日、赤松はハーグを発ち、ドルトレヒトに帰った。

十日、赤松は終日下宿で過ごした。

十一日、赤松は久々に造船所へ出かけた。

十二日、赤松は終日下宿で過ごし、故国へ手紙などを書いた。

十三日、日本より便りが届いた。赤松は木下（知人？不詳）宛の手紙を書き、ハーグに送った。

十五日、くもり、ときどき雨。午後、赤松は造船所へ行き、それよりホーデンペール宅を訪れた。

十六日、快晴。この日、江戸より書状が届いた。

十七日、赤松の「留学日記」には特記事項はなく、リンカーン大統領暗殺事件に連座した犯人ら十四名の逮捕について詳しくしるされている。これは英字新聞の抜き書きである。

十九日、晴。赤松は再び下宿捜しのためドルトレヒトを発ち、この日はハーグの肥田宅で一泊した。

二十日、赤松はこの日アムステルダムへ赴き、先日手紙を出しておいた下宿屋を下見した。けれどどれもあまり気に入らなかった。ただビンネンカント（Binnenkant）のア・イ・シーフェ宅の部屋（家賃は月三十フルデン）だけがよさそうであったので、大体の話をつけ、委細は手紙で談ずることにした。それよりドーレン・ホテルに行き昼食を食べたのち、入湯し、夜七時半の汽車でハーグに戻り、同夜肥田宅で一泊した。

二十一日、快晴。この日はとても暖かったようで、赤松も「暖気強し」としるしている。午後、内田宅を訪れ、留学延長の件などについて相談した。午後四時にハーグを発ち、ドルトレヒトに帰るつもりでロッテルダムまで来たところ、家主のフートハルトと偶然会い、同人に誘われ動物園に行き夕刻までそこで過ごした。それより夜八時の蒸気船に乗り、ドルトレヒトに帰着した。

二十二日、快晴。昨日よりも暖気強く、この日は暑い位であった。赤松は外出せず、終日下宿で過ごし、荷物をかたづけ引っ越しの準備を整えた。

二十三日、くもりのち雷。赤松は留学延長願を認めたので、それをハーグの内田のもとに送った。日本ではようやく造船工業が端緒を開こうとしていたが、造船所を造り、それが軌道に乗るにはまだ幾多の年月を必要としていた。赤松は、いまここで帰国しても自分が修得した造船学の知識をすぐ実用に供することができるかどうかも定かでなく、かつヨーロッパの造船術は当時変革期にあったので、新しい造船術（スクリュー船）の修学は非常に緊要なことと考えた。赤松は新技術の修得にはもう二、三年要すると考え、留学延長の希望を肥田や榎本にも話したところ、両人も賛意を示してくれたので、「私も心を決し願書を認めて、公式には肥田・内田から進達して貰い、別に肥田・榎本から当時の軍艦奉行伊沢謹吾へ私信を以て願意を容れらるゝやう口添えして貰った」（『半生談』）ということである。

赤松がオランダ滞在を延ばそうとした理由がこれであるが、医学班の伊東玄伯・林研海らも赤松と同じように留学の延期願を提出した。伊東・林らも修学半ばであり、学業が未だ成らずというのが留学延長の主な理由であった。

伊東・林・赤松らの願書は次のようなものであった。

和蘭国江御誂船製造中諸術為研究被差遣候者之内留学之儀ニ付相願候書付

御軍艦奉行

長春院養子

伊東玄伯

御医師　洞海悴

林　研海

和蘭国江御誂相成候蒸気軍艦追ゝ《おいおい》成功之運ひ相成《あいなり》、此節より凡《およそ》半ケ年程も相立候ハ、皆出来可相成趣、就《つい》て者《は》右製造中諸術為研究被差遣候者共之内、書面両人義も右御用済之上ハ一同帰朝仕候筈ニ御座候処、いまた医術充分成業之場合ニモ至リ兼候義ニ而帰朝之上ハ御国於テ其筋学術等伝習仕候事、御軍艦組等とも事替り尚更多事ニ付、今二三ヶ年も引残学習仕候方可然旨学師よりも申立、同人共於ても是迄《これまで》之御恩命ニ対し修業不十分帰朝仕候義、恐入候ニ付、学師申立之通引残留学之義奉願候趣申越候間、書面両人義ハ御誂船皆出来之上外役ゝ帰朝之期ニ不拘、願之通被仰付候様仕度奉願候

外国奉行支配調役並

吉沢源次郎弟

御載艦出役

赤松大三郎

右大三郎義、前同断御用ニ付和蘭国在留仕元来測量主《おもに》学之者ニ御座候処、右御用中造船学等兼学罷在候ニ付、前

書玄伯研海等同様之儀ニ付、学科成業迄ニ三ケ年程留学仕度段、当人願書今便差越候間、是亦《これまた》願之通学被仰付候様仕度奉存候

右之趣《おもむき》和蘭国在留之御軍艦頭取肥田浜五郎并取締役内田恒次郎等より此程書状を以申越候ニ付、勘弁仕候処、書面三人之者義ハ業前《わざまえ》熱心勉強仕候志より苦学をも不相厭《あいいとわず》右様留学之義願出候義ニ而追て成業ノ上ハ抜群御用立可申と見込罷在、僅《わずか》両三年之差ニ而十全御役ニ可相立《たつべきはず》者共修業半途にして帰朝為仕候ては出格之訳を以被差遣候御趣意も貫通不仕義と残念之次第ニ付、当人共願之趣至当之義と奉存候間、何れも前文申上候通留学之義被仰付候様仕度、尤《もっとも》御誂船出来期限も差迫、彼地出帆前御沙汰之趣不申遣候ては行違不都合相成候間、急速御下知御座候様仕度此段奉願候、以上

また赤松自身が書面をもって願い出た留学延長の願書の草稿が残っており、その主な要点だけを述べると次のようになる。オランダに発注した軍艦はほどなく完成し、われわれ留学生もそれに搭乗して帰国する手はずになっている。われわれが外国に派遣されたのは、国家の財貨を倹約する上からも、将来自力で軍艦が造れるようになるためであるが、学業半ばで帰国して、造船の仕事についても成功するかどうかはなはだ疑しい。いうまでもなく蒸気機関の製造工場・船渠・製鉄所・諸器械がなくては軍艦は出来ないし、ヨーロッパ各国では軍艦建造の変革期を迎えようとしている。新しい造船技術を修得させるために、新たに人をヨーロッパに遣わしても、風俗習慣に暗いばかりか語学の問題があるので、何カ年間は無駄に時を費やさねばならない。当然、経費がかさむことになる。われわれは多大の出費もいとわず外国に派遣された者であるが、格別の御高配により、もう二年ほどオランダで研修させていただきたい。取締役の内田恒次郎からも、医師の伊東・林らの留学延長の件について願いが出されると思いますが、同じように聞き届けていただきたい。

赤松の留学延期願の原文は次のようになっている。

私義和蘭国江御誂御軍艦製造中、諸学研究之為御差遣し相成候処、元来御軍艦操練所ニ而は造船学科を心掛候者乏しく、且先年長崎表ニ而蘭人ゟ伝習受候御軍艦乗組も僅か拾余ケ月之事ニ而、斯く広学之学科充備致し候者無之義ニ付、私義当和蘭在留中御誂御軍艦製造方立会、旁《かたがた》師範を受是迄研究罷在《まかりあり》候処、御誂船最早近々出来当地開帆相成候ニ付、逗在之年限既に相充、右御船江、乗組帰国不致候ては不相成義ニ御座候、扨御軍艦之義は御倹約并御国財を他国江不散か為、向後外国江御誂無之《これなく》、御国地にて自在に御打建可相成御趣意を以て私共御遣し相成候処、御誂御軍艦江乗組帰国致候様相成ては、在勤中僅か之年数中々以て成業致し難く、帰府之上造船之事ニ就《つき》万端引受打建候義無覚《おぼつか》束《なき》次第ニ御座候、将又《はたまた》以来御製造相成候は蒸気御軍艦に可有之、左候ハヽ、蒸気器械製造所無之候ては、御軍艦出来《でき》兼《かね》候事勿論、右御趣意に依て、肥田浜五郎蒙仰、当和蘭江出張器械御買上方取計、江戸表近在江製造所修復所等御取建之義被仰出候得とも、是等実に広大之御目論見、惣《すべて》御出来迄ハ尚三ケ年余引続可申候故、私義只今帰国致し候共、御国内に御軍艦建製之台楚《ママ》ニ相成候器械相整居不申候間、学ひ得候者実地江難施《ほどこしがたく》、手を束《つかね》て製鉄所出来を相待候のミに可有之、且前文申上候通学術成業致し居不申義ニ付、極て善良之御軍艦打建之程是又御《お》請《うけ》申上兼《かね》候、加《しかの》之《みならず》、近来は欧羅巴《ヨーロッパ》各国軍艦製作方変更之折柄、此後如何様なる弁利之物発明致し可申も難計《はかりがたく》、唯今欧羅巴を離散致し候時は、僅か両三年之事を以て学術に至り候ては実に復し難き後れと相成可申、旁《かたがた》肝要之時節御入撰之者新に江戸表より御仕立、新規発明相成候製造方研究之為御遣し相成候とも、欧羅巴ノ風習に暗く語学に乏《とぼしく》敷、両三年は無益に費可申候のミならす、自然御入用も相嵩ミ候義彼是《かれこれ》御為不宜《よろしからざる》義と奉存候、私義遠国大切之御用被仰付《おおせつけられ》、御費を不被厭《いとわせられず》御遣し相成候事故、修業半途にて帰国致し候は実以て本意ニ無之候、依之可相成《あいなるべき》義ニ候ハヽ、何卒出格之思召を以御誂御軍艦出来後、尚二ケ年程和蘭在勤之年限御引延し被仰付候様致し度候、幸《さいわい》当時医学所より在勤致し居候伊東玄伯林研海両人之義ニ付、内田恒次郎ゟ願立候趣も有之候間、右と一同御進達相成候様仕度《つかまつりたく》、此段御取計之程偏ニ奉願候、以上(136)

なお、伊東・林・赤松ら留学延長を希望する者たちは三名連記で、三カ年分の諸経費の見積書を内田恒次郎に提出している。

一、月々の下宿代・旅費・賄料（一カ月一人八十ドルの計算で）……八千六百四十ドル
一、御手当金（伊東・林――一カ年一人九百二十ドルとして三カ年分）……五千五百二十ドル
一　御手当金（赤松――一カ年六百五十六ドルとして三カ年分）……千九百六十八ドル
一　修業料（一カ年一人四百八十ドルとして三カ年分）……四千三百二十ドル
一　帰国の旅費（一人九百八十ドルとして三人分）……二千九百四十ドル
一　非常用の金……一万ドル
　　計　三万三千三百八十八ドル

赤松の「留学日記」の記載は五月二十四日（慶応元年四月二十九日）をもってすべて終わっている。

（136）『幕末和蘭留学関係史料集成』八三九～八四〇頁。

アムステルダムでの留学生

二十六日、この日、赤松のもとにハーグ在住の肥田より電報が届いた。

二十七日、赤松は肥田からの電報により、正午すぎロッテルダムへ赴き、同夜、同地で一泊した。

二十八日、赤松は、正午にロッテルダムを発ち、午後一時半にドルトレヒトに帰着した。

二十九日、赤松は午後造船所へ行った。

三十日、この日、赤松は荷物を残らず蒸気船に積み込み、アムステルダムに送った。

六月一日（木曜日）〔慶応元年五月八日〕——この日、赤松はドルトレヒトの下宿を引き払い、上田寅吉とともにアムステルダムに居を移した。赤松と上田はドルトレヒトを正午に去り、午後三時ごろハーグに到着した。両人は同夜ハーグで一泊した。なお、古川庄八と山下岩吉はドルトレヒトに残り、「檣を樹て、ヤード（帆桁《げた》）を掲げ、錨を用意するなど艤装を整へることに従事して後、開陽丸と共にフリシンゲン（Vlissingen）に移った。此地はライン河口に位し和蘭海軍造船所の在る所で、開陽丸の大砲も既にクルップ会社から送って来て此所の倉庫に格納されてあった」（『半生談』）ということである。しかし、古川と山下はいつごろドルトレヒトに移り住んだものか明らでない。

二日、赤松と上田は、午前十一時にハーグを発ち、午後二時ごろアムステルダムの新宅（Binnen Amstel y. 93.—現在のアムステル百八十番地）に着いた。両人は途中でハルマンスという者と知り合いになったということである。

赤松によると、当時のアムステルダムは人口約三十万ほどの堂々たる大都会であったという。赤松が新たに間借りすることになった下宿について、かれは『半生談』の中で次のように語っている。

　私の下宿した所はビンネン・アムステル・ストラート（Binnen Amster Straat）に在って河に面し門口まで馬車の横付になる三階の石造家屋で、夫婦に二十歳位と十六、七歳の一人娘が居った。

筆者は最初この一文を読んだとき、赤松の下宿というのは、いかめしい門構えの家の印象をうけた。が、じっさいはアムステルダム市内のどこにでもあるような平凡な家であることを知った。建物は trapgevel《トラップヘフェル》（段々状の切妻の意）の付いた四階建（五階は屋根裏べや）であり、外壁に“A。1616”といった、この家を建てたときの年号が刻まれている。「段切妻」の建物は主として一六〇〇年から一六六五年ごろまで造られたものらしい[137]。オランダの家屋は切妻《ヘフェル》の形をみれば何世紀ごろのものか判るのである。

赤松の下宿
（アムステルダム・筆者撮影）

赤松の下宿はレンブラント広場に近い Blauwbrug（“青い橋”の意）よりアムステル川を北に沿って一、二分のところ、橋の角の家から九軒目の建物——ワーヘンストラート（Wagen straat）とアムステル（Amster）川岸とが交差する角にある。赤レンガの古い家であり、その前は現在市電（九番）が通っているが、昔は馬車も時折通ったことであろう。アムステル川に面して石畳の路がつづいており、美しい楡の並木がある。人通りも少なく、時々、静寂を破るように市電の「チリン・チリン」といった警笛が聞えてくる。……

『半生談』には下宿先の主人夫婦や子供たちの名前まではしるされてないが、それらは戸籍（「住民登録」）から明らかになる。次に同居した家族の氏名・生年月日・生誕地等について述べてみよう。

主人の名………ハマースフェルト・アントニオ・ヤコブス Hamersveld Antonio Jacobus（一八〇六年十月二十五日、アムステルダム生まれ）

妻の名………ハマースフェルト・ワゥテルス・コルネリア Hamersveld Wouters Cornelia（一八一七年四月七日、アルンヘム生まれ）

長男の名………ハマースフェルト・ヤコブス・アントニ Hamersveld Jacobus Antonie（一八四六年十一月二十二日、アムステルダム生まれ）

次男の名………ハマースフェルト・ヨハンネス・フランシセンス Hamersveld Johannes Francisens（一八四九年九月二十八日、アムステルダム生まれ）

長女の名………ハマースフェルト・ヨハンナ・アルノルダ Hamersveld Johanna Arnolda（一八四八年一月十一日、アムステルダム生まれ）

主人家族は三階に住み、屋根裏べやは子供たちの寝室と物置に当てられていた。家主は一階を別人に、二階を赤松に借していたのである。赤松は借り受けた部屋・家賃・賄いなどについて「私の部屋は寝室・居間・便所付洗面所の三室で、ドルト（ドルトレヒト）の家よりはズット劣っていたから割高で、暖炉は家主持で一箇月三十ギュルデンの定めであった。食事は固《もと》より別で、朝は麵麭《パン》にハムが一片といふ簡単なものを娘が運んで呉れる。昼食も同様で、夕食には子供が鈴《ベル》を鳴らすのを合図に三階へ登り家族と卓を共にした。尤も晩餐を下宿で執ったのは僅かの間で、後には大概外出して旅館《ホテル》のタブル・ゾット（公開食堂）ですることにした」と述べている。

赤松が数年間身を寄せたこの家は八、九年前に売り立てに出たと聞いたが、今はどうなったであろうか。まだそれほど老朽化していないので今もあるはずである。筆者は先年取材の折に、知人とこの家に入れてもらい、赤松が借り受けていた部屋を実見する機会にめぐまれた。下宿二階の部屋の天井は低く、四方の壁には白いペンキが塗られ、清潔である。部屋の隅には暖炉があって、それは時代物である。赤松がその昔、暗く、わびしい、風凍る冬の夜長をその前で手をかざしながら過ごしたところである。時折は下宿の子供らとも、あかあかと燃える火を前にして語り合った所でもある。窓の外を静かに流れるアムステル川——そこから江戸深川の掘割の水を思い出したことであろう。

三日、この日、赤松は知人となったハルマンスと共に対岸のフルックインワートルラント（不詳）に行った。これはおそらくハルマンス宅を訪れたものと思われる。この日の赤松の手帳の記述に「喜太郎弥三郎来ル、ケイセル《ママ》スコローン」といったくだりが見出せるが、これは後述するカルバーストラート〔Kalverstraat〕七十一番地にあったホテル（レストラン・バー・競売所を兼ねたもの）——「ケイゼルスクローン」（De Keizerskroon——王冠の意）で、赤松が大川喜太郎や大野弥三郎らと会ったことを意味しているにちがいない。

この日（陽暦の三日）から五日までの間に、大川と大野は毎日のように「ケイゼルスクローン」で赤松と会っている。赤松の短い記述（メモ）からは、かれらが話題としたものをうかがい知ることはできないが、お互い修学のことや暮らしのこと、故国のこと、仲間の消息などを話題とし、しばしば食事をいっしょにとりながら歓談したものと思われる。

職方の大川喜太郎がライデンよりアムステルダムに移った時期は定かでないが一八六四年秋のことと思われ、このころウィッテンブルヘルフラフト〔Wittenburgergracht〕九番地に住み、大野は大川と同じ時期にアムステルダムに移り、トーレン・ステーヒに住んでいた。赤松は上田・大野・中島らの移動について「私が上田寅吉を伴《つ》れてアムステルダムに移ると間もなく、今迄ライデンに居った大野弥三郎と中島兼吉とが遣《や》って来て各思ひ〳〵に下宿を定め、上田は私と共に造船所に、大野は精機工場、中島は鉄工場に入り、真黒になって見学・実習に勉強して居た」（『半生

大川の最初の下宿
（アムステルダム・筆者撮影）

談』）と述べている。

　四日、赤松によると、この日からカルバーストラートの「ケイゼルスクローン」[138]で昼食を食べることにしたという。大川・大野・ムアーマンら三人は赤松と同所で会っている。

　五日、赤松はこの日も「ケイゼルスクローン」で昼食をとったが、大川・大野とも会っている。赤松の手帳に「ケイセル《マ》スコ《マ》ローン昼食、喜太郎弥三郎来ル」とあるのはこのことをいったものであろう。

　六月六日から十二日まで赤松の手帳には記載がない。

　十三日、赤松はこの日、海軍造船所《マリーネ・ウエルフ》の頭取デ・フォス宛の手紙を書き、面談を請うた。

　十四日、夕方、ハーグの内田がアムステルダムに来るとのことで、赤松は内田のホテル Hôtel《オテル》 des《デ》 Pay-Bas《ペイイ＝バ》——ドーレンストラート十一番地にあったが、現存しない）に赴くが、同人は外出中のため、会えなかった。が、夜九時ごろ、赤松は内田の来訪をうけた。

　十五日、早朝、赤松はオテル・デ・ペイイ＝バ（〝オランダホテル〟の意）に出向き、そこで内田やファン・トイルと会った。それより赤松は内田と共にオランダ商事会社の博物館を訪れた。午後、内田はアルンヘムの方に出かけた。

　十六日、明日、明後日は〝ワーテルロー祭り〟（Waterloo Feest）が催されることになっており、アムステルダム市内はその準備のため、非常に賑わっていた。赤松は正午にオランダ海軍の造船所を訪れ、提督及び造船所頭取デ・フォス、主任技師ヤンセン等と会った。

十七日、この日、市内でワーテルロー祭りとオランダ女王の誕生日の祝祭が催された。

十八日、ワーテルロー祭り。

十九日、ワーテルロー祭りの催しとして時代行列《オプトクト》があり、市中はたいへんな賑わいであった。夜、赤松は水晶宮《クリスタル・パレス》(139)に出かけた。

二十日、この日の午後二時すぎ、赤松は海軍造船所に赴き、主任技師ヤンセンの引き合わせにより、一等技師カルテンと懇意となった。それより造船所内を一回りした。夜、ハーグより手紙が来たが、江戸表留守宅からの手紙が同封されていた。

同月二十一日（水曜日）から七月五日（水曜日）まで、赤松の手帳には記載がない。

七月六日、伊東・沢らがアムステルダムにやって来た。赤松は両人とともにニューウェ・ディープに出かけた。

七日、赤松・沢らはニューウェ・ディープに逗留した。

八日、赤松らは船渠《ドック》を見物し、翌九日、夜十二時にニューウェ・ディープを発ち帰途についた。

十日、赤松は午前七時にアムステルダムに帰着した。

七月十一日（火曜日）より八月二十日（日曜日）まで赤松の手帳には記載はない。

八月二十一日、この日の赤松の手帳に「今日原田の荷物スワーン船江積入ル、Hotel de Zon helder《ママ》 Nieuwe diep《ママ》」とあるくだりは、原田吾一が帰国命令をうけ、オランダを出帆するまでデン・ヘルダーのホテル・ド・ゾンに荷物を留め置き、この日、船に荷物を積み込んだことを意味している。赤松は「是より先《さき》伊東・林の両医師と原田吾一とは留学延期の願を出したのであったが、原田はそれと行違ひに既に外国奉行から帰朝を命ずる旨の御沙汰を伝へられた後なので、伊東・林と私との三人だけの願が軍艦奉行から慶応元丑年（一八六五年）六月付を以て進達せられ、尋《つい》で其許可を受けた」（『半生談』）と帰朝命令が出たことを伝えている。

原田吾一（のちの陸軍少将）は、開成所教授方手代、陸軍兵書取調出役といった職掌についており、日本陸軍制度の創設について非常に熱心に研究していたらしく、「陸軍将士の服装などに関しても種々考案を廻らして各国陸軍の長所短所を参照して私案の軍服を作り、之《これ》を自ら着用して得意になって居った。ハーグで私と共に写した写真の彼の着服は即《すなわ》ち彼自身創案した陸軍士官服である」と赤松は、原田がすでに日本陸軍の軍服を考案し、かつ自分で工夫した服を着用していたことを伝えている（前掲書）。

原田がオランダに滞在したのはわずか一年数カ月の期間であったから、それほど留学の成果は大きくはなかったかと思われる。いずれにせよ、かれはこの時期、思いを残しながら帰帆の船に搭乗する寸前であったといえる。ともあれ原田への帰国命令は、慶応元年乙丑（一八六五）三月に江戸から発せられ、ハーグの留学生頭取・内田のもとに届いた。

乙丑

以《もつて》書状致啓上候然者《しかれども》昨年中池田筑後守河津駿河守等英仏其外御使御用として仏国都府迄罷越候節召連候原田吾一儀願之趣も有之兵学為伝習和蘭国江差置候旨前同人共より相達貴様江御引渡帰府致し候処今般吾一儀早々呼戻方可《とり》取計《はかりべき》旨因幡守殿御書取を以て被仰渡候間申渡書差進候に付当人江御達早々御差戻方御取計可被成候尤《もつとも》帰航之手続等横浜在留之和蘭公使江引会帆前之便船江為乗組候積り尤も船賃并船中之食料凡三百五拾弗《ドル》程相懸《あいかかり》候趣申聞候間為替に仕組公使付属之書記官江三百五拾弗相渡同人より請取書取之則原書并訳書写差進候間右御一覧之上其筋江御引合等可然御取計有之候様存候就ては当地在留之書記官より委細書状を以て申遣候趣に付不都合筋等有之間《これありま》敷《じく》万一差支之儀も有之候ハ、前書之趣を以て其筋御引合有之候様存候此段可得御意如是御座候以上

三月　　江連加賀守

星野備中守
柴田日向守
田村肥後守
菊地伊予守

文面の主旨は、先年池田筑後守ら日本使節に同行した原田吾一は、本人の願いにより兵学修業のため、オランダに留学することになり、留学生頭取である貴殿に預けられたが、こんど本国に呼び戻すことになった。当人に早速帰国命令を伝え、帰国させて欲しい。帰国の手段については横浜在勤のオランダ公使にはかったところ、郵便船に便乗して帰るよう手配した。帰国の費用（船賃と賄）として三百五十ドル（メキシコドル）ほどかかるが、これは公使館の書記官の方に払ってある。受け取り証を送るので、一覧の上、その筋へもしかるべく取り計らってもらいたい。いずれ在留の書記官の方からも委細を述べた書簡が届くはずである、等々。

また原田本人に対する帰朝命令は次に引くものがそれだが、こんど因幡守様から帰国させよとの命が出たので早々に帰国するよう、帰航の手続等については御軍艦組頭取の内田恒次郎に問い合わせ、とある。

申　渡

原田　吾一

其方儀昨年中仏国都府おいて池田筑後守河津駿河守より為兵学伝習和蘭国江滞在可致《いたすべく》旨申渡置候処今般帰朝可然《しかるべし》旨因幡守殿被仰渡候間其旨相心得早々帰航可致候尤帰航手続等は其地滞在之御軍艦組頭取内田恒次郎江可致問合候

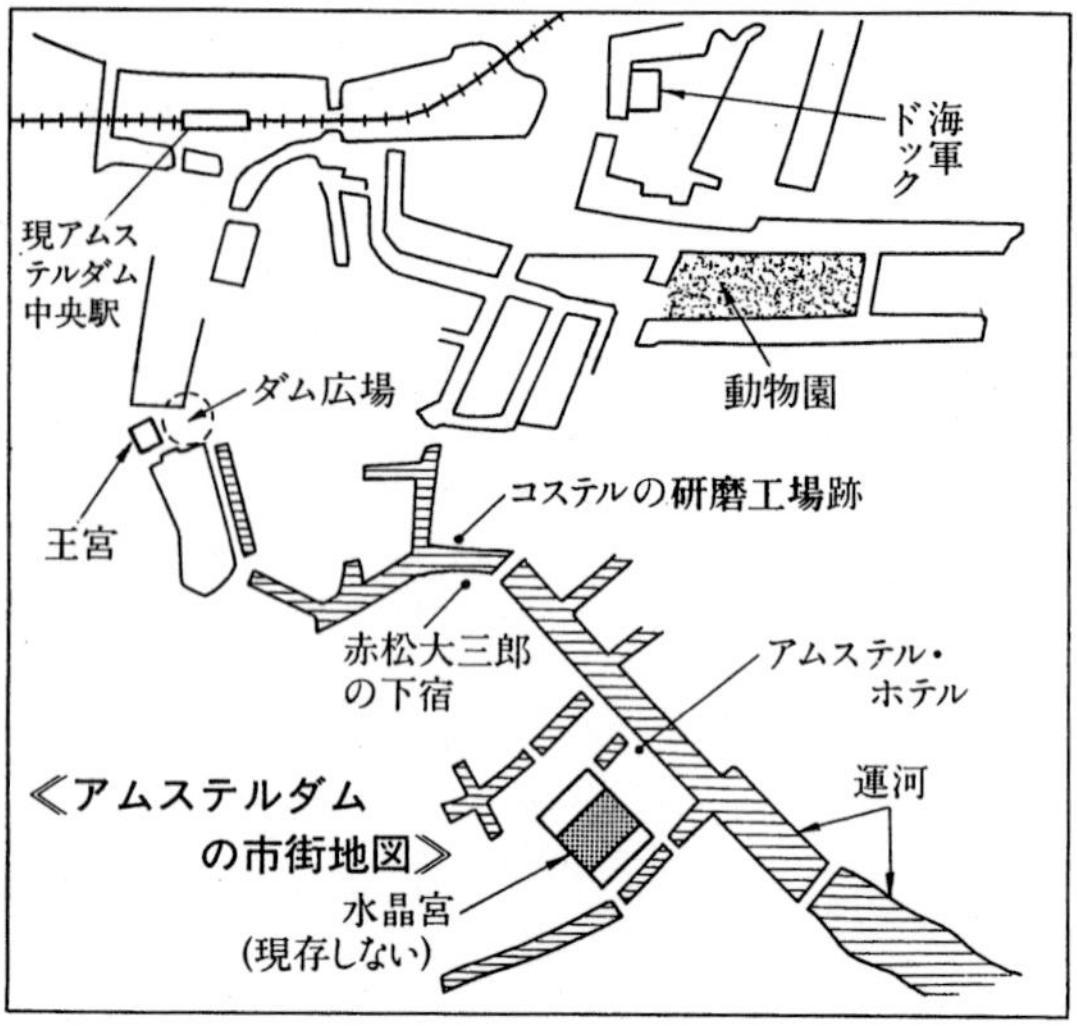

《アムステルダムの市街地図》

二十二日、この日の午後四時、ハーグの原田がボルスト（不詳）とともにアムステルダムにやって来た。赤松は何も述べていないが、原田は同夜当地で一泊したものであろう。

二十三日、朝、赤松はオランダ商事会社へ出かけ、昨日内田から来た手紙の趣を伝えている。赤松は同会社より百ドル受け取ると、それを原田に渡した模様である。おそらく原田が帰航するに必要な小遣いではなかったかと思われる。

二十六日、この日、原田・赤松及びオランダ商事会社の社員ら三名は、アムステルダムを発ちニューウェ・ディープに向かった。

二十七日、赤松は午後四時の蒸気船でニューウェ・ディープを発ち、アムステルダムへ帰った。またかれは帰る際に原田より馬具の代金として百五十フルデン預かった。

二十九日、この日の朝、原田はスワーン船（不詳）に乗り、ニューウェ・ディープを出帆し、帰国の途についた。

三十日、赤松はこの日、上田と大野を連れてニューウェ・ディープへ行った。

三十一日、赤松ら三人は早朝、ウィレムスオールト（ニューウェ・ディープのこと）の船渠《ドック》を見学し、午後は観測所（observatorium）を訪れた。

九月一日、早朝、赤松・上田・大野らはニューウェ・ディープを発ち、午後三時アムステルダムに帰着した。夕方、伊東・林・沢らは飯田を連れてアムステルダムにやって来た。飯田は病気のためニューウェ・ディープの海軍病院に入院することになった。

二日、朝、伊東・沢・飯田ら三名はニューウェ・ディープに向けて発った。林は三人に同行せず、しばらくアムステルダムに逗留した。この日の赤松の手帳に「午後林と同行、ホルクスパレイス并アルチス江至ル」といった記述が見うけられる。「ホルクスパレイス」とはPaleis《パレイス》 voor《フォール》 Volksvlyt《フォルクスフリート》——〝国民工業館〟(水晶宮)——のことでここでは、展覧会、コンサート、芝居などが催された。「アルチス」とは、一八三八年にG・F・ウェスターマン(Westerman, 1807~90)によって造られたアムステルダムの動物園のことである。広さは二十八エーカー。この動物園は、ふつうアムステルダムの動物協会である〝Natura Artis Magistra〟の略字を採って〝Artis《アルティス》〟と呼ばれている。(140)

したがって林と赤松は、この日の午後、水晶宮と動物園の見物に出かけたのであろう。

三日、この日の朝、赤松は上田を連れてアムステルダムを発ちフリシンゲンに向かった。まずハーグで下車、内田宅を訪れ、せんだってニューウェ・ディープに行ったときの費用及び原田の夜具を購入する際に立て替えた分を受け取った。

四日、赤松と上田はハーグに逗留し翌五日、午前九時九分の汽車に乗りハーグを発ち、ロッテルダムに赴いた。ロッテルダムで蒸気船に乗り、フリシンゲンに向かった。夕方七時少し前にフリシンゲンに到着した。

フリシンゲン(Vlissingen——オランダ南西部の港湾都市、アムステルダムの南西二百十七キロ)はワルヘレン島の南岸に位置し、スケルデ川河口の入江に臨んでいる。現在は波止場や船渠を備え木材や石油の取引港として知られているが、かつてはオランダ第三の港として、軍用やイギリスへの連絡港としても用いられた。当時の主な産業は機械類の製造と造船業であった。

赤松は「ホーテルコンメルセ江旅宿を取ル」と手帳に書きしるしている。赤松らが投宿したこのホテルは、旧市街のベラミイパルク(Bellamypark——フリシンゲンの詩人Jacob《ヤコブ》 Bellamy《ベラミイ》〔1757~86〕の名にちなんで付けられた

大川終えんの宿（正面の八百屋・筆者撮影）

公園）にあった「オテル・デュ・コメルス」（Hôtel du Commerce）のことを指しているものと思われる。このホテルは現存しないが、鉄道の駅から二キロほど離れた町のほぼ中心に位置し、港（コープマンス・ハーフェン Koopmans Haven）に近いところに在った。

六日、赤松と上田は午前十時すぎ造船所（海軍ドック）の見物をし、シュリーン（不詳）と面会した。

同月七日（木曜日）から九月十六日（土曜日）まで、赤松の手帳（オランダ留学中の懐中日記）には記載がない。

九月十七日、赤松はハーグの沢へ手紙を出し、古川の御手当金を受け取るよう計らった。その内の百五十フルデンは赤松の立て替え分のようである。

十八日、赤松は内田より、古川の生活費十二カ月分、上田の十二カ月分七十フルデンと先月の雑用分四十フルデンを代って受け取り、それをヘレフートスライスの両人へ送った模様である。

同月二十日（水曜日）から十月十二日（金曜日）まで、赤松の手帳に記載はない。

鍛冶師の大川はいつごろから健康をむしばまれ出したのか不明だが、おそらく毎日たしなむ酒が病の引き金となったものであろう。九月二十一日（慶応元乙丑年八月二日）、大川はアムステルダム市一四区二百五十九番地（現在のニューマルクト三十八番地）の下宿で息を引きとった。赤松の手帳には九月二十日より十月一日まで記載はないが、大川の突然の死去に伴う雑用その他のために多忙をきわめ、メモを取る暇もなかったからであろうか。『津田真道』

によると葬儀の準備をしたのは榎本釜次郎・沢太郎左衛門・赤松大三郎・中島兼吉・大野弥三郎らであり、同時に大川の下宿の荷物なども整理した。大川の「死亡通知」と「埋葬式」については、前者が九月二十三日、後者が九月二十五日付の『アルヘメーン・ハンデルスブラット紙』に記事が載っている。次に引くものがそれである。

Op heden overleed na eene kortstondige Ziekte《ママ》 de Heer OOKAWA KITARO, is den ouderdom van 33《ママ》 Jaren. AMSTERDAM, 21 September 1865.

Strekkende deze tot algemeene Kennisgeving.

本日、しばらくわずらったのち大川喜太郎氏は三十三歳で亡くなった。

一八六五年九月二十一日　アムステルダム

本広告をもって御通知にかえます。

Heden ochtend is op de Westerbegraafplaats een der Japannezen begraven, die zich ter dezer stede bevinden. Hij is in den ouderdom van 32 jaren overleden. Bij de plegtigheid waren 10 Japannezen tegenwoordig, waaronder twee in de kleederdragt van hun geboortsland.

本日、朝――「西の墓地」において日本人の一人が埋葬された。かれは当アムステルダム市に住んでいた。かれは三十二歳で亡くなった。葬儀には十名の日本人が参列した。そのうちの二人は、自分らの生国の服装であった。

(137)『アムステルダムの運河案内』(Amsterdamse Grachtengids, 1978) 一九頁。
(138) Krÿn Moerman のこと。のちに死去した大川の墓地の購入者。
(139) フレデリックス広場にあった「国民工業館」(Paleis voor Volksvlyt) のこと。ガラスと鉄で出来た建物で、ドームの高さ一九〇フィート、物産展示会や余興なども行われた。収容能力は六千人ほどであった。岩倉使節団も同所を訪れたが、現存せず、その跡地に現在「オランダ銀行」の建物が立っている。
(140) ベディカー『ベルギー・オランダ』三七六頁。

開陽丸の進水式

十月七日、この日、日本人(名前は不詳)が二人ニューウェ・ディープにやって来た、という記事が三日後(十月十日)の『アルヘメーン・ハンデルスブラット紙』に出ている。すなわち――、

NIEUWE DIEP, 7 Oct. Dezer dagen zijn alhier gearriveerd twee Japannezen, de een is officier-machinist en de ander officier bij de Japansche marine. Zij zullen hier een paar maanden vertoeven om tegenweordig ze zijn bij het optuigen en het stellen der machine van. Zr. Ms. oorlogsvaartuig Adolf Hertog van Nassau.

ニューウェ・ディープ　十月七日
最近、二人の日本人が当地にやって来た。その内のひとりは機関将校で、もう一人は日本海軍の士官である。かれらは戦艦アドルフ・ヘルトフ・ファン・ナソウの機関の取りつけと調整に立ち会うために、当地に数カ月逗留す

ることになろう。

十月十三日、赤松は午後三時までトクトリナ（不詳）へ赴いたようである。

十六日、赤松はアムステルダムを発ちハーグへ赴き、同夜ハーグで一泊した。

十七日、赤松は午後ハーグを発ちドルトレヒトに赴き、十月二十九日まで逗留した。

三十日、赤松はこの日の朝ドルトレヒトを発ち、アムステルダムへの帰途についた。途中ハーグで汽車を降り、諸々方々の家を訪ねた。

三十一日、この日の赤松の手帳の記述に「早朝ゟ馬にてアムステルダム之新宅見物に至る、先十二月朔日引移の積に定む」とあるくだりは、赤松が今住んでいるビンネン九十三番地の下宿を引き払って、他の下宿へ移るつもりで、その下見に出かけたものである。それより午前十一時半の汽車に乗りドルトレヒトに向かったが、これは明後日にひかえた開陽丸の進水式に出席するためであった。

十一月一日、この日まで、パリへ出張していた榎本と沢は、明日の進水式に臨むために午前六時にパリを発ち、夕方の六時三十五分、ドルトレヒトのヒップス造船所側の「ホテル・ホルランド」（不詳）に到着した。

沢の「オランダ滞在日記」のこの日の記述は次のようになっている。

九月十三日（陰暦）亥曇　水曜日

一、明十四日開陽丸船卸しに依り今朝六時「パリス」「スタション」を発し夜六時三十五分「ドルド《マ》レ《マ》クト」造船場側「ホテル・ホルランド」に着す

進水式晩餐会メニュー

また赤松の手帳には「十一月一日（水）明朝御船水卸し二付、榎本幷沢等パレイス（パリ）より来ル、ドルトレクト逗留」とあり、両者の記事はほぼ同一内容を伝えている。

十一月二日（慶応元年九月十四日）――この日は竜骨を据えてから二年余りに当たるが、ヒップス造船所で開陽丸の進水式が取り行われた。当日の様子については赤松の手帳にも短い記述があるのでそれを引いてみよう。

今朝ウェルフ（造船所）江至ル、内田、午後四時開陽船無滞水卸し相成ル、五時ゟハルモニー（ハルモニー・クラブ）に於テ馳走、ハントルマートシカッペー（オランダ商事会社）ゟ出ル、此節ハントルマートシカッペー幷我政府ゟ名としてヒップス江進物[141]有、内田榎本沢惣《すべて》ハーケ（ハーグ）江帰ル（括弧内は引用者）

開陽丸の進水式が挙行される日時とその祝いとしての「音楽の夕べ」については、すでに一八六五年十月三十日付の『ドルトレヒト新聞』（Dordrechtsche Courant）に広告が出されていたが、それは次のようなものである。

**Bij voldoende Waterhooghte, zullen de Scheeps-Bouw meesters C. GIPS EN ZONNEN, op Donderdag den 2 November 1865, des namiddags omstreeks 4 uren, van hunne werf in het Willigenbosch alhier, te water laten, het Schroef-Stoom-Oorlogsschip,

KAI-YOO.

Dordrecht, den 30 October 1865.

** Bij gelegenheid dat het Schip **KAI-YOO** van stapel loopt, zal er des avonds

SOIRÉE MUSICALE

zijn.

De RESTAURATIE zal van alles voorzien wezen.

L. A. ELAND.

wijnbrug.

水位が十分なら、C・ヒップス・エン・ゾーネン造船会社は、一八六五年十一月二日木曜日の午後四時ごろに、当ドルトレヒトのウィルヘンボスの同社の造船所において〝推進式蒸気軍艦開陽丸〟の進水式を取り行う。

一八六五年十月三十日　ドルトレヒト

〝開陽丸〟が進水した機会に、夕方、〝音楽の夕べ〟が催され、またごちそうの用意があります。

L・A・エラント

進水式の模様は、二日後（一八六五年十一月四日）の『ドルトレヒト新聞』に報じられたが、それは次のようなものである。

—Gisteren namiddag omstreeks vier ure, is van de werf van de scheepsboumeesters C. Gips & Zonen, in het Willigenbosch alhier, met het beste gevolg te water gelaten het schroef-stoom-oorlogsschip *Kai-Joo* gebouwd voor rekening van het Japansche gouvernement. De te water lating van dit kolossale schip leverde een statig gezigt op, en ging zoo gemakkelijk als zelden bij het te water brengen van het kleinste vaartuig wordt aangetroffen. Onder de tallooze toeschouwers welke toegestroomd waren om dit nationale schouwspel te aanschouwen, merkte men op den minister van marine, de directie der Ned, Handelmaatschappij en orderscheidene autoriteiten.

Na den afloop werd van wege de derectie der Ned. Handelmaatschappij in een der lokalen van de societeit *de Harmonie* een diner gegeven, waarop menige dronk getuigde van belangstelling in de oude vriendschappelijke betrekkingen tusschen Nederland en Japan. Na dat door den president der Handelmaatschappij was ingesteld het welzijn van der keizer van Japan, werd die toast beantwoord door den Japanschen kommandant, die instelde de gezondheid van den koning van Holland. De scheepsboumeesters C. Gips & Zonen ontvingen te dezer gelegenheid tot eene erkentelijke herinnering aan de door hen zoo glansrijk volbragte taak, geschenken in zilver zoo wel van de directie der Ned. Handelmaatschappij als van de Japansche officieren. Het feest werd nog opgeluisterd door eene serenade van het corps muzijkanten der schutterij, dat ook van zijne belangstelling in de voor deze stad zoo gewigtige gebeutenis wilde doen blijken.

昨日の午後四時ごろ、当地のウィルヘンボスのC・ヒップス・エン・ゾーネンの造船所において、日本政府の注文で造られた推進式蒸気船〝開陽丸〟の進水式が大成功のうちに取り行われた。この巨大な艦の進水式はおごそかな光景を生んだ。小舟の進水式のときでさえ、まれにしか見られないことだが、艦はやすやすとすべり出した。この国家的な光景を観ようと群がって来た無数の見物人の中には、海軍大臣、オランダ商事会社の重役、賓客などの姿がみられた。

進水式が終わってから、オランダ商事会社の重役によって「ハルモニー・クラブ」の一室において晩さん会が催された。その折に大勢の者が昔からの日蘭の友好関係を祝して乾杯した。オランダ商事会社の社長が日本皇帝の健康を祝して乾杯の辞を述べてから、日本の指揮官がオランダ国王の健康を祝して答礼の祝杯をあげた。C・ヒップス・エン・ゾーネン造船会社は、立派な仕事を成しとげたことに対する感謝の記念に、日本の士官ならびにオランダ商事会社の重役より銀製の記念品が贈られた。祝宴は更に国民軍楽隊の演奏によって光彩を添えられたが、これもまたドルトレヒトの市《まち》がこんどの重要な出来事に大きな関心を寄せていたことを示すものである。

進水式の模様を伝える銅版画（『オランダ雑誌』より）

開陽丸の進水式の模様を伝える記事とさし絵が『オランダ雑誌』(Nederlandsche Magazijn, 1865,No.51) に載っているが、とくにさし絵をよく見ると、岸壁には美しく飾られた見物席があり、その周囲には数多の観衆が集まり、また架台からすべってメルウェデ川に水煙を立てた開陽丸の周辺には、小舟に乗った見物人らが見うけられる。この見事なさし絵はJ・C・フレイフェ Greive が描いた銅板画である。この日ドルトレヒトの市民で暇がある者はほとんどこの光景を見ようとウィルヘンボスに押しかけたようである。

進水式は滞りなく、大成功のうちに終わったと新聞や雑誌に報じられてはいるが、じっさいは不成功であったといえる。架台をすべりおりた開陽丸は止め索《ストッパー》を引きちぎってしまい、錨を下す暇もなく対岸に乗り上げてしまった。曳船で引きずり出そうと試みたが、折から引潮であったために成功せず、翌三日、曳船ニューウエ・スライス号の助けを借りてようやく波止場の前面に曳きだすことができた。[142] 造船所の関係者もメルウェデ川が浅いため、二千六百トンもある艦がうまく架台をすべって水面に浮ぶか心配していた。

オランダの私設の造船所で二千六百トンもある大艦が建造されたことは稀有のできごとでもあったので、進水式当時の模様を伝える記事が各紙に載った。たとえば地元の新聞以外に、アムステルダムの『アルヘメーン・ハンデルスブラット紙』は、一八六五年十一月三日付の次のような記事を掲げている。

Dordrecht, 2 Nov. Heden namiddag werd van de nieuwe werf van de Heeren C. Gips en Zonen alhier, met het beste gevoig te water gelaten het Japansche schroef-stoomfregat Kai-Yoo. Eene overgroote menigte belangstellenden, niet enkel inwoners der grijze Merwedestad, maar ook van andere plaatsen, woonden het belangwekkende schouwspel bij. Op de tribune merkte men op den minister van marine en een aantal zee-officieren, de directie der Nederl. Handel-Maatschappij, de zich hier te lande bevindende Japansche officieren, enz.

De Kai Yoo (in het Nederduitsch Voorlichter), is een stoomfregat van ruim 2600 tonnen, en zal gewapend worden met 28 getrokken 160 ponders. De machines van 400 paardenkracht worden vervaardigd aan de fabriek van de Nederl. Stoomboot-Maatschappij op Fijenoord ; de stoomketels bij den Heer l'aul van Vlissingen en D. V. Heel te Amsterdam. Het schip zal van Dordrecht naar Hellevoetsluis worden gebragt, waar de machine zal worden ingezet. Het is zeker het grootste schip dat in ons vaderland ooit op eene particuliere werf is gebouwd.

ドルトレヒト　十一月二日

今日の午後、当地のC・ヒップス・エン・ゾーネン氏らの新しい造船所で、日本の推進式蒸気フリゲート艦〝開陽丸〟の進水式が大成功のうちに行われた。興味深くみつめるおびただしい数の群集、灰色のメルウェデ川畔の町の住民ばかりか、他の町人の人々までがこの興味深い光景に立ち会った。演壇には海軍大臣、大勢の海軍士官、オランダ商事会社の重役、在蘭中の日本の海軍士官らの姿がみられた。

〝開陽丸〟（オランダ語ではVoorlichter を意味する）は優に二千六百トンもある蒸気フリゲート艦であり、線条入りの百六十ポンド砲二十八門を装備することになる。四百馬力の蒸気機関はフェイエンノールトのオランダ汽船会社で、蒸気釜はフリシンゲンのアウル氏とアムステルダムのD・V・ヘール氏の蒸気船会社でつくられる。同艦はドルトレヒトよりヘレフートスライスに運ばれ、そこで機関がすえられる。開陽丸はたしかにわが国オランダの私設の造船所で造られた最大の艦である。

軍艦開陽丸の進水式に立ち会った日蘭両国の人名については、オランダ側の新聞にはくわしく載っていないが、当日、海相カッテンディケ、オランダ商事会社社長ド・モンシーをはじめ、日本側からは内田恒次郎・榎本釜次郎・沢太郎左衛門・赤松大三郎・田口俊平・古川庄八・上田寅吉・山下岩吉などが出席した。進水式当日の状況については『津田真道』に、「和蘭人の見物は『ドルトレヒト』住居者は不及申《もうすにおよばず》『ロットルダム』其他の町々より大勢相集り実に盛んなる景況なりき、此夜大宴会を開き音楽の催しもあり、誠に賑はしかりし次第なり」とある。

進水式のあと、オランダ商事会社主催の晩さん会が「ハルモニー・クラブ」で開かれ、造船所の主だった関係者や来賓のために豪華な食事と年代物のワインなどが供されたが、その中味をのぞいてみよう。——生がき・英国ふうポタージュ・魚・パリふう小型パイ・コロッケ入りシチュー・バイヨンヌふう牛ヒレ・野菜・フィナンシェールふう子牛の頭・しぎときのこ・プディング・ラムソース・野鹿肉のソース漬け・すぐりソース・松露入りの七面鳥・山しぎ・キジ・大雷鳥・伊勢エビ・マヨネーズソース・ペリゴールの松露入りゼリー・やまうずらのひなの蒸し肉・バニラのババロア・ヌガー（菓子）・冷やしたポンス・デコレーションケーキ・三色アイスクリーム等々。

このほか、年代もののぶどう酒、たとえばバタイ・ポイヤック（1848）、グルオ・ラ・ローズ（1848）、シャトー・ドゥ・カントメルル（1859）、ソーテルヌ、エルミタージュ・ブラン、ブルゴーニュ・シャンベルタン他六種類ほどが出された。

「ハルモニー・クラブ」における晩さん会については、オランダの各紙にもその記事が載ったが、その多くは一八六五年十一月四日付の『ドルトレヒト新聞』の記事を一部転載したものである。たとえば、アムステルダムの『アルヘメーン・ハンデルスブラット紙』（一八六五年十一月六日付）は、国内ニュースの欄に次のような記事を掲げた。

Dordrecht, 3 Nov. Gisteren na den afloop van het Japansche schroefstoom-fregat Kai-Yoo, is van wege de directie der Ned. Handelmaatschappij in een der localen van de societeit de Harmonie een diner gegeven. Onder de vele toasten die gedronken werden, stelde de president der Handelmaatschappij een in op het welzijn van den Keizer van Japan, welke dronk door den Japanschen commandant beantwoord werd met een op de gezondheid van den Koning van Nederland. De scheepsbouwmeesters C. Gips en Zonen ontvingen ter dezer gelegenheid tot eene herinnering aan de door hen volbragte taak, geschenken in zilver, zoowel van de directie der Nederl.

Handelmaatschappij als van de Japansche officieren. Het feest werd nog opgeluisterd door eene serenade van het corps muziekanten der schutterij, dat ook van zijne belangstelling in de voor deze stad zoo gewigtige gebeurtenis wilde doen blijken.

ドルトレヒト　十一月三日

昨日、日本の螺旋推進式蒸気フリゲート艦、開陽の進水が取り行われてから、ハーモニー・クラブの一室でオランダ商事会社の理事の主催で晩さん会が催された。何度も重ねた祝盃の中で、オランダ商事会社の社長が日本の皇帝の健康を祝すと、日本の指揮官はオランダ国王の健康を祝して答礼の盃を飲みほした。C・ヒップス・エン・ゾーネン造船会社は、仕事を完遂したことの記念として、このたびオランダ商事会社の理事会ならびに日本の士官たちから、銀器が贈られた。祝宴は更に国民軍楽隊の演奏によって光彩を添えられた。これはドルトレヒトの市《まち》も、このような重大な出来事に関心を寄せていることを示している。

十一月三日、この日も赤松はドルトレヒトに逗留したが、行動については明らかでない。この日のハーグの空模様は雨であった。沢はディノー海軍大尉を訪ね、フランス、ドイツ、イギリスの各火薬工場の優劣について質問したが、ディノーも返答に困まり、デルフトのオランダ陸軍火薬工場の所長バルハンシュス少佐に問い合わせた方がよい、と答えている。

四日、快晴。北北東の風。赤松は午前中、造船所に出かけた。この日の夜、ヒップス・エン・ゾーネン造船会社の職工たちにヒップスよりごちそうがふるまわれた。これは開陽丸の建造に従事した労に報いるためであったと思われる。開陽丸は船首と船尾にそれぞれ六十尋の錨鎖をつけ、強風に備えてしっかりと繋留されていた。

五日、快晴。北東の風。赤松はこの日もドルトレヒトに逗留し、夜フートハルト宅（造幣所跡）を訪ねた。

六日、晴。東の風。赤松はドルトレヒトに逗留した。この日、開陽丸は船内船具を片づけた。錨と鎖を船内に運ぶために、手もとに引き寄せた。

七日、晴。南東の風。この日も赤松はドルトレヒトに逗留した。開陽丸は、午前八時に舵と舵取装置を正しい位置に据えるために、起重機を艦上に据え、錨鎖を運び込んだ。

八日、晴。この日、アムステルダム在住の機械技師デ・ウィットは肥田浜五郎の紹介状を持参してハーグの沢宅を訪れ、火薬製造器械の注文を請うた。

九日、沢は午前八時十分の汽車でハーグを発ち、デルフトの火薬工場を訪ね、所長バルハンシュス少佐に面会を申し込んだ。けれど陸軍省の許可がなければ工場内には入れぬ、と門衛にいわれた。そこでディノー海軍大尉から所長宛の紹介状を出してしばらくすると、軍曹が出て来て、今夕五時すぎ所長宅を訪れるようにいった。この日、沢がこの火薬工場を訪問したのは、火薬製造機について質問するためであったようである。

沢はいわれた通り同日午後五時半にバルハンシュス所長宅を訪れ、かねてディノーより差図を受けていた通り、いろいろ問い質した。バルハンシュス少佐によると、最も軽便にして、数量を調製する火薬機械は、ベルギーのウェッテレン（Wetteren ――ゲントの東南東、スヘルデ川畔の町）の「コーパル」製造機に優るものはない、とのことであった。オランダ陸軍で使用している火薬は、ムイデン（Muiden ――アムステルダムの東、フェヒト川河口にある小さな町）の工場で間に合わないときは、ウェッテレンから購入するとのことであった。またこのベルギー製の火薬の初速は、小銃では常に四百メートルに至る、と聞かされた。しかし、ベルギーの火薬工場の見学は容易ではなく、フランス陸海軍の士官で同所出張の者に頼むしか手立がないといわれた。

十一日、晴。開陽丸の舷側に艀《はしけ》が横づけとなり、その上に起重機が置かれ、それを用いて遣出《やりだし》（船首から前方へ斜めに突きでた帆柱）が取り付けられ、また大錨（二個）が吊錨架の下につるされ、錨鎖が船上に持ち込まれた。

十二日、開陽丸は進水式を終えたのち、ヘレフートスライスの海軍工廠で蒸気機関と各種の装備を取りつけることになっていたが、赤松はヒップスに頼んで古川庄八と上田寅吉を同艦に乗り込ませ同地へ赴かせることにした。そのため赤松はこの日、古川が船室で用いる夜具などを求めたようである。

十四日、晴。この日、沢は海軍省に海相カッテンディケを訪ね、ベルギーのウェッテレンの火薬工場を工員になって見学したい、と述べたところ、ベルギー駐在のオランダ公使から頼めば、ちょっと見学するくらいなら許可してくれるかも知れないといい、すぐ紹介状を書いてくれた。

また古川と上田は同日、開陽丸に乗り組んでヘレフートスライスへ赴くことになったことを、赤松はハーグへ手紙をもって知らせた。開陽丸がヘレフートスライスへ回航されることについては『アルヘメーン・ハンデルスブラット紙』（一八六五年十一月十四日付）にも小さな記事が出ている。

＊DORDRECHT, 12 Nov. Het Japansche schroef-stoomfregat Kai-Yoo zal in deze week van hier naar Hellevoetsluis vertrekken, en aldaar verder te worden gereed gemaakt.

ドルトレヒト　十一月十二日

日本の推進式蒸気フリゲート艦開陽丸は、今週中に当地よりヘレフートスライスに向かう予定である。そして彼の地において更に機関を装備する準備をすることになる。

十一月十五日、雨。午前九時ごろ、赤松のもとにハーグから手紙が来た。赤松の手帳に「和蘭江両三年居残事、被仰渡候事」とあるものは、三年間の留学延長が認められたことを記したものであろう。この日、開陽丸は午後二時にドルトレヒトを発し、ヘレフートスライスに向かった。曳き船が二隻、同艦とともに航進したが、開陽丸を曳いたのはザイト・ホーラント号（百七十四馬力の蒸気船）であり、開陽丸の船側にはニューウェ・スライス号（六十馬力の蒸気船）が寄り添っていた。赤松とヒップス一同はウィレムスドルプ（Willemsdorp――現在のWillemstadを指すものと思われる。Hollands Diep沿岸の町）まで行った。開陽丸はクルンデルト（Klundert――ムルデルディクとウィレムスドルプとの中間点に位置する）まで曳かれて行き、そこで投錨した。赤松らは午後五時半にドルトレヒトに帰った。

十六日、雨。ハーグは晴。この日、沢は「レインスポール」（Rijnspoor――ライン鉄道の意？）の汽車に乗り、ベルギーのブリュッセルに赴き、当地在勤のオランダ公使を訪ね、カッテンディケの紹介状を見せ、ウェッテレンの火薬工場の見学を依頼した。公使はすぐ請け合ってくれ、ベルギーの陸軍大臣に紹介状を書いてくれた。

開陽丸は午前十時半に抜錨すると、ヘレフートスライスを目ざして曳かれて行った。同地の碇泊所には午後二時半に到着し、艦は直ちに水先案内人によって軍港内に運ばれた。

十七日、ベルギーは雨であった。午前十一時に沢のもとにオランダ公使から手紙が届き、ウェッテレンの火薬工場の見学は、同所が工事中なので頼みに応じられぬ、と断わって来た旨伝えられた。昼食後、沢はオランダ公使邸を訪れ、手数をかけたことの礼を述べた。

オランダのヘレフートスライスは南南西の風が吹き、雨が降って午後二時の満潮時に、開陽丸は少し前方に移動させられ、それよりしっかり固定された。

十八日、ハーグの沢の下宿「ベフト」宅の親戚で、かつ沢とも懇意のランベールという者の叔母で「メフロー、ミミ」（Mevrouw Mimi――〝ミミ夫人〟の意）宛の紹介状を沢は持参して来たので、ブールヴァール三十八番地を訪ね、面会した。沢は火薬工場の見学が不首尾に終わったことを語ると、同所の器械等を製造し、納入しているヘルヴィリヨンとじっ懇にしているので、見学の件を頼んでみてやるといわれた。沢は費用はいくらかかっても構わぬこと、またどのような困難を伴っても工場を一見できさえすれば、満足であると述べ、手厚く頼んでこの日はホテルに戻った。

一方、オランダのヘレフートスライスの空模様は、北西の風が吹き、晴天であった。開陽丸は満潮時に船渠水門を通って、海軍造船所へ曳かれて行った。

二十日、ブリュッセルは強い南風が吹き、晴天。沢はこの日の午後二時にミミ夫人宅を訪れ、先日の返事を聞いた。ミミ夫人がヘルヴィリヨンに当たってみたところ、ウェッテレンの火薬工場では職工をたくさん使用しているので、同所の工員に雇われれば工場を見ることができるということであった。職工になってでも工場内を見学したいのなら、証人を立て、どうするか速やかに決めねばならぬ、といわれた。沢はこの件は少々熟慮を要することでもあるので、即答をさけ、直ちにいとまごいを告げると、ホテルに戻り、夕方六時四十分の汽車に乗りオランダへの帰途についた。途中アントウェルペンで一泊した。

二十一日、ベルギーは雨。沢は午後三時二十分ごろハーグの下宿に戻った。かれは下宿の主人ベフトにヘルヴィリヨンの話を語ったところ、いつでも証人になる、との好意ある返事を得たので、それより内田宅を訪れ、火薬工場に入所できる条件、ベフトが証人になると請け合ったくれたことなどについてるる説明した。沢は、一時雇人（職工）になりたいと、内田にいったところ、内田はこの件は表向き許可できないが、修学事項の一部であれば、こっそり自分勝手に雇人となり、工場を一見することを妨げはしない。しかし、万一問題が生じても、一切関知しない、といわれた。

二十三日、晴。沢は午前八時十分発の汽車でハーグを発ち、夕方六時ブリュッセルの「オテル・ド・スエド」に到着した。夜八時、沢はミミ夫人宅を訪れ、ベフトが証人となる旨しるした書き付を見せ、火薬工場への入所の件をヘルヴィリヨンに頼んで欲しいと申し出た。

二十五日、くもり。午前十時、沢はミミ夫人とともにヘルヴィリヨン宅を訪れ、二十七日にウェッテレンに向かうつもりであると伝えた。このときヘルヴィリヨンは、工場では工員と同じ服装をせねばならぬこと、食事はパン三斤《きん》(千八百グラム)、スベッキ四分一斤、日給は三十サンチーム支給されるといった。

二十八日、この日、沢は念願のウェッテレンのコーバル火薬工場に一工員として入所し、翌一八六六年二月五日(慶応元年十二月二十日)までの期間同工場で働き、この間に職工長コロムホートと懇意となり、炭化竈《がま》・硫黄《いおう》蒸溜竈・水圧器等の図面を借りうけ、また乾燥室の温度及び圧磨器の分量等について教示を受けた。沢によれば、製鉄器械師ヘルヴィリヨンはコーバル火薬工場のことは何でも引き受け、ことに職工の多くはかれの世話で入所したという。

コーバル火薬工場で火薬の製造を実地に学んだ沢は、その後、当時注文すべき火薬製造機械の大半をヘルヴィリヨンに造ってもらい、それは翌一八六六年十月十四日に完成した。また炭化竈・二成分配合桶・メーター類などはバルハンシュスの世話により、機械師ハルフトに注文した。火薬を製造するのに必要な機械のすべてが完成したのは一八六六年十一月一日のことで、翌二日、デルフトのハルトフの工場で試運転した。沢はこのとき赤松に立ち会いをたのみ、日本への移送はバルハンシュスとデ・ウィットに委託した。

一方、ヘレフートスライスの開陽丸には、午前と午後に汽罐がそれぞれ一つずつ据えつけられた。

(141) オランダ商事会社を通じてヒップス造船所へ贈られた銀製のカップのことか。
(142) 「艤装日誌」(『開陽丸――海底遺跡の発掘調査報告I』三三九~三四〇頁)。

津田・西の帰国

赤松大三郎は在蘭中、比較的克明な記録（日記・私記）を執ったのに反して、津田・西両人はオランダ留学中の日記を残さず、両者の動静、ことにライデンにおける実生活については判らぬことが多い。が、同じ留学仲間であった赤松や沢の日記、古文書館の原史料等によって、わずかにその片りんを知ることができる。

内田恒次郎以下の日本人留学生がライデン市に入り、ホテル・ド・ハウデン・ゾンに旅装を解いたのは一八六三年六月四日（文久三年四月十八日）のことだが、その後日本人世話役ホフマン博士の配慮により市内見物を行い、また名士宅を訪問したりして、異郷での生活をしばらく楽しんだ。しかし、ライデンに残ることになった津田・西及び職方五名は毎日ぶらぶら何もせず無為に暮らすわけにはゆかず、所期の目的を果たす上で、いずれめいめい学業や技術の修得に励まねばならない。ライデンに滞在する留学生七名は、それぞれ下宿先が決まるまでホテル・ド・ハウデン・ゾンに逗留したと考えられるが、同年六月二十五、六日前後にはまず職方の内、大野・上田・大川らがホテルを出、次いで古川・山下・中島ら職方と津田と西が同年七月二十一日前後にあとにつづき、下宿に移って行った。

津田・西のライデンにおける居住地（下宿）については先に述べた通りであるが、両人の住居が判明するまで随分紆余曲折があったことは否めない。第一の手掛りを与えてくれたのは森鷗外の筆になる『西周伝』中の「周と真道とは同街なる Oudendorp《オウデンドルプ》 氏の家に寓して、……」といったくだりである。また第二の糸口は、赤松の「在蘭日誌」の裏に蘭文で書かれてあった Hooglandse Kerkgracht overkant van Hoffmann ｝ Tsuda と、西に関する Hooigracht oudendorp ｝ Nisi という記述であった。これらは津田・西両人の住所であること位見当がついていたが番地まで判らず、再渡蘭の折、住民登録簿によってようやく判明した。前記鷗外の一文は何に依拠して書かれたものか判然としないが、解釈によっては、両人は同じ町内のアウデンドルプ宅に仮住居していたともとれる。けれど両人が同じ屋根の下で暮らしたことは、古文書館の史料から見てあり得ず、鷗外の記述は誤記であることが判る。最後に残る疑問はOudendorp（人名）であるが、未調査のままであり、またの機会に調べるつもりでいる。

ライデンに残留することになった日本人留学生らは、やがて「先づ蘭語に熟達するのが急務であるといふので、共同して教師を雇入れて蘭語の稽古を始めることにし」（『半生談』）、津田・西・職方一同はホフマン博士やフィッセリング教授の取り計いで語学や数学を学ぶのである。かれらの教師となった人はファン・ディク（J. A. van Dijk）という小学校の校長で[143]、とくに津田・西は一週六時間オランダ語の授業をうけ[144]、約三カ月間語学の習得に鋭意専心した。西の「五科口訣《こうけつ》紀略」に「余等従事和蘭語学。幾三箇月。」とある。ファン・ディクは初等・中等学校用のオランダ語の文法書[145]を何冊か書いているが、どのようなテキストを使用し、またどのように教えたものか不明である。毎日一時間ずつ教え、授業を三カ月間で一応終了したのは、津田・西らが蕃書調所教授手伝並として読解・作文力は相当なものであり、生活上何よりも必要であったのは会話力と聴力《ヒアリング》であったから、主として発音矯正と会話の訓練を授けたからであろう。オランダ語の基礎力涵養を要請したのはホフマンとフィッセリング[146]の両教授であり、とくにフィッセリングは、「津田・西両氏がオランダ語を十分に理解し、はっきり、容易に話せるようオランダ語を基礎から教えることが肝要であります[147]」と、来るべき個人教授を行うに当たっての第一要件に挙げている。

ここで津田・西の留学生活の実体を知る上から、沢太郎左衛門の「幕府軍艦記事」、赤松大三郎の「留学日記」、津田道治の『津田真道』から両人の消息を伝える部分を拾い出して、次に掲げてみよう。

文久三年四月廿二日（一八六三年六月八日——引用者、以下同）戌、朝雨。月曜日

今朝内田、榎本、伊東、林、津田並に喜太郎等ハーゲ府へ相越午後四時頃帰宿。

五月二十日（陽暦七月五日）、快晴。日曜日「レーデン」市より津田、西、午前「ハーヘ」府に来り我々の下宿に来る。引続き同市の本屋「ファン・バーク」氏悴並に娘同伴尋来る。午後一時少々過より「ホルランゼ」鉄道気車「スタチョン」へ散歩にて相越し、夫より気車に乗て「ロットルダム」に至り、「テルナーテ」船にて同船せし和蘭海軍二等軍医「エイセレン」氏を尋問す。此者は「ホーヘスタラート」町名字「ウエイク」（街区の意）九番地に住居す。夫より区役所前を通行「テルナーテ」船長「カルス」氏へも尋問す。此時伊東、津田、西三氏と同行す。「エイセレン」氏へは扇子及猪口蒔絵、「カピテイン」「カルス」氏へは日本の絹糸及扇子を土産に遣す。

同月同日

十二時少々ゟレイデンよりファンバーク息娘を連来ル、暫時にして帰り去れり、食事中津田真一郎、西周助之両人レイデンゟ来ル、両人ともに西洋之衣服を着し、高キ冠物（帽子）を用ゆ、暫時之後両人之案内としてホーフスタラートゟプラーツ、ビュルフワル、スポイ等に至り、夫ゟ帰り食事をなす、是ゟ相談之上、伊東、沢同道にて津田、西ともに一時ゟスポールワーケンスタチョン（停車場）に至り、ロットルダム江至る、是はカピタンカルス并エーセレンを尋問之為なり、自分義は少々不快ニ付相越さゝる事

五月二十七日（陽暦七月十二日）申、快晴。日曜日

午前八時出宅、気車停車場に歩行して乗車し「レーデン」市に遣し、博士「ホフマン」氏を尋問す。但し津田・西同伴す。

午後六時の汽車にて「ハーヘ」に帰舎す。

同月同日

早朝ゟ用意致し、七時半、伊東、林、榎本、沢同道、都合五人にてスタションに至る否哉、蒸気車既に着す、レイデン迄第一等の客之札を買って一等の部屋に乗る、八時一分此処を発し、八時三拾九分半レイデンのスタションに着す、此処に於て蒸気車を下ル、既に津田氏、ブルウク并メーテルの三人迎として来り居れり、案内を受て最初に西氏之旅宿に至る、暫時休息、ホフマン方江至る、面会、シフヒリスにも面会、夫ゟブレーデスタラート、ホテル・デ・ゾン江至り蒸餅を用ひ、夫ゟ職方之者之家々を見舞面会、再ひホフマン方に至り、シフヒリスにも面会、暫くして暇を告け津田氏旅宿に至る、夫ゟホーテル・デ・ゾン江至りて夕飯を用へ、ファンバーク方を尋問、再ひホーテルに帰ル、今日は日曜日ニ付市中甚寂として車のきしる音甚僅なり、ホーテルより車を雇ひてスタションに至る、津田氏、西氏、メートル并ブレウク共四人スタション迄送り来る、此時六時、六時九分一同江別を告てスタションを発す、七時少し前ハーケのスタション江着、七時十分帰宅す

六月六日（陽暦七月二十一日）、火曜日——津田・西両人は、戸籍吏のもとに出頭し、住民登録をすませた。その後、津田はホーフラントセ・ケルクフラフト二十七番地（現在の四十四番地）に入居し、西はホーイフラフト八百二十七番地（現在の九十四番地）に入居した。

六月十二日（陽暦七月二十七日）、晴。月曜日

午後二時十五分頃レイテンゟ津田并メートル来ル、時計一条ニ付てなり、夕五時半食事相用ひ、アムステルタム

セフェールカーデ江同道、夫ゟ帰宅、七時半伊東氏とともに一同車ニ而市中乗廻し、夫ゟ八時三十分スタション江至る、ラートステトレイン（最終列車）を以て、八時三十九分別れて、両人ともにレイデン江帰れり

六月十八日（陽暦八月二日）、晴。日曜日
十時沢氏来ル、故に同道して、十一時スタション江至る、十一時二十四分スタションを発し、十二時レイデン江着、最初にバークの宅を尋る、一同無事、メーテル（ホフマン博士の弟子）はアルカマール（アルクマール）江至りて留守、セプテンブル（九月）に帰宅之趣なり、暫時休息、夫ゟ津田氏宅江至りて二時に食事をなす、ホフマン并レヘレル共にドイツランドにレイス（旅行）に至りたる故面会せす、夫ゟ六時西氏宅江至る、種々談話、ウェルキマン（職方）一同に面会之後、再ひファンバーク宅を尋問、夫ゟ六時西氏宅江至ル

七月三日（陽暦八月十六日）、日曜日
朝第三のトレインを以てレイデン江ベズーク（訪問）として至る、十二時レイデン江着、ヲウテレイン兼吉之宅江至る、夫ゟファンバーク方江至る、林并沢今朝来りてバークとともに津田同道、小舟にてレイン川の一枝ハングワートルを遡りて至りたるよし、右舟の跡を追掛出会、同船にてデ・フヒンキに至り、所〻遊歩、再ひ小舟にて流れに従ひ四時ファンバーク方に帰り、夕飯を用ゆ、夫ゟ暫く談話、ラートステトレイン（最終列車）を以てハーゲ江帰ル

八月一日（陽暦九月十三日）、日曜日
（前略）津田方江至る、夫ゟファンバーク相尋、夜ラートステトレインを以て帰宅之事

八月八日（陽暦九月二十日）、雨。日曜日

（前略）午後二時半のトレインを以テレイデン江至る、直ちにファンバーク方江、至る、夕飯相用ひ、夫ゟ職方の者宅江至る、拝借御手当一千五百二十二ギュルデン六十八セント相渡し、夫ゟ西氏宅江至る、津田にも面会、西の案内に依て遊女屋を試ミる、ラートステトレイン九時十九分のトレインにてハーケ江帰ル

八月九日（陽暦九月二十一日）、夕刻ゟ雷雨。月曜日

早朝、エールステトレイン（一番列車）を以て、津田西并庄八、レイデンゟ来ル、暫時之後同道ニて、内田宅江至る、夫ゟ同道、田口宅江至る（後略）

十月九日（陽暦十一月十九日）、木曜日

午後レイテン江至ル、ラートステ、当日レイデン、エルミナーシー（照明）にて賑しき事限りなし、西、津田氏と共に市中遊歩之後、ラートステトレインを以テ帰ル

十一月廿三日（一八六四年一月二日）、晴。土曜日

（前略）ラートステのトレインを以テレイデン江至る、西并津田宅江至りしなれとも、両人ともに留守故、ロシメント（ホテル・ド・ゾンのこと）に至りて逗留之事を談し、夫ゟファンバーク方を相尋ぬ、夜一時迄同宅ニ而会話に及ふ、一時過ロシメントデソ《ママ》ンに至リて止宿ス、夜飯はファンバーク方ニ而用ひたり

十一月廿四日（陽暦一月三日）、日曜日

（前略）八時半、起て朝飯、ブロード（パン）、茶、ボートル（バター）、ロークフレース（肉）を用ひ、午後昼飯を申付て、九時頃、津田氏方ニ至りたる処、留守ニ付、西方ニ至ル、暫時にして再ひ津田方江至り、夫ゟ十二時ホフマン方江至りて万端相談し、其後ロシメント江至りて昼飯、コッフヒーを用ゆ、已ニ先刻ファンバーク氏某の迎に来りたる由故、早速ファンバーク方に至る（後略）

元治元甲子年正月元日（陽暦二月八日）卯、快晴。月曜日

元旦祝儀として日本国より持来る堅餅にて雑煮を出来させ、伊東、林、榎本、津田を招き振舞、右同人より「ローイウエイン」（赤ぶどう酒）五本年玉に到来。（津田真一郎宿す）

同年二月五日（陽暦三月十二日）、

「レーデン」津田真一郎より書面来る。夜中「レーデン」へ書面を出す。

二月二十日（陽暦三月二十七日）卯、快晴。日曜日

津田真一郎、西周助入来、自宅に於て昼食事を致す。同人説話に日本にて一ツ橋公彦根の藩に殺害されし事新文《ママ》紙に有之趣承る、大に驚く。

三月十二日（陽暦四月十七日）子、天気少々雨。日曜日

津田真一郎入来。

五月七日（陽暦六月十日）、金曜日

七日朝第一のトレインを以てハーケを発しレイテン江至ル、津田、西并ファンバーク及職方之者を訪ふ（後略）

五月十三日（陽暦六月十六日）子、朝曇夕天気。木曜日

津田真一郎入来。

五月晦日（陽暦七月三日）、時々雨。日曜日

津田真一郎、西周助其外職方之者一同へ残りの御手当金渡方として「レーデン」市へ相越、喜太郎宅に於て一同へ相渡す。同人方にて蕎麦の馳走に相成。

六月九日（陽暦七月十二日）寅、快晴。火曜日

津田真一郎、西周助入来。

＊津田はこの日、ホーへウールト二百九十番地（現在の百二十五番地）に引っ越した。

九月九日（陽暦十月九日）、日曜日

レイテン江至り、津田、西尋訪、アムステルタム之弥三郎、労症（肺結核）にて、終始は寒気湿気等強キ国故、六ケ敷趣キなり、気之毒之事也、二時頃、西、津田同行にて、フレーデスタラート（ブレーストラート）のウーストル（かき）を喰に至る、然る処、今日は日曜日なるに依て、甚得難かりし、然れとも達て頼に依て喰う事を得た

り、四時、ハーケ江帰ル（後略）

九月二十日（陽暦十月二十日）——この日、西はフリーメイソンリーのライデン支部「ラ・ベルテュー」に入会を許され、フリーメイソンとなる。次いで津田も十月十八日（陽暦十一月十七日）に同支部に入会登録した。

十月廿八日（陽暦十一月二十七日）甲、晴。日曜日

津田真一郎、西周助入来雑用金相渡す。

慶応元乙丑年正月八日（陽暦一八六五年二月三日）辰、晴。金曜日

津田真一郎、西周助、中島兼吉入来。

正月廿五日（陽暦二月二十日）戌、雪。月曜日

津田真一郎入来。

三月廿八日（陽暦四月二十三日）子、快晴。日曜日

津田真一郎、西周助入来。

八月二日（陽暦九月二十一日）午、快晴。木曜日

「アムステルダム」に於て鍛冶職喜太郎病死に付き「レーデン」市津田真一郎、西周助へ為知遣す。
＊津田・西も埋葬式に立ち会う。

八月三日（陽暦九月二十二日）未、快晴。金曜日
津田真一郎、西周助昼前着。

十月十四日（陽暦十二月一日）巳、晴。金曜日
本日西洋千八百六十五年第十二月一日
津田真一郎、西周助蘭国発足に付榎本釜次郎旅宿へ相越し、一同集り酒宴を催し別れを告け一同にて「スタチョン」に到る。
一時七分「トレイン」にて「ロットルダム」へ向け両人を送りとして出立、此日は榎本自分（沢太郎左衛門）田口並に水夫小頭古川庄八同道。

十月十五日（陽暦十二月二日）午、晴。土曜日
今朝「エールステトレイン」にて津田真一郎、西周助「ベルギー、ボート」にて出立「ブリュッセル」迄送りとして本屋一人（ラインデンの本屋ファン・サンテン）相越す。

以上の記事を読んで判るように、津田・西がハーグを訪れて留学生仲間と会ったとか、赤松がライデンに住む津田・西及び職方・知り合いの蘭人宅を訪れた、といった記述が大部分を占めており、津田・西の私人としての生活の様子

を伝えるものは見当たらない。

津田・西は渡蘭前、共に蕃書調所の教授手伝並出役として、同所において種々学ぶところがあったが、この洋学の殿堂での研究と教育の方向は、当初蘭学を中心に、次いで英仏独学、自然科学、軍事科学へと傾斜して行った。津田・西らの研究もこの傾向と軌を一にしており、両人は文久元年前後より人文・社会科学方面へ関心を寄せるようになったという（沼田次郎「ライデンにおける西周と津田真道」）。

津田・西らは西洋近代の人文・社会科学を学ぶために海外留学したい希望を持つに至ったのは早く、万延元年遣米使節派遣の際には随行を懇請したが容れられず、更に翌文久元年の竹内下野守ら遣欧使節派遣のときも「再ヒ野州（竹内下野守のこと）干請シタルモ事成ラス」[148]と、再度の運動も効を奏さなかった。しかし、両人は二度の不成功にもめげず、同年アメリカで軍艦二隻を建造してもらうに際して立合いとして留学生が派遣されることが決まったので、外国奉行大久保越中守の助力を得て、蕃書調所からも二名ほど派遣してもらうことにしてもらい、ここに津田・西の「其艦ノ竣功ヲ期トシ学術修行」のためにアメリカ留学が決定した。が、南北戦争の勃発により造艦の注文も急きょオランダに振替えとなったので、自然留学先もオランダに変更となった。ここにおいて二人は留学の志しを遂げて海軍留学生の一行に加わり、文久二年三月十三日（一八六二年四月十一日）渡蘭の命を受けた。

留学するからには学習計画を立て、それにのっとって学ばねばならない。西はオランダ到着前にテルナーテ号船上で蘭文で一書を草し、留学先での学習の抱負と研究計画を明確に述べた。この学習計画書はフィッセリング家に残されていたものであり、宛名は「関係者各位に呈す」（Aan den belanghebbenden）となっている。が日付はなく、一八六三年六月十二日ホフマン博士が受領した。西の同書簡の内容をかいつまんで述べると次のようになる。

日本政府は七年前よりヨーロッパ列強と修好条約を結んでから外交通商上の往来が増加し、ヨーロッパの学術を教授することの必要を認めるに至り、江戸に〝帝国学校《エムペリアレ・スホール》〟（蕃書調所）を創設し、物理・化学・数学・植物・地理・歴史・諸外国語（オランダ語・ドイツ語・英語・フランス語）を教えさせるようになったが、読みかつ理解するにとどまっている。

ヨーロッパ列強との関係、また内政上及び諸施設の整備改良を行うために切要な学問及び統計学・法律学・経済学の分野、政治、外交等の学問はわが国では未だよく知られてはいない。だからわれわれ二人の目的とする所は、これらの学問のすべてを学ぶことにある。しかし、わずか数年の滞在でこのような重要な事項をすべて学ぶことは不可能であるので、上記の学科は第二次派遣隊の若い学生にやらせることにして、当面の私の目的は、ひと通り大要だけを学ぶにある。そのためにも良い教師を一名選んで欲しい。

またすべての学問において重要な役割を演じているフランス語も時間があれば勉強したい。英語はとっくに学んでいるが、読めても話すことはできない。外に学びたいのは Philosophie または wijsbegeerte（共に〝哲学・形而上学〟の意）であり、これは学ぶのが容易ではないけれど、わが国の文化の向上に寄与することだろうから、時間が許せば一部分だけでも学びたい。私はヨーロッパの習慣については全く暗く、経験に富む善意の人々の誠実な助言がなければ、自分では何も決められないので適切なる御助言に従いたい。

西は前記のような主旨の学習計画をホフマンに手渡して二日後の六月十四日、津田と連名で次のような書簡をフィッセリングに送って面会を求め、その指示を仰いだ。同書簡はおそらくホフマンを通じて相手に渡されたものであろう。

一八六三年六月十四日　ライデンにて

尊敬するシモン・フィッセリング教授に呈す

私たちは一書を呈する光栄と機会を得、先生をお訪ねすることをお許し頂きたくお願い申し上げる次第です。私たちは日本においてずっと前から政治経済学を学びたいと思っておりましたが、その望みは空しく、これまでこの学問だけに関する書物すら見ることができませんでした。それゆえ私たちは先生の声望を慕い拝顔の栄に浴し、先生の御指図に従いたく思います。御都合はいつがよろしいでしょうか?

敬慕をもって

貴下の従順にして忠実な下僕

津田真一郎

西　周助

津田・西が望むフィッセリングとの面会はすぐ実現せず、同年十一月上旬に初めて会ったものと思われる。おそらく六月以後大学の夏休みが始まるので、休暇が終わった秋新学期に会ったものであろう。(149)

六月十五日、ホフマンは「敬愛する同僚殿、同封の西周助氏の手紙は、かれと津田氏が本当に何を学びたいかを示しているものです。敬具」といった手紙に添えて、西の学習計画書をフィッセリングに送った。フィッセリングはこれらの書簡に接するや早速、教授すべき科目について案を立て、それを翌十六日ホフマンに送った。

「津田真一郎と西周助両氏に授けるべき授業についての覚書」(Nota betreffende het onderwijs te geven aan de herren, Tsoeda Sinnitsi Roo en Nisi Sioe Soeke)と題するこの文書は、講義の根本方針を定めたものであり、その主眼は広義の「政治学」(Staatswetenschappen)にあった。この学に属する学科は次の五つである。すなわち——、

一、「性法之学」(法哲学) de Kennis van het Natuurregt

二、「万国公法之学」（国際公法）de kennis van het Volkenregt
三、「国法之学」de kennis van het Staatsregt
四、「制産之学」（経済学）de kennis van het Staathuishoudkunde
五、「政表之学」（統計学）de kennis van de Statistiek
（五科の訳語は西の訳書のタイトルによる）

フィッセリングは「覚書」の中で、五科の性質と効用を学びとるために、なるべく簡単明瞭に説くといい、講義は約二カ年で終了するが、深くオランダ語を窮めることが肝要であると説いている。講義は今年十月、あるいは十一月から開講できるといい、大学の休暇を除いて週二回、夜ラーペンブルフ（Rapenburg）十二番地（現在は学生寮）の私宅で行うというものである。「覚書」にフィッセリングの署名と証人としてのホフマンの自署が添えられ、取締役の内田恒次郎にも一通送られたものらしい。

大学の夏期休暇もすでに終わり、朝晩めっきり冷えこむ、一八六三年十一月三日（火曜日）から、津田・西は講義を受け始め、その後毎週火曜と金曜の晩はフィッセリングの家に通った。西の「五科口訣紀略」に「余等従事和蘭語学、幾三個月、至九月八月下旬（陽暦十月中旬）執束脩《そくしゅう》之礼、自是九月下旬除休釁之外、七月八月暑中休暇十二月基督祭閏年旬日三月祭日旬余毎週二夕、待于案下、筆記口授、二閲年《えつねん》」とあるのは、大学の夏期の休暇やクリスマス休暇などを除いて、フィッセリングの私宅に通ったことを物語っている。確たる史料がないから断言はできないが、講義は夜九時から二時間ほど行われたものか。(150) 今引いた文章によると、両人はフィッセリングの口授を筆記したということだが、卓越した語学力があっても果たして聞きなれぬ、未知の講義内容をそのままノートの上に正確に書き取ることができたかという疑問が残る。この点に関して、フィッセリングの講義を筆記した津田の蘭文ノートの筆蹟を精査した大久保利謙教授は、「フィッセリングの稿本の丁寧な書写」(151)のようであるといい、また沼田次郎教授は、「この手紙に添えて万国公法の最後の部分をお送り致します」（一八六四年十二月三日付のフィッセリング宛西書簡）とあるくだりから考察して「恐らく講義に先立って予め借用書写したもの」であろうと指摘しておられる。[152] 両人の語学力を一部裏書きするかのように、フィッセリングは訣別の際に送った手紙の中で「私の学生ら（津田と西）が私が話す言葉によく通じていないこと……」と、ヨーロッパの政治学を教授して欲しい旨依頼されたとき、語学力不足から来る困苦との戦いを予想して、当初、大いに講義を引き受けることをためらった、と述懐している。[153]

ともあれ津田・西は、約二カ年半ライデンに滞在し、その間にフィッセリングのもとで刻苦勉励したものと思われる。二人が学業に精励したエピソードがある。フィッセリングの講義を受けるようになって間もなく、十一月十七日にハーグ市で記念大祭（オラニエ・フェースト）があった。これはオラニエ公（のちのオランダ国王ウィレム一世）がイギリスからスヘベニンゲン（ハーグ郊外の海水浴場）に上陸して五十年の記念祭である。オランダはフランス革命後、フランスの勢力下にあり、次いでナポレオンの統治下にあっては、その弟ルイを国王に載いたこともあったが、一八一三年にかれを放逐し旧主オラニエ公を迎えたのである。ちょうど十一月十七日（火曜日）はその祝祭日に当たり、ハーグでは全市をあげての盛大な記念祝典が挙げられた。「オラニエ祭」については、赤松の「航海日記」に次のようにある。

来ル西洋十一月十七日は和蘭王国となりてゟ以来五十ケ年月ニ付、全国右祝有之てフェースト（祝典）をなす、其用意甚《はなはだ》厳重にして、市中混雑いふ事なし、右フェーストはヲランエフェーストといふて、家毎《ごと》に和蘭国旗を出し燈明を付る、市中両側に時口を出す也、又来ル日曜日ゟは人毎にヲラニーの小切レを服の表に取付る也、然らされは人を撰《ママ》ます市中の者とも寄集りて打擲《だてい》をなすよし、又当ハーゲ町ウイレムスパルク江へデンキテーケン（記念碑）を建る、基礎を国王手つから是を立よし、其用意最も厳重なり両人はこの祭典をぜひ見物したいと思ったが、祭の開催日がちょうど講義のある火曜日に当たり、また開講早々でもあったので、やむなくこれを断念し、フィッセリングに請うて授業を行ってもらった。これはハーグにおける大祭は一見の価値はあっても、先生の授業の方がそれよりも大事である、といった考えから出たもので、学問修業に対する真摯な態度を見ては深い感動を受けざるを得ない。

ラーペンブルフのシモン・フィッセリング教授に呈す　一八六三年十一月十六日　ライデンにて

敬愛する先生へ！

私たちは明日、すなわち火曜日の夜、ハーグで大祭がありますけれども、他の週と同じように先生の授業を受けたい旨慎んでお伝え申し上げます。その祭は一見の価値はありますが、私たちには先生の授業の方が重要なのです。

敬具。

貴下の忠実な下僕　津田真一郎

西　周助

ハーグ在住の士分の者らは、大祭の日に授業はなく、記念大祭を見物する機会に恵まれたことであろう。赤松は当日の模様を「今晩より祭事執行、市中之賑ひ殊之外《ことのほか》烈し、右に付諸学科相休候事」（「航海日記」）といった風に記している。

フィッセリングの講義は、その「覚書」に「此五科学ハ大約《たいやく》二年ニシテ成業ヲ期スベシ」とあるように、二カ年をもって終わるのだが、津田・西の学修は一八六五年十月をもって終了した。津田はフィッセリングに感謝状（一八六五年十一月二十七日付）を送り、「敬愛する先生！　今や政治学に関する私たちの授業はめでたく終了し、講義のおかげでわずかながらもヨーロッパの学問の概念と知識について得る所がありましたので、ヨーロッパにやって来た私の目的は達せられました。そのことに対して私は先生に限りない、心からの感謝を申し述べたいと思います」といい、帰国後、ヨーロッパの新しい学問を日本に伝え、それが西欧諸国と日本との親交の礎となることを希望します、と手紙を結んでいる。この津田の感謝状に対して翌二十八日、フィッセリングは両氏に宛てて情理にみち、惻々として読むものの心を打つ内容の訣別の手紙を送った。

この書簡の中でフィッセリングは、最初貴下からヨーロッパの政治学を教授して欲しいと依頼があったとき、引き受けるべきかどうか少なからず思い煩った。貴下の語学力は十分とはいえず、今まで受けた教育は、欧州のものとは大きな隔りがある。何よりも講義を理解することはできまいと考え、何度かためらったが、日蘭両国の親善を深める意味からもあえて仕事を引き受けることにした。私が抱いていた危惧は親密の度を深めるにつれて消え失せ、ほとんどすべての点で理解し合うことができた。貴下は勉学に熱心であるばかりか知識欲に満ち、理解力と判断力と感性に富んでいることが知れた。

わたしは貴下が刻苦研学の念に満ちているばかりか、聡明にして意見公平、心情崇高なるを知り、自分の教授がかならずや良い結果を生むことを幾度か自覚した。かくて久しき間、回を重ねた夜会は、わたしにとって真に愉快な時間であった。今、わたしは講義が終わったことを悲しむ。熱心敏彗なる学徒であり、同時に自分の朋友である諸君と別れなければならないからである。わたしたちは互いに親切と尊敬をもって交ったのみならず、われらの間に真の愛情が生まれた。この絶好の記念は、終生わたしのあたわざるところである。帰国後、諸君が抱いている大目的、すなわち、新日本の建設、国家の秩序と法規とを整え、国民の幸福のために努力邁進し、その業が一日も早く達成されることを望みます、といった主旨の文面が綿々とつづいたのち、「願わくは家庭においては幸福の人となり、祖国のためには有為の士となり、貴下の活躍の分野においては尊敬の的とならんことを祈ります」と結んでいる。

なお、フィッセリング教授には、心事の高潔なるを証す美談が一つ残っている。津田・西の講義が終了したのを期に、フィッセリングに謝礼することになり、留学生取締の内田恒次郎とホフマン博士との間で手紙で何度か相談があり、やがて内田よりホフマン宅に、謝礼三百フルデン、箱入り漆器二個、絹ビロード八枚が送られて来た。これらの金子と品々を日本政府（幕府）の名で、フィッセリング教授に贈って欲しいと依頼した（一八六六年九月二十六日付のホフマン宛、内田恒次郎書簡）。ホフマンは早速内田の意を受けて、右の金品をフィッセリングのもとに贈ったところ、折り返し返事が来て、日本政府の好意としての品物はありがたく頂戴いたします。が、三百フルデンの金子は、夏季休暇以後の津田・西両君に対する講義の報酬といわれますが、一定の期間に対する一定の報酬の件は、両君と契約したことがないから、お受け取りいたしかねます、といって品物だけもらって、金は返してきた（一八六六年十月十八日付のホフマン宛、フィッセリング書簡）。

そこで内田はハーグよりフィッセリングに手紙[154]を出し、津田・西に与えられた懇篤なる指導に対して謝意を述べ、両人が貴下のもとで広範囲に及ぶ知識を得たが、その学識はきっと将来、日本を裨益するところ大であります、と結んだところ、フィッセリングからも手紙が来て、日本政府から贈られた品は大任の記念としての思い出となり、非常な関心と熱意をもって聴講した津田・西両氏の知識が貴国のために役立つことを祈り、自分もそのため微力を尽したことを幸せに思うものである、と答えた（一八六六年十月二十三日付の内田恒次郎宛、フィッセリング書簡）。

かくして津田と西は、一八六五年十二月一日（慶応元年十月十四日）にライデンを発ち、ひとまずハーグの榎本の下宿に向かった。やがて同人宅で訣別の酒盛りをしたのち、午後一時七分の汽車で榎本・沢・田口・古川（職方の古川は津田・西に付き添ってハーグまで来たものか）ら四名と共にロッテルダムに赴いた。同夜、一同ロッテルダムの「ホテル・フェルファレン」で一泊した。翌二日、津田・西両人は同胞四名の見送りを受けながら始発列車に乗りべルギーに向かった。ブリュッセルまでは同行者がいたようで、西の「和蘭より帰路紀行」には、「十五日晴、早朝『第一汽車ニテ』比耳義ニ出発ス、茲ニ礼典《（ライデン）》ノ半産天《（ファン・サンテン）》比耳義マテ送ル（津田所親之書肆ナリト云フ）」とある。また森鷗外の『西周伝』にも見送り人ファン・サンテンのことが出て来るが、それには「Leyden《レイデン》の書估（書籍商）van Santen《ファン・サンテン》真道と交厚きをもって、送りてこゝに至る」とある。

この商人は津田がライデン滞在中に懇意になった者であろう。多年の交誼ゆえに、また津田を慕うあまり、わざわざベルギーまで見送るといい出したものと思われる。津田・西両人はこのオランダ人については何もつまびらかにしていないが、思うに、実直で情誼に厚い立派な書籍商であったにちがいない。筆者はかねてこの商人について関心があったので、一応古文書館で、知り得たことを次にしるそう。van Santen というのは名字で、名は Pieter という。一八三九年十月二十八日にハーグで生まれたから当時二十六歳。職業は書籍商（boekverkooper）である。ライデンにやって来たのは一八五九年七月で、一八七七年五月十九日には、家族とともにハーグのスヘベニンゲンへ移った(155)。一八六〇年代にはライデン市ブレーストラート四区の三百三十三番地（現在のブレーストラート四十九番地——市庁舎の少し先に家は実在）に妻インゲナタ・クリスト・パブスト（一八三六年一月二十八日ハーグ生まれ）と暮らしていた。店舗も同番地にあったものと思われる。津田はライデン滞在中、ファン・サンテンの店に時折立ち寄り、書架の書籍を手に取り、また店主と話し込んだりしたにちがいない。

津田・西は、ブリュッセルでファン・サンテンと別れてから、一両日この町に滞在したようである。ブリュッセルでは、ゴシック・スタイルの市庁舎の鐘楼（一四四九年に完成、九十メートルある）に登り、市街の眺望をたのしんでいる。西の「和蘭より帰路紀行」に「比耳義《ベルギー》ノ都府ニテ高塔ニ登リ府内ヲ一覧セシコトアリト覚ユ、其ヨリ両人ハ半産天ヲ辞シテ巴里ニ到ル」という記述があるが、このときの体験を綴ったものであろう。やがて両人はブリュッセルより汽車でパリに出、ノアーユ街の「ル・グラン《ママ》トテル・デュ・ルーブル」に投宿したのは十二月四日の夜半のことか。柴田剛中の「日英行」には、「昨夜十二時前、蘭より帰途の由、津田晋一・西周、ブラント《ママ》ホテルより偶々モンブランの案内を得て尋問し来りし旨、一両日同ホテルに滞在の趣なり」とある。柴田一行はこのころジャン・グージョン街五十一番地の借家に移っていたから、その旅宿を両人はパリ到着後すぐに訪ねたものか。しかし、不思議に思われるのは、津田・西を柴田の旅舎まで案内したモンブラン伯との関係である。両人はどのような経緯からこの貴族と知り合いになったものか判らぬが、おそらく図らずも同じ「グラントテル」に泊り合わせることになった薩摩の五代友厚の紹介によるものであろう。五代はモンブランと貿易商社の設立を協議するために欧州に来ていたのだが、その滞欧手記「廻国日記」には「今（十二月四日）晩和蘭へ来りし幕生（津田と西）両人当舎（ル・グラントテル・デュ・ルーブル）へ来る」とある。五日、西も柴田の旅宿を訪ねたが、柴田は執務中でもあり、一目会ったのち帰途についた。津田・西ともに柴田理事官より冷淡にあしらわれているが、一つには両人が洋装であったためであろう。ともあれ両人はパリに十二月四日より十五日まで約十一日間滞在し、この間に市内見物をしているが、「巴里ニテワ真道多ク薩人ト交ル、周ハ往来スルコト少シ」（「和蘭より帰路紀行」）とあるように、五代友厚・寺嶋宗則・森有礼・堀孝之・新納刑部・町田久成らと会い、交誼を結んでいる。パリ滞在中の津田・西の動静については詳かにできないが、五代の「廻国日記」(156)によってある程度のことは判る。同手記から二人の行動に関するものを抽出すると次のようになる。

十月十七日（陽暦十二月四日）、月曜日
午後モンブラン来て　諸件を談ず、夜ニ入テ、エレキテイセランプ製作所に行て見る、今晩和蘭へ来りし幕生両人、当舎へ来る。

十月十八日（陽暦十二月五日）　火曜日

早天（早朝）、幕生西津田両人面会　諸件を談して他出なし、夜ニ入てモンフラン来会す。

十月十九日（陽暦十二月六日）　水曜日

早天ゟ幕生両名来り諸話、午後王城を周《めぐり》て見物す。

十月二十三日（陽暦十二月十日）日曜日

休日ニて他出なし、幕生両名終日来て談話を尽す而已《のみ》。

十月二十四日（陽暦十二月十一日）　月曜日

幕生両名と共に街中諸所を見物す、夜ニ入テモンフラン来会して諸事を談す。

十月二十五日（陽暦十二月十二日）　火曜日

モンフラン来て諸件を談す、亦幕生弐人来会、談話し街中を散歩す。

十月二十八日（陽暦十二月十五日）　金曜日

幕生来て今夕発足之筈ニ而諸事を談す、モンフラン来て亦諸事を談す。夜ニ入テ幕生弐名出立を送る。

このように津田・西両人はパリ滞在中、ひんぱんに五代ら薩摩人と交わっているが、十二月十一日の夜、五代・モンブラン伯らとレストランで会食した。これは薩摩側のおごりであり、約六百フランほど使っている[157]。

19世紀末のマルセイユ（旧）港

かくて両人は薩摩人らの見送りを受けながら十二月十五日の夜、パリを発ち翌十六日マルセイユに到着した。帰路について詳しい史料は、西周助が帰国後江戸からフィッセリングに宛てて出した書簡（一八六六年二月《（三月）》六日付）である。それによると二人は十九日に「サイド・マルセイユ号」に乗りマルセイユを出帆した。

同二十八日スエズ出発、一八六六年一月二日アデン着。同月十三日ポイント・デ・ガール着、二十一日シンガポール、二十六日サイゴンに到着。二月一日香港、同月六日上海に着き、最終目的地の横浜到着は一八六六年二月十二日（慶応元年十二月二十七日）のことであった[158]。西の帰朝報告によると、航海中は荒天にあわず、船酔いや灼熱にも悩まされることなく、平穏で愉快な旅をたのしむことができたという。

次に引くのは津田と西に関する新史料である。実は、両人はフリーメイソンリーの会員であったのである。昭和六〇年の暮、筆者はライデン市に住む未知のオランダ人より一通の手紙をもらった。文面によると、日本人の署名がある古い記録を発見したという。フリーメイソンリーのライデン支部「ラ・ヴェルテュー」の記録保管人アブラハム・フゥートハルス（ユダヤ人？）というのが手紙をくれた人である。書簡には、私はライデン市のフリーメイソンリーの支部〝ラ・ヴェルテュー〟に勤務する記録係ですが、数カ月前、同支部の十九世紀の記録を調べていたとき、「規約簿」の記載事項に何気なく注意を引かれ、驚いた次第です。「規約簿」には、一七五七年以来、わが支部に入会を許された新会員すべての名前と署名が記載されております。そのページの一枚に、二人の日本人の名と署名を見つけたわけです。（その記載があるコピーを同封いたします）。当該の日本人は、きっとお気づきになられたことと思いますが、ツダ・シンイチロウとニシ・シュンスケです

とあった。

フゥートハルス氏によれば、津田と西はどのような方法でライデン支部と接触したものか判らぬという。同氏は、当時も今も、会員になるには、会員の紹介が絶対必要である、といっている。しかし、残念ながら、この間の事情を明らかにする記録は残されていないらしい。

西の方が津田よりも入会が約一カ月ほど早いことが判る。次に原文と和訳したものを掲げておく（引用文中の〔……〕は判読不能）。

Loge gehouden Donderdag 20 October 1864 (……).

In dese Loge is tot Leerling V. M. aangenomen Nisi Siousuke geboren te Tuwano in Japan, oud 35 jaren tydelyk wonende te Leiden,van beroep Japansch officier, hetwelk〔……〕handteekening〔……〕

Nisi Sioesoeke

西　周助

一八六四年十月二十日　木曜日

支部会員集会所に入会。当支部に、日本の津和野で生まれた西周助をフリーメイソンリーの会員として入会することを許可する。年齢三十五歳、ライデンに一時滞在。職業は日本の士官。署名により……

Loge gehouden Donderdag 17 Nov.1864〔……〕.

In deze Loge zyn tot Leerling V. M. aangenomen Tsoeda Sinnitsie roo, geboren te Toeyama te Japan oud 35 jaren wonende tydelyk te Leiden van beroep Japansch officier.

Tsoeda Sin〔……〕

津田真一郎

一八六四年十一月十七日　木曜日

支部会員集会所に入会。当支部に、日本の津山で生まれた津田真一郎をフリーメイソンリーの会員として入会することを許可する。年齢三十五歳。ライデンに一時滞在。職業は日本の士官。

(143) 麻生義輝『近世日本哲学史』五三頁。

(144) 「記五科授業之略」(『西周全集』一三九頁)。

(145) 前掲『近世日本哲学史』の五四頁にファン・ディクの著書名二冊が記されている。

(1) Benknopte nederlandsche spraarkunst voor lagere scholen.

(2) Nederlandsche spraarkunst voor inrichlingen van middelbaar en lagere onderwijs.

(146) シモン・フィッセリング Simon Vissering は政治・経済・統計・法学者である。一八一八年六月二十三日アムステルダムに生まれ、一八八八年八月二十一日エレコムで亡くなった。ライデン大学でアセン（Assen）、トルベッケ（J. R. Thorbecke）両教授に師事し、大学卒業後しばらく弁護士となったが、内務大臣となったトルベッケ教授の跡をついで、一八五〇年一月ライデン大学教授となった。一八七九年八月、大蔵大臣に就任した。著書も多く、当時オランダにおける一流の学者であった。

(147) 一八六三年六月十六日付フィッセリングの覚書。

(148) 「西家譜略」（『西周全集』所収）。

(149) 一八六三年十月三十一日付のホフマン宛のフィッセリング書簡を参照。

(150) Ik heb de eer UE brief te ontvangen,waardoor wij de eer zullen hebben vrijdag 9 ure bij UE onze werkzaamheden te hervatten, ……（下線部訳――金曜日九時先生宅において……）とあるところから推定したもの。

(151) 『幕末和蘭留学関係史料集成』九四五頁。

(152) 沼田次郎「ライデンにおける西周と津田真道――フィッセリングとの往復書翰を通して」（『東洋大学大学院紀要第十九集』二一九頁）。

(153) 一八六五年十一月二十八日付、西・津田宛のフィッセリング書簡。

(154) 一八六六年十月二十二日付、フィッセリング宛の内田恒次郎書簡。

(155) Bevolkingsregister 1860–1870,buurt 12 folio 27.

(156) 大久保利謙「五代友厚の欧行と、彼の滞欧手記『廻国日記』について」（『史苑』第二十二巻第二号）

(157) 『五代友厚伝記資料』第四巻、四二頁。

(158) 「和蘭より帰路紀行」（『西周全集』三巻）三六二頁。

第三章　幕府崩壊の祖国へ

慶応元年の遣仏使節

石川島に大規模な造船所を建設する用務を帯びてオランダに来ていた軍艦組頭肥田浜五郎に、新たに横須賀製鉄所（のちに造船所に改称）建設計画を推進するために渡仏する柴田日向守（貞太郎）の一行に合流し、その事務を助けるべし、といった幕命（司令書）が、すでに慶応元年四月二十五日（一八六五年五月十九日）付で出されていた(159)。

肥田浜五郎と軍艦組布施鉉吉郎と飯田心平（後の西川真三）らは、元治元年八月十五日（一八六四年九月十五日）、石川島造船所で用いる工作機械（蒸気機関を作るための器械）の注文とその技術伝習に従事するために、オランダに派遣されたものであり、機械の注文が終わったら速やかに帰朝するように命ぜられていた。ところが慶応元年四月、柴田らの欧州派遣が決まったために、オランダ滞在中の肥田の一行をフランスで柴田に付属し、その仕事を輔翼《ほよく》させることにした(160)。

柴田剛中（38歳）
（東京大学史料編纂所蔵）

軍艦組頭肥田浜五郎と属僚二名は、かねてオランダにあって、同国及びイギリスの各商社に工作機械を発注し、その買付け方に努め、石川島造船所の需用品として、十八万七千五百二十三フラン余払って、工作機械など総数九百七十四点を購入したのであるが、造船所設立の場所が石川島より横須賀に変更となった時点で肥田の資金は打ち切られ、その属僚二名とともにパリに赴き、柴田理事官一行に合流すべき命を受け、またイギリス・オランダで買入注文した工作機械は柴田一行に引き継がれることになった。肥田らが初めて柴田理事官と会ったのは、後述するようにリオンのホテルにおいてである。が、この時から購入した機械の処理、その他の問題をめぐってヴェルニーと肥田の間で確執が生じたのである。

肥田は日本において鋼鉄艦を造るのが急務である、といった考えから、「甲鉄取付器械《ハクセルフラーツ》」（船舷に鉄板を取りつけるための機械）を購入するつもりで注文の手続をとる段取りでいたところ、ヴェルニーより時機尚早との横やりが入った。ヴェルニーの考えでは、横須賀においてまず造らねばならぬのは木造の警備艦であり、鋼鉄艦はあとにすべきである、というのである。かれは、何よりも造船所の建設には莫大な費用がかかることだし、未だその必要を認めぬ「甲鉄取付器械」に多額の金を支出するのは無用である、と主張し、肥田の「現時甲鉄艦の利は欧州海軍の公論なり、日本において軍艦を製造する以上は、十隻の木製艦を作らんよりは二隻の甲鉄艦を造るに若かず(161)」といった意見と対立し、双方互いに利害を論じて譲らず、ついに柴田理事官に決済を仰いだ。柴田は海軍造船に関しては暗く、随員にも意見をたずねた結果、深く考えるところがあって、ヴェルニーの意見を容れて、工作機械購入契約を破棄させるに至った。

肥田は、造船所建設の位置についてもヴェルニーと見解を異にし、激しく対立した。肥田は、造船所設置の場所が横須賀と決まったことをなじり、かつ造船所は江戸湾の最も奥深い所——石川島か越中島に設け、できれば隅田川の上流向島のあたりにも欲しい、と主張した。更に横須賀は景勝の地ではあるが、横浜湾の外にあるので、他日外国と一戦を交えるようなことにでもなれば、敵に奪われる懸念がある。だから横須賀をやめて石川島近傍に建設すべし、と言い張った。肥田のこの説に同調したのは、榎本釜次郎であり、かれはパリにやって来て、初めて柴田理事官と会った際に、横須賀は建設地としては不適当な旨をるる述べた。

肥田・榎本らの石川島・越中島近傍説に対してヴェルニーは、かりに石川島や越中島に造船所を設けるとしたら、いったいどのような工事を施してその目的を達しようというのか。またどの位の予算をたてているのか。横須賀は景勝の地であるから、一朝有事の際にも敵の占有する所にはならず、敵に備えるにしても要塞や砲台を築けば十分に自衛できる。ここはフランスのツーロン、イギリスのプリマスと比較しても、勝るとも劣らぬ地勢である、といって両者の主張に対して反駁した。柴田も肥田や榎本の説に傾くところがあったが、これは自分一人で変更できる問題ではなかったので、種々の意見を書面に認めて江戸の委員に送り決済を仰いだが、任務を終えて帰国したときには既定の方針通り横須賀に確定していたということである（162）。

ともあれ、この章では横須賀造船所建設の要務でフランス・イギリスを訪れた、理事官柴田日向守一行とオランダ留学生らとの関わりについて述べてみたい。

初代の駐日フランス公使デュ・シェーヌ・ベルクールの後任として、元治元年三月二十二日（一八六四年四月二十七日）に来日したレオン・ロッシュ（Léon Roches, 1809~1901）総領事（のちに全権公使に昇進）の着任をもって、幕末の日仏関係は一段とその親密の度を深めて行ったことは周知のことでもある。が、かれは明治元年（一八六八）に日本を離れるまでの約四カ年間に政治的、文化的に業績のいくつかを残したが、その内の主なものを列挙すると次のようになる。

一、ナポレオン砲（十二ポンド砲十六門）の譲渡
二、横須賀製鉄所（のちに〝造船所〟と改称）の建設
三、横浜仏語伝習所の設立
四、三兵（歩兵・騎兵・砲兵）陸軍教官団の招致
五、日仏貿易商社創設計画

この中で、ロッシュがフランス政府の意を体して幕府に対して行った援助のうち、最も力を注いだのは横須賀製鉄所・横浜仏語伝習所・陸軍教官団招聘等であった。幕府は国内の政治情勢の緊迫と外交上の行き詰まりから、フランス側の施策に活路を開こうとし、ますます親仏に傾斜してゆくのだが、この傾向を極力推進するはずみを与えたのは、幕吏栗本鯤（瀬兵衛、のちの安芸守）、親仏派の小栗上野介らの動きであった。幕府要路の一部にもフランスとの親善を擁護し、支持する態度をとる者もおり、それは老中水野和泉守（忠精）、若年寄酒井飛騨守（忠毗《ただます》）らであった。幕末の日本で、ロッシュが日本在勤中の外交団の中で指導的地位を得るに至ったのは、英国公使オルコック（Rutherford Alcock, 1809～97）が外相ラッセル卿の訓令により元治元年十一月に一時帰国したことや、翌慶応元年四月、アメリカ公使プライン（Robert Hewson Pruyn, 1815～82）もまた帰国したことで、その地位を襲うことができたことによる。

黒船の来航以来、幕府は西洋式艦船の必要を痛感し、とくに安政年間以後、中古の船舶の購入に努めて来た。が、まだ自らの手で艦船を建造するだけの能力はなかったし、オランダやアメリカなどから艦船を贈られたり、購入しても、破損した船舶の修理はできなかった。すでに文久年間に長崎に飽之浦製鉄所が造られ、船舶の修繕と機械の制作に当たっていたが、江戸付近にその施設を完備する必要が生じた。艦船の修理のための「船廠建設」をフランス側に委嘱する端緒を開いたのは、幕府がアメリカから購入した運送船「翔鶴丸」（三百五十トン、一八五七年竣工）の損傷修理の件を栗本を通じてロッシュに相談させたことによる。栗本は「予諾して退き、直に横浜に帰り、仏館（フランス公使館）に到り、ロセツ《ママ》に喋る」と、『栗本鋤雲遺稿』（「横須賀造船所経営の事」）の中で述べている。

ロッシュは、たまたま横浜に停泊中であったフランス軍艦「ラ・ゲリエール号」に東洋艦隊司令官ジョレス（Jaurès）提督を訪ね、相談した結果、翔鶴丸の修理を引き受けることにした。「ラ・ゲリエール号」の海軍士官、蒸気手、将兵・職工ら十余名は、六十日余で汽罐その他の損所をみごとに修理し幕府の期待に応え、目付栗本をはじめ軍艦奉行木下謹吾、勘定奉行小栗上野介らを甚《いた》く感服させたが、やがてこの一事が機縁となって、かれらはフランスを信用するに至り、ますます親仏に傾いてゆく。

製鉄所（「船廠」）建設の委嘱を受けたロッシュは、ジョレス提督と協議した結果、フランス外務省と海軍省へ、海軍技師フランソワ・レオンス・ヴェルニー（François Léonce Verny, 1837～1908）を推薦し、かつかれを任地である中国の寧波《ニンポー》より招くことにした。が、その前に建設用地の決定とその下検分をすまさなければならなかった。元治元年十一月二十六日（一八六四年十二月二十四日）、勘定奉行小栗上野介、目付栗本瀬兵衛、軍艦奉行木下謹吾、浅野伊賀守らは、「順動丸」にロッシュ、ジョレス提督を迎え、共に三浦郡長浦湾に赴き、同湾の水深を計ったが、湾内は浅く、不適当であることが判明した。次いで三浦半島の東岸――横須賀湾に行き、地形・水深などを調査したところ、湾は深く、地勢も南仏のツーロン軍港に似ていることが判り、協議の結果、横須賀を建設地と定めた（『栗本鋤雲遺稿』）。翌慶応元年（一八六五）一月、上海より来日したヴェルニーは、横須賀製鉄場設立の原案を作成したので、幕府はそれを検討したのち、可とし、約定書の交付となった。ヴェルニーの「製鉄場約定書」は同年一月二十九日（陰暦）付で、老中水野和泉守、同酒井飛騨守らの連署を添えてロッシュに交付されたもので、その中味は――

一、四カ年間に、製鉄所一、修船所大小二、造船所三、武器庫、役人、職人等の役所を建設する。

二、横須賀湾にツーロンにあるような横四百五十間、竪《たて》二百間ほどの規模の船廠を建設する。

三、製鉄・修船・造船三局を建設する費用として、年約六十万ドル、四年間で計二百四十万ドル用いるべきものとする。

となっていた。

またヴェルニーの「製鉄（造船）所建設原案」なるものは、用意周到、ひじょうに行き届いたものであり、全部で八節から成る。ちなみに、その内容は、船廠起立端緒・工廠設立方法・船廠事務制限・仏人組織事項・邦官組織事項・仏国品購入概略・内国品購入概略等々、である。(163) 要するに、準備段階から始まり、日仏双方の人事、分担すべき業務、日仏両国で購入すべき物品等の概略等にも及んでいる。この事業を推進する日本側委員は、「製鉄所約定書」の末尾にその名前が見られるように、勘定奉行松平対馬守（小栗の後任）、軍艦奉行木下謹吾、目付山口駿河守、栗本瀬兵衛、浅野伊賀守らであり、この中でとくに中心人物として活躍し、諸般のお膳立てを調えたのは栗本であった。

やがて幕府は、「製鉄所建設原案」の第八節に規定してある、フランス海軍工廠の技術者の雇用、機械類の購入、関係施設の見学等を履行すべく、また陸軍教官の招聘、改鋳に要する機械等を購入する必要から、「日本理事官」（委員）をフランスに派遣することにした。当初、この役は浅野伊賀守にあてられたが、同人の病いにより、急きょ柴田剛中に変ったものである。柴田は、文久二年の遣欧使節竹内下野守一行に随行した経験があり、ロッシュの勧めもあって、特派となった。(164)

外国奉行柴田日向守（剛中）が幕府より委任状を与えられたのは慶応元年四月二十五日（一八六五年五月十九日）のことであり、その原文は次のようなものである（『横須賀海軍船廠史巻一』）。

仏蘭西国都府ニ於テ談判之義其方エ令委任全権使節ヲ命スルモノ也

慶応元丑年四月　　　　朱章

これまでの遣欧使節の外交上の肩書は「大使」（ambassadeur）を与えられるのが普通であったが、柴田の場合は「理事官」（commissionaire）または「特命理事官」、すなわち外交使節の性格をもつ〝産業使節〟であったといえる。レオン・ロッシュが外務大臣エドゥアール・ドルーアン・ド・ルュイス（Edouard Drouyn de Lhuys, 1805～81）に宛てて出した外交書簡（一八六五年六月二十六日付）には、「大君の政府は使節に大使《アンバッサドゥール》の性格を与えたいようであったが、この肩書はきまってひじょうに重要な使節とか地位の高い人物に授けられるものであることを分らせると、政府はその考えを棄てた[165]」とある。結局、落ち着いた先は、柴田が名刺に自署した「大日本外国事務奉行兼理事官柴田日向守[166]」といったものとか、その仏語 SCHIBATA HIOUGANO KAMI,Gouveneur aux affaires étrangéres commissaire du gouvernement Japonais.（日本政府の外国奉行兼委員）であった。

この遣仏使節の構成は、柴田日向守の外、

外国奉行支配組頭……………水品楽太郎（梅処）
同調役出役……………………富田達三（冬三）
同調役並………………………小花作之助（作助）
通弁……………………………塩田三郎（二十歳）
同………………………………福地源一郎
柴田の従者……………………休左衛門
〃………………………………万　蔵（パリで病死）
〃………………………………岡田摂蔵
小使……………………………平　七

総勢十名

塩田三郎（19歳）
（東京大学史料編纂所蔵）

随員のうち、水品・塩田・福地ら三名は以前に日本使節（文久遣欧使節・横浜鎖港使節）に参加した経験を有していた。通弁の塩田三郎は英語とフランス語を担当し、容貌の醜い人ではあったが、こと仏語にかけては天才はだの達人であったといわれる。(167) そのため一行の輿望をになっていた。柴田使節団は、従前の使節団のように大所帯ではなく、経費節約とスピィーディな事務処理を目ざすためにきわめて少数の実務型の役人をもって構成されていることに大きな特色があった。

柴田は出発に先立って、江戸在勤のイギリス代理公使チャールズ・ウィンチェスターと会い、使節の渡欧目的を伝えるのだが、本来の使命を隠し、国防にとって必要な各種の兵器と機器の視察、外国の風俗習慣を見聞し、日本の革新に役立てる、といったようなあやふやな言葉を伝えた。ウィンチェスターは、武器や軍艦を購入するつもりかと、畳みかけて問うのだが、柴田はそんな計画もなければ、指令も受けていない、持参する金も少ないと否定的な答をする。この代理公使がこのような質問をした裏には、柴田使節が三十七万ドル持参することを知っていたからである。ウィンチェスターは、柴田の説明を聞くまでもなく、すでに閣老より、柴田一行の欧州派遣について公式に知らされていたのである。幕府による使節派遣の目的についての説明は、柴田が行ったものと大同小異であるが、その中には柴田が受けた本来の使命を秘匿するためのカモフラージュとして、とくにイギリスの兵器と機器類の視察が含まれていることを伝えた。イギリス側は柴田らの派遣についてそれほど大きな関心を示さなかったが、オランダ側は従前の両国の親密な関係から、無視されたと怒り、オランダ公使ポルスブルックは閣老に対して釈明を求めた。幕府はこれに対して、日蘭両国はこれまで通り、お互い親善を尽すこと、目下、日本は、条約を結んだ列国と友好関係を深めそれらの国から援助を仰ぐ必要に迫られており、使節は英仏を訪れるけれども、このことはオランダをないがしろにするものでないことを、重ねて強調した。しかし、幕末のこの時期、すでに日蘭関係は先細りの一途をたどり、終焉を迎えようとしていたのである。

(159)「海軍歴史　巻の二十二」(『勝海舟全集』第十三巻、二八八頁)。

(160)『横須賀海軍船廠史』二六〜二七頁。

(161)『懐往事談・幕末政治家』一四二頁。
(162)同右、一四四頁。
(163)高橋邦太郎『お雇い外国人』八四～九四頁。
(164)『西洋見聞集』五七五頁。
(165)レオン・ロッシュが一八六五年六月二十六日に横浜のフランス公使館より仏外相に宛てて出した書簡（東京大学史料編纂所所蔵のマイクロフィルム）。
(166)『西洋見聞集』五七五頁。
(167)高橋邦太郎『お雇い外国人』九六頁。

フランスでの遣仏使節

柴田一行は慶応元年閏五月五日（一八六五年六月二十七日）[168]、横浜よりイギリス郵船「ニポール号」（Nepaul）に乗り、途中、上海で「シンガポール号」に乗り換え、更に香港で「ラングーン号」に移乗し、シンガポール、ペナン、ポイント・デ・ガール、アデン、アレクサンドリアに至り、ここで更にイギリス郵船「ナイアンザ号」に移り換え、マルタ島を経て、同年七月六日（陽暦八月二十六日）無事マルセイユに到着した。

一行は同日の午後六時ごろ上陸し、約三十分後にはノアーユ街の「グラントテル」（Grand-Hôtel）に入った。直ちにホテルでは日仏両国の国旗を軒端《のきば》に掲げた[169]。遣仏使節到着のニュースは、フランスの各紙に小さく報じられたのである。が、八月三十日付の『ジュルナル・デ・デバ紙』（Journal des débats）は、一昨日使節がマルセイユに到着し、「グラントテル」に旅装を解いたこと、使節は月曜日か火曜日にツーロンに赴き、次いでパリに向かうこと、更に一行の肩書と氏名などを掲げている。

また『ラ・ガゼット・デゼトランジェ紙』（La Gazette des Étrangers）八月三十一日付の記事は、次のようなものであった。

> 昨日、イギリス会社の郵船「ニュウダ《ママ》号」（Nieuda）で、アレクサンドリアからやって来た日本使節が到着した。一行がやって来ることについては、一昨日以来、知らせが入っていた。この使節は総数六名であり、従者を四名伴っている。筆者が〝使節〟と呼んでも、この言葉は適切ではないのである。というのはこの使節は未だ公式に歓迎される機会を得ていないからである。一行は静静と、こっそりノアーユ街の「グラントテル」に投宿した。使節は月曜日か火曜日にツーロンに向かい、そこで一日過ごす予定である。

ヴェルニーは、横須賀及び横浜製鉄場（造船所）建設の原案を作成したのち、いったん故国フランスに帰り、外務省、陸・海軍省と折衝し、その準備工作に携わっていたが、柴田の一行がマルセイユに到着した翌七月七日（陽暦八月二十七日）の午前九時ごろ、ホテルの方に訪ねて来た。この日以後、ヴェルニーは柴田の滞仏中は終始行動を共にし、一行が帰国する際には、後事をゆだねられた。この日、柴田使節らは、オランダにいる軍艦組頭取肥田浜五郎ほか二名（布施・飯田）をフランスに呼寄せ、事務を補助させる相談をした。柴田剛中の「仏英行」には、「比田《ママ》浜外両人蘭より呼寄の義に付相談におよぶ」とある。

八月二十八日（これより陽暦）、午後五時ごろ、柴田はヴェルニーの案内で、富田・小花・塩田・福地らを従えて、市内のサン・ピエール墓地に横山敬一の墓を訪ねた。これは横山の墓石も完成したので、その実見をかねての墓参であったのだろう。

横山敬一の墓碣《ぼけつ》出来形見分を名として墓参の意にて行き、香花を供し遣す。異域に御国人の碑を見る、多少の感慨。（「仏英行」）

二十九日、柴田一行は午前七時半にホテルを出、八時にマルセイユの停車場より汽車に乗りツーロン（Toulon——マルセイユの東南東六十五キロ、地中海に面する港湾都市）に向かい、午前十時半「オテル・ヴィクトリア」（Hôtel Victoria——ストラスブゥール街二十七番地〔旧番地〕）に到着した。

午後、柴田はヴェルニー・水品・塩田・福地らを従えて、帆綱索陶所、製鉄所、船具置場、浮ドック等を見学し、夕方の五時ごろ宿に戻った。一行はツーロンに九月二日の朝まで滞在するのだが、この間、海軍基地・造船所・兵器廠などを見学し、ドック・工作機械・動力機関・ボイラー室・製図室・船舶修繕所・ろくろ装置・大砲製造所・牢屋などを仔細に見て回った。柴田使節らのツーロン軍港視察は新聞種となり、たとえば『ル・プティ・ジュルナル紙』（Le Petit Journal）九月二日付は、

わが国を訪れた日本人たちは目下、ツーロンに来ている。これはいわゆる使節団ではないけれど、大貴族が四名いる。かれらが西洋にやって来たのは産業や航海術を学ぶためである。一行にフランス人技師ヴェルニー氏が同行しているが、同人は日本人らの研究を助けるためにフランス政府からつけられたものである。

と伝えている。

一行は九月二日の午前九時にホテルを発ち、十時七分発の列車に乗り、十一時半にマルセイユに帰着し、直ちに

「グラントテル」に入った。ツーロンよりマルセイユ帰着については、『ジュルナル・デ・デバ紙』（九月八日付）に「日本使節は今月の二日にツーロンを発ち、これよりパリに向かう」とある。三日、肥田浜五郎より、使節一行のパリ到着の日時を問う電報が届いた。「仏英行」には「比田《ママ》浜五郎より我一行ハレー《パリ》着の義為知《しらせくれ》県候様、テレカラフ信にてハレー一書届く。同人既《すで》にハレーに出向《でむき》候趣に相聞ゆ」とある。

四日、柴田一行は午前十一時すぎに「グラントテル」を引き払って停車場に向かい、十一時四十五分発の汽車でマルセイユを発ち、リヨンへ向かった。当地には夕方の七時すぎに到着し、三十分後には「グラントテル」（レピュブリック街十六番地「旧番地」）に入り、旅装を解いた。ここでもマルセイユのときと同じようにバルコニーに日仏両国の旗を掲げた。一行は駅頭よりホテルまで馬車を用いたのであるが、宿に着いてみると、肥田浜五郎と布施鉉吉郎が使節の到着を待ちかまえていた。両人は病気の飯田心平をハーグに残し、パリに出、そこから更に南下し、リヨンに来たものである。肥田らにはもう一人同行者がいた。それは武蔵国熊谷出身の斉藤賢次郎（通称ジラール・ド・ケン）という日本人であった。これはベルギー人モンブラン伯に随い、フランスに密航した者であった。柴田はこの者とは会わず、支配組頭の水品楽太郎が応対しているのを瞥見したにすぎなかった。

肥田と布施は、水品にまず面会したのち、柴田使節と会った。両人は洋装であることをこまごまと釈明した。柴田は一応、このたびの渡欧の一件を説明したのち、容姿が欧風であるかぎり用務を手伝わせるわけにゆかぬ、と肥田らに申し聞かせ、委細は明日にゆずるといって談話を打ち切った。柴田らは万事、御国風を堅く守っていただけに、邦人の洋装にいらだちを覚えたものであろう。のちに肥田は柴田に命じられて日本風に復した。密航者斉藤賢次郎については、

場所おゐて支配向の内へ接待せし壱人を見るに容皃《ようぼう》御国人に類する故に、後に承り候て、御府内近郊の医師某悴

斉藤賢次《ママ》と申者にて、両三年前仏人（モンブラン伯）に随ひ亡命し、同国都府に寓居いたし居り、此度比田浜に伴はれ当所へ出張せしものの由

と述べている。

更にオランダからやって来た軍艦組の肥田と布施については、

浜五郎・銈吉郎〔心平なるものは病に付蘭ハーゲに残し置し旨〕両人、ハーゲより出張先きパレイス《パリ》より猶当地へ出張いたし、旅亭に待合《まちあわせ》居り、先ず楽太郎に面会を乞ひ、縷々と内意等申聞、余に面会を申出に付面晤《めんご》せし処、両人とも断髪・長髭、衣冠とも洋装にて、欧州人と毫《わずか》も異ならず。右の如く皃《すがた》を変ぜし説を縷々《るる》に内述あり。此方より御用筋を一応申談じ、且右遷谷の体を遷木の姿に替がたければ、随行せしめ御用筋取扱はせ兼候趣を申諭し、其余鎖細の条目は明朝の対話に譲る。

柴田らのリヨン到着は、各紙に報じられたが、『ル・プティ・ジュルナル紙』（九月六日付）は、わずかに一行掲げている。すなわち、「フランスにやって来た日本人らは、リヨンに到着した」と。

また一行の装いは過去の遣欧使節と同じように純日本風であったから、少なからずフランス人の耳目を驚かしたようである。同紙は同月七日にも柴田一行の記事を掲載した。

日本人についてはすでに、リヨンに到着したことをお知らせしたが、かれらは当地では万人の好奇心の的になっている。日本人の服装は、とくに風変りなところはない。ただし、いつも群集をどっと笑わせるばかでかい帽子

（陣笠のことか?）を除いてのことだが。かれらはとても利口そうな顔つきをしている。何人かはフランス語や英語を造作なく話す。

五日、柴田は午前中、肥田らと談合し、午さんを当地の第四軍管区指令官モンーバンと共にとり、午後は近郊の織物工場などを見物した。またこの日、軍艦奉行木村摂津守より託された金一封を肥田に手渡し、更に内田恒次郎及び同人の養父大膳からの金一封、林洞海（研海の父）より同研海への金一封等を肥田浜五郎に託した。翌九月六日、柴田一行は早朝に「グラントテル」を引き払い、午前七時十一分発の汽車でリオンを離れパリに向かった。途中、ディジョン（Dijon ——パリの南東三百八キロ）で昼食を食べたのち、再び旅をつづけ、夕方六時ごろパリのリヨン駅に到着した。駅頭には前駐日フランス総領事（のちに全権公使）ベルクールが、出迎えに出ていた。そして六時半、「府内ルーブル旅宿」に着いた。これはパレ・ロアイヤル広場に面した所にある「ル・グラントテル・デュ・ルーブル」（Le Grand Hôtel du Louvre ——現在の Hôtel Louvre Concorde）のことである。

翌七日、肥田らはいったんハーグに戻りたい旨ホテルまで申し入れて来た。柴田は外国奉行江連加賀守（尭則）より預かった榎本宛の封物を肥田に託することにした。またこの日、ベルギーのモンブラン伯が面会を申し込み、会ったところ盛んに日本のことをほめそやし、剰え国家の方針を一定して欲しい旨の談義を聞かされた。柴田は同日、五日前よりパリに来て一行の到着を待ちうけていたフォン・シーボルトとも会っている。シーボルトは再度柴田使節と談合しているが、その狙いは、日本使節の顧問となることであり、横浜鎖港使節よりもらった書簡（シーボルトを書記官として雇い入れたことの証書）を見せて信用させようとするが、柴田はシーボルトの自己宣伝、悪賢さを看て取り、当たりさわりのない事を言って敬遠した。柴田の眼には、シーボルトは老猾きわまる人物に写ったようである。そのためシーボルトは、「一は不平の意を示し、一は佞言《ねいげん》を陳列し、又々後日の会晤を約して帰れり」ということだが、柴田は「仏英行」に記しているように「可敬《けいすべく》可遠《とおざくべく》」方針で臨むつもりであった。

九日、柴田一行の記事が『ル・プティ・ジュルナル紙』に載った。

柴田公は、フランス帝国海軍の技師ヴェルニー氏と大勢のお供を伴い、グラントテル・デュ・ルーブルに投宿した。ずっと前からパリに住んでいた肥田、フゥレ（布施のことか?）、斎藤（賢次郎のことか?）ら、三人の日本士官は同胞を迎えにリヨンに赴いた。この三人はフランス人のような服装をしていた。着こなしがうまく、使節一行の装いとは似ても似つかぬものである。かれらの顔色は、東洋人に特有の赤銅色ではなかったが、髪は真黒であり、頭のうしろの方でかき上げられていた。

さて柴田理事官一行は、製鉄器械の買入れのための注文約定や、ヴェルニーが紹介したフランス人らを雇い入れるための契約を結ぶために拠点をパリに置いたものの、これには数カ月の滞在が必要であることが明らかになり、その間ホテル住いでは莫大な経費がかかるので、家を一軒借りることに決した[170]。家屋を借りて住むように勧めたのはヴェルニーであったが、一同は九月十六日（陽暦）に「ル・グラントテル・デュ・ルーブル」を引き払って、ジャン・グージョン街（Rue Jean Goujon ——セーヌ河の右岸、コンコルド広場に比較的近い）五十一番地（旧番地）に移った。福地の「懐往事談」によれば、そこは「某伯の別邸」とのことで、当初、食事は朝夕二度、仕出屋から運ばせ、のちにコック・小使・女中などを雇い入れ十二月八日イギリスに向けて立つまでこの借家で暮らした。しかし、諸経費を計算してみると、ホテル住いのときと大差がなかったようである[171]。

九月十九日、柴田は午後二時に水品・塩田・ヴェルニーらを伴い外務大臣ドルーアン・ド・ルュイスを訪ね、仏国皇帝夫妻・外相らに与える贈物の目録、ナポレオン・カノン砲十六門に対する感謝状、国書などを手渡し、一時間ほどして帰途についた。二日後の二十一日、午後二時に海軍大臣シャスルー・ローバと会い、フランス人の雇い入れ、器械類の購入等について談合し、承諾を得た。

二十二日、モンブラン伯は柴田の寓居を訪ね、日本社会及び政治形態の改変、ベルギーとの修好通商条約締結等を懇々と説諭して帰って行ったが、柴田は自分の才能、アイディア等を自賛し、自国の商品等の売り込みに熱心なモンブランを信用せず、ついに会談中かんしゃくを起したようで、このベルギー人を愚かな大うそつきとまで蔑み、排除するに至った。同日の日記（「仏英行」）に「モンブラン来り、自衒の語切《せつ》に極《きわま》る。遂に不忿《ふふん》の辞気あり。其人物愚詐《ぐさ》に帰す。不日《ふじつ》居城の地（ベルギー）へ帰候《かえり》趣なり。一の煩累《はんるい》を除去す」と書きしるしている。

この日の午後、柴田理事官は水品と塩田を伴ってスイス、プロシア、イギリス、ポルトガル、アメリカ、オランダ、ロシアの各公使館を訪れ、名刺を置き、帰途ブローニュの森に赴き、馬車で一周して旅宿に帰った。夜は観劇会に招待されたが、これにはいやいやながら臨んだ。「劇場は旧に依って痴人の夢を説《と》くが如く、前後更に弁ぜず」と記しているように、その内容に至っては理解できなかったようである。柴田一行が芝居を観たことは、三日後――二十五日付の『ル・プティ・ジュルナル紙』にごく短い記事が出ている。「日本使節は金曜日にアフリカ人の興行を観た。一同は階段桟敷《さじき》の座席を五、六席占めた。」

柴田一行のパリ生活について述べると、文久の遣欧使節、横浜鎖港談判使節一行の行状には内外のひんしゅくを買うところがあったことを鑑みて、革靴を使用することを許しただけで、衣服及び冠り物など、風俗はすべて純日本風とした。外国の風俗を学ぶことは、わが国威を傷つけることであり、そのためかの国の嘲笑を買うことになれば、実に国辱である、と戒めた。従ってパリの市街を歩くときも、外出の際も、小袖・小袴・羽織を着用し、大小を腰に差していた。街路で出会う人間はみな笑って、「おお《オー》、日本人《ジャポネ》、ああ《アー》、支那人《シノア》！」と呼び、甚だしいのは犬からもたびたび吠えられて閉口したという。(172) 福地源一郎などは率先して御国風を廃してくれるよう嘆願したけれど、柴田は全然耳を傾けようとはしなかった。当時、福地とその同輩は、柴田が西洋の文明、風俗を頑なに拒もうとする風潮に憤りをおぼえ、かれを侮った。が、福地は後年、柴田が守るべき所を守り、習俗異風の嘲笑は少しも恥辱ではないこと、「風俗は国家の憲章」であり、いたずらに変えるべきでないとし、随員にもそれを堅く守らせたことを適切な措置であったと述懐している。また柴田は、随行員が夜遊びして不品行を働くのを懸念し、晩さん会や夜会に出かける外、夜中に一人で外出することは絶えてなく、「其の一身を似て随行員を抑留するの犠牲に供し」たということである。観劇や曲馬を観に出かけるときは、必ず随員と共に出かけ、ふだんの日は、夕食後、全員が一つの部屋に集まり、コーヒー・紅茶・酒などを飲みながら歓談や遊戯に興じた。また柴田は毎朝、随員よりも先に起床し、公務に励み、部下に対してはきわめて親切な幕吏であったということである。

二十八日、午後二時すぎ、柴田は小花作之助その他の随員を伴い、ヴェルニーの案内で「バーテブロイ禽獣園」(Jardin d'Acclimatation――ブローニュの森にある順化園)を見学に訪れた。柴田は文久二年の遣欧使節竹内下野守一行の随員(組頭)として渡欧した時、いちどこの順化園を訪れたことがあり、今回が二度目の訪問であった。「仏英行」には次のような記述が見られる。

(前略)昔(一八六二年)時の観と異ならず。玻璃《はり》の花室(温室のことか?)并水底の小景を作りし室等へも経過(一周)せり。昔時見覚ざりしは、鼠形にて大さ猫の如く、尾の方斑毛の芒蓑《ぼうさ》(細毛)を懸けし様生ぜる獣あり。円形を中断せし如き形にて、径《わた》り尺余の亀あり。形は粗〻《ほぼ》亀に類し、背は茶色を帯びし蝦殻《エビガラ》の如き甲を置き、進退土竜《もぐら》に似たる、大さ尺半許の海虫あり。此三種奇観をなせり。園中養蚕室にて、近比《ちかごろ》御国より得し蚕卵を養ひ、繰《く》り得しといふ生糸少許《すこしばかり》を其職の婦より差出せり。

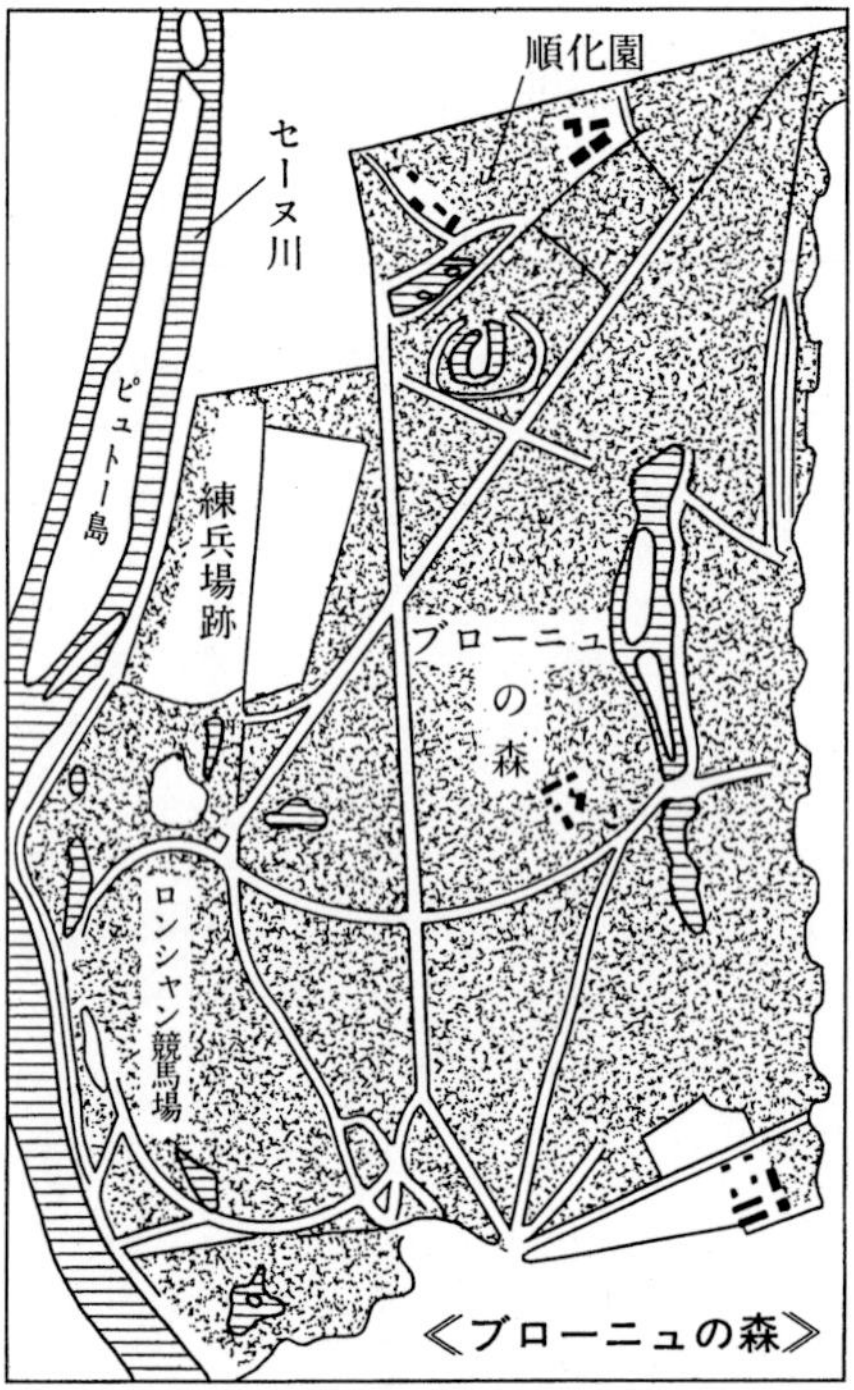

《ブローニュの森》

柴田理事官らが「順化園」（動物園）を見学に訪れたニュースは、翌二十九日付の「ル・プティ・ジュルナル紙』に掲載された。すなわち――、

昨日、日本使節の随員らは「順化園」を訪れた。同園のサービス部門の各責任者や園長ジェフロイ・サン・イレール氏らの出迎えを受けた、外国の貴人たちは、何でもかんでも微に入り細にわたって調べた。かれらの内の一人は、最も流ちょうにフランス語を話し、その知的な質問、ことに日本の植物や動物を見せたときに与えてくれた貴重な情報などによって、付き添いの人々を楽しませた。養蚕所の中で、日本の貴人らは立ち止まると、日本の蚕の卵が一杯入っているボール箱を長いこと眺め、正真正銘の日本産のその名称や特徴などを教えてくれた。公園内の犂牛《りぎゅう》（ヤク）も同じように時間をかけてじっくりと眺めた外国の貴人らは、この種の有益な動物についても重要な情報を与えてくれたので、ジェフロイ・サン・イレール氏は近々、それについて「順化協会」で発表する予定である。次いで、温室、雑誌、ヨーロッパ産の野牛、今日のヨーロッパで最もすばらしい水族館などが、かわるがわる旅行中の学者たちの心を捉えたのだが、かれらは数時間、細かく見学したのち帰途についた。

日本使節らの訪問は、順化園に由々しい結果を惹き起すことであろう。というのはかれらは貴重な知識をたっぷりと与えてくれたばかりか、標本を送ることを約束し、また今からすぐ「帝国順化園協会」の会員になることを要求したからである。

ヴェルニーが正式に日本政府（幕府）に雇用されることに決まったのは、柴田が外務大臣、海軍大臣と面談した際に、招聘の承諾を得てからであるが、その発令は九月一日（陽暦）——柴田一行がツーロン軍港を見学した日であった。その後、ヴェルニーは、製鉄所建設に要する人員の雇用、機材の購入に努めるのだが、とくに工事課長、職工は、フランス政府の直轄工場に勤めたことがある老練家を選抜して雇い入れ、また財務問題は銀行家フリュリー・エラール（サントノレ街三百七十二番地に居住）に委嘱した。このフランスの富豪はのちに最初の日本政府代表（日本代領事）となった。かくしてヴェルニーは専断のふるまいなく柴田の意をよく体し忠実に職務に励み、人選も注文も精確を旨として行った。しかも行動は非常に敏捷であったから、日本の役人なら三、四カ月もかかるところ、二、三週間で処理したので、すべて停滞なく運び、一同その事務能力に感服したということである[173]。

ブローニュの森の「順化園」入口（勝山光郎氏提供）

オランダにいったん帰った肥田浜五郎らの動向だが、かれは十月三日に再びパリにやって来て「ル・グラントテル・デュ・ルーブル」に投宿し、そこから水品に手紙を出し、誰か一人遣わして欲しい旨懇願した。肥田は痔に悩み、動けなかったからである。浜五郎の随員である飯田心平は病いに倒れたところに来て、布施も肥田とハーグに帰って以来、「吐血を悩み病体軽からず」ということで、両人の代りとして田口俊平を連れてパリに

万蔵の亡骸は正面中央，十字架の前あたりに
葬られている（モンパルナス墓地）

赴いたのである。しかし、田口も病気のためにホテルのベットに伏せており、七日に福地源一郎と摂蔵が見舞いに訪れている。柴田の日誌「仏英行」に、「源一義、拙蔵を伴ひ、ルールホテル（ル・グラントテル・デュ・ルーブル）俊平の病を訪ふ」とある。田口は十月八日の朝、オランダに帰った模様である。「田口俊、明朝（陽暦八日）荷蘭へ引取候段申越候旨」（「仏英行」）といった条がみられるからである。同日、肥田は水品楽太郎までフランス語を学びたい旨申し出た。またヴェルニーの案内で、両人を除いた外、全員でパリの下水道見学に訪れた。

十日、従者万蔵は久しく病んでいたが、この日の朝、容態が急変した。「万蔵、今朝より病体少敷《すこしく》変じ其症不軽体《かるからざるてい》の趣」。万蔵の病気はその後も快方に向かうことなく三日後の十月十三日（陽暦）の夜七時七分すぎ、ついに冥土に旅立った。柴田の「仏英行」の八月二十四日（陽暦十月十三日）付の記述は、従者万蔵の記事で占められている。この日、柴田理事官は、うさを晴らすために水品・小花・福地らを伴ってブローニュの森に出かけたが、帰館後、従者休左衛門より万蔵が息を引きとったと知らされる。

此比従者万病により、随《したがっ》て気分快癒《かいゆ》ならざるに付、鬱散《うっさん》のため、楽・作・源を携《たずさえ》てバーデブロー一巡して帰舎。○万蔵病愈《いよいよ》危特の容体に付、世話看病の雇婢を抱へ入る。医を招寄す。（中略）○万蔵易簀《えきさく》（賢人の死の意）の旨、休左衛門報じ来る。直に簀《さく》上（ここでは〝寝台〟の意か）に行って見しに、遂に幽冥の府に入れり。嗚呼《ああ》、人生夢幻《むげん》の世なり。是本夕第七字時七ミニユート過なり。（中略）久左衛門・拙蔵・門番夫妻・雇婢・簀下に通夜せり。酒菓等少《すこしばかり》許を設く。

三十五歳を一期に亡くなった万蔵のために柴田が作った「悼亡《とうぼう》」（死を悲しむ詩）は次のようなものであった。

○遠逝幽魂招不帰　　遠逝《えんせい》　幽魂　招けども帰らず
凄風黒月夜光微　　凄風　黒月　夜光　微《かす》かなり
憐渠平素生涯計　　憐れむ　渠《かれ》の平素生涯の計を
半局残碁事皆非　　半局の残碁　事　皆　非なり

翌十四日、柴田はフリュリー・エラールに万蔵の埋葬方をたのみ、検死をすませ、葬式代として小花作之助に五十ナポレオン（ナポレオンは二十フラン金貨）渡し、支払いに当てさせた。

柴田の従者藤井万蔵の病死に関するフランス側の「死人名籍」（死亡証書）の写し（邦訳）が残されているが、それには次のようにある。(174)

巴里斯街
第八ミエニシバル街エリシー之長官
千八百六十五年死去

千八百六十五年第十月十四日午後第二時フジイマンゾウ死去之證書

職業　　奴僕

年齢　　三十三歳

父母之名職業 并《ならびに》住所は受人も知事なし婚姻せず日本伊勢之産昨日「第十月十三日」午後第七時三十ミニユート《(分)》巴里斯ジーンコンション《(ジャン・グージョン)》町名第五十一号同人の宅に死せり余等市街掛士官并パリス《(パリ)》第八區のものを保證すアゼントジ《(アジャン)》ーンエジイドトローウヒーン氏年齢二十九歳并石板師《(リトグラフ)》ミシールアドクスロールー年三十四歳の説明ニ據者也《よるものなり》

右両人は第八番サイントホノール《(サン・トノール)》、アンジョン街に往する者にして前文を誦読セし後余等と共に調印セリ

トローウヰン手記

ローリー　手記

市街掛士官

エ、ブローウエル手記

右はナボレ《ママ》ヲン掟書第八十章の内に随し真の写也

千八百六十六年第一月第一日

巴里斯

デザン　印

この死亡証書によると藤井万蔵は天保三年（一八三二）に伊勢で生まれ、独身であったことが判る。死因その他については明記されてはいない。柴田は死亡した万蔵の名籍書《めいせき》（職階・姓名・年齢などを書き記したもの）の写しの訳

文を添えて従者の死を幕府に報告したが、それは次のようなものである。

昨丑年私欧羅巴江為御用罷越候節家来一人仏国巴里斯府於て病死仕候ニ付同府江埋葬仕候処今般右家来之名籍書写本国より送来候趣にて同国コン《(領事)》シュルより神奈川奉行宛書翰相添差出候旨同奉行より右書簡相越候間則私一名を以右コンシュル江書翰差遣し可申奉存候依之書翰案取調来書并別紙訳文相添此段申上候以上

寅八月　　　柴田日向守

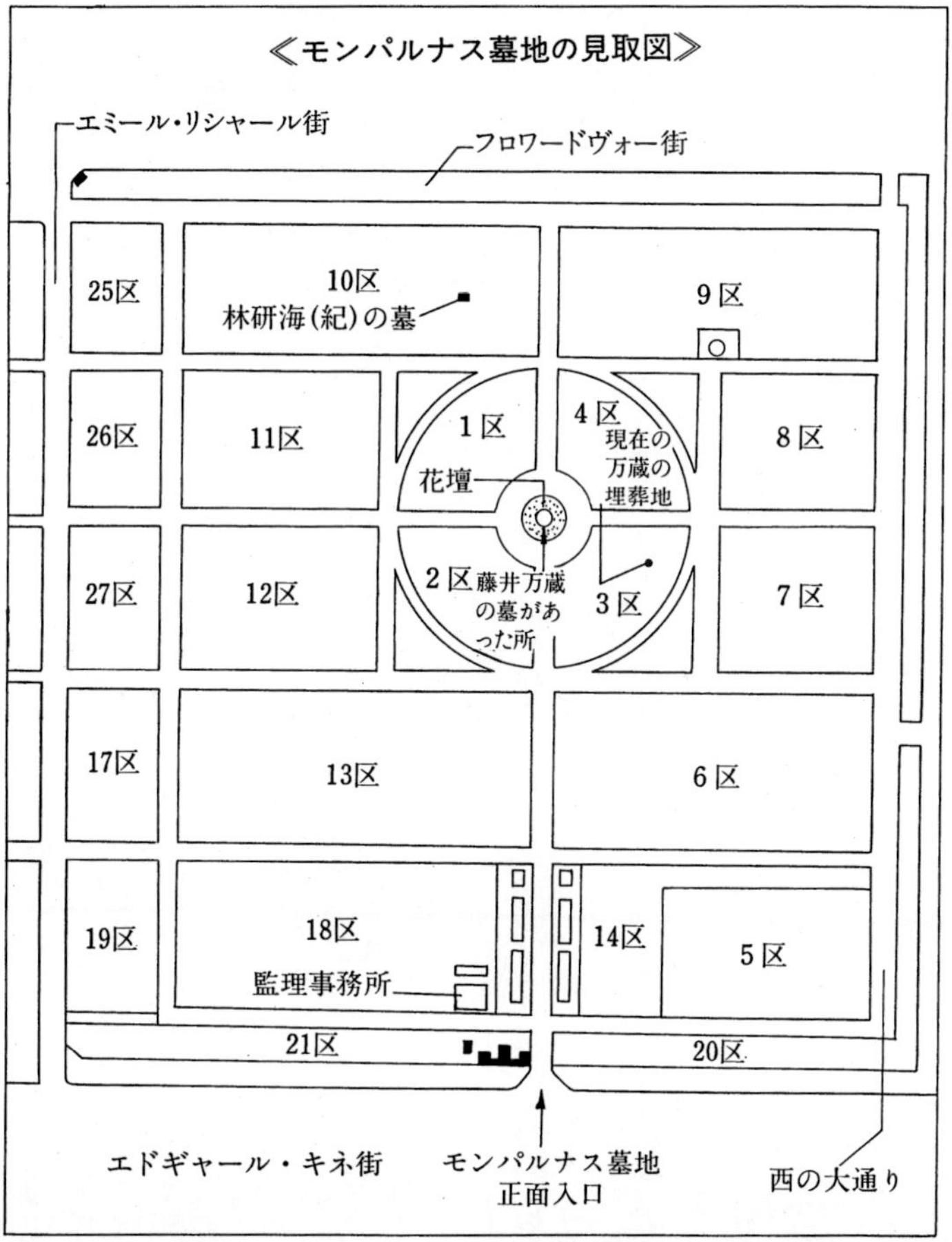

十五日、午前十時に万蔵の棺を馬車に乗せ旅館を出発し、モンパルナス墓地に向かい、そこに埋葬した。柴田も随員とともに野辺の送りに加わるつもりであったが、埋葬の立会いに不都合があり、理事官の代りに「作

之助参り呉、休左衛門をして見送らしめ、小遣接蔵《ママ》、并両婢（マリーとルイーズ）・門番（ピエール）夫妻等棺車に随乗せり」ということである。

藤井万蔵が埋葬されたのは「モンパルナス墓地」（Cimetière Parisien du Sud dit du Montparnasse）である。埋葬台帳には、

NUMÉRO GÉNÉRAL	NUMÉRO D'ORDRE	NUMÉROS des MANDATS de LA MAIRIE	DATES des INHUMATIONS	NOMS DES DÉCÉDÉS	PRÉNOMS	AGE	
	3994	1473		Fujii Mandzo		35	

とあり三十五歳で死亡したことが判る。墓の位置に関して監理事務所が発行したものには次のようにある。

SITUATION DE SÉPULTURE

NOM : Fujii Mandzo

DATE DE L'INHUMATION : ______

3. DIVISION ______

4. LIGNE Sud ______

No 6 ouest

これによると、万蔵は三区の南四列目のところに埋められたことになる。また「埋葬証明書」(Certificat d'inhumation）には、「フジイ・マンゾー氏はパリの八区で、三十五歳で亡くなり、一八六五年十月十五日に永代使用墓地に埋葬された」[175]とある。万蔵の墓は最初、墓地中央にある現在の輪形の花壇内に一九八二年まで在ったが今は無く、亡骸は現在の三区の墓所に改葬された。従って万蔵の墓は現存せず、亡骸はフランス人と共に同じ墓穴に埋められており、埋葬記録を残すのみである。

二十六日、この日、ハーグ在住の榎本釜次郎が器械買入れの用務でパリにやって来た。駅で肥田の出迎えを受けた榎本は、「オテル・ミラボー」（Hôtel Mirabeau ――リュー・ド・ラ・ペー八番地（旧番地））に投宿した。翌二十七日、柴田の代理として水品と福地が榎本のホテルを訪ね、委細を尋ねた。同日、榎本は柴田の旅宿を訪れ、初めて理事官と面会したが、榎本の挙止・言語・風体等が相手によい印象を与えなかったようである。ことに榎本は洋装であったから、柴田は不快に思ったのかも知れない。「仏英行」の中で「〇榎本釜尋問し初て面す。挙動言語并衣服等の義、筆記を厭《いと》ふ。」とまで忌み嫌っている。それより榎本は、旧知の水品・福地・肥田らと遊歩に出かけた。

二十九日、夜八時、ハーグより沢太郎左衛門が火薬製造機購入の件でパリにやって来るというので、榎本・肥田・富田（外国奉行調役出役）・小花・福地らは停車場まで出迎えた。翌三十日、沢・榎本・肥田らは柴田と会い、火薬製造機の件についてるる説明した。同機械の代金は約六万六千フラン（一万二千ドル）であるが、御用金の内から立て替えることにし、購入の方はすべて水品に委嘱された。それより肥田と榎本は、機械の見分と商談のために外出し、夜九時すぎに戻ったが、同夜、榎本は柴田の旅宿で一泊した。

三十一日、沢と榎本は明朝オランダに帰るというので、柴田は両人に夕食を供したのち、別れを告げ、取締役内田恒次郎宛の書簡を沢に渡した。また火薬製造機の立て替え分六万六千フランも両人に渡し、肥田・富田・榎本ら三名から領収書を取った。

十一月二日、柴田は富田・福地・摂蔵ら三名をパリに残し、ヴェルニー及び残りの随員らと午前七時半の汽車でブレスト（Brest――パリの西五百九十キロにある軍港都市）に向かった。途中、ル・マンで昼食をとり、夜七時サン・ブリューで夕食を食べたのち、夜十一時四十五分ごろブレストに到着し、直ちにホテルに投宿した。

ブレストには三日から七日まで滞在し、この間にヴェルニーの案内で海軍造兵廠・ドック・反射炉・製図局・倉庫等を見学し、八日の朝当地を離れ、夜八時ごろロリアン（Lorient――モルビアン県の軍港、漁港）に到着した。翌九日は造船所などを視察し、十日の午後一時すぎ汽車に乗り、ロリアンよりナント（Nantes――パリの南西三百九十二キロに位置する商工業都市）に向かった。柴田はナントの市《まち》について、「当所は余程繁栄の様子にて、ブレスト、ロリ《ママ》エント等の如く土地・風俗とも野鄙ならず。旅亭も結構も随《したがっ》て壮観なり」と書きしるしている。翌十一日、ヴェルニーの案内で一同、アンドル（Indre――ナントの西郊に位置する、海軍造兵廠がある）に赴き、そこで軍需工場を見学した。その後、サン・ナゼール、ツール、シャテルローなどを経て、十八日の午前二時ごろパリの旅宿に帰着した。

十二月四日、ライデン大学教授シモン・フィッセリングの指導を二年半にわたって受けた津田と西は帰国の途次、パリに寄った。この日の夜半、津田のみモンブランに案内されて柴田の旅宿を訪ね、第一回征長事件後の長州藩に対する処分を伝える新聞のニュース、薩摩人が密航してヨーロッパに来ている風聞などを伝えたが、柴田はすでに就寝中であったので面会しなかったようである。

「仏英行」（陰暦十月十八日付）「（前略）昨夜十二時前、蘭より帰途の由、津田晋一・西周、ブラントホテル（「ル・グラントテル・デュ・ルーブル」のこと）より偶々《たまたま》モンブランの案内を得て尋問して来りし旨、一両日同ホテルに滞在の趣なり。（中略）○昨夜来問せし両氏の内津田晋入夜来り、長州本領安堵《あんど》の新聞、薩人外国渡航の説等伝聞の話有之候旨。枕に就し後に付不面」とある。

津田につづいて西周助も柴田の旅宿を訪ねているが、西の場合はほんの一瞬ながら柴田と会うことができた。「仏英行」には「○一昨夜（陽暦十二月四日）来問両人の内、西周来る。多事取調中にて卒爾《そつじ》面して返へす」とある。が、いずれにしても津田・西は、柴田よりあまり歓待されなかったようである。

十二月八日（陽暦）には、柴田理事官とその属僚は、カレーよりドーバー海峡を渡り、ロンドンに赴き、外務大臣クラレンドンと会談し、フランス陸軍の軍事教育団の招聘についてのイギリス側の了解を得、その後イギリス国内の造船所・砲台・要塞・海軍工廠などを視察した。翌一八六六年一月三日（陰暦十一月十八日）にロンドンを発ち、同日の夕刻パリに帰った。柴田一行はパリ帰着後、再び製鉄所（造船所）建設のための事務的な仕事に従事した。

十二日、オランダに帰っていた肥田浜五郎は、布施と飯田を伴ってパリに戻り、翌十三日、パリ到着の旨を水品まで報告した。またこの日、柴田理事官のもとに「○蘭よりドンクル・キュルシュス（ドンケル・クルティウス、出島最後の商館長）、器械方ボス（不詳）、商社々長デ・ウヰット（元オランダの駐日総領事）三名、余へ告別旁《かたがた》来り、同国にて御買上げ器械の義に付、周旋力を尽せし意を示しに」来たということである。これらのオランダ人は、肥田がオランダで機械類を買付ける際に斡旋の労を取った者であり、近々日本の使節が帰国すると知って、挨拶かたがたいとまごいに来たのであろう。

十五日、柴田理事官一行は、一応任務を果したので、肥田軍艦頭取とその属僚（布施・飯田）、建築課長レノー、泥工頭目（係長）ジュモン、製図工バスチャンらフランス人三名らと共にパリを発ち、マルセイユに向かった。柴田はフランスを離れるに当たり、ヴェルニーに残務をゆだね、百七十四万フランの予算を預けた。[176] その後ヴェルニーは機械の調達、雇用者の人選等に忙しく働いた。

十九日、柴田理事官及び肥田一行、フランス人技師らは、注文の工作器械等をフランス郵船に積み込み、同日午後三時半にマルセイユを出帆し、慶応二年正月二十六日（一八六六年三月十二日）横浜に帰着した。あとに残ったヴェルニーは、工作機械の残りと、製図長メラング、書記モンゴルフィエらを伴って帆船「モンゴリア号」に搭じ、四月二十五日（陽暦六月八日）横浜に到着した。………

(168) 仏外相宛のレオン・ロッシュ書簡（一八六五年六月二十六日付）には「明日（二十七日）、柴田はイギリス郵船《マル・アングレイズ》でヨーロッパに向けて出発する……」とある。

(169)「仏英行」（『西洋見聞集』二八三頁）。

(170)『懐往事談・幕末政治家』一三六～一三七頁。

(171) 同右、一三七頁。

(172) 同右、一三七～一三八頁。

(173) 同右、一四一頁。

(174)『幕末維新外交史料集成』第一巻、五七四頁。

(175) 藤井万蔵の「埋葬証明」は次のようなものである。

CERTIFICAT D'INHUMATION

Le conservateur soussigné certifie le corps de M. Fujii Mandzo décédé (e) à (lieu) Paris 8e à l'âge de 35 ans a été inhumé (e) le 15 Octobre 1865 et placé (e) en concession perpetuelle, ... Cette sépulture a été reprise par l'administration, existe toujours (1).

Le 6 Novembre 1985

Le Conservateur,

(signé)

(176) 高橋邦太郎『お雇い外国人』九八頁。

帰国留学生との別れ

一八六六年（慶応元）一月七日、飯田は早朝ハーグに赴き、最終列車でアムステルダムに帰着した。

八日、早朝、飯田はニューウェ・ディープに向けて発った。

九日、赤松は午前十時の汽車に乗りロッテルダムに赴く。肥田はドルトレヒトに行き、留守であったので、赤松は午後一時半の蒸気船でヘレフートスライスに赴いた。

十日、赤松は午前七時に蒸気船に乗りヘレフートスライスをあとにし、ロッテルダムへの帰途についた。

十二日、この日、午前八時の汽車で肥田浜五郎・布施鉉吉郎・飯田心平ら三名は、オランダを去りフランス（パリ）に向かった。榎本・田口・上田らはクラリンゲン（Klaringen――ロッテルダム市内）まで見送り、一同午後二時の汽車でハーグに戻る。赤松は同夜ハーグで一泊した。

十三日、赤松は十二時にハーグを発ち、アムステルダムの下宿に帰った。

十五日、この日、赤松はオランダ商事会社を訪ね、御入用金として四千フルデン受け取った。

十六日、赤松は四千フルデン持参して午後二時の汽車でアムステルダムを発ちハーグに赴き、内田に手渡す。同夜ハーグで一泊した。

十七日、赤松は二時半の汽車でハーグを発ち、アムステルダムへの帰途についた。

二十二日、この日、赤松は先年（一八六五年九月二十一日）アムステルダムで死去した大川喜太郎の荷物三つをムアーマン宅に預けた。また古川庄八の荷物をヘレフートスライスに送り、原田吾一が求めた馬具一式を一箱の中に収

晩年のカッテンディケ
（ハーグ古文書館蔵）

め、ケレンヂート（不詳）宅へ送り、日本への移送を依頼した。
二十三日、夕方、榎本はハーグよりアムステルダムに赴き、赤松宅を訪れた。
二十四日、午前十一時ごろ、ハーグの沢がアムステルダムに赴き、赤松宅を訪れた。
赤松の手帳の記述は同年一月二十五日（木曜日）から二月二十三日（金曜日）まで欠落している。

在蘭日本人留学生のよき相談役としてこれを教導し、また開陽丸建造の斡旋にも大いに尽力した海相カッテンディケは、一八六六年二月六日ハーグにおいて五十歳を一期に亡くなったが、その埋葬式挙行のことを伝える記事は国内の各紙に載ったようだが、たとえば『アルヘメーン・ハンデルスブラット紙』（一八六六年二月八日付）は次のような記事を与えている。

's GRAVENHAGE, 7 Feb.

——De begrafenis van wijlen den Heer W. J. C. ridder Huyssen. v. Kattendijke zal Vrijdag C. K. plaats hebben. Het lijk zal ten 9 ure des ochtends op Eik-en-Duinen ter aarde worden besteld.

ハーグ　二月七日

W・J・C・リィデル・ハイセン・ファン・カッテンディケ氏[177]の埋葬が来る金曜日に執り行われる。遺体はエイク＝エン＝ダイネンにおいて朝九時に葬られる予定である。

二月二十四日、赤松は午後四時半にアムステルダムから蒸気船に乗り、ニューウェ・ディープに向かった。同夜当地で一泊した。

二十五日、赤松はこの日もニューウェ・ディープに逗留した。

二十六日、赤松は午後一時半ニューウェ・ディープを発ち、汽車でアルクマールへ赴いた。赤松は手帳の中で「スホール（汽車）にてフル《ママ》カマール（アルクマールの誤り）迄来」としるしているだけで、その後の行動について何もふれていないが、おそらく同夜アルクマールで一泊したものと思われる。

なお赤松の手帳の記述は二月二十七日（火曜日）から三月十八日（日曜日）まで欠落している。

三月十九日（月曜日）、——赤松は金の借用の件で、この日アムステルダムを発ち、ハーグに赴いた。

二十一日、赤松はハーグを発ち、ドルトレヒトに赴いた。かれはこの日より二十八日までドルトレヒトに逗留した。

二十七日、この日、ファン・ノールト（オランダ汽船会社社長）、ホイヘンス海軍大佐、ディノー海軍大尉らがドルトレヒトに来て、造船所の「御船見分」をした。午後三時に一同カストール（不詳、レストランの名前か？）で昼食をとった。

二十八日、ディノー海軍大尉はこの日ハーグに向けてドルトレヒトをあとにした。午後六時、沢がドルトレヒトにやって来た。

二十九日、午後、赤松は沢とともにドルトレヒトを発ち、ハーグに向かう。赤松は同夜当地で一泊した。

三十日、赤松は、午後四時十二分の汽車でハーグを発ち、アムステルダムへの帰途についた。

赤松の手帳の記述は三月三十一日（土曜日）から五月六日（日曜日）まで欠落している。

五月七日、この日の午後二時に、西の墓地において大川喜太郎の改葬が取り行われた。沢とホフマン博士とクライン・ムアーマンと赤松ら四名が立ち会った。改葬後、一同食事をともにした。

九日、赤松は頭痛と腹痛につき終日下宿で過ごした。夜、雷雨となった。

赤松の手帳には五月十日（木曜日）から二十五日（金曜日）まで記載はない。

二十六日、赤松はアムステルダムを発ち、ハーグに赴き、夜、内田宅を訪れた。赤松はこの日より三十日（水曜日）までハーグに逗留した。

二十七日、赤松は田口宅を訪れ、四百八十フルデン受け取った。

三十一日、赤松は朝ハーグを発ち、アムステルダムに帰った。

六月二日、赤松はアムステルダムを発ち、ニューウェ・ディープに赴いた。交通手段としては蒸気船を利用したものと思われる。同夜ニューウェ・ディープで一泊した。

三日、赤松は夜十一時の「便船」（蒸気船）でニューウェ・ディープを発ち、帰途についた。

四日、赤松は、午前六時半ごろ、アムステルダムに帰着した。

同月五日（火曜日）から十三日（水曜日）まで、赤松の手帳には記載がない。

十四日、赤松はファン・デル・トールト（不詳）とともに午前八時二十分発の汽車でアムステルダムを発ち、ユトレヒトに赴いた。午前十一時、ユトレヒト芸術科学協会におけるフルカーテリンフ（不詳）に出席した。終了後、昼食をとり、夕刻ホイケン・クラブで音楽を聴いた。同夜、ユトレヒトで一泊した。

十五日、赤松は午前九時にユトレヒトを発ち、コイレンベルフ（オランダ南部、ワール川畔の町）に赴き、当地で昼食をとった。それよりワール川（De Waal）にかかるリンゲ（Linge）、テリクト、ボムメル（Bommel またはZalt-Bommel と綴る。ワール川畔の町）の鉄橋等を見学したのち、「ワール橋」を渡ってボムメルの対岸の町ワールデンブルフ（Waardenburg）に行き、夕食をとった。夜、雨が降った。夜一時ボムメルの町に戻り、一泊した。

十六日、赤松は午前六時に朝食をとったのち、ボムメルの町を遊歩した。午前十一時半の蒸気船に乗り、午後二時半ドルトレヒトに到着した。夕食後、六時十五分の蒸気船でウィレムスドルプ（Willemsdorp）に行った。

赤松の手帳は、六月十七日（日曜日）から八月三日（金曜日）まで、特記すべき記述を欠いている。

八月四日、この日、フリシンヘン及びヘール（いずれも不詳）より赤松のもとに手紙が来た。赤松の手帳には「トーウエルキ製造之機械直段積リ之義ニ付テ也」とあるから、文面はtouwwerk《トウウエルク》（綱具）を作る機械を購入する一件についてであろう。

六日、午後、赤松はレインバーン（不詳）に行った。

八日、赤松のもとにレインバーンの頭取コールより手紙が届いた。

九日、この日、赤松はフリシンヘンとヘールに返書を送った。

同月十日（金曜日）より十三日（月曜日）まで、赤松の手帳には注目すべき記事が見当たらない。

十四日、午前十時ごろ、江戸の留守宅より赤松のもとに手紙が来た。

十五日、この日、赤松はアムステルダムを発ち、ハーグに赴き、十九日（日曜日）まで逗留した。中島兼吉を二、三カ月の間、ライデンの「ホロフスメーデレー《ママ》」（De Koninklijke Nederlandsche Grofsmederij——「王立オランダ鉄工所」）に差し遣わす件、内田に動物園の入場料を立て替えてもらったので、その返却の件、「綱具」製造機械購入の件、開陽丸の図面の件、スコットリュッセル造船書（購入の件?）などについて相談するためであった。

二十日、この日、赤松は榎本と共にハーグを発ち、アムステルダムへの帰途についた。両人はアムステルダム到着後、すぐフリシンヘンの工場を訪れた。

また、大川喜太郎の遺品は、これまでずっとクライン・ムアーマン宅に預けてあったが、開陽丸に積み込み日本へ持ち帰る相談をした。この日、赤松は榎本と共にハーグを発ち、アムステルダムへの帰途についた。アムステルダム到着後、直ちにフリシンヘンの工場を訪れた。

二十一日、大川喜太郎の墓石はリンセという石屋で誂えたが、文字一字につき十セント、総額二百二十五フルデンかかった。

二十二日、「畫之具を摺る道具」（不詳）を買い上げる件につき相談した。代金は大形が二十五フルデン、中形は二十フルデン、小形は十八フルデン。

二十六日、赤松は「六時四十分ハルテ《ママ》スをカルフル《ママ》スタラートにて見る」と手帳に書き留めているが、これは夕方、ハルデス（M. H. Hardes, 1815～71 ——第二次海軍教育班の技術将校として来日）をカルバーストラートで目撃したことを指すのであろう。

三十一日、伊東は八月中の休暇をおえて、ニューウェ・ディープへの帰途アムステルダムに寄り、赤松の下宿を訪れた。同夜、伊東は市内のポールセ・コーフィハイス（Poolsche Koffiehuis ——カルバーストラート十五番地にあった Hôtel Polen の付属家屋）で一泊した。

九月一日、赤松は早朝、伊東を宿に訪ね、それより「ロキシのバスチンフ氏刊板所」を見学に訪れた。

四日、四、五日前よりハーグ在住の日本人留学生らは帰国の準備に取りかかっていた。この日、内田・榎本・沢らは土産を求めるためアムステルダムにやって来た。赤松は「アントレポー江至ル」と書きしるしているが、一同、購入した品物を保税倉庫《アントルポー》（entrepôt）に預け入れたものであろう。

六日、これまで開陽丸には、ウィレムスドルプ（Willemsdorp ——ドルトレヒトの南十二キロの地点）で船内の仕上げと機関の取りつけが施されていたが、近日中にブラーウェルスハーフェンに回送されることになった。

七日、この日、赤松はハーグに赴いた。在蘭中の留学生の大半は近々開陽丸に搭乗して帰国することになっており、すでに御手当金を拝借していた。残留する者もそれを拝借するつもりであったので、それを受け取ることと、大川喜太郎の荷物等を開陽丸に積み込む相談を沢とするために、ハーグに出向いたものである。同夜、赤松が取締の内田より拝借し受け取ったのは、洋銀で一カ年分――千六百二十フルデンであった。

八日、赤松はこの日ハーグに赴き、注文した綱具製造機は開陽丸の出帆まで間に合う旨、内田に伝えた。同夜、ハーグで一泊した。

九日、赤松はハーグを発ち、アムステルダムに戻った。

十日、この日よりアムステルダムのケルミスの祭りが始まった。

十八日、赤松はアムステルダムを発ち、ゼィリクゼー（Zierikzee――スハウエン島にある主要な町）に赴き、同地には午後六時ごろ到着した。同夜、同地で一泊した。

十九日、朝、赤松はゼィリクゼーを馬車で発ち、ブラーウェルスハーフェンに向かった。同夜、同地で一泊した。

二十日、赤松は係留中の開陽丸を訪れた。この日もブラーウェルスハーフェンに逗留した。

二十一日、赤松はスコックス博士（不詳）と共にブラーウェルスハーフェンを発ち、ハーグに赴いた。途中、ロッテルダムで夕食をとった。

二十二日、赤松はハーグに逗留し翌二十三日、ハーグを発ち、アムステルダムへの帰途についた。

二十八日、夜、ハーグの田口がアムステルダムの赤松の下宿を訪れた。

三十日、赤松はムアーマン・田口らと共にアムステルダムの東に位置する海浜行楽地ムイデン及びムイデルベルク（Muiderberg）に赴いた。

十月一日、午後、田口はハーグへ帰った。

二日、水夫として開陽丸に乗り日本へ赴くことになっているP・C・カムペルディク（ユトレヒト出身）という者が、赤松の下宿を訪れた。またこの日、赤松は先ごろ注文した六分儀《セクスタント》をエムデン（器械製作者）より受け取った。

七日、赤松は午前十時半にマンエン（不詳）宅を訪れたのち、十一時五分にアムステルダムを発ち、ハーグに赴いた。

八日、赤松はこの日もハーグに逗留した。かれは手帳に「内田ゟ可受取分百キュルテン（フルデン）御賄料、石碑之代（大川喜太郎の）、二十五キュルテン兼吉拝借分差引、五百五十二元五十セントエムテ《ママ》ン江払ふ事」とメモしているが、生活費や墓や六分儀の代金をこの日、内田より受け取ったように思われる。

九日、赤松は精密機器技師ホーヴゥへの付け届けについて相談し、この日ハーグを発ち、ライデンに赴いた。

十日、朝、赤松はホフマン博士宅を訪れ、大川の下宿クラウス・ヘイトマン宅に預けておいた遺品の受け取り方について相談した。それよりヘイトマンに面会し、引き取り方について話し合い、中島兼吉に大川の遺品を開陽丸に運ぶよう依頼した。夕方、アムステルダムに帰着した。

十一日、赤松は「西の墓地」を訪ね、大川喜太郎の墓碑を見分した。マンエン（不詳）宅を訪問した。この日、『アルヘメーン・ハンデルスブラット紙』に、ブラーウェルスハーフェンへ回送される開陽丸の記事が載った。

Men deelt aan het *Utr. Dagblad* mede: Op de 22 sten dezer maand is de zeildag bepaald van het te Brouwershaven zeilreeliggend Japansch oorlogsfregat Kaijoo《ママ》 ("Voorlichter";) de eerste ster van het sterrebeeld de groote beer, voerende 32 stukken, waarvan 26 getrokken dertigponders. Dit te Dordrecht gebouwd uitstekend oorlogschip zal op zijn reis naar Japan worden gecommandeerd door den luit. t. z. 1ste kl. Dinaux; als 1e officier zal de luit. ter zee Witkop Koning fungeren en als offic.——machinist de luitingen. Hardes en verder de Japansche officiren der marine Oetida, Enomoto, Sawa en Tagoezzie《ママ》, welk allen, vergezeld van de in onderscheidene fabrieken hier te lande werkzaam geweest zijn de Japansche onderofficieren, met dat schip naar hun vaderland terugkeeren. De beide Japansche studenten in de geneeskunde Ito Genpak en Hajazi《ママ》 zullen hier te lande achterblijven om aan het hospitaal te Nieuw Diep hunne geneeskundige studien voert te zetten; zoo zal ook de ingenieur voor den scheepsbouw Acamaz《ママ》 te Amsterdam tot dat doel nog eenige jaren hier te lande vertoeven.

今月の二十二日は、日本の戦艦「開陽丸」（〝夜明け前〟）――大熊の星座中の一番星の意――備砲三十二門、その内の二十六門の砲身は三十ポンドである――が、ブラーウェルスハーフェンにおいて帆装するための出発日と決められている。ドルトレヒトで建造されたこのすばらしい軍艦は、日本へ回航される時に一等海軍大尉ディノーによって指揮される。一等海軍大尉ウィトコプ・コニング、機械技師兼機関大尉のハルデスらはそれぞれの職務を遂行する。

また日本の海軍士官である内田・榎本・沢・田口らは、わが国の名高い工場に雇われた日本の下士官を伴って、くだんの軍艦と共に故国に帰る。日本の医学生である伊東玄伯と林ら両人は、ニューウェ・ディープの海軍病院で医学を研究するために残留するはずである。アムステルダムにいる造船技師の赤松も研修のため、更に何年かわが国に滞在する。

十二日、赤松は午前十時にフリシンヘンの工場を訪れ、綱具製作器械の件で相談した。それよりオランダ商事会社を訪れ、六万フルデン受け取った。またこの日、先ごろ日本より帰国したヤスキカルストという者が、赤松の下宿を訪ねた。

十四日、中島は「寝床之代」（下宿及び賄代のことか）百フルデン受け取った。赤松はハーグの内田宅を訪れ、留学生一同がこれまで拝借した金額を計算した。

十七日、朝、赤松はニューウェ・ディープに赴いた。

二十日、アムステルダムにやって来た内田は、午後に赤松と共にオランダ商事会社を訪れ、一万フルデン受け取り、残り一万フルデンは同社に預け、預り証を受けとった。内田は同夜同地で一泊した。

二十一日、用向きのため赤松は内田と共にハーグに赴き、伊東や林と会った。同夜、赤松はハーグで一泊した。

二十二日、この日も赤松はハーグに逗留し、同地で一泊した。二十三日、この日、赤松は用事をすませ、アムステルダムに帰った。赤松はこの日から数日間、職方に何か荷物を預け、カルバーストラートのイギリス人の商店で榎本から頼まれたものを求め、日本へ送る書籍なども購入したようである。またホーヴゥの店や大川の墓石をあつらえた石屋への支払い等についても相談した。

二十五日、赤松はホーヴゥの店に行き、礼物《れいもつ》のことを相談し、のちエムデンの店への支払いをすませ、翌二十八日は「マシーネの図」(開陽丸の機関の図面のことか?)を田口のもとに送り、またホテル・コンメルス(不詳)へ手紙を出したようである。

三十日、この日、赤松はハーグに赴き翌三十一日まで同市に逗留した。

十一月二日(金曜日)から五日(月曜日)まで、赤松の手帳には目ぼしい記事は見当たらない。

十一月六日、赤松はアムステルダムを発ち、ハーグに赴いた。この日ハーグで一泊した。

またこの日の午後、ハーグの「オテル・ド・ルーロープ」(不詳)で内田主催のお別れのパーティが開かれ、主として開陽丸の建造に関係した人々が招かれた。パーティの模様は各紙にも報じられたが、アムステルダムの『アルヘメーン・ハンデルスブラット紙』(一八八六年十一月一日付)には次のような記事が掲げられている。

——Gisteren middag werd door het hoofd der sedert twee jaren in Nederland verblijf houdende Japannezen in het Hôtel de l'Europe een luisterrijk afscheidsdiner gegeven aan de vele Nederlandsche vrienden en bekenden, die veel hebben bijgebragt tot het welslagen van het doel, waartoe de Japannezen ons land hebben bezocht. Onder de gasten merkte men op den Heer de Monchy, pres. der Nederl. Handel-Maatschappij, den kapt.-luit. ter zee de Fremery en andere hooge autoriteiten. Zoo men weet zullen de Japansche heeren eerst daags, met een hier te lande voor hunne eigene rekening gebouwd schip naar Japan terugkeeren.

　昨日の午後、二年このかたオランダに滞在していた日本人の団長主催のすばらしいお別れの宴が、日本人がわが国を訪れた目的を果たすことに大いに力を貸した大勢のオランダの友人や知人を招いて、「オテル・ド・ルーロープ」で催された。賓客の中には、オランダ商事会社の社長モンセイ氏、フレーメリ海軍大佐及びその他のお偉ら方の姿が見られた。日本の紳士たちが自国の費用でわが国で建造した艦に乗船して間もなく日本へ帰ることはよく知られている。

七日、早朝、赤松はハーグを発ちフリシンゲンに向かい、夕方五時ごろ目的地に到着した。この日、開陽丸の「マシーネックロイ」（不詳）が整った。

八日、この日、開陽丸の試験航海（proeftocht）が行われたようである。

十一日、ホイヘンス海軍大佐がフリシンゲンにやって来た。

十二日、この日も開陽丸の試験航海が行われた。夕方、赤松は伊東と林を送ってミデルブルフまで来、同地で一泊した。なお、伊東・林らは開陽丸の見学にフリシンゲンにやって来たものか。

十三日、早朝、伊東と林は帰途につき、赤松は馬車でフリシンゲンに戻った。翌十四日から十六日あたりまでフリ

開陽丸が日本へ向けて出帆した
フリシンゲン碇泊所（筆者撮影）

シンゲンは風雨がひどく、海も荒れたようである。赤松は手帳に「風雨」とだけしるしている。

十九日、午後、赤松は開陽丸を訪れた。

二十日、赤松は午後四時ごろ開陽丸を訪れたが、荒れ模様であったようで「開陽丸ニ至ル、四時ナリ、風波強シ」と手帳にしるしている。

二十一日、この日、赤松はフリシンゲンを発ち、ハーグに赴き、翌々日までハーグに逗留した。

二十四日、赤松はハーグを発ち、アムステルダムに帰った。

二十七日、赤松は最終列車でアムステルダムを発ち、ハーグに赴いた。

二十八日、赤松は午前十一時にハーグを発ち、ロッテルダムに向かい同地で一泊した。

二十九日、赤松は午前八時半にフリシンゲンの蒸気船に乗りロッテルダムよりフリシンゲンに向かい、同地へは午後五時ごろ到着した。それより榎本・沢・田口らと会った。

三十日、晴天。激しい東の風が吹いていた。午後三時半ごろ、赤松は開陽丸を訪れ、内田と会い、金銭出納の計算を行ったのち、夕方の六時、ホテルにいったん戻り、夜九時ごろ再び開陽丸を訪れた。同夜、開陽丸の船室で一泊した。

またこの日、開陽丸は出港に必要な準備をおえ、二万六千キログラムの石炭と食糧を受け取った。

十二月一日、晴天。南東の風が吹いていた。赤松によると、開陽丸は早朝の五時にかまをたいた、ということだが、同艦の「航海日誌」（ディノー海軍大尉が記したもの）によると、午前四時にはすでに汽罐の火力を上げている。午前六時には乗組員に対して起床の合図が出された。その後、開陽丸は食料を若干受け取り、錨を上げ、午前八時二十分、かまをたきながらついにフリシンゲンを出帆した。午後一時半にはウィリヘン（Wieligen ――公海に近い海）を通過する地点に達した。開陽丸は蒸気と帆の力を借りて航行をつづけ、夜十時半ごろには公海へ出る最後の浮標《ブイ》の近くに達した。

開陽丸には、オランダ人、イギリス人、インド人からなる水火夫百九名のほか、日本人留学生九名が乗り組んでいたが、同艦の主な士官等の階級（階掌）・氏名・年齢・住所等は次の通りである。

艦長J・A・E・ディノー（Dinaux）………海軍大尉（三十六歳）………ハーグ在住
一等航海士　P・ウィトップ・コニング（Wittop koning）（二十六歳）………ハーグ在住
二等航海士　J・フローム（Vroom）（三十二歳）………アムステルダム在住
二等航海士　J・A・ド・ヨング（de Jongh）（二十六歳）………アムステルダム在住
三等航海士　D・J・ファン・エミック（van Emÿck）（二十四歳）………ロッテルダム在住
一等機関士　G・B・ハルデス（Hardes）（四十二歳）………アムステルダム在住
二等機関士　J・Th・メイゼル（Meyzel）（四十歳）………ロッテルダム在住
三等機関士　A・セル（Schell）（三十九歳）………ロッテルダム在住
医　　師　J・A・C・ショッケン・フニンク（Schokken Hunnink）（二十六歳）………ズボレ在住
水 夫 長　C・カルクホフェン（Kalkhoven）（四十二歳）………ロッテルダム在住
司 厨 長　C・K・ウェイセンブルフ（Weissenbruch）（四十三歳）………ハーグ在住

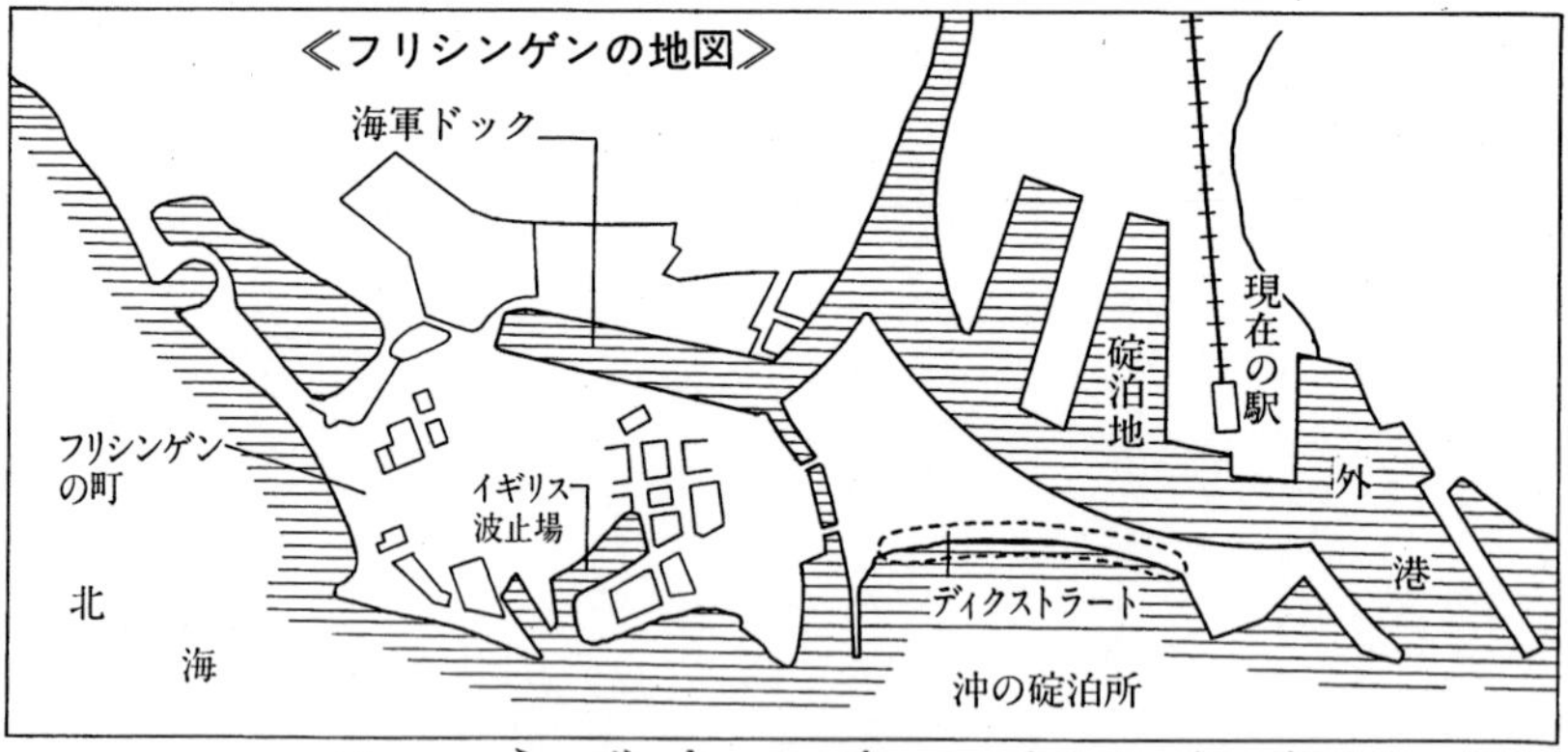

《フリシンゲンの地図》

掌　砲　長　W・ヘハイゼン（Heghuÿzen）（四十四歳）………ドルトレヒト在住

赤松はこの日の朝、帰国する留学生仲間（内田・榎本・沢・田口・古川・中島・大野・山下・上田）らにいとまごいを告げたのち、ホテルに戻り、それより電報局に行き、開陽丸が出帆したことを各所へ知らせた。そして昼食をすませたのち、フリシンゲンを発ち帰途につくのだが、途中ミデルブルフで一泊した。

開陽丸の碇泊地については定かでないが、おそらくフリシンゲンの二つある内港（binnenhaven）のうちの一つに碇泊していたものと思われる。開陽丸が「旭旗」をひるがえしながら、ゆっくりとフリシンゲンの埠頭を離れてゆくとき、オランダに残留する赤松の心に一抹のさみしさと郷愁の念が起った。そればかりか、多年、お互い学術修得に精進し、終始苦楽を共にして来た仲間がもう二人だけになったと思うと、前途に多少の心細さ、悲哀を禁じえなかった。

赤松は、そのような当時のやるせなく悲しい心情を、次のように打ち明けている。

思へば四年前の文久二年（一八六二年）長崎を出発して以来、南洋の海難には椰子《やし》の木陰に救助の船を俟《ま》ち、亜弗利加《アフリカ》の孤島には千古の英雄那翁の故墟を弔ひ、欧羅巴《ヨーロッパ》に達して後は互に学の道に力を戮《あ》せ終始苦楽を共にし来った十五人の中、津田と西とは既に一年前（慶応元年〔一八六五〕十月）に業を卒《お》へて故国に帰り、鍛冶師の大川喜太郎は不幸病の為めに業半ばにして逝き、内田・榎本・沢・田口・大野・中島・上田・古川・山下の九人は今や開陽丸の客となって帰朝の途に就かんとし、残り留るは私たち三人のみとなった。私は堅き覚悟はありながら、江戸に遺した老いたる母と幼弟とが淋しく暮す家庭の事に想至れば、望郷の念転《うた》た禁じ難きものがあった。私は心を励まして業成り錦衣を着て日本に帰らんとする九人の友人をフリッシ《ママ》ゲン《ママ》の波止場に見送って、旭旗を翻した開陽丸の一路平安なる航海を祈ったのである（『半生談』）。

二日、赤松は午前八時にミデルブルフを発ち、夜八時ごろハーグに到着した。スコロードル（不詳）やハラーセル（不詳）宅を訪問した。同夜、ハーグで一泊した。

三日、赤松はこの日もハーグに逗留し、ポンペとフレデリックス宅を訪れた。

四日、赤松は、午前十一時十一分にハーグを発ち、午後一時半アムステルダムの下宿に帰着した。

七日、この日、赤松は内田と榎本から手紙を受け取った模様である。

八日、赤松は用事があり午前九時の蒸気船でニューウェ・ディープに赴いた。かれは「稽古料」（伊東と林の研修費のことか）として千二百フルデン持参したが、これとは別に両人に各五百フルデン貸し与えたようである。

九日、この日も赤松はニューウェ・ディープに逗留した。

十日、赤松はニューウェ・ディープを午前十一時に発ち、夜七時ごろアムステルダムに帰着した。

十二日、赤松はポンペへ手紙の返事を出した。

十三日、赤松はクライン・ムアーマン宅に手紙を出し、婚礼を祝した。またファン・デル・トールン（不詳）へは開陽丸の写真を送った。

十六日、赤松は午後二時の汽車でハーグに赴いた。夜、タール先生（不詳）宅及びフレデリックス宅を訪れ「マリチー《ママ》メウエット」（Maritime《マリティメ》 wet《ウエット》——海事法のことか）の本の翻訳のことを相談した。

十七日、赤松はこの日の朝ロッテルダムに赴いた。カトー（不詳）とともに芝居を観に行き、同夜同地で一泊し、朝早くロッテルダムを発ち、アムステルダムに帰った。

二十日、赤松はオランダ商事会社へ送る手紙を書き、それを伊東のもとへ送った。

二十五日、この日、赤松は内田・榎本・沢・田口ら宛の手紙を書き、それらを開陽丸が寄港する予定になっている蘭領アンボイナに送った。またロントンレイス（不詳）が必要なことについても一筆認めて送った。

一八六七年（慶応三）一月一日、オランダの年始につき、夜「ソシー《ママ》テイトヌントルリンフヘヌーゲン」（不詳）において年始の祝いがあった。

二日、この日の朝、赤松は大川喜太郎の墓石に陰刻する相談のため、石屋のリンセ宅を訪れた。石碑（墓）を建てるには役所に願書を出さねばならぬとの話が出た。お昼ごろ、ライデンのホルチュランユスウィット（不詳）が赤松に、開陽丸が「カナール」（Kanaal——イギリス海峡を指す）で沈没したという風聞が立っていると知らせて来た。ホイヘンス海軍大佐はポンペのもとにこのうわさの真偽を確かめる手紙を出した。夜の九時すぎ、パック・ブージョとカルストら両人は赤松宅を訪れ、夜十二時すぎまで談話に及んだ。

三日、雪が降り、氷結した。気温は午前中、華氏三十一度（摂氏約零下一度）であったが、午後四時ごろには三十八度（摂氏約四度）まで上った。

四日、この日、赤松はオランダ商事会社の支配人ボッセに手紙を出し、開陽丸の安否を尋ねた。ベルケンダール（同会社の社員か）と面会し、伊東から来た書簡内容について相談した。また赤松はこの日、十人ほどの日本人がマルセイユに到着したというニュースに接したが、商人か、日本使節の一行かわからず、使節ならばロシアへ向かう小出大和守の一行とみなした。

五日、赤松は、開陽丸がイギリス海峡で沈没したのは根もないうわさであることを、ボッセやポンペから来た手紙によって知った。赤松はこのことをライデンのウィッテ（不詳）へ手紙をもって知らせた。

七日、原田吾一が乗った便船が三日ほど前にイギリスのリバプール港に到着し、かれがオランダ商事会社に託送した手紙が赤松の手元に届いた。

九日、赤松は日本へ御用状を出す都合があるので、午後四時半にニューウェ・ディープに向けて発った。翌十日、十一日とニューウェ・ディープに逗留した。おそらく伊東や林と会ったものと思われる。

十二日、赤松はニューウェ・ディープを発ちアムステルダムに戻る途中、大雪のために汽車が止まり、やむなくアルクマールの町で一泊した。

十三日、赤松はアルクマールを発ち、午後一時半アムステルダムに帰着した。

十六日、赤松は御用状と一緒に江戸の留守宅への手紙を出した。郵送料は五フルデン九十セントであった。一月十七日（木曜日）から二月三日（日曜日）まで赤松の手帳には記事らしいものは見当たらない。

二月四日、この日、赤松はアムステルダムを発ち、ハーグに赴いた。また御用向の見本《モデル》の件で、デルフトのハルトフの工場を訪ねたようである。

五日、風雪が強かった。赤松はハーグに逗留した。

六日、赤松はこの日もハーグに逗留した。午前十一時に「タラムウィ《ママ》」（tramway――鉄道馬車のことか）にてデルフトに赴いた。同地のバルハンシュス宅を訪れたが、同人は留守であったので、ハルトフ宅を訪問した。赤松は午後二時にハーグに帰り、海軍省に寄ってファン・ローに面会し、設計図《テーケニンフ》の件で相談した。

十六日、この日、赤松は日本へ御用状を送った。

二十一日、赤松はボッテンヘイム（不詳、人名か）の工場を訪れる約束があった。

二十七日、赤松はニューウェ・ディープに向けてアムステルダムを発ち、翌二十八日まで逗留した。

三月一日、この日の正午、赤松は林研海とともにニューウェ・ディープを発ち、アムステルダムへの帰途についた。

二日、林はこの日から九日までアムステルダムに逗留した。同夜、赤松と林はフラスカチ（不詳）のバルマスケー（不詳）へ一緒に行った。

六日、この日の赤松の手帳には「今日ブラシリー国の内リヲシャネイロ〻書状を得たり」と一行だけ記載されている。これは、フリシンゲンを出港した開陽丸が、ドーバー海峡を通り抜け、大西洋をひたすら南下して、最初の寄港地であるブラジルのリオ・デ・ジャネイロに到着し、そこから出した赤松宛の内田恒次郎の書簡を指すものと思われる。

（177）ウィレム・ヨハン・コルネリス・リィデル・ハイセン・ファン・カッテンディケ（Willem Johan Cornelis Ridder Huyssen van Kattendyke）の経歴については『オランダ人名辞典』に小さな記事が出ているし、かれの姪トレンス=ドルフュス（Thorens-Dollfus）が『一八五七年の日本』（Le Japon en 1857 ——カッテンディケ著『日本滞在日記抄』（Uittrekel uit het dagboek 1860 の仏訳）に添えた略伝がある。
これらの資料とオランダ国防省から得た教示にもとづいてカッテンディケの小伝を記すと次のようになる。

カッテンディケは一八一六年一月二十二日ハーグに生まれた。一八三一年十一月、メーデンブリック（オランダ北部の町）の王立海軍兵学校（Kon. Instituut）に二等少尉候補生として入学した。一八三五年五月、フリゲート艦「マース号」に乗り、蘭領東インドに赴いた。同年十月六日、一等少尉候補生に任じられ、コルベット艦「カストル号」、次いでフリゲート艦「ベローナ号」に搭乗し、再び蘭領東インドに赴いた。一八三九年七月、フリゲート艦「レイン号」の艦長となり、大西洋を巡航し、一八四一年九月、海軍大臣の副官に任じられた。一八四六年十月、副官を免じられ、「プリンス・ウィレム・フレデリック・ヘンドリック号」に搭乗し、再び蘭領東インドに航海した。一八四九年、大西洋に航海に出て帰港後、ウィレム三世の侍従武官に任じられた。一八五一年、一等海軍大尉に任官。一八五七年三月二十六日、第二次海軍教育班の団長として「ヤパン号」（のちの咸臨丸）に搭乗し、同年九月二十一日長崎に到着。日本滞在中の一八五八年、海軍中佐に昇進し、一八六〇年二月七日帰国。翌一八六一年三月十四日より亡くなる一八六六年二月六日まで海軍大臣（Minister van Marine）を勤めた。享年五十歳であった。

開陽丸の日本回航と留学生の帰国

内田恒次郎ほか日本人留学生ら八名（榎本・沢・田口・古川・大野・上田・山下・中島）は、多年の留学を終え、新造艦開陽丸の回航員として帰国の途に上る日が近づくと、フリシンゲンに赴き、出帆の準備に取りかかった。やがて開陽丸が帰国の歓びに胸をふくらませている日本人らを乗せて、一路日本をさしてフリシンゲンの港を出帆したのは一八六六年十二月一日（慶応二年十月二十五日）の午前八時二十分ごろのことである。十二月といえば北海は真冬の海で、波高く、風も凍るように冷たい。艦は灰色の、陰うつな空のもと、冷たい風にさらされ、波しぶきを立てながら、ゆっくりと航進を開始した。開陽丸は針路を南米ブラジルのリオ・デ・ジャネイロに取るのだが、その前にドーバー海峡をまず通過し、そのあとまっすぐ大西洋を南下せねばならない。

開陽丸の回航のルートと航海の様子は、回航員となった榎本釜次郎の蘭文書簡（四通）が比較的よくそれを伝えている。榎本がオランダ文で綴ったこれらの手紙は、恩師エフ・ペー・ステュテルヘイム（F. P. Stuterheim）に宛てたものである。榎本の手紙は長く同家に保存されていたが、子孫（息子のウェー・エフ・ステュテルヘイムのこと

開陽丸（ドルトレヒト古文書館蔵）

か）によって一九二二年六月十七日付の『新ロッテルダム新聞』（De Nieuwe Rotterdamsche Courant）に「一八六六年から六七年にかけて書かれた一日本人の書簡四通」（Vier brieven van een Japanner uit 1866–'67）と題して、解説付で全文が紹介された。

艦上の人となってから榎本は、毎日「航海日記」をつけていたが、その原本や写しは行方不明であり、現存しないようである。榎本書簡は、無味乾燥なディノー艦長の「航海日誌」（Journaal——一八六六・九・十〜一八六七・六・二十二）とは趣を異にしており、史料的価値も高く、おもしろい。今、フリシンゲン出帆以来の開陽丸の航跡を同書簡によってたどってみよう。——

オランダ国旗と旭日旗をマストにかかげ、外海に出るまでしばらく汽走をつづけていた開陽丸は、北海に出ると帆走に移った。十二時間ほど経過したころ、オランダの陸地はとっくに視界から消えており、日暮れごろ艦はカレーとドーバーの海峡を通過した。出帆第一日目は、帆走するには申し分ない日よりであった。

その日は晴天に恵まれ、さわやかな微風が南東より吹いて来ました。夜半ちかく、風の向きが変わり、舳先の方から吹いて来たので、帆をすべてしっかりしばりつけ、イギリス海峡に沿って進みました。

翌二日、黒い雲が次第に空を覆うようになり、不吉な様相を呈するようになって来た。風の方向は前日と変らず、力さえ加わって来た。

三日、時節はずれの生暖かな風が吹くようになったと思ったら、気圧計の針がぐんぐん下がり出した。昨日来の黒い雲は姿を消していたが、時化《しけ》が遠からずやって来ることは明らかだった。案の上、暴風雨となり、風は唸りを上げ、艦を激しくゆさぶった。夕方、風に逆らって汽走しても無益と判り、機関を止め、わずかに汽缶《かま》の火種を絶やさないようにしておいた。針路は東南に取り、わずかな帆を張って進んだ。

四日、この日も荒模様であった。波浪は高く艦は激しく動揺し、小屋の中の本箱がぐらぐらと揺れるのに似ていた。海水は甲板を洗い、艦を打つ波の音は猛烈であるため、安眠を妨げられた。

五日、嵐は一応収まったので、日暮れごろ再び汽走し、夜七時イギリス最南端のリザード岬（Lizard Point――コーンワル州南部の岬）を通過した。

六日、強風が西の方角から吹いて来た。正午に実測を試みようとした瞬間、太陽は〝雲の灰色のカーテン〟のうしろに隠れてしまった。

七日、暴風が北西より吹いて来、波浪は高く、晴雨計がまた上がり出した。艦は針路を転じたが、ひどく動揺した。

八日、「台風一過のあとの静寂」とでもいうのか、一夜明けておだやかな海となった。艦は「はてしなき海原」を進んでいた。数日来の気温は穏やかにして、まるでオランダの九月の気分にひたっているようであった。その後の十六日間というもの、好天に恵まれること少なく、ために航海は大いにおくれてしまった。が、これまでに何度も時化《しけ》と出会った割には艦の損傷個所は少なく、乗組員にも被害が出なかったことは幸いであった。

かくして、開陽丸は、ドーバー海峡を通過し、まっすぐ大西洋を南下する途上で時化に遭ったわけだが、このときの航海の様子は赤松大三郎宛の内田恒次郎の手紙にもくわしく報じられている。日付は一八六七年一月二十一日（慶応二年十二月十六日）、発信地はブラジルのリオ・デ・ジャネイロの港となっている。

内田はこの手紙の中で、フリシンゲンを出帆後、翌日より逆風となり、やがて暴風雨に遭遇し、艦の動揺が出たこと、次いで強い向い風と濃霧に悩まされたことを伝え、かつ艦の堅牢性などが証明されたことをドルトレヒトのヒップス氏にことづけている。

（前略）フリッシゲンにて御別れ申上候後、其日は風順宜しく有之候処、翌日より逆風相成、追々ストルムウェール《(暴風雨)》に相成、連日英仏間の海峡お《ママ》ドワルス《(横)》にコロイセン《(航海)》致し居り、カナール《(海峡)》出口迄多分ハルデテーヘンウインド《(強き向風)》、ホーヘセー《(公海)》、スワーレミスト《(濃霧)》にて日お送り申候。ジノー《(艦長)》氏も度々英港入れ可申哉の話有之候処、ミスト《(霧)》にてキュスト《(沿岸)》相見え不申《もうさず》、反て広き場に居り候方と取定め、よう〳〵の事にて、カナールお出申候。其後も常々風順宜しからず、度々スチル《(無風)》にのみ相成、ノールドヲーストパッサート《(北東風)》只両日程セールヒュンスチフ《(航海好都合)》にて、余は意外の方よりのみ吹き、更に定例のテオリー《(原則)》通りには不参、榎本氏委しく日記写し差出候に付、同様の義に付略之。只一ケ条申上度《もうしあげたき》義は、御船ビソンデル《(特別)》にステーフ《(堅固)》にてストルムウェール《(暴風雨)》の節存外スリンゲル《(振動)》等少く、乗組の者一同スチュールマン《(航手)》等も、此船の如きグーイエー《(良質)》ヘンシカップの船まだ見ざるよし申候。フルバンド《(組方)》等堅固の印には、少しもカラーケン《(軋る)》致し候音無之《これなく》、すき間少しも出来不申、御序《ついで》の節ヒップス氏え《ママ》コンプリメント《(祝詞)》御伝言奉願候。

フリシンゲンを出航して十七日目といえば、開陽丸はポルトガルの遥か沖合を航行中であったが、十二月十八日に、雷を伴った激しい嵐と出会った。二十四日、風は北東より吹き、二十六日には、イギリス船「クランスマン号」と遭い、メガホンをとってお互い言葉を交わした。

三十一日、ここしばらく常に好天に恵まれ、風向きも変らなかった。艦は総帆を張り、同じ方向を航行中の船を何隻も通り越して、大西洋上をすべるように走った。この日は大晦日のため、休日とした。

一八六七年一月一日（慶応二年十一月二十六日）——年が改まると景色はいくらか変り、風向きは定まらず、時にはなぎに遭った。水平線に奇妙な形をした入道雲が姿をみせ、たびたび俄雨が襲った。艦内の気温は、華氏七十五度から八十度（摂氏二十四〜二十六、七度）を示した。「だから私は真夏に年越しと新年を迎えたことになり、オランダにおけるときときわだった対照をなしているのです！」

航行中の開陽丸

六日と七日の両日、艦は汽走し、ついに赤道を通過し、八日にはすでに南半球に入り、強い南東の貿易風が吹いてきた。開陽丸はさか巻く怒とうを蹴って進み、その速力は一日平均約四十マイルであった。艦はすでにフリーオ岬（Cape Frio——アフリカのナミビア北西端の太西洋に突出した岬）の沖十マイルを航行中であった。来る日も来る日も海と空だけの変りばえせぬ景色しか眼に入らなかったから、一同、艦上の単調な生活はにわかに破られ、遥かなるアフリカの陸地を食い入るような目でじっとみつめた。

一月二十一日——快晴。開陽丸は汽走しながらゆっくりとブラジルの海岸に沿って進み、午前九時五十分、無事にブラジルのリオ・デ・ジャネイ口に入港した。この日、天気は晴朗ではあったが、灼熱の太陽にじりじりと照りつけられ、一同堪えがたい暑さを覚えた。ちょうど入港したころ、榎本が「ブラジルで最も美しい港」と呼んだリオ・デ・ジャネイロ港には、イギリス船一隻、ロシア船一隻、北米の軍艦が二隻、碇泊中であった。また炎暑の中で港の周辺に瞳を凝らすと、丘陵は青々とした樹木で覆われていることに気づいた。

世界の三大美港の一つに数えられ、今日、世界的な観光地となっているこの港湾都市での、日本人留学生の行動についでは史料も乏しく、その実情に至ってはほとんど知られてはいない。が、同地の逗留は十日以上にも及んだから、きっと一同は上陸し、市街見物にも時間をさき、湾口のパン・デ・アスカルの丘、コパカバーナの美しい海岸、サンベント修道院、博物館、動植物園などを順々に観て回ったことであろう。『海軍七十年史談』に「一行は勿論、回航委員も順次に上陸、市内の見物をした」とある。しかし、入港時、榎本は「目下、私は日本文およびオランダ文で手紙を書くことに忙しく、まだ市《まち》を訪れていません」と述べている。おそらくかれは郵便船に手紙を託する必要があって、手紙を書くのに忙しかったものと思われる。

この風光明媚な港に投錨中、開陽丸は時化で大きな損傷を受けた箇所を修理し、また食料・飲料水などを補給し、石炭を三百五十トンほど積み込んだ。

先の内田の手紙と同じ日に、榎本釜次郎は開陽丸の機関設計者ホイヘンス海軍大佐宛に手紙を送り、この中で艦と乗組員が安着したこと、艦及び蒸気機関の優秀性と状況等を報じている。(178)

拝啓

我々が五十一日間の航海を経て、当地に一月二十一日、船も乗組員も共に無事で到着しましたことを、ここに御報告いたします。これで私は開陽丸の本当の試験航海をしたことになりますが、船の速度・堅牢さ・エンジンの安定した動き、蒸気機関の具合の良さ等々につきましては、ディノー、ハルデス両氏が貴殿に報告するでしょうから、私からは何も申しません。ただ開陽丸が如何に素晴らしい軍艦であり、船としての長所をすべて備えたものであるかを述べるだけにします。この船はわれわれが幕府のねらいに対する完璧な答となるでしょう。

ところが我々にはこれがたった一隻しかないのです。私が数年前から指摘しているように、このような船をもっと持つべきだということを幕府に進言するのは我々の義務です。「他人の眼鏡で物を見るよりは自分の眼で見るほうがよい」という諺《ことわざ》もありますし。

さて、貴殿並びにご家族は如何お過ごしでしょうか。寒さの折、病気になられぬよう、またこの手紙をお達者で受け取られることを心から祈っております。

ご家族の皆様、トウルク、オブレイン両氏その他の人々にくれぐれもよろしくお伝え下さるよう。

海を越えて、生徒であり友である

榎本釜次郎

二十二日、曇天。艦長ディノーは諸所へ挨拶に出かけた。この日、艦の大掃除を行い、舷側外部を磨き、前檣綱梯子を取りつけた。大工らは大型船載ボートの銅板張りに従事し縫帆員は帆を小さくする作業を行った。

艦内諸所の手入れ、石炭・飲料水・食料等の搬入をすべて終えた開陽丸は、二月一日（陰暦十二月二十七日）午前八時、汽缶《かま》をたきながら、ゆっくりとリオ・デ・ジャネイロの碇泊所を出て行った。正午に実測を試み、本船の位置を確認した。艦は西経四十二度五十分、南緯二十三度十三分の位置にあった。午後四時、艦は蒸気を止めて帆走に移り、南四分ノ一西の針路を取って快走をつづけた。この日の気温は華氏八十三度（摂氏約二十八度）であり、晴雨計の示度は七百六十四ミリであった。

四日、早朝より海は荒模様となり、風力は次第に増して行き、波高く艦の動揺は甚しかった。この日は陰暦の大晦日にあたったが、日本人一同はとくに年越の行事をせず、ただ内輪で集まり、江戸にいた時分のことを思い浮べ、語り合って新年を迎えることにした。

五日(慶応三年正月元日)――この日は元旦であるが、航海中でもあるので、儀式をすべて省略し、お互い祝詞を交わすだけに止めた。屠蘇の代わりにシャンパンを抜いて祝杯を上げた。祝賀のため開陽丸の士官と下士官にはシャンパンを、その他の乗組員にはラム酒を進呈したが、一同ふるまい酒に大満足であった。正午に艦の位置を測定したところ、西経三十六度五十七分、南緯二十九度五十二分、寒暖計の目盛りは華氏七十八度(摂氏二十六度)を指していた。

十五日、艦は快走をつづけていたが、空模様がくずれ、激しい嵐となったので、帆を降ろした。二十六日、エンジン用の真水を海水から作った。機関の調子は良好。しかし、この日まで、病人の数は十一名にものぼった。

三月一日(陰暦一月二十五日)――艦の位置は、東経四十七度四十六分三十秒、南緯四十四度五十九分三十秒であり、気温は華氏五十六度(摂氏約十三度)、晴雨計の示度は七百六十五ミリであった。開陽丸は大西洋を経て、すでにインド洋に入っていたが、風の具合もよく快走をつづけた。この日より針路は、東四分一北より東北東、北四分三東、北東四分三東。

二十二日、なぎにあい、やむをえずアンボイナまで汽走することにした。艦は次の寄港地まで一日平均七十二キロ航行した。開陽丸はオーストラリアの遥か沖合い走っていたが、このころより艦内の気温が上がり、だんだん過ごしにくくなってきた。

二十九日(陰暦二月二十四日)――開陽丸はこの日の午後三時十五分、アンボイナ(Amboina――アンボン Ambon ともいう)に入港し、コレンホーフトに碇泊した。オランダのフリシンゲンを出帆し、百二十日目のことである。

アンボイナはモルッカ諸島中の島セラム（Ceram）の東南に近接する小島であり、現在はマルク州の州都となっている。一五一二年にポルトガル人アントニオ・ダブレウによって発見されて以来、一六世紀末までポルトガル領であったが、一六〇五年二月、オランダ人が来航し、ポルトガル人を駆逐し、城塞を築くに及んで、オランダ人による統治の基礎は固まった。[179] 一六二三年三月、オランダはイギリスとの香料貿易抗争によってイギリス勢力を一掃し、その後独立するまで同島を支配した。アンボイナは香料・コプラ・熱帯性の果物等の積出港として知られているが、一八五四年から一九〇四年まで自由港であった。

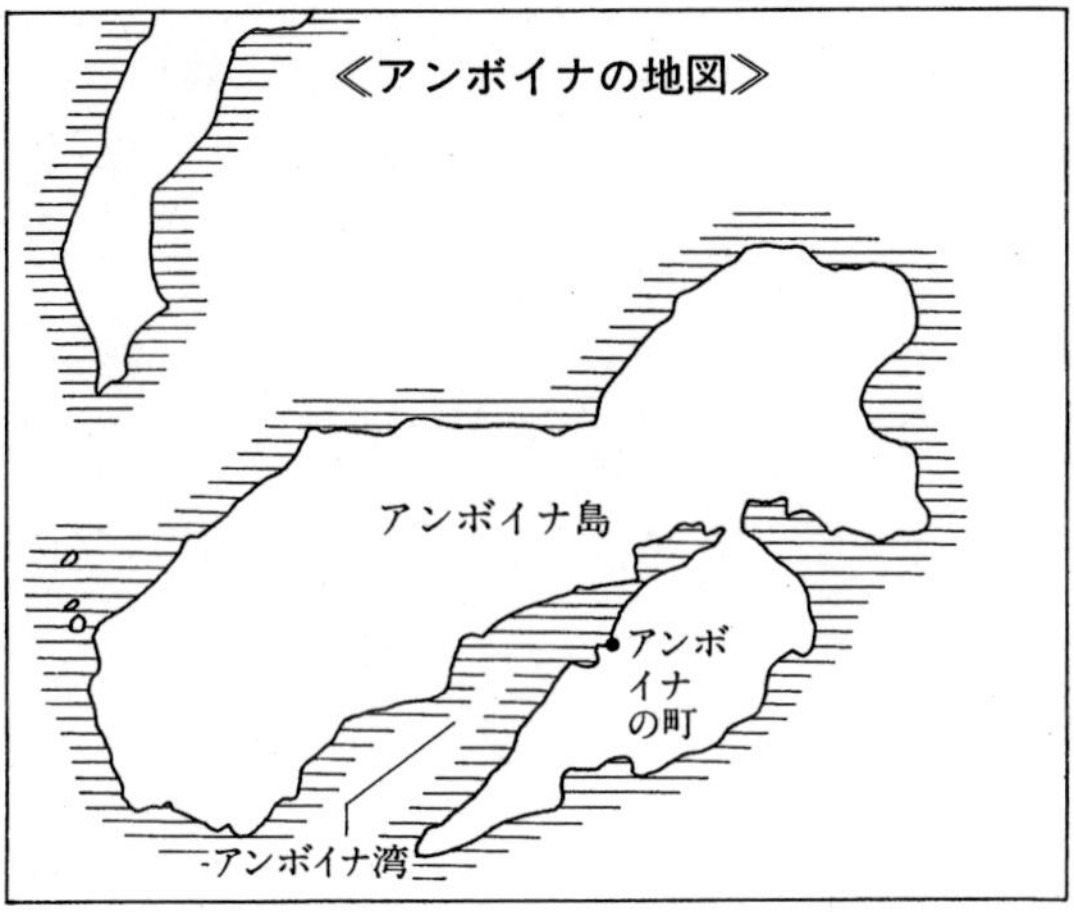

《アンボイナの地図》

同島は、東経百二十八度十分、南緯三度四十一分に位置している。開陽丸の入港時の気温は華氏八十六度（摂氏三十度）、晴雨計の示度は七百五十六ミリであった。アンボイナの碇泊所は長崎のように、入江の奥深い所にあり、また「この港は山山の景色等、我が邦の長崎に類似しているので一同の感慨は一入《ひとしお》深きものがあった[180]」（傍点引用者）ということである。

開陽丸はアンボイナで十一日間碇泊し、その間に艦内外の掃除や手入れをし、また食料や水を補給し、ことに石炭は二百九十九トン積み込んだ。石炭は港の出入り、無風のときの航行にとってなくてはならぬものである。

ちなみに同島入港二日目（三月三十一日）の開陽丸の「航海日記」をのぞいてみよう――、

穏やかな回り風。雨を伴った曇空。
船全般の清掃を行なった。帆を乾燥させた。それからさらに必要な仕事を実施した。日曜日を祝福し、そして乗組員の一部に月曜日朝六時までの上陸許可を与えた。八時に慣例に従って見張りを立てた。………(庄司三男訳)

また榎本は、恩師ステュルテルヘイムに「次の便りはアンボン(東インド)から出します」と約束したとおり、艦がアンボイナに到着し、数日を経ずして次に引くような手紙を出している。

一八六七年四月一日　アンボイナにて!

敬愛せる友へ!

本日、私はインドの郵便船に託して、貴殿に数行をしたため、以下のことをお知らせすることを悦びとするものです。——私たちは(ブラジルのリオ・デ・ジャネイロから)五十八日のあわただしい航海をおえて、一昨日——三月二十九日——艦及び乗組員つつがなく当地に到着いたしました。こんどの航海中、数日間しけに遭いましたが、嵐を無事に切り抜け、艦のどこにも破損の痕跡を見出すことはありませんでした。私たちが取った航路は喜望峰の遥か南方であり、時には南緯四十六度のあたりを航行しました。

相当強い風が吹いておりましたが、風向きは申し分なく、一定しておりました。天候についていえば、日が照らぬような日はほとんどありませんでした。気温は、時に寒さを覚えるほど下がることがあり、そのため厚手ウールの外とうをずっと用いねばならぬほどでした。

この時期、同海域においてたびたび出会う流氷は、努めてそれと遭わぬようにしたので、ついぞ目撃されませんでした。二月二十日ごろより三月十日までの間、私たちは常に寒帯にありましたが、その後陽気はますます暖かくなり、ついに最後の数週間来、すでに二カ月前に経験したのと同じ恐ろしい熱帯地に入りました。喜望峰の南を通過する際には、丸五日、一昼夜つねに六十五マイルの速さで航行し、時にはそれ以上のスピードが出たこともありました。私たちがオーストラリアの西岸を通過したのは三月二十二日のことですが、にわかになぎに会いました。私たちは直ちに汽走に移り、昨日まで六昼夜半、身を焼かれるような炎天のもと、ずっと汽缶《かま》を焚いて航進いたしました。汽罐室の温度は常に華氏百三十五度もありました。機関は抜群の働きを示し、一昼夜平均四十五マイルの速力を出しました。さて、敬愛すべき友よ！　貴殿と御家族の健康はいかがですか？　私はおかげさまで今日まで一日たりとも病んだことはありません。ここアンボイナは、オランダ植民地のはるかなる前哨地なのです。湾の形や周囲の景色はかなり美しいものですが、その他は大したことはありません。今、湾内にはオランダの軍艦が二隻と小さなバーク型帆船が何隻か碇泊しております。私たちは必要以上に当港に留まる必要がないので、多分八日後には日本へ直航することでしょう。当地より日本まで要する日数は、およそ三週間と看ております。従って私からの次の便りは日本から出しますが、ペンを擱くに当たり、貴殿ならびに御家族の皆様に心よりごあいさつ申し上げます。

親愛なる人

榎本より

[筆者訳]

四月十日（陰暦三月六日）——午前五時の起床の合図とともに、寝床から跳ね起きた開陽丸の乗組員一同は、直ちに出帆の準備にとりかかり、午前五時半にはすでに碇泊所を抜錨し、公海上を走っていた。艦は公海へ出るまで蒸気力で航進したが、それはアンボイナの付近には大小の島がたくさん散在していたからである。夜八時ごろ、艦は同島の最西端を通過し、海上の見張りを立てた。この日一日で、艦は一万ポンドの石炭を消費した。

艦はほぼ赤道直下を航行中であったから、モルッカ海峡に美しい夕日が沈んでも、暑気は激しく夜に入っても、船室の気温は華氏九十度（摂氏三十二度）を優に越え、とても眠ることはできなかった。だから留学生一同は、その後何日も熱帯夜に苦しめられた。

アンボイナを抜錨して十四日目の四月二十四日――正午に実測を試みたところ、東経百二十九度四十九分三十秒、北緯二十一度三十九分、であった。晴雨計の針は七百六十三ミリを示し、気温は華氏八十四度（摂氏二十九度）であった。毎日寝苦しい夜がつづいたが、ここ数日というもの夜に入ると名月が出て、一同甲板の上で涼を追った。そんな晩にきまって思い出されるのは、故国日本の月夜である。江戸の町や肉親、知人、食物のことなどが脳裏をかすめる。そして皆あれこれ国の有様を思い出し、歓談にふけった。

食物といえば、日本におればそろそろ旬《しゅん》の鰹《かつお》が口に入るころである。開陽丸がアンボイナに碇泊中、内田恒次郎はオランダに残った赤松大三郎・林研海・伊東玄伯ら三人に宛てて手紙を書き送ったが、その一節に「日本地の新緑最《も》早月内《はやつきうち》に見可申《みもうすべく》、松魚《しょうぎょ》（かつお）さしみ間《ま》に合可申、乍去尚《さりながらなお》三ケ年も御滞留実に浦山敷《うらやましく》存候」というのがある。これは早く日本に帰って新緑をたのしみ、初鰹を口にしたい、といった切々たる願望を吐露したものだが、反面、なお三年間もオランダで勉学に勤しむことができる仲間への羨望の念をすなおに現わしている。

艦は徐々に日本本土に近づきつつある。一同、故国到着が間近に迫っていると思うと、気分も浮き立ち、とくに申し合わせなどはなかったが、めいめい船室の取り片づけや荷物の整理をするようになった。帰国に際して留学生がまずなさねばならぬことは、洋髪をお国風に改めることである。互いに月代《さかやき》（前髪）を剃り、髭を結ったりした。これは出国の折、軍艦奉行より「和蘭国滞在中宗門は勿論、衣服等西洋風に泥まざる様吃度《きっと》心得べし」との訓示にもとづいたもので、横浜上陸に際し、万事不都合がないよう準備したものであった。しかし、オランダでいったん斬髪にした頭を、もういちど丁髷《ちょんまげ》にもどすことに抵抗を覚えたもののようで、「何れも六ケ年目《ママ》で剃り取ることとて異様な感がした」ということである。(181)

四月二十八日（陰暦三月二十四日）——夜十時ごろ、島影らしきものが見え、また小さな灯火の点滅が望見された。豆州（伊豆七島）の一つではないかという。一同、久々に日本本土に接近し、喜悦に胸がふさがれた。目ざす横浜はもう目と鼻の先である。

一八六七年四月二十九日（慶応三年三月二十五日）——快晴。開陽丸は午前八時に伊豆の下田沖を通過し、それより富津《ふっつ》水道（浦賀水道）に入り、午前十時半、無事横浜港に投錨した。オランダのフリシンゲンを発って、実に百五十日目のことである。

帰朝後、内田恒次郎はオランダにいる林・伊東・赤松らに、無事帰国したことを報じているが、発信地は江戸となっている。巻紙に毛筆でしたためた帰国後の第一報の書き出しは、奇妙なことにアンボイナ出帆の月日と横浜帰着のそれが欠けており「空所」となっている。

扨《さて》私共一同□月□日アンボン出帆後、海路無滞、□月廿六日横浜港帰着、無事罷在候間、御放念可被下候。

榎本は帰朝後、約束通りオランダのステュテルヘイムへ手紙を書き送ったが、それは同氏宛の最後の通信でもあった。文面によれば、榎本は横浜到着後、直ちに江戸の留守宅に帰り、家族らと再会しているが、その折の家族の驚きと喜びは察して余りある。そしてわが家に帰ってゆっくりくつろぐ間もなく、沢太郎左衛門と共に開陽丸の受け取りの主席委員（hoofd commissie）に任命されたことを伝えている。

一八六七年四月《ママ》六日（五月六日の誤り）　横浜にて

敬愛する友へ！

本状を貴殿に呈する所以は、私たちが（東インドのアンボイナを）出帆以来十九日間の航海をおえて、四月二十九日の午前十時、艦及び乗組員これまでと同じように上々の状態で、横浜港に入ったことをお知らせするためである。

四月二十九日、私は江戸にあるわが家に帰りました。ああ、やれやれ！　母や家族が健やかなるを見たときの嬉しさといったら。そのときの家族一同の喜びといったらいかばかりか、お判りいただけると思います。大勢の訪問客が押しかけ、かなりわずらわしい思いをいたしました。

しかし、江戸のわが家に戻るとすぐ、友人の沢とともに開陽丸を受け取るための主席委員に任命されました。だから今、私たちは使命を果たさんものと、健やかなまま再び横浜に来ております。従って江戸にいたのはわずか五日だけで、まだ一日も休養を取っていないのです。

すぐに手紙を書くことができなかった理由もまたここにあるのです。次の機会に更にくわしくお知らせできればと思っております。

御家族の皆様に心からご挨拶をお送り申します、とどうかお伝え下さい。

貴下の忠実なる友にして弟子

榎本釜次郎

追伸　おついでの節に、ムトン氏とフレデリックス氏にもよろしくお伝え下さい。暇がないために、フレデリックス氏にはまだ手紙を出しておりません。

［筆者訳］

帰国直後の留学生九名の動静と足どりに関しては、記録や史料が意外に少なく不明な点が多い。めいめい役向きに帰朝報告を早々にすませ、各自思い思いの場所——肉親や知人が待つ家に喜び勇んで帰って行ったことであろう。一行中の大野弥三郎には「和蘭陀行日記」といった私記があったようであるが、それには「当日内田氏は上陸直ちに江戸に帰る」(182)としるされていたという。後に沢家の所蔵に帰したこの資料は震災の折に焼失したようである。いずれにせよ、帰朝組がまず驚いたのは、かねて予想はしていたものの、わずか数年の間に幕府や社会形勢に大きな変化がみられたことである。時勢の著しい変化については、内田が帰国後の第一信として、赤松・伊東・林ら三人に宛てて出した、四月二十一日（陽暦五月二十四日）付の手紙が最もよく伝えている。

同書簡によると、たとえば、御番方奥衆・御膳所・御鷹匠《おたかじよう》などの大半が、制度や組織の改変に伴って、陸海軍に編入され、無役の役人の数がひじょうに減少したこと、次に、殿中で陸海軍局の奉行以下、押しなべて黒羅沙《らしや》の筒袖・羽織・股引《ももひき》・胴衣（フュスト）を用いるようになり、また四谷・赤坂・牛込などの見附の警備兵の交替に、一人の士官に引率された歩兵隊が太鼓に合わせて進退するようになったこと、英仏から軍事顧問団を呼び寄せて伝習を開始しようとしていること、その他、パリ万博に参加するため徳川民部大輔（昭武）らがヨーロッパに派遣され、また海外留学を希望する者は、願い出により差し許されるといった、海外渡航の布令が出たことなどを伝えている。これは内田の観るところ「存外の開け《ひら》」であった。しかし、大いに憂慮すべき事は、幕府の金蔵が底をつきかけており、糅《か》てて加えて、諸物価の高騰であった。「政府ヘルド《ママ》（銭）少く物価騰貴、追々からき世の中にも相成可申候」と、将来を予見している。

帰国した留学生らの動静や消息を伝える記事が『海舟日記』（『勝海舟全集』勁草書房版）に散見するが、そのうちから開陽丸に関連したものだけを拾うと次のようになる。

◎廿七日（注・慶応三年三月二十七日〔陽暦五月一日〕）

昨夜、開陽丸、和蘭より横浜へ着船。内田恒次郎、本日登営。

◎廿九日

開陽船着につき、尋問として横浜へ出張。

これは当時、軍艦奉行であった勝海舟が視察のため同艦を訪れた意である。

四月

◎朔日（注・慶応三年四月一日〔陽暦五月四日〕）

兵部殿へ開陽の義、言上。………

◎三日

（前略）昨、矢田堀讃岐、開陽艦乗組み、仰せ渡さる。

◎十三日

内田、榎本、沢、田口の身分、御抜擢下され候よう願書進達。

田口、その身一代召出され、百俵下し置かる。軍艦役並教授仰せつけられる。右□事。

（□内は虫食い――引用者、以下同）

◎十六日（陽暦五月十九日）

此頃、唱蘭《オランダ》より帰国の生徒内田恒次郎、榎本、沢、田口等の身分、御抜擢の事、相願う。

五月

◎十二日

このあと「榎本、その身一代召出され、百俵下し置かる。軍艦役四百俵高、成し下さる」といった文章がつづくが、これによって榎本が新たに召し出され、禄を授けられたことがわかる。次いで内田・沢・田口らの記述がみられるが、めいめい新たな役職についたことが知れる。しかし、かれらの身分が本決まりになるのは、もっとあとのことで、勝は帰朝者のために幕閣に対する猟官運動を怠らなかったことであろう。

内田、軍艦□並、仰せつけられる。教授扶□
沢□軍艦□並、仰せつけられる。
内田、榎本、沢、身分の事、仰せつけられる。

今引いた『海舟日記』の記載内容と何らかの関係があるのは、オランダにいる赤松大三郎宛の慶応三年六月十七日（一八六七年七月十八日）付の内田書簡であり、その中でオランダ帰りの者たちの、海軍部内での役職と俸禄についてふれられている。

蘭行の者転遷有之《てんせんこれあり》、僕義《ぼくぎ》軍艦頭並布衣《ほい》千石高被仰付、榎本軍艦役並百俵十五人扶持に新規被召出、沢軍艦役並勤方、（古川）庄八水夫小頭肝煎五人扶持百五十両、（大野）弥三郎（中島）兼吉五人扶持百廿五両、（上田）寅吉大工頭肝煎、（山下）岩吉御手当上と大凡《おおよそ》同様、右の内榎本・沢両人の所甚《はなはだ》不都合也。軍艦役は四百俵高に候所、百俵切りにて何等の次第に哉《や》、何れ年内にも改り可申候得共、当時先右の次第にて甚気の毒に存候。

文中、田口俊平の名が見られないのは、帰国後、富士見御宝蔵番格軍艦組に組み入れられはしたが、病気により自宅で療養中であったからである。いずれにせよ、田口は帰国した年の十一月十八日（陽暦十二月十三日）に、五十歳を一期に亡くなった。

また開陽丸関係の人事をみると、矢田堀讃岐守（鴻《こう》）がコマンダント（司令官）を命ぜられ、榎本と沢は同艦に乗り組むことになったこと、内田自身の学課は造船学であったので、いろいろ申し立てて開陽丸乗組を田口とともに免除してもらったことが判る（赤松宛、内田書簡）[183]。内田の関心はすでに在蘭中に海軍よりも自然科学の方に移っており、何よりも船に弱く、すぐ船酔いする性質《たち》であったから、開陽丸勤務を命じられはしたものの、依願により任務を解かれたものであろう。

さて、軍艦開陽丸は長途の旅を終えて横浜に帰着し、碇泊所に係留されてから、早二カ月近い時間が経過していた。その間に同艦は、舷側外部を塗装したり、艦内外の清掃を行ったり、帆を乾燥させたり、備砲・武器・甲板を磨いたりして、引き渡しの時が訪れるのを待っていた。乗組員は交代で上陸を許され、やがて士官・水夫の一部から、任務終了に伴い給料をもらって解雇される者も出てきた[184]。横浜入港後、開陽丸がすぐ幕府に引き渡されなかった理由は今も明らかでないが、おそらく幕府としては最新鋭の戦艦を入手したものの、オランダ帰りの榎本や沢、御軍艦組の士官の技量ではまだ操艦できないことを知り、同艦を回航して来たオランダの士官と水夫を幕府海軍の軍事教師として雇い入れようと計り、その雇い入れ交渉に手間取ったからであろう。内田は開陽丸の回航を指揮したディノー海軍大尉や一等航海士コニング等を日本に引き留めるための折衝委員となり、重々交渉に当たったようだが、ディノーは月給六百ドル、コニングは五百ドル望んだために雇い入れの件はその成立が危ぶまれた。オランダ側は、ディノーとコニングら士官二名だけでは海軍の伝習はおぼつかなく、同航に従事した者のうちから士官・下士官・水夫ら十三名を絞って、その雇用を幕府に示した結果、オランダ人は自分たちが希望する月給で雇用されることになった。しかし、その寸前、オランダ人教師雇い入れの件を知った英公使パークスより、横やりが入った。幕府は、陸軍教育はフランス、海軍教育をイギリスにそれぞれ依頼した。が、前者の伝習は慶応二年（一八六六）の一月より始まったものの、日仏双方の意志疏通の欠如により四月中旬で中止となり、後者の方は、かねてイギリス側に教師団の派遣を申し出ていたにもかかわらず未だ実現に至らず、幕府の首脳部にはあせりも出てきていた。そこへ最新鋭の開陽丸が到着したわけで、幕府としてはオランダ海軍の最新の諸技術を自国の海軍に導入し、活性化を計ろうとしたことは無理からぬことであった。パークスは、日本政府（幕府）より海軍伝習を依頼されていたのに、ここに来て当局がオランダ人教師を雇い入れることを耳にはさみ、心中穏やかならず、その変節をなじり、異議を申し立てた、というのが『海舟日記』の記載にある、裏の事情であろう。

英公使（パークス）、河内殿（老中井内河内正直）へ罷り出で、蘭人御雇いの儀につき論あり。………（中略）………夜十時、肥前（若年寄永井肥前守）の宅にてその転末を聞く。且、蘭人御雇いの事御断りに及ぶべき旨、英公使へ返答これありと云う。

夢想だにしなかった英公使の捩《ね》じ込みに窮した幕府は、ディノー以下のオランダ人を雇わない、と言わざるを得なくなった。が、ここで新たに別な問題が生じた。一旦は雇用を約束したオランダ側に何と断わり、どう弁明すべきか。ここで幕府の外国奉行らは、狼狽して連日会議に明け暮れるのだが、この一件の善後策を一任されたのは軍艦奉行勝海舟である。勝は開陽丸に出向き、オランダ総領事兼代理公使ポルスブルックを立ち会わせた上、次のように述べた。

「幕府はいろ〳〵の入り組んだ事情が御座いまして、せっかく皆様が万里の波涛を破って、はる〴〵こゝまで来て下さいましたけれども、到底今のところでは、この折り重って居る事情のために、皆様を御頼み申しておくには参りません。その代りに、皆様方の約束の俸酬三年分は、只今一時に差上げますから、一まづ帰国して下さい」と言ひ出した。全体この場合では、とにかく理由がなくって約束を破るのだから、なか〳〵やかましいのは、初めから覚悟して居たのだが、しかし向ふもおれの顔に免じて、思ったほどはやかましい理屈も言はずに、たふたふおれの申出の通り承知してくれて、和蘭士官は、一同折りかへして帰国することとなった。そこで、おれは気転を利かして、一同を築地のホテルへ連れて来て、酒肴料として金を千両くれてやった。さうしたところが、大層おれに礼を言って帰った。(『氷川清話』岩波書店版)

勝海舟は大言壮語するきらいもあるので、この談話はいささか割引いて聞かねばならぬ。幕府の大失態のおかげで、勝はその不始末をつけた形で一件落着したわけであるが、開陽丸の回航員であるオランダ人に「約束俸酬三年分」を一回払いで支払ったというのは、幕府の財政逼迫の折から、まずあり得ぬことのように思われる。おそらく解約料に何らかの色をつける意味で、何がしかの金を渡し、承知させたものであろう。次に引く赤松大三郎宛の内田書簡(慶応三年六月十七日付)を読むと、勝の談判の結果、ディノーとコニングはめいめい二千五百ドルずつ支払わられていることが判るからである。

(前略)英国より教師参り、盛に海軍伝習初《はじま》り候趣にて、海軍局元地《もとち》焼跡え当節伝習館并《ならび》に英人旅館普請初り申候。右等《みぎとう》の云々《うんぬん》にて節角ジノー并コーニング《ママ》等当地え引留り候様相成候も瓦解致し、間《ま》の悪き事甚し。已《すで》に御掛合済に相成候上の義故《ゆえ》、断り方等に於て、我輩も余程儀《（議）》論致し候得共《そうらえども》、御断に相成、ポスブローク《（ポルスブルック）》にはあやまり、其上にてジノー、コーニングには弐千五百ドルづゝ被下《くだされ》に相成、其愚なる事言語に絶す。右は御内分《ごないぶん》に御聞置可被下《くださるべく》候。

これまで西洋文化の伝播者として日本に少なからぬ影響力を持ち、とくに日本海軍の創設にも力を貸したオランダが、列強との拮抗に破れ、その地位も次第にイギリスやフランスに奪われて来たことの端的な表われが、オランダ士官らの雇用が不調に終わったことである。とくにディノー、コニングらの雇用を周旋した内田は、雇い入れが成らなかっただけに、責任上、オランダ代理公使ポルスブルックに対して大いに面目を失うことになり、端しなくも幕府の施政を「其愚なる事言語に絶す」とまで痛罵した。

ともあれ、『海舟日記』五月二十日（陽暦六月二十二日）付の記事にあるが、この日、開陽丸は、その日本回航を指揮したディノー海軍大尉から、ようやく日本政府に引き渡された。

五月
◎廿日　金川《ママ》（注・神奈川）出張。本日、開陽御受取り済む。

開陽丸の引き渡し当日の模様は、ディノー艦長の「航海日記」（碇泊日記）の方が、『海舟日記』よりも詳しい。前者の日記によると、その日の朝――いつものように午前五時に起床した同艦の乗組員たちは、舷側外部や甲板などを清掃したのち、午前八時にはオランダ国旗や艦首小旗などを掲げた。午前十時になると、日本人乗組員らがめいめい荷物を持って乗り込んで来た。正午、オランダ総領事ポルスブルック、オランダ領事兼オランダ商事会社代理人ファン・デル・タック[185]らが乗艦し、そのあと日本政府の高官数名がやって来た。後者の政府高官は、勝の『海軍歴史』によると、織田対馬守（海軍奉行並）、勝安房守（軍艦奉行）、木村兵庫頭（同上）ら三名であり、かれらは日本政府の受け取り委員として来艦したものである。

日蘭双方の政府代表が揃ったところで、総領事ポルスブルックの挨拶が行われ、それに対して「日本海軍副大臣」（海軍奉行並）の織田対馬守が答辞を述べた。つづいて日本国旗を迎えて二十一発の礼砲が放たれたのち、オランダ国旗が厳かに降ろされた。その後、日本国旗・長旗・小旗などが掲揚されると、オランダ国旗に対して敬意を表するために、神奈川の砲台より二十一発が放たれた。

かくして開陽丸の引渡し式は、厳粛なうちに無事終了した。なお、儀式終了後、同艦に残っていたオランダ人水夫らは、二日後の二十二日（陰暦）、給料の支払いを受けたのち解雇となり、艦を下りて行った。士官、下士官、水夫らに対する礼物は、『海舟日記』の五月二十七日のくだり、「蘭人ポルス（ポルスブルック）并《なら》びに士官へ下され物、内田恒次郎、金川《ママ》（神奈川）へ持参」とあるから、内田がその係となって横浜まで謝物《しゃもつ》を届けたと思われるが、オランダ人らが実際それを手にしたのは開陽丸の引き渡しが終わっておよそ一週間後のことであろう。

礼物を贈った相手と品目については、『海軍歴史』の第十二条に「和蘭人へ謝物を贈る」といった条項に記載されているので、それを次に引いてみよう。

（礼物目録）

卯（慶応三年）五月二十七日（一八六七年六月二十九日）

ポルスブルークへ

一、錦　　五巻

一、孔雀《くじやく》蒔画料紙硯箱《すずり》　　一

代金三十六両二分

和蘭商社首長へ（オランダ商事会社社長モンシー）

一、錦　　五巻

一、桜蒔画料紙硯箱　　一

代金五十二両

コンシュルタックへ（オランダ領事兼オランダ商事会社代理人タック）

一、大紋純子　五巻

一、鶏蒔絵画料紙硯箱　　一

代金二十八両

ヂノーへ（ディノー艦長）

一、中紋純子　　五巻

一、松竹梅蒔画文庫　　一

代金三十八両三分

コーニンクへ

一、紋純子　　三巻

一、獅子牡丹《ぼたん》蒔画文庫　　一

代金十八両三分

ハルデスへ

一、繻子《しゅす》　　三巻

一、孔雀蒔画料紙硯箱　一
　代金十二両三分
医師へ
一、繻子　二巻
一、純子　二巻
下等士官十四人へ
一、白銀十五枚づつ
右は開陽艦滞《とどこお》りなく着船、かつは生徒周旋等の御謝物として下され候こと。

その後、開陽丸は幕府艦隊の旗艦となり、艦隊司令官には矢田堀讃岐守、船将に榎本和泉守、副長に沢太郎左衛門、機関長に中島三郎助らが任命された。とくに榎本と沢は、異例の抜擢を受けたわけだが、両人が開陽丸勤務となったのは慶応三年の七月上旬のことか、『海舟日記』に、

七月
◎八日
榎本、沢、御抜擢これあり。

とある。またほぼ時を同じくして、上田寅吉と古川庄八の二人も同艦に乗り組んだ。後にこの四人は艦と共に蝦夷に走るのだが、それについては別な章で語ることにする。

(178)『よみがえる幕末の軍艦――開陽丸』を参照。
(179)岩生成一『モルッカ諸島移住日本人の活動』(台北帝国大学文政学部『史学科研究年報』第五号、一三八頁)。
(180)沢鑑之丞『海軍七十年史談』一七七頁。
(181)同右、一七八頁。
(182)海後宗臣「和蘭学制解題」(『明治文化全集』第十八巻、解題の五頁)を参照。
(183)内田は「小生義は学課も造船にて、彼是申立、先乗組御免被仰付候……」とオランダにいる赤松に書送っている(幸田成友「内田恒次郎の手紙」を参照)。
(184)ディノーの「航海日誌」(『開陽丸――海底遺跡の発掘調査報告I』所収)を参照。
(185)ファン・デル・タック(W. van der Tak)の伝記については詳らかにしない。オランダ貿易会社社員を経て、一八六七年から七二年まで横浜駐在オランダ領事を勤めた(A・ボードワァン著、フォス美弥子訳『オランダ領事の幕末維新』新人物往来社刊、を参照)。また、ハーグの古文書館に勤務するファン・アンローイ女史の教示によると、ファン・デル・タックの経歴は次のようなものである。

一八六七年三月一日……………勅令第九一号により神奈川領事に任命される。
一八六九年二月二十三日………勅令第四号により江戸の領事を兼任。
一八七三年四月十二日…………勅令第二一号により依頼退職承認される。

残留留学生

再び在蘭中の日本人留学生に話を戻そう。一八六七年(慶応三年)三月十日、午後四時に、林研海はニューウェ・

ディープへ帰った。

三月十七日（日曜日）――この日、近日中にデルフトの方にお越しありたい、といった主旨の手紙がバルハンシュスより赤松のもとに届いた。

二十日、赤松はハーグに出かけ、同地で一泊した。

二十一日、朝、赤松はハーグよりロッテルダムへ出かけ、新造船「スフラーフェンハーへ」号を見学した。それより「ファルハーレン」（不詳、レストランか）で夕食をすませたのちハーグに戻った。

二十二日、赤松はデルフトに赴き、バルハンシュスと一緒にハルフト宅（工場）を訪れ、注文した仕事を催促した。同夜、ハーグで一泊。

二十三日、早朝、赤松はデルフトのキップ宅を訪れ、内田より依頼を受けたものについて相談し、夜に入り最終列車でアムステルダムへ帰った。

二十七日、デルフトのキップの工場に依頼した製品（石壷一組《クルイク・ステーネン》・ガラス製の漏斗六個《トレヒテル》）が赤松の下宿に届けられた。送料は一フルデン四十セントであった。

二十九日、内田より依頼を受け、キップ方で製造した溶鉄炉《フォルヌイス》と回転儀《ジャイロスコープ》がアムステルダムに届いた。送料は一フルデン二十五セントであった。

三十日、この日、赤松のもとにバルハンシュスより手紙が届き、デルフトのハルフト方（工場）で誂えた製品の半分が完成し、この日の朝、デルフトより発送した旨告げられた。

三十一日、赤松のもとにバルハンシュスからの手紙とハルフトの工場で製作した機具の目録が届いた。また午前十一時ごろ、荷を積んだ船がデルフトより安着した旨、船長が赤松の下宿を訪れて伝えた。

四月一日、赤松は注文した火薬製造機械を船に積込む件をコーニンフに相談したところ、保証できないといわれ、船積みはひとまず中止し、この次の便船に載せることにした。

二日、この日、赤松はバルハンシュスより書籍を受け取った。

四日、ニューウェ・ディープのハー・ムールマンという者が赤松宅を訪れた。

六日、この日、アムステルダムのフレデリックス広場の「パレイス・フォール・フォルクスフリート」(Paleis voor Volksvlyt ——「国民工業館」「クリスタル・パレス」の異称)[186]で花の展覧会が催された。赤松は観覧に赴いたようである。

七日、赤松はハー・ムールマンと一緒にニューウェ・ディープへ赴いた。

八日、赤松はこの日から十日までニューウェ・ディープに逗留した。

九日、赤松はヘレマ(不詳)宅を訪れた。赤松はキップ宅を訪れたら大西洋の海底ケーブル(電信)、空気ポンプのことを聞き出すつもりであった。

十日、赤松は公文書速達船(dispatch boat)を訪れ、それよりファン・リサ兄弟にいとまごいを告げた。夜十一時、ニューウェ・ディープを発ち、アムステルダムへの帰途についた。

十一日、午前六時、赤松はアムステルダムに到着した。またこの日、徳川民部太輔がパリに到着したという報告に接した。

十三日、赤松は御用状と留守宅宛の手紙をしたためた。

十六日、御用状及び私信を日本へ送った。

赤松の手帳は、四月十七日より二十三日まで数字のみが記され、記事はない。

二十五日、赤松はデルフトのハルフトの工場を訪れ二千フルデン支払い、同夜ハーグで一泊したようである。

二十六日、赤松はアムステルダムへ帰った。赤松の手帳には四月二十七日より五月五日までほとんど記載はない。

五月六日（月曜日）、赤松は、石屋のリンセの来訪を受け、ハイバースシカーデ（不詳）の代金として二十五フルデン請求された。

十一日、赤松によると、伊東はニューウェ・ディープに来たという。

十二日、この日、パリ在留の外国奉行向山隼人正（英五郎、号黄村）より赤松のもとに手紙が届き、徳川昭武の一行がパリに安着したとの報に接した。

十三日、赤松は伊東とともにハーグに赴き、ファン・トイルやポンペ宅を訪れた。

十四日、赤松と伊東はハーグに逗留し、再びポンペ宅を訪れた。

十五日、赤松と伊東は午後二時半の汽車でベルヘン・オプ・ゾーム（Bergen op Zoom ——オランダ南西部・ロッテルダムの南七十一キロに位置する町）に赴き、同所には夜九時ごろ到着した。バスチンフもこの町に来ており、同夜「ホテル・デ・ホルラント」で一泊した。

十六日、早朝、赤松と伊東とバスチンフ（かれも同行したものか？）は馬車でウェンスドレヒト（Woensdrecht ——ベルヘン・オプ・ゾームの南東に位置する村）に赴き「ヲーストル《マ》シケル《マ》デアフダンミング」を見物した。これは Ooster Schelde afdamming（〝東のスヘルデのダム〟ほどの意）のことであろう。要するに〝ダム〟見物をしたということである。それより午後三時ごろベルヘン・オプ・ゾームに戻り、午後四時すぎバスチンフ宅を訪れ、ごちそうになった。

十七日、赤松は朝、当地の病院に行き、午後一時半「ヲーペンレートイス」（不詳）にて馬車で近在を乗り回り、夕方、バスチンフ宅で夕飯のごちそうになった。

十八日、赤松と伊東は午前十時半にベルヘン・オプ・ゾームを出発し、途中ハーグで下車し夕飯を食べたのち、最終列車でアムステルダムに戻った。

二十日、午後四時すぎに、伊東はニューウェ・ディープへの帰りがけに、赤松の下宿を訪れた。

二十一日、伊東は終日赤松宅で過ごし、最終列車でニューウェ・ディープへ帰った。赤松は向山隼人正宛の書簡をしたためパリに郵送した。

五月二十二日から六月二日まで、赤松の手帳には記事はない。

六月三日、赤松の下宿にオランダ商事会社より電報が届き、開陽丸が去る四月二十九日に横浜に安着したことを知った。赤松はこのことを早速、ニューウェ・ディープの伊東と林のもとに知らせた。

四日、この日、赤松は最終列車でニューウェ・ディープに赴き、伊東と林らに相談した。

五日、赤松はニューウェ・ディープに逗留し、パリへ手紙を出した。

六日、赤松は午前十時半にニューウェ・ディープを発ち、アムステルダムに戻った。またこの日、コープスボルへルス（不詳）という者が赤松宅を訪れたようである。

九日、赤松の手帳には、この日の記事として「アンホイ《ママ》ナゟ内田之書状来ル」としるされている。これはアンボン島から内田が赤松に宛てて出した手紙をこの日落手したことを意味している。内田恒次郎の手紙の日付は「西二月三十日」（二月は三月の衍《えん》で、慶応三年二月二十五日——一八六七年三月三十日）となっている。

文面は、ブラジルのリオ・デ・ジャネイロを出港し平穏な航海をつづけ、昨日無事アンボイナ島に到着したこと。航海中は順風にめぐまれ、船中では一同、単調な生活に苦しんだこと。航海日誌は榎本が担当し、津田が乗船していたらよく議論したであろうこと。故国日本では、程なく新緑が見られ、松魚《しょうぎょ》（〝かつを〟の別名）の刺身が食べられると夢に見ている。

一箇呈上仕候。御地未だ残寒去兼可申処、御三《(伊東・林・赤松)》君益御健剛、時候御障も被為在間敷、大慶の至奉仕候。次に

私共一同ブラシリー《(ブラジル)》開帆後、無事平安罷在、昨二九日アンボイナ島到着仕候間、此段御承知被為下、乍憚御放念可被下候。旧冬以来御地風物寒暖如何哉。船中は先便申上候通り、リオジャ《ママ》ネイロ辺の極暑、忽ち喜望峯洋南緯四十六度に迄《(至)》り候に付、ヲーフルヤス《(外套)》にて寒気凌ぎ、昨今再び赤道下の熱に牛喘《ぎゅうぜん》罷在候。ブラシリーより是迄の航海非凡の順風のみ相続き、日に五十里六十里づゝ相走り、時としては六十里のエトマール《(一昼夜)》お得《ママ》申候。ヲースタリー近辺迄スチルテ《(無風)》一日も無之、逆風并にストルムウェール《(暴風雨)》是又無之、満船動揺も不仕、大エトマールお得《ママ》、快然仕候。右様順風のみ相続候レース《(航走)》蘭人是迄一度も不仕と申事に御座候。日々の経緯度并に船内の日記は榎本氏引受け、篤《(遂)》一相認候に付、重複お省き、小生よりは略之」……船中エントーニ《(単調)》へのレーフェン《(生活)》御承知可被下候。津田子同船にも候はゞ、随分儀《(議)》論も可有之処、当時一同スチル《(沈黙)》に御座候。」日本地の新緑最早月内に見可申、松魚さしみ間に合可申、乍去尚三ケ年も御滞在実に浦山敷存候」

「エトマール」の元の綴りは etmaal であり、「二十四時間・一昼夜」の意である。「エントーニへ」は eentonig で「単調な」といった意味の形容詞である。内田は、赤松の三カ年の留学延長を本心からうらやましく思ったものか、思わず本音を吐いたのが、手紙の最後のくだりである。

「内田恒次郎の手紙」(『史話　東と西』所収、中央公論社、昭和十五年一月刊)を執筆した幸田成友博士によれば、今引いた手紙と同封で、赤松一人に宛てた別紙があるとのことである。それは「赤松君え《(へ)》尚又相願候ケ条書」といったもので、色々な注文や荷物の送り方、代金の支払い方法などが書いてあるという。たとえば、在蘭中に「ロンドン・ニュース」のバックナンバー(五年分、七年分)の揃ったものを毎度見かけたが、買いそこねて残念であること、自分が所持しているのは一八六四年と六五年の分だけで、一八五〇年から一八六三年までの分も集めたいので御注意をお願いしたい、といったものだそうである。

十一日、赤松はデルフトに赴き、ハーグに逗留した。

十二日、赤松はデルフトのキップの工場を訪れた。林研海は赤松に会いにニューウェ・ディープよりアムステルダムにやって来たが、当人不在につき会えなかった。

十三日、赤松は午後九時十五分、「ホルラントセスホー《ママ》ルカントール」（不詳、電報局のことか？）千二百四十フルデンを前納し、林研海へ送った。

十五日、林と伊東は、ニューウェ・ディープよりアムステルダムにやって来た。両人と赤松はパリに行く計画があり、その準備も整っていた。

十六日、林と伊東はアムステルダムに逗留した。

十七日、赤松と林と伊東ら三名は午前九時半にアムステルダムを発ち、夕方五時半ベルギーのブリュッセルに到着した。「ホテル・ド・スエド」に投宿し、夜に入って市内見物に出かけた。

（186）　また慶応四年（明治元）春、この「水晶宮」において、日本の芸人による〝見世物《ショー》〟が行われた。どの位の期間連続興業されたものか判らぬが、開演の広告が新聞（『アムステルダム新聞』？）に出ている。広告の大見出しは〈臨時ニュース〉（Voorlopig Berigt）といった大袈裟なもので、日本帝国の一座が、競技・軽業・綱渡り・こま回し・手品等を演じること。国民工業館（「水晶宮」）での初演は、一八六八年三月七日（土曜日）。入場料は五十セント、いす席は一フロリン。木戸は七時に開くが、開演は八時（夜興業か？）とある。なお、原文は次のようなものである。

VOORLOOPIG BERIGT.
RISLEY'S & VAN GIESON'S
Keizerlijk Japansch
Gezelschap.

VAN
ATHLETEN,ACROBATEN,KOORDDANSERS,TOLSPELERS,
GOOCHELAARS, ENZ.
Iste Voorsteling in het
PALEIS VOOR VOLKSVLIJT,
Op ZATURDAG 7 MAART 1868.
Entree 50 Cents,Stalles ƒ1.
Aanvang 8 Ure. De deuren worden ten 7 Ure geopend.

佐賀藩のパリ万博使節

赤松は『半生談』において、佐賀藩の派遣使佐野栄寿左衛門（のち伯爵佐野常民《つねたみ》、一八二二～一九〇二）が建艦依頼の用向きでオランダにやって来たことを次のように語っている。

慶応二年の冬（一八六七年の初）のことであった。佐賀藩の士佐野栄寿左衛門が従者一人を伴《つ》れて同藩の軍艦日進の註文契約取定めの為めに仏都巴里を経てアムステルダムに居る私を頼って来た。是《これ》は佐賀藩が軍艦を和蘭へ註文するに就いて佐野が鍋島家から出張を命ぜられることになり、其準備として横浜駐紮《さつ》の和蘭公使（ポルスブルックか）に相談すると同公使は私を知って居ったので、留学中の赤松大三郎の所へ行って万事話合ふのが宜からうといふ意見で、幸ひ佐野も私を知って居るので遣って来たのだといふ話であった。

佐野栄寿左衛門は当時四十余歳（四十六歳）、外国語には通じなかったが進歩的な識見のある人で閑叟公の御信任の厚かった人であった。佐賀藩は夙《はや》く達見の藩主の意で蘭学が奨励され、米艦渡来以後は海岸防備にも深く留意するといふ国柄で、曩《さき》に海軍伝習の開始さるゝや率先して四十八名の伝習生を長崎に選抜派遣し、各藩の第一位に居ったといふ風であったが、佐野は実に其伝習生の頭取の位置にゐて、私も其時から知合になったのであった。

軍艦日進の建造も亦開陽丸と同じくギップス《（ヒップス）》造船所で受註することになったが、其仕様書（仕訳帳）の検査などは専《もっぱ》ら私が相談に応じたので、此間約四、五箇月といふもの佐野は私と同宿して寝食を共にし、巴里へも行けば又既に話したやうに独逸旅行を試みクルップ会社の工場視察などにも同伴した。佐野は日進の註文を終って後巴里へ行って仏蘭西博覧会の閉会と共に仏蘭西メール（郵船）で帰朝した。

佐野栄寿左衛門（アムステルダムで撮ったもの）

慶応三年にパリで万国博覧会が催され、徳川幕府にも参加が促されたので、幕府は国事多難の折から、日本の政治上の主権が幕府にあることを欧米各国に対して明らかにするのも得策との判断から、参加を承諾し、各藩にも国産の出品を勧めた。幕府のこの呼びかけに応じたのは薩摩藩と佐賀藩だけであったが、佐野栄寿左衛門らの欧州派遣は、この万博出品の事務取扱い方と洋式軍艦の建造依頼の事務とを兼ねたものであり、またこの機会に列国の政治・経済・風俗・文化等についても研究する使命を帯びていた。『佐野常民小伝』（私家和装本）に、

西暦千八百六十七年即チ我慶応三年仏国巴里大博覧会ノ挙アリ幕府本邦ノ物産若干ヲ出陳スルニ当リ佐賀藩モ亦其承認

ヲ得テ国産ヲ出陳ス伯（常民）其事務ト軍艦ノ製造ヲ和蘭ニ嘱スルノ事務トヲ兼掌シテ欧州ニ航シ和蘭、仏蘭西、英吉利等ヲ歴遊シテ大ニ知見ヲ敬発スル所アリ

とある。

佐野は事務官長として渡欧の内命を受けたとき、かねて欧州の事情に触れたいと思っていた矢先でもあったので直ちに快諾したが、商業方面については暗かったので、懇意にしていた野中元右衛門（「烏犀園《うさいえん》」という薬肆《やくし》の主人）に相談し、博覧会関係の商事を担当させ、また将来の貿易関係を開かせようと図ったのである。野中は「古水」と称する、学問のある商人で、かねて海外と交易を盛んにして国益を増すべきと主張していた(187)。

野中は生来体が丈夫な方ではなかったが、家族の反対にもかかわらず、佐野に同行することに決し、信頼する長崎の雑貨貿易商・深川長右衛門にも同行を求めた。また通訳方としては幕府の遣米使節に加わったことのある小出千之助、さらに佐野の家来として精錬方の藤山文一らが一行に加わることになった。

要するに佐賀藩の遣仏使節一行の構成は、

事務官長……………………佐野栄寿左衛門（常民）
博覧会事務取扱い…………野中元右衛門（パリで病死）
同右…………………………深川長右衛門
通弁…………………………小出千之助
佐野の従者…………………藤山文一

など五名から成っていた。

佐野一行の出発は、薩摩や幕府の遣仏使節（徳川昭武一行）よりも一足おくれ、慶応三年三月八日（一八六七年四

月十二日）、イギリス汽船「フィロン号」（飛龍）で長崎を出帆した。同船には、佐賀藩士一行の案内役として、長崎駐在のフランス領事アンリ・ゴールド（出島の十区に住んでいたHenri Gordes）とアメリカ留学に赴く岡山藩士花房義質《よしとも》（一八四二―一九一七年、明治期の外交官）、久留米藩士拓植善吾らが乗船した。長崎出帆後の一行の動静を伝える史料はきわめて少ないが、野中元右衛門（古水）には「仏国行路記」なる航海記があったという。これは長崎を発し、パリに到着するまでの記録であるが、野中はパリに着いた夜に急病を発し、翌日に亡くなったから記録にはパリ到着以後の記載はないのである。本間楽寛の『佐野常民伝』には、便船がアデンに着くまでに寄港した香港・サイゴン・シンガポール等の小景や情景の一部やその間に詠んだ歌などが引いてあるので、今それを同書より採録すると次のようになる。

慶応三年三月八日、夜亥刻《いのこく》（夜九時から十一時までの間）乗船。人々船内までおくり来。限なければ人々はかへりぬ。こぎかへる小船の人々の手火《てび》（松明の意）の影見えず成行《なりゆく》程いとわびし。四人の心一つになる（佐野、野中、深川、小出に、藤山は部下なる故入れず）。笛の声、ひとしきりに聞ゆるは、やがて碇をあげ、火輪を廻らすため、マタロス（マドロス）とかいふを呼ぶなるべし。甲板上、どろ〳〵《ママ》と響きて、足音数多す。子過ぐる比《ころ》、火輪の音響きて、船自ら出でて行く。宵の間は、よき天気なりしが、丑過ぐる比より、漸々風はげしく空かきくもり、明け行く程いよいよ吹つのりて、波に漂よふ。船の内なるもの、皆ごろ〳〵とまろび、人は皆、船の底にうつぶしたり。

長崎を出帆して約一週間後に「フィロン号」は香港に到着した。甲板の上から暮ゆく陸地へ視線を向け、灯火とした しむ。

十四日、てけ（天気）いとよし。風もよき程吹く。暮より月明らけくして香港《ホンコン》島に船はつ。やや近く見渡さる。夜なれば、岸辺の家など、ことごとく見えねど、高き山の半より燈火の影、秋の星よりしげし。

翌日、一同は上陸してホテルに投宿した。

十五日、てけよし。よべは船にぬ（寝）。つとめて、何くれ取集め、ふとして、はし船にのりてあがる。支那人等、異人等、岸べにつどひ、囀る声かまびすし。我船あがり（上陸）やつれたるを見て、ののじるなるべし。欧羅巴人は立とまりてなどは見ず。扨《さ》て欧羅巴ホテルにやどる。主《ある》じ夫婦《めをと》門辺迄迎へ来。何とか云へれどしらず。手してをしふる所へまづいりて休む。しばしありて、おくなる休息所に荷物などもはこびぬ。

十七日、雨ふらず。誠やいつの日にか船の中にて、常民の主（佐野常民）

　こと国の言葉《ことのは》かはる異人《ことびと》も

　　船の中皆こと心なし

こは美（米）、英、仏等国々の人、乗合せたればなり。おのれもいへれど、申すべくもなし。

佐賀藩士一同は翌十八日も陸《おか》でくつろいだが、この日は梅雨《つゆ》模様であった。佐野は通詞の小出を伴って「学問所」を訪ねたとあるが、学校を見学に訪れたものか。野中は同行しなかった。

十八日、てけ悪し。雷《かみ》さへなりて雨ふる。

扨て此ごろ、よきてけなく（天気が悪く）、曇りがちなるは、此わたりとて、梅雨のころとなむ。佐野、小出氏、学問所へ行く。雨ふりて道もよからねば、ゆかず。さびし。

島人よいざこととはんほとゝぎす

なくやなかずやさみだれ（つゆ）の空

といへど、言の葉もわかれば、さる島ありとも見えず。

なけりともまきだにしらじ言の葉の

かはれる国の山郭公《やまかっこう》

佐野の一行はいつ香港を出帆したものか明らかではないが、三月二十八日（陰暦）サイゴンに到着した。

廿八日、天気よし。朝八十五度（摂氏三十度）、昼八十七度。安南の内サイコン（サイゴン）といふ所に碇を入る。扨て川の名をドンナイと云ふ。川によりサイコン迄英三十里（三十哩）なるよし。水源は黄河つゞきなるよし。扨て此の地は、今より五ケ年前、仏よりたゝかひとりたるよし。仏人ども里をなしたり。安南の土民も共に住めり。山なくすべて平園にして田畑のみなり。異国の船廿艘ばかり見ゆ。米など積入るゝもあり。扨て此安南国も水田多くして米沢山なるよし。百の八拾は支那にいだし、二十は諸島へいだすよし。さいつ頃、我日本へ拾二万石をおくれるよし。

四月二日、サイコン《ママ》にては太陽を真上に見しが、今日は北より南に影のさしければ、

遠く来し程も知られて天つ日の

御影を北に仰ぎ見るかな

同日の夜半に佐野らはシンガポールに到着し、翌三日の午前中に上陸し、市内見物に出かけたようである。

三日、雨ふる。朝八十四度、昼八十五度、甲上《（甲板）》九十度（摂氏三十二度）。昨夜半、シンガポールに船はつ。今朝つとめて船を岸によせ、直に板橋を懸たり。此程土人の子等、さゝの葉よりも小さき小船をうかべ数多さへづるは、物を投げ与へよとなるべし。乗あふ人の銀銭《ドル》を海中へ投げしを飛いりてひろひとれり。誠にめづらし。おのれもなげうつ。扨て此所は土地いとよろしく、草木繁茂せり。市町はやゝ岸より遠き所なりければ、馬車に乗りて往く。歩行する人、一人もなし。

次に引くのはシンガポールを出帆し、アフリカの陸地を望見したときのスケッチである。

二十日、風少静也。アフリカ砂漠海岸を見る。さながら砲台のごとし。扨かもめやうの鳥夥敷《おびただしく》海上に飛ぶあり、うかぶあり。此の鳥の糞、田畑のやしなひにするといふ。

二十二日、けふもしづかなり。八字比《じころ》アダン（アデン）に着、入碇《いかりいれて》上陸。ホテルに昼飯す。此地兎耳馬、ラクダ沢山なり。馬車はたゞの馬なり。扨此処、草木、食物、水さへもなし。ラクダ、ロバにて運びとるよし。羊か何ぞのかはき（乾き）の皮袋を水樽にして、ラクダ、ロバに負せ、いと遠き所より運ぶにより、水のあたひ我酒よりも高し。

その後、佐野一行を乗せた便船はインド洋、紅海を経て、四月二十八日（陽暦五月二十一日）の未明スエズに到着した。ここで上陸し、更に汽車に乗り換え、カイロを経てアレクサンドリアに出た。再び当地より便船に乗り、五月五日（陽暦六月七日）無事にマルセイユに入港した。同夜、一行は市内の「オテル・ユニヴェルセル」（Hôtel Universel）に投宿した。

コライヤ桟橋（シンガポール国立古文書館蔵）

佐野一行は、一週間ほどマルセイユに滞在し、この間に旅のつかれを癒したり、領事ゴールド宅などに招かれ、「欧州の第一歩を驚異と歓喜[188]」の中に過ごした。が、事務官長格の佐野栄寿左衛門は、フランス政府と先着の徳川昭武に挨拶するために、一行よりも一足先にパリに赴いたということである。

残りの者は、深川長右衛門が病いにかかったために出発がおくれ、佐野のあとを追ってパリにやって来たのは五月十二日（陽暦六月十四日）のことであった。ところが、一難去ってまた一難、こんどは野中元右衛門がパリに着いてほどなく発病した。本間楽寛の『佐野常民伝』には、

　今度は野中元右衛門が急病に襲はれ、終夜烈しくもだえ苦しんだ後、悼《いた》ましくもホテル・デ・ルーヴル《ママ》のベッドで永眠してしまった。これには佐野を始め、一行のものはいたく悲嘆し、また困惑してしまった。何しろ、天涯万里の異郷の空である。言語も通ぜず、この国の習慣もわからない。死者を、どうして何処に葬るものかもわからない。そこで、すべては案内役の日本在留領事ジュレイ《ママ》（レオン・デュリー）にまかせて、

翌日（十六日に埋葬した）、巴里の南岡へーラセースに葬ることとなった。

とある。

今引いた文章によると、佐野一行はパリ到着後、柴田遣仏使節らがしばらく逗留した「ル・グラントテル・デュ・ルーブル」（現在の Hôtel Louvre Concorde）に投宿したようである。野中の埋葬地は「巴里の南岡へーラセース」とあるが、これは「ペール＝ラシェーズ」（Père-Lachaise —— 〝東の墓地〟 Cimetière de L'Est ともいう）である。野中元右衛門が亡くなったのは五月十四日（陽暦一八六八年六月十六日）のことである。享年四十五歳であった。野中の野べの送りに立ち会ったのは、佐野ら四名の佐賀人のほか、久留米藩士・柘植善吾、岡山藩士・花房義質、フランス人ではレオン・デュリー、アンリ・ゴールド、メルメ・ド・カション、フレンチ、チロツらアメリカ人、オランダ人のシキフなど五、六名の外国人であった。(189) 花房は、埋葬の様子を「為郷《いきよう》外遊記」の中で、

今日野中を送るに、路に逢ふもの、貴賤となく皆帽を脱して礼を加ふ。柩を送るものに必ず礼するは、仏国一般の風にして、天主教国の習ひなるよし

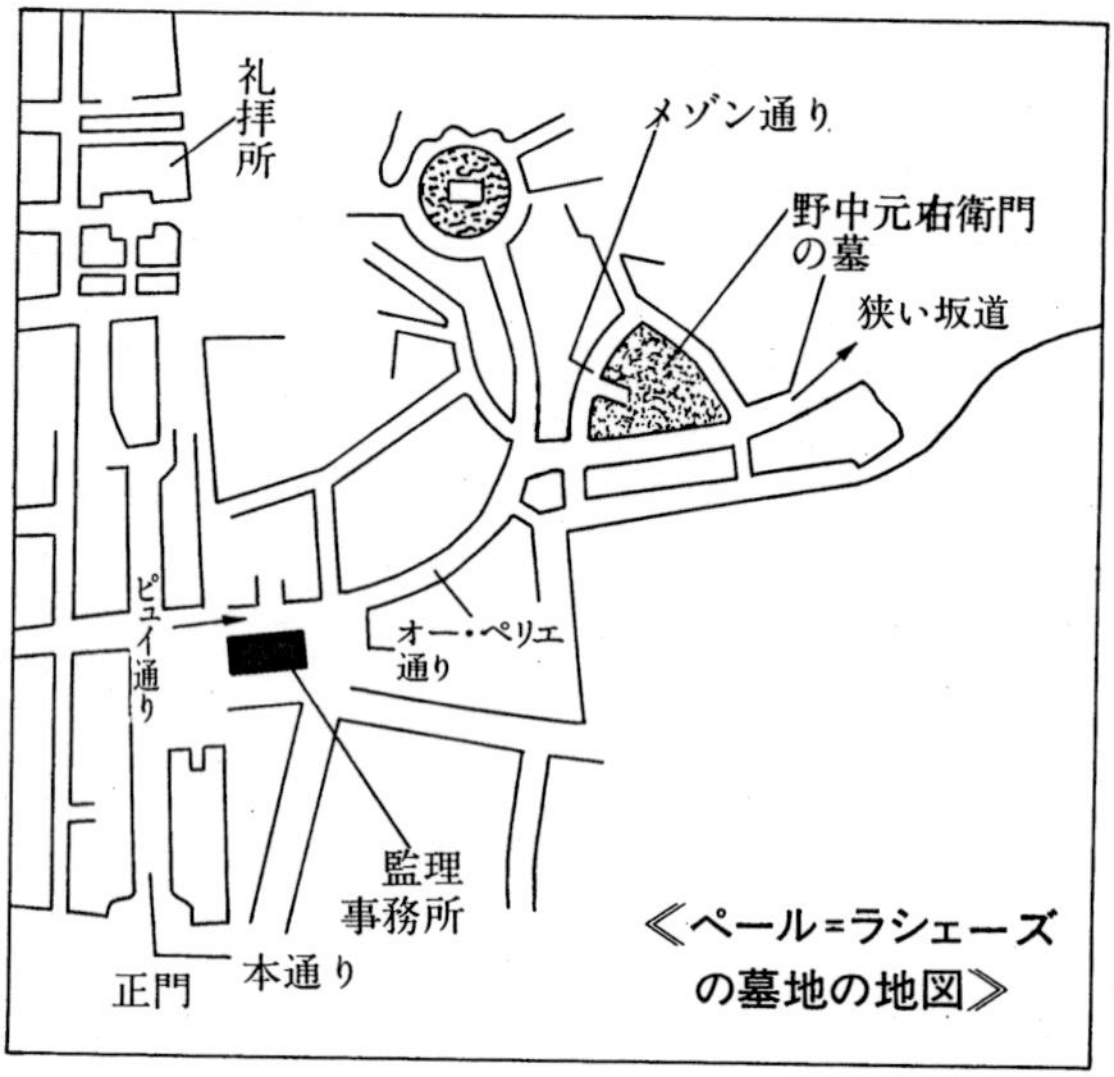

《ペール＝ラシェーズの墓地の地図》

と記しているが、これは洋の東西を問わず、死者に対する礼の厚さを伝える一節である。野中元右衛門の墓の位置に関して、ペール=ラシェーズ墓地の監理事務所が発行した証書には、

SITUATION DE SÉPULTURE
NOM: Yamatosouke Nonaka
DATE DE L'INHUMATION: 16, 6, 1867
5o DIVISION 8/14
9 e LIGNE 73
No. 607 1867

とある。これによると野中は亡くなって四日目の一八六七年六月十六日に五区の九列目の七十三番の地に埋葬されたことが判る。野中の公式記録には、名前がYAMATONOSUKE NONAKAとなっており、「野中元右衛門」と記されていないのはいささか解せない。YAMATO（大和）は日本国の異称であり、SUKE（助）は長官を補佐し、その代理もする意である。墓地（二メートル）の永久使用権を購めたのは、佐野一行に随従していた長崎居住のフランス領事アンリ・ゴールドである。「土地譲渡証書」には次のようにある。

Préfecture
ADMINISTRATION DE LA VILLE DE PARIS
DU DÉPARTEMENT DE LA SEINE.

DIRECTION　　　　　　　　　　il est accordé une concession de deux

DES

AFFAIRES MUNICIPALES

1re SECTION.　　mètres de terrain dans le Cimetière de L'Est

2e BUREAU　　à M Henry Gordes

No. 607　　　demeurant à Nagasaki Japon

BON
de

CONCESSION PERPÉTUELLE.

pour y fonder la sépulture perpétuelle de M

Nonaka Yamatosouké

décédé le 16 juin 1867

....

Paris, le 19 juin 1867

LE SÉNATEUR, PRÉFET DE LA SEINE

(Signé)

また墓の位置に関する記録は次のようなものである。

EMPLACENENT DE LA SÉPULTURE

5 DIVISION. 8/14e LIGNE. N°. 9173. AVENUE fosse-

DATE DES INHUMATIONS OU RÉINHUMATIONS (Numéros des plaques)	NOMS des DÉCÉDÉS	ACQUIT DE LA TAXE de 2e INHUMATION	OBSERVATIONS
784-16-6 1e Arrondt, N°567 Année 1867	YAMATO SOUKÉ NONAKA 45 ans		

幸い野中元右衛門の墓は現存し、墓地監理事務所にも近い。墓石の表面には、

とあり、その前には平らな畳一丈ほどの石が敷かれている。墓石の裏面には欧文（風化しておりほとんど判読不能）と邦文が刻まれている。

.NONAKA YAMATOSOUKE
DÉCÉDÉ (…?　)
LE 16 JUIN 1867
二千五百二十三年一月
松尾儀助再建
CAP N° 204 054
この所にコンクリートで補修した古いあとがある。

戦前（昭和十四、五年ごろ）まで倒れたままになっていた墓石を立て起したのが、松尾儀助という子孫か何かであろうか。CAP N° 204 054というのはおそらく墓の登録番号であろう。

野中を突然失っていちばん落胆したのは佐野であった。佐野は博覧会の商務のすべてと、将来行うであろう海外貿易の手立てなども野中の商才と画策に期待するところが大きかったからである。(190)

ところで佐賀藩が万国博覧会に出品した品は陶器（有田焼）ばかりであり、その数は五百二十箱。内、十四箱は船積みの前に破損してしまった。これを長崎から英船「イースターン・クィーン号」に積み込んでパリまで運んだ。(191)また肥前の名産陶器の中で最も珍重されたのは徳利であったが、大鉢の方は用途がわからず、始末に困ったということである。(192)

万国博覧会が終了すると、佐野は随員に残務を任せ、主たる任務である軍艦製造を依頼するためにオランダに向かうことにした。佐野は同年十二月八日（陽暦）、パリを発ち、翌九日の午後ロッテルダムに到着した。駅には赤松が出迎えており、到着後、両人は直ちにハーグに赴き、同夜当地で一泊した。十日、赤松と佐野はハーグを発ち、アムステルダムに向かい、午後二時、両人はオランダ商事会社を訪れた。この日の赤松の手帳の記載に「朝ハーケ《ママ》出立、アムステルタム江帰宅ス、佐野氏同道にて午後二時商社江至る」とあるが、これは造艦のことを同商事会社に委託するためであった。

佐賀藩が軍艦建造をオランダ商事会社に依頼した際に、その斡旋の労をとったのはヘルハルドゥス・ファビウス（Gerhardus Fabius, 1806〜88）であった。かれは海軍中佐のとき、安政元年（一八五四）長崎に来航し、商館長ドンケル・クルティウスらと幕府海軍の建設や軍艦購入に尽し、三カ月ほど長崎で海軍伝習を行った人である。佐野は後年「日進艦注文当時の懐古」と称して往時を回想し、「時の和蘭国海軍将官アドミラル・ハブユ《ママ》ース氏は先年観光丸及出島に於て二年間余海軍諸学術を伝授し且つ海軍創立に就き意見を助言せし人なり。故に今回和蘭商社に製艦を注文するに当り、同人の助力を請ひしに、快く承諾し、海軍省より監督官二名を付し、懇切に斡旋の労を執れり」（『佐賀藩海軍史』）と語っている。当時ファビウスは、オランダ東インド艦隊司令官として海軍省内でも枢要な地位を占めていたので、佐野は長崎時代に知り合ったこの旧知に周旋を依頼した。

野中元右衛門の墓
（ペール=ラシューズの墓地）

佐野がオランダに滞在した期間は一八六七年（慶応三）十二月九日から一八六八年（明治元）四月十六日までの約四カ月間である。この間に一時フランス・イギリスに出張または視察に赴いているが、概ねハーグに逗留した。おそらくハーグでは下宿住いであったと考えられるが、その居住地については明らかでない。佐野のオランダにおける動静は、赤松の手帳からある程度のことは判る。佐野は蘭語の知識は乏しかったから、もっぱら赤松が通訳を行ったであろうし、佐野は終始赤松と行動を共にしていた感がある。いずれにせよ、在蘭中、佐野は赤松と共に海軍省・オランダ商事会社・ヒップス造船所・各種の工場・軍の施設などをしばしば訪問するかたわら、諸処方々を見学に訪れた。が、イギリスの海軍工廠等を視察中に、本国に革命（明治維新）が起ったことを耳にはさみ、直ちにオランダに戻ったのち、後事をファビウス提督に頼んでフランス郵船で急きょ帰国するに至った。

佐賀藩がドルトレヒトのヒップス造船所に注文した軍艦（木造蒸気船）は、「日進丸」（千三百五十トン、七百十馬力）であり、同艦は一八六九年四月十二日（明治二年三月一日）に進水式を終え、翌年三月に長崎に回航され、藩に引き渡された。日進丸は速力十一ノット、七ポンドのアームストロング前装砲一門、十六ポンドの蘭式前装四輪砲六門を装備し、価格は四十万フルデンであった。しかし、同艦は日本に回航されて数カ月後に、藩主閑叟公より朝廷に献納されることに決し、東京湾に回航し、六月二日に献艦式を行った（『鍋島直正公伝』）。日進丸は明治六年、台湾征討の際に大いに活用され、優秀艦として幾多の偉功を立てたということである。

(187) 本間楽寛『佐野常民伝』一一五頁。
(188) 同右、一二三頁。
(189) 高橋邦太郎『花のパリへ少年使節――慶応三年パリ万国博奮闘記』六七～六八頁。
(190) 本間楽寛『佐野常民伝』一二四頁。
(191) 須見裕『徳川昭武――万博殿様一代記』五二頁。
(192) 本間楽寛『佐野常民伝』一二六頁。

パリの万国博覧会

慶応元年（一八六五）六月ごろ、フランス皇帝ナポレオン三世は、二年後の一八六七年（慶応三）にパリにおいて「万国博覧会」（Exposition Universelle）を開くので、駐日公使レオン・ロッシュを通じて日本もこれに参加出品するように勧めた。ロッシュは更に「博覧会を機会として大君の親族を派遣し、外交上の親善を図らせるべし[193]」と建言した。

当時の日本には、

――万国博覧会。

といった観念はなく、この聞きなれぬ言葉を聞いて、要路の人々は少なからずとまどいを感じたものにちがいない。しかし、高橋邦太郎氏の『花のパリへ少年使節』（三修社刊）によれば、日本では平賀源内あたりが主唱した「本草会」といったものが行われ、時々、料亭の大広間で、珍しい動・植・鉱物などを数十点、時には数百点、陳列して品評し合ったという。

「万国博覧会」はフランス語で exposition universelle とも exposition internationale ともいうようであるが、〝博覧会〟の訳語を誰がつくったものか定かでない。が、高橋氏によると、栗本鋤雲《くりもとじょうん》が最初に考えだしたという説が有力である。

栗本以外に、福沢諭吉が『西洋事情』の中で使っているし、薩摩の五代才助（のちの友厚《ともあつ》）も『廻遊日記』の中で、博覧会ならぬ〝展覧所〟を用いているという。

少年時代の昭武
（パリの旅宿で撮ったもの）

ともあれ、幕府は万国博覧会に参加することを承諾し、そのころ横須賀製鉄所建設の要務を帯びて渡仏中であった柴田剛中（日向守）を介して、参加する旨をフランス政府に伝えた。

徳川慶喜は、弟の昭武《あきたけ》（徳川斉昭の第十八子、嘉永六年（一八五三）九月二十日生まれ、時に十四歳）を自分の名代としてフランスに派遣し、そのついでにヨーロッパの文明を視察させ、知見を広め国家に資するところあらしめ、博覧会がすめば、修好のためにイギリス・プロシア・イタリア・オランダ・ベルギー・スイスなどの国々を訪問させ、交誼を深め、そのあと三年から五年ほどフランスで修学させるつもりであった。

慶応三年（一八六七）正月三日の朝、昭武はフランスへ旅立つに際して将軍慶喜に出発の挨拶に伺候すると、兄よりこまごまとした注意のほか、次のような文書（心得）を手渡された。

一、博覧会展観後、条約済各国江罷越、可レ致ニ尋問一候事。
一、各国尋問済次第、仏蘭西へ留学可レ致、尤《もっとも》凡三ケ年乃至《ないし》五ケ年程之積り相心得、若《もし》学業未だ手に入兼候はゞ、
　尚年限相増し可レ申事。
一、留学中は其師を重んじ、我意を張候様之義致間敷候事。
　但附之者一同も、留学之義可ニ心得一候。
一、御国事変有レ之義、風聞承り候共、妄《みだり》に動き申間敷《まじく》事。
一、滞在中は、附之者一同一和、聊《いささか》一分之私意を申立間敷事。

正月三日(194)

五ヵ条から成るこの日常の心得こそ、昭武の滞欧中の行動指針となるものであった。

更に昭武が持参した国書（慶喜が書いたもの）に、

恭しくユーエマー《ママ》イエステイト仏蘭西国帝に白す、今般貴国都府に於て宇内《うだい》各州の産物を蒐集し、博覧会の挙ありときく、定て同盟の国々顕貴集会あらん事と遥に欣羨にたえず、依て余か弟徳川民部大輔をして余か代りとして同盟の親誼を表せしむ、いまた少年にて諸事不訓の事に候間、厚く垂教《すいきょう》を乞ふ、且右礼典畢《おわつ》て其都府に留学せしめ度、宜く教育あられ度、猶追々生徒も差渡すへく候間、其筋へ命令あられん事を乞ふ、併て貴下の幸福を祝し、貴国人民の安全を祈る　不宣

慶応三年丁卯正月　　源　慶喜

と、いったものがある。

書簡の主旨は、博覧会開催の趣、よろこびに耐えません。わたくしの代理として弟の昭武を派遣いたしますが、弟はまだ年はもいかぬ少年ですので、よく教えてやって下さい。博覧会が終わればパリで修学させるつもりですので、よく教育して下さい。いずれわが国からも、おいおい留学生を遣わす計画ですが、関係筋へよろしくお手配下さい……

……。

といったものである。

慶喜の名代、日本の使節《アンバツサドウール》の正式の肩書は、「日本大君親弟従四位下左近衛権少将徳川民部大輔源昭武」といった仰々しいものだが、この小公子に随行したのは次の面々であった。

御勘定奉行格外国奉行……向山隼人正（黄村、四十二歳）
御作事奉行格御小性頭取……山高石見守（信離《のぶつら》、二十七歳）
歩兵頭並……保科俊太郎（正敬、二十五歳）
奥詰医師……高松凌雲《りょううん》（三十二歳）
大御番格砲兵差図役頭取勤方……木村宗三
外国奉行支配組頭……田辺太一（蓬舟、三十七歳）
御儒者次席同翻訳御用頭取……箕作《みつくり》貞一郎（麟祥《りんしょう》、二十二歳）
小十人格砲兵差図役勤方……山内文次郎（勝明、四十一歳）
外国奉行支配調役……日比野清治
同……杉浦愛蔵（譲、三十三歳）
御勘定格陸軍附調役……渋沢篤太夫（栄一、二十八歳）
外国奉行支配調役並出役……生島孫太郎
外国奉行支配通弁御用……山内六三郎（堤雲、二十九歳）
御雇
民部大輔殿小性頭取……菊地平八郎
同……井坂泉太郎

同中奥番……加治権三郎
大井六郎左衛門
皆川源吾
三輪端蔵
服部潤次郎

その他　隼人正従者一名
石見守従者一名
小遣之者三名
（隼人正以下、総計人員二十五名）

これらの人数に、長崎駐在のフランス領事レオン・デュリー（Léon Dury, 1822~91）と、イギリス公使館通訳官アレキサンダー・ゲオルゲ・グスタフ・フォン・シーボルト（Alexander George Gustav von Siebold, 1846~1911）が旅行中の世話役として同行した。これで計二十七名となるが、これに職人（髪結い）や浅草天王町の商人――端穂屋卯《う》三郎などが加わって総数三十名以上となった。

昭武一行に随行して通訳その他のことを弁ずることになったシーボルトの日本語力について述べると、かれが本格的に日本語を学んだのは、父の門人であった二宮周三（二宮敬作の甥）からであった。二宮は蘭・英・独語に通じ、その教授ぶりも非常に熱心であった。

アレキサンダーは二宮より、習字や平仮名・片仮名をはじめ、文語をも学んだが、最後まで苦しめられたのは漢字であった。しかし、「後にはかれの日本語は空前の上達をとげ、旧士族出の父の門下生の古雅な言葉も、宮中や学者や外交官の専門語も、自由自在に操り得ることになった」[195]という。

一八六一年（文久元）、シーボルト父子は、横浜を経て江戸に赴き、赤羽根接遇所（飯倉五丁目あたりに在った幕府の応接所。プロシア使節オイレンブルク伯の一行もここに滞在し、日独通商条約を結んだ。かれらはここを das Palais von Akabane と呼んだ）に居住することになるのだが、同年八月にアレキサンダーが母親に宛てて出した手紙から、このころになるとかれの日本語の力は格段の進歩をとげ、日本語の書物も読めるようになったことが判る。

私は、最早江戸弁をよく覚えましたが、これが非常に役に立ちます。私は只今、日本の書物をオランダ語に翻訳いたしております。一緒になって、私が話をしたり、西洋の物語をしたりすることができますので、奉行たちは私が大好きです[196]（一八六一年八月一五日付書簡）

シーボルトは、長崎滞在中に知り合ったロシア艦隊のリカチェフ提督の斡旋により、息子のアレキサンダーをロシア海軍の見習士官兼日本語通訳として採用してもらおうと欲した。その正式の許可は一八六一年六月にシーボルトのもとに届いたが、母親の反対やアレキサンダー自身の気乗りうすさから実現せず、代わってポルトガルの名誉領事クラークの仲介により、イギリス公使館の定員外の通訳となり、俸給三百ポンドで雇われることになった。

イギリス公使館の予備の通訳となったアレキサンダーは、当初、英語の力が十分でなかったために頓珍漢な通訳をし、幕府との談判も円滑に行かぬこともあったようである。麻布・東禅寺（イギリス公使館が置かれた）の歩哨と伍長とが殺害され、その賠償金一万ポンドの談判のために、代理公使ニール大佐、アーネスト・サトウとアレキサンダーら二名の通訳が、談判の席に臨んだ。

このときニール大佐が、何かの拍子で〃son of a gun〃（「畜生」もしくは「悪党」の意）といったのを、アレキサンダーはteppo no musuko（鉄砲の息子）と直訳してしまうといった一幕もあった。[197] 当時、日本の外交用語はオランダ語であったが、イギリス側は極力オランダ語を使わず、できるだけ英語を用いて外交交渉に当たったようである。

徳川民部大輔昭武が慶喜の名代として渡仏することに決するや、航海中の世話役としてアレキサンダーに白羽の矢が立ったのは、かれが日本語やマレー語以外に英・仏・蘭・伊語に通じていたためである。アレキサンダーは、外国奉行川勝近江守より随行の依頼をうけると、これに内諾を与えた。こんどは老中よりイギリス公使ハリー・パークスに要請が出され、公使も同意を与えたところで正式に委嘱が決まった。

アレキサンダーはたまたま賜暇を得て本国に帰るところであったから、気軽に昭武に同行することを承諾したものと考えられる。が、アレキサンダーの雇用の期限についていえば、山高石見守と向山隼人正は横浜を出発する前から老中より、公子一行がパリに到着後、かれを解雇せよといった命を受けていたのである。また民部公子がフランスに着いた後は、博覧会の用件、公式の談判、公子の教師として、宣教師メルメ・ド・カションを用いよ、といった内意を受けていた。

しかし、アレキサンダーは航海中もフランス到着後も向山や山高その他の随行員の信頼が厚かったために、博覧会が終わり、欧州諸国歴訪の途に上る際に、向山全権より、「今後も公子に随行して欲しい」、との懇望をうけた。メルメ・ド・カションが昭武の随行員からうとんじられたのは、かれがエスイタ派の宣教師であったことにも一因があるが、癖のある人物であり、一行の信を得ることができなかったからである。[198]

昭武に随行し通訳の任に当たったのは、主にアレキサンダーであるが、かれ以外に横浜仏語伝習所《コレージュ・フランコ・ジャポネ》（語学所）の第一回卒業生、保科俊太郎や山内六三郎などがいる。格別フランス語がよくできた保科は、昭武がナポレオン三世に謁見するときに通訳の大任を果たしたことでよく知られている。

またレオン・デュリーはフランス政府からの附添役として同行することになったにもかかわらず、航海中、ほとんど無視されることが多く、しまいにはアレキサンダーに嫉妬心すら起すようになったという。これに反してアレキサンダーは、「言語もよくできかつ年少であったので、昭武をはじめとして一行の人々に自然と親しまれ用いられる所が多かった」のである(199)。

いずれにせよ民部公子一行は慶応三年一月十一日（一八六七年二月十五日）の午前七時、老中小笠原壱岐守・海軍奉行並大関肥後守・勘定奉行小栗上野介・外国奉行栗本安芸守ら幕府要人、ロッシュ駐日公使、フランス東洋艦隊のローズ提督ら大勢の見送りを受けながら、フランス郵船「アルフェ」号上の人となり、午前九時半、横浜を出帆した。同日の杉浦愛蔵の「奉使日記」には、

> 正月十一日　曇　午後より雨雪
> 今朝第七時民部公子仏国飛脚船アルフェ《ママ》ト江御乗組、御附添のものも追々乗組、其名前左之通

とある。

翌十二日の午前九時ごろには大島沖を通過し、午後一時すぎ土佐の陸地を望見した。船は動揺したが、一行のものは疲れを覚えなかった。十三日、雨。午後一時すぎ鹿児島の港口を過ぎ、三時すぎにようやく空が晴れて来たが、しばらくするとまた雨が降って来た。夜に入り風が強まり、船の動揺が激しくなって来た。十四日は早朝より西風強く、大きな波が上甲板を洗い、時々、明り窓から各船室に海水が飛び込んで来た。テーブルの上の器物も船の動揺によりひっくり返った。昭武とその随員は船酔いに苦しんだようで「奉使日記」には、

公子も御気分尋常なれとも動揺甚しく歩行も危けれハ多くは船室に居り、一行のもの多く海疾に悩みて船中物淋しく食事の席に出るもの稀なり。

とある。

十五日早暁、船は揚子江に入った。海の色は黄濁であった。風は収まり、波も高くなかった。午前十一時すぎ呉淞《ウースン》江に投錨し、直ちに小舟で上陸した。昭武一行はワァンポー街（Wangpoo Road）の「アストール・ハウス・ホテル」（Astor House Hotel）に旅装をとき、しばらくして英・仏の総領事の表敬訪問を受けた。同夜、一同久々に安眠することができた。十六日は曇天。天候は冴えなかったが、のどかな春の心地がした。公子は主な随員を伴い、三台の馬車に分乗し、上海の城内外を遊覧し、大いに好奇心を満足させた。帰館後、フランス総領事館から公子の官名及び姓名を漢文字で書いて欲しいとの要望が出されたので、「日本大君親弟従四位下左近衛少将徳川民部大輔昭武」と認めて送り遣した。それより上海道台《タオタイ》支配局の卑官《ひかん》二名が御機嫌うかがいに訪れたので、向山隼人正と山高石見守が応対した。夕刻五時すぎ公子は、向山・山高・保科らとフランス総領事館に赴き、供応を受けたのち、夜八時ごろホテルに帰った。

十七日、晴。午前九時半ごろ、公子一行は小舟にて揚子江を下り、碇泊中の郵船に乗り組み、午後一時、抜錨し洋上に出た。穏やかな日和で、西北の風が吹いていた。夕飯には上海で求めたこいやすずきを調理して食べた。これより香港到着までの数日間、南シナ海は平穏であり、右手に島々、漁船の帆影を見ながら航進し、二十日の午前十一時ごろ香港に到着した。公子一行は本船の小舟に乗り上陸し、「オテル・ド・フランス」（Hôtel de France）に投宿した。しばらくするとイギリス総督（リチャード・グレイブス・マクドネル、一八六六～七二年まで在任）の副官が名

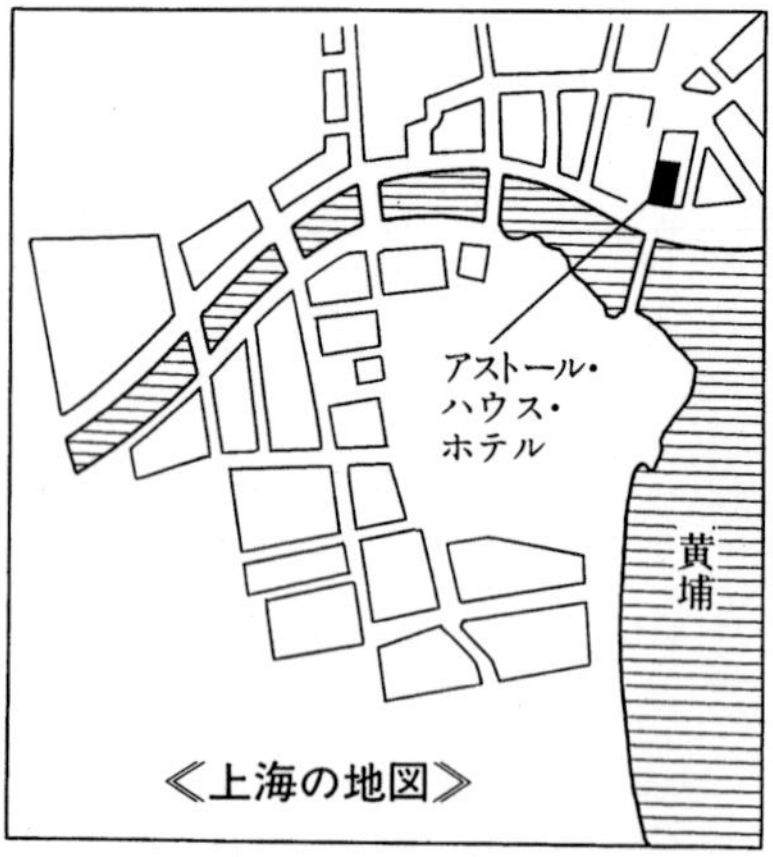

《上海の地図》

代として御機嫌うかがいに訪れ、それより向山隼人正が公子の代理として総督府へ答礼に訪れた。

香港に到着した昭武は、上甲板より目の前の景色に見とれ、それを日記（直筆のもので俗に「御日記」と称される）に「昼九時香港江到着……此処、支那一海隔る島にて居民至て少、往年、英人支那より貰い受け開拓す。今、各国商館ありて、商船数十碇泊し次第に繁栄の様子なり。景色尤よろし」と記した。

一夜明けて翌二十一日、一行は午前中に造幣局、午後は監獄を見学したのち、市街を遊覧した。とくに獄舎は宏壮で近代的であるばかりか、もと囚人にそれぞれ生業を営ましめている処置にほとほと感心した。同夜、ホテルの夕食時に「氷製の菓子」を出されたと、渋沢栄一の「御用日記」にあるが、これはアイスクリームのことか、「其味甚美なり」と記している。公子一行に随行しているアレキサンダー・フォン・シーボルトが、昭武のパリ万博特派に関して手控えとして残した一史料[200]がある。英文で書かれたこのメモ（備忘録）には、将軍の名代として欧州に赴かんとする昭武とその随員、公子の訪仏の目的、上海や香港における一行にまつわる秘められたエピソードなどが綴られている。このメモは江戸駐在のイギリス公使ハリー・パークスのもとに送られ、更に同公使よりイギリス外務省に報告されたものと思われる。

一八六七年二月二十五日　香港にて

使節は現大君の弟である徳川民部大輔と向山隼人正から成っている。フランス政府は後者を特派使節とみている。随員は公子の守役《もりやく》、第一秘書の山高石見守、第二秘書二名、フランス語通訳二名、英語翻訳官二名、召使いを含めて計二十九名から成る。

公子自身の従者は、父親である水戸公のもと家来八名から成るが、かれらは攘夷論者である。使節派遣の目的は、第一に高貴の生まれの人を万国博覧会に日本代表として出席させること。そして第二に日本公使館をパリに常設することにあるらしい。向山は日本公使館設置の任を帯びており、一年以内に帰国して江戸で最終的な取決めをするであろう。

随行団の中には、会津公の士官（侍）が二名、小笠原壱岐守の家来一名がいる。[201]

更に公子一行が上海に到着した模様については――、

使節は今月十九日に上海に到着し、フランス総領事、イギリス領事、フランス海軍のプリマンジェ号の艦長らの訪問を受けた。フランス総領事館に着くと、民部大輔は王族として迎えられた。

翌日（二十日）、イギリス海軍の先任士官であるハズウェル大佐の訪問を受けたので、二十一日に使節一行がメッサジュリー・アンペリヤルの汽船「アルフェ号」で上海を発つときに、答礼訪問を行った。

道台《タオタイ》すなわち当地の長官は、イギリス領事館から使節の到着のことを知らされていたのに、自分の方から表敬訪問することを拒んだが、言い訳のために自分の名刺を持たせて二名の官吏を遣わして来た。両人には向山が応対した。

道台が直接、昭武を表敬訪問しなかったのは古来支那には、〃自尊因陋《いんろう》〃の風習があって、外国の官吏・使節が到着しても訪ねてはならぬ、と中央政府より命ぜられていたからである。次に引くのは、公子一行が香港に到着したとき、シーボルトとレオン・デュリーとの間で、昭武の総督府への表敬訪問をめぐって言い合いになったことを示す一節である。

二十四日に香港に到着したとき、民部大輔の方より先に香港総督R・マクドネル卿を訪問するよう、再三云ったにもかかわらず、私の意見は退けられてしまった。この件では、使節一行はデュリー氏の主張に支持されていたからである。かれの意見では、民部大輔は公子だから植民地総督の訪問を受けるのが順当だというのである。

しかし、結局、向山がごきげん伺いに遣わされ、総督閣下から迎え入れられた。閣下より造幣局や監獄を案内するとの申し出があったので、二十五日に視察に訪れ、たいへん興味を持って見て回った。

翌日、海軍中将の提督は、向山を旗艦に迎えた。使節一行は二十六日にサイゴンに向けて立つ予定である。

二十二日、くもり。午前十一時ごろ、公子一行は迎えの小舟に乗り、フランスの郵船「アンペラトリス号」に乗り組んだ。これは「いとし大なる船二而《にて》、然も壮麗を極めたり」（渋沢栄一「御用日記」）とあるから、香港まで乗った「アルフェ号」よりもずっと規模も大きく、立派な船であったのであろう。一行は午後二時、香港を出帆し、一路次の寄港地サイゴンを目ざした。二十五日、メコン川の河口で本船をとめて水先案内船の来るのを待ち、やがて同船に案内されてメコン川を六十マイルばかり遡り、夕方六時ごろサイゴンの碇泊所に到着した。両岸にヤシや濃緑色の雑木がおい茂っており、虫の音なども聞えて来た。香港を発ったとき、昭武は日記に「気候四月初旬の如し」と記したが、当地は熱帯夜で「日暮、セイコン《ママ》江着す。軍艦の船将来る。暑気甚し」とあるように相当暑さに苦しみ、一同夜が更けるまで甲板の上で夕涼みした。上陸は明朝ということになり、同夜、船内で夜を明かした。

二十六日の朝、迎えの船に乗り、上陸すると、騎兵が十騎ばかり待機しており、やがて馬車の前後を護衛されて総督府を訪れた。ここで茶菓子・酒などの供応を受けたのち、市街を遊覧し、船に帰った。夕方、六時ごろより総督府で晩餐会が開かれたのでこれに出席した。舞踏会も催され、このとき昭武は初めて西洋の社交ダンスを見たわけであるが「饗応に預り、男女交りの舞を見る。笑ふべし」と日記に記している。男女が軽快、優美なワルツなどを踊るのを奇異に感じられたものであろう。

翌二十七日、サイゴンを出帆し、二十九日の夕方六時ごろ、シンガポールに到着した。投錨後、フランス領事がご機嫌うかがいに公子を訪ねた。すでに日暮であったので上陸を明日にのばした。が、やがて石炭の積込みが始まり、両舷の船窓を閉め切ったので、船内の気温はぐんぐん昇り、火熱のようでもあった。「大小島あり、絶景筆に尽しかたし。甚だ暑難凌」と日記にあるように、昭武は暑気には苦しめられた。

翌六日（陽暦）、昭武らがシンガポールに到着したことを現地の新聞『ザ・シンガポール・デイリー・タイムズ』（The Singapore Daily Times）が小さく報じた。

The brother of the Tycoon, heir presumptive to the throne of Japan, is a passenger by the M. I. Steamer *Imperatrice* to France, where he is proceeding to be educated. He is accompanied by no less than 31 attendants.

日本国王の推定相続人である、大君の弟は、蒸気船「アンペラトリス」号でフランスに赴く所である。フランスでは教育を受けることになっている。公子は三十一名もの随員を伴っている。

翌朝、公子主従は上陸し、波止場より馬車で市内に向かい、仏領事館やイギリス庭園などを訪れた。同日の夕刻、シンガポールを出帆。これより数日間、好天と軟風にめぐまれたが酷熱はなおもつづいた。

二月四日、この日より昭武は、横浜仏語伝習所で仏語を修めた保科俊太郎（のちの正敬）や山内六三郎より、フランス語の稽古を始めた。杉浦の「奉使日記」に「今朝より公子仏語の御稽古始る、俊太郎授け奉る」とあるし、昭武も「地方更に見江す波少し高今日ゟ《より》語学をはじむ」と日記に記している。

五日、六日の両日、蒸気機関に故障が生じたので帆走に移った。昭武の日記に「今暁キカイ少し破損す……今暁キカイ前日同様破損ス（後略）」とある。

七日、ポイント・デ・ガール（スリランカの港湾都市）に到着。公子一行は上陸し、税関に立寄ったのち、馬車で「オリエンタル・ホテル」に行き、しばらく休憩した。それより市内を遊覧し、夕飯後帰船した。八日、朝から甲板の上は大変な混雑ぶりであった。「男女小児乳母凡五十人」ほどが荷物ともに乗り組んで来たからである。そのため「アンペラトリス号」の人員は旅客、乗組員あわせて三百五十人余にもなった。午前十時に出帆。午後三時ごろ夕立ちが来た。そのあと洋上に竜巻が起るが、それは一同には奇観であったらしく、その光景を杉浦は「潮煙り」、渋沢は「一抹の点雲」、昭武は「水道管」のようなものと形容している。

十六日、朝六時ごろ、本船はアデンに到着した。フランス領事が挨拶に訪れた。公子一行は上陸後、馬車にて市中を遊覧し、城郭・砲台なども見学した。ここは草木の生えぬ、岩石ばかりの干からびた土地であり、降雨も少なく、水溜を作り雨を蓄えていた。公子らは城門に入り、貯水池などを一覧したのち帰船し、午後三時ごろ出帆した。二十一日、スエズに到着。川蒸気船にて上陸し、直ちにイギリスのホテルに入り、そこで庭園を散歩したり、体を休めたりし、夜汽車が出るまで休息をとった。夕方七時、食料や飲物などを調えて汽車に乗り、広漠とした砂漠の中を走り、カイロを通過し、翌二十二日の十時ごろアレクサンドリアに着いた。昭武一行は、停車場より馬車に乗りホテルに赴き休息するが、ほどなくフランス領事が挨拶に訪れ、勧められるままにその晩は領事館で一泊した。日中、一行は市内の博物館・大塔をはじめ、名所旧跡などを見学に訪れたが、昭武などは上海や香港以来の繁華な町に目をみはった。

翌二十三日、一行はフランス郵船の「サイド」号に乗船し、午後五時にアレクサンドリアを出帆した。船は地中海に乗り出すや、波浪高く、動揺が激しくなる。二十六日、夕刻、シシリー島のメシナに寄港したが、ここでは上陸しなかった。ただし、レオン・デュリーは昭武一行のフランス到着予定を本国政府に知らせるため上陸したが、「奉使日記」には「シュレー上陸して巴里《パリ》の電信取計」とある。仏外務省宛のその電報（dépêche télégraphique）は次のようなものである。

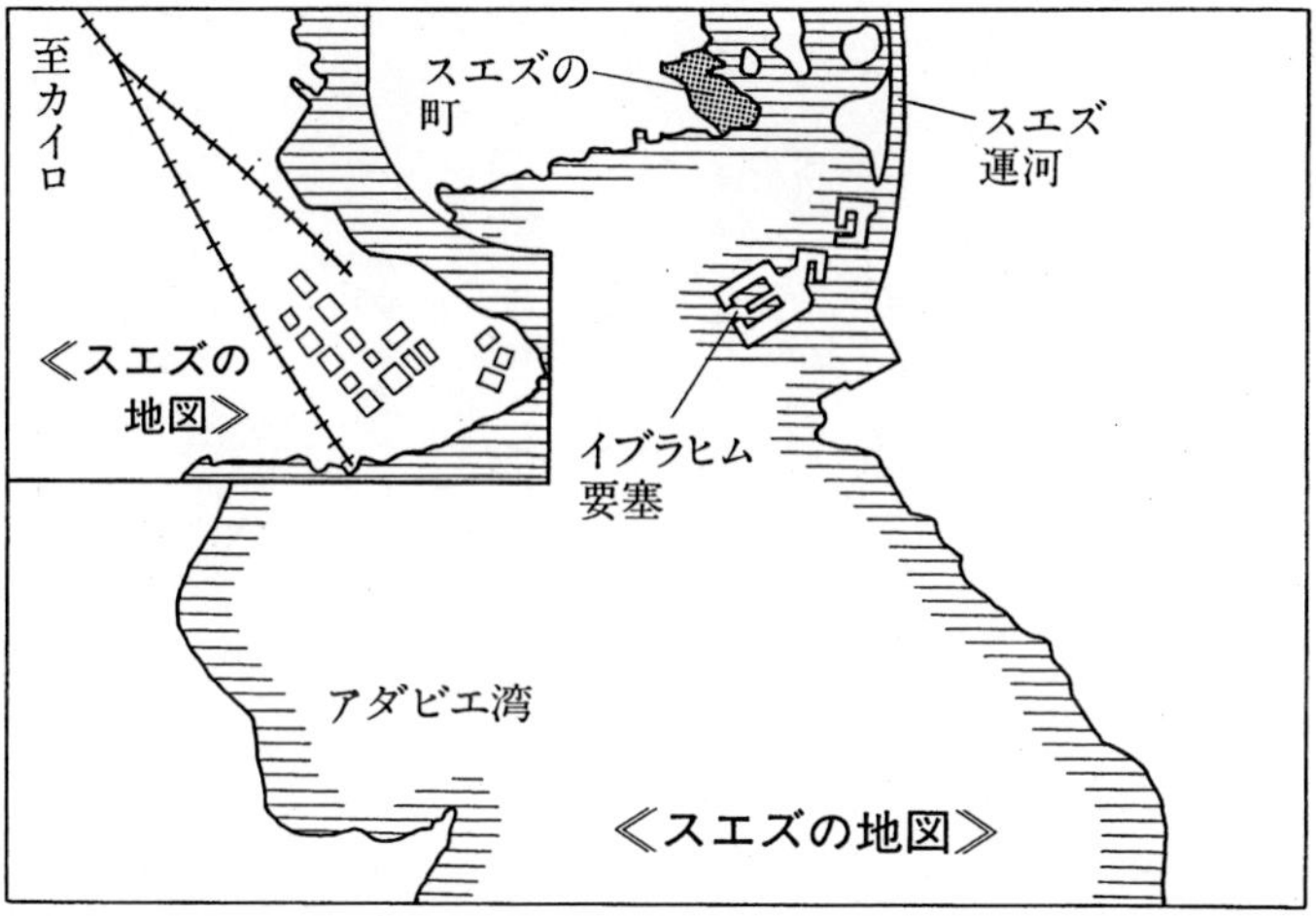

一八六七年三月三十一日　メシナにて

大君の弟である民部大輔は二日（陽暦四月二日）の夕刻または夜にサイド号でマルセイユに到着の予定である。公子の健康状態は申し分ない。当使節に随行している長崎の仏領事は、マルセイユにおける上陸と滞在、パリ到着と出発について外務省に指示を仰ぐであろう。領事はマルセイユですぐ外務省の職員と会うことであろう。

レオン・デュリー

二十八日、午前九時ごろ本船は、サルジニア島とコルシカ島の海峡を抜けた。

二月二十九日（陽暦四月三日）、仏暁より西北の風が吹き、船の動揺は激しかった。が、目的地のマルセイユに刻一刻と近づいていた。昭武は日記において、「早朝より仏蘭西領見ゆる少々浪高し」と記し、陸地が望見できたことを明らかにしている。午前九時半ごろマルセイユ到着。間もなく日本名誉領事フリュリー・エラール、パリからやって来た博覧会御用で先着していた塩島浅吉、北村元四郎（のちの名村泰蔵）らの案内で上陸した。このとき二十一発の礼砲が発せられた。

二十一発の礼砲についていえば、民部大輔がフランスの大地に第一歩をしるした時、公子が特別なしきたりにのっとって歩くことがわかった（『ル・プティ・ジュルナル紙』（Le Petit Journal）一八六七年四月八日付）。

波止場より公子一行は馬車で「グラントテル・ド・マルセイユ」（Grand-Hôtel de Marseille）に向かったが、前後を二十騎の騎兵が護衛した。同ホテル到着後、将官礼服を着た同地の鎮台、陸・海軍の司令官、市長などが代わる代わるご機嫌うかがいに訪れた。午後三時、昭武一行はレオン・デュリー、フリュリー・エラールらの案内で陸海軍司令部、市役所、ナポレオン三世の離宮その他を答礼と見学に訪れ、五時ごろホテルに戻った。夜は、「第八時より鎮台馬車を備え、自ら御誘引申上、演劇御一覧あり第十一時御帰館」（「奉使日記」）とあるように観劇に招待され、「王冠のダイヤモンド」(202)やバレーなどを観、大いに堪能したようである。

四月四日（これより陽暦）午前中、陸・海軍の司令官、総領事館などを訪問し、夜は当地鎮台主催の宴会に招待され、夜十一時ごろホテルに戻った。ところで日本側の史料には、ホテル内における公子一行の様子について記したものは皆無に近いが、当時のフランスの新聞（『ル・プティ・ジュルナル紙』四月八日付）に探訪記者の記事が出ている。それによると昭武一行はホテルの二階に部屋を取り、日に二度、洋食を食べ、昼食だけは和食であったことが判る。ランチのメニューの一部が紹介されているが、さしみ・スープ・米飯などであり、生魚のくさみを消すために、〝香辛料のきいたインディアン・ソース〟を加えたとある。

五日、一行は当地の写真館に行き記念撮影し、それより動・植物園などを一覧したのち午後二時ごろホテルに戻った。「日本の公子は、随行者とともにマルセイユの動物園も訪れた。これらの外国の貴族は、象の訓練や非常に大きなカンガルーの可愛らしい行為を大きな関心をもって見た」（『ル・プティ・ジュルナル紙』四月八日付）。

六日、ツーロン軍港を見学するため昭武は、向山・山高・保科・箕作・渋沢・デュリー・シーボルトその他を伴って早朝マルセイユを汽車で発ち、午前九時半ごろツーロンに到着した。陽気はちょうど春のまっ盛りで、車窓からは南仏の美しい春景をたのしむことができた。「途中天気長閑《のどか》なれは四方の春色興深く桃李《とうり》（桃やすもも）抔の花盛りも一入御慰となりぬ」（「奉使日記」）。

駅頭には歩兵半大隊、軍楽隊が待ち構えており、その出迎えを受け、それより川蒸気に乗り、港内の軍艦を見学に訪れた。その折、昭武は勧められるまま、火薬を装填した大砲を二発ほど発砲した。昼食後、馬車で製鉄所に赴き、溶鉱炉、反射炉、兵器廠などを視察し、更に潜水服の実験なども見学した。午後五時ごろ要塞司令部を訪れ、紅縮緬一疋、蒔絵の印籠などを贈った。午後七時すぎマルセイユに帰着。

昭武一行のツーロン訪問は、翌日レオン・デュリーより外務大臣に電報をもって報告されたが、その全文は次のようなものである。

　一八六七年四月六日　マルセイユにて　　　　　　　　　デュリー

　日本親弟殿下は本日ツーロンを訪れた。鎮守府司令長官と海軍提督から大歓迎を受けました。このことは殿下と随行の高官らにすばらしい感銘を与えました。殿下は少々疲労気味である。

七日はマルセイユの練兵場で三兵（砲・工・歩兵）約三千名の教練や勲章授与式を見、午後一時ごろ帰館した。翌八日、パリに向けて発つ予定であったが二日延期となった。渋沢の「御用日記」に「明日当地御発之儀御都合ニ而御延引」とある。文中の〝御都合〟とは、四月九日にマルセイユより仏外相に宛てて発信したレオン・デュリーの電文によると、〝病気《マラッド》〟とあり、当地にもう二日留ることを要求された、とある。

八日、公子らは学校を訪れ、精舎所（実験所）・寄宿舎・食堂などを見学したのち、公園を訪れ、海岸通りを一巡してホテルに戻った[203]。この日、公子一行が訪れた「学校」とは、「リセ・アンペリアル」Lycée Impérial（一八六〇年代、ローマ街三十一番地）であったと思われる。デュリーの電文（四月九日打電）に「今朝リセを訪問。深い満足を味う」とあるからである。昭武は日記の中で「四時頃ゟ学校江至り一見……」と記しているにすぎない。

九日、昭武は終日ホテルで休息した。夕方、当地の鎮台・陸軍司令官・総領事及び関係者を十二名ほど招き、別れの宴を催した。翌十日、午前十一時、公子一行はホテルを発ち、大勢の見送りを受けて十一時半の汽車でリヨンに向かった。同日午後七時、リヨンに到着し、「オテル・ド・リューロプ」に投宿した。

この日の朝、デュリーの代理人は仏外相のもとに電報を打ち、昭武一行の日程について報告した。

一八六七年四月十日　午前十一時五十《ママ》分　マルセイユにて

日本親弟殿下とその随員は、午前十一時半の汽車で出発したところである。彼らは一晩リヨンで過ごしたのち、急行列車で明晩パリに着く予定である。が、デュリー氏はリヨンに留らず、明朝パリに到着する予定。

十一日午前七時、公子一行はリヨンを発ち、夕刻六時ごろパリに到着し、駅頭でカション、フリュリー・エラール、塩島浅吉、中山七太郎、田中良雄（芳雄）、北村元四郎ら日本人の出迎を受けたのち、馬車でキャプシーヌ大通り

(Boul. des Capucines) の「グラントテル」(Grand Hôtel) に向かい、旅装を解いた。これより公子一行のパリ生活が始まるわけであるが同ホテルに逗留したのは五月十四日の朝までである。

樺太国境画定談判のためロシアのペテルスブルクに遣わされていた小出大和守秀実、石川駿河守利政の一行は、御用を済ませ帰国途中であり、公子一行より二日早い、四月九日にパリに到着し、「グラントテル・デュ・ルーブル」(Gr. Hôt. du Louvre) に滞在していた。が、大君の弟君がパリに着いたことを耳にはさみ同夜、早速御機嫌うかがいに訪れた。

『ラ・プティット・プレス紙』(La Petite Presse) 一八六七年四月十五日付には、次のように報じられている。

> ペテルブルクに遣わされていた大君の使節は、使命を全うしての帰途、パリに到着した。一昨日、使節の小出大和守は、大勢の日本人随員を伴い、レオン・ド・ロニーに案内してもらって、廃兵院、ブローニュの森の湖と動物園を訪れ、数時間過ごした。ホテルに着くと、大君の弟が自分らよりも一日《ママ》早くパリに着いたことを知らされ、随員らと夕方六時ごろグラントホテルを訪ねた。大君の使節は本日パリを去る。

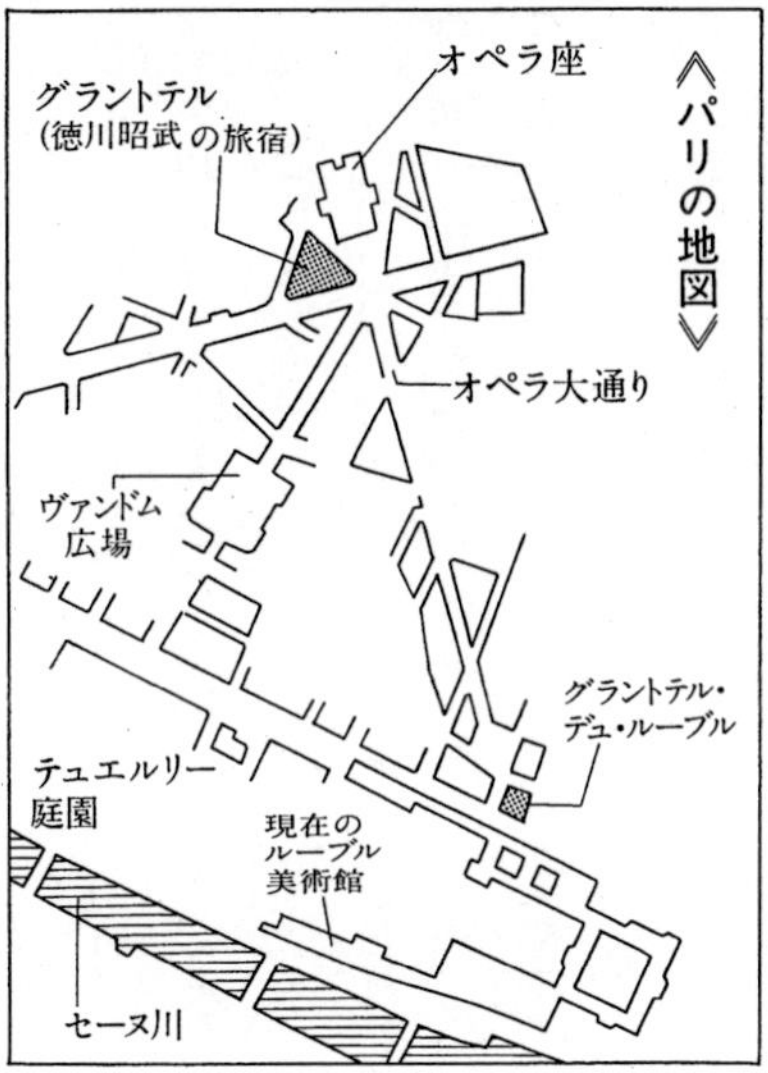

《パリの地図》

なお、遣露使節が拝謁を許され、夕飯を相伴したことについては、杉浦の「奉使日記」に「此夕、小出大和守石川駿河守其他一行役々別為め夕飯被下、御附添のもの一同罷出る」とある。

昭武一行はパリについて程なく、フランス政府へ到着を通告したり、博覧会場の下見、出品物の点検と展示、家探しなどに多忙をきわめた。(204) 四月十九日、向山、レセップス男爵、山高、フリュリー・エラールらは博覧会委員を訪ね、本邦の出品物展示の手続等について相談し、それより日本会場に予定されている場所を検分に出かけた（『ラ・プティット・プレス紙』四月二十三日付）。

二十二日には、慶喜からの国書の写しが仏外相に手渡され、翌二十五日、遣露使節はマルセイユより帰途についた。(205) 翌二十六日付の『リベルテ紙』（Liberté）は「パリにおける日本使節」と題してかなり大きな記事を掲載し、昭武一行の構成、使節派遣の目的、日本人学校設置の件、昭武の人柄等について報じた。使節の任務は、万国博覧会に参加し、パリに「日本人学校」（Collège japonais）を設立することであり、この学校へは毎年一定数の学生が送られ、フランス語・科学・芸術・産業について学ぶことになるという。〝民部大輔殿〟は日本皇帝がパリに作った学校の第一期生として入学することになっている、といっている。また貴公子は、元気旺盛であり、好戦的で勇気に富み、名誉を重じる日仏両国民の性格の類似点を理解している、と書かれている。

二十八日は、テュエルリー宮殿において皇帝謁見が行われた。この日の午後一時半、昭武の旅宿グラントテルへ四台の馬車が差し回された。昭武は衣冠姿に白銀造金蒔絵の太刀、黒の塗沓《くつ》、冠、中啓といった装いである。従者の向山・山高らは薄色の狩衣、浅黄の指貫、白無垢絹糸織、帯剣。保科・田辺は布衣《ほい》、箕作・山内・日比野・杉浦らは素袍、その他は布衣を着用した。第一車には、向山・山高・保科・式武官（フランス人）らが乗り、第二車には、昭武・式部官・メルメ・ド・カションらが、第三車には、田辺・山内・フリュリー・エラール・長崎の仏領事レオン・デュリーらが乗った。第四車には、箕作・日比野・杉浦・シーボルトら四名が乗った。昭武の小姓三名は第五車に乗り、この順序でテュエルリー宮殿に向かった。が、グラントテルの前は物見高いパリっ子がひしめきあっていたようで、渋沢篤太夫の「航西日記」には「此日公使の馬車行装を見んとて。都下の老幼ハ勿論近郊よりも来りて。群集し道を填《うず》めり」とある。

やがて五台の馬車は宮殿の正門をくぐると、中庭に儀杖兵が堵列し、軍楽隊が歓迎の奏楽を始めた。玄関で昭武は馬車からおりると、式部長官ド・カンバセレスの出迎えを受け、その先導で第一室から次々と部屋を通り、ようやく第五室（謁見の間）に招き入れられた。三段高い所に、左にナポレオン三世、右に皇后ウージェニが立ち、更に皇帝の左側には外務大臣ムスティエをはじめ政府高官らが侍立し、右側には女官が並んでいた。昭武は皇帝の前に進んで一礼すると、式部官が大きな声で「ソンアルテス　アンペリアル　ジャポン」（″日本の親王″）と披露した。昭武は紹介のあと、かねて用意の挨拶の詞を述べると、(206)保科俊太郎がそれをフランス語に訳した。昭武の詞は二日後、『ル・タン紙』（Le Temps）四月三十日付に載った。

昭武の挨拶がすむと、ナポレオン三世は「両国親睦の交際あるより、今相面謁を得る満悦のよし」と述べ、これをメルメ・ド・カションが日本語に訳した。それより田辺太一が捧げもつ慶喜の国書の袱紗《ふくさ》をはずして向山隼人正に渡した。そして更に向山の手をへて昭武に手渡され、昭武はそれを持って皇帝の方に進むと、皇帝は一段下って、外務大臣の手を経てそれを受け取り、次いで宮内大臣に渡し、ここで国書奉呈の儀式は終わった。このあと昭武らは次室へ退出し、この部屋で向山全権より贈呈品の目録が式部長官に渡された。やがて謁見を無事に終えた昭武主従は、同じ道順をとってホテルに帰った。

国書捧呈の儀を終えた昭武は、ほとんど連日、フランス政府の賓客として観劇、舞踏会、夜会などに出席し、また競馬や調練などを見学したほか、昼間は博覧会場へ行ったり、兵器貯蔵庫、凱旋門、寺院、裁判所、パノラマ館などを訪れたほか下水道なども実見し、多忙な日々を過した。

五月三日、皇帝招待の観劇会がオペラ座で催され、昭武以下はこれに出席し、翌四日、外務大臣主催のレセプションにも臨んだ。昭武らは夜十時ごろ出席したようであるが、同夜、正装した各国国王、貴族、政府高官から成る賓客

横浜鎖港使節
『ル・モンド・イリュストレ』より

杉浦愛蔵二十五歳（東京大学史料編纂所蔵）

男女数百名に混って、ひときわ人目を引いたのは昭武ら日本人であった。

六日にはテュエルリー宮殿において、夜九時より皇帝主催の舞踏会が催された。このとき昭武は通訳カションと共に皇帝の居間に入り、ベルギー皇帝夫妻、スウェーデンの皇子らと共に皇帝夫妻から茶菓子の接待を受けた(207)。同日の昭武の日記には、「(前略) 今夜仏王より茶の招待あるに付、五ツ時（午後九時）頃より王邸江参る。其節ビルギ」王スエーデン」王子同席す」と記されている。十日、午後プランス・ナポレオンと対面し、翌十一日はイギリスの皇太子に招かれ、夜十一時にその旅宿を訪ねた。

十二日、ナポレオンの伯母（プランセス・マチルド）の招待を受け、十三日の午後はプロシア使節、十五日はレセップチュイス宮殿、十七日はイギリス公使館の各パーティや舞踏会などに招かれ、毎日が多忙でゆっくりくつろぐ暇もないほどであった。

十八日は、兵器貯蔵所、ノートルダム寺院、裁判所などを見学に訪れたのち、夜は仏皇后主催の舞踏会に招待された。これは博覧会開催を機にパリを訪れた各国の国王及び皇太子らを招いたものであるが、『ル・モニトゥール・ユニヴェルセル紙』（Le Moniteur universel）（五月二十日）に記事が載っている。

パリにやって来た外国の皇太子に敬意を表するために昨日、両陛下が催した舞踏会は、出席者の記憶にいつまでも刻み込まれることであろう。十時半ごろ、平和の間《ま》に席をとったのは次の面々である。
両陛下
ベルギーの両陛下
ポルトガルの女王陛下
イギリスの皇太子殿下及びエジンバラ公
日本皇帝の弟、民部大輔殿下

二十二日は外務大臣主催のパーティに出席し、二十七日の午後は「巴里市街埋地道」（下水道）を見学し、翌二十八日はオランダ公使と極東に赴任する仏海軍提督の訪問を受けた。

六月一日、ロシアのアレクサンドル二世がパリに到着すると、市内及び近郊に住む者までが大勢、駅頭や沿道に群がった。ナポレオン三世は停車場まで出迎え、午後四時半、同車にて離宮に入ったが、昭武らはその美麗を尽した行列をグラントテルの窓から眺めた。

二日はブローニュの森で大競馬が行われ、昭武はこれに陪席した。渋沢の「航西日記」には「午後二時ボワデブロンの競馬を観るに陪す。此の日魯帝。孛漏生太子。白耳義王。其他貴族ともに一覧あり」とある。当日、ロシア皇帝とナポレオン三世との間で十万フランの賭が行われ、ロシア皇帝が勝って賞金を手にすると、直ちにパリの救貧院に寄付した。

各国の王侯貴族を招いての大賞典レースのニュースは新聞にも報じられたが、『ル・モニトゥール・ユニヴェルセル紙』（六月四日付）は次のような記事を掲げている。

ロシア皇帝、フランス皇帝、ベルギー国王及び同王妃は、昨日ロンシャン競馬場に臨席の栄を賜ふ。ロシアの皇太子殿下および徳川民部大輔殿下も貴賓席につかれた。

四日は、「魯西亜帝より使者来る。夜九時国帝の招待によりて劇を観るに培す」（「航西日記」）とあるように、アレクサンドル二世の招待による観劇会であった。観劇の模様については『ル・モニトゥール・ユニヴェルセル紙』（六月六日付）に次のように報じられている。

目下、パリに滞在中のロシア皇帝陛下及び各国の国王と王妃らに敬意を表するために、帝劇場のオペラ座において素晴しい芝居が上演された。ロシア皇帝の左側には……及び日本の大君の弟、民部大輔殿下が座を占めた。

六日は、午後零時半から、パリ西南の郊外——ブローニュの森のロンシャン（Longchamp）で大観兵式が行われ、ロシア皇帝・プロシア国王・ロシア皇太子・プロシア皇太子その他の貴族、政府高官らが参集し、昭武も招待されてこれに出席した。この日の調練に動員されたのは歩騎砲の三兵、およそ六万人ほどの大部隊で、仏露の国王及び諸王子らが諸兵を閲兵した。

観兵式終了後、露仏の皇帝が馬車に同乗し帰宮の途中、狙撃される事件が起ったが、幸い両帝とも怪我はなく、犯人もすぐ逮捕された。

国賓として絶えずフランス皇帝の手厚い招待を受け、連日のように外出し、パリ生活を心ゆくまで楽しんでいた昭武は、本格的に一留学生として修業に励むに際して、グラントテルを引き払い、手ごろな宿舎を見つけて移る段階に達していた。「その頃は公子および外国奉行そのほか、ともに前のグランド《ママ》ホテルを引払われて、アルクデトリヨンフと称する凱旋門の側《かたわ》らにあるロシア人の所持する一家屋を借り入れて、これに家具そのほか備付品などを買入れて、室内の装飾を施して、公子始め一同引移りをした」と、渋沢の「雨夜譚」にあるが、引っ越したのは六月十三日（陽暦）のことであった。「航西日記」には「午後二時巴里パッシィ郷ペルゴレイズ街五十三番地といふへ転宿せり」とある。これは高級住宅地のパッシー区の Rue de Pèrgoles と現在の Ave. de Malakoff とが交差する所である。家主はロシア貴族の未亡人フランセス・ラジウィル（Frances Radziwill）である。家賃は年三万フランで、調度はフリュリー・エラールが紹介してくれたシベリオンに頼んで取り揃えてもらい、更に料理人・門番・駆者など十六名ほど雇い入れ、仕着せを誂え、家屋の借入れとこれらの準備に合計二十六、七万フランもかかったということである（須見裕『徳川昭武』）。

昭武一行は一流ホテルであるグラントテルに投宿して二カ月ほどの間に、宿泊費として七万フラン余[208]も使い、そのため後に深刻な財政危機に見舞われるのである。家屋借入れの契約は、五月七日（陽暦）に向山隼人正とラジウィル

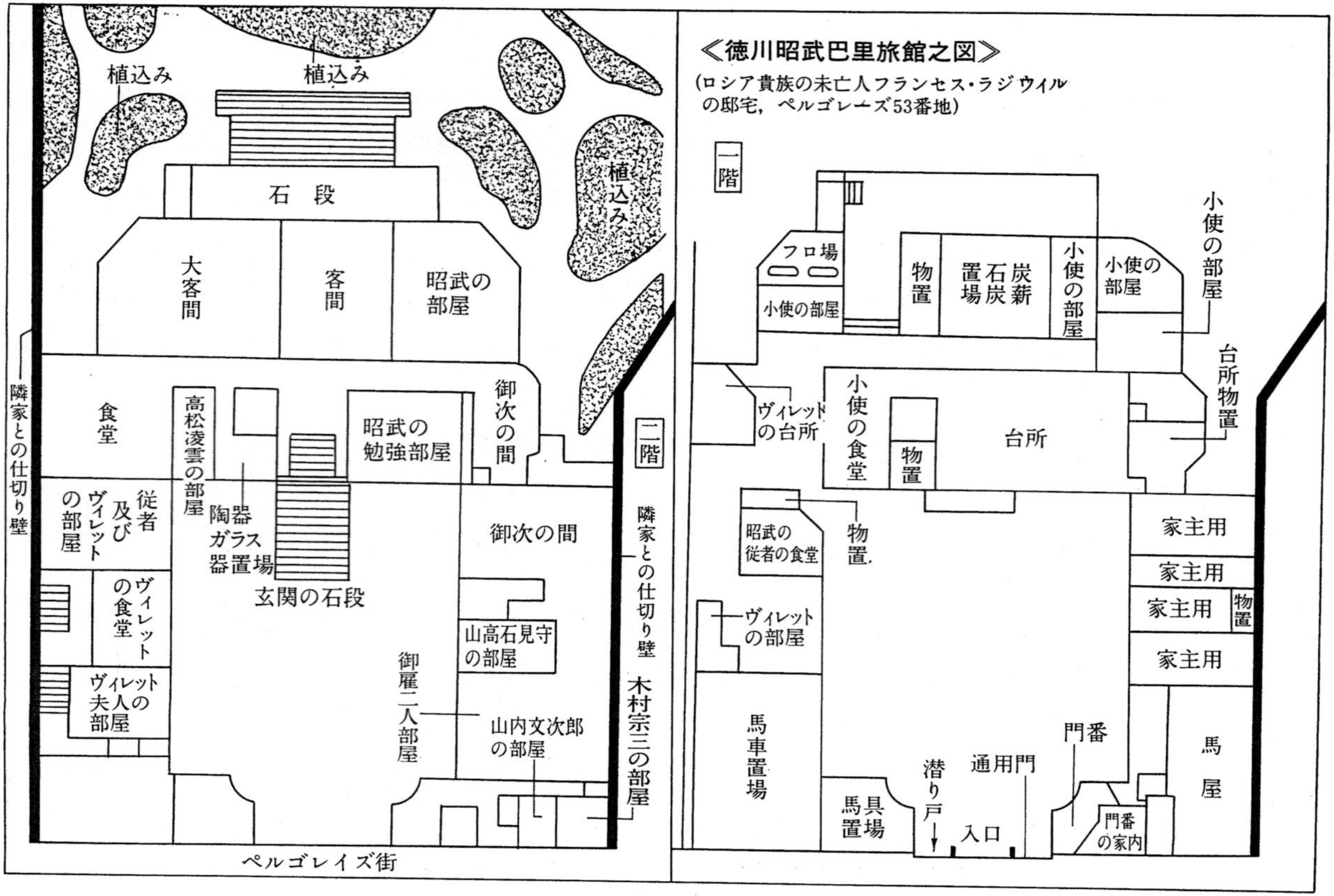

《徳川昭武巴里旅館之図》
(ロシア貴族の未亡人フランセス・ラジヴィル の邸宅，ペルゴレーズ53番地)

夫人との間で結ばれた。そのニュースは『リベルテ紙』（五月二十一日付）に取り上げられたが、それは次のような記事であった。

大君の弟は、アンペラトリス街にあるラジウィル公爵夫人の邸宅を、年額四万フランの条件で九カ年借りることにした。公子は芝生に立入ってもよい、という許可をこんどの持主にはっきり求めさせた。

芝生の使用については契約書の第十条にうたってあり、それには「庭及庭中の植込を其まゝに為し置き、若し木の枯るゝことあらは新に木を植付るへし」（「巴里に於て民部大輔旅舎借入の証書」）とある。

新たに借り入れた家屋の部屋割は、一階の正門に近い部分に馬車庫や門番の部屋があり、さらに使用人の部屋と食堂、薪炭置場、物置、士官の食堂、大きな台所、家主の部屋とつづくのである。二階は、昭武の教育掛となるヴィレット中佐の家族の部屋と食堂、昭武の居間・客間・食堂・勉強部屋、高松凌雲、山高石見守、木村宗三、山内文次郎及びその他お附の者の部屋などから成っていた。

十八日――オランダ留学中の赤松・林・伊東ら三名は、この日、午前九時五十分にブリュッセル（どの駅か不詳、北駅《ガール・デュ・ノール》か?）を発ち、夕方五時ごろパリの北駅に到着した。これは公子一行がパリに着いたことを四月十一日[209]に知り、拝謁とパリ見物をかねてやって来たものであった。赤松の「六十年前の阿蘭陀留学」（『大日本』）には、「其頃のこと、私は林、伊東、其後に来た松本圭《ママ》太郎（順氏長男）、尾形《(緒形)》弘斎（後の惟準氏）などの和蘭留学生と共に巴里に遊んだ。英独に旅行したことは度々あったが、巴里に行ったのは此時が初めてで或夜の如きは渋沢、山内六三郎、高松、保科等の宿所へ集まって語り明かし、夜更けてから最早寝る時も無いと、更に夜中を遊楽したことがあった」と当時を回顧している。赤松は、ニューウェ・ディープの伊東・林を誘い、パリ旅行の準備をなし、アムステルダム、ブリュッセルを経てこの日、パリに着いたのであった。

駅頭には杉浦愛蔵と山内六三郎ら二名が、公子御供の馬車をもって一行を出迎えていた(210)。赤松らは直ちにペルゴレーズの昭武の宿舎に赴き、公子や外国奉行向山隼人正らに拝謁し、夜はブローニュの森を散策した。この日、オランダ留学生らがパリに到着したことは、渋沢栄一の「航西日記」にも「同十六日（西洋六月十八日）晴　夕五時荷蘭留学せる本邦の人々到着せり」といった風に、短い記載がある。

翌十九日――晴。赤松・林・伊東らが前夜投宿したのは「グラントテル」のような高級ホテルではなく、「旅宿ハリューデランピラトリーセ第四」（Avenue de L'imperatrice《アヴニュー・ド・ランペラトリス》――〝アンペラトリス通り〟の意）と赤松の手帳にあるように、昭武の随員の旅宿であったようだ。昭武一行の下級の随行員は、分散して逗留していたのである。

赤松らはこの日、午前十一時ごろ起床し、旅宿内で昼食をすませたのち、午後二時すぎ、山内六三郎に案内され、博覧会場（セーヌ河畔のもと練兵場跡）に出かけた。夜には、向山公使のお供をして芝居見物に出かけ、午前三時ごろ宿に戻った。

二十日、赤松らは午前十一時半ごろ、公子一行の旅宿（「御旅館」）に行き、昼食をとり、午後二時すぎ公子のお供をして博覧会場に赴いた。赤松らが昭武のお供をしたことについては「航西日記」にも「同十八日（西洋六月廿日）晴　午後二時よりフランセスミラ（不詳）誘引にて博覧会を観るに陪す荷蘭留学生等も従へり」とある。夕方六時に夕食をすませ、夜八時すぎ市内の遊歩に出かけ、九時ごろ向山全権の部屋でお茶を飲んだ。十二時すぎ再び散歩に出かけた。

二十一日、赤松は、午前十一時に「御旅館」に行き昼食をすませたのち、午後馬車を借りて市内見物に出かけた。四時半ごろ宿に帰り、それより砲兵差図役頭取勤方・木村宗三と懇談した。夕方六時に夕飯を食べ、夜九時すぎ山内六三郎、渋沢栄一と共にファルシー嬢（不詳）の家を訪ね、午前二時ごろ宿に帰った。

二十二日、赤松は午前十一時に「御旅館」に行った。午後二時半に写真を撮りに出かけた。夜八時ごろ、博覧会場を訪れ、中国の軽業などを見物したのち遊歩に出、夜十二時ごろ宿に帰った。

また同日、昭武もお供を連れて博覧会場を訪れ、携帯用武器の陳列室、庭園内の清国、チュニス、モロッコ、日本などの出店を見学して回ったが、『リベルテ紙』（六月二十三日付）によると、案内役はパジョル将軍と博覧会運営委員二名であった。

二十三日、赤松は午後三時から五時半まで博覧会場で過ごし翌日も午後三時から五時半まで博覧会を見学し、夜、夜会《ソアレ》に出席した。

二十五日、赤松は午前八時に博覧会場に出かけた。この日だけは博覧会場の入場料は二フランであった。十二時半に「御旅館」で昭武はイタリア公使と会った。

二十六日、この日、昭武主従はフロリ・ヘラルドの案内で、パリの北郊にある貯水池を見学に出かけたが、赤松らの行動は不明である。しかし、赤松が手帳の中で〝Waterleiding〟（水道・上水道の意）とだけ単語を記しているところから察すると、同行したものと思う。

二十七日、赤松は昭武らに同行し、午前六時にパリの北駅を発ち、コンピェーニュ（Compiègne——パリの北東八十二キロ、オアズ県東部にある観光地）やピェールフォン（Pierrefonds——コンピェーニュ森の南東に位置）に赴き、古城などを見物し、夜十時ごろ帰館した。

二十九日、この日の赤松の手帳には、Jardin de Planten en wandeling とだけ記されている。これは Jardin des《ジャルダン・デ・》 plantes《プラント》（パリの植物園——七十四エーカの面積をもち、動物園もある）を見学に訪れたのち、遊歩したことを指している。

なお、公子はこの日、主な随員を伴って博覧会場を訪れているが「航西日記」にはその記事はなく、ただ「晴。無事」とだけある。しかし、『リベルテ紙』（六月三十日付）は、公子一行が会場を視察したことを次のように報じている。

大君の弟は、昨日日本使節の主な者を従えて博覧会場を訪れた。高官らの地味で質素な衣服は、日本人のばかでかい帽子（陣笠のことか）と結び合っていた。その帽子は大きな雨傘とよく似ていたが、大衆の好奇心を引くのにほとんど役立たなかった。しかし、高官らの謹厳さの中にいんぎんさがあふれていないわけではなかったので、見物人はかれらを取り囲み、そのあとにくっついて歩いた。……

三十日、赤松はサン＝ラザール駅より汽車に乗り、ヴェルサイユ（Versaille――パリの南南西二十一キロ、ルイ十四世が造った有名なバロック風の宮殿がある）を訪れたようである。赤松の手帳には、「Versaille」とだけ記してある。また、同日の午後、昭武主従は、ブローニュの森に散歩に出かけ、夜は供回りの何人かが観劇に出かけたようである。「大君親弟の随員である日本人らは、昨晩、シャトレ座においてシンデレラの芝居を観た」（『ル・プティ・ジュルナル紙』七月一日付）とある。

七月二日午後、赤松は翻訳方頭取・箕作貞一郎と共に博覧会場に出かけた。なお、この日は博覧会の賞牌授与式が行われたので向山公使も通訳カションを伴って臨席した。

二日、赤松は向山全権の供をしてリスレー（不詳）へ赴き、おそくなったので午後博覧会場には行けなくなった。そのため宿舎に帰り、夜はブローニュの森に遊歩に出かけた。

三日、午後三時すぎ赤松は公子のお供をして博覧会場に出かけた。夜は肥前藩士・佐野栄寿左衛門（常民）の宿（モンタイニュ通り〔Avenue Montaigne〕七十五番地）を訪れたが、不在につき宿に帰った。

五日、赤松は午前、午後とも博覧会場で過ごした。赤松によると、この日の午後二時から「日本茶屋」が店開きし、約四百名ほどの来客があったという。幕府は万国博覧会に参加するために特産品（漆器・陶器・武器・衣服・金細工・鉱物・日本画・和紙・材木など）だけを用意したのではなく、会場では飲み食いはつきものなので、江戸商人の瑞穂屋（清水卯三郎）に一任させて何か出店（飲食店）の類いを出させることにした。瑞穂屋が立案したのは「茶店」であった。

「茶店」は日本風の造りとし、ひのき造りの六畳敷の座敷をしつらえ、土間と庭を配し、植木をあしらい、そこに人形や緋色の毛せんを敷いた床几《しょうぎ》（腰掛）を置いた。座敷には柳橋松葉屋の芸者さと・すみ・かねなど三人が、キセルで煙草をすったり、手まりをついたり、見物客が所望すれば、味醂酒のお酌をしたり、日本茶を饗したりしたという。

六日、この日も赤松は午前、午後とも博覧会場で過ごした。夜、赤松は伊東と共にモンタイニュ通り七十五番地に住む江戸町人次郎宅を訪れた。林研海は不快のため同行しなかったようである。それより赤松と伊東は、佐野栄寿左衛門の新しい旅宿（新大学街〔Rue de neuvel université〕八番地）を訪れ、佐野のオランダ入国後のことを相談した。

七日、林研海はこの日快気し、赤松らは明日オランダに戻ることに決した。

八日、赤松・伊東・林らは午後三時四十五分の汽車でパリを発ち、夜十時ごろブリュッセルに到着し、同夜同地で一泊した。この日、三人はパリを発つに先立って、公子らに挨拶に出向いたようである。「航西日記」には「同七日（西暦七月八日）晴　荷蘭学生等帰国せるにより来り見る……」とある。また、山内堤雲の「五大州巡行記」（『同方会誌』六十号）には「六月八日《陰暦》林其外三人、後第三時出立」とある。

昭武の渡欧は各領公使館にも伝えられたが、ハーグの王立古文書館に、徳川昭武がパリ万国博覧会に出席することになった旨を伝えた書簡（一八六七年二月九日付）がある。これは時の外国奉行が英公使ハリー・パークスに宛てた英文書簡であり、内容は、パリで万博が開催される由、わが国からもフランス政府の招きで大君殿下の弟君が派遣されることになったので慎んでお知らせいたします、といったものである。原文は次のようなものである。

February 9. 1867

Sir,

In exhibition taking place at the capital of France and noble persons assembling there from various countries, it is also the intention of our government to send a nobleman as Envoÿ from our countrÿ, and at the invitation of the French government it has been determined that the younger brother of our Tÿcoon Denka named Tokugawa Mimbutayu Dono is to go, which we herebÿ beg to communicate to you.

With respectful Compliments

Sig d Inouye Kawachino Kami
" Inaba Mino no Kami
" Machudaira Suwono Kami
" Ogasawara Iki no Kami

To
His Ex cy
Sir Harry Parkes K, C. B.
etc. ——— etc. ———

(193) 渋沢栄一『徳川慶喜公伝』4、三頁。

(194) 須見裕『徳川昭武』二五〜二六頁。

(195) 今宮新「アレキサンダー・フォン・シーボルト」（『史学』第十五巻第四号、一三一頁）。

(196) 小沢敏夫訳『シーボルトの最終日本紀行』一七九頁。

(197) Sir Ernest Satow : A Diplomat in Japan, London Seeley, Service & Co. Limited 1921,p.70.

(198) 大塚武松『幕末外交史の研究』三〇五〜三〇六頁。

(199) 注の（195）を参照。

(200) Memo of Mr. von Siebold on the Japanese Mission to the French Exhibition と題する、アレキサンダーのメモ（東京大学史料編纂所蔵のマイクロフィルム）。

(201) （会津藩）松平肥後守——横山主税・海老名郡次。（唐津藩）小笠原壱岐守——尾崎俊蔵のことを指す。

(202) 四月八日付の Le Petit Journal 紙。

(203) 昭武直筆の「御日記」による。

(204) 須見裕『徳川昭武』四三頁。

(205) 四月二十五日付の La Petite Presse 誌による。

(206) 当時十四歳の昭武はナポレオン三世の面前で国書を読んだが、極度の緊張のあまり、「文字がかすんで見えず、いつとはなしに一歩退り、二歩退り、三歩退って、まさに背面の壁に突き当らんとした時、一気に大声で朗読した」とのことである（福地重孝「徳川昭武渡仏遺聞」（『日本歴史』第五十九号）。

(207) 須見裕『徳川昭武』四七頁。

(208) 同右、六一頁。

(209) この日の赤松の手帳には「徳川民部大輔殿パレイス江着ト報便有リ」と記されている。

(210) 山内堤雲「五大州巡行記」下、（『同方会誌』六〇、八七頁）。

ところで昭武主従が何度も見学に足を運んだ万国博覧会の会場について述べてみたい。会場となった場所は、セーヌ川の左岸――陸軍士官学校（École Militaire）と今のエッフェル塔が立っている中間の地（現在は公園）であった。一七七〇年に陸軍士官学校の練兵場（champ de Mars）として造られたもので、敷地は一六万五八〇〇平方メートル、その内の一〇万八四〇〇平方メートルは建物、九三〇〇平方メートルは遊歩場、三万平方メートル余は通路に当てられたという。(211) 主建築物は楕円形をなし、長径四八八メートル、短径三八五メートルで、各国はめいめいお国色を出した建物を造り、オムニバス型式がこのときから採用された。(212)

万博会場と屋内の様子については渋沢の「航西日記」に詳しいが、今述べた会場については次のように記されている。

博覧会場はセイネ（セーヌ）河側に一箇の広敞《こうしょう》の地にて周囲凡一里余もあるべく。元調練所なり。其中心に形ち楕円にして。巨大の屋宇《おくう》（家屋）を結構し。門口四方より通じ。彩旗を立繞《めぐ》らし。内部外部と分ち。順次に道路を通じ。徘徊遊覧に便ならしむ。内部は乃《すなわち》屋宇の内にて。東西諸州此の会に列する国々。其排列する物品の多寡に応じ。区域の広狭を量り。各部分を配当せり。

出品物で多かったのは電信・圧縮空気・水圧式エレベーター・織物機械・大砲等で、出品者は六万人、出品物の重量は二万八〇〇〇トンであったといわれる。幕府は展示物の準備に二年もかけ、日本の特産物である漆器・衣服・陶器・金工品・武器・鉱物・和紙・昆虫類など広範囲に集め、その箱数は百八十九箱、金額四万七千百九十両余となり、江戸商人の清水卯三郎は、百五十七箱、四万二千五百二十二両余準備したという（須見裕『徳川昭武』）。

一八六七年の万国博覧会に幕府が参加を決意したとき、有志は士農工商を問わず誰でも出品できることを許し、その旨世間に令達したが、まっ先に出品を願い出たのは薩摩と佐賀藩であり、商人では瑞穂屋（清水）卯三郎だけであった。佐賀藩の出品についてはすでに述べたのでここでは繰り返さないが、後ほど幕府との間で紛議を惹起することになる薩摩藩の博覧会出品についてふれてみたい。薩摩は二百二十五箱（一説によると五百箱）ほどの出品物を用意し、イギリス商人グラバーが手配した二隻の商船（ションハニュン号・トンシン号）に積み込み、うち五十一箱は上海で滞荷し、当地より幕府の傭船アゾフ号（七百トン）に積んで運んだらしい(213)。また田辺太一の『幕末外交談』によれば、薩摩の荷物五百六箱のうち約半分の二百五十箱は、フランス領事レオン・デュリーの世話で幕府の別な傭船イーストルン《イースタン》・クイン号に分載してフランスまで運んだという。

いずれにしても薩摩は万博使節をフランスに派遣することにし、次に挙げる面々を委員として出発させた。

使節兼博覧会御用……………家老岩下佐次右衛門（方平）
側役格……………市来政清
博覧会担任……………野村宗七
同……………渋谷彦助
同……………岩下清之丞
同……………蓑田新平
その他……………白川《斎藤》健次郎（モンブラン伯の秘書ジラール・ド・ケン）

堀壮十郎
岩下長十郎（方平の息子、留学のため）
イギリス人……………ハリソン
同……………ホーム
大工……………烏丸啓助

使節一行十二名は、慶応二年二月十日（一八六六年三月二十六日）イギリス汽船に搭乗し、鹿児島を発ち、香港・サイゴン・シンガポール・アデン・スエズ・アレクサンドリアを経て、慶応三年一月二日《ママ》（陽暦一八六七年二月六日）マルセイユに到着した。

薩摩の遣仏使節のフランス到着のニュースは『リベルテ紙』（二月八日付）に報じられている。

今月一日《ママ》（二月一日）にサツマ（日本）の全権公使であるN・イルバシュナ（原文にIrvashnaとある。岩下の誤り）閣下は、帝国郵船《メッサジュリー・アンペリヤル》の汽船サイド号でマルセイユに到着した。公使閣下は息子と日本の七名の高級士官を伴っており、その中にはK・ヨリマル（烏丸啓助のことか）、S・ミネダ（蓑田新平）、S・ノモバ（野村宗七）がいる。

薩摩の使節一行はキャプシーヌ街のグラントテルに投宿したのは二月八日（陽暦）のことで、『リベルテ紙』（二月八日付）は次のように伝えている。

今朝ほどグラントテルに到着した日本人の氏名を挙げると、日本の国王、琉球国王陛下の使節である岩下とその息子、書記官白川、イワセ（岩下清之丞のことか）、野村、渋谷、蓑田ら士官と召使二名である。

次いで二日後に再び薩摩の使節一行についてのニュースが『メモリアル・ディプロマティック紙』（二月十日付）に報じられた。

今月の七日《ママ》に、新たな日本使節がパリに到着した。その構成は次の通りである。日本の国王――琉球国王陛下の使節である岩下とその息子、書記官白川、イワセ、野村、渋谷、蓑田ら士官と召使二名である。

二月十九日付をもって全権委員の岩下佐次右衛門は、ベルギーのモンブラン伯（Comte Charles de Montblanc, 1833~94）を博覧会の委員長に任命した。モンブランはフランス外務省より日本の科学調査を委嘱され一八五八年八月に来日し、一八六一年まで長崎や鹿児島などに滞在し、その間に武州熊谷の医師の弟で斎藤謙《（健）》次郎（ジラール・ド・ケン）と知り合い、帰国の際に秘かにヨーロッパに連れ帰り忠実な秘書とした。薩摩との関係が密接になったのは、一八六五年（慶応元）に新納刑部・五代友厚らが密航し、在仏中にモンブランと商社設立協定を結んでからである。それは「日本=ベルギー会社」（Compagnie Nippo-belge）と仮称され、ベルギーの外務大臣の同意も取りつけていた[214]。実は、薩摩が万国博覧会に参加することにし、岩下らをフランスに派遣したのは幕府の目を欺くためで、「実際の要務は博覧会のみにあらず、前年新納刑部、五代友厚が欧州に渡航し、仏人〝コンテ《ママ》・ド・モンブラン〟と契約したる商社協定の事を主要の任務となしたるものなり」（『薩摩海軍史』中巻）とある。

薩摩藩=琉球王国の代理人となったモンブランは、三月八日付の手紙をベルギーの外相シャルル・ロジェに出し、琉球王国が万国博覧会場に特別な陳列場を得たことや、私ことモンブランが同国の博覧会委員長となったことで、〝岩下大使〟がブリュッセルに赴き、ベルギー国王と交誼を結びたい希望があることなどを伝えた[215]。

パリに「琉球国王の使節」と称する一行が来ていることを、昭武一行に随行して来た向山公使らが知ったのは、船がマルセイユに到着後のことで、出迎えに出ていたフリュリー・エラール（日本の総領事）その他外務省の属僚から直かに聞いてからである。

その人々が第一に訴えたところによると、薩州藩の者が琉球国王の使節と称して、パリにきている。博覧会でも琉球国産物陳列場の一区を借りうけ、これには琉球王国の名を標示し、丸に十字の国旗をかかげ、すでに去る開場の日にも、その者どもは琉球国王の使節として式場に参列した。これは、すこぶる国体にかかわる事件である。（田辺太一『幕末外交談』）

向山公使はこれに驚愕し、パリ到着後、直ちにその件で薩摩使節と談判するつもりでいた。しかし、公子到着の報告を仏外務省に知らせ、外相に面会し、また信任状をフランス皇帝に奉呈し謁見をすまさぬうち、四月十九日に、「琉球王国の博覧会委員長」の肩書を記した名刺をもったモンブランが公使の旅宿グラントテルを訪れ、面会を求めた。が、そのとき向山は外出中であったので翌二十日、フリュリー・エラール立ち会いの上で会談がもたれた。そのとき、「公使はモンブランの役名のことから詰問をはじめて、語気がすこぶる激しかったが、モンブランもなお抗議して、それに服せず、ついにそのままで立ち別れた」（田辺太一『幕末外交談』）。

かくて向山とモンブランの談判はこの日決裂したが、その傍にいたフリュリー・エラールは一言もいわず、モンブランが帰ってから、わずかに口を開き、かれに先手をうたれた、フランス政府を相手にし談判してもらってもらちもあかない、といって帰って行った。(216) 向山公使らはかねて外務省のアジア局長にこの一件を持ち込み談判したのであるが、博覧会と外交とは別途の問題であるので取り合ってもらえず、日本出品取扱い委員長であるジャン・ド・レセップス伯爵に相談することを勧めていた。フリュリー・エラールが帰ってからしばらくすると向山のもとに手紙が届き、明二十一日にレセップス伯の自邸（モンタイニュ街二十六番地）で博覧会場のことについてモンブラン伯らと折衝をするので、書記官でも遣わせたらどうかといって来たので、向山は田辺太一に会議に出席するよう命じた。

四月二十一日、幕府側からは田辺太一と山内文次郎（通訳）が出席した。フリュリー・エラールはこの日、日曜日につき欠席した。薩摩側からはモンブラン伯、岩下佐次右衛門らが出席し、また裁定役兼調停役としてレセップス伯と外務省の役人ドナ（Donnat）が立ち合った。[217] 会談の席に臨んだ岩下は黒紋付に仙台平といった装いで、一方、田辺らは洋服を着ていた。岩下は田辺太一に対しては丁重に挨拶し、民部大輔一行のパリ到着のことは風聞によって承知していたが、土地不案内につき、旅宿もわからず、伺候しなかったことを詫びた。問題となったのは、博覧会場内の東洋関係の区域に、エジプト、シャム、清国、コーチン、琉球王国と大書した掲額《プラカール》はあっても「日本」という文字はなく、「丸に十字の旗章」（島津の章）を揚げたこと、出品目録に琉球国王陛下松平修理大夫源茂久と認めたこと、四月一日の開場式の折、琉球王大使《アンバッサドウール》の名義で参列したことを詰問した。これに対して岩下は、何も知らぬ、万事モンブラン伯が引き受けてしたことである、と答えるのみであった。モンブランが薩摩藩主島津茂久から与えられた任務は、岩下の顧問兼理事兼書役であり、同使節がヨーロッパにおいて結ぶ和親条約の商議等に参与することであり、薩摩の旗を掲げ、同藩を琉球王国として、出品を陳列してもよいといった権限を付与されてはいなかったのである。[218] パリ万博に参加したときの島津藩の記録は散逸しているらしく、博覧会の一件はモンブランが建議したことで、薩摩は琉球国として出品することを勧め、フランス政府への交渉と周旋も同人が一切引き受け、ついに岩下らの渡航となったものらしい（『薩摩海軍史』中巻）。[219]

双方の激しい主張は紛糾したので事態の収拾は危ぶまれたが、明二十二日はナポレオン三世が博覧会場を訪れ、その準備情況などを視察することになっていたので、当面する諸問題を一刻も早く解決することが急がれた。その結果、田辺は会場の掲額に「琉球」の二文字を取り除いた上、「丸に十字の旗章」も引っ込め、「松平修理太夫」といった名前で出品してもらいたい、と申し入れた。が、岩下は「薩摩大守の政府《グーヴェルヌマン》」から出品する形でなければ承服できぬと主張した。結局、談判は日本政府の方から出す物は「大君政府」（Gouvernement de Taikoun）とし、他の一方は「薩摩大守の政府」（Gouvernement de Taischiou de Satsouma）と、一様に日の丸の旗の下に記すことで結着した。しかし、田辺は「政府」（gouvernement）を軽く「薩摩政府」ほどの意味にしか解していなかったが、後にこれが思いがけぬ大問題を惹起する結果となった。翌二十二日付の『フィガロ』『デバ』『ラ・リベルテ』『プティ・ジュルナル』各紙は一様に、日本はプロシアのように連邦制をとり、大君はその中の有力な王侯にすぎず、薩摩大守その他の諸大名と同じように独立した領主であり、大名と同格ではないのかといった論調の記事を掲載した。このニュースソースはモンブランあたりから出たもので、田辺は「大君、太守と申すも同義などとの説、新聞紙に記載、伝播いたさせ候ことに相なり候」（『幕末外交談』）と述べている。そのため田辺は後日、責任を取らされ本国へ召還になるのである。

　幕府と薩摩双方の代表との間で合意をみたものの、話し合いだけでは証にならぬので、レセップス伯の提案で証書を取り交すことになり、ドナが執筆した。その証書とは「モンブラン伯と大君の使者との間で調印した議定書」（Protocole signé entre-Mr. Le Comte de Montblanc et L'Envoyé du Taïkoun）と呼ばれるもので、その写しは今もフランス外務省にある。それを和訳すると次のようになる。

　　一八六七年四月二十《ママ》四日　　パリにて

モンブラン伯と大君の使者との間で調印した議定書

大君の大使館の一等書記官である田辺氏は、向山大使の代理人を勧めるものであるが、薩摩大守の博覧会委員長モンブラン伯爵とジュール・ド・レセップス氏宅での会談に臨み、一八六七年万国博覧会における日本製品のすえ付に関する問題に合意をみた。

下記署名者間に成立した協定は以下のごとし。

大君政府と薩摩大守によって送られた製品は双方の側の統一計画《プラン》に従って、帝国委員会が割り当てる場所に展示する。

製品は次のように展示するものとする。

大君政府は、

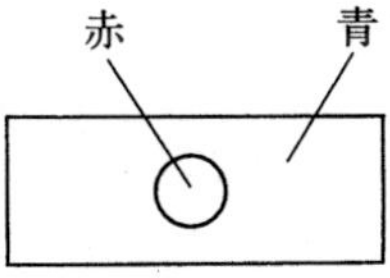

Japon.

Gouvernement de Taikoun

薩摩大守の政府は、

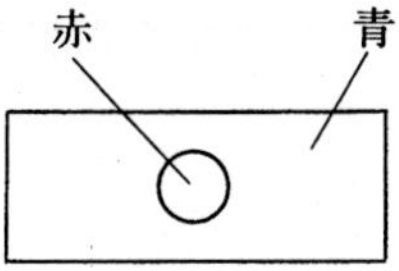

Japon.

Gouvernement de Taischiou de Satsouma.

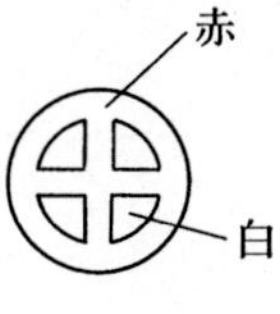

（署名）

日本語とフランス語で

田辺太一

Tanabe Taischi.

（署名）

Comte des C. de Montblanc

博覧会委員長

原本に相違なきことを証する。

（署名）ジュール・ド・レセップス男爵

（〃）レオン・ドナ

かくて双方の署名の記入をもって一応の解決をみたが、田辺太一は、事は単に博覧会だけの問題ではなく政事上にも関係することなので、いずれ向山公使より外務省に談判することもあり得る、といって、当日夜八時すぎ旅宿に戻り、向山に遂一報告した[220]。

薩藩との議定書に調印した向山は、翌二十二日（陽暦）、外務大臣ムスティエ侯に照会の手紙を送った。内容は――、一昨日（四月十九日）に、薩摩公の博覧会委員長と称するモンブラン伯が旅宿を訪れたが、委員の名簿にその名が見えないこと。薩摩公がその肩書を与えたと考えられること。貴国政府もしくは帝国委員会が、モンブランを薩摩の博覧会委員長として公に承認したのか。それともかれは出品者である大名の代表にすぎないのか。できるだけ早く返事を請う、といったものであった。これに対する返事は五月六日に向山公使に宛てて来たが、それは次のような内容であった。――わが国は大君殿下の政府とだけ正式の関係を保っており、従って貴使節以外のいかなる使節をも承認していない。御照会のモンブラン氏についてであるが、かれは日本の特別な製品を会場に据え付ける任務を帯びているものかもしれぬ。しかし、かれは独立君主の代表とはならぬし、わが国としてもいかなる公的性質をも認めない、といったものであった（フランス外務省所蔵史料）。

いずれにせよ薩摩側との合議が一応成立し、万博会場の割当てもすみ、双方の出品物を搬入展示し、五月四日のナポレオン三世の会場視察を迎えた。

七月九日、赤松はお昼すぎ一人で散歩に出、デワール大佐宅を訪れた。赤松ら三名は、午後二時四十五分の汽車に乗りブリュッセルを発ち、アムステルダムには夜十時半ごろ到着した。伊東と林は市内のホテルに泊ったようである。下宿に戻った赤松は日本から御用状が一通来ていることを知った。

十日、この日と翌日、伊東と林はアムステルダムに逗留した。

十一日、赤松はこの日、パリ在住の向山公使、御小性頭取・山高石見守、その他の面々に対して礼状を出した。

十二日、伊東と林は、午後二時半の汽車でニューウェ・ディープへ帰って行った。

十七日、昨日、「アムステル・ホテル」（Amster Hotel ——チューリップ広場〔テュルプ・プレイン〕、サルファティ・ストラート〔Sarphati straat〕の角に位置、現存する）が開店したので、この日、赤松はケイゼルスクローン（ホテル兼レストラン）の利用者らと試食に赴き、昼食を食べた。

十九日、赤松はハーグに赴き、更にハラーセル、フレデリックス、マコロードル、ポンペらと一緒にデルフトに行き、キップ（不詳）の工場を訪れて、談話に及んだ。

二十日、赤松はハーグに逗留し再びデルフトのキップを訪れた。

二十一日、赤松はフレデリックス宅を訪れた。

二十八日、この日、ニューウェ・ディープの伊東もしくは林より赤松宅に手紙が来たようである。また榎本・沢らからも手紙が届いた。

三十一日、この日、赤松は佐賀藩士・佐野栄寿左衛門より電報を受け取ったが、文面には、来る八月二日アントウェルペン（アンベール）まで出迎え請う、とあり、早速、返電した。

八月二日、赤松は午前六時に汽車でアムステルダムを発ち、アントウェルペンに赴いた。十二時半ごろ当地に着き、市内を散歩したのち、駅に向かい、午後三時半に佐野栄寿左衛門と会った。それより両人はオランダに向かう予定であったが、汽車に乗りおくれたため、アントウェルペンで一泊することにし、「オテル・デ・オランデー」（不詳）に投宿した。

三日、赤松と佐野は午前十時二十分発の汽車に乗り、オランダに向かい、午後四時半ハーグに到着した。早速、赤松は佐野の来意をペルス・レイケン（Gerhard Chirstiaan Coenraad Pels Rijcken, 1810~89 ——当時、海軍少将）に知らせた。夜、ペルス・レイケン自らが赤松らのもとにやって来た。

四日、赤松はハーグに逗留し、ハーグの森、スヘベニンゲン等を訪れたが、おそらく佐野を案内しての遊歩であったと思われる。また赤松はこの日、佐野がオランダに御用の向きでやって来たことをニューウェ・ディープの伊東と林に電報で知らせた。

五日、赤松はこの日もハーグに逗留した。午前十時に海軍省にペルス・レイケンを訪ねたのち、同省の陳列室《モデル・ザール》などを見学した。赤松は何も言及していないが、おそらく佐野も同行したと思われる。午後、林研海がニューウェ・ディープよりハーグにやって来た。

七日、赤松はオランダ商事会社に手紙を出した。またハルデスの来訪をうけ、明日同人宅を訪れる約束をした。

八日、赤松は佐野を連れてオランダ商事会社の社長モンシー（Engel Pieter Monchy, 1793~1883 —— 一八五〇~

七四年まで社長を勤めた）を訪ね、佐野を引き合わせた。午後一時半、ニューウェ・ディープからやって来た伊東と共に海軍造船所に行き、それより一同、ハルデス宅を訪れ、夕飯をごちそうになった。

九日、午後、赤松は佐野と共に造船所に行った。ハルデス・伊東・林らはニューウェ・ディープに帰った。

十日、午前十時半、赤松はオランダ商事会社を訪れ、ホッセとファン・オールト、そしてファン・デル・リンデらと佐賀藩が誂える船について相談した。

のちにオランダ留学生となる松本銈太郎と緒方弘哉[221]は、八月九日（陽暦）に蘭医ボードワァンと共にパリに到着したが、その模様を山内六三郎は、

七月九日《ママ》　松本銈太郎・緒方並黒田藩両人ボードウィン《ママ》と共に仏飛脚船にて日本より着、今朝巴里着の由申来に付、夕飯木村・高松と共に出かけ旅宿に至り面会、共に遊歩し第十二時帰宅（「五大州巡行記」）

と記している。

翌日、新着の三人は昭武公子に拝謁し、夕飯を供され、八月十一日の朝、オランダに向けて旅立った。

十日　午後第一時浜碇其外芸人ども御仮屋敷（昭武の旅宿のことか）へ推参、御通り掛り御目見得被仰付、同時ボードウィン《ママ》・緒方・松本ども参り公子御逢有之、ボードウィンは帰り両人は止り雑話、第三時頃に御車にてボス（ブローニュの森）を遊歩す、今夕ボードウィン両人とも夕食を被下候事。

十一日、赤松は佐野とともに遊歩に出かけた。

十二日、赤松は佐野とともに遊歩に出かけ、午後造船所を訪れ、マルニキス（不詳）を見た。明日、両人はハーグに行くことにした。

十三日、午後二時半、赤松は佐野と共にハーグに向けて発ち、同夜両人は、同地で一泊した。

十四日、赤松と佐野は午前中に海軍省を訪れ、ペルス・レイケンと会見した。夕刻、両人はロッテルダムに行き、同夜バットホテルで一泊した。

十五日、赤松らは早朝、オランダ汽船会社社長ファン・オールトと面会した。同夜、バットホテルに止宿した。

十六日、赤松らは早朝、再びファン・オールトと会い、午後一時前にドンケル・クルティウス（Jan Hendrik Donker Curtius, 1813〜79 ―― 一八五三〜六〇年まで出島の商館長として在任）宅を訪れたのち、午後三時四十分ロッテルダムを発ちハーグに向かった。ハーグの駅でボードワンほか四人と会った。一同、「ホテル・シュール」（不詳）に止宿した。

十七日、早朝、赤松はペルス・レイケンに面会し、同夜、ハーグで一泊した。

十八日、赤松と佐野はハーグに逗留したが、この日の行動については明らかでない。

十九日、午前十一時に赤松と佐野はハーグを発ち、アムステルダムへの帰途についた。午後、両人はオランダ商事会社を訪れた。赤松らは、昭武の一行と共に渡仏した会津藩士・横山主税、海老名軍治、唐津藩士・尾崎俊蔵、通詞・山内六三郎ら四名がアムステル・ホテルに止宿していることを知り、これを訪ねるが、外出中につき、ホテル内で食事をとった。またこの日、パリの向山公使より赤松のもとに為替金の件で手紙が届いた。

二十日、赤松は午前十時半ごろオランダ商事会社を訪れ、パリの向山公使が申し入れて来た為替金借用の件で談判に及んだ。午後、同社の返書を受けとった。午後一時ごろ、横山・海老名・尾崎・山内ら四名は赤松宅を訪れたようである。

二十一日、赤松は御用状をしたためパリの向山公使へ送り、午後、オランダ商事会社を訪れた。

二十二日、赤松は午後二時すぎ、横山・海老名・尾崎・山内らを連れて海軍造船所を訪れた。またこの日、ユトレヒトのボードワァンから電報が届いた。

二十三日、この日、赤松は会津・唐津藩士らを連れて「ホルランドヲップセインスマルスト」（不詳）へ赴き、ハーレムで昼食をとった。夜十一時半に帰宅した。

二十四日、赤松は終日、下宿で過ごしたようである。

二十五日、横山・海老名・尾崎・山内らは伊東の案内でニューウェ・ディープに赴いた。

二十六日、赤松は終日、下宿で過ごした。

二十七日、赤松は午前九時の汽車でハーグに赴き、午後二時半に海軍省を訪れた。夜、ペルス・レイケン宅を訪問した。この日、会津・唐津藩士らも赤松に同行し、同じホテルに泊ったようである。赤松の手帳に「会津唐津の藩同宿ス」とある。

二十八日、赤松は、会津・唐津藩士よりアントウェルペン等を見物したき旨、伝えられたので、この日の午前十時にハーグのベルギー公使館を訪れ、紹介状を求め、午後再び同公使館を訪れた。それよりペルス・レイケン宅を訪れたが、同人不在につき面会できず、明後日プリンス・ヘンドリック号を見物のため訪れることをことづけた。「夕刻ゟ馬車にて緒方乗廻ル」、ということだが、会津・唐津藩士らを案内してのことであろう。

二十九日、午前六時に会津藩士らはベルギーへ向けて出発した。佐野と林もニューウェ・ディープに向けて発った。九月一日、佐野はニューウェ・ディープより戻った。三日、赤松はハーグに赴き、日進丸の件で海軍大臣と面談した。翌四日もハーグに逗留し、五日はオランダ商事会社社長と共に海軍省を訪れた。赤松は六日、七日の両日もハーグに逗留したが、七日には外務省に赴き、またオランダ入国が間近に迫った徳川昭武一行のために「ベルヴュー・ホテル」を予約し、夕方、デルフトに行った。八日、この日は日曜日に当たっており、赤松はロッテルダム経由でユトレヒトに赴き、緒方惟準・松本銈太郎らの下宿を訪ね、「オテル・デ・ペイイ・バ」(Hôtel des Pays-Bas ——ヤンス・ケルクオフ十番地)で一緒に食事をしたあと、夜九時にアムステルダムに戻った。十日、「商社江至ル」とだけ、赤松は手帳に記しているが、おそらく佐賀藩の日進丸の件で訪れたものであろう。

後述の昭武一行がスイスのジュネーブの湖水を遊覧していた九月八日のこと、日本から外国奉行栗本安芸守(鋤雲)、組頭三田伊右衛門及びその随員がマルセイユに到着した。親仏派の栗本は、向山隼人正と交代して日本公使に着任すべく、フランスにやって来たが、その課せられた本当の使命について明記した内外史料はまだ発見されていない[222]。が、断片的な資料から全体を類推すれば、栗本の派遣は次のような理由によるものらしい。その一は、徳川幕府の地位、将軍(大君)の権威を欧州締盟各国に宣伝し、日本国の実際の主権者(支配者)は将軍であることを広く知らせる。その二は、日仏間の親善の促進、仏国留学生の増派、昭武の各国歴訪を縮小し、パリ留学を確実なものにし、かつフランスにおける借款を再提案することであった(大塚武松『幕末外交史の研究』)。

そのため栗本は締盟各国に示すための「国律」(大君政治の由来を記したもの)、「琉球略記」(琉球は将軍より薩摩藩に付与されたものであることを記したもの)、「イギリスの代理公使ジョン・ニール大佐宛書簡」などを用意し、持参した。これは、薩摩藩の工作員ともいうべき奸智にたけたモンブラン伯が、パリ万国博覧会を機に、日本の主権・統治権を持つ者は大君ではない、大君は一大名にすぎない、といった内容の論説等を各紙に掲載したものを、駐日公使レオン・ロッシュが読んだことに端を発している。ロッシュは、薩摩藩=モンブラン側の裏面工作に対する善後策として、弁明書(国律)を草し、薩摩の奸謀を挫くよう慶喜に進言していた(「卯四月十三日仏公使差上候大君御直上之書簡」、『徳川慶喜公伝』巻七)。

更にロッシュは、弁明書ができ次第、これを栗本に渡し、かれより向山公使に手渡せしめ、英仏語に翻訳しパリ駐在の各国公使に授け、またそれをロンドン・パリの有力紙に発表するよう勧めた。外債募集については、蝦夷地の鉱山開掘権等を抵当として、クーレーにロンドン・パリで外債を募るべく周旋してもらったらよい、と述べている（前掲書）。

話は多少前後するが、マルセイユに到着した新任の駐仏公使栗本安芸守らは杉浦愛蔵・山内六三郎らに迎えられたが、同地において杉浦らから公子一行がすでにスイスへ巡歴に出発したことを知り、早速その跡を追いスイスまで赴き、向山全権公使には老中、若年寄からの書状を、昭武には慶喜の書簡（巡国中止を命じる直書）を手渡した。ことに昭武宛の慶喜の直書は、博覧会終了後各国を巡行するよう命じたが、しばらく見合わせて勉学に励むべし、といった主旨のものであった（「慶応三年五月二十七日清水昭武への書簡」、『徳川慶喜公伝』巻七）。

しかし、慶喜から各国巡歴中止の沙汰が出ていても、すでに訪問予定の国々に伝達ずみであるので、今さら訪問を中止するわけにはゆかず、鳩首対策を練った結果、随行者の人数を最小限にとどめて、訓令を無視して巡国をつづけることに決した。九月十二日、杉浦と山内はパリに向けて出発し、翌十三日には向山以下外国掛の者と栗本らもパリへ、昭武らはスイスよりオランダへ向けて発った。

〝国律〟を各国に説明し、フランスにおける借款を再提案する重要な用務を帯びている栗本安芸守は二十一日、向山・カションその他の随行者と共に外務省にムスティエ公爵を訪ね、初めてその謁見を受けた。そのときの記事が『メモリアル・ディプロマティック紙』（九月二十六日付）に出ている。

新しい日本使節がパリに着いたところである。かれの名前は栗本安芸守という。かれは日本の外交団の中でも身分が高い。渡欧の目的は現にパリにいる使節に訓令を届けるためであり、それは横浜では大変重要な訓令であるとうわさしていたものである。先週の土曜日、栗本閣下はムスティエ公爵の謁見を特別に許された。同公爵への紹介の労をとったのは大君の閣僚である向山隼人正である。栗本閣下は日本人の副養育掛でかつ外務大臣の通訳を勤めたメルメ・ド・カションを伴っていた。

(211) 高橋邦太郎『花のパリへ少年使節』七二頁。
(212) 須見裕『徳川昭武』五五頁。
(213) 同右、五二頁
(214) Madelaine de Langalerie–Robin : Charles de Montblanc et la Restauration de Meiji(『日仏文化』二四号、五五頁)。
(215) 同右、五四頁。
(216) 田辺太一『幕末外交談』Ⅱ、二五九頁。
(217) Charles de Montblanc et la Restauration de Meiji の五五頁。
(218) 田辺太一『幕末外交談』Ⅱ、二六二頁。
(219) 高橋邦太郎『花のパリへ少年使節』五八頁。
(220) 田辺太一『幕末外交談』Ⅱ、二六六頁。
(221) 緒方弘哉は緒方洪庵の次男として天保十四年八月一日大坂に生まれ、長じて越前大野洋学館で三カ年間蘭学を修めたのち、長崎でポンペの門に学ぶ。父洪庵が江戸において亡くなるや西洋医学所教授となる。「緒方惟準翁小伝」(『中外医事新報』第七〇五号)には「翌年再ビ長崎ニ出デ、次デ和蘭ニ留学ヲ命ゼラル、乃チウトレフト《ユトレヒト》医科大学ニ入リ、研鑽三閲年、明治元年七月帰朝ス」とあるが、緒方が学んだのはユトレヒトの医科大学ではなく、ポンペの母校「国立陸軍軍医学校」ではなかろうか。ユトレヒトにおける修学や生活の様子、その生活地については今後の調査を待たねばならない。
(222) 大塚武松『幕末外交史の研究』三一七頁。

オランダにおける徳川昭武

博覧会の会期もほぼ半ばに達したころ、昭武は締盟各国を歴訪し、親善を尽すことになった。しかし、予算その他の理由から随員の全部を同行させるわけにはゆかず、都合十九名で出発することになった。その顔ぶれは次の面々である。

向山隼人正（四十二歳）
山高石見守（二十七歳）
保科俊太郎（二十五歳）
高松　凌雲（三十二歳）
田辺　太一（三十七歳）
箕作貞一郎（二十二歳）
山内文次郎（四十一歳）
渋沢篤太夫（二十八歳）
菊地平八郎（年齢不詳）
井坂泉太郎（　〃　）
加治権三郎（　〃　）

三輪　端蔵（　〃　）

通訳及び案内人として

アレキサンダー（二十一歳）

隼人正の家来

一名

石見守の家来

一名

その他、小者一名、外国人二名

キース（不詳）

アンリー（不詳）

綱吉（衣装方兼髪結い）

（昭武以下、総数人員十九名）

当初の計画では、まずスイス・オランダ・ベルギーを回り、次いでイタリア・イギリスに行き、プロシア・ロシアを歴訪する手はずになっていた。が、各国巡回は、スイスからオランダ・ベルギーを経て、いったんフランスに戻り、改めてイタリア・イギリスに赴くことに決した。

昭武一行の各国巡歴については、詳述することを控えるが、ここではとくに公子一行のオランダ訪問について述べてみたい。

昭武の欧州締盟国訪問については、渋沢篤太夫《とくだゆう》（栄一）の『雨夜譚《あまよがたり》』「昔夢《せきむ》会筆記」「御用日記」などの談話筆記、

「航西日記」（渋沢・杉浦愛蔵共著）、「高松凌雲翁経歴談」（磐瀬《いわせ》玄策編）、「徳川昭武滞欧記録」（全四巻）などがあるほか、『同方会誌』雑誌などに載った山内提雲の私記、「御用留《どめ》」（向山隼人正の私記）、「航梯日乗《にちじょう》」（山高石見守の欧州紀行）その他があり、いずれも史料的価値の高いものである。

今述べたものの多くは、『渋沢栄一伝記資料』（昭和三十年四月刊）に収録されているので幸い閲読は容易であるが、新史料の発掘は今後にまたねばならない。筆者は徳川昭武のご令孫と結婚された須見《すみ》裕《ひろし》氏（元陸軍大尉）より先年、昭武直筆の「手控え」（墨書）を見せてもらったことがある。

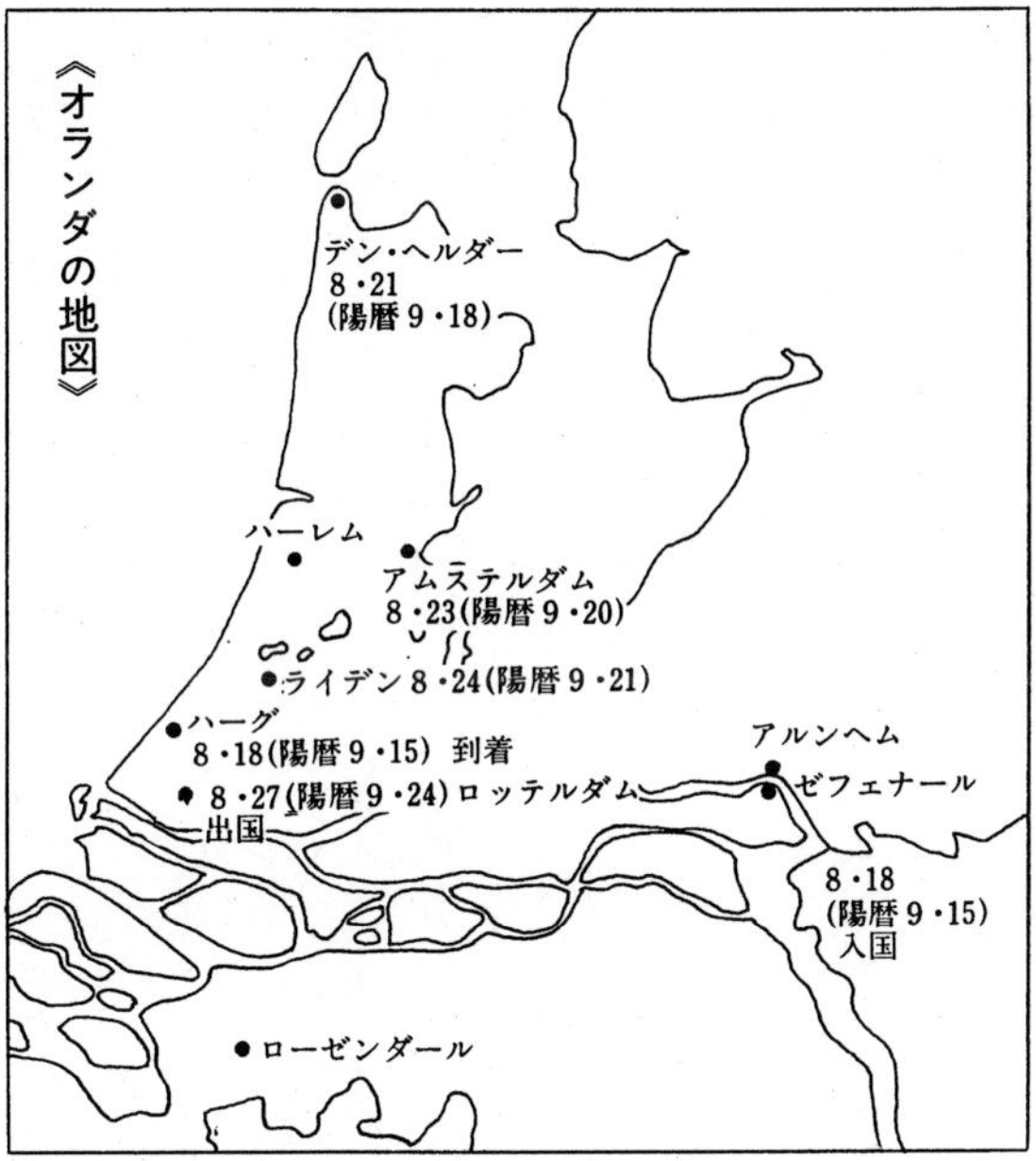

それは縦約二十二センチ、横約十七センチの和綴じであり、表には「表題無《なき》之に付《つき》目録ニハ　御日記慶応三年丁卯《ていう》ト認置《したため》候」とある。

「御日記」の中は、御家流の見事な筆跡で、船が横浜を立ちマルセイユに到着するまでの航海記と滞仏中の記録、ヨーロッパ各国を訪問したときの記録など、日毎に、メモ程度しるされている。が、あとになるほど文字の乱れが目立って来る。見方によっては昭武の滞欧日記ともいえると思うが、どちらかといえば「手控え」か「備忘録」といった性質のものである。

昭武の「御日記」は、滞欧中の日々の詳しい記録といった点では、渋沢の「御用日記」や「渋沢栄一滞仏日記」「御巡国目録」「航海日記」などにとうてい及ばない。

が、新史料として、オランダ紀行の部分だけを紹介しておこう。

九月三日（慶応三年八月六日）、昭武一行は早朝、パリより汽車に乗ると、巡歴の旅に出発した。汽車は十一時ごろトロワ Troyes（フランス中北部、オーブ県の県都）に到着。ここで昼食をすませると再び汽車に乗り、夜八時ごろスイスのバール（Baar——小村）に着き、同夜ここで一泊した。

四日、一行は、午前中、織物工場を見物し、午後一時半ごろベルン（Bern——スイス中西部、ベルン州の州都）に到着。

五日、この日、議事堂において同国の大統領及び副大統領に謁し、同夜、宿舎にて音楽会が催された。

六日、午前中、ツーン（Thun——ベルンの近郊）で、軍事教練を見学。午後、ツーン湖畔よりユングフラウを望見。

七日、午後、ベルンの武器庫及び熊を見学。

八日、ジュネーブに赴き時計工場を見学したのち、レマン湖を遊覧する。

九日、午前中、時計工場、金細工工場を見学。同夜、当地富豪の招待をうける。

十日、早朝ジュネーブを発ちベルンに戻る。途中、ヌーシャテル（Neuchâtel）で下車、当地の電信機製造所・射撃場・天文台などを見学したのち、夜九時ベルンに帰る。栗本安芸守と三田伊右衛門、マルセイユに到着。

十一日、ベルギーより使者が来、九月二十五日から二十八日まで祭日により、この間に来訪して欲しい旨を伝えられる。

十二日、向山隼人正は公務により以後巡行に加わらぬことに決す。午後、杉浦愛蔵と山内六三郎らは急用につきパリに向けて出発。夕方、スイス大統領から晩さん会に招かれる。

十三日、昭武一行は、これよりパリに戻る者と巡行に随行する者との二派にわかれる。この日、午後一時、汽車に

ハーグのベルヴュー・ホテル（ハーグ古文書館蔵）

てベルンを発ち、次の訪問国オランダに向かう。夕方五時、バール到着。「三王《トロワロワ》ホテル」で夕食をとったのち、夜九時再び汽車に乗る。

十四日、朝六時半、一行はダルムシュタット（Darmstadt ——現在の西ドイツ中部、フランクフルト=アム=マインの南二十八キロ）に到着。しばらく休息したのち、汽車を乗り換える。午前九時、ライン川畔の町マインツ（Mainz）に到着、ここで下車し、汽船に乗り換え、ライン川を下りながら夕方五時ボン Bonn に到着。同夜、同市の宿に泊まる。

十五日、朝六時、汽車にてボンを出発。鉄道連絡船《フェリー》にてライン川を航行、午後一時すぎ、ゼフェナール（Zevenaar ——アルンヘムの南東に位置する、ドイツとの国境の町）に到着した。

公子一行はここで第二の訪問国オランダに入ったわけである。

入国予定日の十五日（日曜日）、赤松は午前八時にロッテルダムを発ち、ゼフェナールに赴き、当地で林・伊東・緒方・松本ら日本人留学生及びオランダ側の応接掛ファン・カペレン中佐らと、公子一行を出迎えた。やがて一同はゼフェナールより再び汽車に乗り、ひとまずロッテルダムへ向かった。

ロッテルダムには午後二時半すぎ到着し、馬車にて市街を巡覧したのち、デルフトセ・ポールトより三時半の汽車に乗った。

昭武一行のオランダ訪問について、赤松は「博覧会閉会《ママ》の後愈々《いよいよ》公子は各国巡遊の目的を以て慶応三年八月六日（一八六七年九月三日）巴里発、向山公使・山高石見守等随行、先づ仏国各地を巡って和蘭に入った。私たち和蘭留学生五人は之を独逸の国境セーベナール（Zevenaar）に出迎へたのは同月十八日（陽暦九月十五日）であった。之より車行ハーグに至り一泊、ニューヘシロップ（ニューウェ・ディープ）の海軍病院の視察もし各地巡遊、同月二十七日（陽暦九月二十四日）和蘭・白耳義《ベルギー》の国境エッセンに公子を見送るまで九日間は私たち五人は之に随行し、且案内役を勤めたのであった」（『半生談』）と述べている。

公子一行がオランダに入国するに先立って赤松のアムステルダムの下宿にスイスのベルンより電報が届いたのは九月十三日のことで、用意万端整えておくよう申しつけられた。赤松の手帳には「朝八時頃スウィツルランド《(スイス)》のベルンゟテレカラー有り、公子来ル日曜日には和蘭江御着之積ニ付、万事整置可申趣」とある。赤松は公子一行のオランダ入国の手はずを整えるのに忙しくなるのだが、電報があった翌十四日、ハーグに赴き、外務大臣宅を訪れ、公子一行の出迎え方を相談した。林と伊東がニューウェ・ディープよりハーグにやって来た。林は直ちにユトレヒトに向けて発った。オランダ国王より公子掛を命ぜられたファン・カペレンは赤松と万端相談した。赤松はオランダ側の接待委員と打ち合わせをすませたのち、ロッテルダムに赴き、それよりゼフェナールに向かったのであった。……

昭武主従の目に写った港湾都市ロッテルダムについては、「此ロットルダムは。マァスといふ河に添たる。一都府にて頗る繁花の地なり。蒸気帆前船とも多く碇泊し。総て荷蘭内地へ来船する人の上陸せる所なり。砲台警衛の軍艦も多く備ハれり」（『航西日記』）と述べ、その印象を綴っている。ロッテルダムを発った昭武一行は四時二十分すぎハーグ（Den Haag）に到着した。駅には国王差し回しの馬車が三台控えており、一行はこれに搭乗した。また駅の周辺には大勢の群集がひしめき、異様に写る日本人の一行を物珍しそうに見ていた。一行は国王の側近某男爵の案内で馬車に乗ると、ひとまずベザイデンハウト十五番地の「ベルヴュー・ホテル」（Hôtel Bellevue）に案内された。

同ホテルは、ハーグの森のそば、現在の中央駅の近くに在ったが、十数年前にとりこわされた。文久遣外使節――竹内下野守・松平石見守・京極能登守らも泊った所である。

「御日記」のこの日の記述は次のようになっている。

同十八日（陰暦）　曇

暁六時」ボヌン」江出立四時過」フロイス」とヲランダ」の堺」セエフエナアル」江着此所迄蘭王ゟ使者を出向いて出す候より別蒸気車迄馬車にて参る道々ロットルタアム」と云所に壹大川あり此所ハ交易盛の地也八半時出立四時過ヲランダ」の都」ハアヘエ江着蒸気車場迄向為馬車を出したまい候間馬車江乗り旅店江参宿す

また当日公子一行を出迎えた赤松の手帳には、「朝八時ロッテルタム出立、セーフェナール ゟ公子御迎、午後四時十七分ハーケ江一同到着、御迎車は国王ゟ差出スところ、ホテルベルフヒュー江一同止宿」とある。

十六日、この日は国民議会《スターテン・ヘネラール》の開催日に当たっており、国王より見物するよう招待があり、十二時ごろ迎えの馬車が来た。公子は狩衣《かりぎぬ》、山高石見守以下、随行員も羽織袴でお供することになった。

午後一時、国王は四小隊（一二八騎）の騎兵に護衛され、大勢のお供を連れて議事堂に到着。国王は中央の高台に着座。その左右には各国代表、政府高官及び国民の代表が羅列していた。国王はポケットより式辞が書かれた書き付けを取り出すと、それを大きな声で読みあげた。

式がすむと公子も国王と同時に退出。帰館の途中、市外の田園などを馬車で遊覧しながら、夕方四時ごろベルヴュー・ホテルに帰った。この日オランダ留学生たちも、公子にお供して議会の開会式に臨んだものか、赤松大三郎の黒皮の手帳にも出席したことがしるされている。

「御日記」から引くと、

同十九日　晴

今日評議館を開くに付蘭王并各国の」ミニストル」等立会いの所を一覧す時々蘭王一つの口上を述タリ

十七日、午前中にオランダの大臣六名、昭武を訪問。昼すぎ公子は山高・保科・渋沢その他の面々を従え、銃器工場と連隊を見学、午後三時ごろホテルに戻る。夕方五時、国王差し回しの馬車二台昭武を迎えに宿にくる。第一車には、出迎えの大佐と公子と山高が、第二車には保科・渋沢・アレキサンダーらが搭乗、五時半ごろ王宮に着く。昭武、オランダ国王の謁見をうけ、日蘭両国懇親の祝詞を述べる。謁見式のあと公子らはフレデリー皇太子の館を訪れ、夕方六時ごろホテルに戻る。

この日、オランダ留学生の赤松大三郎は、アムステルダムの「オランダ商事会社」に金策に出かけている。民部大輔一行は日本を発つ際に五万五千ドルを持参したのであるが、六、七カ月の間に有り金をほとんど使い切ってしまった。そこで昭武の欧州旅行の世話人フロリ・ヘラルドとマサジュリー会社の社長クレーから三万ドルを借りたが、これもみるみるうちに底をつきそうになった。そこで再び両人に十万ドル借りうけようとしたが、こんどは融通はできぬと断わられた。

公子一行は、小栗上野介がフランスで起債しようとした六百万ドルの内から、パリで経費の一部を受けとることになっていたが、外債募集の計画は頓挫したために万事窮し、一介の留学生にまで金策をたのむ仕儀に立ち至ったのである。幸い赤松は「オランダ商事会社」から五万ドル、イギリスに留学中の幕臣・川路太郎、中村敬輔（正直）らも奔走した結果、オリエンタル銀行から五千ポンド借り受けることができた。

留学生までが金策に奔走しているのを昭武は知ってか知らいでか、「御日記」の中ではそれについては何も言及せず、相変らず記述は淡々としたものである。

同二十日　晴

昼前」ヲランダのミニスト」六人来る昼後鉄砲製作所并騎兵屯所歩兵屯所等これを見る八半時頃帰る七半時より王邸（城）□面会する王子にも面会

十八日、この日、昭武は、山高・保科・高松・林・伊東・アレキサンダーその他の随員を従えて、デン・ヘルダーのニューウェ・ディープに軍艦及び造船所を見学に赴いた。

公子の一行は朝七時半にホテルを出発、ハーグ駅より汽車に乗り、お昼ごろデン・ヘルダーに着いた。鎮守府の海軍提督や士官ら数名と町長らが礼服を着て駅頭に一行を出迎え、護衛兵はささげつつをして敬意を表し、軍楽隊は歓迎の曲を演奏した。

到着後、提督の案内で休息所に赴き、そこでしばらく休み、そのあと港口に碇泊中の軍艦を見学した。このとき碇泊中の各艦は祝砲を発し、水夫らは皆帆桁《ほげた》に登り敬意を表した。祝砲の数は一八九発であったという。昭武らは軍艦五隻見学し終えてから安息所で昼食をとり、製鉄所や海軍病院を一覧ののち、夜十時ハーグに帰った。

とくに海軍病院を訪れたときには病院長や医師らの出迎えを受けた。「ニューヘーシロップ（玄伯、研海修業する所なり）頭取スロット外三人門迄御出迎」（山高信離「渡欧日記」）。

また赤松と渋沢は、オランダ商事会社から貸付金五万ドルを受け取る相談のためにアムステルダムに赴き、最終列車でハーグに戻る途中、ハーレム駅（Haarlem ——アムステルダムの西十八キロ）で公子一行と偶然会い、同じ汽

車でハーグに戻っている。(223)

同日の「御日記」の記述は次のようになっている。

同二十一日　晴

朝六時」ハアーへ江出立四半時過ニエエジプ」着の節」アトミラアル」町奉行両人出向かんとして参る □ ハアーへ旅店江参る道々軍艦より祝砲発す旅店にて少々休息九時過より軍艦を五艘見候製鉄所江一覧し夜四半時」ハアーへエ」江帰ル

十九日、この日、昭武は外出せず終日ホテル内で過ごした。しかし、来客が多く、十二時半ごろ、国王の叔父アレキサンダーとしばらくしてフレデリック皇太子が訪ねて来た。また夜八時ごろ、ロシア公使の表敬訪問を受けている。珍客としては、かつて出島の弁務官として日本に滞在し、そのころロッテルダムに居住していたドンケル・クルティウスが御機嫌伺いに来訪している。また渋沢はフランス人のアンリーを伴い、この日、髪結い・衣装係の綱吉をパリに連れ帰っている。綱吉はオランダに到着後、不品行を働いたため、懲罰としてフランスに帰して謹慎させることになった。渋沢は、留守番役の木村宗三にかれを引き渡した後、こまごまとした用事をすませ、同夜パリで一泊した。

同二十二日　晴

昼後九半時蘭王の叔父来ル少しすぎ蘭王の二男来ル八時頃」ロシア」のアンバサドル」人間《ママ》の為此方に来ル

二十日、公子一行は、朝八時にホテルを出、アムステルダムに赴く。途中、ライデン郊外で蒸気の力で水を汲み上げる干拓用のポンプを見学した後、昼食をとる。十二時半、再び汽車に乗り、二時ごろアムステルダムに到着。駅頭には市長をはじめ、同市の連隊の司令官、海軍提督らが出迎え、一行を案内した。公子一行は、ダイヤモンド工場・国立海軍造船所・博物館その他を見学。四時半ごろホテルで夕食をとり、夜八時すぎアムステルダムを出発、十時半ごろハーグに帰った。

この日、赤松はオランダ商事会社より、例の用立ててもらった金、五万ドルの金額もしくはその一部を受け取った模様である。また渋沢はパリでの用をすませ、夜九時半ごろハーグに帰った。

この日の記述は、とくに時間等に関する限り、渋沢の「御用日記」「航西日記」よりも、「御日記」のほうが詳しい。

同二十二日　晴

朝五時「ハアヘエ」を出立四時頃セエーフヘルに着此渡しの湖水を汲出シタる器械を一覧九時頃蒸気車場江参り中食九半時「セエーフナアル」江出立八時頃「アームステルデアム」江蒸気車場迄出向きいたして此地の町奉行来ル候より「ジヤマン」の細工場を見る八半時より造船場一見七時半旅店江参り夕食夜五時「アームステルデアーム」を出立四半時「ハアーヘエ」江帰ル

「アームステルデアームハ」繁花之地也

「セエーフヘル」もしくは「セエーフナアル」といった固有名詞（地名）については不詳。おそらくハーレムの近くのポルダー（干拓地）を指すのであろうか。山高の「渡欧日記」には「二十三日、ファーレンメルメールと云う処の沼淩機械御遊覧」とある。

二十一日、この日、秘書兼通訳のアレキサンダーは、亡父の別荘〝日本〟に公子を招待した。午前十時半ごろ一行はレイデルドルブに着いたようであるが、昭武に随行したのは、山高・保科・高松・オランダ留学生三名（赤松・林・伊東らか?）とその他の面々である。一行はハーグからライデン Leyden（アムステルダムの南西四十七キロ）まで汽車で行き、あとは馬車を利用したものと考えられる。

アレキサンダーの父シーボルトは前年の一八六六年（慶応二）十月十八日にミュンヘンで死去し今はなく、別荘の〃日本〃は管理人[224]の手で守られていた。家の中には亡父が日本滞在中に蒐集した書画骨董などが飾られ、庭には日本の草木がたくさん植えられており、その造りもどちらかといえば日本風であり、築山や池もあったようである。それを見て一行は、故国日本の庭園を想い出し、しみじみとした気持になったという。

高松凌雲はこのときの感慨を「二十四日〃レート〃（ライデンのこと）の花園を見る。此園は故〃シーボルト〃が日本より送りたる植物を多く培養せし所なれば、幾んど本国の庭園を見るの思あり」と述べているし、渋沢の「航西日記」のこの日のくだりに「本邦の古人の書画。古器物《ぶつ》珍奇の品など。都《すべ》て御国様《さま》に陳謝《ちんしゃ》し。且庭前仮山池《かりのさんち》ありて樹卉の植並《うえならべ》へも欧風ならず。殊に目に染《そめ》て人々坐《そぞろ》に感慨を起せり」とある。

赤松はただ手帳に「朝十時お供にてレイデンシーボルトの庭に至ル」とだけ書きとめている。

オランダの九月の季候といえば、日本の仲秋から晩秋の陽気であり、ときには膚寒さすら覚えるが、一行は菊や百合などの花や赤松・樫《かし》等の喬木《きょうぼく》などを見てそぞろに日本が恋しく思われたものにちがいない。

屋内と庭内を見物しおえた主従は、昼食をとるのだが、管理人の老人は近くの運河に投《と》網《あみ》して川魚を何びきか捕え、それを料理し、日本の珍客に食べさせたようである。「航西日記」には「園翁《えんおう》[225] 綱《つな》を挙《あげ》て魚《うお》を得《え》料理などし。 懇《ねんごろ》に饗《きょう》しあえり」とある。

一行が〃日本〃から帰途についたのは四時ごろのことか、帰り道にライデンの博物館などに寄り、ここでもシーボルトが日本から持ち帰ったコレクションを見学し、夕方五時すぎにハーグに帰っている。昭武は帰館後、アレキサンダーを慰労する意味で九谷の猪口《ちょく》一組を贈った。
「御日記」には、

同二十四日　晴
朝四時過シーボルトの別造」ライデン」の中《うち》所々参り右シーボルトの日本より持来ル草木を見同所にて中食《ちゅうじき》七時頃」ライデンを出立道々にてシーボルト」の父日本より持来る器物等《とう》を一覧六時前帰ル

とある。
また渋沢栄一の「御用日記」には、

八月二十四日　曇　九月二十一日
朝御取扱申上し数員之士官江被下物之取調いたす、昼十時半レイデンといふ地御越、尤御雇之書記官通弁官シーボルト亡父の別業（別荘）なれはとて御招請申上たれは石見守・俊太郎・凌雲御雇之者両人留学生三人とも被召連、シーボルト亡父は年久しく御国長崎港に滞在したれは其留滞中取集めたる奇古之品抔《など》数多陳羅しあるを御一覧、御休息後御慰とて園池《えんち》に網し二三尾の魚を得、御雇ニ而夕五時御帰館、此日同人江九谷猪口一組を被下

とある。

フィリップ・フランツ・フォン・シーボルトが、いわゆる「シーボルト事件」を起し、日本を去ったのは文政十二年十二月五日（一八二九年十二月三十日）のことである。かれは帰国後、ほどなくライデン市のラーペンブルフ十九

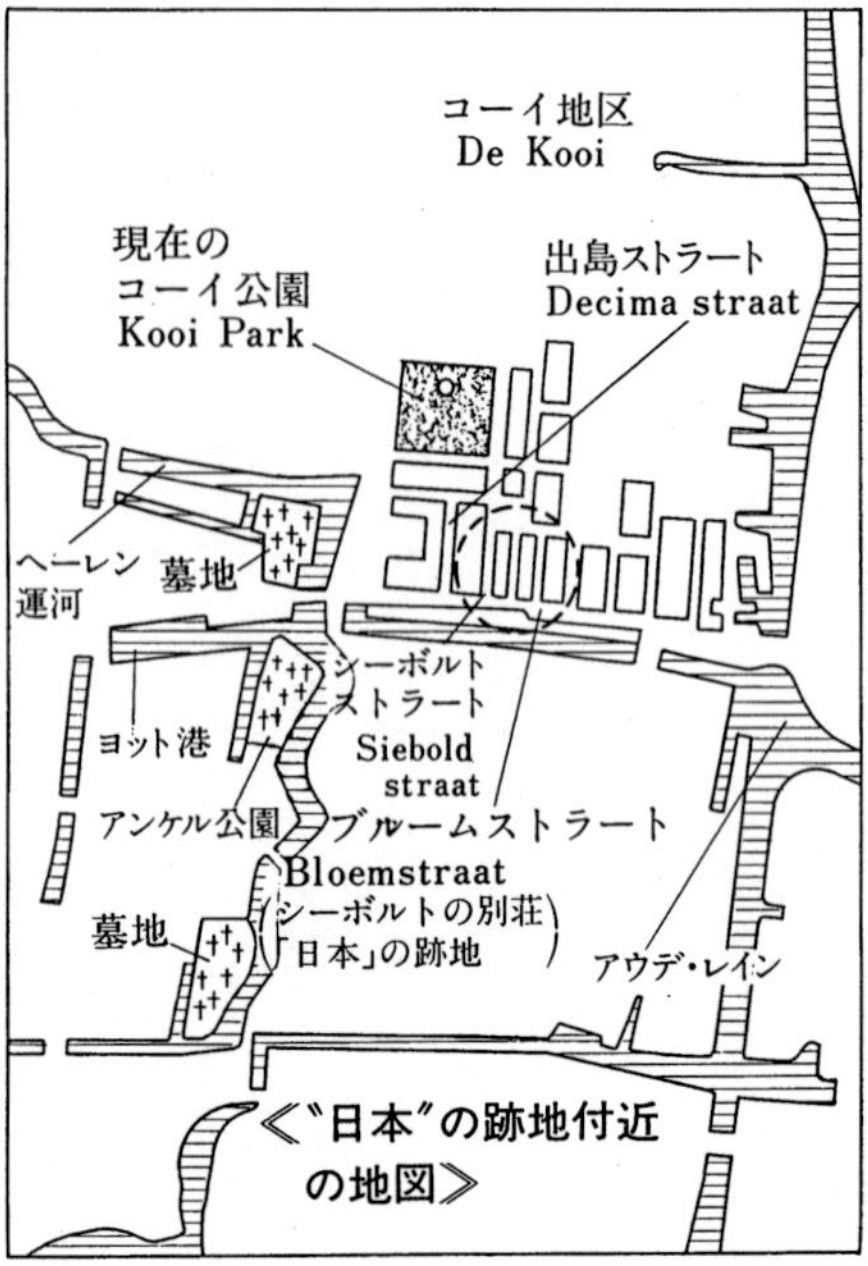

《"日本"の跡地付近の地図》

正面白亜の建物が「日本」
（ライデン古文書館蔵）

番地に大きな家を借りて住んだ。が、のちにこの家を購入した。地方裁判所 Kantongerecht が置かれ、今もあるこの建物をシーボルトが購入したのは、一八三六年八月二二日のことであり、一八四二年までここで暮らした。かれはこの家で、日本滞在中に蒐集した資料やコレクションの目録を作ったり、日本の美術工芸品などを陳列し、ヨーロッパにおける最初の民族学博物館を開いた。が、ラーペンブルフの家は一八四七年五月十日に売却している。

シーボルトは一八四五年七月、ドイツ貴族の令嬢ヘレネ・イダ・カロリーネ・フォン・ガーゲルンと結婚したが、式をあげる三年前——一八四二年にライデン近郊のレイデルドルプ Leiderdorp 村（現在のド・コーイ〔De Kooi〕地区）に土地を購入していた。

今でこそド・コーイ地区は新興住宅地となっているが、当時はわずかな人家が点在し、鍛冶屋や大工などが住む鄙《ひな》びた所であったようである。[226] 土地は低く、すぐそばにはアウデ・レインという小川が昔も今も流れている。シーボルトは現在のド・コーイ地区——ラーヘ・レインディク（Lage Rijndijk）のブルームストラート（Bloemst-raat ——昔は Nipponstraat と呼んだ）のあたりに、「日本様式にちかい簡素な白亜のいなか家」[227]を一八四五年に建てた。昭武一行が訪れたシーボルトのこのいなか家（別荘）に〝日本〟Nipponという名をつけた。写真で見るかぎりでは、温室を備えた、なかなかしょうしゃな感じがする家である。また敷地の中に七十七歳の老母のために別に家をもう一つ建て〝日本の奥地〟（Achterland bij Nippon）と呼んだ。

もともと河畔の土地を購入したのは、東洋の花々や鑑賞用の灌木などを育てるためであり、日本のボタン・キク・ユリなどを育成し[228]、そこを〝順化園〟（Jardin d'acclimatation）と名付けたのである。順化（acclimatation）とは、動植物をその土地や風土などになれさせる意である。

しかし、アウデ・レイン川畔一帯の低地は、湿気が多く、とくにしめった季節にはマラリヤが心配になるほどであった。シーボルトは妻の健康を気づかうあまり[229]、夏の数カ月間だけレイデルドルプに滞在することにして、プロシアに安住の地を求めることにした。かれは一八四七年家族とともにライデンを離れ、プロシア——ライン川畔のボッパルト附近の聖マルチン修道院を二万ターラーで購め[230]、そこで日本研究に没頭したが、ここで暮らしたのは一八五三年までであり、のちにボンに移った。「美しい白亜の別荘」は一八九三年（明治二十六）五月まで存在したらしく、やがて終えんを迎え取り毀わされた[231]。

二十二日、この日は終日雨であった。午後一時ごろ、公子は山高・保科などを伴い国王の次男アレキサンダーを訪問し、二時半ごろ帰館。また同日、ベルギーの代理大使《シャルジェダフエール》が打ち合わせのため来館。明後日ベルギーに入国する趣きを伝え、かつ随行員の名簿を手渡す。五時ごろ山高、ベルギー公使館を訪問。

同二十五日　雨

九半時頃より蘭王の二男」アレキサンドル」の方江参り八半時帰

二十三日、昭武はいとまごいのため、山高・保科・高松・渋沢・アレキサンダーなどを伴い夕方五時ごろ宿を出て、王宮に向かう。この日は双方、形式ばらず平服を着て会ったようである。送迎と応接はていねいをきわめ、辞去するときは、国王自ら馬車のところまで見送ったとある。八時ごろ帰館。昭武はこれまで一行の世話をみてくれた国王の側近スヌークへアルトとファン・カペレン中佐、オランダ留学生三人に贈り物をし、かつ夕食を供した。赤松は「金子千疋《ひき》并実測日本全図公子ゟ拝領ス」と書きしるしている。[232] 同夜、ベルギー公使、御機嫌伺いに公子を訪問、高山らと打ち合わせをしたのち帰る。

同日の「御日記」には、珍しくオランダの物産「チーズ」（昭武は〝牛羊《ぎゅうよう》〟ということばを用いている）に関するくだりが見出せる。

同二十六日　晴

此地の者に聞き候に」ヲランダにてハ名物誠に少く多ハ牛羊を用い外国江交易す明日」ベルヒの方江出立に決定す夕七半時より暇乞い為蘭王へ参り面会す此間中五時よりこなたへ付置候」コロ子ル并留学生三人ニ夕食をつかわし事

二十四日、この日、公子一行は午前十時に国王差し回しの列車に乗り、ベルギーに向かう。国王側近のスヌークへアルトはハーグの駅まで、ファン・カペレン中佐はロッテルダムまで、赤松を除くオランダ留学生らはエッセン

（Esschen ——現在は Essen とつづる。オランダとベルギーの国境の町）まで見送った。

一行はハーグからロッテルダムまで汽車で行き、十一時半ごろ同地に到着。ここで下車し、汽船に乗り換えマース川を渡り、対岸のムーエルディク（Moerdyk）に着く。ここで再び汽車に乗り、ローゼンダール（Roosendaal ——ベルギー国境まで七キロ）まで行く。当地には午後四時半ごろ到着。

ローゼンダールにはベルギー国王がさし向けた五両連結の列車と案内人のベルギー人三人が一行を待ちうけていた。

公子一行は、ここで列車を乗り換え、ベルギーのブリュッセルに向かうのだが、途中、国境の町エッセンで見送りのオランダ留学生らと別れ、午後六時ごろブリュッセルに到着した。

駅頭にはベルギー政府の要人らが出迎え、また大勢の兵が整列し、一行を歓迎した。公子らは駅前より馬車で「オテル・ベルヴュー・エ・ド・フランドル」（Hôtel Bellevue et de Flandre ——「公園《パルク》」に近く、ロアイヤル広場七番地、現存せず）に行き旅装を解いた。赤松は一行を途中のアントウェルンペンまで見送り同夜、「オテル・サン・アントワヌ」Hôtel St. Antoine に投宿、翌日ハーグに戻っている。

　同二十七日　雨

　朝四時頃」ハアーへエ」江出立の節蘭王の汽車を出シ候間四半時」ロットルダアーム」江着九時頃よりマアールト云ふ河乗船少し過出帆八半時頃」ムウールテキ」江着船乗陸蒸気車にてヲランダ」とベルヒ」の堺ロヲセンダル江七半時着此辺ベルヒより五乗車出し置候間即乗六半時」ベルヒ」の都」ブルリスセル」蒸気車場江着此所辺同国王より馬車を出シ候間乗り候より旅店江参り宿す

昭武のオランダ紀行は以上で終わっている。オランダに滞在したのは八月十八日（陽暦九月十五日）から八月二十七日（陽暦九月二十四日）までの十日間である。

公子は、この間に同国の風物や文化とも接したわけであるが、日本の国内的状況を反映してか軍事施設（軍港・造船所・兵営）や軍需産業（兵器工場）等の見学が目立つ。

昭武らは国会の開院式に招かれ、式にも参列しているが、オランダが立憲君主政体をとっていることに気づいてはいないのである。一日、シーボルトの別荘〝日本〟を訪ねたことは故国をしのぶよすがともなったことであろう。「御日記」に見られる特徴についていえば、異国の風物や人情や文化と接したにもかかわらず、それについて昭武は自分の見解や印象を洩らすことは少なく、まして個人的感動といったものは皆無にちかいといえる。

昭和五十九年の盛夏――筆者は須見裕氏（故人）とお会いし、昭武にまつわる興味深い話をお聞きすることができた。

昭武は、渡欧中、幕府が崩壊したために留学継続を断念して、急遽帰途に着いたことはよく知られている。帰国後まもなく慶篤の嗣子《しし》となり、第十一代水戸藩主となった。箱館戦争には官軍として参戦した。また明治十年、米国サンフランシスコ万博御用掛となり渡米したが、現地でフランス再留学を願い出許可されると、欧州各国遊歴の旅に出、明治十四年六月に帰国した。のち貴族院議員、子爵に叙せられた。明治四十三年七月三日、肺炎により死去した。享年五十六歳であった。

昭武には一男四女の子供があった。判りやすく示すと次のようになる。

徳川昭武
- 昭子
- 政子
- 武定《たけさだ》（海軍技術中将）
- 直子
- 温子《はるこ》（丸亀六万石・京極家に嫁す）——千代子（須見裕氏夫人）

以下、須見氏と対談したときの話。

——昭武とはどのような人だったのですか、何かおもしろいエピソードを聞いておられませんか？

——昭武はとてもユーモラスな性格といいますか、明朗な性格の人であったということです。ヨーロッパから帰国後（明治元年十一月二十三日）、初めて明治天皇と会い、ヨーロッパの土産話をしておりますが、明治天皇は大変おもしろがられ、また話をしてくれといったとか。二人はよく気が合ったようです。

昭武は明治維新後、天皇関係の行事をのぞくと公の席にはほとんど出席せず、鹿鳴館の開会式に出ただけです。晩年、慶喜とひんぱんに交際があり、仲もよかったのですが、よく二人はいっしょに鉄砲を撃ちに出かけております。

——昭武はどこでどのような教育を受けたのですか？

——十歳まで水戸の弘道館で教育を受け、フランス語はヨーロッパに行くとき船の中で初めて習っております。フランスでは、万博終了後、帝王学を学ぶ予定でした。

——「御日記」には、個人的な意見・印象・感動といったものがほとんど見られませんが、なぜでしょうか？

——それは、立場上、また殿様はあまりものをいいませんからね……。渡欧したときは十四歳、幼なかったことにもよると思います。各国巡歴中の記述が短いのは、忙しかったこと、旅につかれていたからでしょう。ですが筆まめな人ですから、日記（筆者注・フランスで書いた日記もある）はよく書いたほうです。旅日記が多いですね……。

——昭武は絵心がありましたか？　何かスケッチのたぐいを残しておりませんか？

——帰国の船の中で、香港・伊豆七島・富士山などを描いたエンピツ書きのスケッチが残っております。昭武は手先が器用な人であったようです。わたくしの家内（千代子・昭武の孫）もそうですが、昭武は指が非常に長い人であったということです。

——その他、何かおもしろい話はお聞きになっておられませんか？

——そうですね……。フランスに行ったときに初めてタバコをすったことでしょうか。それまではすわなかったようです。

ベルギーに入った公子一行は、翌二十五日の午後二時半に、国王レオポルド二世より謁見を賜り、夜は観劇に招待された。二十六日は陸軍学校・連隊を訪れ、夜には独立記念日のお祭りを見学した。二十七日は、アントウェルペンの要塞を訪れ、その防衛施設に感嘆し、二十八日は砲兵工廠を訪問した。この日、随行のシーボルトは、駐日公使ハリー・パークスに宛てて昭武のオランダ訪問について報告しているが、新史料としてそれを次に掲げてみよう。

一八六七年九月二十八日　ベルヴュー・ホテルにて

拝啓

私は、公子のオランダ訪問中の行動についてメモしたものを同封せねばなりません。そのメモを御覧になれば、オランダ側は日本人の虚栄心を満たすためにあらゆる手を尽し、オランダについて好印象を抱かせることに大いに成功したことがお判りになれます。

　当地ベルギーにおいても公子は、オランダのときと同じように歓迎を受けました。次の訪問先となるベルリンに向かうときには詳報をお送り致したいと思います。

　お送りいただきました紹介状は、当地に着いてから落手したものですが、どうもありがとう存じました。紹介状があるのでとても安心です。

敬具

アレキサンダー・フォン・シーボルト

　文中に見える〝メモ〟とは、「オランダにおける日本のプリンス徳川民部大公の行動についての覚え書」（Memo-randum of the proceedings of the Japanese Prince Tokugawa Mimbutaiko in Holland）と題したもので、日付は一八六七年九月二十日となっている。以下その訳文を掲げてみよう。


　九月十三日にベルンを立った日本の公子は、十五日にハーグに到着。公子はオランダの国境で、正装した国王の副官兼オランダ海軍の司令官カペレンに出迎えられた。停車場（ハーグの駅）には宮廷から差し向けられた盛装の馬車が公子を待っており、国王の□（判読不能）である、大礼服を着たスヌークヘアルト男爵に公子は迎えられたのち、旅宿《ホテル》へと案内された。十六日、議会の開催日にあたり公子は女王の特別席に着座したが、堂内に入ったとき栄誉礼をもって迎えられ、帰去する際には国王の副官が宮廷から差し向けられた馬車まで案内したが、その副官は公子がオランダに滞在中ずっと付き添って世話をした。

　十七日、朝、守備隊の兵舎を訪れたあと、午後に国王の謁見を受けた。国王はひときわ目立ち、幕僚に取り囲まれていた。帰去するとき、国王は公子を玄関まで見送った。公子はちょっと立話をし、日蘭両国の親善の促進を衷心より望んでいることを伝えるよう、兄から命じられてやって来たのだと云った。

謁見がすむと、公子はオラニエとフレデリー公を訪ねた。翌日（十八日）、公子はデン・ヘルダーにある海軍の施設を訪れ、入港中のオランダ軍艦を何隻か訪問した。軍艦は二十一発ずつ、三度ほど祝砲を発した。到着時に一度、軍艦を降りるとき一度、また港より帰去するとき一度。どの艦も登檣《とうしょう》礼を行い、司令官や士官は盛装していた。提督は自ら停車場に公子を出迎え、終日案内した。

オラニエ公とアレキサンダー公は、公子の留守中に答礼に訪れた。

十九日、盛装したフレデリック公の来訪があり、公は日本の公子とほぼ同じ年であったので、お互いかなりの時間を愉快に過した。

二十日、公子はアムステルダムの海軍施設を訪れた。公子は盛装した市長に駅で出迎えられた。市長は公子を造船所に案内したが、そこで公子は提督とその幕僚から栄誉礼をもって迎えられ、さまざまな施設に案内された。

二十一日、公子はライデンにあるフォン・シーボルトの日本庭園や同市の博物館を訪れた。

二十二日、公子はアレキサンダー公の宮殿を訪れ、公と共にひとときを過ごした。

二十三日、公子はいとまごいのために国王に拝謁したが、国王は公子をいんぎんに迎え、かなりの時間話をしたあと、玄関を出て馬車のところまで見送った。

公子は二十四日にブリュッセルに向けてハーグを発ったが、国王の副官と□（判読不能）が停車場まで案内した。副官は公子に付き添ってロッテルダムまで見送ったが、そこまで公子は王室専用列車で運ばれた。

アレキサンダー・フォン・シーボルト

その後の民部公子一行の主な旅程を示すと次のようになる。（陽暦）九月三十日（ベルギーのリエージュ）――十月九日出発――パリ（帰館）――十月十七日発――十月十九日（イタリアのトリノ）――十月二十一日（フィレンツェ）――十月二十七日（ミラノ）――十一月二日（リボルノ）――十一月六日（マルタ島）――十一月十一日発――十一月二十二日（マルセイユ）――十一月十八日（リヨン）――パリ（帰館）――十一月三十日発――カレー十二月二日（イギリスのドーバー）――ロンドン――十二月十六日（ドーバー）――十二月十七日（カレー・パリ）。

九月二十四日に昭武一行をアントウェルペンまで見送った赤松は、二十七日ハーグに逗留した。午前十時ごろファン・オールトの来訪をうけ、佐賀藩が誂えた「日進丸」の件について相談した。

十月二日、この日、赤松は江戸の自宅からの手紙を一通（慶応三年六月十一日付）と内田恒次郎から一通（慶応三年六月十七日付）を受けとった。赤松大三郎宛の内田の手紙（第四信）は日蘭学会編『続幕末和蘭留学関係史料集成』には収録されてはいないが、幸田成友博士の『史話　東と西』の中に「内田恒次郎の手紙」と題して原文の一部が収められている。それによると第四信の冒頭（未見）は、三月十七日付の赤松の手紙を受け取ったこと、島津三郎の入京、二条関白の辞職強要、兵庫開港勅許等について書いてあるという。

このあとつづく文面は、昨今、幕府はますます陸海軍を強化することに傾いていること、職制の改変、オランダの勢力がじり貧になり、代ってイギリスが力を持つようになって来たこと、ディノー海軍大尉やコニングら蘭人士官の雇入が成就しなかったこと、一緒にオランダに留学した仲間の人事異動と処遇等について報告したあと、装甲艦《ペパントセルト》に関する調査や個人的な依頼をしている。内田は帰国後、自邸（内田の本郷の家屋敷が昨年類焼したので、駿河台鈴木町にある屋敷――高井山城守の宅地と交換した）の一部（部屋）を西洋風にしたので、西洋家具をオランダで求めて送ってほしいと述べている。当時、サムライの間では欧風のハイカラな部屋を造り、ヨーロッパの家具類を備えつけるのが流行《はやり》であったようである。

原文には次のようにある。

（前略）政府の趣意委《ママ》（悉）く海軍陸軍を盛に為す方に趣き、追々アンベテナール《(役人)》の種類お廃し候事甚し。已《すで》に昨今大御番も皆御止めに相成申候。只政府に金の無き事益甚しく、是には気の引け候位に御座候。」英国より教師参り、盛に海軍伝習初り候趣にて、海軍局元地焼跡え当節伝習館并に英人旅館普請初り申候。右等の云々にて節角ジノー并コーニング等当地え《ママ》引留り候様相成候も瓦解致し、間の悪き事甚し。已に御掛合済に相成候上の義故、断り方等に於て、我輩も余程儀《ママ》（議）論致し候得共、御断に相成、ポスブローク《ママ》（オランダ代理公使ポルスブルック）にはあやまり、其上にてジノー、コーニングには二千五百ドルづゝ被下に相成、甚愚なる事言語に絶す。右は御内分に御聞置可被下候。」英国に対談相成、日本海岸諸所ヒュールトール《ママ》《(灯台)》（フュールトーレン）御取立相成可申候。先差当り六ケ所、是は極り、近日の内数万ドルラル御渡相成、器械御買上相成可申候。………

（中略）蘭行の者（オランダ留学生）転遷有之、僕義軍艦頭並布衣《ふい》千石高被仰付、榎本軍艦役並百俵十五人扶持に新規被召出、沢軍艦役並勤方、庄《(古川)》八水夫小頭肝煎五人扶持百五十両、弥《(大野)》三郎兼吉《(中島)》五人扶持百廿五両、寅《(上田)》吉大工頭肝煎、岩《(山下)》吉御手当上と大凡同様、右の内榎本・沢両人の所甚不都合也。軍艦役は四百俵高に候所、百俵切りにて何等の次第に哉、何れ年内にも改り可申候得共、当時先右の次第にて甚気の毒に存候。………

（中略）毎度買物の義に付、御手数のみ相願ひ恐入候得共、又々種々御頼みの申上度、品数の義は別紙（現存しない）の通りに候間、何卒此段も偏に御取斗ひ奉願候。即帰府後西洋風の座敷普請に取かゝり申候処、当節は横浜も大分西洋の家《いえ》建候に付、外回り丈けは随分当所にて可也望み通りに出来可仕候得共、何分メウベル《(家具)》の義極々の麁物斗りにて、直段の貴き事驚に足り申候。右故前文の通り恐入候得共、偏に尊君え《ママ》御頼み申上、メウベルの義可成丈け取候得共、甚不案内の義故、見込違ひの所は可然様に増減相成候て不苦、物品数にて八百元《フルデン》位にて揃ひ申候はゞ、甚テフレーデン《満足する》に御座候。五十元位はヲーフル《ママ》シケレーデン《超過》（オフエルスクレイデン）致し候ても宜しく、右呉〳〵も奉願候。

九日、赤松は江戸の自宅に手紙を送った。この日、機械師カサイン、ドルトレヒトのヒップスなどが、日進丸の件で赤松宅を訪れた。

十一日、赤松はハーグに赴き、同地で一泊した。

十二日、赤松は朝、ハーグよりデルフトに行き、陸軍の兵器工場を見学し、夜七時の汽車でアムステルダムに帰った。

十三日、赤松は午前九時半の汽車でニューウェ・ディープへ赴き、こんどパリに行く諸経費立て替えの件を相談した。夕方六時の汽車でニューウェ・ディープを発ち、夜九時半アムステルダムに帰着した。

十四日、佐賀藩が誂えた日進丸の件で会合があり、赤松はオランダ商事会社に出向いた。

十五日、この日、赤松はハーグに赴いた。ファン・オールトはロッテルダムに赴く途中病気となった。

十六日、赤松はオランダ商事会社に行った。

十七日、赤松はハーグに赴き、ペルス・レイケンに面会した。

十八日、赤松はオランダ商事会社に行った。日進丸の建造に着手することが決定した。この日はフランドル祭《フェースト》の初日であった。

十九日、赤松はパリ旅行の相談のため午後二時の汽車でハーグに赴いた。同夜、「マレシャル」（不詳）で一泊した。

二十日、赤松は午前八時にハーグを発ち、ロッテルダムに赴きファン・オールトとドンケル・クルティウス宅を訪れた。十二時にロッテルダムを発ち、ローゼンダールで伊東と待ち合わせ、ブリュッセルに赴いた。同夜、佐野・石丸（不詳）・馬渡（不詳）らと共にブリュッセルで一泊した。

二十一日、午前九時、赤松らはブリュッセルを発ち、午後四時パリに到着した。赤松は佐野栄寿左衛門の旅宿で夕飯を食べたのち、向山全権宅や江戸町人・瑞穂屋卯三郎や次郎宅を訪れた。またこの日、外国奉行支配組頭・田辺太一、翻訳方頭取・箕作貞一郎、通弁御用出役・山内六三郎などとも会い同夜、赤松は佐野の旅宿に泊った。

二十二日、朝、赤松はランペラトリス通り四番地の宿に移った。この旅宿の料金は二人で一泊十五フランであったという。午後、会津藩の海老名軍次と唐津藩の尾崎俊蔵らが赤松に会いに来た。赤松は午後一時ごろ、外国方調役・日比野清治宅を訪れた。

二十三日、朝、赤松は向山全権宅を訪れ、御用金（借入金）の運用について相談し、委細を文章化した。午前十一時すぎ博覧会場を訪れ、夜は外出せず旅宿において調べものをした。

二十四日、赤松は、午前八時にシャルグラン街三十番地の向山公使宅を訪ねたのち、十時ごろ公子の留守宅（ペルゴレーズ街五十三番地）を訪問した。十一時ごろフロリ・ヘラルド宅を訪れた。お昼すぎ伊東の帰宅を待ったが、同人は午後三時になっても帰らないので、会津藩士らの旅宿を訪れた。午後五時半ごろ、赤松は田辺太一と共に外出し、夕飯を共にした。夜九時から十二時まで佐野栄寿左衛門宅で懇談した。

二十五日、この日、「東国の帝」（東欧の国王のことか？）のためにブローニュの森で観兵式《ルヴュー》が行われた。午前九時ごろ、ドルトレヒトのヒップス兄弟が日進丸の件で赤松を訪ねて来た。それより赤松はヒップス兄弟と共に博覧会を見学に出かけ、夜向山公使宅に戻った。

二十六日、赤松らは終日博覧会場で過ごした。

二十七日、赤松は向山全権に願書（内訳不詳）を差し出し、午後博覧会場に赴いた。

二十八日、終日、赤松は博覧会場で過ごし、夕飯を佐野栄寿左衛門宅（ガリレー街三十番地〔旧番地〕）でとった。

二十九日、朝、赤松はシャルグラン街の向山公使宅を訪れ、内田恒次郎が先年オランダから帰国の途につくとき、オランダ商事会社からの借入金の件を某に委任した趣の書状を差し出した。それより博覧会場に行き午後四時まで過ごした。夜七時の汽車で外国奉行支配組頭・田辺太一は日本への帰国の途についた。

三十日、午前七時半の汽車で伊東玄伯はオランダに向けてパリを発った。赤松は駅まで伊東を見送ったのち、佐野宅に寄り、同人と共にドンケル・クルティウスのホテルを訪ね面会した。午前十時すぎ赤松は博覧会場に行き、終日過ごした。会場でファン・オールトとファン・デル・マーデと会った。このときファン・オールトは、明朝九時にガリレー街の佐野宅を訪れることを約束した。また赤松は、この日初めて芸州（広島）藩士・村田文夫（不詳）と会った。

三十一日、朝、赤松は佐野宅においてファン・オールトを交えて日進丸の件で談合した。午前十一時ごろ、赤松・佐野・ファン・オールトらは一緒に博覧会場に出かけた。

十一月一日、赤松は午前中にペルゴレーズ街の「御旅館」（公子の旅宿）を訪れ、午後は博覧会場に行った。夜、夕飯を佐野宅で食べた。

二日、赤松はこの日も博覧会場を訪れ、夜は会津・唐津藩士らの旅宿を訪問した。またこの日、イタリアより御用便があり、イギリス領マルタ島の総督が軍艦をもって公子一行を同島に迎える旨、伝えて来た。

三日、この日は博覧会の最終日であり、赤松は同所を訪れた。夜は砲兵差図役勤方・山内文次郎と共に遊歩に出た。なお、赤松の手帳に「Leon《マ》 Rosny《マ》. 15 Rue Lacépède Paris」とあるのは、フランスの日本学者レオン・ド・ロニLéon de Rosny（1837～1916）のことであり、手帳に住所も記しているところから考えて、あるいは同人宅を訪れたとも考えられる。

四日、赤松は午前十一時すぎに博覧会場跡を、夜に会津藩士の旅宿を訪ねた。
再び各国巡行の旅に出た昭武一行がメッシナ海峡を抜けてマルタ島へ向けて航行中のこの日（十一月四日）、フランス留学生栗本貞次郎以下九名がマルセイユに到着した。栗本貞次郎（栗本安芸守の嗣子）は横浜仏語伝習所の学生兼舎監で御持小筒組差図役並勤方といった役職（身分）であったが、今回、幕府とフランス政府との話し合いによって設立される「日本人学校」（Collège japonais）の第一期生（第一陣）として学生八名を率い、その取締として渡仏したものである。後続の第二陣約十名もフランスにやって来ることになっていたが、諸般の事情から見通しが十分についてはいなかった。が、向山隼人正は早速、外務大臣ムスティエに届書（十一月五日付）を提出した。

一八六七年十一月五日　パリにて

大臣閣下

ずっと前にお話しいたしました日本人生徒九名と訓令が昨夜着いたことを謹んでお知らせ致します。急ぎ生徒の氏名一覧表をお送り申し上げますが、いずれ詳しく御報告する機会もあろうかと思います。

敬具

向山隼人正

Kourimoto Teiziro（歩兵大隊長、生徒取締）
Souganouma Sakonchioguen
Koïde Yaunossouke
Itō Kansau
Ogata Ziouro

Kanvara Kinnozio

Oka Matsoukitchi

Wada Chiouzo

Ōtori Teiziro

及び菅沼氏の訓令

向山書簡にある留学生の邦名・年齢・身分は次の通りである[233]。

栗本貞次郎（二十八歳、御目付瀬兵衛養子惣領・御持小筒組差図役並勤方）

菅沼左近将監（貞次）家来（不詳）

小出庸之助（有秀）（十八歳、陸軍奉行並支配）

伊東貫蔵（二十一歳、奥医師瑶川院惣領）

緒方十郎（年齢不詳、緒方洪庵十子）

榊原錦之丞（操）（十六歳、奥処右筆重五郎惣領）

大岡松吉（十九歳、陸軍奉行並支配）

和田収蔵（十五歳、奥結銃隊重一郎次男）

大鳥貞次郎（十七歳、歩兵頭並）

フランス留学生九名は、昭武のパリ帰館を待って、十一月二十日拝謁した。昭武の日記にも引見したことが記されているが、「航西日記」には「午後三時、ビユットシヨウモン（不詳）といふ花園を見る。夕五時半。今度到着の本邦の留学生八名《ママ》来候す」とある。

十日、赤松は夜の八時十五分にパリを発ち、オランダへの帰途についた。

十一日、赤松は正午にロッテルダムに到着し、それより更に汽車でアムステルダムに出、午後二時ごろ帰宅した。

十二日、赤松はアムステルダムに帰着したことをニューウェ・ディープの林と伊東に知らせ、ユトレヒト在住の緒方惟準（弘哉）に手紙を出した。

十三日、この日、赤松は終日下宿で過ごしたようである。

十八日、この日、赤松は午後二時に林と共にオランダ商事会社を訪れ、為替の件を相談したが、社長不在につき決着がつかず、明日返事をするとの返答を得た。この日は、為替を組んでもらえるかどうかといった主旨を書面にして、引きとった。

二十日、赤松と林は午後二時にオランダ商事会社に出向き、願いの筋を聞き入れてもらえるかどうか尋ねたところ了承を得、総額で一万ドル（オランダ銀貨で二万六千ドル相当）を四度に分けて受け取ることに話がつき、第一回目は明日受領することになった。

二十一日、この日も赤松と林はオランダ商事会社に出向き、契約に調印し、約束通り六千五百フルデン受け取った。

二十二日、為替を組むことができたので御用状を送るべきかどうかの相談のため、午後、赤松は林とともにニューウェ・ディープに赴いた。赤松は二十四日までニューウェ・ディープに逗留した。

二十五日、赤松は午前六時半の汽車でニューウェ・ディープを発ち、午前十時半にアムステルダムに帰着した。

二十六日、赤松は終日下宿で過ごしたようである。

翌二十七日（水曜日）から十二月七日（土曜日）まで、赤松の手帳には記載はない。

十二月八日、寒気が強まり、終日、赤松は下宿で過ごした。この日、パリにいる佐野栄寿左衛門より、明日オランダに到着する旨の電報が届いた。

九日、寒気きびしく、川の水は氷凍した。気温二十九度（摂氏零下約一度）。赤松は午前七時四十分に下宿を出て、八時半の汽車に乗りロッテルダムに佐野を出迎えに赴いた。同人は午後一時半にロッテルダムに到着した。到着後、両人は直ちにハーグに赴き同夜、同地で一泊した。

十日、朝、赤松と佐野はハーグを発ち、アムステルダムへの帰途についた。午後二時、両人はオランダ商事会社に出かけた。

十一日、赤松は下宿で過ごし、夕方の六時すぎ「ヲントルリンフヘヌーヘン」（不詳、レストラン名か？）へ行き、夕飯をごちそうになり、深夜帰宅した。

十二日、赤松は終日在宿。この日、オランダ商事会社より、日進丸の見積《ベステク》及び契約書などを受けとった。

十三日、朝、赤松と佐野は二番列車でハーグに赴いた。

十四日、赤松と佐野は、午後二時に海軍省に行き、海相ならびにトルクらと交渉した。

十五日、赤松と佐野はハーグに逗留した。

十六日、赤松と佐野は、日進丸の相談のため午後二時に再び海軍省を訪れ、海相とトルクに面会した。

十七日、赤松と佐野は、午後二時にファン・オールトと共に会議（場所は海軍省内か？）に出席し、万事取り決めた。来る木曜日の午後二時に一同オランダ商事会社に集まり、決着をつけることにした。また同夜八時半ごろ、ジルキ・ヒップス（不詳）とホーレンス・ヒップスらが日進丸の件でホテルに赤松らを訪ね、同艦の請負高のうちから四千フルデン値引きする旨伝えた。

十八日、朝、赤松はヒップス兄弟らと相談を終えたのち、午前十一時すぎに海軍省を訪れた。午後一時六分の汽車でデルフトに赴き、ハルトフ（不詳）の工場を訪れ、注文した機械を一見した。しかし、誂えた機械は八割程度しか出来てはいなかった。それよりキップの工場（不詳）を訪れ支払いをすませ、ハーグにいったん戻り、夜九時の汽車でアムステルダムへの帰途についた。

十九日、朝、佐野がハーグよりアムステルダムに来、それより赤松、佐野、ファン・オールトらは、午後二時にオランダ商事会社に赴いた。日進丸の図面及び契約書について一決し、同艦の建造請負人（ヒップス・エン・ゾーネン造船所）へ送ることに決した。

二十日、午前中にファン・デル・ウェル（不詳）は赤松と会い、試射（大砲か？）のことを相談した。昼食後、赤松は佐野と共にハーグに赴き、砲兵《ママ》の一件を相談した。

二十一日、赤松は、午後二時すぎに海軍省を訪れ、絵図面の件で相談した。夜、ファン・ロー（不詳）と会い、船舶用のかまの設計図を受け取った。翌二十二日もハーグに逗留した。

二十三日、赤松は海軍省を訪れた。夜に入りドルトレヒトのヒップスと会った。

二十四日、赤松は最終列車でアムステルダムに戻った。

二十五日、キリスト降誕祭につき諸業は休みである。赤松は下宿で御用状と宅状（江戸の自宅へ送る手紙）をしたため、午後三時半すぎ郵便局に持参した。

二十七日、赤松は同夜、ハーグに赴いた。

一八六八年（慶応四）一月一日、赤松はハーグに逗留した。

二日、この日も赤松はハーグに逗留したが、行動については不明。

七日、赤松は、パリの箕作貞一郎（翻訳方頭取）より手紙を受けとり、向山全権その他が来る十五日に帰国することを知った。

八日、赤松は、津和野の亀井隠岐守家来・村田恭太郎の子、村田亀太郎という者が、先日オランダに到着した旨、オランダ商事会社より連絡を受け、早速その者と面会した。

九日、赤松は、向山隼人正ならびに博覧会係りの者が帰国するため、いとまごいの手紙を数通出し、またオランダの海軍省への届け物や書籍類を向山へ依頼した。

十四日、朝、赤松は村田亀太郎を連れてハーグに赴き、同人をポンペに引き合わせた。またこの日、赤松は書簡をしたため、約定書調印の件をオランダ商事会社に委任した。

十五日、留守中、赤松のもとにパリの向山全権と山内六三郎から返書が届いた。山内はスイスに留学するつもりであったようである。また江戸町人の次郎、卯三郎らは今月末に帰国する予定でいることが判った。赤松はこの日から十七日までハーグに逗留した。

十八日、赤松は夕食後ハーグを発ち、夜十時ごろアムステルダムの下宿に帰った。

十九日、赤松は終日下宿で過ごしたようである。

二十日、朝、佐野が始発列車でハーグからアムステルダムにやって来た。午後二時、ファン・ボッセ（不詳）を招いて、日進丸の件につき相談した。

二十三日、赤松は午前十一時三十五分にアムステルダムを発ち、ハーグで佐野と待ち合わせ、ドルトレヒトに赴いた。両人はヒップス宅を訪れた。

二十四日、赤松と佐野は、午前十一時すぎ馬車でヒップスの造船所と木挽場を見物に訪れ、午後パーペンドレヒトに行きスレーブヘルリンフ（不詳）を見た。夜はヒップス宅で夕飯のごちそうになった。

二十五日、赤松は午前十時半にボードワァン宅を訪れ、正午の蒸気船でロッテルダムに赴き、ファン・オールトに面会し、「ステーフェンキニー《ママ》」（船首のことか？）の取りつけ方について相談した。夜はハーグで一泊した。

二十六日、赤松は夜七時の汽車でアムステルダムに帰った。

二十七日、赤松は朝、佐野の来訪をうけ、十二時半の汽車で一緒にユトレヒトに赴いた。夜、ボードワァン宅で夕食をとった。

三十一日、赤松は、朝一番列車でハーグに赴き、日進丸の竜骨と船首を取りつけるのに「ステーフェンキニー」を使用することについて相談し、ファン・オールト宅に手紙を出した。

二月一日、赤松はファン・ロー（不詳）への支払いをすませた。この日は強風のため、赤松はほとんどホテル内で過ごした。が、夜七時の汽車でハーグを発ち、アムステルダムに帰った。アムステルダム到着後、早速、ボードワァン宅にいとまごいの電報を打った。

二日、赤松は午後三時の汽車でニューウェ・ディープに赴き、夕方、ヒップスへ手紙を出した。

三日、赤松はニューウェ・ディープに逗留し、江戸、パリ、ユトレヒトなどに送る御用状をしたためた。四日、この日も赤松はニューウェ・ディープに逗留した。

五日、赤松は午前十一時半の汽車でアムステルダムに戻った。

六日、朝、赤松はファン・デル・トールン宅を訪れた。内田恒次郎より為替金の件につき御用状が来た。

十一日、赤松は始発列車でアムステルダムを発ち、デルフトのハルトフの工場を訪れた。訪問の目的は、注文した火薬製造機械が未だ完成しないので見分するためであった。午後四時ごろハーグに行き、同夜佐野宅で一泊した。

十二日、午後、赤松は諸方を遊歩したのち、夜七時の汽車でアムステルダムに戻った。

十四日、赤松は一番列車でアムステルダムを発ち、ドルトレヒトに赴いた。午後二時半、ヒップスの造船所を訪れた。

十五日、赤松はドルトレヒトに逗留し、諸所を見物して回った。夕方、六時半の蒸気船に乗り、どこかに出かけているがその場所については不明である。夜十時ごろドルトレヒトに戻っている。

十六日、赤松は午後一時の蒸気船でドルトレヒトを発ち、ハーグに赴き、同夜同地で一泊した。

十九日、赤松はハーグに逗留した。この日の朝、佐野は一番列車でパリに向けて発った。赤松はスヒーダムに赴いた。この日はオランダ国王の誕生日につき、例年のようにパレードがあり、それを見物に行った。夜、七時の汽車でアムステルダムへ帰った。

二十三日、赤松はハーグに逗留した。

二十七日、夕方、赤松は江戸の内田からの御用状を二通受けとった。為替三千四両三分、すなわち洋銀で九千五百六十六フルデン受けとることになった。

二十八日、夕方、ニューウェ・ディープの伊東と林がアムステルダムに来、赤松と会い、本国から来た書簡ならびに新聞の記事について話し合った。伊東と林は、ニューウェ・ディープの海軍病院を離れ、これより好きなように医学修業したい希望があり、同病院の教師らに断わる方法について話し合った。

二十九日、赤松・伊東・林らはアムステルダム市内の劇場に芝居を観に行った。

三月五日、林、ハーグを発ちアムステルダムに赴き、赤松と会った。

六日、赤松は、伊東と林の御手当金を計算し、両人の分を林に渡した。またこの日、赤松は市内の銀行へ行き、内田が為替を組んだ分、七百八十フルデンを受けとった。

七日、朝、佐野が赤松を訪ねて来た。

八日、朝、赤松と佐野は始発列車でアムステルダムを発ち、ハーグに赴いた。

九日、朝、赤松はハーグを発ち、アムステルダムに帰った。

十日、赤松は佐野と共にアムステルダム郊外のムイデンに行き、午後四時ごろ帰宅した。

十一日、赤松は終日、アムステルダム市内の孤児院《ウェースハイス》や諸方を見物した。おそらく佐野も一緒だったと思われる。

十二日、赤松は佐野と共に最終列車でアムステルダムを発ち、ハーグに赴いた。

十三日、赤松はハーグに逗留し、午後一時の汽車でデルフトに赴き、同地の工芸学校などを見学した。

十四日、赤松はこの日もハーグに逗留。朝、海軍省を訪れ、夜七時の汽車でアムステルダムに帰った。

十五日、赤松は終日下宿で過ごした。

十八日、佐野はハーグよりアムステルダムに赴き、赤松と会った。

十九日、赤松は午前十時半にオランダ商事会社を訪れ、十一時十分にモイテン（不詳）に赴き、ブレヂウス（不詳）の火薬製作所を見学した。夜八時、再びオランダ商事会社を訪れた。折からイギリスから書簡と日本の新聞が届いていた。

二十一日、赤松は終日下宿で過ごした。

二十四日、赤松は朝、電報を打ち、デルフトのバルハンシュスを訪ねた。ハルトフの工場に誂えた火薬製造器械の催促に赴いたところ、製品はほぼ完成し、検査《ケウレン》も済んでいるとのことであった。赤松はバルハンシュスと共にハルトフの工場を再び訪れ、鑑定を頼み、来る四月上旬（陽暦）までアムステルダムに送って欲しい旨伝えた。夕方、赤松はハーグの佐野宅を訪れ、夕食をごちそうになったのち、夜九時の汽車でアムステルダムに帰った。

二十五日、赤松はオランダ商事会社を訪ねた。日本の新聞が届いており、その主旨を早速ニューウェ・ディープの伊東や林に電報で伝えた。それより最終列車でハーグに赴いた。

二十六日、赤松は早朝の始発列車に乗りデルフトに赴き、小銃製作所（所長はボーム大尉）を訪れ弾道テストを見学した。それより同工場内をすみずみまで見学した。午後四時の汽車でハーグに帰った。

二十七日、この日は軍艦〝日進丸〟の命名式が行われるため、赤松は朝、始発列車でドルトレヒトに赴いた。命名式ののち、赤松はファン・ボッセ、ファン・オールト、ヒップス、ヂューラーらと昼食をとった。赤松は午後六時半の蒸気船でハーグへの帰途についた。

二十八日、赤松は朝、始発列車でハーグを発ちアムステルダムに帰った。佐野と共にオランダ商事会社を訪ね、社長と会い、佐野のために金を借りてやった。夕方の四時半より、深川長右衛門とファン・ホッセの招待により夕飯のごちそうにあずかった。赤松はこの宴席にウィトップ・コニング（開陽丸の元一等航海士）と共に出席した。

二十九日、赤松は最終列車でハーグに赴いた。

三十日、赤松はハーグに逗留し、朝、フレメリー海軍大佐に大砲のことについて相談した。午前十一時半すぎテウェーテカームル（不詳）に赴き、午後六時四十二分の汽車でロッテルダムに帰着した。佐野は程なくロンドンに向けて発つので、赤松は万事その世話をした。同夜、バットホテルに投宿した。

三十一日、朝、深川長右衛門がパリに向けて発った。赤松はロッテルダム市内を遊歩したのち、午前十一時すぎファン・オールトの工場（フェイエンノールトにある造船所）見学に赴いた。午後四時、佐野はハリッチ（Harwich——ロンドンの北東百十四キロの地点にある港町）の蒸気船に乗り、イギリスに向けてロッテルダムを発ち、赤松は午後六時十五分の汽車でアムステルダムに帰った。

四月一日、ハルトフの工場で誂えた機械のうち、ポンスマシーネ《（穿孔機）》、ノックペルス（不詳）二箇、ホイスペルス（不詳）などが完成し、この日、ウィルヘルミナ号に積み込んだ。

十五日、夜、赤松は佐野と共にハーグを発ちドルトレヒトに赴き、同夜同地で一泊した。

十六日、赤松と佐野は午前八時すぎヒップスの造船所に赴いた。佐野は九時半の蒸気船でパリに向けて立ち、赤松はムルディクまで見送った。それより午後一時半の汽車でハーグへ帰った。

十七日、朝、赤松は諸方を回ったのち、午後一時半の汽車でアムステルダムに帰った。

十八日、赤松は終日下宿で過ごした。パリより手紙等が届いた。

二十三日、赤松はこの日ハーグに出かける予定であったが、午後二時半ごろ林がニューウェ・ディープからやって来たので、出発を見合わせた。

二十四日、赤松は始発列車でハーグに赴いた。

二十六日、正午に公証人ストープが赤松を訪ねた。

二十七日、赤松は午前七時の汽車でハーグを発ち、パリに向かった。

二十八日、赤松は午前中に、栗本公使を訪ねたようである。赤松の手帳に「巴里、朝ホーズマンの栗本芸州方江至ル」とある。

二十九日、赤松は午前中、御小姓頭取・山高石見守の旅宿を訪れた。翌三十日の朝、「セルセミージー」（不詳）へ赴いた。午後三時半ごろ、「ムールマン《ママ》」（蘭人ムアーマンのことか？）とマンエレ（不詳）らが赤松を訪ねて来た。四時ごろ赤松は栗本公使宅を訪れ、それより一緒に公子の旅宿に行き夕飯を食べた。「夕五時安芸守殿、赤松大三郎罷出る」（「巴里御在館日記」）とある。食後、ブローニュの森を遊歩し、いとまごいを告げたのちボードワァン宅に寄り、のちホテルに戻った。

五月一日、赤松は午前七時にパリを発ち、アムステルダムに向かった。途中ブリュッセルよりにわかにリェージュ（フラマン語でLuik《ルイク》）に赴き、同夜同地で一泊した。

二日、朝、赤松はファン・デル・ウェルフ宅を訪れた。カラキスレンニ大佐と会った。赤松は、フレデリックスから十フルデン受けとり、またポンペには金を遣すつもりであった。

三日、赤松は、午前九時十五分の汽車でリェージュを発ち、アントウェルペンを経てロッテルダムに出、そこから汽車を乗り換えて夜十時ごろアムステルダムの下宿に帰った。この日の赤松の手帳の記述に「本朝江帰朝之段伊東林江知らせる」とあるくだりは、同人が海軍病院にいる両人に帰国を決意した旨を伝えたものであろう。

（223）『続幕末和蘭留学関係史料集成』一二七頁。

（224）シーボルトの没後、レイデルドルプの〝日本〟は、イェー・マテル J. Mater とその息子デー・マテル D. Mater の手に管理がゆだねられた。この親子はライデンの草花栽培者であったが、とくに息子のマテルは、内外の花の展示会で日本の花卉《かき》の美しさを紹介し、メダルを一四〇個獲得したということである。

またシーボルト一家は、当初、空家となった〝日本〟を人に貸した。が、一八七〇年七月一日カロリナ・ヘンドリカ・アペリウス夫人に売却した。しかし、この新しい持主は〝日本〟には長く住まなかった。別荘は、八年後の一八七八年十月三十日、フォールスト・トート・フォールスト男爵夫人の手に渡ったからである。同夫人は、アビンク大尉と結婚し、一八九二年の春、ハーグに移って行った（前掲 A. J. Versprille 夫人の "Feeëriek Japan in Leiderdorp" の一二五頁を参照）。「シーボルトの〝日本〟で栽培された日本の植物と種子の価格表――説明的カタログ」(Catalogue raisonné et prix-courant des plantes et graines du Japon cultivées dans l'etablissement de von Siebold……1856-1863) によると、バタビア総督カペレンが出島に植物園を造ることに同意したのは、一八二五年四月十九日のことであった。出島の植物園には、一八三〇年にシーボルトが日本を退去するまで、一四〇〇種以上もの植物があったということである。そして日本の植物の多くは、同植物園からバタビアのバイテンゾルフ植物園とオランダに送られたのである。

シーボルトの再来日は一八五九年（安政六）八月のことだが、かれが出島を訪れてまず見たものは植物園であった。しかし、そこは荒れはて、昔日のおもかげがなく、かれの心をいたく悲しませた。シーボルトのことばを借りれば「科学的な配慮を払うことなく、商業の発展のために、珍しい植物も、大きな木も根こそぎにされていた」（一八六三年版の前掲カタログによる）ということである。

シーボルトが日本からもたらした花卉が競売にかけられたときの品種は、一部明らかにされる。A. J. Versprille 夫人の先の論文には、オランダの園芸誌 "Sempervirens"（一八八八年一月十三日号）に載った、競売に関する記事が引用されている。

それによると、「ゲントの園芸家L・ファン・ハウテ氏が、「ししみばな科」(Spireae Prunifolia flore pleno) を二〇〇〇フランで購入。これはたちまち全ヨーロッパに広まったという。ユトレヒトの二人の草花栽培者（名前不詳）は「さくららん科」（Hoya picta）を二〇〇〇フロリンで購めたが、これは一本一〇〇フロリンでたちまち売れ切れた。一八六一年ロンドンの園芸家E・G・ヘンダーソン氏は「やつで科」（Fatsia Japonica）を八〇〇フランで手に入れたとある。「ボタンの苗木」（Clematis-Zaailingen）は二〇〇〇フロリンで人手に渡ったし、フレデリック公に至っては「ボタン科」十二種類を四〇〇〇フロリンで求めた、とある。

(225) 〝園翁〟とは花卉栽培者マテル（父）であると考えられるが、この日、昭武主従が食べた魚はKroeskarper（コイとフナの合いの子、春先よりつれる）か、季節に関係なく釣れるというsnoek（かすまごまたは駄津《だつ》）、もしくはsnoekbaars（オランダにいる日本人は〝すずき〟と呼び、さしみにして食べる）のいずれかであろう。

(226) Aardrijkskundig Woordenboek der Nederlanden,Jacobus Noorduyn 1846. の二八三頁を参照。

(227) Die Würzburger Siebold, Eine gelehrtenfamilie des 18. und 19. Jahrhunderts von Hans Körner, Verlag Degener & Co., 一九六七年刊の四三三頁を参照。同書の抄訳『シーボルト父子伝』（創造社）では九九頁。

(228) Jaarboekje voor geschiedenis en Oudheidkunde van Leiden en Rijnland, 1932-1933, Leiden, P. J. Mulder & Zoon 所収の論文〝Verloren glorie. Thr. Dr. Ph. F. B. von Siebold en zijne buitenhuis, Nippon〟の一一〇頁から一一一頁を参照。また A. J. Versprille 夫人（一九五六年から一九七〇年までライデンの古文書館に勤めた）が執筆した「レイデルドルプのすばらしい日本」Feeëriek Japan in Leiderdorp（Leiderdorp, ann jaagpad en snelweg に収録）によると、シーボルトは、日本や蘭領インドネシアから各種の植物や種子を送らせ、それらを培養する必要から土地を購めたのであった。が、植物の培養は必ずしも成功を収めたわけではなく、時には失敗もあったようである。しかし、のちにライデンの国立腊葉《さくよう》館の所長セ・エル・フォン・ブルーメ C. L. von Blume（一八二六年から一八六二年まで所長をつとめた）や、草花栽培者イェー・セ・ロートバルト J. C. Rodbart の専門的援助を得ることができ、成功を収めたという。

フェルスプリレ夫人の論文には、別荘〝日本〟におけるシーボルトの私生活に関する興味あるエピソードが次のように紹介されている。「シーボルトは和服を着、大勢の来客と畳のうえで応対したのである！」（Hij kleedde zich als Japanner en ontving zijn ontelbaare gasten gezeten op een tatami-mat！）「レイデルドルプのすばらしい日本」の一二五頁より引用）。

(229) 同右、一一五～一一六頁を参照。

(230) 竹内精一訳『シーボルト父子伝』の一〇二頁を参照。
(231) 注の(228)の論文の一二六頁を参照。
(232) 『続幕末和蘭留学関係史料集成』一二八頁。
(233) 西堀昭『日仏文化交流の研究』二九七〜二九八頁。

幕府崩壊の祖国へ

オランダ在住の赤松・伊東・林・松本・緒方ら五名は、毎日、憂慮のおももちでめいめいの専門に励んでいたが、その心理を伝える史料となると実に少ない。各自、時折故国から来る書状によって、日本の政情不穏なるを十分知っていたので、その生活にも暗い影を投げかけていたはずである。

思えば、慶応二年(一八六六)の秋、内田恒次郎以下八名の留学生仲間をフリシンゲンの埠頭に見送ってからもう一年以上になる。アムステルダムの赤松、デン・ヘルダーの伊東・林らの生活は、これまで通り単調かつ平穏なそれであったが、かれらは時々国からの便り、パリにいる同胞らが伝えてくるニュースと接するにつけ、心中おだやかでなく、不安を禁じ得なかったと思われる。ユトレヒト在住の松本銈太郎と緒方弘哉らも同じ心境であったであろうが、その居住地や日常生活に関する史料が手元にないので何ともいえない。

赤松は早晩凶報が来ることを予測しており、帰国前の情勢と心境とを、

私のアムステルダムの学生生活は極めて平穏に順当に進んだのであるが、只《ただ》本国々内の不穏の政情は家庭に在る

弟吉沢才五郎や知友の消息にも、亦《また》来住の人々よりの伝聞にも心安からぬ事のみであった。恰度《ちょうど》慶応四年（一八六八）正月のこと、仏都巴里在留の栗本公使の許《もと》から前年十月将軍慶喜公には大政を奉還せられ、幕府瓦解との報告があった

と語っている（『半生談』）。

栗本公使から来た御用状については、赤松の手帳（一月三十日付）の記述に「巴里ゟ御用状到着、我大君政権を御門に帰したる事件を達し来ル」とある。大政奉還につづく幕府崩壊のニュースに「私には実に青天の霹靂《へきれき》で幕府から派遣された留学生の身分として、一時は殆ど策の出るを知らなかった」と、赤松は述べているが、その茫然自失の体と身の振り方について苦慮する姿が彷彿とする。

やがて落着きを取り戻した赤松は、のんびりと外国に滞留すべき時でないと考え、あらゆる公私の事務を片づけて帰朝することに決した。その後の在蘭留学生の行動を赤松の手帳に追うと、次のようになる。

五月四日、赤松は終日下宿で過ごした。この日、日本より宅状が届いた。

五日、赤松らは来る十一日にアムステルダムを発ち、帰国の途につくことになったので、この日は終日荷物を整理し、午後二時ごろオランダ商事会社に出向いた。

六日、赤松は在宿し、荷物を整理した。この日ハーグに赴く予定であったが、林と伊東がニューウェ・ディープよりやって来たので取りやめた。

七日、赤松は朝、二番列車でハーグに赴き、ポンペと会った。「ハルトフ過料之一条」（ハルトフは期日まで誂えた製品を完成させなかったことの罰金か？）について相談し、取り立てることにした。終列車でアムステルダムに戻った。

八日、赤松は終日在宿し、荷物等を整理した。

九日、朝、赤松はオランダ商事会社に行き、日進丸の件を相談した。林と伊東はロッテルダムに赴き、赤松は帰宅後再び荷物をかたずけた。大工を呼んで荷物を残らず箱七つにつめ込み、「エンケル《ママ》船」（船一隻の意か？）に積み込んだ。午後一時ごろ、林と緒方の来訪をうけ、それより一同コニング宅に赴き万事相談した。夕方、林と緒方はユトレヒトに赴いた。

十日、赤松は午前中、下宿で過ごし、午後いとまごいのために外出した。メイエル（不詳）の来訪を受けた。ロイク（不詳）より手紙が来た。

十一日、赤松は夕飯をすませたのちハーグに赴いた。

十二日、赤松はハーグに逗留し、一泊した。

十三日、赤松は最終列車でロッテルダムに出て、ドルトレヒトに赴いた。

十四日、赤松はドルトレヒトを発ち、リエージュに赴いた。

十五日、この日の赤松の手帳には「ロイク出立、巴里、ピストール二挺、各百五十発実弾、百霰玉」とあるが、これはリエージュかパリで護身用にピストル二丁を実弾と共に購入したことの意であろう。

十六日、この日の手帳の記述は「各国王族の写真、戦争の図数枚、公子の写真の事」とあるだけで、いささか意味不明である。おそらく以上の写真等を手にしたということであろう。

この日、栗本公使以下の帰国組とヨーロッパに留まる残留者との送別の宴が開かれた。出席者は帰国者では、栗本安芸守・坂戸小八郎・大井六郎左衛門・菅沼左近将監（フランス留学生）・大岡松吉（フランス留学生）・山内文次郎・木村宗三・高松凌雲・熊谷次郎左衛門・赤松大三郎（オランダ留学生）ら十一名。残留者からは、昭武公子・山高石見守・栗本貞次郎（フランス留学生取締）・渋沢篤太夫（栄一）・小出湧之助・菊池平八郎・三輪端蔵・川路太郎（イギリス留学生取締）など七名。これにヴィレット中佐、フリュリー・エラール、カション、ティソー（昭武の絵の師匠などが加わり二十六名の「大夜餐」となった。この大宴会の二日後——五月十八日、栗本公使以下十三名（従者三名を含む）はガール・ド・リヨン駅に向かい、午前十一時の汽車に乗りマルセイユを目ざした。一行がパリを離れるとき、駅までヴィレット中佐・渋沢・三輪などの見送りを受けた。

フランス郵船に搭乗後の様子について、赤松は「私たちの船は馬耳塞《マルセイユ》を抜錨し、アレキサンドリアに着し、汽車でスエズに赴き同所から更に郵船に転乗、六年前の帆船の難航とは全《まる》で異った平安な航海を続け、五月十七日を以て横浜の港に入ったのである」（『半生談』）と簡単に帰路についてふれているが、かれの手帳の記述をもとにもう少し詳しく記してみよう。

十九日、夕方の六時ごろ、栗本公使以下在仏の留学生、江戸商人、赤松らはフランスの郵船に乗り込み、マルセイユ港を出帆し、帰国の途についた。

二十日、午前九時ごろ、コルシカとサルデーニア島が見えた。十二時半ごろ両島の間を通り抜け、夜九時ごろメッシーナ（Messina——シチリア島北東部の港町）に入港。十時半ごろ出帆し、針路を東南にとった。

二十一日、午後四時半、カンヂア島を左舷約十里の方向に見た。

二十二日、夜三時半、アレクサンドリア（Alexandria——カイロの北西二百二十三キロに位置する港湾都市）に到着した。

二十三日、午前八時にアレクサンドリアを発ち、午後一時半ごろカイロに到着した。一同「セルパツルホテル」（不詳）で一泊した。

二十四日、午前十時にカイロを出発し、午後三時スエズに到着し、すぐ蒸気船に搭乗した。

二十六日、午後一時十五分スエズを出帆した。

二十九日、オランダに残留している伊東と林は、帰国に先立ち多年世話になった海軍病院の医師たちへの礼物として、日本政府（幕府）の名で銀器・漆器・絹布などを贈った。このことは『アルヘメーン・ハンデルスブラット紙』（一八六八年六月一日付）に次のように報じられている。

NIEUWE DIEP, 29 Mei. Bij het vertrek van Heeren Japansche officieren van gezondheid Itoe Gempak《ママ》 en Hayasi Kinkai《ママ》 van deze plaats, waar zij bij het marine-hospitaal hunne wetenschappelijke vorming grootendeels verkregen hebben, zijn door hen zelven en namens de keizerlijke Japansche regering heden diverse prachtige geschenken in zilver van sierlijke inscriptië n voorzien, Japansche lakwerk en zijden stoffen aangeboden aan hunne leeraaren de H. H. H. Slot, dirigerend officier van gezondheid Ist klasse, S. D. Saelise, dirigerend officier van gezondheid 2de klasse; dr, D. Hellema officier van gezondheid 1ste klasse en P. C. de Winter, lste apotheker der zeemagt : alle belast met het onderwijs in de geneeskundige wetenschappen ann het marine-hospitaal alhier.

ニューウェ・ディープ　五月二十九日

当地の海軍病院で学問形成の多くを受けた日本の軍医である伊東玄伯と林研海の両氏は、退去のため、本日かれら個人と日本政府との名において、銀器に銘を刻したもの、日本の漆器及び絹布といったすばらしい贈物を、当地の海軍病院で医学教育の任にあった一等軍医H・H・H・スロット、二等軍医S・D・サエリセ、一等軍医D・ヘレマ博士、海軍一等薬剤師P・C・ド・ヴィンテルらに贈呈した。

三十一日、午後三時半の気温は華氏九十八度（摂氏三十七度）に達した。

六月一日、午前九時半ごろ、右舷に無人の七島が見えた。お昼ごろこれらの無人島の近くを通過した。島にあるものは一片の草木だけであった。午後五時ごろ紅海の峡を通過した。海岸線に堅固な砲台が多く見られた。

二日、午前四時半ごろアデン（Aden——南イエメンの主都で港湾都市、アデン湾に臨む）に入港した。石炭を積み込み、夕方五時ごろ出帆し、六時ごろ南の方角に無人島を見た。

三日、午前八時、正南の方向約二里位にソーコトラ（Socotra——南イエメンの南東に位置する島）の西岬を見た。正午に東北の方向に一無人島が見えた。強い南風が吹いていた。

四日、昨日の夕刻より吹き出した南風はますます強くなり、波浪はうねり、船は動揺した。十人ばかりが船酔いし、そのため食事がのどを通らず、いずれも食事の席には出なかった。

五日、快晴。昨日と同様に波浪は高く、船は揺れた。

六日、快晴。この日も風浪は高かった。

七日、風波は少し弱まり、午前十時半ごろ、南の方角に草木の繁った島々（モルジブ諸島か？）が見えた。

九日、午前七時にポイント・デ・ガール（Point de Galle——セイロンのコロンボの南南東百四キロの所に位置する港町）に到着した。一同、午前十時ごろ上陸し、「スィー・ヴュー・ホテル」（See View Hotel）に投宿した。宿泊料は三食と部屋代を含めて一ポンドであった。

十日、午前八時ごろ一同、馬車に乗り寺院などを見物に出かけ、所々遊歩した。午後三時半に船に戻った。

十一日、十二時半にポイント・デ・ガールを出帆し、一路シンガポールを目ざした。

十七日、午前六時にシンガポールに入港した。十時半に上陸し「オテル・ド・ウーロープ」（Hôtel de Europe）に入った。熱気は耐えがたく、お昼ごろいったん本船に戻った。夜七時すぎ再び上陸し、山道を遊歩し、シンガポール市内に入った。マルセイユより同行したオランダ人は残らず下船し、他の船に乗り換えた。これらの蘭人は、明日五時にバタビアに向けて出帆することになっていた。

十八日、西北の風が吹き、大いに暖気がゆるんだ。午前七時に船はシンガポールを出帆し、次の寄港地サイゴンを目ざした。

二十日、早朝、甲板からベトナムの山並が見えた。昼ごろ「セイコン《ママ》川」(ドンナイ川のことか?)の河口に入り、約八十キロほどさかのぼりサイゴン港に投錨した。

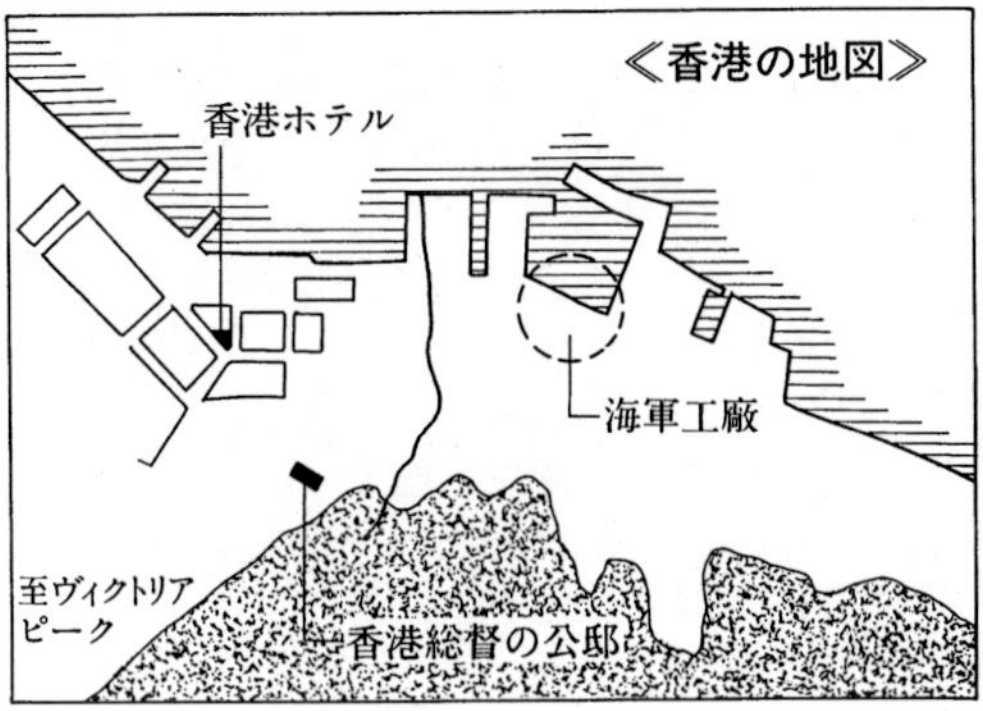

二十一日、本船は、十二時半にサイゴンを出帆し、香港に向かった。

二十四日、朝、雨が降った。夜八時半ごろ香港に到着した。

二十五日、午前十時ごろ上陸し、「香港ホテル」(Hong kong Hotel)[234]に投宿した。

二十六日、一同、早朝に本船に戻り、それより「デュプレクス号」(Duplex)に乗り換えた。同船は正午に香港を出帆した。

三十日、午前五時、本船は揚子江をさかのぼり、十一時ごろ上海港に投錨した。十二時半に上陸し、「アストール・ハウス・ホテル」(Astor House Hotel)[235]に投宿した。

七月一日、この日も上海に逗留し、「アストール・ハウス・ホテル」に泊った。

二日、午前八時に一同、フランス船「ファーズ号」(Phase)に乗り換え、午前九時半に上海を出帆した。

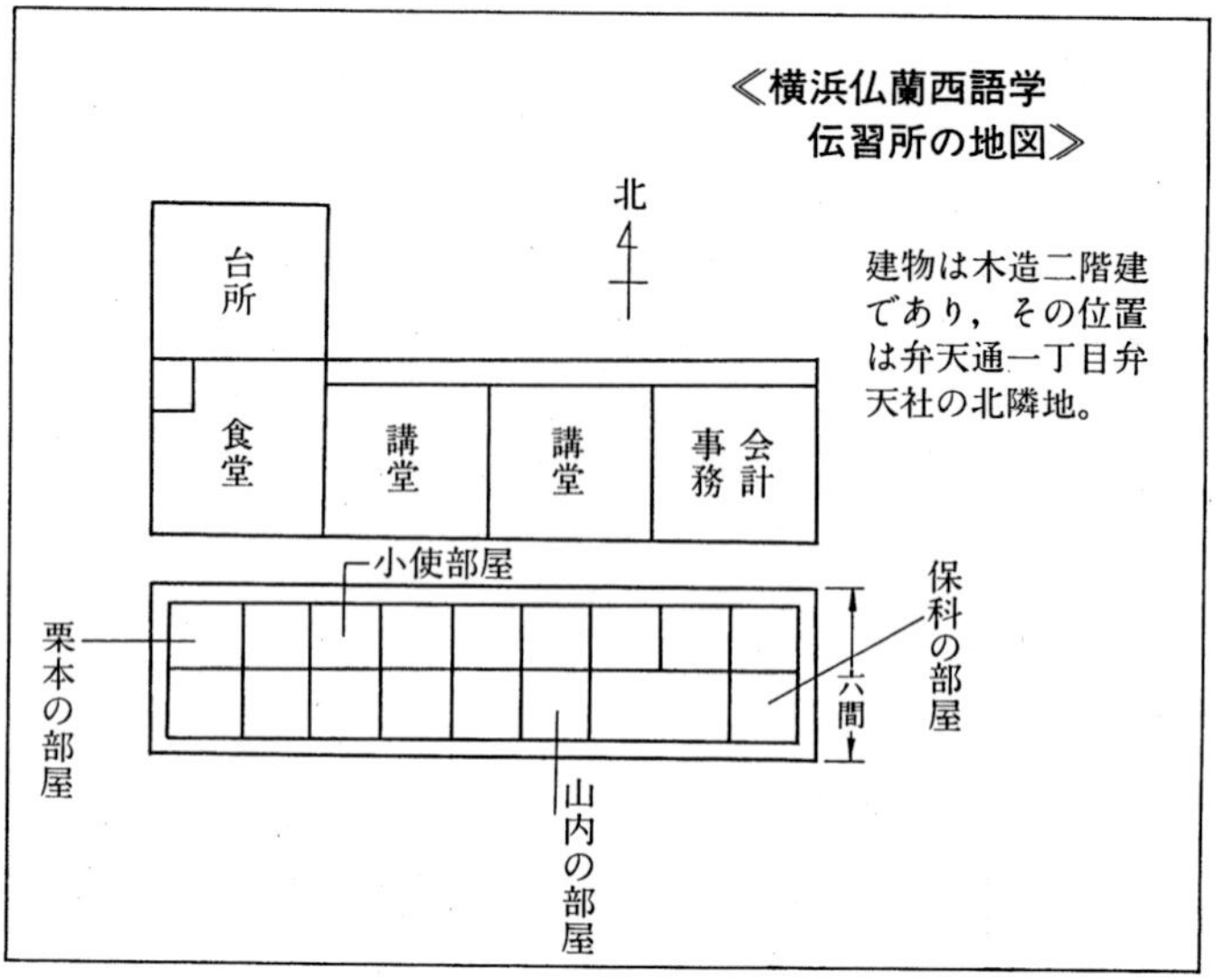

建物は木造二階建であり，その位置は弁天通一丁目弁天社の北隣地。

三日、本船の動揺が激しくなった。

五日、霧が晴れたのち、十二時ごろ大島が見えた。

六日、朝、本船は横浜に到着した。一同、午後四時半ごろ細谷（安太郎のことか？）の案内で横浜仏語伝習所（横浜表語学所〔Collège Japonais-Français〕ともいい、弁天社の北隣りの地に在った）に入った。

かくして赤松大三郎は、五年半ぶりで故国に無事帰ったわけであるが、横浜帰着は慶応四年五月十七日（一八七八年七月六日）のことであった。この日は、上野の彰義隊の戦争があって二日後のことであり、留学生仲間の榎本釜次郎は、幕艦開陽丸以下七隻を統率して品川沖にあり、天下の形勢を静観していた。一大混乱期にあった江戸とその周辺では、幕府艦隊が今にも江戸湾から脱走するであろうといったうわさが飛び、また「錦旗を擁したる西軍（官軍）は陸上一帯を戒厳し、幕府の士を以て賊徒視しつゝ、ある折柄であったから、幕府の士などは往来することは頗る危険であった[236]」ということである。そのため今回フランスから帰った栗本公使以下、フランス留学生・商人・赤松らは身の危険が感じられたので、直ぐ江戸に赴かず、ひとまずフランス公使館（本町一丁目、オランダ公使館の隣りに位置）に入り、横浜裁判所判事（松木弘庵、後年の伯爵寺島宗則）に委細を伝え、その幹旋によって仏語伝習所に入り、更に大総督府の印鑑を得てようやく江戸に帰る

ことができたということである。(237)

オランダ帰りの赤松はその後、オランダ公使館に移り、「公使館からは館員を派出して私の荷物類を引取って呉れるといふ始末で万事を心配して貰ひ、数日滞留の後、公使館から鎮守府といふ大きな印の捺してあった通行切符（通行手形）を渡された」ので、それをもって海路江戸に向かった。当時、横浜・江戸間の交通は、陸路を駕篭で行く以外に、海路をとって船で往来するのも盛んであったという。ともあれ赤松は、オランダ公使館で三晩ほど厄介になったのち、五月二十一日（陽暦七月十日）江戸まで押送船（快速の生魚船）を雇ってもらい、それに行李三箇を載せ横浜を発ったが、風向きが悪いため、観音川に入り、同夜、大師河原《がわら》（現在の川崎大師付近）の丸田屋に投宿した。翌二十二日も、風が強いため、出発を見合せ、丸田屋で一泊した。二十三日、赤松は朝、平間寺を参詣したのち、午前十時ごろ出発し、観音川より本船に乗り移り川崎を出帆し、午後二時ごろ品川の台場（砲台）を通過し、四時半ごろ大橋（両国橋）の菅沼左近将監宅に到着し、同所で一泊を乞うた。二十四日、午後二時ごろ小舟を雇い、小名木川に入り、自宅近くの河岸（高橋際の組屋敷の裏）に着き、ようやく自宅にたどり着いた。赤松の手帳にある帰宅についての記述は、「一家無滞再会ス」といったように実に淡々としたものだが、家族の喜びは筆舌に尽しがたく、その模様を次のように伝えている。

私の留守宅では私が俄様《じんよう》に突然和蘭から帰って来ようとは考へても居らなかったので、河岸から行李を船夫に担《かつ》がして門口に入ると、只一人家を守ってゐた母は私の声を聞くのは真に寝耳に水の驚きで、夢かとばかり駈け出して来て碌《ろく》に口もきけぬ程の喜びであった。（『半生談』）

赤松の留学中、家族（母と末弟の吉沢才五郎）は、七人扶持（年に三十五俵の俸禄）で小婢を雇って細々と生計を

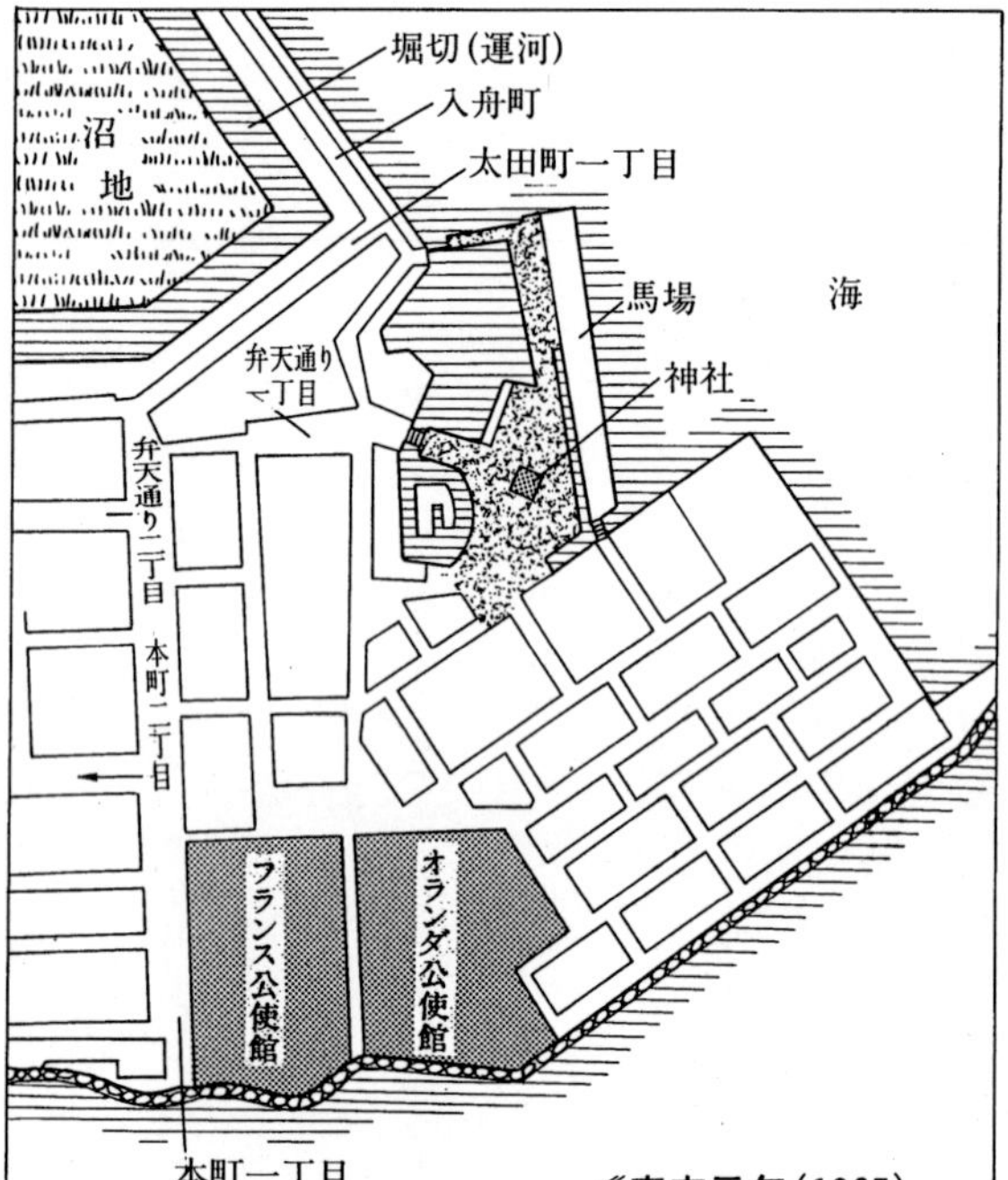

《慶応元年（1865）頃の横浜の地図》

立て、ひたすら大三郎の帰りを待ちつつ暮していたという。赤松は三日ほど私宅で休養を取ったあと、二十八日の午後、小舟を雇い入れ軍艦操練所を訪れた。このとき初めて帰朝報告をしたものと思われる。赤松の手帳に「午後船にて始めて海軍所江至ル」とある。翌二十九日も午後に軍艦操練所を訪れ、それより品川沖に停泊中の開陽丸を訪れた。このとき榎本釜次郎と再会し蝦夷への同行を懇望した。同夜と翌五月晦日を開陽丸で泊まったものと思われる。おそらく留学仲間と積もる話に興じたことであろう。赤松は「開陽船中」とだけ手帳に記している。六月朔日（陽暦七月二十日）、赤松は午後、開陽を下船し、便船をもって帰宅した。同月三日まで自宅にいたものか、手帳には何ら記載はない。この日、林洞海（一八一三～九五年、幕末・維新期の蘭医、のちの権大典医）の来訪をうけた。四日は終日在宅し、五日、三宅房太郎（不詳）の来訪をうけた。八日、朝、赤松は浜海軍所（軍艦操練所）へ行き、午後開陽丸を訪れた。竹川龍之助（不詳）と会い、新潟や佐渡の様子を聞いた。九日、午後三時ごろ、便船があったので竹川（不詳）と共に開陽を下船し、上陸後、浜海軍所内の中島の御茶屋で佐倉等と会った。十日、十一日は終日在宅し、矢作平三郎（不詳）と吉沢玄庵（不詳）の来訪をうけた。十二日、在宅。吉沢玄庵は家族と共に横浜に転宅した。この日、原田吾一の来訪をうけた。

十六日、赤松は午前中、自宅で過ごし、午後一時すぎ駿河屋（不詳）に出向いた。それより「小石川芸州の宅」（毛利家の屋敷のことか？）を訪れた。

十七日は、終日在宅し、翌十八日、赤松は雇い船に乗り、横浜に赴いた。

十九日、赤松は軍艦並被仰付られ、高三百俵十三人扶持を給せられることになった。が、扶持米は名ばかりであって、世情混乱のためついに一俵も給せられなかったという。[238]

二十一日、午前七時半に郵船《メイルボート》が到着したので、赤松は九時ごろ同船を訪れた。また先に一緒に帰国したフランス留学生らと会った。この日の赤松の手帳に「連発銃無滞本船江積込来れり、依て受取方之義、委細ファンドルタック江頼ミ置」とあるくだりは、かれが帰朝の際に買入れた連発銃とクルップ会社製の大砲二門のうち一門がフランスの郵船で到着したことを指すものと思われる。[239]「ファンドルタック」とは van der Tak（一八六七年三月から七二年四月まで横浜駐在オランダ領事）のことである。ファン・デル・タックはオランダ商事会社社員として来日した者であるが、のちに駐日領事となった。一八七三年四月十二日、勅令二十一号により領事（江戸駐在オランダ領事を兼ねる）の職を解かれている。先の赤松の記述は、このオランダ領事に受取り方法その他を託したものと解されるが、「其時は深川に居る私へ和蘭公使館から密《ひそ》かに知らせがあった。当時各国公使館は何《いず》れも横浜・江戸の間に其通信機関を持って居り、又幾人かの日本人の使用人も居ったので、夫《そ》れ等の手を経て種々の情報を私は得てゐた」[240]と武器到着の連絡があったことを伝えている。

二十二日、横浜逗留。二十三日、赤松はこの日、横浜を発つつもりであったが、暴風雨のためもう一泊した。二十四日、午前十時に船にて横浜を発ち、夕方帰宅した。七月二日（陽暦八月十九日）、赤松は「田安御館」（田安家）を訪ね、四日は、開陽丸を訪れた。幕艦蟠龍が帰船した。八日、赤松は数日前に横浜に来ていたものか、この日の朝、オランダ公使館を訪れている。

そして、ライフル銃五百丁と装薬（火薬）、及び連発銃をナッソウ号（不詳）に積み込んだ。午後五時半、雇い船二隻を率いて、ナッソウ号を訪れたが、荷物を全部積み込むのは無理と判り、小銃を同船に残し、連発銃だけを積んで江戸へ向けて出帆した。夜、風が強まり、羽田沖に碇泊した。武器（小銃や大砲）を官軍制圧下の江戸まで隠密裡に移送することは命がけであったと思われるが、赤松はそのときの苦心を「乃《そこ》で早速私は横浜へ赴いて之（大砲）を受取って本船（ナッソウ号か？）から雇入れた押送船へ積卸《つみおろし》することにしたが、何しろ軍器ではあり人目に触れては面倒だから、砲身を車軛《しゃこつ》（砲車のくさびのことか）から分離して別々に菰包《こもづつみ》をし外の荷物と共に卸したので、如何なる品か取扱った人夫等にも解らず誰にも怪しまれなかった。積込を終った押送船には宰領となって私は其上乗りをし、夜は船を漕がせ、昼は海上に漂泊し、人目を避けて品川迄来て沖の開陽丸へ之を積込み、其船内で更に機械を組立て、引渡した」（『半生談』）と語っている。赤松は、ヨーロッパで買付けたライフル銃五百丁の行方については詳しく語っていないが、おそらく榎本ら幕府海軍の手に渡ったものと考えられる。クルップ製の大砲は開陽丸に運び込まれ、そこで組み立てられたということだが、同艦が江差沖で沈没したとき一緒に海底に沈み、小さい方の砲だけは榎本軍の用には間にあわず、後に民部公子に懇望されて水戸藩のものとなったという[241]。

九日、午前一時半ごろより風が激しくなり、大森川に船を乗り入れ投錨後、上陸し、駿河屋で一泊した。翌十日、赤松は開陽丸を訪れ、翌日まで同艦に逗留した。十二日、午後二時ごろ帰宅。この日、幕臣乙骨渡と田辺太一らと会った。

十五日（陽暦九月一日）、お昼ごろ榎本は赤松宅を訪れ、両人は同道のうえ、薬研堀の林洞海宅を訪ねた。これは赤松の結婚話のためであったと思われる。のちに赤松の妻となる貞《てい》は榎本が紹介したものであった。

二十日、赤松は、午後二時、薬研堀へ行く途中、数日来の大水のため両国の大橋が破損し、往来止になっていたので、私宅へ引き返した。それより金子堀の宮崎宅（大三郎の叔父宮崎鷹之進のことか？）を訪れ一泊した。

二十一日、赤松は、午前十時ごろ帰宅した。午後、お貞《てい》（林洞海の妹）の縁談のことで林研海が訪ねて来た。

二十二日、午後、赤松は林洞海宅を訪れ、夜帰宅した。

二十三日、朝、薬研堀の林家に結納を届けるため、倉吉（小者か？）が訪ねて来た。

二十四日、赤松は宮崎宅に結納の儀がすんだことを手紙をもって知らせた。

二十九日、朝、赤松は開陽丸を訪れた。脱走した幕臣約千名ばかりが各艦に乗り組んでいた。八月四日（陽暦九月十九日）、赤松は終日自宅で過ごした。隣家松崎太郎八宅を借りることにした。

五日、午後、薬研堀（林研海宅か？）に赴き、それより浅草の原田（吾一か？）宅を訪れ、夕方帰宅した。

七日、午後、赤松は薬研堀の林研海を訪れ、婚礼の日取りを決めた。

十日、朝、赤松は開陽丸を訪れ、永井玄蕃頭、松平太郎・榎本釜次郎らと会い、夜帰宅した。十三日、在宅中のところ、林研海の訪問をうけた。十六日（陽暦十月一日）、赤松は薬研堀の林研海宅を訪問した。研海は便船あり次第駿河へ赴く旨伝えた。十八日の夜、榎本艦隊は一路蝦夷をさして江戸湾を脱した。赤松の手帳に「夜開陽其他艦船脱走ニ及ぶ」とある。またこの日、林洞海は二女軾《しき》（のち貞《てい》）を伴って赤松宅を訪れた。十九日、朝、林研海は駿府へ向けて立ち、午後二時ごろ、おていの道具類、赤松宅に入った。二十日、午後三時半ごろ、嫁ていが来着し、高木七太郎夫妻の媒酌で婚礼をあげた。

九月十一日（陽暦十月二十六日）、赤松は軍艦役御免となり、陸軍御用取扱となるが、幕府瓦解後、沼津へ無禄移住することに決し、十月下旬、母と妻を伴って江戸を発し、陸路沼津へと向かった。……

一方、ヨーロッパに残った昭武主従は、イギリス訪問を果たすべく、一八六七年（慶応三）十二月一日にペルゴレーズの旅宿を発ち北駅に行き、正午の汽車でカレーに向かった。同地には夜七時十五分ごろ到着し、一晩ホテルに泊って翌二日、激浪にもまれながら、風雪を冒してドーバー海峡を渡った。ドーバーでは、市長や要塞司令官らの歓迎の祝辞を受けたのち、午後四時、特別列車で同地を発ち、午後六時ロンドンに到着した。駅（チャーリング・クロス）には「此府にある御国の留学生等（中村敬輔・川路太郎らイギリス留学生）も一同出迎ひ」、それより馬車でイギリス側が用意してくれたブルック街（Brook St.）のクラリッジ・ホテル（Claridge Hotel）に入り旅装を解いた。同夜、一同、船酔いと寒気に苦しめられた体をようやく休めることができた。

翌三日、午前中に外務次官ハモンド、午後には外務大臣スタンレーの来訪を受け、夜七時ごろ国会議事堂を見学に訪れた。四日、テームズ河畔にあるウィンザーを訪れ、夫君アルバート親王を失い喪中にあるヴィクトリア女王の謁見を非公式にうけた。その後、イギリス側の旅程に従って諸処方々を訪れるのだが、ロンドン市及びその近郊では、イングランド銀行・図書館・造幣局・タイムズ新聞社・水晶宮《クリスタル・パレス》、ウールリッチの兵器廠等を見学し、軍事施設ではポーツマス軍港及び造船所、オルダーショットの陸軍練兵場、テームズ河口の造船所等を視察した。

十七日、川路太郎・中村敬輔らへ慰労の品々を下げ渡したのち、一行は午後四時汽車に乗りドーバーに向かい、夜七時ごろ同地に到着した。同夜ホテルで一泊し、翌十八日、午前十時半、ホテルを出て、同地司令官以下の盛大な見送りのうちに二十一発の礼砲を受けて乗船し、午後一時カレーに到着した。帰路も風強く、海も多少しけ模様であったが、来たときほどの荒天ではなく、昭武はカレー到着まで甲板の上を散歩した。上陸後、停車場のそばのホテルで昼食をすませたのち、午後二時の汽車に乗り、夕方七時半パリに帰着した。駅には、栗本、同貞次郎、木村、エラール、カション、ヴィレット中佐らが出迎えていた。かくして延べ日数三カ月半にも及んだ欧州巡国は一応終了した。

当初、各国巡歴の計画にはプロシアとロシアの訪問も含まれていたが、今回は見送り、またの機会に行うことにし、所期の目的を果たした今、渡仏の主目的である学業に専念することになる。

昭武の修学のカリキュラムを立案したのはヴィレット中佐と教師ボワシェールであったらしく、午前七時の起床から午後十時の就寝までかなりぎっしり詰まったスケジュールであった。冬期間の時間割によると、一週間に馬術・体育が六時間、授業は三十二時間あり、土曜日の夜は娯楽、日曜日の午前中は自習に割り当てられ、あまり息抜きをする時間もないほどであった。(242) 学科としては、フランス語・図画・歴史（フランス革命）を主として学んだが、計画に入っていた数学・物理・化学・軍事学等は帰国に伴い学ばずに終わった。

昭武一行がパリで故国の政情に沈痛な思いを寄せながら暮らしていた時、慶応三年（一八六七）の十一月ごろ、大君が大政奉還したといううわさがフランスの新聞に載り、その後も日本の国情を伝える記事が相次いで載るようになったが、ヴィレット中佐や日本人は皆、虚報であるといって信じなかった。(243) しかし、これは後で判明することだが風聞ではなく、慶応三年十月十二日（陽暦十一月七日）に幕府は政権を朝廷に返し、同年十二月九日（一八六八年一月三日）朝廷は王政復古を宣言した。

在仏中の昭武の随員へも年が明けて一八六八年（慶応四）の「一月頃になると、追々に御国から報知があっ」たが、(244) 政体の変革の第一報に接したのは一月二十六日（陽暦）のことである。

「夕五時半御国御用状著《ママ》、政態御変革之儀其外品〻申来る、夜栗本安芸守来御用状相廻す」（「巴里御在館日記」）。

その後、三月六日、二十日、四月八日、九日とつづけて故国より御用状が届き、鳥羽伏見の戦い、将軍慶喜が開陽丸で大坂より江戸に帰り、朝敵と見なされたことなどを伝えて来た。ここにおいて故国の変事は、フランスの新聞に報じられたごとく相違ないことを知り一同色を失い、四月九日の夕刻、栗本、フリュリー・エラール、カション、クレー、ヴィレット中佐、渋沢らが旅宿に集まり今後どうするか凝議した結果、栗本安芸守は帰国を決意するに至った。

民部公子については留学費を極力節減する上からお付きの者も都合五名ほどとし、一般留学生の下宿に移り、パリやロンドンの資産をやりくりして、年額五万フラン位で暮らせる見通しが十分ついた(245)。

栗本公使一行が帰路についた後の昭武の生活は不断とあまり変りなく、日課は時間割通りに行われた。五月三十日の午後三時ごろ、江戸より御用状が届いた。「夕三時半御用状著、京兵江戸江接近横浜港も不レ日敵手に相渡可申、上様には愈御恭順之御趣意ニ而上野ニ被レ為レ在、忠憤之余過激之者無レ之様御諭」とあるように、慶喜追討令が下り、官軍が江戸に迫っていること、慶喜が寛永寺大慈院に閉居したことなどを伝えて来た。更に各国留学生にも帰国命令が出ており、渋沢はその趣を書面に認め、ロシア・英・蘭の留学生らに伝えた。「朝魯・英蘭・留学生徒へ御用状認、夕方差出す」(「巴里御在館日記」)。

渋沢篤太夫より帰国命令を伝えられた林・伊東・松本・緒方ら在蘭留学生四名のうち、伊東を除く三名は六月十四日にパリに到着した。「荷蘭生徒、弐《ママ》名も巴里著、林研海旅宿罷在候所ニ同宿いたす」と「巴里御在館日記」にあるが、翌十五日の午後、川路太郎以下のイギリス留学生十三名と共に昭武に拝謁した。

十七日、林・松本・緒方らは渋沢とブローニュの森のレストランで訣別の宴を開いた。「篤太夫儀荷蘭生徒同行為送別ホワテブロンニ而夜餐いたす」(「巴里御在館日記」)とある。同日の夜九時、帰国するオランダ、フランス、イギリス留学生総数二十三名は昭武にいとまごいに伺い、お茶、シャンパン、アイスクリームのもてなしを受け、翌六月十八日渋沢と三輪の見送りを受けてパリを発ち、マルセイユに向かった。「第九時生徒一同巴里出立、渋沢篤太夫、三輪端蔵カールデリヨン迄為見立罷越す」(「巴里御在館日記」)。

帰国者のその後の動向を伝える史料はきわめて少ないが、当時イギリス留学生であった林桃三郎(董《ただす》)の『回顧録』はわずかにそれにふれている。「巴里府にいたれば、和蘭の留学生林研海(後に紀と云)・松本銈太郎(我兄君の長子）・緒方弘哉（後に惟準）等も此に来集せり。夫より仏国郵船に搭じ、当時スエズの運河は未だ開通に至らざるによりて、アレキサンドリアより上陸し、カイロ府を経てスエズに至り再び上船して、明治元年六月十八日（旧暦）横浜弁天の父君の家に帰着す」。

一行がマルセイユを出帆した日時は未だ判然としないが、いずれにせよ慶応四年六月十八日（一八六八年八月六日）(246)に横浜に無事到着した。

一方、昭武は兄慶喜より留学の目的を十分に達せよ、との意を受けていたのでそのままパリに残留し学業に精を出していたが、七月四日に再び江戸より御用状が届き、慶喜は水戸に謹慎、江戸城は尾張公に引き渡され、幕府陸海軍の兵器はすべて官軍に引き渡した上で徳川の家名が立つようにする、といった五カ条の条件を伝えて来た。同日の夕刻、フリュリー・エラールが罷り出て、駐日公使レオン・ロッシュの手を経て届いた昭武に対する新政府から出た帰国命令を手渡した。それを被見したところ、

此度
王政御一新に付可致帰　朝旨被　仰出候条、申候達　以上
　　伊達少将
　　東久世前少将
　徳川民部大輔殿

とあった。

昭武は山高・栗本・渋沢ら側近とも諮り、十六日に命令書の請書を認めエラールに託した。ところでオランダに残

留していている伊東玄伯だが、かれはいかなる理由で一人だけ残ったものか判らぬが、昭武主従と一緒に帰国すべく十月四日にパリにやって来た。渋沢の「巴里御在館日記」の同日の記述に「夜九時半伊東玄伯到着いたす」とある。

昭武は帰国に際して、避暑地ビアリッツに滞在中のナポレオン三世一家にいとまごいに行くため、十月十五日に渋沢・菊地・井坂・アンリ（召使い）・ヴィレット中佐らを伴いパリを発った。残りの者はそのままマルセイユに直行した。翌十六日の午後ビアリッツに着き、午後三時ごろ海岸にある離宮で皇帝一家に訣別の挨拶をした。十七日はトゥルーズで一泊し、十八日の早朝同地を汽車で発ち、夜十一時ごろマルセイユに到着し「グラントテル・ド・マルセイユ」に投宿し、パリから直行した組と合流した（須見裕『徳川昭武』）。

十月十九日――昭武らは午前中、マルセイユ市内を見物し、ホテルにいったん戻り、午後三時にヴィレット中佐・渋沢・山高・伊東・小出・井坂・服部・菊地・三輪らと馬車に分乗しホテルを出、波止場に向かい、ペリューズ号というフランス郵船に乗り込んだ。四時ごろ、ヴィレット中佐は別れのあいさつを受けたのち立ち去り、夜七時十分ごろ昭武一行を乗せた船はマルセイユを出帆した(247)。ここに昭武の一年半あまりのフランス滞在と、五年数カ月に及ぶオランダ留学生伊東玄伯のヨーロッパ滞在は一応の終止符をうつことになった。

昭武一行の帰路については渋沢栄一の『日記』に詳しいが、同書によってその航跡を簡単にたどると次のようになる。マルセイユを立った公子一行は二十五日早朝アレクサンドリアに到着し、ここで召使アンリと別れた。翌二十六日スエズ到着、同日の午後アンペラトリス号に搭乗し出帆。その後、ポイント・デ・ガール、シンガポール、サイゴンを経て、十一月三十日の夕方五時ごろ、香港に到着し、上陸。ヨーロッパホテルに投宿し、翌日、全員髭や口髭を剃り落として和服に着替えた。午後、「杏花楼」（支那料理店）で昼食をとった後、午後三時「ファーズ号」に乗り込み、五時半に出帆した。

しかし、機関に故障が生じたため、四日香港に引き返した。五日、午後四時アンペラトリス号に乗り換え、香港を出帆した。九日、呉淞に到着、上海に上陸してオテル・デ・コロニー（Hôtel des Colonies ――モントバン街）に投宿した。十二日、呉淞を出帆した。十二月十四日の朝、薩摩の陸地を望見し、十六日朝には富士山を見、夕方四時半ごろ、横浜港に無事に到着した。

昭武一行の横浜到着のニュースは、『横浜新報もしほ草』（第二十九篇）に小さい記事が出ているが、それには、

当月三日徳川民部大輔殿、御供五人之面々召連られ、仏蘭西飛脚船にて、横浜港へ御着、同四日東京へ出府、小石川水戸邸に御止宿有之、これは水戸御相続と定候趣。

とある。

アンペラトリス号が横浜に碇泊したとき、昭武らは杉浦愛蔵・浜中儀左衛門・塩田三郎・保科俊太郎・川路太郎らの出迎えを受けたが、昭武は艀に移って神奈川に上陸し、同地で一泊したのち、翌朝小舟で品川まで行き、そこから迎えの馬で小石川の水戸藩邸に入った。渋沢の『日記』に、「朝神奈川御発、小舟ニ而品川宿御上陸、御迎の御馬等も罷出居、御乗切ニ而小石川御館御着」とある。

他方、オランダ留学生の伊東玄伯だが、史料は少なく横浜帰着後の動向がよく判らない。が、渋沢の『日記』にわずかに名前が散見するので、それを拾ってみよう。

十一月四日（十二月十七日）のくだりに「篤太夫は朝五時半頃ゟ伊東玄伯を尋ね、御供ニ而東京行の申談いたし……」とあるが、伊東は横浜もしくは神奈川の宿屋に泊ったものか。同月十六日（十二月二十九日）、伊東はまだ横浜近辺にいたようでこの日、渋沢ら旧知と会って茶屋酒を飲んでいる。「夕五時頃田辺太一、伊東玄伯を同しく佐野やといふ茶肆《ちゃし》ニ而一酌、其夜九屋方ニ宿いたす」とある。同月二十日（一八六九年一月二日）、伊東は華燭の典をあげた

ようで、伊東栄『伊東玄朴伝』には「十一月三日玄伯帰朝二十日遊喜と結婚す」とある。ちなみに養父玄朴はすでに隠居し、家督を養子玄伯にゆずり、慶応四年五月には横浜海岸通二丁目へ転宅していた。婚礼の儀は玄朴宅で行われたものか。

十一月二十五日（陽暦一月七日）、伊東はすでに江戸に出ており、この日、渋沢と杉浦を割烹に招待した。「此夜伊東玄伯之招に応し、杉浦同行、両国川長といふ割庖楼に至る」とある。同月二十六日（陽暦一月八日）、この日、渋沢は母と弟と再会し、変遷以来の苦労を共に語ったのち、神田明神下の宿屋に戻り、そこで伊東に持病の診察を受け、伊東・杉浦らと連立って小石川水戸藩邸に昭武を訪ね、御酒を賜わった。「第三時頃伊東玄伯来、大人の持病診察夕方愛蔵、玄伯と伴ひ礫邸に至る、山高八郎も来会、御前ニ而御酒肴被下……」とある。

(234) ペダー街（Pedder Street）とデ・ヴー街（Des Voeux Road）とが交差する所にあった当時香港最大のホテル。ベッド数二百。
(235) ワァングポー街（Whangpoo Road）にあった上海の一流ホテル。客室二百五十。
(236) 『赤松則良半生談』二二〇頁。
(237) 同右。
(238) 同右、二二四頁。
(239) 同右、二二三頁。
(240) 同右。
(241) 同右。
(242) 須見裕『徳川昭武』一〇四頁。
(243) 『渋沢栄一伝記資料』第一巻、六一二頁。
(244) 同右、六一二頁。

（245）　注の（242）一二二頁。
（246）『後は昔の記他――林董回顧録』二二一頁。
（247）　注の（242）の一四三頁。

開陽丸の最期

慶応三年五月二十日（一八六七年六月二十二日）に、開陽丸が幕府に引き渡されてから、同艦の消息はしばらく絶えていたが、同年六月ごろより京坂における薩摩藩や倒幕派浪士らの不穏な動きを警戒し、大坂兵庫港の警備を厳重にするために幕艦を何隻か派遣することになった。そこで軍艦頭矢田堀讃岐守は幕府艦隊の司令官に任じられ、主力艦開陽に乗り、僚艦を率いて大坂兵庫に出動した。開陽丸の品川沖出帆は九月二十三日午前十時ごろであったらしく、二十六日午後一時四十分に兵庫港に投錨した。このとき同艦には船将矢田堀以下総計二百十三名の乗組員が搭乗していたが、その中にはオランダ帰りの沢太郎左衛門（一等士官・軍艦役並）、榎本釜次郎（船将次官・軍艦役並）、古川庄八（水夫頭）らの姿も見られた（「開陽艦副長沢太郎左衛門」、『薩摩海軍史』下巻所収）。

富士山丸は一カ月以上も出帆がおくれ、十月二十八日に品川を抜錨、十一月六日に兵庫湾に到着した。このとき兵庫港にあって海上警備についていた幕艦は開陽・蟠龍《ばんりゅう》・順動・黒龍の四艦、西の宮沖の警衛は翔鶴《しょうかく》、大坂天保山沖には回天が出動していた。

文久以来、薩摩・長州の台頭が目ざましくなったばかりか、志士の活動や尊王攘夷論の沸騰などによって、幕府体制そのものの維持はむずかしくなりつつあった。その難局を打開するために、いっそ大政を奉還し、公議にもとづき

《1860年代の兵庫〔神戸〕の地図》

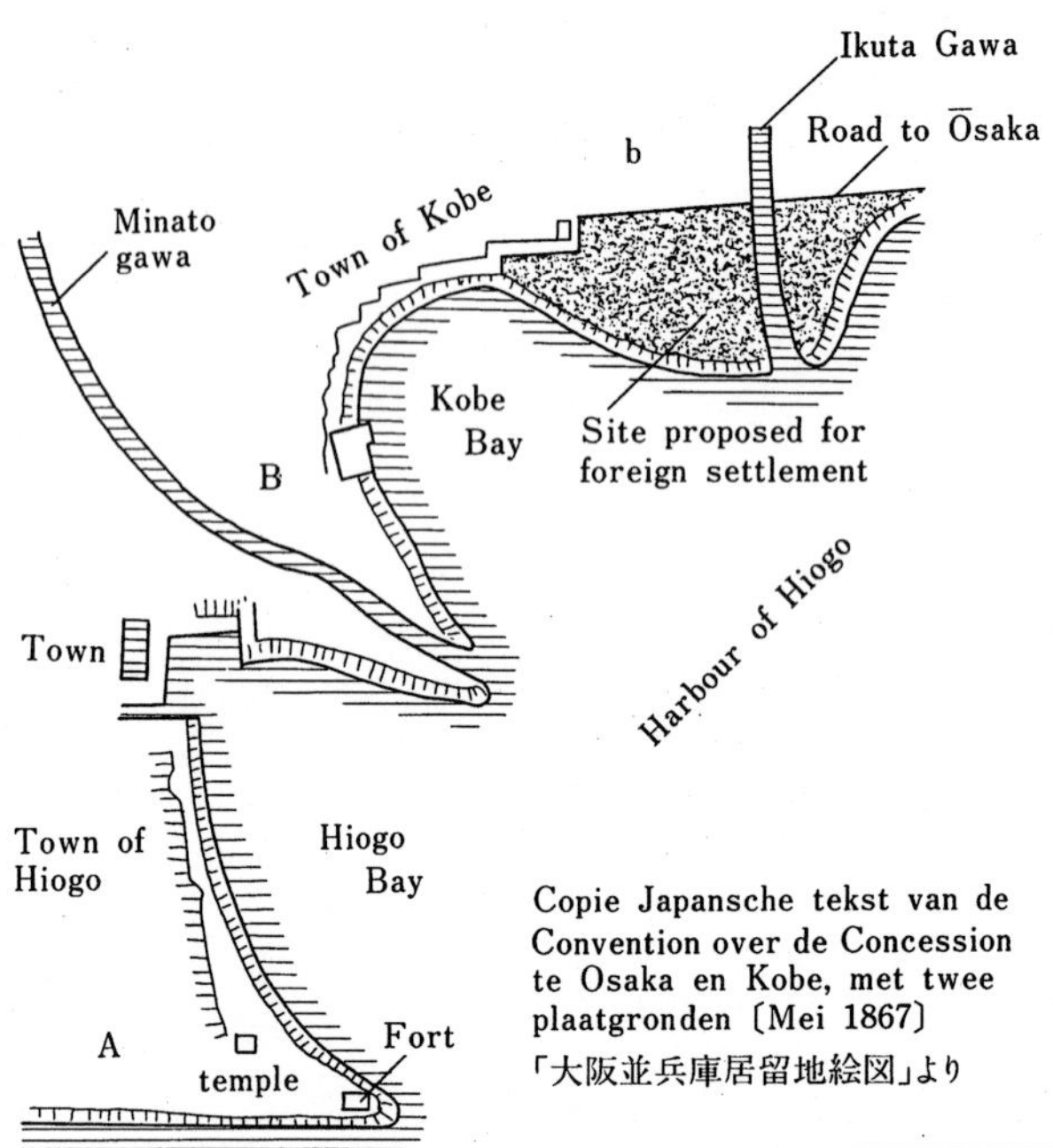

Copie Japansche tekst van de Convention over de Concession te Osaka en Kobe, met twee plaatgronden〔Mei 1867〕
「大阪並兵庫居留地絵図」より

幕末の兵庫の港・現神戸港
（『イラストゥレイテッド・ロンドン・ニュース』より）

挙国一致内閣をつくって事に当たった方が賢明である、といった意見も出た。越前藩主松平慶永、土佐藩主山内豊信と同藩参政後藤象二郎などは公議政体を提唱し、ついに慶応三年十月十四日、将軍慶喜は政権及び位記返上の件を奏上せしめ、ここにおいて二百六十余年の長きにわたって覇業を成しとげた幕府政治は事実上終止符をうつことになった。しかし、政権奉還を決したときにはすでに、討幕党の薩・長・芸三藩と岩倉ら公卿との間で共同謀議が成り、徳川家を討伐する計画が着々と進んでいたのである。政権奉還の奏上が行われた翌十五日には朝廷より裁可が下ったが、すでに藤原忠能、実愛、経之ら三卿の名をもって将軍慶喜、会津中将松平容保、桑名中将松平定敬らを誅伐せよとの密勅が、薩摩中将島津久光、同少将茂久に対して発せられていた。

大政奉還につづいて王政復古の大詔が渙発せられたが、あくまで武力による討幕を目ざす薩長はそれで納まらず、新たに討幕派は慶喜に辞官納地を迫ったことにより、新政府と幕府との間は一触即発の状況となっていた。が、慶応四年正月三日申の下刻（午後五時ごろ）、突然薩藩の砲撃開始をもって、ついに鳥羽・伏見の戦端の幕は切って落された。

しかし、これより先、幕府海軍は陸軍より一足はやく薩藩の艦と砲火を交えているのである。慶応四年正月元旦、午後四時ごろのこと。薩藩の汽船一隻（平運丸）は大坂を出航し一路鹿児島に向かっていた。ちょうど一隻の薩船が港外に出ようとするのを目撃した、天保山沖に碇泊中の幕艦開陽・蟠龍の二艦は直ちに抜錨し、これを追尾し、空砲を放ち停船を命じたけれど、なおも航行をつづけたので、蟠龍より十二ポンドのカノン砲を発した。その一弾は船尾の士官室に命中し、これを破壊した。ここにおいて平運丸は急きょ港内に戻ることにし、やむなく兵庫港に避泊した。

翌二日の朝、薩藩の春日丸より白旗（不戦の合印）を掲げた端艇《ボート》が蟠龍の方に進んで来た。同艇には薩藩の士官二名（和田彦兵衛・有川藤助）が乗っていたが、これは前夜の幕艦の行動をなじり、事情を尋問するためにやって来たものであった。やがて蟠龍より連絡を受けた開陽は、同艦で相手の申し分を聞くべく、副長沢太郎左衛門を蟠龍まで迎えに遣わした。程なく開陽丸に着いた薩摩の使者は、一礼終わったところで軍艦頭並榎本和泉守（武揚）に詰問した。このときの模様は「開陽副長沢太郎左衛門覚書」に詳しいが、それを次に引いてみよう。

使者いわく、――

「昨夜蟠龍船より我船へ不意に弾入を二発砲被成しは如何の訳にや、承り度候。」

和泉守いわく――、

「旧冬江戸詰之貴藩不都合之事有之、右を問糺しのため高輪之御屋敷へ幣藩之者罷出《まかりいで》候処、突然発砲に及れ終《つい》に戦争の端となり、其御人数敗走なし、品海に備ありし貴藩之蒸気船にて発港の御様子に付、亦々《またまた》我軍艦と戦はれし由。左《さ》すれば貴藩は我が敵なり、当港は亦徳川の港なれば仮令《かりに》主人より命令無之とも、出港之敵船相留るは海軍の公法故《ゆえ》、夫かため昨夜空砲一発を以て其威を示せし処、猶《なお》沖合に進行する故、亦弾を以て発砲に及びし事にて、已後貴藩の船一隻も出港は為致申間敷《もうしまじく》心得に候。」

前年の慶応三年十二月二十五日から二十六日にかけて、薩摩の一連の悪行に業を煮やした幕府は、三田の薩摩屋敷を焼き打ちにしたり、掠奪品を載せた薩藩の翔鳳を砲撃したりし、事実上、すでに戦闘状態に入っていたのである。薩摩の士官二名は、榎本の話を聞いたのち、すみやかに帰艦し、江戸の事変を国老新納久修に報告した。幕艦四隻が汽力を蓄え、応戦態勢をとるのを見た薩摩の艦船も戦闘準備を整えた。そのころ兵庫に碇泊していた薩摩の艦船は春日丸・翔鳳丸・平運丸の三艦であったが、「這般《しゃはん》の事変を通報するため、藩地に帰航することに決した[248]」ということである。

慶応四年一月三日、薩摩の艦船三隻は、国元に事変のあらましを報告しに鹿児島に帰ることになった。が、平運丸だけは単独で瀬戸内海に進路をとり、春日・翔鳳の二艦は紀淡海峡を経て土佐沖に向かった。

開陽丸は、薩摩の艦船三隻が闇にまぎれて港内より脱出したとの報に接するや、春日・翔鳳の脱出方向に航進し、淡路沖に達したころようやく敵の船影を認めた。開陽は蒸気を強め、全速力で薩摩の二艦を追尾した。が、追われる方でもすでに幕艦のことを知っていた。春日は船足のおそい翔鳳丸を曳船していたが、間もなく曳索《えいさく》をいったん切断したのち、再び曳航をつづけたが、阿波の伊島の近くに達したとき、またもや切断してしまった。そのうちにも開陽との距離がだいぶ狭まってきたので、春日は、

——外海に出《い》でよ。

と翔鳳丸に命じ、単身幕艦に向かった。このときの春日の艦長は赤塚源六、副長は伊東次右衛門であり、後年バルチック艦隊を日本海海戦で壊滅させた東郷平八郎は、三等士官として同艦に乗り組んでいた。

翔鳳は春日から離れると、そのまま伊島の方向に逃れて行った。開陽はもっぱら春日のみを攻撃目標として突進した。お互いの距離が数千メートルになったとき、開陽は空砲を放ち、春日に「停船」を命じた。春日はいったん航進をやめ、大檣に丸に十字の旗を掲げようとした。が、半分ほど掲げたところにわかに砲撃を開始した。開陽も直ちに応戦した。時に午後二時ごろ、二艦の距離は約二千八百メートルであった。

春日丸は緒戦より戦闘を有利に展開した。三回ばかり回転しながら砲火をあびせ、速力が速いところから、終始、太陽を背に戦うことができたからである。春日は十六ノット、開陽は十二ノットの速力であった。やがて両艦の距離が千二百メートルまで縮まったとき、春日の放った一弾が開陽の前方三十五メートルばかりの海面に落ち、それが跳躍して開陽の艫檣《ろしよう》の帆桁《ほげた》に傷をつけた。

このとき開陽は、右舷の側砲十三門をもって猛撃を開始したが、そのうちの一発が春日の外輪の上部に当たった。開陽は更に左舷砲をもって砲撃をつづけようとしたが、砲戦ではとても開陽に敵《かな》わないとみて、春日は全速力で紀伊の加太《かた》の方向に逃走した。開陽はすぐに春日を追撃したが、なにしろ敵の方が船足が速いため、夕暮が迫るころついにこれを逸してしまった。そして春日は一月六日、鹿児島に帰った。

他方開陽の追尾をまぬがれた翔鳳丸と、平運丸はどうなったかといえば、翔鳳は砲戦の開始後すぐ阿波の橘浦を経て由岐浦にたどり着いたが、日が暮れようとするころ、機関の故障に加えて、座礁してしまった。そこで一思いに艦を焼き、乗員は上陸して淡路に逃れた。平運丸は機関の故障に苦しめられ通しで、途中、諸所に碇泊し修理を加えながら、一月二十日、ようやくにして鹿児島に帰ることができた。

阿波沖の海戦は、砲火を交えただけでわずか一日で終わり、幸い両軍ともに死傷者は出なかった。これこそ日本の海軍史上、洋艦をもって戦った海戦の嚆矢であった。が、開陽の初陣にしては、実にあっけない戦《いくさ》であったといえる。

矯正退奸の奏聞書をもって鳥羽・伏見の街道より京に向かった幕軍は、錦の御旗を掲げる官軍の前に散々の敗北を味わった。それでもなお敗勢を挽回し進撃を企てたが、時利あらず、潰走するに至った。大坂城にあって敗け戦の知らせを聞いた慶喜は、ただちに江戸に帰る決心をした。

一月六日夜九時ごろ、ひそかに大坂城を出て八軒家より苫船《とまぶね》に乗り天保山沖に向かった。慶喜に随行したのは、会津・桑名の両藩主、老中、外国奉行など都合八名である。しかし、供の者はだれ一人、開陽丸の形状を知ってはいない。ただ船頭の案内にまかせ、沖合に漕ぎ出すしかなかった。おまけにあたりは漆黒の闇。強い西北風が吹き、浪は高い。主従を乗せた小舟が木の葉のようにゆれながらたどり着いたのは、アメリカの砲艦であった。開陽と思った艦が実はアメリカ船と判り、一同がっかりしたが、艦長は一行の難儀のようすを見てひとまず徳川主従を艦内に招き入れた。

このとき徳川方の軍艦開陽・富士山・蟠龍・翔鶴の四隻は、天保山沖西宮の海岸近くに碇泊していたのである。開陽丸の矢田堀司令官と艦長の榎本は、五日より御用のため大坂に上陸し、副長の沢太郎左衛門が留守を預っていた。ところが一月七日の払暁、アメリカの砲艦より外国奉行山口駿河守を乗せた端艇（ボート）が開陽に来て、

——今、アメリカの軍艦に高貴なる方々がおられるから、さっそくこの艦にお移しいたしたい。貴殿はすぐに出

迎えに出てほしい。

と告げた。副長の沢は、軍艦役の上原七郎をつれ、端艇三隻を率いて行ってみると、前将軍をはじめとし、会津・桑名の両藩主・老中等が合わせて八名、艦長の部屋に居並び、すっかり驚いてしまった。なぜ今ごろアメリカの船にいるのか、わけが判らず、きつねにつままれたような気がした。沢は事の意外さに、わが身をも省みず、つい口をすべらし、

——上様には何ゆえにこの艦《ふね》におわしますのか。

と尋ねたものか。「戊辰之夢」（沢氏日記）には「亜国端船の案内を請ふて同国ガンボート（砲艦の意）に行き艦内に至り、船将部屋に入りて見るに豈計《あにはか》らんや徳川内府公及《および》会津桑名の両君をはじめ老中方等なり沢、上原（軍艦役上原七郎）両人は大に驚き我を忘れて其理由を尋問す」とある。

ともかく一刻も早く開陽丸に案内せよ、との命に大型のはしけ船に慶喜と会津・桑名の三公を、またもう一隻のはしけには酒井・板倉らの閣老を乗せて開陽丸に一行を移すことにした。が、風波が高いうえに端艇の揺れが激しい。「戊辰之夢」（沢の日記）には、「此時西風強く海面は高浪山の如く端船動揺烈しく本船に接する能わず……」とあるから、二隻の端艇は巨大な波浪に翻弄され、波風のまにまに漂ったのであろう。このときあまりにも激しい揺れのために、沢は慶喜を両股の間にはさまねばならなかったらしい。後年、沢は往時を回想して、このときの模様を愉快気に長男の鑑之丞に語ったとのことである。

かろうじて開陽に着いた将軍の一行は、甲板の上にあがってはじめて安堵の胸をなでおろすことができた。が、貴人をどこに入れてよいか困った。とりあえず慶喜を艦長の部屋に、士官の部屋を明け渡して、そこにその他の面々を入れることにした。やがて将軍の部屋に徳川主従が集まると、何やら評議を開始した。

八日の午前八時すぎ、老中板倉伊賀守は「上様早々江戸御帰城遊され度思召に付開陽丸速《すみやか》に出帆の用意致すべ

し」といった命を下した。上様のご一行が江戸に帰るといった命令を受けた沢らは、またもや驚いてしまった。すでに鳥羽・伏見で薩長らの官軍と幕軍とが砲火を交えているというのに、江戸に帰るとは何事か。いま幕艦が大坂湾より去るようなことにでもなれば、大坂の警備は当然手薄になる。そればかりか官軍はますます勢いづき、遠からずして大坂は敵側の手に陥よう。実にゆゆしい一大事である。苦境に陥った沢は、

——仰せのご主旨、よく判りましたが、開陽丸は旗艦となっております都合上、本艦が動けば他の軍艦もその指揮にしたがい、行動することになっております。それに目下、司令の矢田堀と艦長の榎本は不在でありますから、わたくしの一存では計らいかねます。

といって、出帆の命令を拒んだが、

——汝のいうこともっともであるが、出帆の儀は上意である。

と、重ねて厳命が下ったから、もうどうすることもできない。

沢は艦内の事情を矢田堀や榎本に知らせるために、軍艦役見習の鳥山三郎を大坂に行かせようとするが、なにぶん西風が激しいうえに波が高く、端艇は容易に陸地に近づけない。端艇が首尾よく任務を果たせるか危ぶまれていたとき、老中の板倉より沢に、

——富士山艦の艦長を招いてもらいたい。

といった命令が出され、ただちに同艦にその旨を信号して、しばらくすると、軍艦役の望月大象は端艇に乗り、高波を凌いで開陽にやって来た。板倉が沢と望月を同道して慶喜の前に出ると、

——富士山艦は今より指揮艦と心得、他の艦へ司令すべし。沢は開陽の艦長代理を申しつくるをもって、直ちに出帆の用意をいたせ。

と申し渡された。この命令を受けて士官一同は非常に失望したが、上意である以上、逆らうことはできぬ。望月は直

ちに富士山艦に戻ると、その旨を諸艦に伝え、開陽も出帆の準備に取り掛かった。しかし、沢は主だった士官を機関室に集めると、何か良策はないか、その意見を求めた。

——先ほど上様よりかかる命令を受けたが、大坂湾を去らなくてすむような計略はないか。

すると、士官の中より、

——何か故障を申し立てて、抜錨を見合わせたらいかがでしょう。

とか、

——いや、それでは上様は御安堵なさるまい。湾内を巡航しておれば、烈風もおさまり、そのうちに艦長も帰還しよう。

といった意見が出た。結局、大坂湾を巡航して、事態の推移を見守ることに決した。

沢は水夫頭の古川庄八だけに内意を伝えた。開陽は直ちに抜錨すると運転を開始した。けれど午後八時を過ぎても烈風はおさまるどころか、かえって強まる気配すらある。開陽は天保山の方向に徐々に流されているようにも思われた。そんなとき、堺浜の方角に火の手が目撃され、乗組員らの「火事だ」「火事だ」とさわぐ声が、老中板倉の耳にも入り遠望してみて驚いた。もうとっくに外海に出ていると思っていた艦は、まだ湾内にあるではないか。不審に思い、

——本艦はまだ摂海にあるようだが、どういうわけか。上様が一刻も早く御帰城をお望みなことは、そちも知っての通り。それとも烈風のために船足がおそいのか。

と詰問したところ、

——ご不審なのはごもっともですが、実は蒸気機関に少し故障がありまして、試運転中だったのです。これより針路を友ケ島海門に向け航進いたすところです。

と、苦しいいいわけをしたのはよいが、もう偽ることはできず、そのまま江戸に向かわざるをえなくなった。
他方、陸にあった榎本は、天保山より望遠鏡で幕艦を見ていたが、開陽が泉州岸和田に向かった後、針路を和田岬に変じ、さらに西の宮に進むのを見て、

(航路を誤ったか。……)

と思い、心痛したようである。(249)

開陽丸は八日の夜半、摂海を出て紀伊沖に出た。相変わらず強風にあおられっぱなしであった。が、十日の払暁には、八丈島の北約二十キロの位置に達した。風はすでにおさまり、数日前とは打って変わりなぎとなり、蒸気をたかねばならなかった。同日の午後七時ちかく、浦賀港に入港した。そして翌十一日の夜明けに、浦賀を抜錨、午前八時に品川沖に到着した。慶喜はさっそく、老中板倉を伴い浜御殿に入った。一方、大坂においてきぼりにされた矢田堀は、蟠龍丸に、榎本は富士山丸に乗船し、開陽の跡を追い、十二日の午後に品川へ帰港した。

幕艦のすべてが兵庫港より姿を消したのは十二日以後のことであるが、ここにおいて京・大坂の地にはもはや幕府の陸海軍の姿はなかった。慶喜一行は東帰船中、かなり窮乏生活を強いられたようである。遠藤幸威『女聞き書き・徳川慶喜残照』によると、慶喜が米艦より移乗した開陽丸の船中には、米・味噌以外なんの貯えもなく、寄港地(由《ゆ》良《ら》)まで不漁のため、魚を入手することができず、ついには一同雑炊をすするまでになったという。下田に寄港すれば魚にありつけることを当てにしていたが、折悪しく下田も時化《しけ》のため魚は払底しており、わずかの魚をおかずに寄り合って食事をし、その様は「丁度食物へ蝿ノ寄候如ク也」であったという。開陽丸は十二日の早朝、浜御殿沖に碇泊した。が、慶喜らは朝食抜きの空き腹をかかえていたらしく、軍艦奉行木村兵庫頭嘉毅よりビスケットの差し入れを受け、空腹をしのいでいる。「木村芥舟自書履歴略記」には「十二日早朝、大君には押送船にて浜苑(浜御殿)へ御上陸あり、松のお茶屋に憩はせられしが、まだ朝の御膳も召上られずとの由により、余が宅より洋製ビスケット一

大缶を取寄せ差上げたり」とある。

江戸に帰着した慶喜が上野寛永寺の大慈院に移ってひたすら謹慎恭順の意を表したのは、慶応四年二月十二日のことである。が、慶喜の恩顧を受けた旧幕臣の中には悲憤に堪えず、薩長と雌雄を決することを主張する者が少なくなかった。とくに慶喜が一橋にいたころの旧臣たちは、同志を糾合し、二月二十三日になって彰義隊を結成し、主家擁護に立ち上がった。かれらは寛永寺及び周辺の寺に屯集し、気炎を吐き、官軍に一戦をいどむことによって、徳川家への多年の恩顧に報いようとしたが、五月十五日の上野総攻撃の日、武運つたなくわずか一日で惨敗した。

しかし、これより一カ月ほど前の、慶応四年四月十九日に、朝廷は幕艦富士山・翔鶴・観光・朝陽の軍艦四隻と飛龍を受け取り、開陽以下の艦船はそのまま徳川家に賜った。これらの残存艦隊は品川に碇泊し、榎本海軍副総裁がそれを監督していた。榎本は官軍の動きに目を配っている間も、主戦派の有志と気脈を通じている。幕艦の乗員もいたずらに時を費やすことなく、フランスの軍事教官団から艦隊運動や操砲等の訓練を受け、臨戦体制をとっていた。五月の上野戦争が終わって七月になるや、仙台・会津・米沢の三藩より榎本のもとに使者が来て、

——官軍の背後を衝いてくれ。

と頼んだ。ここにおいて榎本は、ついに重い腰を上げ、奥羽諸藩を援ける決心をし、八月に入ると幕府の銃砲弾薬を処分し、艦船の艤装を整え、主だった諸隊長を集め、胸中を披瀝した。

徳川家の処分はすでに四月末に決まり、田安亀之助をもって宗家を継がせ、五月二十四日に静岡に封じ、駿・遠・参において七十万石を賜ったが、とても七十万石の家禄では三十万人の徳川家臣団を養ってはゆけない。そこで榎本は「徳川家臣大挙告文」を草し、勝海舟を通して新政府に提出し、旧幕臣のために、蝦夷地の下賜を願い出たが、聴き入れてもらえず、ついに不退転の決意をするに至った。

榎本は、八月十九日午前四時——開陽・回天・蟠龍・千代田形ら四隻の軍艦と神速・長鯨・威臨・美加保の各運送

船を率い、品川沖を脱出し、蝦夷に向かった。これらの艦船に搭乗したのは旧幕臣と諸藩の敗走者、フランスの軍事教官団から成る、総勢二千名の主戦論者である。

榎本艦隊がまず目ざしたのは、仙台領の寒風沢《さぶさわ》であり、そこを集合地と決めていた。旗艦開陽は美加保を曳き、回天は威臨を曳きながら出発したが、房総沖を過ぎ外海に出たところ空模様が険悪になってきた。

翌二十一日、犬吠崎沖を通過するころから、暴風雨となり、各艦は進退の自由をすっかり奪われるようになった。逆巻く怒涛に、どの艦も四苦八苦の苦しみをしているうちに、回天はまず曳綱を切断し、次いで前中二檣を折ってしまった。開陽も三檣と舵に損害を受けた。二十三日になるや艦隊の離散は避けえぬところとなった。

威臨は大檣を切り倒し、かろうじて転覆をまぬがれたが、航行をつづけることは無理だと考えて方向を転じ、下田に入港し、蟠龍に曳かれ清水港に入ったところで官軍の艦に捕獲されてしまった。美加保は二十六日、犬吠崎の北方、黒生《くろはえ》海岸で暗礁にふれ航行不能になってしまった。二十四日、まず長鯨と千代田形が難航の末、松島に投錨したのを手始めに、二十六日には回天も入港した。開陽は数日間、太平洋上を漂ったが、二十七日の午後、ようやく寒風沢沖に碇泊することができた。神速は九月五日に、蟠龍は同月十八日にそれぞれ松島湾に投錨した。この脱出行において、多少とも損害を受けなかった艦はほとんどなく、当然修理の必要が生じた。そこで東名浜・石巻・松島・寒風沢の各港において艦の破損を修理することになった。

品川沖より脱走した榎本艦隊の最初の試練と災難が銚子沖の「台風」であったわけだが、その時の暴風、艦隊の四方離散、開陽丸が帆柱と舵を破損し、航行の自由を奪われたことについて、山内堤雲（開陽丸乗組員）は「自叙伝」（『同方会誌』第五十七号）の中で、

八月十九日、諸艦品川を発し陸奥に向へり。脱走軍の事に就いては説夢録なるものあり、其一斑を見るべきも、

予が親しく実見せる事にて記憶せる事を記さん。先づ第一が犬吠の暴風雨にて、誠に突然にて、風雨針に就いて予想し得ず、俄然暴発のものにて、此暴風のために開陽は舵を失ひたれば、風鎮まって後も艦はくる〳〵と廻りて方向を定め進行する能はず、依って二条の縄に多くの空樽を結び着け、之れを後方に垂れ、凧の長く尾を引ける如くし、徐々進行し、数日の後漸く仙台の東名浜に安着せり、一日閑を得て塩釜に上陸、仙台を見物せり（傍点筆者）

と記している。

破損した開陽丸の舵は、石巻に入港した時に応急修理し、のちに箱館に入港したとき、ようやく完成した。

榎本艦隊が奥羽で修理を受けている間にも、戦況はますます抗戦派に不利に展開していた。九月に入るや米沢藩は官軍に降伏し、中旬には仙台藩も帰順した。会津は孤軍奮闘をつづけていたが、降伏するのはもう時間の問題であった。奥羽二十五藩の連盟そのものが、事実上瓦解していたのである。折から孤立状態にあった庄内藩より榎本のもとに援軍を送ってくれ、との知らせが入ったので、神木隊と遊撃隊の七十余名を長崎丸に載せ、千代田形を護衛艦として酒田に派遣した。こうして千代田形は榎本艦隊より離脱したが、幕府より仙台藩に貸してあった大江・鳳凰の二艦を取り戻した。奥羽諸藩が次々と官軍に降ってゆく中で、旧幕臣と奥羽各藩の脱走者、総数約二千八百名は、開陽・回天・蟠龍・神速・長鯨・大江・鳳凰の七隻に分乗し、十月十二日に荻浜を出港し蝦夷に向かった。

翌十三日、艦隊は宮古湾に投錨。薪水を積み込み、十八日に同港を抜錨し、一路次の目的地を目ざした。まず旗艦開陽が函館より五十キロへだたる内浦湾鷲の木村（現森町）の沖に投錨したのにつづき、翌二十日には後続艦も同地に到着した。その日は午後より海が荒れ、雪になった。強風はますます吹きすさび、冷たい雪片がすっかり各艦を白く覆ってしまった。

鷲の木到着の模様については「廿日午前南蝦夷地ノ内鷲《ワシ》ノ木《キ》ト唱ル場所ニ来着ス此日午後ヨリ風暴《アラ》ク浪高ク飛雪漫《マン》

々トシテ隣船ヲ弁ゼズ寒風栗烈《リツレツ》タリ」(小杉雅之進記『麦叢録《ばくそうろく》』)とある。

しかし、そんな悪天候の中を榎本の命を受けた人見勝太郎・本多幸七郎は兵三十名を率いて五稜郭に向かった。榎本らの来着の趣旨、蝦夷地開拓の許可を函館府知事清水谷侍従を通じて朝廷に嘆願するためであった。が、二十二日の夜、榎本軍の使者が峠下村に逗留していたとき、五稜郭の官軍がこれを襲ったために、やむなく戦端を開くことになり、とうとう嘆願書を手渡さずに終わった。

榎本の全軍が鷲の木に上陸したのは十月二十一日、諸兵を二隊に分け函館に向けて進軍を開始したが、官軍と戦端が開かれたことを耳にはさむや、もはやこれまでと、応戦することに決した。大鳥圭介と土方歳三が指揮する幕軍は官軍を逐い五稜郭に迫り、二十六日にそこを占領、同日、回天と蟠龍の二隻は函館に入港し、官軍が外国船で撤退したのち、兵を上陸させ、運上所・倉庫・砲台を占領し、日章旗を掲げた。

五稜郭占領の翌二十七日、土方隊は福山城に向かって進撃を開始したが、鷲の木に碇泊中の開陽にあった榎本は、勝報に接するや直ちに抜錨を命じ、艦を函館に向かわせた。そして十一月一日、榎本は二十一発の祝砲がとどろく中を、松平・永井と共に上陸し、五稜郭に入った。榎本軍は快進撃をつづけ、十一月五日には福山城を占領し、十五日には江差を、また二十二日には熊石をそれぞれ占領した。このころが榎本にとって最も得意の時期であったといえる。

開陽は、函館にあって舵の修理を受けていたが、それが終わった十一月十四日の夜九時過ぎ、江差攻撃を海上から応援するために抜錨し、翌十五日の明け方、江差沖に姿を現した。当時、松前が蝦夷地の政治の中心であったとすれば、江差は経済の中心地でもあった。今日でこそ江差は往時の面影はないとしても、かつては漁業、ことにニシンのおかげでひじょうに栄えた町である。当時の戸数は約二千三百戸であったという。

開陽丸はかもめ島(周囲約二キロ)付近に投錨し、陸のようすをうかがっていた。松岡と土方の両隊はすでに陸路から江差に向かったが、途中で松前藩の必死の抵抗にあい、立ち往生していた。開陽の搭乗者は仲間の姿が見えないのに心を痛めたが、じっと夜が明けるのを待つことにした。

あたりはまだ暗くてよく見えない。かがり火が二、三、目に入るだけである。風が冷たい。寒風で耳がちぎれそうである。やがて夜がしらじらと明けた。海はわりとおだやかである。朝になって陸上を見ると、そこは一面の銀世界。積雪がすっかりあたりの山野を埋めつくしている。……

酷寒の江差の情景を小杉雅之進『雨窓紀聞』は次のように伝えている。

十五日黎明江差ノ沖《オキ》ニ至リ天ノ明ルヲ待、岸上二三箇所篝《カガリ》火ヲ見ルノミ姑《シバラ》クシテ天明《アケ》、北風ニシテ降雪満山《カウセツマンザン》平波恰《アタカ》モ銀ヲ鋪《シ》ケル如ク風景内地ト大ニ異《コト》ナリ寒威《カンイ》殊ニ烈《ハゲ》シク耳鼻《ミミハナ》ヲ削《ケヅ》ラル、如シ。

明治元年（一八六八）十一月十五日——軍艦開陽は、雪まじりの波浪の中で運命の日を迎えた。

榎本は、敵兵がいないかどうか確かめるために、かもめ島の方角に、三十ポンドカノン砲で一発発砲することを命じた。が、砲声はあたりに殷々《いんいん》と轟くだけで、島からは何の反応もない。更に市街の人家をさけて後方の山や江差弁天島や愛宕山の砲台めがけて七発砲撃を加えたが、まったく応戦もない。実はそのころすでに松前藩兵約七十名は、江差から更に北方の熊石方面に退却し、町民の大半も元山の方に避難していたのである。

——江差沖に大きな黒船が来た！

というので村民の過半数は逃げ出し、逃げる当てのない者は家の中で布団をかぶり、恐ろしさでぶるぶる震えるしかなかった。

榎本は少数の兵隊を偵察に出すことにした。偵察隊は、上陸後、住民一人をつかまえていろいろ尋問してみたところ、官軍は前夜にことごとく退却したという。そこで直ちに無人の陣屋や、かもめ島と愛宕山の台場と倉庫を検分して艦に引き返し、榎本に委細を報告した。そこで榎本は、さっそく磯舟をもって兵を上陸させると、かもめ島や江差役所や沖ノ国役所を占拠し、松岡隊と土方隊へ使者を遣わし、「江差の無血占領」を報告させた。

だが、同日の夕方六時ごろから風波激しく、雪もまた降り出し、視界が刻一刻と悪くなった。風雪はますます猛威をふるい、十時ごろになって開陽はついに錨ごと岸の方に吹き流されてしまった。一時は蒸気をぎりぎりまで上げて脱出を試みたが、風力には勝てず、艦はどんどん押し流され、ついに浅瀬に乗り上げ身動きができなくなってしまった。

このときの模様について大鳥圭介は『幕末実戦記』の中で、「十二日江差、弁天島の傍に碇泊せしに、両三日以来西北の風烈しく大《おお》いに困却したり、元来蝦夷地西海岸は冬日は西北の風強くして投錨の港乏しく、江差には弁天島ありて日本船は碇泊し風浪を凌ぐべしと云へども、投錨の地狭くして浅く大艦を容るべからず、故に開陽艦も弁天島より外に錨を投ぜしところ、非常の迅風なれば二錨を投ずると云へども其功なく、艦次第に海岸に寄る勢なれば、直に蒸気を増し乗り出さんとせる間に愈風怒涛狂して、終に暗礁に乗りて離る、事態はず」（傍点引用者）と語っている。

砲門をひらき、その反動で艦を動かそうと試みるが、これも何の効果もなく、かえって艦をめり込ますだけである。江差は昔から「風の難所」として知られていたようである。十一月十五日は陽暦の十二月二十八日に当たるが、十二月は〝年末低気圧〟のシーズンなのである。『北海道新聞』に「夜明けの戦艦」を連載した高橋昭夫氏は、札幌管区気象台の統計から考察し、「風力十から十二くらいの激風が開陽丸を襲ったことは確か」と述べておられる。総裁の榎本はじめ、新艦長の沢太郎左衛門、機関長の中島三郎助らは必死に艦を脱出させようとするが、まったく徒労に終わった。江差特有の「シタキ」（アイヌ語で北西風の意）と激浪に抗すべきもなく、いかに開陽丸の錨が無力であったかを物語っている。

艦が擱座《かくざ》するからには大きな衝突音なり激しい震動がしたはずだが、それについて当時当直中であった山内堤雲は

その「自叙伝」の中で、

開陽江差行の時は同艦に乗組、座礁の前迄当番なりしが、其頃より雪は粉々として降り、鈴木某と交代船室に入りて雑談中、忽ち地震の如き響ありて、船底礁岩に触れたり、是れ風雪の為め錨の引けたるなり、折悪しく汽罐の蒸気も十分ならざりしかば、直ちに引出すを得ず、追々と岩間に喰入りて、遂に七日にして流石《さすが》の堅艦も破砕の運命に陥りぬ（傍点筆者）

と述べている。

当時、最新鋭の軍艦であった開陽が激浪と共に岩礁にぶつかり座礁したことは、不運といえばそれまでだが、舵手に若干落ち度がないでもない。明治の末に、林董が史談会で語ったところによると、

古川（庄八）という人は上陸して船に居らなかった。初め碇泊しますところの地質を測量して見ますと、海底は泥であった故、是なら大丈夫と思って碇泊した所があの辺は地盤は堅い岩でただ上に泥があるので、其泥を見て大丈夫と思って錨を下ろした。ところが、沖から風が吹付けてますので、段々陸へ吹き寄せられるので蒸気をたいて沖へ出ようと思って居るが、行き足のつかぬうちに、船は岩の上に乗り上げて座礁してしまった。……

開陽丸沈没の図

オランダで航海術を修得した古川がおれば開陽は救われたかもしれぬが、あいにくかれは何かの用で下船していた。泥だと思って投錨したところが、じつは堅い岩盤であり、その上に艦を乗り上げて座礁した、と林董は語っているが、実際はそうではなく、昭和四十九年に行った海底調査によると、開陽は「エンカマ」（Wenkama,——アイヌ語で岩礁間の凹み）にはまって座礁したようである。江差町教育委員会発行の『開陽丸』（第一次調査報告、昭和四十九年）に、

調査結果によると外東防波堤に対して一三〇度から一四〇度の角度で北々東方向に、幅三〇メートルにおよぶエンカマが走っており、船体がこのエンカマの中に埋没していることが確認され、……

という記述があるからである。

沈没は悪天候によるところが大きかったが、その他の要因に艦の積載量をあげることができるかもしれない。開陽丸発掘調査員で江差町史編集員を兼ねておられる宮下正司氏は、

木造艦にバランスのとれぬ新式鉄船用の最新鋭のボイラーやエンジンを装備したために、きっ水線が浅くそれが安定を欠いた。（「夜明けの戦艦」）

と指摘したし、江差町教育委員会文化財係長、馬川政紀氏は筆者に、

——計二十六門の重い大砲のほかに、あとで九門を載せたから、船の重量は更にかさんだようです。

と語られた。開陽は何トンもある重いアームストロングやクルップ砲などを数十門搭載していたほか数千発の砲弾を

積んでいたから相当な重量であったと考えられる。おそらくそれが少なからず艦のバランスを失う一因となったことは否めないであろう。

船底に穴をあけて動けなくなった開陽は、不安のうちに数日を過ごさねばならなかった。相変わらず風浪はおさまらず、上陸どころの騒ぎではなかった。三日目（十七日）に入ると、海はだいぶおさまったので、約二百五十名の搭乗員は兵器を携えて、上陸を敢行することにした。が、その間にも破れた艦底から海水がどんどん艦内に入ってきた。穴はますます大きくなるばかりで、開陽は座礁して十数日後にはついに海に完全に姿を消してしまった。明治七年、小杉雅之進の著した『麦叢録』にある開陽沈没の記述は実に淡々としたものだが、当時の状況は悽愴目をおおわせるものがあったにちがいない。

第三日ニ至リ聊風ノ凪間《ナギマ》ヲ計《ハカリ》僅ニ兵器ヲ携《タズサエ》岸ニ達スルヲ得、後十余日ヲ経《ヘ》風波ノ為ニ全艦《ゼンカン》悉ク破壊ス

大小砲やその他の諸器械を急いで陸に揚げ、開陽がまさに水中に没してゆくようすをかたずをのんで見ていた榎本以下の将兵は、どのような気持に駆られたであろうか。

開陽は榎本艦隊の旗艦でもあったから、同艦を失うことは士気やこれから先の戦力にだいぶ影響することは必定である。榎本隊の兵士はみな暗たんたる気持にならざるをえなかった。それはまさに闇夜にともしびを失うような心細さであったらしく、『麦叢録』は次のようにしるしている。

皇国無二ノ戦艦ナリシニ不幸ニシテ此ノ如キニ至ル衆人暗夜《アンヤ》ニ燈《トモシビ》ヲ失イシニ等シ可レ惜《オシム》

ことにオランダ留学中より帰国するまで、開陽と運命を共にしてきた榎本は、同艦の座礁沈没に己の命運をよみとったかもしれない。

こうして開陽ははなばなしい海戦を経験することなく、実にあっけない最期をとげた。

――開陽座礁。

の報が函館に届くや、回天と神速の二艦がその救援に向かった。両艦は二十二日の早朝、江差に到着したが、回天は舵を、神速はスクリューをそれぞれ損傷したうえに、高波のために投錨できず、前者は函館に引き返してしまった。残ったのは神速だが、同艦も強風によって陸の方に吹き流され、機関を大破したばかりか、船底に穴をあけ、命運つきて開陽と同じように海底のもくずと消えたのである。……

榎本軍は最後の二艦（蟠龍丸・回天丸）を失い、官軍の砲火が五稜郭に集中するころから劣勢を痛切に感じるようになった。明治二年五月十七日午前九時、榎本釜次郎と松平太郎は亀田村の官軍の陣屋に赴き、参謀黒田了介・増田虎之助と会見し、伏罪の旨を嘆願し、同夜降伏の実行条件を示した。そして翌十八日、榎本・大鳥・松平・荒井ら主謀四人は、亀田村の官軍の陣門に出頭し、正式に降伏するに至った。その後、五稜郭の明け渡し、武器類の収受もすみ、榎本ら四人とその他の諸兵士約千名はそれぞれ函館の諸寺院に収容された。箱館戦争の主謀者である榎本武揚・大鳥圭介・荒井郁之助・松岡盤吉・松平太郎・沢太郎左衛門らは、同年六月から七月にかけて東京へ護送され軍務局糺問所に収監され、その後刑の軽重により逐次釈放されるに至った。

（248）『薩摩海軍史』下巻、八五～八六頁。

（249）「戊辰之夢」（『旧幕府』第一号、一八頁）。

その後

洋式軍艦開陽丸が明治元年十一月十五日（一八六八年十二月二十八日）江差沖で座礁沈没してすでに百二十余年ほどになる。が、今日に至るまで幾度となく、同艦の遺物の発掘とその調査が試みられた。『開陽丸――第一次調査報告』（江差町教育委員会・開陽丸引揚期成会）によると、明治七年、同三十七年、大正四年、昭和十七年と合わせて四度ほど「金属回収」を目的とする引き揚げ作業が回収業者らの手で試みられたが、いずれも大きな成果を見ることなく失敗に終わったという。しかし、大正七年（一九一八）までの間にわずかながら大砲二門・錨一丁・砲弾数発等が引き揚げられ、明治維新五十年の記念事業として展示された。昭和四年（一九二九）江差築港が竣工し、防波堤が完成する前、磯まわり漁師の中には海底に横たわっている開陽丸を見た者がいたらしい。しかし、防波堤の工事により漸次土砂が流れ込み、やがてすっかり土砂にうまり、艦の位置が確認できなくなった。その後、開陽丸の船体を実見した古老も亡くなり、土砂でおおわれた海底もそのままにされたまま数十年が経過した。

開陽丸からの引揚品（江差・筆者撮影）

　昭和四十二年五月のこと、江差観光協会長が図らずも昭和十七年（一九四二）の引き揚げ当時の写真を発見したことを契機として、開陽丸の埋没地点の測定が十一月八日から十日までの三日間、第三次港湾計画の岩盤調査をかねて行われた。写真による測定地点に、潜水夫を入れて海底調査を行った結果、埋没推定地点より三十メートル南寄りの水深五・五メートルから六メートルの海底に「木片、二m以上におよぶ鉄材等」を発見したので、それを引き揚げた。この調査によって、ようやく埋没地点と遺物の存在が確認されたのである。開陽丸は江差町字中歌町の沖合約三百五十メートルの海底（岩礁間の凹み）に埋没している。同艦の遺物は外東防波堤の外側と内側に広範囲にわたって分布しており、その上には厚いヘドロの層が堆積している。

その後、開陽丸の埋没海域が港湾整備事業の範囲に含まれることになったので、昭和四十八年八月に現状確認のための予備調査が行われ、その結果、まだかなりの遺物が海底に残っていることが判ったという。そこで昭和五十年度から文化庁・北海道開発庁・北海道教育庁等の援助を受け、本格的な発掘調査が行われることになり今日に及んでいる。

現在まで大小約三万点ほどの出土遺物が海底より引き揚げられ、その主なものは船体の一部、船具（滑車・銅線ワイヤ）、機関部品（シャフト・バルブ・バルプコック・取手・ハンドル・スプリング）、武器（大砲と砲弾・ピストル・サーベル・日本刀）、生活用品（矢立・糸・布・貨幣・ハサミ・温度計・水温計・双眼鏡・フォーク・スプーン・しゃもじ・ペン先・インクビン・ナイフ・ガラス製品）、古文書などである。

第四章　帰国後の留学生の運命

文教方面で活躍──内田恒次郎（正雄）

オランダ留学生の取締役（団長格）であった内田は、旧姓を萬年《まんねん》といい、小普請組安藤與十郎支配百俵取の萬年三郎兵衛の次男として、天保九年（一八三八）十一月二十日、江戸に生まれた。当初、萬年姓であったが、万延元年八月、下総小見川一万石の領主、内田加賀守の末家で千五百石を食む旗本内田左膳の婿養子となった。養父は御書院番土屋備前守支配で、(250) 家紋は「内田轡《くつわ》」である。屋敷は本郷御茶の水にあった。恒次郎はこれにより御小性組内藤肥後守支配へ御番入りをし、部屋住で三百俵の俸禄を得る身となった。安政三年、十八、九歳で昌平坂学問所の試験に甲科で及第し、俊才の名をほしいままにしていた。が、やがて時勢が刻々と変っていく中で、蘭学を志し、当時深川八幡裏の冬木町で蘭学塾を開いていた坪井信良の弟子・赤松大三郎に請い、オランダ語の手ほどきをしてもらった。

安政初年、幕府はオランダ政府よりスームビング号（蒸気船、のちの観光丸）を贈られたので、その蒸気船の操縦を蘭人について伝習させることにし、海軍伝習所を長崎に設けた。伝習生は幕府直参、及び諸藩の選抜生から成り、内田は学問所の英俊であったばかりか蘭学の素養もあったので、安政四年幕府の輿《よ》望をになって二十五名の伝習生と共に長崎へ赴いた。このとき一緒に下向した仲間に赤松大三郎がいる。(251) 長崎海軍伝習所では蘭人教師について操砲・船具の運用・航海術・歩兵調練・造船学・数学・地理・オランダ語などを学んだが、内田は漢学の力に秀いでていたばかりか、学才があって出来がよく、学事には非常に熱心であったから、ウィヘルス（H. O. Wichers）という教師からとくに愛され、微分積分といった高等数学を学んだ。

安政六年に長崎の伝習所は廃止となった後も、三カ月ほど留まって数学などの教授を受けたが、その後江戸に帰り、築地の軍艦操練所の教授方手伝出役を命じられた。

文久二年、オランダへ留学する際、同行者中いちばん身分が高いところから取締役となった。が、人に愛せられる性質ではなく、俗にいう「角のある人」(252)で、ことに家柄がよいことを鼻にかけ、他の者を軽んじるところがみられ、ああしろ、こうしろと命令を下すことが度々あったので、しぜん仲間の受けが悪くうとんじられた。品行は方正であり、この点では人から非難されることはなかった。酒はほとんど飲まず、否、飲めなかったのであるが、そのため朋友からは、内田は酒が飲めないのではない、銭が惜しいから飲まぬのであろうと、陰口をいわれた。在蘭中は役目柄、会計も扱ったが、金銭上のことは厳密であったので正に適役であった。「若し榎本、林などと云ふ金銭に切れ離れのよい者に出納を任せたならば、勘定合ッて銭足らずといふような始末が、生じたかも知れない」(あられのや主人『内田恒次郎小伝』)と赤松大三郎は記している。

じっさい内田の綽名は「吝嗇坊」であった。性格についていえば、神経質であったうえ、小心であったという。だから、些細なことをくよくよ心配し、気が落ち着かず、大局に眼を注ぐことが出来なかった。気位が高く、傲慢なところも見受けられたらしい。けれど、大身の旗本の若様にしては進取の気象に富み、学問好きであり、物事に熱中するたちで、一風変った侍であったようだ。赤松は内田を評して、「当時の旗本などの多くは、知行地の百姓をいびッて其日を碌々として暮して居る。其中て兎に角此男位進取の気力に富ンで居ッた者は、珍らしかったのである」と述べている(あられのや主人『内田恒次郎小伝』)。

恒次郎は人間的魅力に乏しかったが、その反面、サムライにしては珍しく審美心に富んでいた。カリプソ号に乗船し、オランダに出発する前、内田は長崎の骨董品屋を冷やかし、王《ぎょく》の観音像・朱泥の急須などを求め、船中で仲間にそれを見せびらかし、盛んに講釈した。内田家は相応に裕福な家であったというし、本人は三百俵の禄を食んでいたこともあって、古美術などに自然親しむようになったものか。ともかく内田はかなりの美術品の鑑識眼があったようである。

渡蘭後の一八六四年十月中旬、赤松・ポンペ・榎本らとイギリス視察旅行を試みたが、その折ロンドンのケンジングトン博物館の一室で、イギリス軍が北京の圓明苑で略奪した玉《ぎょく》細工一千種余りを観覧した。その中には稀代の品なる観音像も数体展示されており、素人目にも逸品であることが判る。内田が船中で自慢したような観音像は顔色なしといった所で、内田もそれを見てあ然とし、鞄の底にしまったものかその後、内田自慢の品の姿を二度と見ることはなかったという。

恒次郎は絵筆をとって日本画などもちょっと描くだけの力量があり、オランダへの航海中、船の寄港先でスケッチした絵（風景・果物・土人など）が残されており、[253]それを見ても相当絵心があったことが判る。オランダ到着後も絵筆を捨てず、油絵画家について熱心に洋画の技法を学び、帰朝するころには少しは描けるようになったという。滞蘭中、仲間がどこかに旅行するときには各地の絵葉書・写真を買い集めさせ、自らも風俗・風景画を蒐集した。内田のコレクションは絵や写真だけにとどまらず、各種の博物学標本[254]などにも及んだ。内田は留学中に約三千枚の絵や写真を収集し、後年『輿地誌略』を著すとき、その中から選んだものを模写し、挿絵（図版）としたのである。絵画や美術品等にはすこぶる関心があったようで、読むものもフランスの『世界旅行年鑑』や絵入り新聞『イラストゥレイテッド・ロンドン・ニューズ』などを購読、愛読していたらしい。[255]とくにイギリスのこの絵入り新聞のバック・ナンバーは一八六四年と六五年の二カ年分を所持し、帰国後、まだオランダにいた赤松に一八五〇年から一八六三年までの分を集めたいので御注意願いたい、と私信を出している。[256]

内田は赤松や沢らとは異なり、在蘭中の動静を示すような日記・私記の類を残してはおらず、日常生活については判らぬことが多い。「内田は性得《しょうとく》船暈に感し易いので、極く船に乗るのを嫌ッて居ッた。夫故《それゆえ》でもあろうか、和蘭へ往ッても海軍の事は殆ど学ばなかッた。」（あられのや主人『内田恒次郎小伝』）ということだが、留学中は軍事よりも人文科学、ことに美術・地理学・博物学の研究に専念したようである。

慶応三年三月二十六日、開陽丸で帰国したが、職方・大野弥三郎の「和蘭陀行日記」（品川出帆より帰着までのことが毎日簡単に書いてある。のち沢艦之丞所蔵、現在所在不明）には、当日、「内田氏は上陸直ちに江戸へ帰る」と記してあるという。[257]

内田は留学中に夫人が病死し、また帰国の航海中、本郷の屋敷（五百坪ほどあった）は全焼といった、二重の不幸に見舞われていたから、上陸地の横浜より直ちに江戸へ帰ったものであろう。帰朝後、語り合う友なく、仮設の小屋に入り、ぽつねんと焼け跡を見つめている姿を彷彿させるのが次の書簡（在蘭中の赤松・伊東・林宛）である。

小生儀も当時住宅に困り罷在候。去《さる》十二月二十六日本郷辺の火事にて丸焼けと相成、帰省の日迄も不存次第、夫故客来も無之、友人等は大凡《たいはん》京坂等に罷在、親属は御承知の通り死たへ、且又実家兄事も神奈川県に在住、夫故焼跡え一人エーンサーム（eenzaam――〝寂しい〟意の蘭語）に帰着、荷物お取出し候座敷も無之次第、急建の長屋罷在、トレリ（treurig――〝哀しい〟意の蘭語）への次第に御座候。屋敷替致し、少々手広の地面え引移り、草花にても植候見込に御座候。（慶応三年四月二十一日付）

内田が相対替をした地所というのは、駿河台鈴木町の高井山城守の敷地（約千坪）であり、焼けた屋敷にも近く、何よりも気に入ったのはあたりの景色がよかったことである。「屋敷の後は御預りの土手にて、茶渓え臨み、至極気（景）色宜しく御座候」とオランダにいる赤松ら三人に知らせ、同年九月ごろ引っ越した模様である。内田は駿河台の屋敷の一部を洋式部屋とし、そこに西洋家具などを入れるつもりであったが、「半高上納」と慶喜帰府後の社会混乱によって、この計画は頓挫した。

江戸に帰った内田は、一時開陽丸へ乗組みを命ぜられたようでもあるが、「小生儀は学課も造船にて、彼是《かれこれ》申立、先乗組御免被仰付候」（慶応三年四月二十一日付、在蘭三名宛書簡）とあるように、専門は造船学である、となんのととやかく言って、乗船を免れたのであろう。ともあれ所属は、『有司武鑑』（慶応四年）によると、軍艦頭並で「千五百石おちゃのみず（内田恒次郎）」とある。内田にとってこれが幕臣としての最後の役職となった。

維新の際、幕府の陸・海軍に身を置いていた者の多くは、江戸を離れ蝦夷に向かい、官軍と最後の一戦を交えたが、かれは早晩、幕府が命運尽きて倒れることを見越してか、江戸に留まり、維新後は名を正雄と改め、新政府に任えた。『太政官日誌』（慶応四年戊辰夏五月、第廿一）に「大学校　権大丞　従六位守藤原朝臣正雄（内田）」とあるから、慶応四年五月にはすでに大学校（昌平坂学問所の後身――昌平学校を改称）に勤めている。

維新後の職歴は『百官履歴』（下巻）にくわしいが、それには次のようにある。

東京府士族　内田正雄（恒次郎）

明治元戊辰年十一月四日　学校取調御用掛被仰付候事

同年十一月十二日　開成所（開成学校の前身、明治元年にこの名称となる、後の東京大学）掛兼勤被仰付候事

同年十二月十二日　開成所頭取被仰付候事

同月廿四日　学校権判事被仰付候事

同二己巳年七月十八日　任大学少丞

同年十月二日　叙従六位

同月十日　任大学権大丞

同月十四日　本官ヲ以大学中博士兼勤被仰付候事
同年十二月四日　免本官専任中博士
（一行原朱）同年十二月十七日　改大学校称大学
同三庚午年正月十日　伺通謹慎被仰付候事
同月十四日　謹慎被免候事
同四辛未年七月十八日　（原朱）廃大学置文部省
（原墨）追テ御沙汰候迄是迄之通事務取扱可致事
同月廿七日　任文部中教授
同年九月廿三日　免本官
同月廿四日　任編輯助
同年十二月二日　学制取調掛被仰付候事
同五壬申年四月廿日　免本官　○同日　文部省六等出仕被仰付候事
同年五月十五日　社寺宝物検査トシテ出張被仰付候事
同年十月五日　六等出仕被仰付候事
同六癸酉年七月十二日　依願免出仕　○同日　織物一巻下賜候事

内田の履歴をよく眺めてみると、維新後、新政府に仕えて、開成所頭取、学校権判事、大学少丞、大学権大丞、大学中博士と官位が上がって行ったことが判るが、明治三年一月に何か失態があったものか「謹慎の身」となっている。これを境に枢要な地位にはつかず、閑職に左遷された印象を与える。内田の一生は順境にあったかに見えたが、特異な性格であったから、きっと同僚や上司との交際が円滑にいかなかったのが原因であったものか、明治六年七月十二日をもって官を辞して、野に下った。その後は著訳述に従事するようになる。

内田は新政府の文部官僚の一人として教育行政の面ではそれほど顕著な働きをしなかったが、明治二年に『海軍沿革史』や『和蘭学制』（オランダの小、中学校法を訳出したもの）を公にし、とくに後者は翌明治三年二月の「中小学規則」「大学規則」等の制定に少なからず影響を及ぼしたようである。すなわち、大中小の三段階の学校制度案の骨子がこれによって提示され、各学校の年齢による就学別とその教科内容などが『和蘭学制』を参考とされたかも知れぬという。(258) 内田は開成所で同僚だった細川潤次郎から勧められて訳筆を執り、完成後それを大学校の大監（学長）であった松平慶永に献納した。(259) 内田の令名を高め、後世にその名を残したのは『輿地誌略』（世界地理書）である。明治三年大学南校（開成所の後身、のちの東京大学）から出版され、次いで文部省出版となり、明治八年には修静館より三編九冊まで刊行された。内田は生前その完成を見なかったが、その没後、文部省編集寮時代の友人であった西村茂樹が遺稿を整理し、明治十年二月まで三巻にまとめて完結させた。

明治三年に初版が出て以来、明治七年までに十五万四千二百部も売りつくし、福沢の『西洋事情』や『西国立志編』（中村正直訳）と共に当時のベストセラーの一つであった。(260) 『輿地誌略』は、イギリス人のマッケーやゴールドスミスらの地理書（英書）のほか、オランダ人J・クラメルスの『地理・統計・歴史便覧』などを参酌して書いたもので、世界の諸地域の地誌についてくわしく述べ、挿絵も豊富に添えられている。図版は川上冬崖《とうがい》（一八二七〜八一、幕末・明治期の日本画家、旧幕時代は絵図調出役）が描き、校訂は市川清流・寺内章明（旧名、保科俊太郎）らが担当した。その他、没後『輿地誌略』の抄録本というべき『地学教授本』（六巻、明治十一年完結、出版人は養子・内田正義）を刊行している。また内田は著訳述活動とは別に、新政府の文化財保護政策の一翼をにない、明治五年ごろ、博物館の創設、ウィーン万博出展品の収集と整理、奈良・東大寺その他の神社仏閣の宝物調査にも携わり、教育・啓蒙の分野とは違う世界と多少かかわりを持っている。[261]

内田は人間的魅力に乏しかったが、後世に伝うべき美談を一つ残している。十五代将軍慶喜帰府後の江戸は大混乱であった時、内田は異郷にある朋友三人を忘れず、榎本の尽力を得て帰朝旅費を都合し、在蘭三人に送っている。内田は財政逼迫している御勘定方より漸く二千五百ドル貰いうけ、榎本が前将軍に願って頂戴した三千両とを合わせて、横浜のオランダ領事館に託してオランダに送った。内田はオランダ留学生の取締役として、在蘭三人の始末をつけねばならなかったわけで、林・伊東・赤松へは貸借を決済し、オランダ商事会社の借金を払い、帰朝せよ、といった。[262]そして「江戸中灰燼共《とも》相成候はゞ、身命も先は覚束なき事」と述べ、帰国のみぎり拝顔を得たいと手紙を結んだ。赤松・伊東・林ら三人が無事帰朝したとき、内田はきっとこの仲間と再会を果たしたにちがいなく、多年、異国で苦労を共にした朋友と手を取り合い再会を喜び合ったとき、万感胸に迫って言葉も出なかったと思われる。そして熱い涙がかれらの頬をぬらしたことであろう。

昌平坂学問所の稀代の秀才、内田正雄は、何冊かの著訳書を残したのを最後に、明治十四年（一八八一）十月二十二日、[263]病没した。享年三十九歳であった。東京・港区白金台の瑞聖寺境内中央あたりに内田の墓がある。元の位置は、墓地に入っていちばん左奥に内田家歴代の墓と共に並んでいたが、昭和六十年十一月の改葬の際に、現在の場所に移された。このとき十基以上もあった先祖の墓（江戸期のもの）は、廃棄処分された。

没後、恒次郎もここに葬られた。つつましやかな墓ではあるが、正面に「深徳院殿義徹正雄大居士」と刻され、墓石の左側から背面右側面にかけて、死者の事蹟を刻んだ碑文がある。一等編修官従五位重野安繹の撰文である。軍事をこととせず、文教方面に進んだ内田の全生涯の縮図が、ここに漢文で綴られている。……

(250)　『続幕末和蘭留学関係史料集成』五三四頁。

(251)『勝海舟全集』第八巻、八九頁。
(252)「内田恒次郎小伝」(「中博士内田正雄伝」(『旧幕府』第三巻第一号、五八頁)。
(253)内田が描いた見事なスケッチは「内田恒次郎航海記」(『幕府和蘭留学関係史料集成』所収)の中に見られる。
(254)石附実『西洋教育の発見』一九一頁。
(255)同右。
(256)幸田成友『史話　東と西』一九七頁。
(257)海後宗臣「和蘭学制解題」(『明治文化全集』第十八巻、解題の五頁)。
(258)石附実『西洋教育の発見』一八六頁。
(259)同右、一八三頁。
(260)同右、一八六頁。
(261)同右、一九一頁。
(262)幸田成友『史話　東と西』二二二頁。
(263)瑞聖寺の過去帳の写しによると、没年は明治十四年十月二十二日となっている。が、墓石に刻まれている碑文には「明治九年二月一日病卒」とある。

造船界の先達——赤松則良

赤松は、天保十二年(一八四一)十一月一日、幕府十五番組御徒士吉沢雄之進政範の次男として、江戸深川に生まれ、大正九年(一九二〇)九月二十三日、千駄ヶ谷で没した。オランダ留学生としては最も長生きした一人である。赤松がオランダから帰朝した日は彰義隊の戦の二日後のことであり、江戸の街は大混乱の渦中にあった。

慶応四年（一八六八）五月二十九日、大三郎は品川沖に碇泊中の開陽丸に榎本を訪ね、弟の吉沢才五郎ともども蝦夷への同行を請うたが、榎本は、

——これからの日本海軍の建設には新知識が必要である。君はオランダで造船学を学んだ貴重な人材である。君だけは将来の海軍建設のために残ってくれ、弟が参加することで君の面目は保てるはずである。

と、懇々と説いた。赤松は、榎本の一行と行動を共にするつもりであったが、年長の武揚の説得に負け、ついにいさめに従うことにした。同年六月、幕府より軍艦役並を命ぜられ三百俵十三人扶持をもらうことになったが、前にも述べた通り、これは名ばかりであり、実際は一俵もあたえられなかったようである。というのは、幕府は禄米を出すどころか、すでに前年十月に瓦解していたからである。

この年の八月十九日、榎本は艦隊を率いて蝦夷に走ったが、その翌日、赤松は幕府の奥医師林洞海の二女軾《しき》（のちに貞《てい》）と結婚した。この新婦の兄こそ、オランダにいっしょに留学した林研海である。

徳川家は七十万石の一大名に成り下がってしまったが、赤松は無禄覚悟で遠州見付（現静岡県磐田市）に移住し、開墾に着手するつもりであった。が、徳川家（静岡藩）が沼津兵学校（陸軍士官学校の前身）を創設することになり、西周と共に招かれ、掟書（規則書）を起草した。

元来、海軍の人間であった赤松が、陸軍の学校の創設に関係するようなったのは、留学中に二度も観戦しているし、西洋の学校を実際見てきていることや、数学に関する知識を高く買われてのことであるらしい。実際、兵学校では数学の授業を担当した。また兵学校付属小学校の設立の際にも、かれは規則書を作成したばかりか、『小学対数表』（明治十七年）、『小学幾何初歩』（明治十八年）などの教科書を編んでいる。

十二月、沼津兵学校が設立されるや、陸軍一等教授方となり教鞭をとった。明治二年十月、西周（兵学校頭取）が新政府へ出仕することになったので、かれに代わって兵学校頭取に命ぜられた。この年、赤松は二十九歳であった。

明治三年三月、兵部省に出仕することになった。衆議院御用掛も兼ねた。新政府への出仕は「私は幕臣でありますから」と何度も固辞したが、新政府より徳川藩主を通じて出仕してもらいたいといった内命があったことや、勝海舟の強い勧めがあって重い腰を上げたものである。同年六月には民部省にも出仕し、七月に民部権少丞に任じられ、正七位に叙せられた。同年九月、海軍兵学寮大教授となり、従六位に叙せられている。明治五年二月、兵部大丞、同年三月、海軍大丞に進んだ。明治六年二月、オーストリア博覧会に差し遣わされ、翌年一月帰国した。

明治七年四月、海軍少将兼海軍大丞に任じられ、この年、「台湾出兵」の軍に加わり陸軍少将谷干城と共に総督西郷従道を補佐し、十二月に凱旋した。明治九年一月、わずか三十六歳にして主船寮長官、横須賀造船所長となり、九月に海軍省副官（今日の次官）に進んだ。赤松はその後も着実に昇進をつづけ、海軍の主な要職を次々と歴任した。明治十九年には、海軍造船会議議長兼兵器会議議長兼将官会議議員となり、翌明治二十年五月には、勲功により男爵を授けられた。

同年九月、海軍中将に任ぜられ、佐世保鎮守府建築委員長となった。明治二十一年五月、勲一等旭日大綬章を授与され、翌明治二十二年に佐世保鎮守府司令長官、二十四年には横須賀鎮守府司令長官等を歴任し、二十五年十二月、予備役となり、と同時に静岡県見付町（現磐田市）に引っ込んだ。この年、赤松は五十二歳であった。それまでにかれは各種各様の委員を歴任している。たとえば、農工商上等会員・勲功調査委員・国防会議議員・海軍語類編纂委員長・士官学術検査委員長・軍法会議判士長等々。

明治三十年七月、五十七歳で貴族院議員となり、大正六年（一九一七）に喜寿を機に貴族院議員その他のすべての公職を辞し、以後悠々自適の生活に入った。見付町に隠棲してからの赤松は、ときどき上京するぐらいで晴耕雨読の生活を送ったようである。『赤松則良半生談』の「あとがき」によると、晩年の則良は妻を相手の晩酌をたのしんだほか、屋敷内で庭いじりをしたり、暇なときに設計図を書いては、部屋を次々と建て増ししたという。口数は少なく、ひじょうに穏やかな性格であったらしく、道楽もせず、真面目な生活に明け暮れたようである。

明治四十四年、七男十女をもうけた妻の貞が病没した。則良の長男範一は向島にあった榎本の家屋を譲り受け、その半分を利用して千駄ヶ谷に屋敷を建てたが、これを機に則良も上京して、東京で老後を過ごすことになった。しかし、老いと病には勝てず、大正九年（一九二〇）九月二十三日、千駄ヶ谷で没した。享年八十歳であった。赤松則良の亡骸は駒込・吉祥寺に葬られている。

日本の近代化に赤松が果たした貢献について考えてみるとき、横須賀造船所長時代（明治九〜十年）のかれの功績は見逃すことができないように思われる。かれが立案し設計指導した軍艦四隻――清輝・天城・海門・天龍を西洋人の手を借りずに、邦人のみの手で完成させたからである。このときオランダ留学中に習い覚えた製図法や造船全般に関する知識は余すところなく生かされたのである。しかし、赤松の陰の力となったのは後述する上田寅吉であり、軍艦の図面は則良の命を受けて上田が引いたものである。

オランダに留学した士分・職方のある者は、海軍技術と造船技術を修得して帰国し、後年わが国の造船界で活躍したが、これはいうまでもなく留学生派遣の成果といっても過言ではない。ことに赤松はのちに二十年の長きにわたって造船協会の会長を勤め、わが国の造船界の指導に当たったのである。

筆者は先年オランダに取材に旅立つ前に、孫の宮崎堯氏《たかし》（則良の叔父宮崎鷹之進の絶家した跡を継いだ）とお会いし、いろいろ先祖に関する話を聞く機会に恵まれた。宮崎氏は、少年時代の数年間を当時静岡県見付町に住んでいた則良の膝下に預けられたこともあって、晩年の赤松の日常についてくわしい。同氏によると、小学校五年生のときに初めて祖父に会ったが、機嫌のよいときなど、にこにこしながら、若き日の体験を孫に語って聞かせたという。

――咸臨丸に乗って初めてアメリカに行ったとき、礼砲発射の号令をかけたのはおじいさんだったんだよ。

と、当時をさも懐しげに語ったり、在蘭中、デンマークとプロシア・オーストリア同盟軍との戦争を観戦しに赴いた

ときのようすを、

――赤い陣羽織を着て、日本刀を差して行った。

と、そのときの服装をおもしろげに語ったという。実際、宮崎氏は少年のころ、この陣羽織を虫干しの際に、おもしろがって着た覚えがあるらしい。赤い羅紗製のものであり、永く長男の範一氏が大切にしまっていたが、こんどの戦争で同氏の家（品川区大井鈴ケ森町）が罹災したとき、焼けてしまった、とのことである。

則良は、見付町の屋敷で晴耕雨読の生活を送っていたとき、広い庭内に花壇をもうけ果樹をたくさん植えていたから、四季の花や果物には事欠かなかった。ことに果実は豊富に栽培していたため、オランダイチゴ・柿・梅・梨・イチジクなど四季折々の果物を味わうことができた。

秋になり枝もたわわに柿の実がなり、それを全部もぎ取りにかかると、

――旅人のために実を少しは残しておくんだよ。葉は小鳥のために。……

と、孫たちをいさめてやめさせた。これは晩年の則良の姿を伝える、ほほえましい一エピソードにすぎないが、人柄の一端がうかがえておもしろい。

赤松は在蘭中、筆まめに日記等をつけてくれたので恰好の史料を提供しているが、一緒に渡蘭した仲間のうちで、蘭語にかけては右に出る者はいなく、学力抜群であったようだ。

外交官・政治家――榎本武揚

榎本は帰朝後、軍艦乗組頭取を経て海軍奉行となり、開陽丸の船将（艦長）に任命された。その後更に累進し、海

軍副総裁になったが、このときの海軍総裁は勝海舟である。

慶応四年（一八六八）四月、徳川宗家は田安家の家達《いえさと》が継ぐことになった。しかし、禄高は一挙に七十万石になってしまった。そのため大勢の臣下のある者は不本意ながら新政府に仕えたり、帰農したり、あるいは無禄移住者となって静岡に移るしかなかった。思いもよらぬ幕府の瓦解とあまりにも少ない封禄のために、失業者の群が巷にあふれるようになった。主家と旧幕臣の窮状を見るに見かねた榎本は、未開地を幕臣に開拓させることによってその生活の道を立てようとした。

そこでまず新政府に蝦夷地の下賜を願い出、幕臣をそこに移し、かつ農耕に従事させ屯田兵とすることを嘆願したが、容れられず、やむなく不退転の決意をするに至った。

八月十九日の未明――榎本は、開陽・回天・蟠龍・千代田形の各艦及び神速・長鯨・咸臨・美加保の四隻の運送船を率いて、品川沖を抜錨し、蝦夷に向かった。榎本艦隊は江戸を脱出する前に檄文（「徳川家臣団大挙告文」）を飛ばした。


王政日新は皇国の幸福、我輩も亦希望する所なり。然るに当分の政体其名は公明正大なりと雖も、其実は然らず、王兵の東下するや、我が老寡君（慶喜）を誣《し》いるに朝敵の汚名を以てす。其処置既に甚しきに、遂に其城地を没収し、其倉庫を領収し、祖先の墳墓を棄てて祭らしめず、旧臣の釆邑《さいゆう》は頓《とみ》に官有と為し、遂に我が藩主をして居宅さえ保つ事能わざらしむ。又甚しからずや。これ一に強藩の私意《しい》に出で、真正の王政にあらず。我輩泣いて之を帝閽《ていこん》に訴えんとすれば、言路梗塞して情実通ぜず、故に此地を去り皇国の為に一和の基業《ききょう》を開かんとす。それ闔国《こうこく》士民の綱常を維持し、数百年怠惰の弊風《へいふう》を一洗し、其意気を鼓舞し、皇国をして四海万国と比肩抗行せしめん事、唯此一挙に在り。

之れ我輩敢て自ら任ずる所なり。廟堂在位の君子も、水辺林下の隠士も、苟《いやしく》も、世道人心に志ある者は此言を聞け。

江戸湾を脱した武揚は、函館五稜郭にたてこもり抗戦したが、刀折れ矢尽きて、ついに官軍の軍門に降ることになった。榎本軍の幹部たちはただちに東京に移送され兵部省糺問所の付属監獄に入れられた。入牢を申しつけられたのは次のような面々である。

頭領　榎本武揚
　松平太郎　荒井郁之助　永井玄蕃　大鳥圭介　沢太郎左衛門　松岡盤吉　渋沢誠一郎　佐藤雄之助
　仙石円次郎

この中には、かつてオランダ留学生であった沢太郎左衛門が含まれているが、これらの人々は約二年あまり獄内で暮らしたのち、明治五年一月六日、特赦によって出獄することになった。同年三月、榎本は開拓使四等出仕を命ぜられ、北海道に渡り、農業・鉱業・漁業の振興や物産調査などに力を尽くした。

明治七年、海軍中将兼特命全権公使としてロシアに赴任することになった。当時、海軍の最高の階級は大佐であり、それ以上の階級にあった者は一人もいなかった。武揚が異例ともいえる中将の任命を受けたのにはいろいろ理由《わけ》がある。当時のロシアでは、全権公使であれば将官でないと不都合があったし、第一あまり幅が利かなかったからである。旧幕臣で函館戦争のとき幹部であった者たちは、明治維新のもとでは将来軍人になることだけはやめようと決心していたが、榎本は説得に折れ、やむなく海軍中将を拝命した。

榎本はロシアに約四カ年滞在したが、この間に困難な樺太問題と取り組み、明治八年三月二十日樺太交換条約を締結した。かれは明治十一年に帰国したが、帰朝する際にはわざわざ陸路をとり、シベリア経由で帰った。これは日本の将来のためにロシアを実地踏査しておこうといった考えから出ている。このときの記録がのちの『西比利亜日記』である。

明治十二年二月、条約改正取調御用掛となり、同年九月、外務省二等出仕を兼務し、同年十一月、外務大輔及び議定官と目まぐるしく職種が変わっている。

明治十三年二月、海軍卿を兼ね、翌年の春四月には解任されている。明治十五年五月、皇宮御造営事務副総裁、同年八月、特命全権公使として伊東博文と共に清国に赴き、天津条約を締結して、十八年十月帰朝。その後、榎本は順境にあって栄達をとげ、十九年勲一等従二位に叙せられ、二十年五月子爵を授けられた。明治政府の通信・外交・農商務・文部大臣等を歴任している。幕末から明治にかけての大変動期を生きぬいた榎本もついに、明治四十一年（一九〇八）十月二十六日、向島の自邸で亡くなった。享年七十三歳。墓所は、東京駒込・吉祥寺にあり、銅像は隅田川畔、向島の木母《もくぼ》寺境内にあったが、現在は元の隅田川神社の境内——西新井橋の歩道橋の前にある。

幕府が崩壊し、明治の世になったとき、徳川家の恩顧を受けていた者のほとんどが新政府の権威の前に屈したのに反し、榎本は成算のない最後の戦いを政府軍にいどみ、幕臣としての意地を通した。これは何も武士としての誇りがそうさせたのではなく、主家や旧幕臣の窮状を見るに見かねての行動であった。義侠的な戦いに一命をかけた榎本に、限りない魅力を感じはするが、後年のかれの栄達や生活ぶりを知ると、何やら一抹の寂しさを覚えるのだが、榎本についいて書かれた文献をいろいろ読んでみると、必ずしも立身出世や安楽な生活を求めて官職についたわけでもなさそうである。

榎本は朝敵であっただけに、最初新政府に仕えることを断わったが、人のたっての頼みで重い腰を上げた。かれが異例の出世をとげたのは仕事熱心と誠実さのせいでもあったようだ。つまり、人物を買われて自然に重要な地位についたということである。だが、官途につき、地位が向上するにつれて、よい暮らしが板につき、それを捨てがたく思ったにちがいない。きっと少しは後ろ暗さを感じたものと思う。

しかし、新政府の役人になっておれば、零落した人々の世話ができる。官途についたまま野に下ろうとしなかったのは、栄職に多少未練があったことも事実だろうが、名利の地位を利用して困窮している旧幕臣たちを助けるつもりだったとも考えられる。榎本に対しては毀誉半ばするが、かれは情義に厚い人間であったようだ。性格についていえば、義侠心に富み、情にもろく、直情径行な、しかも篤実の士であったようだ。加茂儀一氏の『榎本武揚』によると、函館戦争のとき旧幕軍に加わった連中のその後の身を常に心配し、落ちぶれて訪ねて来る者があれば、極力めんどうをみたという。また困った人に泣きつかれると嫌といえず、そのため借用証に印を押したり、就職の世話までまめにやった。

高位高官の人となっても、人をわけへだてせず、だれに対しても愛情をもって接した。資性は清廉であり、子孫に美田を残すようなことはせず、宵越の金は持たぬ方であったという。晩年、向島の風景を愛し、よく百花園を訪れては、そこにある茶店で冷酒を飲むのを楽しみとしたようである。

海軍育成の功労者――沢太郎左衛門

沢太郎左衛門は幕臣沢太八郎の子として、天保六年（一八三五）六月四日江戸に生まれた。幼名を鉄太郎と称した。父は奥火之番を勤めていた。太郎左衛門は幼い時分より学問を好み、長ずるにおよび蘭学を学んだ。しかし、海防が叫ばれるようになってからは、荻野流の砲術をも学び、その後更に江川担庵（太郎左衛門）について西洋流兵学を修めた。

沢家にある「沢太郎左衛門履歴」(孫の賢治氏が作成したもの)によると、安政三年(一八五六年)九月、函館奉行所江戸役所に書物御用係として出役しているが、これが役についた始めである。翌安政四年秋、海軍伝習生(第二回)の一員として長崎に赴き、オランダの教師団より海軍諸術を学んだ。同六年五月、業を終えて江戸に戻るや、御軍艦操練所教授方手伝出役を命じられ、主として海軍砲術を教授した。日本海軍において海上砲の操砲訓練を行ったのは、沢が最初である。

文久二年(一八六二)の盛夏、幕府は初めて御軍艦組を設置したが、沢はこのとき同組出役(尉官に相当)を命じられた。このころわが国で初めてアメリカ式雷管がつくられたが、その製作主任は太郎左衛門であった。同年、幕府が海軍留学生をオランダに派遣することに決すると、沢はその一員に加えられた。在蘭中は熱心に海軍諸術を学んだことはいうまでもないが、かれの関心はやがて火薬製造の方に移っていき、一職工となって火薬の製造法を学んだことはすでに述べた。

慶応元年(一八六五)九月十日、柴田日向守がパリにあったとき、沢は当地に赴き、幕府で購入すべき雷管製造機械・火薬製造機及び付属諸機械について建策し、オランダとベルギーでそれぞれ注文することになった。これらの機械は日本到着後、幕府崩壊といった一大政変のために、しばらく陸揚げのままであったが、一部、王子滝野川の火薬製造所に据えられたり、維新後は板橋の火薬製造所内に備えつけられた。

太郎左衛門の孫、義道氏(元海軍軍医中佐、故人)によれば、平塚の海軍火薬所にもオランダから持ち帰った火薬の製造機があったということである。また同氏の甥、沢弘之氏は、

——子供のころ、長持にピストルや火縄銃や火薬に関する品々がぎっしりつまっているのを見たことがあります。が、今これらの品はどうなっていますやら。……

と語った。銃砲類の多くはきっとオランダで購ったものであろう。

慶応三年（一八六七）三月二十五日、太郎左衛門はオランダでの研究を終え開陽丸で帰国したが、沢家の過去帳によると、帰宅したのは四月二十九日のようである。翌月より富士見宝物楼・軍艦役並勤方となり、三百俵十三人扶持をもらう身となった。やがて軍艦役を経て軍艦頭並となり、次いで開陽丸の副船将（副長）に任じられた。慶応四年の正月、十五代将軍慶喜が大坂より江戸に逃げ帰るとき、その移送の任に当たった。

慶応四年（一八六八）五月、沢は隠居届を出し家督を長男鑑之丞に譲った。この年、太郎左衛門三十四歳、まだ隠居する齢ではなかった。が、時勢が刻々と変化してゆく中で、幕臣としての意地を通そうとしたものか、同年八月、榎本が艦隊を率いて北海道に走るとき、開陽丸に乗り込み、かれと行動を共にした。北海道では官軍と最期の一戦を交え抵抗を試みたが、明治二年五月、武運つたなく榎本らと共に帰降した。かの地の幕兵は〝賊軍〟の汚名をきせられて糺問所の獄につながれた。

獄中でのかれらの生活についてはよく判らないが、太郎左衛門はいくつかおもしろいエピソードを残している。かれは函館戦争中は一方の旗頭でもあったが、揚り屋（牢屋）入りするなり牢名主となり、スリといっしょに起臥を共にすることになった。隣り合わせの榎本と話をするときはオランダ語でやったらしいが、しばしば牢番より、

――歌をうたうな！

としかりとばされたという。

獄中では本を読むことも、文字を書くことも許されなかったが、風呂に入るときに秘かに筆と墨を手に入れ、文字を書いてつれづれを慰めた。また、スリを牢外に出させナイフを盗ませると、それを用いて竹でパイプを作ったが、これは今日、沢弘之氏宅にある。

時たま家の者が差し入れに来たが、夜がまだ明けきらぬ、三時か四時に人目を避けるように家を出て、獄舎に向かったという。賊軍ということで世間をはばかったからである。だが、明治五年正月、特赦により放免されて間もない

同月十二日、開拓使御用掛を命じられ、月給百円を給せられた。次いで二月三日、兵部省六等出仕、海軍兵学寮分課勤務となった。

四月十七日、海軍六等出仕、同月二十九日、砲術掛総督に任命された。八月十四日、陸軍省兼務の命を受け（兵部省は廃止となり、新たに陸軍省と海軍省が設けられた）、「板橋火薬製造所」の建造と火薬製造の指導に当たることになった。九月十八日、海軍兵学寮大教授となり、翌月正六位に叙せられた。「板橋火薬製造所」は、旧金沢藩邸（下屋敷）の敷地のうち三万六百二十坪を内務省より譲り受け、明治九年十二月に竣工し、「東京砲兵本廠板橋属廠」と命名されたところである。その敷地跡は、現在の板橋区加賀一、二丁目、稲荷台、板橋三、四丁目、北区の一部にまたがる広大な地域であったが、この地が選ばれたのは石神井川の豊富な河水と人家が稀であったことによる。第二次大戦中は旧邸のほぼ全域が「陸軍第二造兵廠」となった。

このように沢が新たな任務に起用されたのにはいろいろ理由がある。火薬製造機械と付属機械は、かれが直に注文して購入したものだし、とくにオランダ留学中に学んだ火薬についての知識を新政府に高く買われたからである。かくしてかれは、陸軍砲兵少佐渡辺義道（初代所長）と共に、火薬工場創設に尽力することになったのである。太郎左衛門がヨーロッパで学んだ、硝石の精製・硫黄蒸留・製炭・配合・粉末化・混和・圧搾・造粒・乾燥法・化学実験など、すなわち火薬の製造にとって必要な知識のすべてはこのとき活用された。

大正十一年（一九二二）三月——沢の板橋火薬製造所における功績が認められ、同所内に記念碑が建てられたが、それは黒色火薬を造るときに用いられた「圧磨機」の一部をもって作ったものである。この記念碑は現在、「工業技術院計量研究所」内の片すみにあるが、同研究所は茨城県新治郡に移転したために閉鎖されており、中に入って見ることができない。

明治七年九月から翌年の六月まで欧米に赴いているが、何の目的で洋行したものか判らない。明治八年十二月、兵学権頭兼兵学大教授に任じられ、翌九年八月には海軍省五等出仕となった。兵学寮が廃止となったのちは、兵学校教務課長となり、兵器局勤務を兼ねた。明治十二年四月、兵学校砲術課課長、同十五年十月、兵学校教務副総理となり、勲五等双光旭日章を賜った。

明治十八年八月、海軍一等教官となり、従五位に叙せられ、翌十九年二月、非職となった。明治二十二年二月には、従前の功労により、特旨をもって正五位に叙せられた。

わが国の揺籃期の海軍にあって、将校の育成に大きな功労があった太郎左衛門も寄る年波と病には勝てず、急性肺炎にかかり床に臥したのを最後に、明治三十一年（一八九八）五月九日、本郷湯島の自邸でついに不帰の客となった。享年六十五歳であった。この日、特別のおぼしめしにより、従四位を賜ったが、その亡骸は谷中・宗林寺に埋葬され、大正初期に青山墓地の現在の場所に改葬された。

生前、爵位の話もあったようであるが、思うところあって辞退したようである。戊辰の役で大勢の部下や仲間を失っており、自分だけが余慶をこうむるのをいさぎよしとはしなかったものか、それとも〝賊軍〟の一人であったということがわだかまりとなっていたからか、いずれにせよ、体よく辞退したことだけは確かである。だが、没後一年たった明治三十二年の春、沢を偲んで、榎本武揚・大鳥圭介・赤松則良らが発起人となって、三ノ輪・円通寺境内に記念碑を建て、併せて松の樹を一本植えることになった。これは今日もなお境内の片すみに他の多くの碑と共にある。

筆者は、太郎左衛門の人柄と事蹟について、孫に当たる目黒在住の義道氏と札幌に住む曽孫弘之氏から直に貴重な話をうかがった。

脱走軍が蝦夷占領後、榎本は沢を開拓奉行に任じ、室蘭に駐屯させた。沢は台場を築き官軍の進撃に備えたが、五稜郭が降服してから、降服恭順に決した。帰降の時点では、当然、斬首刑を覚悟していたが、幸い首を切られずにすんだ。「責めを受けるのは私一人でよい」といい、開拓方の人たちの落ち着く先を見届けてから東京に向かうのだが、後年、このうちの何人かは、室蘭の開発に貢献し、とくに鉱業の分野において活躍したのである。

沢の人となりについて書かれたものは非常に少ないが、若き日の写真や晩年のそれによって人柄を想像すると、容貌温雅、見るからに柔和で篤実な人の印象を抱かされる。実際かれは見かけ通りの人であった。筆まめであり、多くの文書を残したが、その多くは大正十二年（一九二三）の大震災のときに、焼けてしまった。筆者は太郎左衛門が書きしるしたであろう在蘭中の「日誌」の有無を義道氏にたずねたところ、

——子供のころに見たように思いますが、震災のとき焼いてしまいました。

という返事が返った。

太郎左衛門は研究心旺盛であり、老境に入ってからも蘭書(264)を手離さず、深夜まで読みふけっていたというから、相当数のオランダ語の原書があったと思われるので、この点をただすと、

——オランダ語の本は全部焼けてしまいました。寄贈したものもあるかもしれません。

と義道氏は答えた。

家庭人としての太郎左衛門についていえば、維新後、わざわざ築地のレストランからパンとミルクを取り寄せて食べていたらしい。死ぬまで「ミルク」のことをオランダ語風に発音し、「メルク」と呼んでいたということである。このことから食生活もなかなかハイカラであったことが判る。酒やタバコをたしなんだが、酒はグラスに筋をつけ、一定量しか飲まなかったという。また興味あるエピソードとして、日露戦争前、沢家ではタイ人を預ったほか、神戸在住のオランダ人医師の子供を大勢養子としていることである。太郎左衛門は養子をとるのが好きであったらしい。

弘之氏によると、「葵会」というオランダ留学生を中心とする親睦団体があり、一同ここで正月に会っていたらしい。この会は孫の代までつづき、太平洋戦争の前後にやめたという。太郎左衛門はだれともわけへだてなくつき合ったが、留学生仲間では津田真道や古川庄八と最も深いつき合いがあったようである。義道氏には満江という姉がいた

が、彼女は子供のとき古川がよく遊びに来たのを覚えていたという。

太郎左衛門から孫義道氏まで、沢家は実に三代にわたって海軍と深い縁があったことになる。義道氏は元々海軍を志し、海軍兵学校を二度ばかり受験したが半ば不運のため果たさず、医学の方面に進み、東北帝国大学で医学を修め、医師となったのである。皮膚科を専攻し、医学生であったころ、太田正雄（木下杢太郎）に師事したという。太郎左衛門は長男・鑑之丞（海軍兵学寮出身、のち海軍技術中将）を医者にするつもりであったらしく、帰国のとき解剖道具一式をオランダから持って来たという。

旧幕臣の中には、時流にうまく身を投じ、巧みに世渡りし、名をあげ功をたてたものも多いが、太郎左衛門はどちらかといえば、名利に活淡で爵位（男爵）を断わったし、嫡男鑑之丞も学位を辞退した。孫の義道氏も無欲恬淡とした〝赤ひげ先生〟であったが、それだけに沢家の人間によけい親しみを覚えるのである。

太郎左衛門は、若いころより学問に秀で、記憶力も抜群であり、ことにオランダ語は相当できたようである。ところで、かれには榎本と共通した資性があった。義侠心に富み、困っている者にはいつでも救いの手を差しのべたのである。病院や学校や罹災者のために、惜しみなく浄財を喜捨したばかりか、困窮している者を常に暖かく迎え、よく面倒をみたらしい。高位高官ともなれば、とかく人を見下すことがあってもふしぎではないが、貴賤を問わず、人間を平等に観たということである。

――本郷の家には、造兵廠の工員や車夫がたくさん出入りいたしましたが、祖父は上下の差別なくつきあいました。

と義道氏は語った。

維新後、沢は公人となったが、折にふれ想い出されるのは、戊辰の役の戦没将兵のことである。かれは戦死した部下や仲間のことを終生忘れず、毎年、旧幕臣らと三ノ輪・円通寺で法要を行い、その霊を慰めることを怠らなかった。

また、ときたま家族に、

——沢一族が今日あるのは、鹿児島の人間のおかげである。

といい、一命を助けられ、平和に暮らせる境遇を感謝したという。だが、賊軍であったということが片時も頭から離れず、表に出ることを嫌い、世間に遠慮しつづけたという。だから、沢家では長男鑑之丞の代まで正月の屠蘇や松かざりはなかった。義道氏は筆者に「わたくしは、いまだに正月の行事を知らない」と語ったが、今日もなお沢一族には先代の気風が脈々とつづいているようである。

(264) 沢太郎左衛門がオランダから将来した本の中には、航海術に関するもの以外に英仏の文学書が含まれていた。イギリス文学ではチャールズ・ディケンズの『二都物語』の原書と同蘭訳、フランス文学ではジュール・ヴェルヌの『八十日間世界一周』『海底二万マイル』等である。ディケンズのものは留学中に求めたもので、ヴェルヌの方は明治になって日本で購入したものである。麻生義輝『近世日本哲学史』（一一八頁）に沢の将来本その他の著者・書名が次のように記されている。

Dickens, Charles ; A tale of two cities.
——; In Londen en Parijs.
Helge, J. E. De Mensch.
Kramers, J. Algemeene Kunstwoordentolk.
Verne, Jules ; Le tour du monde en quatre vingts jours.
————; Rondom de wereld.
————; 20,000 mijlen onder zee.
————;De reis naar de maan in 28 dagen en 12 uren.

帰国後病没——田口俊平

田口俊平は文政元年（一八一八）四月六日、美濃国（岐阜県）加茂郡黒川村に生まれた。父は安江隆庵という村医者であった。長じるや名古屋に出て柳田良平について医学を修め、のち長崎に遊学し蘭方を学んだ。が、世界の大勢をみ、当時の日本の情況を顧みるや、のんびり医学などをやっていてもしかたないと思い、ついに医書を捨て、名古屋の洋式兵練所に入った。

だが、医者は平民であるから、兵学をやるにしても何かと不都合がある。彼はまずサムライの身分を手に入れる必要を痛感したが、なかなか思うようにいかない。そこで一計を案じ、親戚の恵那郡付知の庄屋田口家に籍を入れてもらい、名を田口と改め、名古屋に出て藩主に召し抱えてもらおうとした。が、果たさず、安政二年（一八五五）に至って江戸に下った。

江戸に出た田口はどのような手づるがあったものか、嘉永四年、下総関宿の城主で老中職にあった久世大和守広周に砲術師範役として召し抱えられ、百石を食む身分となった。安政五年には、講武所演武掛出役となり、日給金一両を賜ることになった。その後、久世大和守の推挙により長崎において、オランダの海軍士官について軍艦操縦術を学び、帰府ののち、軍艦操練所教授方手伝出役を拝命した。

文久二年（一八六二）、内田恒次郎らと共にオランダに留学したが、留学生の中では最年長の四十五歳であった。在蘭中は砲術・蒸気機関・銃砲・火薬製造法・測量学等の研学に務めたようだが、オランダ語の素養が乏しかったこともあって留学中も何かと不便を感じ、修学の方も思わしくなかったようである。それに足が不自由であったことから、自然あまり外出もせず、たまに市街を散歩すれば、大勢の子供たちから侮られたらしい。

田口の留学が振わなかったのは事実で、ここにオランダ側から見た一部留学生（田口・林・伊東・赤松ら）の留学中の動静を伝える新史料がある。(265) 開陽丸が内田以下の日本人留学生を乗せてオランダを出帆したのは一八六六年（慶応二）十二月のことだが、同艦の横浜入港を約一カ月先に控えた、翌一八六七年春、駐日オランダ弁理公使ポルスブルックは外国奉行らに宛てて海軍留学生らの在蘭中の様子などを報告している。

ポルスブルックは「以前、長崎の医学校の教師であり、私の友人でもあるポンペ氏から来た私信の抜粋を同封致します」といい、次のようなポンペ書簡を紹介している。

御承知のように、私はオランダに教育を受けにやって来た日本士官の事柄には、常に関心を寄せておりました。いつも忠実に手を貸しました。在蘭中のかれらのふるまいには概ね満足しておりますし、かれらの修学についても不満はありません。どうかこのことを日本政府に知らせて下さい。かれらは皆勉学に精励し、大いに学びましたから、日本政府は本当に有能な人間を取りもどすわけです。

ただ Zagoetsu（田口俊平のこと）氏だけは終日何もせず、時間をむだに過ごしておりました。かれはオランダにやって来たときより賢くなって帰国することはないでしょう。

医師の Ito と Hajasi（伊東方成と林研海のこと）ら二名は、技師の Akamats（赤松大三郎のこと）と同じように、もう三年当地に滞在することでしょう。かれらは勤勉の鑑となるほど常によく学びましたから、大変賢い人間となるでしょう。

帰国する者全員について快い思い出を有しておる所以《わけ》は、皆行いが良かったからなのです。ただ上記の Zagoes-tu を除いて。（一八六七年三月二十九日付、ポルスブルック宛ポンペ書簡の抜粋）〔筆者訳〕

ポルスブルックの報告を外国奉行らが受理したのは同年四月五日（慶応三年三月一日）のことであり、折り返し礼状をしたため、在蘭三人のために今後ともポンペ氏の薫陶よろしきを得たいと述べている。

慶応三年の春、開陽丸で帰朝後、仏式操練所教授に任じられ、旗本に列し、食禄三百石を食む身となったが、時すでに幕府の命運は尽き、瓦解寸前であった。十月には慶喜は政権を朝廷に返し、名実共に徳川の時代は終わるからである。田口はもともと海軍の出身ではなかったから、帰国後も海軍に出仕せず、陸軍畑に身を置いた。内田は開陽丸で帰朝した留学生たちの消息をオランダにいる赤松らに次のように洩らしている。

開陽丸は矢田堀房州コンマンダント（司令官）を命ぜられ、榎本、沢是又乗組に相成、小生儀は学科も造船にて、彼是申立、先乗組御免被仰付候、田口氏は乗船を命ぜられず。

文面から察すると、海上勤務につかず、歩兵隊の特別任務を帯びたようである。

帰国後の田口を待ち受けていたものは病気と死であった。江戸麻布一本松の屋敷で寝たり起きたりの生活をしばらくつづけたが、慶応三年（一八六七）十一月十八日ついに息を引き取った。享年五十歳であった。ちなみに内田はオランダにいる赤松に、田口の死について、

田口俊平コールツ（熱病）の処少々快き所にて喰過打反し、昨十八日比死去致し候。気の毒千万に存候。

と報じている。かくして田口は、帰国後存分に活躍することもなく、あえない最後を遂げた。

遺骸は麻布青龍寺に葬ったが、のち墓を谷中に移したという。(266) 戒名は「西遊院太洋利学居士」といった。

留学時の田口の写真を見ると、眼光鋭く、口唇は固く結び、額は大きく、あごは張り、骨格たくましい、見るからに剽悍な印象をあたえる。幼い時分より、性格は強暴にして、人に屈することはなく、手におえぬ子供であったらしい。足を病んで床についたとき、家の者は「これでこの餓鬼はいたずらをせんでよい」といって内心よろこんだという。だが、性格が荒いわりには子供のときから読書を好み、倉の中の書籍をことごとく読破したようである。幼年・青年時代につちかった読書癖は終生つづき、勉学に熱中するあまり読書を乱す者があると、だれかれの別なく大声で叱咤したという。

田口は文武両道を兼備する人であり、ことに文才にも恵まれていたようである。オランダ留学の途次、マダガスカル沖で当意即妙な戯れ歌を作ってみんなを笑わせてみたり、ときには詩をつくって皆をうならせた。田口は号を霞城と称したが、次にその詩賦を紹介しておこう。

元旦

早起閑無事、欣然坐慶筵、林辺梅自笑、園裡柳猶眠、臘酒嘗珍膳、新詩試粉箋、異郷親不在、遥拝一方天

歳晩偶感　時在鎮西杵築

逝者如期暫不留　漂然為客幾春秋、求師肥海凌風渡、訪友豊山踏雪遊、刻苦未成寧越業、周流已破蘇泰裘、孤燈挑尽眠難得、杵築城頭夜独愁

子供のときは粗暴な振る舞いが多く、親をずいぶん心配させたが、長ずるに及び、丸みがでてきた。いつも口数は少なく、沈着冷静であった。オランダへの航海中、一同が団欒雑談にふけっているときも、笑い興ずることなく、謙

抑にして寡黙であったという。経歴についてもほとんど語らず、たまに尋ねられても笑ってごまかしたという。これは一つには一行の最年長であり、仲間が自分より一回りも歳が違っていたことにもよるが、もともと士族でないことがやはり心のすみにひっかかっていたものか、いずれにせよ生い立ちについては固く口を閉ざしたようである。

帰朝後、赤松は百方手を尽くして田口の家族を捜し出そうとし、ようやく慶応四年（一八六八）七月、神田須田町表通りの二階屋に、未亡人を訪ねることができた。夫人の名は判らぬが、御船手頭三木勘解由組、宮本善右衛門の娘であった。そのとき未亡人の傍に十四、五歳の女児を見たが、これこそ田口の愛児とよ女であった。幕府が瓦解し江戸市中大混乱のときでもあったので、その後母と子の消息は絶えてしまった。

が、五十年後の大正五年（一九一六）秋、一族の安江耕平（当時東大法学部学生、のちに田口家を継ぐ）は麻布東町の池田子爵邸に遺子とよ（当時六十二歳）がいることを知り、ようやくこれを訪ねることができた。維新の混乱のさなか、親子は辛酸をなめたが、幸い知人の温情により、どうにか糊口の資を得ることができた。とよは長じて某海軍将校のもとに嫁いだが、やがて不縁となり、のち岡山県士族、大森洋平と再婚し、池田邸内に住んでいたのである。久々の身内との対面に話もはずみ、時が経つのにも気づかぬほどであった。とよの話によると、俊平が帰国した慶応三年、彼女は十三歳であったという。物心がつく年ごろになって父親を初めて見たとき、ただ〝恐い人〟という印象を受けたようである。

土産には金鎖つき時計や人形などをもらった。とよの口から語られる往日の回想談によって、俊平が亡くなる前後の事情が明らかになったのだが、かれはオランダ滞在中に胃を悪くしたようで、帰国後も築地よりパンやビスケットをもとめ、スープを欲したとのことである。そのため家の者は牛肉をさがし求め、慣れないスープ作りに苦労した。俊平の死因についてははっきりしたことは判らないが、黒川村の安江家では、昔から、

――結核ではなかったか。

といっていたという（安江浄水《きよみ》〔医師〕談）。

田口俊平の亡骸は芝公園内曹洞宗青龍寺に埋葬したのち、谷中墓地に改葬した。西遊院太洋利学居士と碑銘が刻まれている。また、今日、岐阜県加茂郡白川町黒川村中切《なかきり》の佐久田神社境内に俊平の大きな石碑が建っている。それには「帝国海軍の先駆　贈正五位　田口俊平翁碑」とある。昭和四年一月、御大典に際して彼に贈位があり、これを記念して建てたものである。子孫は現在板橋区に住んでおられるが、俊平の遺品はこんどの大戦でことごとく失ったとのことである。

(265)　ARA II Buitenlandse Zaken 2.05.15 Consulaat Yokohama inv. N°. 10 [1867].

(266)　田口耕作『田口俊平翁記』五頁。

官僚・法学者――津田真道

津田は津山藩士の子として文政十二年（一八二九）六月二十五日に生まれ、明治三十六年（一九〇三）九月三日、東京において亡くなった。享年七十五歳。嘉永三年（一八五〇）の盛夏、江戸遊学の途に上り、箕作阮甫・伊東玄朴に蘭学を、また佐久間象山について兵学を学んだ。が、嘉永五年に脱藩し、以後庶民となって苦学したが、安政四年（一八五七）五月、学才を買われて蕃書調所教授手伝並に雇われた。そして文久二年（一八六二）、西周と共にオランダに留学し、慶応元年（一八六六）十二月帰朝した。この年、真道は三十七歳。

慶応二年一月十五日、津田は開成所教授手伝を命じられ、三月には幕臣に列せられ、百俵二十人扶持を食む身となった。真道は帰国後、西といっしょにフィッセリングの講義録の翻訳に着手した。津田は主に『国法』を、西は『万国公法』を担当した。この年『泰西国法論』が完成し、幕府に差し出したが、この本は西洋の法学理論を初めてわが国に紹介したものであった。「民法」といった術語は、この書において初めて定語となったのである。

慶応四年（一八六八）四月、幕府の目付職となったが、そのとき慶喜の恭順に不服な頑強な幕臣たちは大手門内にたむろしたり、上野の山にたてこもったりし、不穏の気配があったので、真道は徳川家達の命を奉じて、暴挙を戒めた。しかし、〝粗暴の挙あるべからず〟の公命を伝え、「官軍に抗するは恭順の道を守っている主人に刀を刺すことである」といったところ、激怒した会津藩士に追い回され、あやうく一刀両断になる危い目にも遭遇している。

同年八月、榎本が軍艦を率いて北海道に走る間際、このかつての留学生仲間に会って、その挙の非なるを説いたが、武揚はついに耳を貸そうとはしなかった。

明治二年一月、刑法官権判事に任じられ、藩事取調兼勤となり、三月、刑律取調を命じられた。このとき津田は「新律綱領」の編纂に従事し、八月になると静岡藩小参事に転じた。明治三年十月、学制取調御用掛を命じられ東京に帰った。真道は宮崎有終・長岡惟忠らと共に刑部少判事となり、十二月、中判事正六位に叙せられた。

明治四年四月、中判事兼外務権大丞従五位となり、五月、日清修好条規を結ぶために特命全権副使として正使伊達宗城に従い清国に派遣され、九月帰朝。十一月、司法中判事に任じられた。明治五年、大法官に進み、翌六年、森有礼・加藤弘之・福沢諭吉らと図って「明六社」を起し（翌七年に西周が参加している）、機関誌『明六雑誌』によって政治・法律・思想・社会全般にわたって、公平な評論活動を行うようになったが、政府の圧迫により、ほどなくこの文化団体はつぶれた。八月、陸軍省四等出仕を命じられ、陸軍刑法及び同治罪法の編纂に従事した。

明治八年、陸軍省第一局第六課分課長をもって陸軍裁判所御用となり、翌九年四月、元老院議官に任じられ従四位となる。明治十二年一月、東京学士会院会員に選ばれ、明治十四年には民法編纂委員、日本海令草案審査委員を兼務したほか、高等法院陪席判事となった。

明治十八年一月、高等法院陪席裁判官となり十月には正四位に叙せられる。明治二十三年七月、東京府第八区選出の衆議院議員となり、十一月、衆議院初代の副議長に任じられる。明治二十九年一月、貴族院議員に選出され、明治三十三年五月、勲功により男爵を授けられ、華族となる。

明治三十六年（一九〇三）一月、奥田義人・志田鉀太郎・杉亨《こう》二・水野錬太郎らと共に法学博士の学位を受け、八月、従三位に叙せられ勲一等瑞宝章を授けられた。このころより体の不調を訴えるようになるが、同年秋、脳溢血に罹り半身不随となり病臥するに至り、同年九月三日、ついに息を引きとった。

津田の墓は上野谷中墓地にあり、仲子夫人と並んで眠っている。墓碑には「従二位勲一等法学博士男爵津田真道墓」とある。

明治三十六年九月八日付の『東京朝日新聞』は、津田の死を次のように報じている。

津田男の葬儀

錦鶏間祇候貴族院議員従二位勲一等法学博士男爵津田真道氏の葬儀は昨日午前八時下二番町自邸出棺谷中共同墓地に於て神式を以て執行せり。旧津山藩主、学士会、美作青年会、本郷公道会他より寄贈したる生造花、真榊等あり、会葬者は旧藩主代、加藤男、菊地男、杉亨二、山川大学総長、近衛公代、其他同郷人、学士会員、大学教授、貴族院議員、京華中学生等千数百名なりき。

維新後の津田の経歴を見ても判るように、かれは順境にあったといえる。オランダでフィッセリングより学んだ政治・経済・哲学・法学のうち、『泰西国法論』（明治十一年四月、開成所学校翻刻）と、『表記提綱』（統計学）を翻訳刊行したばかりか各種の法典の編纂に従事し、わが国の法曹界の先進者として多大の貢献をなした。また、東京学士会院や明六社の会員となり、オランダ仕込みの知識をもとに啓蒙活動を盛んにし、新文化建設のパイオニアとなったことはいうまでもない。

啓蒙思想家――西　周

西周は文政十二年（一八二九）石見国鹿足郡津和野森村堀内に生まれ、明治三十年（一八九七）一月三十一日、大磯に没した。享年六十九歳とあるから、比較的長寿に恵まれたといえる。西がオランダより帰朝し、江戸に入ったのは慶応元年（一八六六）十二月二十八日の夜九ツ半であった。

翌慶応二年一月、西は留学前の職――開成所教授手伝に再びつき、同年三月には幕府の直参に列し、開成所教授職となり百俵二十人扶持を食むことになった。四月、オランダより持ち帰ったフィッセリングの『万国公法』の翻訳を命じられたが、同時に津田も『国法』を記述することになった。翻訳が終わったのは八月であるが、その間に何度も朱を入れている。そして年暮れに京都に赴いたが、このとき草稿を幕府に提出した。

慶応三年（一八六七）二月、西は京四条大宮西入更雀寺に起臥していたが、在京中私塾を開き、西洋法学などを講義した。塾生には、会津・桑名・津・福井・備中の各藩士が五百名ばかりいたというから相当繁盛したものであろう（森鷗外『西周伝』）。三月中旬の某日、突然慶喜より急の召し出しがあった。たまたま西は風邪をひき、一週間ばかり床に臥せていたので、「お召しに応じかねる」由を小姓頭を介して伝えた。何よりも病臥中髪も体も洗ってはおらず、見苦しいなりでは貴人の前には姿を見せられぬと考えたからである。

ところが、構わぬから、すぐ召し出せ、との厳命が重ねて下ったので、西は何事かと、内心びくつきながら将軍の前に出ると、フランス語を教えよ、との懇望を受けた。西は御前に出るまでずいぶん気をもんだようだが、慶喜の用向きとは、フランス語の個人教授の依頼にすぎなかったのである。西の「自叙伝」には、

直チニ御前ニ出ルコトヲ命ゼラレ一旦御小姓頭取新村主計頭ニ就テ之ヲ辞シタルモ此等ノ瑣事拘スルニ及バサル旨ニテ直チニ御前ニ出デタレバ仏朗西（語）ヲ遊サレタキ旨ニテ即時ニ彼ノアルハベタヲ記シ先ズアベセノ読法ヨリ始メタリ……

といったふうにしるされているが、いずれにせよ慶喜がフランス語の手ほどきを西から受けたとは興味深い。

慶喜は一時は寝食を忘れてフランス語に熱中したほどであり、西もそのためときには明け方近くまで相手をしなければならなかった。しかし、学問と政治は両立せず、慶喜は政事の方が忙しくなったこともあって、同年七月下旬にはフランス語の教授をやめた。

秋十月十三日、西は二条城の慶喜よりにわかに召命があり、さっそく登城すると、イギリスの議院のことや国家三権の分立などに関して下問があった。このときはその概略だけを述べて退出し、翌日それをくわしく文章化し、「泰西官制説略」と題して提出した。十月十三日といえば、慶喜が大政奉還することに決した日であるが、西の語る話が何らかの影響力があったものにちがいない。

同年の暮、西は奥詰となり、奥御祐筆所詰を命じられ、翌慶応四年（一八六八）一月、目付となった。幕軍は鳥羽・伏見の戦に敗れ、慶喜は江戸に逃れ、西も大坂を退去し江戸に帰った。四月、慶喜に従い水戸に赴いたが、程なく江戸に戻り、六月、願により目付をやめ勤仕並寄合となった。十月、沼津兵学校頭取を命じられ、沼津に赴き、城

内に住んだ。

明治二年、徳川家達は静岡県知事となったが、西は少参事格軍事掛を拝命した。この年周助を改め「周《あまね》」と称した。明治三年、兵部省出仕を拝し、少丞准席を命じられるが、大学の学制取調御用掛を兼務した。同年十一月、自邸内に私塾「育英舎」を開き、「百学連環」を開講した。翌明治四年、従六位、兵部少丞、大丞に累進し、八月宮内省侍読を命ぜられ、九月、「英国史」「博物新篇」を進講した。

明治五年、陸軍大丞に任ぜられ、明治七年、陸軍省四等出仕となるが、同年二月「明六社」に加盟し、『明六雑誌』の創刊号より活発に寄稿をつづける。明治九年一月、宮内省御用掛を命ぜられ、明治十一年十二月、参謀本部出仕となり正五位に叙せられる。このとき『心理学』(上巻)を刊行。明治十二年一月、陸軍省御用掛を命ぜられ、同月東京学士会院の会員に選ばれる。『心理学』(下巻)刊行。翌明治十三年、参謀本部御用掛を命ぜられ、山県有朋のもとで陸軍官制の整備に従事し、ことに「軍人勅諭」の草案を起稿した。

明治十四年六月、文部省御用掛兼東京師範学校の事務を嘱託せらる。この年『兵語字書』成る。翌明治十五年五月、元老院議官に任じられ、勲三等に叙せられるが、宮内省御用掛を罷める。八月、イェリングの『権力争闘論』や『万国公法手録』を訳す。明治十六年六月、学士会院会長に選ばれる。明治十八年秋十月、正四位に叙せられる。師範学校の事務をみることをやめ、文部本省に勤務する。翌十九年、参謀本部及び文部省御用掛を免ぜられる。

明治二十三年九月、貴族院議員に勅選されるが、翌二十四年辞す。明治二十五年、身体不自由につき大磯の別荘に移る。明治二十七年五月、正三位に叙せられる。明治三十年(一八九七)一月、勲一等に叙せられ、男爵を授けられるが、同月三十一日、大磯で没した。二月六日、西の遺骸は東京青山墓地に埋葬された。

帰国後、西はヨーロッパの近代科学――論理学・生理学・心理学・物理学・哲学・美学・法学・政治学等を数多く翻刻刊行したほか、それら先進者の著書を下敷きにし、多くの書物を著した。たとえば、訳述書としてはフィッセリング博士の『万国公法』、ジョン・スチュアート・ミルの『利学』、オーギュスト・コントの『生理学残欠』（抄訳）、W・A・ツィンマーマンの『生物磁気学』（抄訳）などがあるほか、著書にミルその他によって立論した『致知啓蒙』『百一新論』『美妙学説残欠』などを公にしている。

西と津田の経歴を見てみると、維新後、二人共官途につき、似たような後半生を送っていることが判る。両人が明治期の新文化、新しい学問の移入に果たした功績は実に大きいといわねばならぬ。西が後世に名を残したのは、西欧文明・啓蒙思想の移入、紹介者としてばかりでなく、「哲学」という訳語を創ったことや、「軍人勅諭」を起草したことによってである。西は典型的な官僚学者でもあったが、日本近代哲学の父としても令名が高い。

陸軍軍医官、パリに死す——林　研海

林研海は、天保十五年（一八四四）六月十六日、江戸両国薬研堀に奥医師林洞海の長男として生まれた。幼名は紀《つな》太郎。母は佐藤泰然の長女つる。六歳のとき荻野鳳次郎に漢学を学び、十三歳になるや儒学者塩谷宕陰（甲蔵）の門に入り、書は石井潭香について学んだ。

十八歳のとき長崎に赴き、叔父松本順（初代陸軍軍医総督）のもとで、オランダ医ポンペについて蘭学と医学を修めた。そして文久二年（一八六二）、伊東玄伯と共にオランダ留学を命じられ、デン・ヘルダーの海軍病院で医学を研修した。在蘭五年の後、明治元年（一八六八）十二月、フランス郵船で帰国した。すでに幕府は瓦解し、旧幕臣のある者は静岡へ移住していた。

徳川家達が宗家を継ぎ、駿府に移った際に、大勢の旧幕府の医官たちも同行したが、帰朝間もない林研海も、その

一人であった。静岡藩は、明治二年二月二十一日、四ツ足門外（現在の日赤静岡病院のあたり）に「駿府病院」（のちに静岡病院に改称）を開設した。

オランダ医学を身につけて帰国した、いわゆる洋行帰りの研海は、このとき病院頭（今日の院長）に選ばれている。『駿府藩官員録』（明治二己年正月新刻、静岡県立葵文庫）には「病院頭　林研海」として名前が記されている。当時、研海は弱冠二十六歳であった。静岡病院はわずか三年ほどしか存続せず、明治五年八月には廃院となり、移住して来た医師たちもほとんどが引き揚げてしまった。

病院が廃院になる前に研海は上京し、陸軍軍医部に出仕することになった。明治四年八月、叔父の松本順の推挽により、陸軍一等軍医正に任じられ、正六位に叙せられた。明治六年五月、陸軍軍医監に昇り、従五位に叙せられ、六月、医学研究のため渡欧したが、七年二月、病いに遇って帰朝した。

明治八年、陸軍本病院副長となる。明治十年の西南の役に際しては、征討軍団軍医部長として従軍し、野戦病院を指揮し、負傷兵の救護活動に従事した。西南の役が終わるや、勲三等に叙せられ、明治十二年には第二代軍医総監に進み、十二月、正五位に叙せられ陸軍軍医本部長となった。明治十四年一月、薬局方編纂委員に任命された。明治十五年（一八八二）六月十八日、左大臣陸軍大将兼議定官、有栖川宮二品親王が折からロシアに赴かんとするのに随行することになった。しかし、ロシアよりイタリアに入り、更にフランスのパリに着いた七月二十五日、研海は突然腎臓炎のために床に臥せる身となった。そして快方に向かうことなく、気管支炎を併発して八月三十日の未明、ついに帰らぬ人となった。享年三十九歳であった。まだこれからというとき、わずか三十代で異郷で果てた。『近世百傑伝』（干河岸貫）に「身異域《いいき》に死す亦痛《いた》ましき哉」と、有為の材の死をいたんでいる。

フランス政府は、この若い日本の医官の死を衷心よりいたみ、第三等葬儀をもって手厚く葬った。研海はモンパルナスの墓地内に静かに眠っている。筆者はオランダに赴く前にパリに数日滞在したので、この間に紲《つな》の墓に詣でた。

陽炎がもえている暑い一日、エドギャール・キネ（Edgar Quinet）街、「南モンパルナスのパリ墓地」（Cimetière Parisien du Sud-Montparnasse）の管理事務所に行き、埋葬台帳を見せてもらった。同事務所でもらった埋葬記録のメモには次のようにある。

SITUATION DE SÉPULTURE

NOM : Hayassi Tsunna
Date de l'inhumation : 31 août 1882
10 division
11 Ligne Sud-8. Ouest
N° 1680－1882

林研海（紀）が、十区の南十一――西八の場所に埋葬されたのは、一八八二年（明治十五）八月三十一日のことであったことが判る。記録通りだとすると、亡くなった翌日はやばやと埋葬したことになるが、夏のことでもあり遺体がいたむのを懸念しての措置と思われる。紀の墓を捜し当てるのに苦労したが、ようやく見つけることができた。碑文には「林紀之墓」とあった。上野の谷中にも墓（「陸軍軍医総監従五位勲三等林紀墓」）があるが、ここには遺髪だけが収められている。

研海の性格としては豪放磊落であり、かつユーモアをよく解したようである。駿府病院が開設される一カ月前の明治二年正月、かれは静岡の美男美女を相撲になぞらえ、相撲番付をつけているのである。「日々開花暖簾」と「花競見相撲」が番付表だが、「花競見相撲」では東は男性ばかり、西は女性軍が名前を連ねている。これは出版されることはなかったが、林の隠れた一面を伝えるものとしておもしろい（土屋生朗『静岡県の医史と医家伝』）。

もう一つ林には見落とすことのできぬ秘められたエピソードがある。明治二十年九月下旬のこと、ドイツ留学中の鷗外は、ドイツのカールスルーエで開催された国際赤十字総会に、日本代表の石黒忠悳《ただのり》（子爵・枢密顧問官）と松平乗承の通訳として出席した。会議が終わり、各国代表と談笑して帰途につこうとしたとき——軀幹魁偉、白頭朱顔のオランダ人が近づいて来た。このオランダ人は、ポンペ・ファン・メールデルフォールトであると名乗った。この日は自己紹介と挨拶だけで別れたが、数日を経ずして車中でポンペと再び会った折、かれは、

——皆さんの中で森さんの顔がいちばん林紀君の顔に似ております。林君は在蘭中、オランダ女性と面倒を起しましてね……実はわたしが急場を救ったのです。森さん、あなたは林君のようなことはないでしょうね。……といった。朴研海はオランダに留学中、何かオランダ女性と問題を起したことが、この会話から察することができる。若き日の研海は眉目秀麗、顔立ちのととのった美男子であったことが写真からも判るが、きっとかれは在蘭中にオランダ女性と恋愛し、別れ話がこじれてポンペに助けを求めねばならぬ事情に迫られたのであろう。鷗外の「独逸日記」には、「林紀君の倭蘭に在るや、殊に婦人と葛藤を生じ、余をして機外神 Deus ex machina の役を勤めたり」とある。

明治期の蘭方医——伊東玄伯

伊東玄伯（方成）は、相模国（神奈川県）高座郡上溝村の医師、鈴木方策の長男として、天保三年（一八三二）九月十五日、呱々の声をあげた。幼称を玄昌あるいは玄尚といったが、のちに玄伯に改めた。長じて奥医師伊東玄朴の

門に入り、やがて請われて養子となり、玄朴の二女春《はる》を娶った。万延元年（一八六〇）十二月のことである。玄朴が上司に提出した願い書には「鈴木方策次男」となってはいるが、玄伯はもともと長男なのである。文久元年（一八六一）四月二十五日、玄朴は養子となった玄伯を伴って登城し、山吹間において将軍の謁見を受け、玄伯は「奥医師見習」になった。同年秋十月、幕府は蘭方医の子弟を二名選び、長崎に派遣し、西洋医学を学ばせることに決した。このとき選ばれたのは、玄朴の養子玄伯と林洞海の悴研海である。

両人は長崎に赴き、オランダ海軍軍医ポンペについて学び、翌二年六月、こんどはオランダへ留学を命じられ、主としてデン・ヘルダーの海軍病院で研修することになった。

伊東は、オランダに足掛け七年滞在し、明治元年（一八六八）十二月三日に帰国した。が、帰朝する前年（一八六七年）、かれはロッテルダムの「公共病院」に数カ月ほど勤め、同僚のド・ブライン医師（Dr. de Bruijn）と懇意になり、写真《ポートレイト》などを交換した(267)。伊東は帰国した年の十二月、図書少允に任じられ従六位に叙せられ、典薬寮医師となる。このとき名を「方成」と改めた。

明治二年八月、大学中博士に任じられ、更に九月、高階経徳・青木邦彦らと共に大典医となる。翌三年三月、正六位に叙せられ、九月、侍医規則取調御用を仰せつけられた。十月、再び留学することになり、渡蘭。

「伊東系譜」（『伊東玄朴伝』所収）には「三年（明治）……十月五日御用有之欧羅巴州へ差遣サル四年八月十九日大典医被免大侍医ニ任セラル七年四月廿三日帰朝ス」とある。この通りだとすれば、一八七〇年秋に日本を発ち、一八七四年春まで約四年ちかい歳月をヨーロッパで過ごしているが、それは視察と医学修業が目的であったものであろう。また『伊東玄朴伝』には「明治三年再欧州に遊び独国に学び同七年帰朝」（傍点筆者）とあり、読者の頭を混乱させるが、たしかに伊東は再渡欧のときにプロイセンやイギリスを訪れてはいるが、プロイセンには留学していないと思われる。

伊東がこのとき滞在したのはまたオランダであり、こんどはユトレヒトで一八七一年（明治四）春三月から一八七四年（明治七）春まで暮らした。伊東の下宿先は、ユトレヒト大学図書館がある向い側のウィッテフラウェンストラート（Wittevrouwenstraat）六百五十一番地（現在の八番地）の家で、建物は現存する。伊東はおそらく一八七一年三月ごろまでに同所に入居していたと考えられるが、当時の同居人は次のようなオランダ人家族である。

この家族は、一八七一年十二月二十三日より翌一八七二年四月二十六日まで同番地にいた。

クリスティアン・ヨハン・アウェリング（一八三八年三月九日生まれ、陸軍士官）

ペトロネルラ・ホメス（一八三八年二月十九日生まれ、妻）

コルネリウス・アウェリング（一八七二年一月九日生まれ、同夫妻の息子）

また一八七二年五月一日から一八七五年一月六日まで同番地で暮らしたオランダ人は、アントワネッタ・マリア・ミンネ・ファン・ディク（一八〇七年六月一日ユトレヒト生まれの未亡人）である。

伊東の留学先は、ユトレヒトの北、ベヒネホフ（Begijnehof とも Bagijnehof とも綴る）に在った「オランダ眼科病院」（Nederlandsch Gasthuis voor Ooglijders）[268]である。かれはここでランドルト（Landolt）医師、H・スネレン（Snellen）教授、エンゲルマン（Engelman）教授らの指導を受け、眼科学一般について研修した。とくにスネレン教授は「視力検査表」（Letterproeven, tot bepalling der gezigtsscherpte）によって内外に知られた眼科医であった。

伊東がこのオランダ最初の眼科の専門病院に研修医として入局したのは一八七一年三月六日のことか、同病院の「来客芳名簿」（gastenboek）にはこの日付をもって署名されている。『オランダ眼科病院における看護と教育に関する十四年報』（14 de Jaarlijks verslag betrekkelijk de Verpleging en het Onderwijs in het Nederlandsche Gasthuis voor Ooglijders, 1873）には〝伊東医師〟の名前が出て来るが、スネレン教授の視力検査表はすでに各国語に訳したので、「今年は伊東医師の手で日本語に訳され刊行される」とある。また同年報は、日本からやって来た伊東医師がエンゲルマン教授の指導を受けながらカエルの角膜（cornea）を使って実験を行っていること、ランドルト医師と一緒に視力実験を試みていることなどを伝えている。

翌一八七四年に刊行された『十五年報』には、また次のような記事がみられる。

当病院の弟子である伊東玄伯医師は、以前大君《タイクン》の侍医を勤めていた者だが、故国に帰ることになり御多幸を祈ります。かれは当病院で受けた教育に感謝の意を表するために、わが施設に二百五十ギルダー寄付し、理事として仲間入りすることになった。

ちなみに同書には「オランダ眼科病院」の理事（bestuurder）として伊東の名が見えるが、それには、——

Dr. ITO, Gempak...... Tokei (Japan)

とある。

ユトレヒト滞在中の伊東は時折、旧知とも会ったと思われるが、ライデン大学のフィッセリング教授に宛てて出した蘭文書簡が何通か残されているので、オランダ滞在中の動静について若干手がかりを与えてくれる。それは一八七二年七月から九月にかけて三度ばかり同教授に出したもので、新刊書（『経済学提要』）を受け取ったことに対するお礼とか、津田・西らへも同書を送り届けることを請け合った内容とかである。また一八七二年九月二十六日付のフィッセリング宛の伊東書簡に「私は六週間以上もロンドンやベルリンで過ごし、二、三日前に帰宅したところです[269]」というくだりがあるところから考えると、一八七二年夏、伊東は一カ月以上もイギリス・プロイセンを旅行したことになる。それが単なる夏期休暇であったのか、それとも視察旅行であったかについては何ともいえない。

ともあれ、伊東は、在蘭中に大典医から大侍医となった。明治七年四月、帰朝。帰国後しばらく東京府下の病院に勤めたが、十一月、少典医となる。

明治八年一月、官制改革が行われ「典医」の呼称が廃止となり、三等侍医に任ぜられる。二月、従五位に叙せられ、五月、二等侍医に進んだ。六月、正五位となった。八月と十月に二度、皇后の行啓に随行する。明治十年十月、一等侍医となった。

明治十九年十月、従四位となり、翌二十年、皇后の特選により、戸塚文海・池田謙斎・橋本綱常・長谷川泰大らと共に、東京慈恵医院商議医員に挙げられ、四月、医学研究のため欧州へ留学を願い出たところ許可となり、再び洋行。明治二十二年二月、帰国。明治二十四年五月、特旨により正四位に叙せられた。

明治二十九年二月、宮中顧問官に任ぜられる。明治三十一年（一八九八）三月、従三位勲一等となるが、五月二日、ついに不帰の客となった。享年六十七歳であった。侍医伊東方成の亡骸は、谷中・臨済宗天龍院の墓地、養父玄朴夫妻のかたわらに葬られている。

伊東も林も共に奥医師の子弟として、恵まれた環境の中で暮らし、幕府初の海外医学伝習生として渡蘭し、長きにわたってオランダ医学を学んで帰国したが、両人の近代日本の医学に対する貢献度は至って少なかったといわれる。というのは、明治期の日本の医学は、大学東校（のちの東京大学医学部）を中心とするドイツ系医学が中心であり、オランダ医学は漸次はやらなくなってきていたし、オランダ医学といってもドイツ医学の亜流にすぎず、優れたドイツ医学がますます浸透し隆盛におもむいたからである。

伊東は、日進月歩の医学に常に関心を払い、自分の学んだオランダ医学が古くなってきていることに気づいたればこそ、再び渡欧し、医学修業に励んだのである。何はともあれ、伊東は幕末の激動期をうまくくぐり抜け、「洋行帰り」の肩書をもって維新後侍医となり、晩年は宮中顧問官といった名誉職について安楽な一生を終えた。伊東の医学上の業績については調査が及ばなかったが、養父玄朴のそれに比べれば、語るべきものがない。昭和五十六年の初春、日がうららかに照っている某日、筆者は伊東の墓を訪ねた。

玄朴の墓は都の史跡にされているため、案内板が建ててあるが、方成の墓には人となりを明かすものは何もない。

（267）Monumenta Nipponica vol. V, 1942, p. 261.
（268）この眼科病院は一八五八年の創立である。
（269）「五科学習関係蘭文編」の二〇二～二〇三頁。（『幕末和蘭留学関係史料集成』所収）。

アムステルダムで客死――大川喜太郎

渡蘭後、留学生らはそれぞれ専門とする学術の研修に励み、滞蘭三年から五年にして帰国し、明治の新日本の発展に大いに寄与した。

しかし、留学生の全員が無事帰国できたわけではない。職方の一人、鍛冶職・大川喜太郎だけは、不幸にも病いにたおれ、修業半ばでアムステルダムで亡くなった。慶応元年（一八六五）八月のことである。

大川の遺骸は、留学生仲間によって市郊外の「西墓地」に手厚く葬られた。が、一九五六年、同墓地はアムステルダム市の整地計画により潰され、公園となったために、それまであった大川の日本式墓石も失われてしまった。

一九八三年十月十日――この日は朝から膚寒く、空は暗く、しぐれていた。午後四時半より、アムステルダム市営の「ニュー・オースター・ベグラーフプラッツ」（「新しい東墓地」）において、大川の墓の除幕式が挙行された。

大川の墓石は墓地を潰すときに処分したらしく、多くの墓石と共に運河や湖の護岸用に使ったものらしい。が、アムステルダム在住二十年の実業家・勝山光郎氏の墓石再建の働きかけと呼びかけが実を結び、除幕式を挙行するまでになったのである。

勝山氏は、かねてより渡蘭した日本人に関心を持ち、今も仕事の合い間に幕府オランダ留学生（文久二年の和蘭行御軍艦方）の地道な調査研究をつづけている、篤志家である。オランダの生活は長く、この国のことなら何でも熟知しており、自分もまたオランダの土となる決心でいるだけに、大川の墓石が無いことを放置できず、アムステルダム市当局に掛け合い、在蘭日本企業にも声をかけ、基金をつのり、墓再建にこぎつけたものである。

土地はアムステルダム市当局が提供し、基金はアルヘメーネ銀行、協和銀行アムステルダム支店、ホテル・オークラ、在蘭邦人の有志などが據金した。

除幕式当日、市を代表してシェーファー助役が挨拶し、次いでハーグの日本大使館の参事官が日本側を代表して答礼を行った。墓碑の除幕は、協和銀行会長・色部義明氏（留学生・赤松大三郎の令孫）が行うことになり、アルヘメーネ銀行とホテル・オークラの代表二人の手を借りて行った。式に参列したのはオランダ人のほか、現地の新聞社、日本商工会議所、日本大使館、日本企業の人たち六十名、現地アムステルダムの日本人小学校生徒約七十五名も来会し、雨にぬれながら、次々とひざまずいて花を墓前に献じ、日本の子守歌を合唱し、式に彩りをそえた。

除幕式に参列した色部氏の秘書・小出巌氏によれば、「あいにく当日の天候は現地特有の変わりやすい天気で、式の最中は終始つめたい秋雨が降り注ぎ、参列者一同、カサをさし、コートのえりを立てての除幕式となりました。しかし、それがかえってしっとりと落着いた雰囲気をつくり出してくれました」ということである。

また今回、墓再建委員会の世話人代表でもあった勝山氏から来た当日の模様を伝える手紙には、「先週の日曜日に家族でお参りしました。黄菊・白菊を捧げて来ました。雨の中で除幕式をやりましたときに、大川氏の墓に涙のような、雨のしずくが流れるのです。それが式が終ると、ぴたりとやんで、帰りの一歩を踏む瞬間に、なんと日が射すのです。陽の光をうけて、大川氏の墓が輝いておりました……」とあった。

長い間、「新しい東墓地」で無縁仏のようになっていた大川が、同胞の手によって墓をつくってもらい霊をなぐさめてもらったことで、うれしさのあまり流した涙が、まさに雨のしずくであったものにちがいない。

式終了後、六時よりホテル・オークラでパーティが開催され、現地の日系企業を中心に、アムステルダム市長をはじめ、日本大使館、商工会議所関係者、その他大勢の邦人などが出席し、盛会のうちに終了した。

鍛冶師（機械匠）大川喜太郎の人と事蹟に関する史料はきわめて少なく、したがってかれについて語ることはきわめてむずかしい。しかし、断片的にせよ、津田真道・赤松大三郎・内田恒次郎・沢太郎左衛門らの「私記」または「談話」に、ときどき名前が出てくるし、外務省外交史料館の史料に「大河喜太郎蘭国に於て死去一件」（大川の死去証明——オランダ側の死去人姓名帳より抜書した邦訳）があるので、ある程度のことは判る。

喜太郎は天保三年（一八三二）江戸で生まれた。母の名は不明だが父の名は新助といい、妻は於まきといった。兄弟がいたかどうかについては判らないし、江戸のどこで生まれたかも不明である。ましてや幼少年時代の喜太郎となると、まったくお手上げである。が、長じて軍艦操練所御用達の腕のよい鍛冶師となったことはたしかである。安政二年（一八五五）八月、大川は伊豆の船大工・上田寅吉（虎吉）、鈴木七助らと共に長崎の海軍伝習所で、約一年間オランダ人から蒸気船機械の製作を学んだが、西洋文明と接した最初がこれである。このときお上から受けた申し渡しは、次のようなものであった。

長崎蒸気船器械製作伝習申渡候書付

江川太郎左衛門（御勘定組頭）高橋平作

小笠原順三郎知行

豆州戸田村
船大工
七助
虎吉

神田永富町壱丁目
鍛冶職
喜太郎
南飯田町
同
菊太郎

右者此度阿蘭陀献貢之蒸気船器械製作伝習、長崎表之被遣御用中、一日銀拾八匁宛被下候其外御鉄砲方附手伝差図を請出精致され早々熟達候可致旨申渡候間、召連罷越、御用中身分進退之儀可相心得候

この申し渡し書によって当時、大川がどこに住んでいたかが判るが、四名の伝習生は海陸に分かれて長崎へ向かったようである。七助と虎吉は幕艦・昇平丸に乗り組み八月三日に品川を出帆、十月二十日に長崎に着いている。が、喜太郎と菊太郎は海路をとったものか、それとも陸路長崎に向かったものかはっきりしない。いずれにせよ四名の職方は御用中は、羽織半纏《はんてん》、一刀差しを許されたばかりか、当時としては破格の待遇を受け、一日の日当は銀十八匁（二斗余りの米代に相当）であった。

帰京後、喜太郎は軍艦操練所御用達の鍛冶師として暮らし、渡蘭前は神田乗物町に住んでいたことが、久保田家の

文書（宮大工・久保田伊三郎の子孫宅にあるもの）によって今回、明らかになった。

喜太郎が留学生の一員に加えられたのは、西洋型船の建造や蒸気船機械の製作に携わった経験があることや、何よりも鍛冶職としての優れた技量をもっていたからであろう。

大川はオランダ滞在中、ライデンやアムステルダムの工場で、西洋の優れた鍛冶術と鋳物一般、とくに「シャフト」の製造を研修したのである。

一八六〇年当時、ライデンには鉄工場が二カ所あった。風車博物館があるところから東に数百メートル行くとウエストワルストラートに出るが、そこに大きな煙突が数本天に突き出ている「レインラント火力発電所」(Energiebedrijf Rijnland）がある。当時、ここにD・A・スレットレンという鋳物工場があった。またオーストドワァルスフラハト五の五百十六番地（現在の十九番地）にA・T・デゴンという工場があった。現在ここは空き地になっており、昔の建物は残骸をさらし、雑草が生えているが、これらの場所こそ大川と中島の修業の地であったと考えられる。

しかし、大川は割り当てられた仕事を真黒になって研修したが、離日四年目の秋――慶応元年八月二日（一八六五年九月二十一日）、無念の涙を流しながら、修業半ばで異郷の空のもとで逝った。大川の終えんの地はアムステルダム市十四区二百五十九番地、現在のニューマルクト（Nieumarkt）三十八番地の下宿である。この日は木曜日、「朝から秋晴れのすばらしい天気であった」と津田は私記の中にしるしている。

大川がライデンよりアムステルダムに移った経緯と時期については不明だが、赤松や中島や大野よりも早く当地に移り住み、海軍造船所や鋳物工場で修業していた。研修先の一つは、アムステルダム中央駅から南へ向かって一キロばかり行った所にあったオランダ海軍ドック（Rijks Maritime Dok）であり、もう一つはニューマルクトの下宿からほど遠からぬ所にあった鋳物工場である。

オランダで亡くなった邦人としては大川が最初の人と思われるが、一職方の死など大きな問題として取り上げられ

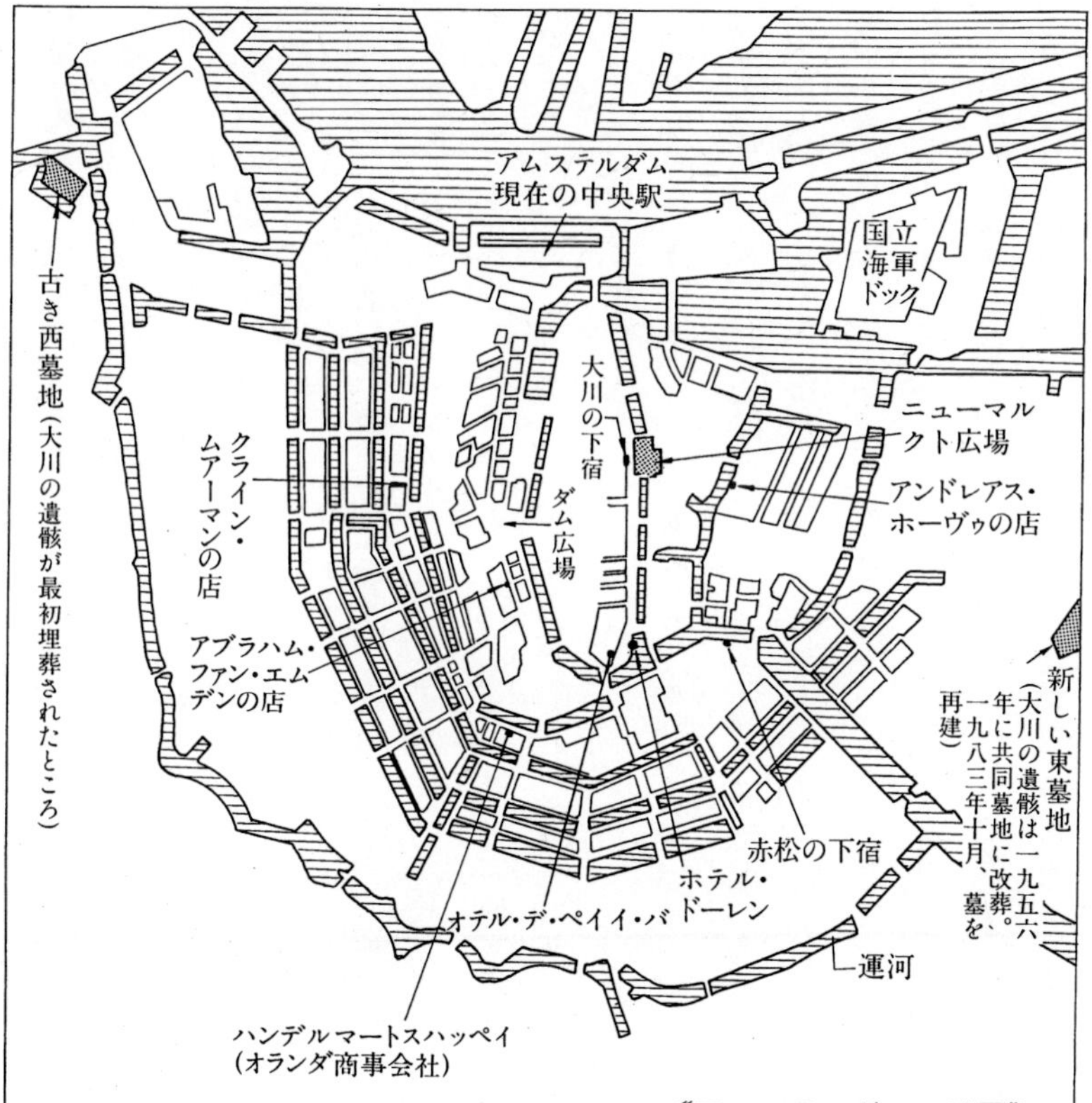

《アムステルダムの地図》

ることなく百数十年の歳月が経過した。が、八年前の夏の現地踏査で、大川の下宿先の家主の戸籍などを調べた結果、かれの死亡前後の事情がだいぶ解明できた。大川は平素、酒を相当たしなみ、暴飲がたたって体をこわしたようである。津田真道は喜太郎の死に関して、

慶応元乙丑年八月二日「アムステルダム」に於て鍛冶職大川喜太郎病死す、同人は酒毒の為め大腸に異常を呈し、腹部は太鼓の如く張り胸部は紫色に焼け居りたけれども死去の節は苦痛なかりしものと見え顔色は平常の如し。（津田道治編『津田真道』）

と、手記にしるしている。

この症状であれば、死因は「アルコ

ール性肝炎」になるとのことだが、赤松大三郎が軍艦操練所へ宛てて出した書簡（慶応元丑八月十八日付）に大川の疾患と死亡についての報告[270]がある。

一此度之御用便ハ鍛冶職喜太郎と申者、当地アムステルタム《ママ》に於て肺欣症《ママ》并気腔《ウインドシュクト》と申病ニ而拾四日計にして
当八月二日朝死去致し候、（後略）

文中にある肺欣症とは「敗血症」（化膿菌が血管やリンパ管の中に入って起る病気）の当て字か。「気腔《ウインドシュクト》」とはwindzucht（鼓腸）のことであろう。これは腸の中に異常にガスがたまる病気であるらしい。おそらく肝炎による合併症によって命を落としたものであろう。『アルヘメーン・ハンデルスブラット紙』（一八六五年九月二三日）の死亡広告によると、「しばらく患ったのち死亡した」とあるが、いま引いた赤松書簡によると約二週間ほど病床にあったのち亡くなったことになる。

肉体労働者には、つかれを癒し明日への活力をつけるために、酒をたしなむ者が多いようだが、大川もその例外ではなかった。工場では汗と埃にまみれ、仕事に倦み疲れ、重い足をひきずって帰途につく大川を慰めたものは一杯のアルコール、しかもそれはオランダ焼酎やラム酒のような強い酒であったろうか。下宿に帰ったところでかれを待っているものはだれもいない。暗い部屋……一人でランプに燈をともす。椅子にぐったりと腰を下ろし、壁や天井やあたりを見回す。会話をたのしもうにも相手はいない。かれは寂莫の境にいたのである。自然テーブルの上の酒のビンに手が届く。幾杯も幾杯も、アルコールが体中にしみてくるまで飲みつづける。……

日夜たしなむ酒が、やがてかれの体をむしばむようになってきた。肝臓はだんだん正常に機能しなくなる。ある日のこと、かれはとうとう床についてしまった。

故国を離れて以来、ずっと苦楽を共にしてきた仲間の一人が死んだと聞かされて、留学生たちは暗たんたる気持になると同時に、人の命のはかなさ、運命の変転を痛感した。通夜には、榎本・沢・赤松・中島・大野らが出席し、異国で果てた大川の霊を慰めた。翌日、大川の所持品・荷物を整理したのち、葬式の準備をした。

八月四日（陽暦九月二十三日）――葬式。棺に入れられた大川の遺骸は、二頭曳の馬車に乗せられ、町はずれの「古き西墓地《アウデ・ヴェスター・ベグラーフプラッツ》」(Oude Wester Begraafplaats）に埋葬された。施主には大野と上田と中島がなり、馬車で墓地まで行った。古川と山下は練習船に乗り実習中であったので葬儀には出席できなかった。日本側から榎本・沢・赤松・津田・西・伊東・林・中島・上田・大野らが、またオランダ側からはクライン・ムアーマン(Krÿn Moerman)というオランダ人をはじめとして、ほかに数名のオランダ人が会葬した。会葬者の中に、若い女性が一人まじっていた。大川の下宿の娘である。大川の死を深く嘆き悲しんでいるようであった。……津田は葬式当日の模様を次のように書きしるしている。

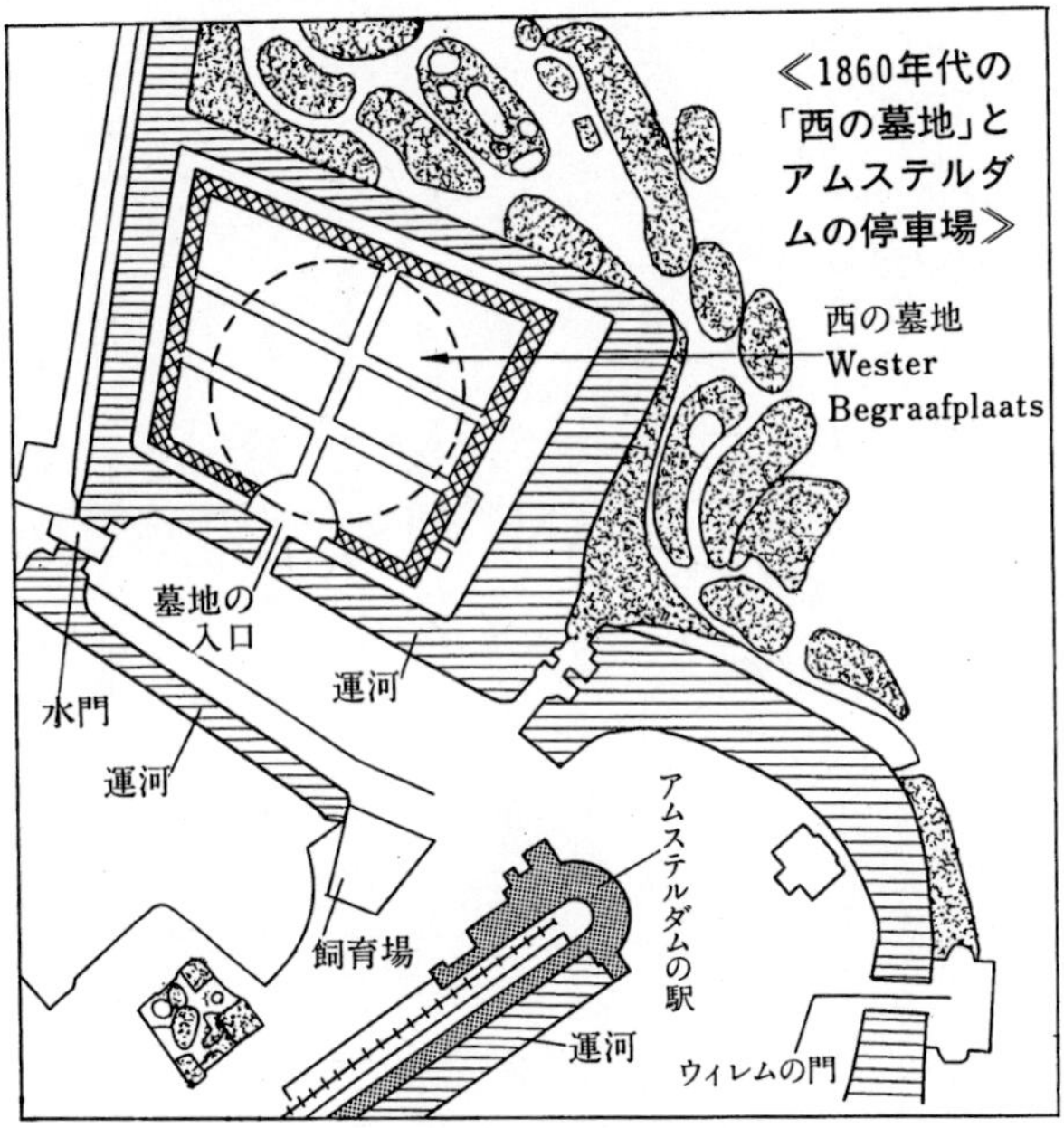

同月四日葬儀を行ふ、和蘭国の法として棺は馬車に乗せ二頭の馬に曳かせ施主として馬車にて大野弥三郎、上田寅吉随行、中島兼吉も同断、墓所に至る

（古川及び山下は乗船不在）、榎本、沢、津田、西、伊東、林及和蘭人「ムールマン」の諸氏会葬せり、外に蘭人数名並に大川下宿の娘会葬大に愁傷す。（津田道治編『津田真道』）

大川が埋葬された「古き西墓地」の跡地は、中央駅（Centraal spoorweg station）から西に一、二キロばかり行った所にある「西公園」（Westerparks）がそれである。「古き西墓地」は一九二四年に一部分を、また一九五六年に大部分を潰してしまい、墓地跡は公園となり、アパートが建ち並んでいる。

いずれにせよ大川の遺骸はいったん同墓地の三級の墓に埋葬され、翌一八六六年五月七日の午後二時、一級のCの6に改葬された。赤松則良の在蘭中の「手帳」（黒皮製）を赤松家のご好意で閲読したところ、このときリンセという石屋に百フルデン、献辞を含めて二百五十フルデン支払ったことが判る。また、アムステルダムの古文書館の死亡台帳には大川の墓の等級・碑文・没年などが次のように記載されてあった。

Kl	regel	N°	Inscriptie	ged	Overl
1	C	6	Ookawa Kitaroo Meester Smid. b. d. Jap. Marine ged. te Yeddo-Japan	–	21 – 9 – 1865

これによると墓には「日本海軍の鍛冶屋の親方（メスター）」といった意味のオランダ語の碑文が刻まれていたことが判る。また同台帳には、日本式の墓地のスケッチとその詳細な寸法までがしるされてあった。

grafbedekking	Bemerkingen
zerk：2.60×1.30M monument zerk vie	Op deze zerk met rkanten zuil 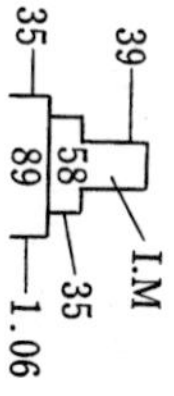

[訳]（墓地の大きさ及び備考）

石碑……二メートル六十センチ×一メートル三十

この石碑の上に正方形の記念柱がのせてある。

「古き西墓地」が遺されたことはすでに述べたが、問題となるのは大川の遺骨の行方である。それは現在「新し《ニューウェ・》い東墓地《オースター・ベグラーフプラッツ》」（Nieuwe Ooster Begraafplaats）の片すみに七、八千の遺骨と共に埋められている。勝山氏といっしょにこの墓地を訪れ、大川の墓石をいろいろ捜してみたが、その欠片すらも発見できなかった。オランダでは石は貴重なものだけに墓地を潰すときに再利用したものと考えられる。

今日、ユダヤ人の墓地は数百年前のものが各所に残っているのに、わずか百数十年前のプロテスタントの墓がないのは何ともふしぎだが、オランダでは埋葬後二、三十年たてば遺骨をみな集めて、二十メートル四方の穴を掘ってそこに改葬する習わしとのことである。土地が狭いことも理由の一つと考えられるが、区画整理にかかったり、墓地が一杯になったときの措置でもあろう。

大川の「死亡証明書」はアムステルダムの古文書館に保管されているが、それによると一八六五年九月二十一日（陽暦）の午前三時に亡くなっている。翌九月二十二日に、埋葬人のレオナルドゥス・ピィケメーヤー（五十歳）とジャック・コルネイユ・パペラルト（三十九歳）が役所に出頭し、死亡届けに署名している。大川に関する記述は「日本のエドで生れた機械工・大川喜太郎（三十三歳）は、オマキの夫にして大川新助の息子であるが、その他のことはつまびらかならず」とある。次に引くのが大川の死亡証明書である。

Op heden twee en Twintig September Achttien honderd Vijf-en-zestig, zijn voor ons ondergeteekende Ambtenaar van den Burgerlijken Stand der Stad Amsterdam, verschenen : Leonardus Pikkemeijer van beroep aanspreker oud vijftig jaren, wonende Handboogstraat D304 bekende van de overledene, en Jacques Corneille Papelard van beroep alsbovens oud negendertig jaren, wonende Weteringstraat BC103 bekende van de overledne, welke hebben verklaard,dat op een en twintig des voor middags ten drie ure, in het huis, staande Nieuwmarkt kanton 1, Buurt K N° 259, is overleden Ookawa Kitaroo van beroep machinemaker wonende en, geboren te Jedo-Japan in den ouderdom van drie en dertig jaren, echtgenoot van Omaki, zoon van Ookawa Sinsuke, en verder niets bekend.

En hebben wij hier an op gemaakt deze akte, welke na voorlezing door de aangevers ons in onderteekend.

L. Pikkermeijer.

J. C. Papelard.

外交史料館にある「死去証書」もこれとほぼ同じ内容のものだが、次に引いて参考に供しよう。

死去人姓名帳より抜書
日本江戸出生且江戸に住居し、おまきの夫にし大河新助の子「此他の事は詳ならす」機械匠大河《ママ》喜太郎享年三十三歳此地ニテ千八百六十五年九月廿一日午前第三時死去したり
前文抜書は紳士調印せる冊簿中の文と相違なきを証す
千八百六十五年十月廿四日　アムステルタムにて
ペルク手記
右此地紳士の役人ベルク君の手記を見届けたり、千八百六十五年十月廿八日　アムステルタムにて
アムステルタム州衙の上官
ア、エ、ペンニンク手記

また大川の死は亡くなって二日目の一八六五年九月二十三日に、現地アムステルダムの新聞『アルヘメーン・ハンデルスブラット紙』にも報じられたが、その死亡広告には

本日一八六五年九月二十一日、アムステルダムにおいて、大川喜太郎氏三十三歳は短い病いの後、死去せり

とある。これはきっと知り合いのオランダ人の配慮によって新聞に載せられたものと思う。

ところで大川の下宿先の家族の動向を調べてみたところ、死亡前後の事情やその他いろいろ興味を引く事実が明らかになった。大川が亡くなった下宿には当初、銀細工師の一家が住んでいた。が、死を迎える一カ月前の一八六五年

七月、かれはアルバート・プライム（Albert Pruim）という船長の家族と共に引っ越して来た。プライムは妻ヘンドリカとの間に五人の娘があった。

長女ヘンドリックヘム（またはヘンドリッキュー）一八三七年生まれ

次女エック・ベエルディナー、一八三八年生まれ

三女フィヤトラウダー、一八四二年生まれ

四女マリア、一八五〇年生まれ

五女アゥバディナー、一八五五年生まれ

この一家の動きをみると、一八六四年九月までプリンセンフラハト七十六番地に住んでいたが、やがてウィッテンブルガーフラハト九番地に引っ越し、ここには一八六五年五月まで約八カ月間いた。そして再び住居を変え、同年七月までの二カ月間だけズヴァネンブルガーストラート七番地に住み、大川が死んだ九月にはニューマルクトに住み、翌一八六六年七月にはヴァルムースストラートに移り、数カ月後更にヘルダーセカーデ十五番地に引っ越し、一年ばかり暮らし、翌一八六七年九月三日、ロッテルダムに移って行った。

当時、いかに引っ越しが容易であったとはいえ、この一家の場合は目まぐるしいほど頻繁に住居を変えている。ところで長女のヘンドリックヘム（当時二十八歳）は、一八六五年十二月七日に〝マルヒネ〟（Margine）という父なし児（女児）を生んだが、この子供は不幸に生まれつき、一年後の一八六六年七月十九日に早逝している。ヘンドリックヘムの妊娠はウィッテンブルガーフラハトに住んでいた一八六五年二月と推定されるが、この場所は大川が毎日通ったオランダ海軍のドックヤードに近いばかりか、鉄工所にも近接している。

大川が一時期このプライム一家と同居していたことはたしかだが、〝マルヒネ〟という子供もひょっとして大川のおとしだねではなかったかと思われる。ちなみに同じ職方の一方、中島兼吉は在蘭中オランダ女性との間に〝マリ

ー〃という女の子をもうけたらしく、帰国後もその写真を飾っていたと、筆者は柳兼子氏（故人）から聞いた。帰国の日も迫ったある日のこと、筆者は勝山氏と会って最後の別れをおしんだ折、かれは、「今日は宮永さんをびっくりさせるものをお見せする」といって、車でアムステルダム歴史博物館に案内された。導かれるままに地下の絵画保管所に行ったが、そこで見せられたものは一枚の油絵であった。それは、ファビィウス（J. W. Fabius）という名の絵かきが、大川の死の二年後、一八六七年に描いた「西墓地」の絵であった。大きさは七七センチ×一〇〇センチであり、絵の中央になんと大川の墓がくっきりと描かれていた。それまで大川の墓の姿をただ漠然と想像するしかなかったのに、眼の前ではっきりそれを見たときには、さすがに驚かざるをえなかった。同博物館を出てから、再び勝山氏の車に乗り、「新しい東墓地」を訪れ、大川の埋葬地に日本酒をたむけ帰途についた。夏とはいえ、日本の晩秋のうすら寒い陽気を思わせる一日であった。楡の大きな木々の間を通って墓地の外に出たとき、やわらかい日射しがさんさんと照っていた。……

最後に生前の大川の口吻についてだが、かれは大野弥三郎・津田真道らと共にホフマン博士より時折、言語学上の質問を受けたようである。それに対して口頭で答えたものが若干、ホフマンの『日本文典』（蘭・英・独訳があり、一八六七年から七七年にかけて刊行された）に散見する。ホフマンは一般教養会話語について大川にいろいろ質問し、とくに幕末の江戸語・京都語・文語の位置付けについて興味深い証言を引きだしている。(271)

ホフマンは大川の口から出た言葉を書き留めた、といって次のように記している。

„ *Miyáko no stó bu-men wo yomi-más toori ní hanási-mas* (272) ; *Káru-nga-yuèni yorósik' kotowa bakári gozárimas. Eddo no kotoba wá, ki-nin wa yorósiki kotoba nite hánasi-másu*, i.e.

都の人《すと》、文面《ぶーめん》を読みーますとおりに話しーます。かるーがーゆえに宜しく言葉ばかりございます。江戸の言葉は、
貴人《きーにん》は宜しき言葉にて話しーます

これを現代語に訳すと、

〝都人《みやこびと》（京都の人）は書物を読むように話します。だから良い言葉ばかりです。江戸の言葉についていえば、家柄や身分の高い人だけが良い言葉を話します〟とでもなろうか。

大川が観るところ、「文語」は好ましい言葉であり、京都人は文語と同じように話すから、良い言葉ばかりである、という。一方、江戸に住む人間で「宜しき言葉」を話すことができるのは貴人だけであると述べている。

大川のいう「宜しき言葉」（洗練された言葉）の具体的な例として、ホフマンは次のような語を挙げている。「キラフ」（*kirávŭ*, 嫌う）と「子《ね》ガフ」（*Négavŭ*, 願う）は、江戸の庶民の言葉（下賤なことば）では「キラーフ」（*Kira-u*）、「ネガーフ」（*Nega-u*）と発音されるが、教養のある人の口からは *Kirao*, *Negao* と発音されるという。(273)

ともあれ、幕命を奉じ、生命を賭して渡蘭し、幾多の困難に直面しながらも営々として修業に励み、果ては異国の土と化した大川の死は、日本の近代化達成の一つの礎石であったともいえるのである。

（270）『続幕末和蘭留学関係史料集成』三八〇頁。
（271）古田啓「標準語への一問題——幕末留学生とホフマンの『一般教養会話語』——」（『講座　方言学』第三巻、三〇〇頁）。
（272）ホフマンの『日本文典』の英訳では三九頁、独訳では四〇頁。
（273）同右、英訳『日本文典』の二〇一頁、独訳の二〇三頁。

時計・精密機器技師――大野弥三郎

大野弥三郎は諱《いみな》を規周《のりちか》といったが、いっしょにオランダに留学した仲間からは、
――時計師、時計師
と呼ばれていた。

渡蘭前の大野の履歴についてはこれまでよく判らなかったが、弥三郎の曽孫・直道氏（箕面市在住・歯科医）が作成した比較的詳細な家系図（ペン書）によって知ることができる。

大野弥三郎（規周）は文政三年（一八二〇）一月二十八日、江戸神田松枝町に生まれた。大野家は代々、幕府暦局御用の御時計師であった。弥三郎の祖父・大野弥五郎規貞や父・大野弥三郎規行は、すぐれた時計師であると同時に測量器械師であった。伊能忠敬が日本全国を測量し、日本地図を作った話は有名だが、その測量機械の製作者こそ大野弥五郎規貞と弥三郎規行の父子であった。

規周は、幼名を直次郎とも弥三郎ともいったようである。弘化二年（一八四五）、弥三郎二十五歳のときに父・規行が亡くなり、これを機に家督を継ぎ、名を規周に改めた。安政二年（一八五五）、松平越前守慶永は幕府に請うて規周を招聘し、江戸本所中之郷の下屋敷に住まわせ、機械製造とゲーベル銃の製作に当たらせた。元一橋大学教授・山口隆二氏によれば、越前藩の明道館の創立は安政二年のことであり、同校では製械、開物、測量なども教授したから、このことと規周の招聘は何か関係があるものと考えられるという。(274)

安政四年（一八五七）、弥三郎はアメリカより渡来した電信機を御浜御殿（のちの浜離宮）において組み立て、上

覧に供し、通信を試みた。

文久二年（一八六二）、幕府は海軍留学生をオランダに派遣することになったが、規周の技量は幕府からも高い評価を得ていたから、留学生の一員に加えられた。

弥三郎がオランダ留学生の候補となった経緯については、留学生の団長・内田恒次郎の手記（「阿蘭陀《おらんだ》行御用留之内書抜」[275]）にくわしい。

文久二年六月十一日付の大野弥三郎に関する内田の「書抜」は次のようになっている。

阿蘭陀国江蒸気軍艦御誂製造中被差遣候測量器職方之儀ニ付申上候書付

井上信濃守
木村摂津守

書面之者江御賄被下候外為御手当一日永四百三拾八文ツ、被下候旨被仰渡、奉承知候

松平越前守抱　測量器師
大野弥三郎

今般阿蘭陀国政府江蒸気御船御誂製造中諸術為研究御軍艦組其外被差遣、時計師等も可被差遣旨被仰渡候ニ付、職業并身元人物等相応之者人撰仕候処、右弥三郎儀は職業も宜是迄海軍所并天方御用をも相勤候者ニ而測量器等一手ニ而仕立、細密之細工等別而巧者ニ仕、手堅人物ニも有之候間、彼国江差遣候積越前守家来申談候処、差支無之趣ニ付、今般一同被差遣候様仕度、御手当筋之儀取調候処、越前守抱とは乍申、元々測量器職人之儀ニ付、此度被差遣候大工鍛冶職同様之御手当ニ而可然哉ニ候得とも、越前守方ニ而は徒之者次席をも申付候趣同人家来申立候ニ付、可相成は外職方とは品能御手当被下置様仕度、服部帰一江相談仕此談奉願候、尤彼国差渡等差向居候ニ付、即今御下知

被成下候、此段申上候、以上
戌六月
覚
書面之者江御賄被下候外、為御手当一日永四百三拾八文宛被下候事

文面には、弥三郎は一日に四百三十八文の日当を与えられる旨の申し渡しを受けた、とある。幕府は、オランダに蒸気軍艦を注文したが、それが建造される間、海軍諸術を修めさせるために御軍艦組（士分）と職方らを派遣することになったこと、時計師（和時計製作者）も職方の一員として派遣することになり、技量や人物の点から、弥三郎が、候補者となったこと、かれはこれまで海軍操練所や天文方の御用をつとめ、測量器機などの製作に携わった経験を有しており、人物識見ともすぐれているので松平家に請い、オランダに遣わすことになった、とある。

渡蘭時の弥三郎は越前大野藩お抱えの有能な時計師であったのである。が、オランダ行の人選に入ったことには別な理由があった。

かねて幕府海軍内では、

——航海用のクロノメーター（経度測定用の時計）が日本でもできねばならぬ

といった意見が強かった。

留学生派遣の話が出たとき、他の測量機械類の製造をもいっしょに研修させようということになり、大野に白羽の矢が立ったのである。

弥三郎は、オランダ語の素養はなかったが、バタビアからオランダまでの航海中に勉強し、更に渡蘭後もオランダ人について学んだので、簡単な日常会話には不自由しないまでになった。滞蘭中は、主としてライデンの時計工場[276]と

アムステルダムの精密機械師のもとで研修に励んだのであるが、

——日本《ヤパン》にもこんな腕のよい時計職人がいるのか！

と、オランダ人は驚嘆したらしい(277)。

オランダにおける弥三郎の私生活については判らぬことが多い。多少とも手控えやメモの類をとっていたと想像されるが、現在のところ何も発見されていない。

オランダにおける大野の動向と生活を知る史料はきわめて少ないが、赤松大三郎の在蘭日誌・談話筆記・黒皮のポケット日記(278)などから、ある程度のことは判る。

文久三年十一月二十四日（一六六四年一月三日）——ドルトレヒト在住の赤松は、前日（二十三日）ライデンに赴きホテル・ド・ゾン(279)で一泊し、この日の午前九時ごろ、津田真一郎(280)の下宿を訪ねるが不在につき、西周助の下宿(281)を訪ねた。

お昼ごろライデン大学のホフマン博士と面談したあと、ホテルに戻り昼食をとっている。昼食後、レイデルドルブに行き、レンガ工場を見学してから、当地のカフェに入りユネーバー（オランダ焼酎）を飲み、玉突きをやった。やがて馬車でライデンに戻ると、ファン・バーク宅で夕飯をごちそうになる。食後、西を誘い、夜十一時半まで三人でカルタ遊びをやる。深夜、赤松は、ホテルに戻るのだが、そこには職方の大野・中島・大川・古川・山下ら五名がかれの帰りを待っていた。

一月といえば厳冬の候だが、赤松と職方一同はストーブや暖炉の火を前にし、ユネーバーを飲みながら歓談したことであろう。

赤松の在蘭日誌(282)のこの日の記事に、

既に四時に及ひたる故、車を走らせてレイデン江帰ル、四時半なりし、ファンバーク方ニ而夕飯を用ひ、津田を連来りて夜十一時半迄カールトスペル（カード遊び）を為ス、夫ゟロシメント（ホテル）江帰りて宿、弥三郎、兼吉、喜太郎、庄八、岩吉来ル、明朝第一のトレイン（汽車）を以てハーケ（ハーグ）江至る用意をなす……

とある。

元治元年五月七日（一八六四年六月十日）、赤松はハーグよりライデンに赴き、津田・西そしてファン・バーク、職方、ホフマン教授宅などを訪ねている。

七日《ママ》、七日朝第一のトレインを以てハーケを発しレイテン江至ル、津田、西并ファンバーク及職方之者を訪ふ、午後三時、ホフマン方を訪ひ、雅言集覧なの部迄を同氏江進物とす、……

慶応元年四月十二日（一八六五年五月六日）、この日、アムステルダムの赤松のホテルを、大川と大野が訪ねている。ドルトレヒトのヒップス造船所で建造中の開陽丸の工程も漸次進捗し、この年の秋には進水式を挙行する運びになっていた。

赤松は、仕事もほぼ終わり、ドルトレヒトに滞在する必要が必ずしもなくなったので、造船学の研修のためアムステルダムに居を移すことを考えていた。赤松の「六十年前の阿蘭陀留学[283]」に、「其処で私は大体の用事も終ったので、造船学研究の便宜から翌慶応元年五月上旬に、アムステルダムに移った」とある。

赤松がアムステルダムに赴いたのは、移転に先立って下宿を捜すのが目的であったようである。大川と大野は先発として、すでにライデンよりアムステルダムに移っていた。

赤松の在蘭日誌には、

○四月十一《ママ》日　西洋五月六日　土曜日　快晴　早朝、喜太郎并弥三郎来り尋ね、夫ゟ車ニテ一統、弥三郎宅江至ル
終日諸方某廻すといへとも適宜家更になし……

とある。

大川喜太郎はこの時期、アルバート・プライム一家と共にウィッテンブルガーフラフト九番地かズヴァネンブルガーストラート七番地に住んでいたと考えられる[284]。

弥三郎がライデンの下宿を引き払い、アムステルダムに移ったのは、ライデンの古文書館の記録によれば、一八六四年九月三日（陽暦）のことであり、同年十月二十四日にアムステルダムで移動届け（転入登録）をしている。アムステルダムの古文書館に残る「住民登録簿」（Bevolkingsregister）には次のような記載がある。

続き番号……………十
登記した日付…………(空白)
姓名…………………Saboeroō
名前…………………Ono
性別…………………man
世帯主との関係………(空白)
生年月日……………1818《ママ》

生まれた所……………Yedo
独身・既婚の状態………（空白）
宗教…………………?《ママ》
職業…………………Instrumentmaker
住所…………………Toren Steeg 381
転入登録年月日…………24 octo 64
前の住所………………Leyden
移動年月日……………（空白）
移動先…………………（空白）
死亡年月日……………（空白）
原簿…………………（空白）
（法律上の住所）
行政区内での…………（空白）
転居…………………（空白）
備考…………………（筆者註・一行記載あるが判読不能）

弥三郎は、トーレン・ステーヒ（Toren Steeg）三百八十一番地（現在の七番地——ダム広場に面した王宮の裏手）に住んでいた。赤松が「夫ゟ車ニテ一統、弥三郎宅江至ル」といっているのは、この番地の家のことである。大野の下宿は現存し、そこは今はカフェ Koffiebar となっている。

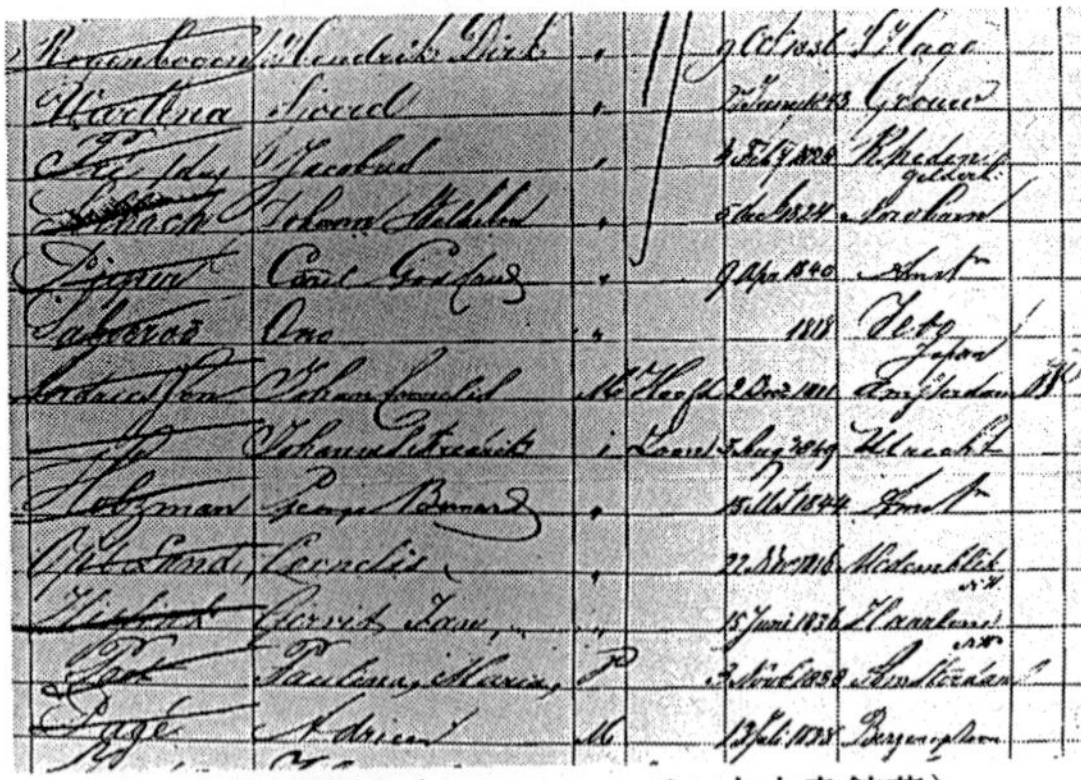

大野の記録（アムステルダム古文書館蔵）

赤松と大川と大野ら三人は、馬車に乗って下宿捜しを試みたが、この日は徒労に終わったようである。

赤松が泊ったホテルについては、いくつか考えられるが確言はできない。

再び大野の住民登録に話を戻す。かれの姓名はオランダ風に綴ったものである。宗教欄には「？」とあったが、これは渡蘭の折に、軍艦奉行・井上信濃守（清直）より、

一、いかなる場合にも日本の秘密を洩らさざること

一、キリシタン宗門に肩を入れまじきこと

一、本朝（わが国）の風俗を改めまじきこと

と、三カ条の誓いを立てさせられており、アムステルダムの戸籍吏の前で、

「宗教は？」

とたずねられたとき、

「わからない」

と答えたか、あるいは

「無宗教です」

と答えたかの、どちらかであろう。

オランダ留学生の住民登録簿の宗教欄に関するかぎり、ほとんどが空白になっている。当たりさわりのないように、一様に

「宗教はありません」

と答えたものであろう。

弥三郎の職業は、器具製造業者《インストルメントマーケル》となっている。

赤松のポケット日記の記述によれば、大三郎がドルトレヒトの下宿を引き払い、アムステルダムに移ったのは慶応元年五月九日（一八六五年六月二日）のことである。赤松は、

　二日（金）

　十一時ハーケ（ハーグ）出立、二時アムステルタム新宅着ス、途中ハルマンスト云へる人と………

とメモしている。

「アムステルダム新宅」とは、ビンネン（Binnen）九十三番地（現在のアムステル〔Amster〕百八十番地）の下宿(285)のことであろう。

陽暦の六月三日より五日までの間に、大川と大野は毎日のように赤松と会っている。

赤松の短い記述からは、かれらが話題としたものをうかがい知ることはできないが、お互い修学のことや暮らしのこと、故国のこと、仲間の消息などを話題とし、しばしば食事をいっしょにとりながら歓談したものと思う。

赤松のポケット日記から引いてみよう。

　三日（土）十日

　ハルマンスに同道、向河岸フルツクインワートルラント江至り、喜太郎弥三郎来ル、ケイセルスコローン

　四日（日）六月十一日

今日ゟしてカルフルスタラートケイセルスコローンにて中喰所とす、喜太郎弥三郎来リムールマン(286)来

五日（月）

ケイセルスコローン昼喰、喜太郎弥三郎来ル

赤松の記述の中に「ケイセルスコローン」とか「カルフルスタラートケイセルスコローン」といった字句が見られるが、これはアムステルダムの繁華街のひとつカルバーストラート（Kalverstaat）七十一番地にあった「ケイゼルスクローン」（De Keizerskroon ——王冠の意）というホテルのことである。

もっともホテルといっても、レストラン・バー・競売場を兼ねており、建物は十六世紀に造られたが、今世紀初頭にとり毀され、現在は洋品雑貨店となっている。

当時はなかなか有名なホテルであり、時々、こっとう品の競売も開かれたようである。現在の建物には当時のおもかげはないが、レンブラントのエッチングから、かすかにありし日の姿を想像することができる。

赤松は『半生談(287)』の中で、

尤も晩餐を下宿で執ったのは僅かの間で、後には大概外出して旅館《ホテル》のタブル・ゾット（公開食堂）ですることにした。毎日四時頃造船所の帰途其所へ立寄り談話室で新聞・雑誌を読んだり、集り来る人々と種々の談話を交《か》はし、やがて時間が来ると食堂に入るのであった。毎夕の食卓で懇意になった市民も少なくなく、之等の人々の談話は和蘭社会の状況を認識する上にも非常に有益で、又愉快な日課であった。

と述べているが、かれが毎晩通った「旅館《ホテル》」というのは「ケイゼルスクローン」を指しているとも考えられる。そこ

はアムステル川畔にあるかれの下宿からも近いのである。

慶応二年七月四日（一八六六年八月十三日）、この日、赤松は、ポケット日記の中で、さる月曜日の午後に時計・精密機器技師のアンドレアス・ホーヴゥ（Andreas Hohwü, 1803～85）に弥三郎を引き合わせ、製作の指南を依頼し、同時に天文用の精密時計の代金八百五十フルデンを支払ったとしるしている。

赤松から引くと――、

十六日（木）

ハーケ逗留

弥三郎を引連、去ルマーンダフ午後時辰儀師ホユー江引合せ、製作方指南之儀相頼ミ相談、図スミ、アストロノミセコロック代料八百五十キュルデン

「去ルマーンダフ」とは、陽暦の八月五日――Maandag（月曜日の意）のことである。「ホユー」は「ホーヴゥ」のことである。「アストロノミセコロック」とはAstronomische klok（天文用の時計）を指す。

筆者は、先年、大野弥三郎の子孫宅で、直道氏が作成した弥三郎の履歴を見る機会があったが、そこにはオランダ滞在中に師事した教師名が、次のようにしるされていた。

測量機械師　エムデン氏

時計師　ホウピー氏

天台司職　カイゼル氏

これら四人の名は片カナで表記してあるだけで、欧文は付いてはいなかった。

エムデンについてはどのような人であったのか、従来よく判らなかったが、アムステルダムの古文書館の史料と記録によって解明することができた。かれのフルネームは、アブラハム・ファン・エムデン（Abraham van Emden）である。

エムデンはアムステルダム生まれのユダヤ人である。一七九七年四月十三日生まれ、一八六〇年三月三十一日に亡くなった。妻もユダヤ人であり、名前はサラ・ファン・リヤー（Sara van Lier）。一八〇〇年十二月二十二日にユトレヒトで生まれている。没年は不詳。

赤松や大野らの日本人留学生らがエムデンの店に出入りしたとき、アブラハム・ファン・エムデンはすでに亡く、未亡人のサラ・ファン・リヤーが店を切り盛りしていた。店は、先に述べたケイゼルスクローンがある、カルバーストラート二十六番地（現在の番地）にあった。が、建物は約五十年前に取り毀され、その跡地（二十六番地と二十二、二十四番地の土地）に「スイス・ホテル」（Hôtel Suisse）が建てられた。それはいわゆるアール・デコール風の建築で、アムステルダムの一流ホテルの一つであった。残念ながらこのホテルは火事で焼け、今は「レストラン・スイス」となっている。

アムステルダム市の『総合住所録』（Algemeen Adresboek der Stad Amsterdam, 1864～65）には、エムデンの店の所有者名・商売名・住所及び宣伝文などが見出せる。それを次に引いてみよう。

Emden,（A. van）

Natuur, Gezigt-en Zeevaartkundige-Werktuigen en Instrumentmaker,
Kalverstraat bij de Jonge Roelensteeg E 227, Amsterdam.

アブラハム・ファン・エムデン。自然科学、光学、航海用の器械製作者。
アムステルダム市E区二百二十七番地、ヨンヘ・ルーレンステーヒそばのカルバート街

また一八六五年代の店の〝宣伝文〟は次のようになっている。

Emden (A, van) kalverstraat bij de Jonge Roelensteeg, 26. *In Instrument.* Landmeters-Werktuigen, Waterpassen, Meetkettingen, Passerdoozen, Scheeps-Kompassen, Sextanten, Octanten, Kijkers, TOONEEL-en VERREKIJKERS, BRILLEN, LORGNETTEN, LOUPEN,
MICROSCOPEN en MICROSCOPISCHE PRAEPARATEN, STÉRÉOSCOPEN, Barometers, Thermometers, Manometers, Vacuummeters, Hygrometers, Pedometers, Cartometers, Curvimeters.

アブラハム・ファン・エムデン。ヨンヘ・ルーレンステーヒそばのカルバート街二十六番地。器械製作。測量器械、水準器、測鎖、コンパス、羅針儀、六分儀、小望遠鏡、観劇用双眼鏡、めがね、鼻めがね、拡大鏡、顕微鏡とその部品、実体鏡、気圧計、体温計、圧力計、真空計、温度計、万歩計、曲線計等々。

アブラハム・ファン・エムデンの住民登録簿には夫婦に関する記述のほか、

ウィリアム・ジョージ・エムデン（一八四八年生まれ）

ウィリアム・アーガスト・ファン・エムデン（一八四九年生まれ）

の名前が見られる。この二人は、アブラハム・ファン・エムデンの甥にあたる。かれらは叔父の店を手伝っていたとも考えられる。

更に今述べた甥以外に、

アレキサンダー・マヒェル・ファン・リサ（Alexander Machiel van Lissa）

モーリス、ファン・リサ（Maurice van Lissa）

ら二名の名前も登録されている。

前者のファン・リサは、一八四三年四月十一日にミデルブルフ Middelburg に生まれ、一八六二年にアムステルダムにやって来た。一八六七年（慶応三）三月二十六日に日本に行ったことになっており、これは幕府がオランダにあつらえた開陽丸が横浜に到着した日でもある。当時、かれは二十四歳であった。

後者のファン・リサは、一八三二年十一月二十四日にミデルブルフで生まれ、一八六三年八月十日アムステルダムに来ている。職業は軍医と測量師を兼ねていた。

この二人は共にユダヤ人であり、兄弟であったものと思う。かれらはエムデンの店とはどのような関係にあったものか判然としない点もあるが、ファン・エムデンの未亡人を助け、二人の甥らと、店を手伝っていたものと考えられる。

『総合住所録』によると、一八六五年当時のエムデンの店の広告は、次のようになっているからである。

Lissa (M.van) Kalverstraat bij de Jonge Roelensteeg, E 227. *Instrumentmaker.*

モーリス（?）ファン・リサ。ヨンヘ・ルーレンステーヒそばのカルバート街、Eの二百二十七番地。器械製作者。

ところで水田信利氏の『黎明期の我が海軍と和蘭』に、洋服姿の大野弥三郎とシルクハットをかぶり、かっぷくの良いオランダ青年の写真が入っており、その説明には「傍に立てる和蘭人の姓名不詳」とある。

このオランダ人こそ、ファン・リサ兄弟の一人ではなかろうかと思う。ともあれ将来、アムステルダムのユダヤ人会の方面から糸をたぐれば、何か判明するかも知れない。

「時計師ホウピー氏」とは、アンドレアス・ホーヴゥ（Andreas Hohwü）のことである。アムステルダムの古文書館に残る住民登録によると、ホーヴゥは一八〇三年七月十八日にシュレスヴィヒ（Schleswig ――当時はデンマーク領、現在は西ドイツ北部。Sleeswijk ともいう）で生まれ、一八八五年九月二十八日アムステルダムで亡くなっている。享年八十二歳であった。

ホーヴゥは初め父より時計製造の基礎的訓練を受け、二十六歳のときアルトナ（現在の西ドイツ、ハンブルクの一地区）に赴き、そこで有名な時計師ケッセルス（Kessels）に弟子入りし、大型時計の製法を学んだ。が、更に高度の技術をもとめパリに出、時計技術者として著名であったルイ・フランソワ・クレマン・ブレゲ（Louis François Clemént Bréguet, 1804~83）の弟子として六年間修業した。一八三九年にホーヴゥはアムステルダムに居を定めると、敢然として航海時計《クロノメーター》と天文用の精密時計の製作に着手した。その住居はアウデスハンス（Oudeschans）四十二番地であり、番地は昔も今も変っていない。

かれの作品は早くから信頼を得、多くの商船から仕事を与えられ、その高い技術はやがて各国にも知れわたり、賞杯を受けるまでになった。ナポリで開かれた展覧会では、イタリア王より国王勲章を授与され、一八五四年にはFelix Meritis 賞を、一八六七年にはオランダ国王より獅子勲章を授けられた。[288]そして亡くなる年の一八八三年六月には再び国王より大金メダルを授与された。[289]

大野がホーヴゥの店に出入りしたころ、師匠は妻アントニヤ・ローズと三人の娘と二人の召使いの七人暮らしであった。ホーヴゥが亡くなったのは一八八五年（明治十八）九月のことだが、その追悼記事が『アルヘメーン・ハンデルスブラット』と『ニュース・ファン・ド・ダッハ』(Nieuws van de Dag) 両紙に掲載されている。その記事はいずれもホーヴゥの人となりとすぐれた業績をたたえたものである。

『アルヘメーン・ハンデルスブラット紙』の追悼文は、一八八五年十月三日に載ったものである。冒頭の一節をひいてみよう。

アンドレ・ホーヴゥ。

本日、当地において八十二歳で亡くなったA・ホーヴゥ氏は、西の墓地に葬られた。

A・ホーヴゥ氏は天文器械の製作者として有名である。かれは機械学の部門を完成の域にまで高めたばかりか、ちょうど三年前にはアメリカ政府のために天文用の時計の製作をたのまれた。かれの時計の質は世界中で最もすぐれたものであったからである。[290]

また『ニュース・ファン・ド・ダッハ紙』の記事は、後述するカイゼル教授のことばを間接に引用したものであり、ホーヴゥの技量を高く評価したものである。

カイザー教授は、ホーヴゥの振子時計があって何と幸福なことであったろうかと、たびたびいった。ホーヴゥの時計は規則正しく動き、ブレゲの最もすぐれた時計よりもまさっていた。[291]

「天台司職　カイゼル氏」とは、当時ライデン大学教授であったフレデリック・カイゼル（Frederik Kaiser, 1802〜72）のことである。かれは一八〇二年七月十日にアムステルダムで生まれ、一八七二年七月二十八日ライデンで亡くなった。

カイゼルは一八一八年、オランダ王立科学協会の会員に選ばれ、一八二六年五月にはライデンの天文台長に任命された。一八三五年、ハレー彗星の研究によりライデン大学より名誉博士号を授与された。一八四五年、この年カイゼルは正教授に進んだ。一八六〇年に天文台（Observatorium）が建設され、翌年にはライデンに居を移し、以後亡くなるまでこの学都で暮らした。弥三郎は主として天文台や海上測器についての知識をカイゼルから授けられたのである。

「洋学師　ホウフマン氏」とは、ヨハン・ヨゼフ・ホフマン（Johann Joseph Hoffmann, 1805〜78）のことである。

ホフマンはライデン大学東洋学部教授であるかたわら、オランダ政府の翻訳の仕事を手伝い、オランダ留学生の世話役兼語学教師でもあった。かれは弥三郎らライデン在住の日本人留学生にオランダ語を教授し、生活上のこまごまとした注意や助言を与えた。軍医ポンペ・ファン・メールデルフォールトと共に日本人とは最も深いつき合いがあったオランダ人（じっさいはドイツ人）の一人である。

赤松のポケット日記には、時折、今述べたエムデンやホーヴゥの名前が散見する。ことにエムデンの店に六分儀（Sextant）などを注文し、製品を受け取り代金を支払ったこととか、ホーヴゥの店に付け届けをした記述などが見られるのである。

弥三郎がオランダに滞在したのは三カ年であるが、慶応二年十月二十五日(一八六六年十二月一日)、艤装のすべてを終えた開陽丸に乗り、フリシンゲンより帰国の途に上った(292)。

フリシンゲンを抜錨した開陽は、南米ブラジルのリオ・デ・ジャネイロや蘭領アンボイナに寄港したのち、慶応三年丁卯三月二十五日(一八六七年四月二十九日)無事横浜港に帰着した。

翌明治元年(一八六八)戊辰六月五日、弥三郎は太政官に徴され貨幣司として、御手当金三百両で明治新政府に仕えることになった。つづいて明治二年三月より造幣寮(造幣局)に技師として出仕することになり、本局の銅細工場(銅器のすべてを製作する)の工作師として、主に「天秤《てんびん》」の製作と指導に当たった。また在職中、羅針盤・検温器(三個)をつくり宮内省に納入したり、経緯機(蘭名テオドート)や大時計をも製作した。

やがてかれは懐中時計の国産化を思い立ち、息子の則好をスイスに留学させた。則好は同年九月に「ジュネーブ時計学校」に入学し、明治十三年二月に卒業したが、更にパテック・フィリップの時計工場で時計製造技術を実習した。則好は三年間の留学を終えて明治十三年四月に帰国した。

大野親子は宮内省より二千五百円下賜され、造幣局に近い樋《ひ》の口に時計工場をつくり同年秋九月より製造を始めたが、事業の方はうまくゆかず、やがて工場は閉鎖された。しかし、大野親子の養成した技術者たちは、明治初期につくられた各時計工場に入り、技師としてわが国の時計産業に多大の貢献をしたのである。

明治十九年(一八八六)、大野は、工作所長となったのを最後に、老年をもって退職し、多年の功により、正六位勲六等を授けられた。そして同年秋十月六日に逝った。享年六十七歳であった。大野弥三郎は亡くなるまでチョンマゲを結っていたというほか、とくに人柄については判らぬことが多い。オランダ仕込みの弥三郎の技術の跡は、大阪の造幣博物館内に展示されている「大時計」(明治九年に製作)と「地金用天秤」に見ることができる。

造幣局の目の前を流れる淀川の対岸は、都島区中ノ町だが、その一角に桜宮神社がある。宮司の深瀬幸尋氏からお聞きしたところによると、幕末のころ、境内に「久宗亭」という茶房があり、志士が大勢出入りしたという。明治十八年の大洪水で神社は水びたしになり、また今度の戦争で神社は丸焼けとなったが、神殿の左わきに大きな顕彰碑（「大野規周君記念之碑」）が残されている。

これは明治十九年十一月に、時の局長・遠藤謹助が建立したものである。

なお、参考までに維新後の弥三郎の履歴[293]を挙げておく。

大阪府士族　大野規周　文政三年辰正月生

一　明治元辰年六月廿日　工作方判事拝命
一　同　二年三月十日　造幣寮機械方拝命
一　同　年九月十二日　造幣権充拝命
一　同　三年廿一日　是迄職務被免造幣寮
附属拝命
一　同　五年五月十日　造幣寮十等出仕拝命月給百五十円下賜
一　同　六年四月十八日　造幣寮七《ママ》等出仕拝命
一　同　八年十月十五日　被任造幣中技監同廿五日拝受二等月給下賜
一　同　年十一月十七日　被任従六位同廿四日拝受
一　同（朱書）十年一月十八日　廃寮
一　同　年一月三十一日　被任造幣少技師同二月二日拝受一級月給下賜

一　同　十三年一月廿日　被任中技師同廿日拝受
一　同　十五年六月十三日　任大蔵三等技師三級月給下賜同十九日受
一　同　十六年一月廿四日　被叙勲六等
一　同　十九年二月五日　非職被仰付候事同月九日受
「一(朱書)　同　年十月六日病死」

(274) 山口隆二「日本時計産業史覚書」(『国際時計通信』第七巻第九号)。

(275) 『続幕末和蘭留学関係史料集成』所収。

(276) 一八六〇年代のライデンの時計屋は次の十七店である。時計師の名前、住所（街路名と番地括弧内は現在のもの）を挙げておく。

B. van Beek, Haalemmerstraat 6. 397 (84)
W. Bosman Wzn. 6. 387 (60)
D. L. Broer, Nieuwsteeg, 4. 718 (7)
H, W. de Bruijn, Rapenburg. 4. 854 (88)
H, Caspari, Haarlemmerstraat 6. 353 (6)
J. F. W. Couvee, Hooigracht 7. 794 (26)
J. J. Deggeler, Donkersteeg 6. 73 (13)
C. L. Goddijn, Beestenmarkt 5. 47 (38)
L. Hesselink, Haarlemmerstraat 6. 277 (151)
J. Kums, Beschuisteeg 7. 916 (5)
M. P. Paulus, Utrechtse Veer 3. 15 (18)

L. D. Planjer, Garenmarkt 2. 245 (48)
H. Poet, Nieuwe Rijn 7. 10 (4)
J. F. la Rivière, Botermarkt 4. 39 (2)
H. Verstegen, Hogewoerd 3. 359 (110)
A. V. d. Waag, Aalmarkt 4. 100 (23)
F. Th. v. d. Woerd, Rapenburg 4. 853 (86)

弥三郎が研修したのは、このうちの一つか（ライデンの古文書館に勤務するB・N・レーベルラント氏の教示による）。

（277）「六十年前の阿蘭陀留学生」（『大日本』大正七年七月号）。

（278）縦十五センチ、横八・五センチの黒皮表紙の手帳四冊。これにはオランダの地図・カレンダー・諸表・協会の役員名簿・その他の付録などがついている。

（279）現在の Breestraat 一五五番地の建物。

（280）現在の Hooglandsche Kerkgracht 四十四番地。ホフマン博士（日本人留学生の教師兼世話役）の家の斜め真向かい。

（281）西周助は住所を二度変えた。最初は現在の Hooigracht 九十四番地。次の住所は Nieuw Rijn 九十四番地。いずれも現在の番地。

（282）『幕末和蘭留学関係史料集成』（日蘭学会編・大久保利謙編著、雄松堂、昭和五十七年二月刊）に収録。

（283）前掲「六十年前の阿蘭陀留学生」を参照。

（284）アルバート・プライム一家の戸籍。

（285）拙稿「アムステルダムの赤松大三郎の下宿」（『日蘭学会通信』二十一号、昭和五十八年四月号）を参照。
赤松のドルトレヒトの下宿は、Wykc Munt 959（現在のCの九百五十九番地の造幣所跡）である。現在は音楽学校として使用されている。

（286）ムールマンとは、クライン・ムアーマン Krÿn Moerman のこと。

（287）『赤松則良半生談』のこと。

(288) Ridder van den Ned. Leeuw のこと。

(289) de groote gouden medaille のこと。

(290) 原文は次のようなものである。

A. Hohwü

Op de Westerbegraafpaats werd heden ter aarde besteld de heer. A. Hohwü, op 82-jarigen leeftijd alhier overleden.

De heer A. Hohwü is vermaard als vervaardiger van astronomische instrumenten. Hij had het in dien tak van werktuigkunde tot een hoogen trap van volmaaktheid gebracht, zoo zelfs, dat hem nog pas een paar jaar geleden de levering van een astronomische klok voor het Amerikaansche gouvernement werd opgedragen, omdat zijn klokken van dien aard de beste zijn ter wereld.

(291) Prof. Kaiser heeft het menigmaal uitgesproken hoe gelukkig hij zich rekende met de pendule van Hohwü, die in regelmatigen gang zelfs de beste klokken van Bréguet overtrof.

(292) 『開陽丸——海底遺跡の発掘調査報告I』。

(293) 弥三郎の履歴に関しては、「大野弥三郎履歴」と「当局非現在職員名簿中ノ記事」を参照。これらは前掲『続幕末和蘭留学関係史料集成』に収録されている。

ちなみに大野弥三郎の子孫宅で閲読した資料にもとづいて作成した系図を左に掲げておく。

──大野弥三郎（規行）（弘化二年五月没）──弥三郎（規周）（明治十九年十月六日没）──規好（嘉永五年二月十三日生まれ、大正五年十一月没）──直周（明治十一年十一月二日生まれ、昭和十五年二月四日没。牧師）

──直道（大正五年五月二十日生まれ、歯科医）──直人（昭和二十六年九月二十日生まれ、歯科医）

鋳物師、鉄工場を経営——中島兼吉

これまで、職方の一人として渡蘭した中島兼吉については史料も乏しく、その人と行実をつまびらかにできなかった。人名辞典を繰ってもくわしくは出ておらず、概略しか判らなかった。が、先年、筆者は兼吉の孫にあたる柳兼子さん（当時、八十九歳）にお会いし、直に先祖について話をお聞きする機会に恵まれたので、これまでの空白部分を多少とも埋めることができた。

紹介するまでもなく、兼子さん（故人）は大正・昭和期のアルト歌手として令名が高いばかりか、英文学者で民芸研究家の柳宗悦氏の夫人としてよく知られている。国立音楽大学名誉教授であり、芸術員会員。当時、東京の町田市に住んでおられた。

中島家の先祖についてはよくわからない。兼吉は天保三年（一八三二）六月八日生まれである。亡くなったのは明治四十二年（一九〇九）六月八日午前四時のことである。享年七十九歳。兼子さんは兼吉がなくなった年に東京音楽学校（東京芸大の前身）に入学している。少年・青年時代の兼吉の生活については判らないが、柳家に残されている家系記録によると、兼吉は関戸新次郎（上野湊雲院家来）の三男に生まれ、のち中島安五郎（榊原式部大輔家来）の養子となっている。妻は安五郎の長女で、名は「ヤス」（天保五年七月生まれ、明治十五年五月十五日死去）といった。

榊原藩は、ペリーの来航以来、海防に関心をもち、藩士に西洋砲術を学ばせ、大砲の鋳造にも熱心であったばかりか、佐渡や上越の海岸にそれを配したという。兼吉は腕のよい職人であったから、ひょっとするとその力量を高く買われ、請われるままに中島家に養子に入ったとも考えられる。

かれが同藩のお抱え鋳物師であったとき、「大砲」を何門も造ったようである。だが、文久二年（一八六二）に幕府派遣の留学生として渡蘭するときは、武士階級に属する中島家の養子ではあったが、もともとが職人であるため、「職方」の方に組み入れられた。おそらく身分制度のやかましい時代のことでありやむをえなかったのであろう。

職方六名は、オランダ語の知識がほとんどなかったから、オランダに到着後、下宿も決まった時点でライデン大学の東洋学教授ホフマンやファン・ディクについて、オランダ語の手ほどきを受けた。中島がアウデ・レインのエルディク宅に滞在したのは一八六三年七月二十一日からであり、翌年八月末にはハーグに移り住んでいる。この間一年ほど、中島はハーグのどこに住み、またどこの鉄工場で修業したものか不明である。一八六五年（慶応元）六月上旬、赤松は上田寅吉を伴いアムステルダムに移ったが、程なく「今迄ライデンに居った大野弥三郎と中島兼吉とが遣って来て各思ひ〳〵に下宿を定め、上田は私と共に造船所に、大野は精密工場、中島は鉄工場に入り、真黒になって見学・実習に勉強して居た」（『半生談』、傍点筆者）という。

アムステルダムにおける中島の動静についても不明の点を多く残している。翌一八六六年の夏から秋にかけて、数カ月間ライデンの「王立オランダ鉄工所」（De Koninklijke Nederlandsche Grofsmederij）で研修したように思える。赤松の手帳の記述（一八六六年八月十五日）に「兼吉をして二三ケ月之間レイデンのホロフスメーデレー江差遣ス一條」といったくだりがあるからである。

慶応二年（一八六六）十月二十五日、中島は、内田・榎本・沢・田口・上田・山下・大野ら八名と共に開陽丸に乗船し、フリシンゲンを出帆し、翌年の春三月に帰国した。帰朝後、各留学生たちは引きつづき軍艦操練所に出仕したようだが、めいめい分に応じて新たに扶持を給せられた。中島は「五人扶持百二十五両」もらう身分となった。

慶応四年（一八六八）八月、榎本が幕府の艦隊を率いて蝦夷《えぞ》に走るとき、兼吉を誘いに来たらしいが、かれはきっぱり同行を断っている。行動を共にしなかったのは、時勢の変化をはっきりみてとり、徳川の時代が終わったことを知ったからである。榎本の名が出たついでにエピソードを一つ紹介しておくが、在蘭中に榎本はある貴人から招待を受けたが、たまたま礼服を持っていなかったので、兼吉がかれになりすまして出かけたという。

維新後、中島は一時造幣寮に入り、のち造兵司（大阪砲兵工廠の前身）に入り、同所の開設と関わりを持った。明治三年造兵大佑となり、同年三月、長崎に赴き、旧幕時代の「長崎製鉄所」（飽之浦にあった）の機械若干を接収し、該所の職工たちを徴し、大阪砲兵工廠に迎えた。(294)

明治四、五年……………大令史
同六、七年……………七等出仕
同八、九年……………副提理勤務建築課長銅砲鋳造所監務
同十年……………七等出仕
同十一年……………御用取扱
同十二、十三年……………御用掛
同十三年九月十八日、願ニ依リ陸軍省御用掛ヲ免セラル。(295)

退職後は、厩橋のたもと――外出町十一の二に「中島鉄工場」を造り、その経営者となった。工場敷地はもともと深川西大工町に住む三野村倉二の持物であったが、安く買いとったものらしい。『地籍地図』（「地籍台帳」大正元年刊）によると、敷地は全部で二千四十六坪あったことが判る。

中島鉄工場跡は、現在の町名番地でいえば、本所一丁目二番地に当たるようである。工場跡を示すものは今日何一つないが、おそらく、ライオン歯磨株式会社の大きなビルが建ち、材木店や小さな鉄工場が立ち並んである一帯がその跡であろう。この界隈の住民の多くは終戦後に移って来た人たちであるため、筆者がある材木店に入り、中島鉄工

場のことを聞いても、その名を知る者はだれもいなかった。

しかし、興味ある話を聞くことができた。材木店の従業員の一人が、今の家を建てる際、機械を設置したときの基礎の跡が出てきた、と語ったからである。中島鉄工場は大正時代までつづき、兼吉の長男・隆道の代をもって終焉を迎えた。

いずれにせよ、オランダでみっちり習得した技術は優れたものであったから鉄工界の評判もひじょうによかったようである。鉄工場を設立したとき、赤松大三郎も招かれ、見に出かけている。維新後も留学時代の仲間であった大野弥三郎や古川庄八などと、中島はつき合いがあったようである。ことに中島家には、大野の写真が二十枚近くもあったということだが、今は兼子さんの手もとには一枚も残っていない。おそらく、その多くはオランダ滞在中に撮った珍しい写真であったかと思われる。

兼子さんが子供の時分、アルバムを見ている祖父に、

——これだあれ?

とたずねると、兼吉は、

——大野だよ。

と答えたという。また古川庄八が訪ねて来る日など、

——古川が……、古川が……。

と、懐かしそうに名前を呼んでいたという。古川庄八については、

——本所の家で二度見かけました。祖父のいちばん仲よしでした。

と兼子さんは語った。古川は実子にめぐまれず、兄吉十郎の次男で工学博士の阪次郎を養子とした。かれは後年、鉄道院副総裁となったが、実はこの人は兼子さんの仲人でもあったのである。

沢太郎左衛門や沢鑑之丞などもよく訪問したらしく、

――今日は沢さんが来る。

といい、来訪すると奥座敷に案内した。

このように維新後も留学生たちはお互いに交際をつづけたが、大野・古川の両人は兼吉の親友であった。かれらは時折顔を合わせると、折にふれ往時を想い出し、留学時代の懐古談にふけったことだろう。沢太郎左衛門とも交際があったことから考えると、中島鉄工場は陸海軍の仕事も請け負っていたかもしれない。

――おじいさんはどのような人だったのですか？

と尋ねたところ、

――父（隆道、万延元年申五月二十二日生まれ）も無口でしたが、祖父も口数の少ない人でした。祖父はわたくしをいちばんかわいがってくれました。子供のときわたくしは体が弱かったものですから。………昼間は工場の方が忙しいため、祖父と話すひまはありませんでしたが、わたくしがいないと「兼はどうした？　兼はどうした？」とうるさいくらいでした。わたくしが病気で寝ていた嵐の晩のことをよく覚えております。病床にやって来て、一晩中、添い寝してくれました。

兼子さんの父親も親に似て寡黙な人であったが、あるとき軍艦開陽丸のことが話題となり、兼子さんが、

――船はどうなったの？

と尋ねると、父は、

――まだ沈んでいるよ。

と答えたという。

兼吉は江戸っ子肌の人であり、遊びごとが好きで、芝居や義太夫を好み、兼子さんがまだ子供だった時分に寄席な

どによく連れて行った。また、アイスクリームが珍しかったころ、兼子さんを連れてレストランに出かけ、

——これうまいぞ！　うまいだろう！

といって食べさせたが、兼子さんによれば、当時のアイスクリームは質も悪く、ざらざらしており、おいしくはなかったとのことである。孫にアイスクリームを食べさせながら、兼吉は渡蘭のときバタビアで生まれて初めてそれを食べたときのことを想い起したにちがいない。

兼吉は気短かで、かんしゃく持ちであったらしい。けれどついぞ嫁や孫をしかることは一度もなかったという。また職人にしては珍しく、酒をたしなまなかった。

筆者は、兼吉が書きしるした在蘭中の記録はないか、期待していたが、かれは無筆でとくに何も書き残さなかったという。けれども兼子さんが奥から大事そうに出してこられた「小箱」を開けたとき、思わず筆者の胸は高鳴った。それは縦五センチ、横十センチ、厚さ数センチの黒色の小箱であり、中に若き日の兼吉と妙齢のオランダ女性の顔写真が入っていたからである。

——この写真の女性はだれでしょうか？

と尋ねると、

——さあ、わかりません。祖父は一言もいいませんでしたから。………

という答えが返ってきた。筆者はますます興味をかき立てられた。すると、

——三、四歳ぐらいの女の子の写真が二枚ばかり家にありました。祖父が亡くなるまで飾ってありました。子供のときに兼子さんが、

——これだあれ？

とたずねると、兼吉は、

――これマリちゃん。………

とだけいい、それ以上は何もいわなかったということである。中島家にあったというこの二枚の写真は、現在、柳家にない。渡蘭するとき兼吉はすでに妻も子もある身であったが、滞在が長期に及べば現地の女性と恋愛関係に陥る可能性もある。オランダ行きが決まったとき、兼吉は二十六、七歳のまだ若い身空であったし、色恋にうき身をやつす青年の情熱を秘めていた。

幕府より技術修得のために派遣された、という使命感をいだきながら、かれは一意専心、うまずたゆまず真黒になって修業に励んだ。かれも人の子、在蘭中は、明日への鋭気、さみしい心の慰め、愛情に飢えていたにちがいない。たまたまそんなとき、兼吉の空ろな心にそっと忍び込んだのが、このオランダ女性であったろうか。……

この女性の名も、愛児のそれも、何も判らないのは残念というほかはない。兼吉は死を迎えるまでこの女児の写真を飾っていたというし、三、四歳という年齢から考えても、きっとかれの隠し子であったものと思う。かれがオランダで買って来た土産のうち、現在、柳家に残っているのはスプーンとナイフだけである。

老年はいつの間にか忍び寄り、かれはついに床に臥せるようになった。明治四十二年（一九〇九）六月八日、兼吉は家族に見とられながら静かに息を引き取った。享年七十九歳。兼吉の遺骸は荼毘にふされたのち、浅草元町の智光院に葬られた。墓は現在、法林寺（智光院と合併した）にある。法名は威徳院法誉恵光成道居士。

(294)　三宅宏司「大阪砲兵工廠始末記」(6)。

(295)　三宅宏司「大阪砲兵工廠の創設」(『技術と文明』一巻一号、二八頁)。

〔追記〕

その後、オランダから来た連絡によると、このマリー（Marie, 1864?～1930）という娘は、ヤン・フライス（Jan Gruys）と結婚し、アムステルダムの北約十キロに位置するザァーンダム（Zaandam）でカフェを経営していたらしい。子供が四人（二男二女）いたという。

伊豆の船大工――上田寅吉

上田寅吉は文政六年（一八二三）三月五日、戸田村の大中島で生まれた。先祖については定かでない。が、代々船大工の家柄であったものか、文政九年（一八二六）と明治五年（一八七二）の火事で村の大半は焼け、今日、上田家の菩提寺である大行寺の過去帳も、明治以後のものしか残っていない。いずれにせよ、上田の名が記録に現われるようになるのは、安政元年（一八五四）の暮、戸田村においてロシア艦（「ヘダ号」）建造が始まる時点からである。

このとき、村の船大工の棟梁七名が、他の村からやって来た大工たちと共に建造に従事したが、虎吉も「造船世話役」（棟梁）の一人として活躍している。上田は、それまで石川島で「朝日丸」（木造帆船）建造の仕事に従事していたが、「戸田でロシア人が船を造る」ということを耳にはさみ、帰郷したのである。かれは製図法や竜骨の据え方、肋骨の張り方などを注意して見学したり、大工の監督などに当たり、ロシア人より西洋の造船術の要諦をすっかり学びとった。その後も幕命により、「ヘダ号」と同型のスクーナー型（西洋式帆船）六隻を建造したが、このときロシア人から習い覚えた技術を遺憾なく発揮して、日本人だけの手で完成させたのは上田虎吉・鈴木七助・堤藤吉など七名の棟梁たちである。

戸田村が君沢郡に属したので、その地名を採って「君沢型」と呼ばれたスクーナー船が完成する前に、上田は鈴木七助と共に長崎海軍伝習所に出張を命じられ、オランダ人より蒸気船機械製作の伝習を受けることになった。安政二年（一八五五）八月、両名は次のような申し渡しを受けた。

右者此度阿蘭陀献貢之蒸気船器械製作伝習、長崎表之被差遣御用中、一日銀拾八匁宛被下候其外御鉄砲方附手伝差図請出精致早々熱達候可致旨申渡候間、召連罷越、御用中身分進退之儀可相心得候

小笠原順三郎知行
豆州戸田村　船大工　七　助
　　　　　　　　　　虎　吉

上田と鈴木は、長崎の海軍伝習所において約一カ年間、伝習に励んだのであるが、船大工でありながら御用中は羽織半纏ばかりか、帯刀を許されたようである。このことは身分制度のやかましかった当時としては、全く異例のことである。また、二人は一日の日当として「銀十八匁」支給されたが、これも破格の待遇であったといわねばならぬ。

文久二年（一八六二）秋、虎吉は内田・榎本などの海軍留学生と共にオランダに留学し、慶応三年（一八六七）三月に帰国した。このとき初めて苗字帯刀を許され、名を「虎吉」から「寅吉」に改めた。慶応四年（一八六八）八月、軍艦開陽丸に乗船し北海道に行き、五稜郭戦争に参加した。函館戦争終了後、しばらく津軽の牢屋に入れられていたが、のち許されて戸田村に帰った(296)。函館戦争終結後の明治三年（一八七〇）、寅吉は海軍省に出仕し、横須賀造船所の大工士（職長）となり、艦船の建造に携わることになった。

『横須賀海軍船廠史』によると、明治四年当時の寅吉の官名は造船中手、月給は五十両となっている。これは破格の高給ともいえるが、この一事からも、かれがいかに重んじられていたかが判る。明治五年二月、三等中手、同年十

月、主船寮十二等出仕となっている。

明治九年から十年ごろまで赤松は横須賀造船所所長であったが、かれの在任中に軍艦四隻を造った。すなわち、天城・清輝・海門・天竜の各艦である。これらの艦はすべて三檣バーク船であったが、赤松が計画した艦の図面を引いたのは、上田寅吉であった。これらの艦は外国人の手を借りずに、日本人だけの力で造ったもので、赤松をして「上田は全くわが造船史上の一大恩人である」(「欧式海軍創設時代一追憶」)といわしめた。

明治十九年四月、上田は端船工場長(四等出仕)となり、同年五月、海軍一等技手、造船科船渠工場長となったのを最後に職を辞し、晩年を伊豆の故郷で暮らし、明治二十三年(一八九〇)九月十二日、六十八歳で亡くなった。かれの亡骸は茶毘にふされたのち、大行寺に葬られた。なお寅吉には、長男直次郎、次男吉蔵、三男庄蔵の三子があったが、いずれも横須賀において夭折したから、寅吉の晩年はきっと寂しいものであったにちがいない。

昭和五十五年の秋半ば、筆者は慶応義塾大学図書館で「上田」の印が押された蘭書を見た。Handboek voor de Kennis van den Scheepsbouw, bewerkt door H. W. Schokker, 1861, Amsterdam.(『造船学便覧』、ハー・ウェー・スホーケル編)という八百頁以上もある大部な本がそれだが、書き込みこそなかったが、ところどころに横須賀造船所の用箋がしおりとして挿入してあるところから、実際に読んで参考としたものであろう。赤松によると、寅吉は会話こそ十分にはできなかったが、専門のオランダ書は拾い読みできたらしい(『半生談』)。寅吉が所蔵していたこの本は、堤令二氏の手に渡り、同氏より昭和四十一年に図書館に寄贈されたものであるが、どういう経路で氏の手に入ったのか興味深い。

上田寅吉の遺品のいくつかは、現在戸田村の造船郷土資料博物館に展示されているが、それは矢立一、振鈴二、デルフト陶器(小皿)一などである。矢立と振鈴は寅吉が長く愛用した品々であるが、小皿だけは土産としてオランダから持ち帰ったものである。

昭和八年（一九三三）七月、小学校校庭に「大工士碑」が建てられ、寅吉の人と功績を後世に伝えることになった。が、昭和五十三年、同校の改築工事が始まるとき、御浜岬の造船郷土資料博物館に移転された。風雨にさらされていたために損傷もひどく、判読しづらいが、全文を次にかかげておく。

上田寅吉伝

氏ハ我国西洋型造船術ノ鼻祖ナリ文政六年参月拾《ママ》日戸田村字参百壱拾八番地ニ生ル安政元年本村ニ於テ露艦建造ノ時世話掛トナリ後幕命ニ依リ長崎ニ赴キテ造船ヲ和蘭人ニ学ブ文久中榎本武揚氏肥田浜五郎氏等幕命ヲ奉シテ和蘭へ留学スルニ方《あた》リ随行シテ造船術ヲ修メ戊辰之役軍艦開陽丸ニ乗リテ函館へ走ル明治参年海軍省ニ出仕シ横須賀造船所ニ在勤シテ大工士トナリ数多ノ船艦ヲ製シ名声ヲ轟カセリ後職ヲ罷メ明治弐拾参年九月拾弐日卒ス享年六拾有八氏資温性温厚一意帝国造船界ノ発展ヲ念《おも》ヒ常ニ後輩ヲ先導シテ渝《かわ》ラス其ノ勲洵《まこと》ニ不朽ナリト謂《い》フ可シ

次に最近入手した寅吉の維新後の履歴書を掲げておく。これは海軍省所蔵の履歴書の写しであり、故幸田幸友博士が昭和九年七月に有馬成甫氏より恵贈されたものである。長い間、幸田文庫の中に埋もれていたものだが、戦後国立国会図書館憲政資料室の大久保利謙氏が荻窪山房に赴いた折に写しを取ったものである。これらはのちに『続・幕末和蘭留学関係史料集成』に収録されたので参考までに掲げておく。

本　貫　静岡県伊豆国君沢郡戸田村弐百二十番地　　姓名　上田寅吉
族　籍　平民　　出生地　静岡県伊豆国君沢郡戸田村弐百二十番地ニ於テ
名及諱

旧藩名

辰年午支月日　文政五年壬午三月五日生

旧姓名

履歴書

明治三年庚午閏十月二十日　土木司出仕申付候事　民部省
十二月二十日　出仕差免候事　同
十二月　製鉄所出仕申付月給金五拾両被下候事　工務省
明治四年辛未九月十四日　任造船中手但月給五拾両被下候事　同
十月　壮年生徒団引教授方申付候事　同
明治五年壬申二月十五日　任造船三等中手　同
二月　横須賀在勤申付候事　同
二月十五日　免本官　同
十月十九日　主船寮十二等出仕申付候事　海軍省
同日　壱級附属月給被下候事　同
明治六年　九月十七日　相州函根畑宿山林艦材木取為検査出張申付候事　主船寮
九月十八日発足十月十五日帰省
十一月十八日　任主船大工長　海軍省
十一月二十日　十一級加俸下賜候事　主船寮
明治七年　九月二十二日　相洲小田原城山ヨリ伐出候松材料取方トシテ出張申付候事　同
九月二十三日出発　十二月十九日帰省

同八年　七月二十八日　豆洲天城山ヨリ艦材伐出ニ付木取方トシテ出張申付候事　同
七月二十九日出発　十月二十七日帰着
同九年　一月七日　材木師ジポン氏儀材木為検査豆洲天城山エ出張ニ付同行申付候事　横須賀造船所
一月八日出発　一月十五日帰着
八月三十一日　任海軍壱等工長　海　軍　省
九月一日　十九級加俸被下候事　横須賀造船所
明治十年　一月二十三日　任海軍二等工長　海　軍　省
二月一日　十七級加俸被下候事　横須賀造船所
三月二十九日　御用有之本省出張申付候事　同
三月二十九日出発　四月二十一日帰着
五月二十一日　船臺掛兼務申付候事　同
同日　御用有之明二十二日東京出張申付候事　同
五月二十二日出発　五月二十七日帰着
十一月六日　御用有之東京出張申付候事　同
十一月七日出発　十一月十五日帰省
十二月二十二日　任海軍壱等工長　海　軍　省
明治十一年　十二月二十八日　職務格別勉励ニ付為慰営目録通リ下賜候事　金三十円　同
同十三年　三月十五日　松樹為見分神奈川県下武洲橘樹郡下管田出張申付候事　横須賀造船所
十二月二十三日　任海軍五等師　海　軍　省

十二月二十四日　十五級加俸被下候事　横須賀造船所
十二月二十八日　職務勉励ニ付慰営金二十五円下賜候事　海軍省
同十四年　一月二十六日　松樹為検査東京出張申付候事　横須賀造船所
二月二十八日出発　三月四日帰着
五月二十八日　比叡艦用キール材為選木東京出張申付候事　同
五月二十六日出発　五月三十日帰着
十二月二十八日　十二級加俸被下候事　海軍省
同十五年　十二月八日　為選木深川艦材用場出張申付候事　同
同十六年　十月十八日　任海軍四等　海軍省
同十七年　三月十五日　十弐級加俸被下候事　横須賀造船所
六月二十八日　製図掛差免専船壹掛申付候事　同
同十八年　一月十日　検査部兼務申付候事　横須賀造船所
八月二十五日　天竜艦及武藤艦用材木検査ノ為東京深川船材用場出張申付候事　同
十月十日　検査部兼務差免候事　同
同十九年　一月十四日　端船掛兼務申付候事　同
同　年　二月二十三日　端船工場長申付候事　同
二月二十五日　船台工場掛兼務申付候事　同
五月四日　任海軍一等技手　海軍省

同日　　　　　　　　給日給弐円六拾七銭　　　　　同
同日　　　　　　　　横須賀造船所勤務ヲ命ス　　　同
同二十年　五月十八日　給五級俸　　　　　　　　　同
　　　　　五月二十一日　休職ヲ命ス　　　　　　　同

（296）後藤一民「西洋型船艦の建造と上田寅吉」（『伝記』第二巻第五号、九三頁）。

病いにより留学を断念――久保田伊三郎

御軍艦方・久保田伊三郎についてはこれまで不明な点が多かったが、最近、子孫が判り、人と事績の一端がようやく明らかになった。

久保田家は小石川金杉水道町に居住し、代々、肝煎（きもいり）大工の家柄であった。現在、同家には二冊の古文書が残されているが、その内の一冊は伊三郎の父・清兵衛が幕府の役所に提出したり、受け取ったりした公式文書の控えであり、もう一冊は、伊三郎がオランダ留学を命じられた折の、江戸から長崎までの航海記「万手控《よろず》」である。文久二年六月十八日に品川を発って長崎に下向するまでの日々の記録が、御家流の見事な筆跡で克明につづられている。

伊三郎の生年月日は目下のところ不明だが、おそらく天保の生まれであろう。過去帳によると、没年は文久三年七月二十四日となっている。死因は肺結核。なきがらは文京区・宗慶寺に葬られた。生前かれは大名屋敷・伝通院・浅草寺・江戸城等の修復・改築に携わった。留学生の一員に加えられたのは、優れた宮大工であり、設計技術・軍艦の内部構造などにも関心をもち研鑽に励んでいたところ、幕府の目に止まったからである。

文久二年壬戌四月二十九日、久保田は南町奉行所へ出頭し、次のような申し渡しを受けた。

今般阿蘭陀国江御軍艦御誂相成候処、其方儀職業規矩長し、大船製造向研究致度旨申立有之候ニ付製造中為御用彼国江差遣候間其旨可存

但右御用中は御軍艦奉行差図可受

右之儀被仰渡候(297)

四月廿九日

この文面によると、伊三郎は「規矩《きく》」(コンパスとさしがね)に熟達しており、造船技術について研究したい、と申し出たのでオランダへ派遣されることになったことが判る。

オランダ到着後は、主として造船と艦内装飾を研究するはずであったが、志を遂げることができず、病いをえて帰京せざるを得なかった。江戸を発つ前から胸を患っていたらしく、長崎到着後、養生所の蘭医ポンペの治療と看護を受けた。八月中旬より江戸に帰る翌文久三年春までポンペやかれの後任のボードワァンの手厚い診療を受けたが、手当てのかいもなく病状は悪化の一途をたどった。「万手控」の所々に散見する「此夜少し血出ル」とか「此日咳血少し出ル」といった記述は、淡々としたものだが、哀れをさそう。

バタビアまでの便船を待つ間も、渡蘭に一るの望みをかけていた。ポンペより「君は胸部に疾患あり、オランダの寒気その害をなすこと甚しく、渡蘭すれば時を経ずして死亡する」と診断され、無念やる方なく渡航を断念した。

なお、伊三郎の風貌や人柄については、久保田家に写真や言い伝えがないので、何も判らない。が、子孫の久保田昌子氏によれば、宗慶寺の墓が大正年間に改葬されたとき、伊三郎の墳墓より、大きな骨が出て来たとのことである。体の大きな人であったらしいことを除くと、くわしいことは何も伝え聞いていないという。

(297) 『続幕末和蘭留学関係史料集成』七六九頁。

海軍技師として貢献——古川庄八

古川も山下と同じく塩飽の出身である。古川は瀬居島西浦（現在の坂出市瀬名町）に天保七年（一八三六）七月七日に呱々の声をあげた。父は古川庄兵衛、母は波奈といい、庄八はこの夫妻の四男であった。庄八の生家は漁業を営んでいたようである。

少年時代の庄八については何も判っていないが、青年になるや他の塩飽出身の水夫と共に長崎海軍伝習所で伝習に参加し、のちに御軍艦操練所に移った。かれはオランダ留学生の一人に選ばれ、ライデンの「航海訓練学校」に入学し、船の操縦・艦上の仕事・水夫の扱い方・水夫長等の職務を実習した。滞蘭中は仲間の山下と終始行動を共にしたようである。

慶応三年（一八六七）に軍艦開陽で帰国後、艦上勤務についた。慶喜が開陽丸で大坂を離れるとき、士官の命を受けて舵を取ったのは、当時水夫頭の古川である。戊辰の役では、榎本ら旧幕臣と行動を共にし、開陽丸の組頭となって北海道に走った。同艦の沈没後、庄八は回天丸の乗組員となり、軍艦役並（士官の職掌）に進んだが、このとき同艦には船大工の上田寅吉が乗り組んでいた。また古川は、ほんの短期間ではあるが、運送船回春の船長も勤めたようである。

明治四年(一八七一)十月より、庄八は開拓使御用掛に出仕し、月給百五十両を給され、明治六年三月まで勤めた。かれはこの間、帆前船の船長として、主として北海道との物質の輸送に従事したらしい。やがて船長の職を辞し、明治九年ごろより海軍技師として横須賀造船所に勤務し、瀬川武之・松田正徳らと共に海軍二等工長となり、翌十年一等工長に昇った。明治十九年、製銅工場長兼船具工場長となり、明治二十四年十二月、従七位に叙せられた。

明治二十八年三月には清国・威海衛に派遣され、沈没艦の定遠・鎮遠などの引き揚げに従事し、功により、同年十二月、単光旭日章を賜った。翌二十九年には正七位に叙せられたが、間もなく依願退職し、横須賀において悠々自適の生活に入った。明治三十三年二月、特旨をもって正六位に叙せられ、日露の役ではワリヤーク・コレーツの引き揚げにも尽くしたようである。

横須賀に滞在中、榎本の勧めにより、浦賀船渠株式会社の船渠長に迎えられ、しばらく勤務したがやがて辞め、顧問となった。古川は実子に恵まれず、兄吉十郎の次男阪次郎を養子とし、晩年は渋谷区松涛や赤坂永川町に令息阪次郎と同居し、安らかで静かな余生を送っていたが、明治四十五年(一九一二)二月十八日、ついに逝った。享年七十八歳であった。庄八の亡骸は南麻布・光林寺に葬られた。

次に参考までに、幸田文庫にあった古川の履歴書を掲げておく。

本籍　東京京橋区木挽町壱丁目六番地　　姓　名　古　川　庄　八

出生地　愛媛県讃岐国塩飽瀬居嶋三百九十五番地

名及諱辰　　族籍名　東京府平民

藩旧名　辰年干支月日　天保七年丙申七月七日生

奉職履歴

明治　四年十月　御用掛申付候事　但月給百五十円被下候事　開拓使
同　五年二月　当分ノ内此度買入帆前船々長申付候事　同
十一月二十八日　安渡丸船長差免更ニ海海《ママ》丸船長申付候事　同
同　六年三月十日　依願御用掛差免候事　同
同　十年二月一日　付海軍弐等工長　同
同日　横須賀造船所在勤申付候事　海軍省
二月九日　拾七級加俸被下候事　横須賀造船所
二月九日　造船課中船具掛兼製綱掛申付候事　同
七月二十八日　御用有之明二十九日横浜出張申付候事
七月二十九日出発　八月四日帰着　同
十月二十二日　任海軍壱等工長　海軍省
同　十一年十二月二十七日　職務格別勉励ニ付為慰営目録之通下賜候事　三拾円　海軍省
同　十二年十二月二十三日　任海軍五等師　海軍省
十二月二十四日　拾五級加俸被下候事　横須賀造船所
同　十三年一月二十一日　函館試航中迅鯨艦乗組申付候事　同
六月二十九日　艦船航力検査目標建設位置測量其他扱方兼務申付候事　同
八月十二日　スコッチシフェヤリー号ステー為締方　同

横須賀出張申付候事　八月十二日出発八月十三日帰着

九月二十四日　御用有之東京出張申付候事　九月二十四日出発　同月二十七日帰着　同

十二月二十八日　職務勉励ニ付為慰営金弐拾五円下賜候事　海軍省

同　十四年五月十日　迅鯨艦乗組横浜出張申付候事　五月十日出発　同月十二日帰着　横須賀造船所

十一月三十日　鎖為検査横浜出張申付候事　十一月三十日出発　同月同日帰着　同

十二月七日　御用有之青森県下八戸へ出張申付候事
十二月九日出発　六月三《ママ》十日帰着　海軍省

十二月二十八日　拾弐級加俸被下候事　横須賀造船所

同　十五年十二月十一日　難船為救助相洲八幡表出張申付候事
十二月十二日出発　同月十六日帰場　同

十二月二十三日　御用有之東京出張申付候事
十二月二十三日出発　同月二十五日帰場　同

同　十六年一月五日　共同運輸会社所有船沖縄丸為救助磐城国磐前郡登米出張申付候事　同

五月二十三日　灯明船引上方為調査横浜出張申付候事
五月二十四日発　同月同日帰　同

六月一日　灯船浮方トシテ横浜出張申付候事
五月二十一日出発　六月四日帰着　同

十月十七日　御用有之東京出張申付候事　十月十七日出発　十一月十八日帰場　同

十月十八日　御用有之越後国出張申付候事　十月十九日出発　十一月四日帰場　海軍省

同　日　任海軍四等師　同

同　十七年一月二十五日　船具掛主任申付候事　横須賀造船所

三月十五日　技術判官加俸給與表改正　同

十月十三日　拾弐級加俸被下候事　加俸改正　同

十月二十三日　製鋼掛主任兼務申付候事　同

十一月六日　御用有之相洲金田湾出張申付候事　同

十二月二十六日　三菱会社船須磨ノ浦丸修理ケ所為検査相洲金田湾出張申付候事　同

十二月二十八日　造船課工場長申付候事　横須賀鎮守府

同　十八年一月十日　拾級加俸被下候事　同

四月六日　検査部兼務申付候事　同

四月九日　御用有之東京出張申付候事　四月七日出発　同月九日帰着　横須賀造船所

六月二十四日　御用有之志州的矢出張申付候事　四月九日出発　五月二十八日帰着　横須賀鎮守府

難船救助為当郡金田湾へ出張申付候事　六月二十四日出発　同月同日帰場　横須賀造船所

六月二十九日　御用有之本省総務局出張申付候事　六月二十九日出発　同月三十日帰着　同

七月十八日　任海軍三等師　海　軍　省

七月二十七日　御用有之相洲金田湾出張申付候事　七月二十七日出発　同月二十八日帰場　横須賀造船所

十月十日　検査部兼務差免候事　横須賀鎮守府
十二月十日　水路嚮導トシテ明十一日米国軍艦「ヲンヒィー号」へ　同
乗組横浜出張申付候事　十二月十一日出発　同月十二日帰着
同　十九年二月二十三日　船具掛申付候事　同
同　日　製鋼工場長兼務申付候事　同
五月四日　任海軍一等技手　海軍省
同　日　特別ヲ以テ月俸百円ヲ給ス　同
同　日　横須賀造船所勤務ヲ命ス　同
十二月二十五日　職務勉励ニ付金五拾円下賜　同
同　二十年十二月二十一日　工業繁劇之際定時限外服務格別勉励ニ付為慰労金八拾円下賜　同
同二十一年十二月二十六日　工業繁劇之際定時限外服務格別勉励ニ付為慰労金八拾円下賜　同
同二十二年五月二十九日　横須賀造船所官製被廃
六月五日　横須賀鎮守府勤務ヲ命ス　海軍省
同二十三年七月一日　技手官等俸給改正　六月二十四日勅令第百七号
同　日　判任官一等月俸百円　六月二十五日内閣訓令六号ニ拠ル
同二十四年八月十四日　非職ヲ命ス　同
同　職務取扱ヲ命ス　同
八月二十七日　任海軍技師　同
同　給八級俸　同

同　　横須賀鎮守府建築部主幹被仰付　　同
十一月十六日　　文武高等官官職等級表公布
同　　技師八級俸ハ八等（奏任）ト定メラル
十二月十四日　　叙従七位
同二十五年十一月二十日　　文武高等官官職等級表廃止、文武高等官官等表施工
同二十五年十一月二十日　　高等官番等（奏任）トナル
同二十六年五月二十日　　鎮守府条例改正ニ依リ建築部主幹廃職
同　日　　横須賀建築科付被仰付　　海軍省
同二十八年三月一日　　清国威海衛へ派遣ヲ命ス　　同
八月五日　　横須賀建築科通常物品会計官吏ヲ命ス　　同
十月二十二日　　帰朝
十二月三十日　　旭勲六等単光旭日章　　賞勲局
同　日　　明治二十七八年戦後ノ功ニ依リ勲六等単光旭日章及
金弐百円ヲ授ケ賜フ
同二十九年一月二十一日　　気管支加答児病ニ罹リ二週間引入
二月四日　　出勤
三月十六日　　病気ニ付二週間引入　同月三十日ヨリ尚三週間引入
四月十四日　　依願免本官　　内閣
九月五日　　任海軍技師　　内閣

同　日　叙高等官六等　同
同　日　賜七級俸　海軍省
同　日　横須賀鎮守府造船部造船科主幹被仰付　同
十月十日　叙正七位　宮内省
同　三十年十月八日　勅令第三百拾九号鎮守府条例改正
同　日　横須賀造船廠造船科主幹被仰付　海軍省
同　三十日　古川技師ヲ呉鎮守府ニ派遣シ呉長官ノ指揮ヲ受ケ扶桑浮キ方ニ助力セシムベシ　横鎮へ訓令　大臣
十二月二十一日　賜六級俸　海軍省
同三十一年一月二十四日　呉艦扶桑引揚工事従事中格別勉励ニ付金百円賞与ス　同
三月三十日　職務格別勉励ニ付金八拾円賞與ス　同
九月三十日　賜五級俸　同
十月九日　叙高等五等　内閣
十一月二十日　叙従六位　宮内省
十二月二十七日　叙勲五等授双光旭日章　賞勲局
同　日　依願免本官（六十年以上ニ付）　内閣
同　二十八日　職務格別勉励ニ付金百八拾円賞与ス　海軍省
同三十三年二月十日　旭正六位　宮内省
同　日　以特旨位一級被進　同

水夫から海軍技手――山下岩吉

昭和五十八年の盛夏。

筆者は旅行かばんを片手に予讃本線・多度津駅で下車し、多度津港に向かった。駅から港までは一・五キロほどの距離である。思ったより早く港に着いたため、四時五十分に出る乗船時間までだいぶ間があった。

港は田舎によく見られる閑散とした風景を呈していた。さびれた商店街、会社の倉庫――防波堤の上では釣り人が糸をたれている。が、魚がかかる様子はみられない。船着き場にはすでに連絡船が入っており、少数の人が集まり出港を待っている。ときどき乗客の視線がこちらに向く。きっと筆者はえたいの知れない人間に写ったものにちがいない。やがて連絡船が出て行ってしまうと、波止場はふたたび閑散としてしまった。こうして出港までの一時間ばかりを港湾風景をたのしみながら過ごした。

やがて連絡船が入る時刻が近づくと、どこからとはなしに人が三々五々と集まって来て、船着場は船の到着を待つ人々でにぎやかになった。

白い帽子をかぶり、眼鏡をかけた、堂々たる風さいの人が筆者に近づくと、

――宮永さんですか?

と声をかけた。

この偉丈夫こそ、当時、多度津町立高見中学校校長の西山保氏であった。

そのとなりには三崎弘氏（山下岩吉の曽孫）が立っておられた。前日、西山校長に宛てて高見島に赴く旨、電報を

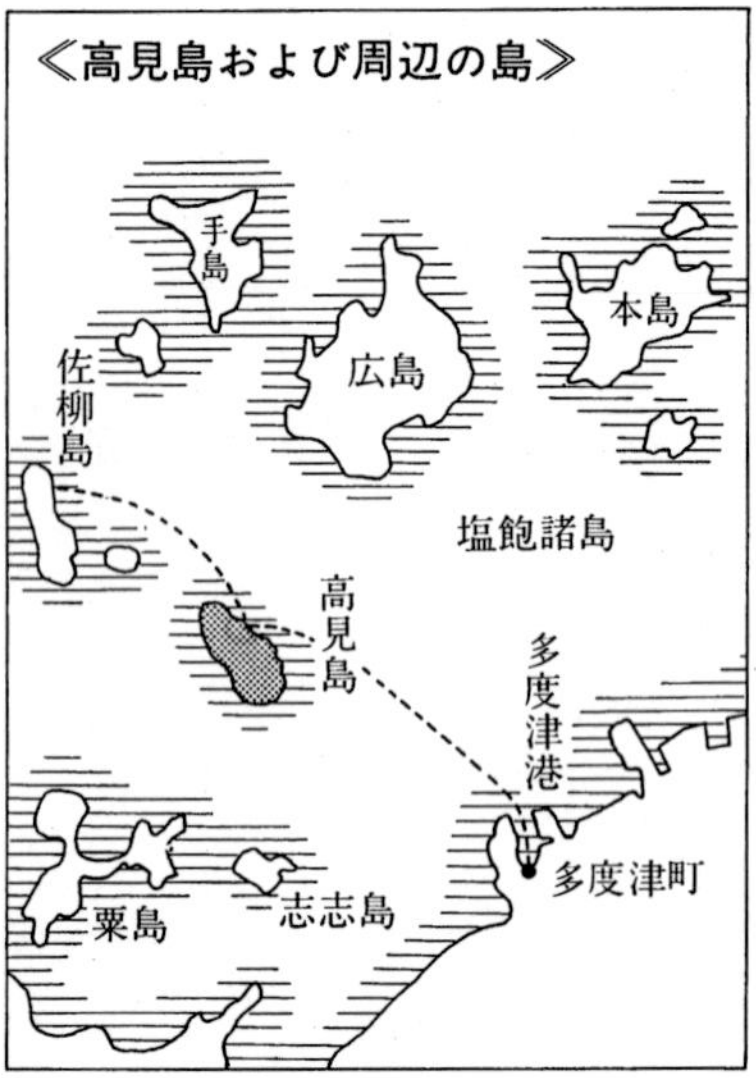

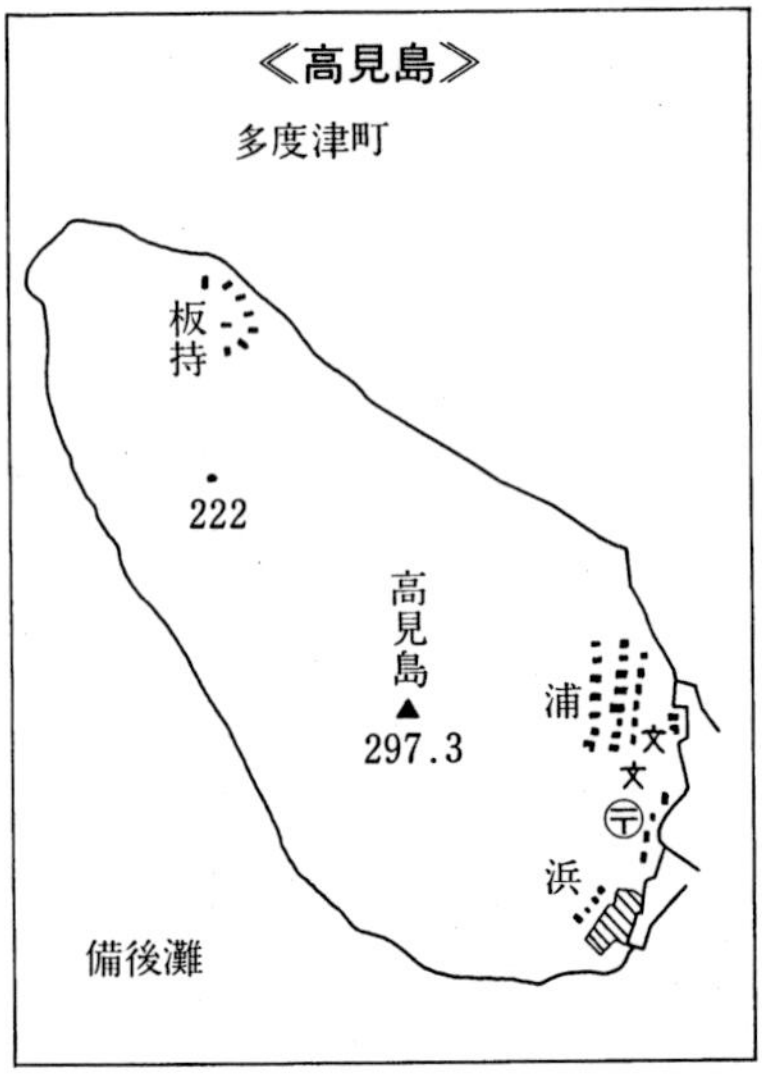

打っておいたが、わざわざ出迎えを受けようとは思わず、国鉄・多度津駅でだいぶ待ちぼうけを食わせたものらしい。西山校長は三崎氏より荷物を受けとると、筆者といっしょに連絡船に乗った。………

西山校長と初めて出会う一カ月前のこと、筆者は突然、氏より一通の手紙を受けとった。文面には、

私は今、高見島の中学校で勤務している者であります。高見島のことに興味をもって調べていますが、偶然、山下岩吉の墓を発見しまして、その子孫を調べています。

とあった。

文久二年に幕府海軍の一等水夫としてオランダに留学した山下岩吉については、史料も乏しく、これまでなぞの人であった。先年、塩飽本島に出かけいろいろ調査したが、人と事績についてはとうとう判らずに終わり、半ばあきら

めていた人物である。その墓が判った、と聞き、これで子孫の手がかりが得られると思い、筆者の胸は高鳴った。ぜひ墓がある島を訪ねてみたい、できれば子孫とも会ってみたいと思った。

早速、西山校長に宛てて折り返し返事を出したところ、子孫がまだ健在であり、史料らしいものは無いが、どこで撮ったものか判らないサムライの写真が十八枚残っている、との報に接することができた。オランダに行った十五名（士分・職方を含め）のうち、山下岩吉だけが不明のままであり、墓と子孫が判ったと聞いただけで、溜飲を下げることができた。

筆者を乗せた船はやがてゆっくりと港を出ると、第一の寄港地である高見島を目ざして動き出した。多度津港より高見島まで七・五キロある。

すでに日は西に傾き、空は淡紅色に染まっている。海は比較的おだやかであり、船のまわりには青くかすんで見える大小の島が散在している。海の色はちょっと形容しがたいが、強いていえば、灰青色とでもいえようか。落日にひたれる海は、薄暮の中でとても美しく見えた。

連絡船は白波を立てながら航進し、前方にはすりばち形の島（実はそのように見えたのだが）がくっきりと見える。船中で西山校長より、山下家に伝わるサムライの写真十八枚を見せられた。内田恒次郎と西周助（周《あまね》）を除く、オランダ留学生十三名と誰のものかわからぬ写真二枚を見せられたとき、筆者は驚愕した。そこには毛筆の署名入りで大川喜太郎の写真もあったからである。

写真は次の面々のものである。

軍艦組
榎本釜次郎（武揚）

沢太郎左衛門（貞説）
赤松大三郎（則良）
田口俊平（良直）
蕃書（洋書）調所
　津田真一郎（真道）
長崎・養生所
　伊東玄伯（方成）
　林　研海（紀《つな》）
職方（水夫・鋳物〔鍛冶〕師・時計師・船大工など）
　古川庄八
　山下岩吉
　中島兼吉
　上田寅吉
　大野弥三郎
　大川喜太郎

内田と西の写真が無かったのは残念というほかないが、頭巾をかぶった沢、いすにすわった田口、津田、山下、大野、大川ら六名の写真はとくに珍しいものであった。今回、山下家から出て来た写真の半数ちかくは、先年、筆者がオランダの博物館、古文書館、国防省で見たものであり、それほど気を引くことはなかった。が、山下と大川の写真は数少ないだけに非常に興味をひいた。

写真の大きさは、縦が約十センチ、横が約六センチあり、いずれも褐色に変色し、時代を感じさせた。写真の裏には撮った写真館の名前と住所が印刷されている。それらはライデンのホフメイスター、アムステルダムのトレスリング、ハーグのデルボイとホーマン等の写真館である。オランダ留学生は渡蘭後ほどなく記念写真を撮っているが、めいめい自分の写真を何枚も焼き、それに毛筆で署名し、仲間同士交換したものである。

とくに筆者の注意を引いたのは、慶応元年（一八六五）の秋にアムステルダムで客死した大川喜太郎の署名入りの写真であった。


船は三、四十分も走ったろうか。崖が海にせまり、わずかの平地を残している、「高見島」に着いた。

この島は香川県仲多度郡多度津町に属している。多度津港の西北約七・五キロの海上にある。島の周囲は六・六キロ。面積は二・四六平方キロ。標高は二九七・五メートルの山の急斜面からなる瀬戸内海の小島である。島はよく観察してみると、

――卵形。

をしている。山頂は台地状をなし、島の南端にわずかの平地を残している。島のまわりは崖であり、それが海にせまっている。

高見島は塩飽諸島の一島にすぎないが、塩飽の島々の歴史をたどると、もともとこれらの島は藤原氏の領地（荘園）であったものらしい。塩飽諸島で取れる塩と干魚を都に住む貴族が必要としたものらしい(298)。時代は下って江戸期になると、塩飽の島々の船は幕府の
――直雇い船。

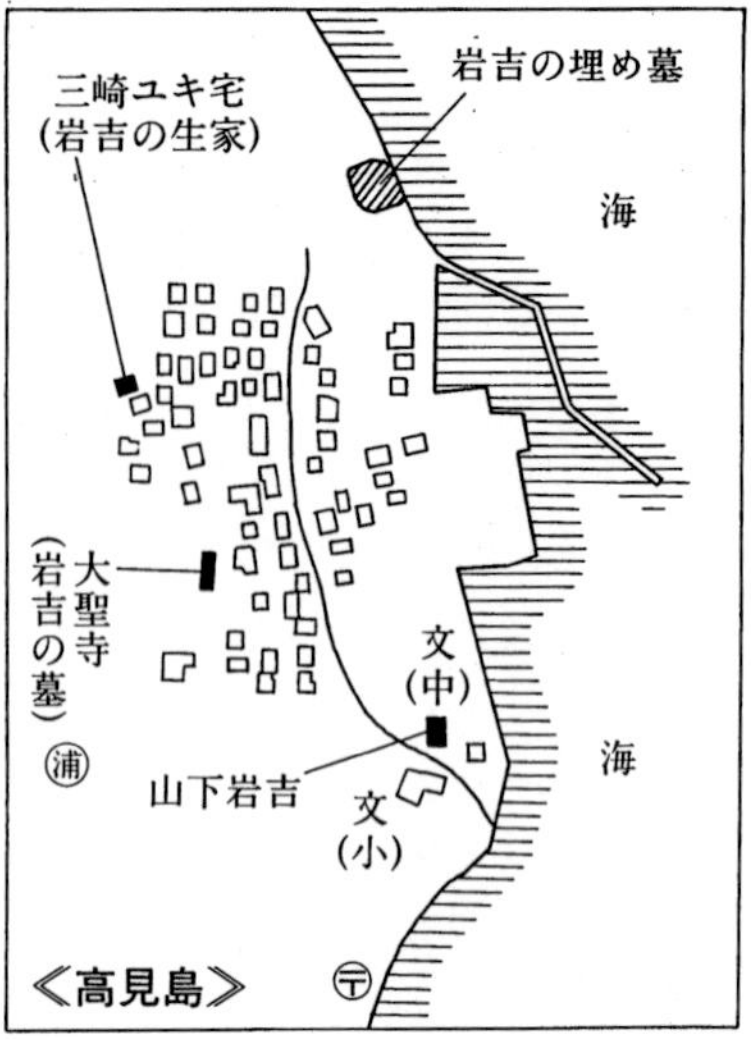

となり、大量の城米を運ぶ仕事に従事し、西国、北陸、東北の城米や蔵米や特産品などを運んだようである[299]。

また塩飽の住民は昔から操舵や造船術にすぐれ、船乗りや廻船業者を大勢出したようである。咸臨丸でアメリカに渡った乗組員も塩飽の出身者が多かった。高見島にかぎっていえば、江戸時代この島を治めていたのは四人の年寄りであり、政治はかれらの合意によって行われた。

幕末の戸数は二〇七、人口は九九〇人であった。昭和二十年代まで約千人台の人口を維持して来たが、戦後は明治・大正期の三分の一程度まで落ち、昭和五十二年の人口調査によれば戸数が一三四、人口は三二八名となっている。現在も過疎化の一途をたどっており、空家が目立って来ている。そのため空巣に入られる危険も多いと聞いた。

集落は東側南寄りの浦部落と東端東側の浜部落に集中しており、北端近くには板持部落がある。男は主に海上で漁業（ハマチの養殖などを含む）に従事して生活を支えている。女や老人は、田がないので山の斜面の畑に花・果樹・豆類・野菜などを栽培している。

気候は温暖であるが、降雨量が少ないため水に乏しく、水田は昔からなく畑だけである。

港からほど遠からぬ旅館（民宿）に旅装をといてすぐ、西山校長といっしょに山下岩吉の生家と菩提寺（大聖寺）を訪ねることにした。この二つは島の中腹に位置しているのだが、まず山下岩吉の生家から訪ねた。

岩吉の生家は浜辺から百五十メートルほど離れた山腹にある。そこに行くには細い、急な坂道を上ってゆかねばならない。ちょうど長崎の坂道を思い出した。坂道を五、六分ほど上った所に目ざす家があった。こけむした石段を十

五、六段ほど上ると小さな家が目に入った。

ごく月並な平家であり、現在は空家となっている。今の建物は戦後、建て直したものであり、岩吉が生まれ育った当時のものではないが、それでも昔をしのばせるに十分であった。中庭から海と大小の島が望見できる。――広島、本島、手島などを、岩吉もこの庭から朝夕見たものにちがいない。

岩吉の生家を見学してから墓のある大聖寺に向かった。この寺は真言宗醍醐寺派に属し、浦部落のほぼ中央に位置し、海を見下ろしている。弘法大師の開基と伝えられているがさだかでない。本堂は元禄年間に焼けたらしく、今の建物は戦後再建したものである。西山校長といっしょに住職を訪ね、過去帳（「年座過去霊名帳」文化十年より昭和五年まで）などを見せてもらった。岩吉に関する記述は次のようなものであった。

大正五年
六月二六日
良原院観光義然居士　山下岩吉　七十三歳

墓は海を見下ろす墓地の片すみにある。思ったより大きな墓であり、花が添えてあった。墓の正面には、

良原院観光義然居士
賢妙院花顔貞笑大姉
長生院現光節音大姉

とあり、右側面には

良　大正五年旧六月二十六日　岩吉
　　　　　　　　　　　　長女タカ
賢　明治十八年三月二十六日
　　　　　　　　　　　　妻ミツ
長　明治三十一年五月十五日

とある。また左側面には、

神奈川県三浦郡横須賀那長院地マイソ置候
　士族
為法眠奉納金拾円当寺　山下岩吉

とあったが、背面には文字は何も刻まれてはいない。

なお香川、徳島両県では「両墓制」をとっている所もあるが、高見島にもこの風習が今に残っている。両墓制とは、亡骸を埋葬した墓と霊だけをまつる墓とを別々に設ける墓制をいうらしい。「香川県の両墓制(300)」を執筆した北山正道氏は「埋葬はすべて土葬で墓地の空き地に埋葬し、その上に何の変哲もない自然石を数個のせておく。その昔、海辺で行われていた風葬の名残である」と記している。大聖寺にある岩吉の墓は「参り墓」なのである。「埋め墓」は浜辺に近い所にあり、現在そこには山下家の墓が十基ばかり建っている。

岩吉は天保十二年一月二十五日に呱々の声をあげた。父の名は山下新兵術、母はシャカといった。幼少年時代の岩吉の生活についてはつまびらかにできぬが、大人にまじって魚をとり、運搬船に乗ったり、野良仕事を手伝ったりして過ごしたものと思う。やがて青年になるや他の塩飽出身の仲間と共に長崎の海軍伝習所で伝習に参加し、のちに江戸の御軍艦操練所に移ったと考えられる。

御軍艦方・沢太郎左衛門の日記抄(301)に職方の者が操練所においてオランダ行の命を受けた旨を伝える記述があり、その中に岩吉の名がみえる。

五月二十二日辰　快晴

和蘭行附属の者、本日、左の人数被仰渡水夫小頭　古川庄八　水夫　山下岩吉　時計師　大野弥三郎　船大工　上田寅吉　鍛冶　大川喜太郎　鋳物師　中島兼吉　宮大工　久保田伊三郎

渡蘭後、山下は他の留学仲間と一緒に「ホテル・ド・ハウデン・ゾン」でしばらく暮らした後、古川とともにアウデ・レインのファン・コーテン宅に下宿した。ライデン滞在中の動静については判らぬことが多いが、水田信利氏の『黎明期の我が海軍と和蘭』（昭和十五年五月刊）には、ライデンにおける古川と山下の生活に関して次のように書かれている。

我が国駐在の和蘭領事ボードウィンの東印度総督に宛てた書簡に依れば、幕府は内田恒次郎外四名の士官に対しては、和蘭海軍兵学校の教育を受けしむる意思であったことが窺はれるが、和蘭国防省で調べて貰った所によれば、

彼等が同校で教育を受けたと云ふ事実を語る何物も無いということである。但し右等の人々とは別に、二名の留学生が一八六三年（文久三年）六月二十五日からライデンの航海学校に入学したといふことが記録に残って居る由であるが、其の二名の留学生は古川庄八（二十八歳）、山下岩吉（二十二歳）であったと云ふことである。

さらに引用を続けると、

右両名の留学生は同校の寄宿者に這入ったのであったが、風俗、習慣の異なってゐる和蘭学生の中に入れられて寂寞を感じたものと察せられ、数日を経た後、留学生取締役の内田恒次郎から彼等の校外生活を許し、日々其の宿から通学するやうにさせて貰ひ度いと願ひ出たといふことである。彼等はそれを許されて、同じ町のライデンに住み法学を研究していた前記西、津田両氏の許をも訪づれる機会を与へられ、和蘭語の手引もして貰ったといふ。彼等は操銃法も教はった。又一八六四年（元治元年）三月末には、アムステルダムに移って、燈台船や国立造船廠及び縄綯場《なわなえば》で教練を受けたといふ。（傍点筆者）

ライデンの「航海訓練学校」（Kweekschool voor Zeevart）は今も残っているが、この建物は一八七八年十月に造られたものであるから、古川と山下が入学した当時のものではない。ライデンの古地図（一八六〇年代）を見ると、昔ここに兵営があったことが判る。二人が入学した当時の建物はほとんど残ってはいない。現在の建物はノールト・エインデストラートの端、ガルゲヴァター運河に面した角のところにあり、今はヒッピー族のアパートとなっている。また運河沿いの学校であるため、船をすぐ横づけできた。

「航海訓練学校」の『沿革史』には日本人留学生に何も言及していないが、両人がこの学校に特別生として入学したことは十分に考えられることである。この二人は風俗・習慣・言語の異なる異質な世界に入れられ、とまどいを感じたことは想像にかたくないが、寄宿舎を出たのは何よりも孤独にさいなまれたからであろう。

八月十四日——この日はオランダ到着後百十五日目にあたるが、早朝、内田恒次郎はライデンの古川と山下を連れてデン・ヘルダーの海軍軍港ニューウェ・ディープに赴き、司令官のペルス・レイケン大佐に引き渡したことが赤松の「留学日記」にしるされている。これはいうまでもなく、両人をゼーラント号に乗船させるためであった。

庄八并岩吉両人、和蘭軍艦セーランド《ママ》江乗組稽古之為に差遣之積ニ付、右両人明廿六日、ニーウェヂープ江着相成候様申越、依之、内田君早朝出立、両人をレイデンより引連ニーウェヂィプ江至候事……(後略)

八月二十二日——この日、赤松のもとに海相カッテンディケより手紙が来た模様である。文面には、去る八月十三日、古川と山下をゼーラント号に乗せて実地練習させるために司令官ペルス・レイケン大佐に引き渡されたが、昨今の日蘭関係は悪化の一途をたどっているばかりか、今にも戦争が始まろうとしている。先ごろ、英・仏公使より日本の練習生をオランダ軍艦に乗せることに関して異議が出たので、この問題が解決するまで、両人を呼びもどして欲しい、とあった。

八月二十三日の赤松の「留学日記」のくだりに、

去ル八月十三日、内田君、庄八并岩吉を引連、ユーウェヂープ江被至、和蘭軍艦セーランドにて右の両人航海実地習練の為に乗組水夫代り相頼み、右両人はコマダント、ペルスレーケン江引渡し被相帰候処、昨二十二日ミニストル、カッテンデーケより書状にて、今度日本と和蘭との親睦之交り弥々薄く且昨今合戦ニも可及処、斯の如く親切之取扱は全く貴君達と朋友のよしみを以て也、然る処今度両人之水夫セーランドに航海稽古として差遣し候儀は仏英のミニストル《ママ》彼是難儀申出たるに依て、其儀取計兼候間、右セーラント日本国江相越候積を以て早々右両人之者呼戻し候様申来ル、是に依て書状差立ル

筆者は赤松の「留学日記」を精読するまでは、古川と山下はゼーラント号(302)に乗り組み、遥か南米や喜望峰、紅海のほうまで出かけたものとばかり思っていたが、どうもそうではなく、史料から明らかになるのは、たしかに両人は同艦に乗り込んだが、ほどなく呼びもどされたようである。

八月二十七日——ニューウェ・ディープから戻った古川と山下は二晩ばかりハーグで過ごし、この日の夕方、七時の汽車でハーグを発ちライデンに帰っている。赤松の「留学日記」から再び引いてみよう。

庄八、岩吉一條ニ付レイデン江掛合之上、右両人今夕刻七時のトレインを以てレイデン江出立ス

八月末から十一月末までの古川と山下の消息はすっかり絶えているが、両人は再びライデンの「航海訓練学校」に身を置いて実習に励んだものか。

十一月二十四日——この日は陽暦の一月三日にあたり、オランダ到着後二百十三日のことだが、赤松はライデンで職方一同と会っている。一月といえば厳冬の候だが、留学生一同はこの寒冷の地のなれぬ気候に苦しんだものにちがいない。

赤松はこの日（陽暦の日曜日）、下宿の窓から外の景色を見ていた。昨夜来の雪のためにどの家の屋根も真白である。外は膚を刺すような寒さである。寒暖計の目盛りは十八度（華氏）をさしている。透き通って見えるはずの窓ガラスは、

「紙張り窓の如し」

であった。

赤松は午前九時ごろライデンの津田を訪ねるが不在につき、西の下宿を訪問している。お昼ごろホフマン博士と面談し、そのあとホテル（「ホテル・ド・ハウデン・ゾン」か？）で昼食をとっている。昼食後、レイデルドルプに行き、レンガ工場を見学してから、当地のカフェに入りユネーバー（オランダ焼酎）を飲み、玉突きをやっている。

やがて馬車で再びライデンに戻ると、ファン・バーク宅で夕飯を食べたが、津田が同宅を訪れたので、夜十一時半までいっしょにカルタ遊びをやっている。深夜、赤松はホテルに帰るのだが、そこには大野・中島・大川・古川・山下らがかれの帰りを待っていた。

　車を走らせてレイデン江帰ル、四時半なりし、ファンバーク方ニ而夕飯を用ひ、津田を連来りて夜十一時半迄カールトスペル（カルタ）を為ス、夫ゟロシメント帰りて宿、弥三郎、兼吉、喜太郎、庄八、岩吉来ル……

同日の赤松の記述は前後しているが、古川と山下の暮らしぶりを伝えるくだりに筆者は注意をひかれた。

　此両三月前ゟ寒気甚しきニ依て朝起ル前下婢をしてカッヘル（ストーブ）ニ火を焼付せしめされは自身起る事能はさる程也、庄八并岩吉は其後未た旅宿定まらさる故、当ロシメント（宿）に逗留之処寒中カッヘルなくして一ケ

月一人前五十ギュルデンの約諾ニ而ホフマン是を取扱ひ住せしめたる由にて、此両三日の寒サといへともカッヘルなくして起臥せり、右等之一条ニ付甚難義之趣申立たり

八月末（洋暦の十月上旬）にライデンに戻った古川と山下は、下宿が決まらぬまま、ホテル住まいを強いられたことが判る。両人はホフマン博士の世話で一カ月五十フルデンの契約でホテル暮らしをつづけていたが、暖房もないため難渋している旨を赤松に訴えたものである。二人は暖炉が付いていない薄暗い屋根うら部屋の中で、寒さに身をふるわせ、酷寒にじっとたえていたものと思う。……

さて、赤松の「六十年前の阿蘭陀留学」には、

所で、幕府註文軍艦開陽丸は如何なって居ったかと云ふに、夫は、ドルトレクトで建造の筈であるが、未だ龍骨も据え付けて無いので、監督旁々《かたがた》私は、当時ライデンに残って、担当事項の見学などをやって居った、職方中船大工上田寅吉、水夫頭古川庄八、水夫山下岩吉の三人を率ひて其年文久三年十月二十一日ハーグからドルトへ移った……（後略）

とあるが、これは談話筆記でもあるところから、古川と山下のドルトレヒトへの移動に関しては、多少赤松の記憶違いもあるのではないかと思われる。

開陽丸の龍骨が据えつけられるようになった時点で、古川と山下が当地に移って来たものと思う。赤松によれば、「古川と山下は航海操縦の方の研究で、もっぱら艤装の方のことに心がけ、網やヤード錨などということに心した」ということである。

この二人は造幣所の下宿より、ヒップス造船所があるウィルヘンボスまで毎日通ったことであろう。かれらのオランダ時代の記録は皆無にひとしく、その生活を明らかにすることはできない。ドルトレヒトの古文書館には、赤松と上田の記録（住民登録）が残っているのに、古川と山下のものは見当たらない。

進水式が挙行されたのは、元治元年十月二十日（一八六四年十一月十九日）のことであるが、赤松は自分の仕事もほぼ終わり、造船学を研修するため、上田を伴って、この年の五月上旬にアムステルダムに移って行った。

古川と山下はドルトレヒトに残り、開陽の艤装に従事し、のち同艦と共にフリシンゲンに移り、更に艤装の仕事を手伝ったようである。赤松は、「古川・山下はなおドルトに残留して檣を樹て、ヤードを掲げ、錨を用意するなど艤装を整えることに従事して後、開陽丸とともにフリッシンゲンに移った」と述べている。(303)

開陽丸が艤装のすべてを終えてフリシンゲンより日本回航の途に上ったのは、慶応二年寅年十月二十五日（一八六六年十二月一日）のことだが、同艦にはオランダ、イギリス、インド人からなる乗組員百九名のほか、内田ら九名の日本人が乗り組んでいた。

開陽を日本に回航した同艦の艦長Ｊ・Ａ・Ｅ・ディノー(Dinaux)の「航海日誌」(Journaal)にも日本人搭乗者（留学生）の名がみえる。

十二月一日　土曜日

南東の風。b／2——Sb／2k、(?)晴天

四時汽罐の火力を上げた。六時に起床の合図をした。六時三十分に錨鎖を少し引き上げて三十尋にした。若干の食料を受取った。錨を上げ、そして八時には蒸気力のもとにあった。船上には日本の士官、内田、榎本、沢および田口、そして下士官の庄八、兼吉、弥三郎、岩吉および古川（上田の間違いか？）が乗り組んでいた。一時半フリ

シンゲンの碇泊所を後にして水先案内者の指図に従ってド・ウィリンゲンまで通して、蒸気で進んだ。使用できる帆をすべて張った。十時半には公海へ出る最後の浮標のそばにいた。海上の見張を開始した。(304)(ヤン・デ・フリース訳)

フリシンゲンを抜錨した開陽は、南米ブラジルのリオ・デ・ジャネイロや蘭領アンボイナに寄港したのち、慶応三丁卯三月二十六日(一八六七年四月三十日)に無事横浜港に帰着した。

帰国後の山下の動向については皆目判らないが、おそらく海軍操練所にこれまで通り出仕し、物情騒然としている府内でしばらく暮らしたのち、いったん故郷の高見島に戻り、そこで肉親と再会したものであろう。そして維新後、新政府に請われ上京したものか。岩吉は外国で直かに操航や操砲や製帆学を学んできた、なかなか得がたい人物であったはずである。

山下家には岩吉が官途についてから拝命した辞令が何枚か残されているが、それにもとづいて西山保氏が作成した岩吉の維新後の履歴を次に掲げる。

○山下岩吉履歴

本籍　神奈川県三浦郡横須賀町汐留第七十二号

姓名　山下岩吉

出生地　讃岐国塩飽高見島一五三一番の第一

生年月日　天保十二年正月二十五日生

族籍名　士族

奉職履歴

明治四年　一月三十日　海軍教授所二等教授　海船方
右分課可相勤候事
明治五年　一月　五等之同給殿下候事　造船方
一月　付属申付候事　製造掛　同
六月　十日　三級月給被下候　同
六月二十四日　製鋼并帆縫方重立申付候事　造船局
十一月　二級月給被下候事　主船寮
十一月十二日　附属申付候事　同
明治六年　八月　四日　任主船中士長　海軍大丞従五位真田庵奉
明治七年　十二月二十三日　任主船大工長介　海軍秘書官正六位小森沢長政
同　四拾壱級加俸被下候事　主船寮
明治九年　三月二十五日　横須賀造船所出勤申付候事　海軍省
八月三十一日　任海軍弐等工長　海軍大佐従五位林清康
明治十年　二月　一日　三拾六級加俸被下候事　横須賀造船所
明治十一年十一月二十七日　三拾九級加俸被下候事　同
十一月　一日　任海軍弐等工長　海軍大書記官正六位小森沢長政
明治十四年　五月十三日　迅鯨艦工業之為横浜出所申付候事　横須賀造船所

明治十五年　九月二十日　任海軍壱等工長　同
明治十七年　三月十五日　三拾六級加俸被下候事　同
明治十九年三月二十三日　製帆工場長申付候事　同
四月十六日　本職を免し製綱工場掛を命ず　横須賀鎮守府
五月　四日　任海軍四等技手　海軍省
五月　四日　横須賀造船所勤務を命ず　同
五月　四日　給日給金壱円六拾壱銭弐厘　同
五月十七日　造船科製工場掛ヲ命ズ　横須賀鎮守府
明治二十二年六月　五日　給上級俸　同
六月　五日　非職ヲ命ズ　海軍省

（三崎弘氏所蔵の辞令よりまとめる）

維新後の岩吉の生活を特徴づけているのは横須賀造船所での「技手」としてのそれであるが、かれは製鋼・製帆部門の指導と監督の任に当たっている。明治初期のわが国の船舶用の綱と帆は案外オランダの影響を受けているのかもしれない。退職間近の岩吉の職階は「製帆工場長」であることが判る（『横須賀海軍船廠史』）。

高見島で一泊した筆者は翌朝、小雨降る中をけわしい小径を上りながら岩吉の墓に別れを告げに行った。早朝のことで、人影もない。糠《ぬか》雨がしきりに降っていた。ごくたまにしか人が訪れない墓を詣でたことで、泉下の岩吉が喜んでいるのか。雨は船が出るまで降っていた。それを泪雨とでも呼んだらよいのだろうか……。

七時四十分の連絡船に西山氏といっしょに乗り、岩吉の令孫・三崎ユキさん（八十五歳）を訪ねることにした。ユキさんは二十歳ぐらいまで岩吉と生活を共にしただけに、その口から直かに聞ける証言は貴重である。ユキさんは現在、香川県三豊郡詫間町にある老人ホームに入っておられる。

岩吉が職を退いたのは明治二十二年六月のことである。当時かれは四十八歳であった。やがて横須賀を離れると千葉県木更津に行き、そこでしばらく暮らしたようである。郷里の高見島に帰ったのは明治三十一年五月のことで、岩吉五十七歳のときであった。かれは横須賀造船所を辞めてからずっと年金暮らしであったが、故郷で静かに余生を送りたかったにちがいない。しかし、そうした気持の裏には、横須賀滞在中にいっしょに暮らしていた妻ミツの遺言があった。

岩吉は今でいう二重結婚をしていた。高見島には、れっきとしたタカ（弘化元年生まれ、昭和三年十一月五日八十五歳で没する）という本妻がいたが、江戸に出てから、日本橋で宿屋を経営する西田半助の娘ミツと所帯をもち、彼女が明治三十一年五月に亡くなるまで一緒に暮らしていた。

いまわのきわの彼女の言葉は、「わたしが死んだら故郷に帰って、本妻さんと一緒に暮らして欲しい」といったものであった。

岩吉は木更津から沢山の所帯道具を高見島に持ち帰った。その中にはオランダから持ち帰った蘭書・羅針盤などのほか刀・槍、艦の設計図・辞令・洋服・山高帽などがあった。

とくに興味が引かれる蘭書についていえば、ユキさんによると、

——横文字の本がたくさん本箱に入っておりました。

ということである。

刀なども何本もあったが、ユキさんの父の代に売ってしまったらしい。艦の設計図は何枚か残されているが、横須

賀で建造した船の図面であり、辞令も海軍省からもらったものである。山高帽などもついこの間まであったが、その後見ないという。これは、

——船の進水式のときに用いたものです。

とユキさんは語った。

晩年の高見島における岩吉の暮らしぶりだが、かれは口数も少なく、無口であったらしい。

——畑をつくったり、家の所帯(仕事)をやり、玄米をついたりしておりました。時々、敦盛《あつもり》(謡曲)や直実を大きな声で歌っておりました。野良仕事から帰った妻(タカ)に酒をついでやっていました。

岩吉は横須賀時代によく酒を飲んだらしいが、高見島に帰ってからはつつしんでいたようである。しかし、タバコを好み、パイプをすっていたという。多年、置き去りにし、苦労をかけた本妻のタカには、死ぬまで頭が上がらず、彼女をいたわった。

——岩吉さんはどのような性格の人でしたか?

とたずねると、

——おとなしい人で、孫を大事にしてくれました。学校の送り迎えもしてくれました。

とユキさんは答えた。

筆者がいちばん聞きたかった、オランダにいた時分の話を聞いたことがないか、ユキさんに問うと、

——何も聞いておりません。こんなことなら聞き出しておくのでした。話では、西郷や勝海舟の話をよくしました。

オランダにおける体験を一言も子孫に語り継ぐことなく、亡くなったことは誠に残念である。

山下家に残されている若き日の岩吉の写真(渡蘭後、撮ったもの)をよく見ると、指がひじょうに太く、骨格がた

くましい人の印象を与えるが、ユキさんによれば、顔は面長であったということである。そして死ぬまで口ひげをはやしていたという。

ユキさん以外に、晩年の岩吉を知るという証人が、まだ高見島に健在である。同島で最も古い家である前川家の夕ケさん（八十二歳）は、

——岩吉さんはひげをはやしていた。姿を見かけたのは一度だけですが、右にかたむいて歩いていた。

といった。

「右にかたむいて歩いていた」ということは、横須賀にいた時分にリューマチを患ったことがあったらしく、それがまだ尾をひいていたものであろう。

また中谷夕ケさん（七十四歳）によれば、

——岩吉さんは背の高い、気のいい人でした。洋服を着て歩いている姿を見たことがあります。

ということである。

山崎スワさん（七十七歳）は、

——岩吉さんはひげをはやし、ほっそりとした人でした。夏祭のとき一度見かけた記憶があります。

と筆者に語った。

晩年の岩吉は時たま、孫のユキを連れてこぎ船に乗ると、多度津に買物に出かけることがあっても、島を出ることはあまりなく、自然を友として、悠々自適の生活を送ったのである。

健康にめぐまれ、絶えて病いにかかることもなかったが、寄る年波には勝てず、亡くなる前、二十日間ほど床に伏せたという。孫のユキさんは心配のあまり、佐柳島《さなぎ》（高見島のとなり）にいる易者に占ってもらって帰宅後、部屋で泣いていると、

――ユキどうして泣く。

とやさしくとがめたという。

岩吉は、その後、口もきかず、床について二十日後の大正五年六月二十六日、息子の代吉とその妻ムラ、孫のユキに看取られ、静かに息を引き取った。享年七十三歳であった。……

ここに西山校長が三崎ユキさんから聞書を取ったものがある。多少重複する部分もあるが、参考まで次に挙げることにする。

高見島での生活（孫娘　三崎ユキさんの話）

（どこで生れて、どこでなくなったのですか）

「新兵衛家（山下三郎氏宅）で生れて仁兵衛家（三崎ユキさん宅）でなくなった」

（いつ高見に帰ってこられましたか）

「明治三十一年五月十五日に義理の祖母ミツが死没、ミツの遺言〝どうか息子の世話になって、余生を送って欲しい〟との事で高見に帰郷した。息子の代吉は大阪で大工をしていた。私（ユキさん）と祖父と後妻のタカとが高見で生活を共にした。私が祖父と生活を共にしたのは二十年間であった」

（先妻ミツさんとの関係は……）

「祖父の妻ミツさんと結婚したのは、祖父（岩吉）十七歳、ミツさんは十三歳、ミツさん宅は江戸日本橋の旅館経営の親戚の西田半助の娘であった。二人の間には娘タカが生れたが、明治十八年になくなった」

（岩吉はどんな人でしたか）

「祖父は五尺七寸（一七五糎）位の背の高い人で、口数は少ないし、酒は好きであったが、酒を飲むのを見たことがない。自制心の強い人であった。祖父の恩給により生活をしていたので、当時の高見ではぜいたくな生活をしていた。本箱には外国の本ばかり一杯あったが、祖父が死んでから一冊もなくなった。本箱だけは高見にある」

（オランダの話を聞いた事がありますか）

「非常に無口であって、声も高く言わなかった。オランダ留学の話を聞いたことはない。聞いたかも知れないが、忘れたかも知れない。自分から進んで話をする事はなかった」

（どんな生活をしていましたか）

「唐臼で玄米をよくついていた。敦盛や直実の歌（義太夫）を歌いながら畑の手伝いもよくしていた。後妻のタカさんは少しわがままな所があったが、大変やさしく思いやりのある祖父であった事が印象に残っている。当時、高見島ではどの家でも麦ご飯を食べていたが、私には麦ご飯を食べさせなかった。祖父は私を大事にしてくれて毎日学校へ迎えに来てくれた。島には店が一軒もなかったので、多度津へ買いものに行っていた。当時は櫓こぎで片道二時間かかっていた。祖父が全部していた。祖父は早寝早起きで、常に着物を着用して服や山高帽子を着用するのは進水式の時であったそうな。島で口ひげをはやしていたのは、祖父と村長だけであった」

（何の病気でなくなったのですか）

「祖父の病気は老病で寝込んだのは二十日位で医者に見てもらう時は、どんなに苦しくても、じっと正座して礼儀正しく見てもらった。私が六月十三日佐柳の大天狗に参って占をしてもらった結果が余りよくないので家に帰って泣いていたところ〝ユキよ！　どうして泣いているのか〟と聞いた。それからぐっと弱まって、十三日後の六月二十六日亡くなった」

（遺品は何かありませんか）

「船の羅針盤・刀・槍・さしなど残っています。日記もありましたが、戦時中焼いてしまいました[305]」

(補遺) 山下家の系図（西山保氏作成のものに筆者が若干手を加えたもの）

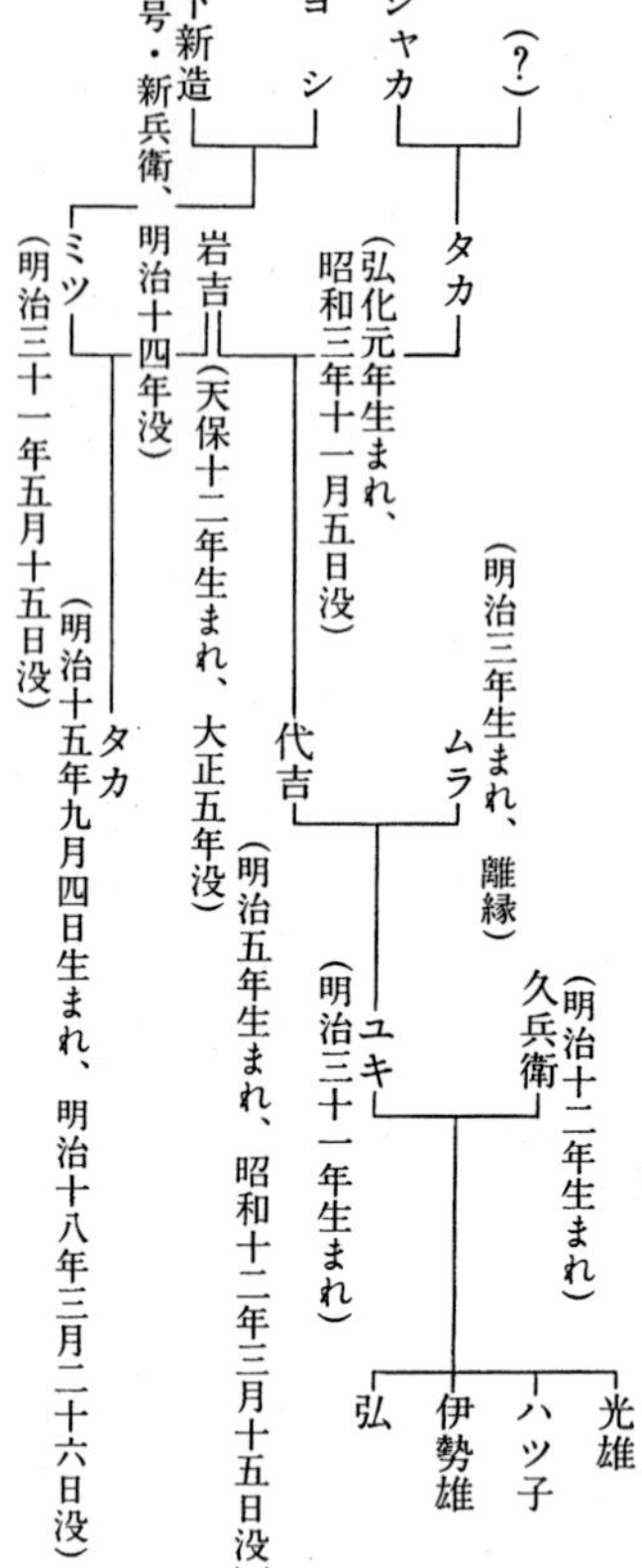

(298) 多度津町教育委員会『高見島——伝統的建造物群調査報告書』。

(299) 西山保・斎部和寿共著『高見島の文化財』。

(300) 『香川県自然科学館研究報告』(二・六五—七二) 昭和五十五年刊。

(301) 『幕末和蘭留学関係史料集成』に所載。

(302) 「ゼーラント号」(Zeeland) は一八五九年に建造された、砲五十六門を装備したオランダ海軍初の蒸気軍艦（フリゲート艦)。一八六三年には地中海・南米まで航海した。

(303) 『大日本』(「六十年前の阿蘭陀留学」)。

(304) 『開陽丸——海底遺跡の発掘調査報告I』。

(305) 西山保「山下岩吉の研究——幕末の幕府オランダ留学生」(『多度津文化財』協会報第二五号、一五～一六頁)。

第五章　日本人留学生世話係のオランダ人

ヨハン・ヨゼフ・ホフマン

ホフマンという名前はドイツ人に多く見られるが、筆者が初めて日本語学者ヨハン・ヨゼフ・ホフマン（一八〇五～七八）の名を知ったのは、オランダ留学生（文久二年の和蘭行御軍艦方）のことを調べるようになってからである。長崎の鳴滝で診療所・学塾を開き、日本の自然と人文に関する資料を広く集め、西洋の自然科学と医学とを教授したフィリップ・フランツ・フォン・シーボルト（一七九六～一八六六）は、生地ヴュルツブルク（西ドイツ・バイエルン州の都市）において、「市《まち》の子」と称され、市当局の手で記念碑を建てられ、通りにまでその名をかぶせられるといった光栄に浴した。

が、シーボルトと同郷のホフマンに至っては東洋学、ことにヨーロッパにおける日本語学の先進であったにもかかわらず、その名を知る人はきわめて少ない。

わが国において、これまでホフマンについて書かれたものの数も決して多くはないが、過去に新村出の「欧州に伝わった和訓栞」（『典籍叢談』）、亀田次郎の「ホフマンの日本文典」（『書物の趣味』）、笹岡民次郎の「ホフマンの著書目録」（『書物の趣味』）など、主としてかれの著作物に関する論文がある。伝記としては、故幸田成友博士が『科学ペン』（昭和十五年九月）に発表した「ヨハン・ヨセフ・ホフマン」という題の小文があるくらいで、今日かれについての研究論文・伝記などにふれる機会もまれである。

幸田博士は昭和のはじめにヨーロッパに留学し、オランダにしばらく滞在したが、その折、ドイツ人のフランツ・バビンガーが書いた『ホフマン小伝』（「ヨハン・ヨゼフ・ホフマン――ヴュルツブルクの東洋語学者」）を入手した

マリエンブルク城から観たヴュルツブルク（筆者撮影）

のである。[306] 著者のバビンガーについては調べがつかなかったが、ヴュルツブルク大学に職を奉ずる人か何かであろう。バビンガーの小著は、一九一二年九月、ヴュルツブルク大学の史学会で出した記念論文集に、ホフマンの写真（ライデンのベー・ブルィニング写真館で撮ったもの）一枚、本文十一頁、著作目録（「ヨハン・ヨゼフ・ホフマンの著書」）三頁から成る小伝である。

幸田博士が『科学ペン』に発表したホフマン伝は、このバビンガーの小伝に依拠し、若干日本側の史料を加えてできたものである。筆者は昭和五十六年の夏から初秋にかけてライデンに滞在したが、ホフマンがオランダ留学生の世話役兼教師であったことから、注意を怠らず、短い滞在期間中もできるだけ史料を集めることに努めた。

ホフマンがライデン大学の教授時代に住んだ家をつきとめ、死亡証明書、写真などを若干入手することができた。ホフマン伝としてはバビンガーの小文のほか、ヨハン・ヘンドリック・カスパル・ケルン[307]（一八三三～一九一七）やリンドル・セリュリエ（一八四六～一九〇一）のオランダ語の伝記[308]があることを知り、それも複写して来た。前者のケルンは、ライデン大学の初代のサンスクリットの教授で、梵語ならびにインド文化に関しては世界的に名の知れ渡った学者である。後者のセリュリエも著名な中国学者である。

ケルンとセリュリエのホフマン小伝は、共にホフマンが亡くなった一八七八年に発表されたものであり、前者のものはアムステルダムの『王立学士院年報』、後者は雑誌『スペクタトル』に掲載された。

ホフマンが没してすでに一世紀以上になるが、この稀代の日本語学者、刻苦勉励の人——ホフマンの人と業績について、諸先学の研究と手持の史料により、一文を草してみたいと思う。

西ドイツ、バイエルン州北西部――フランクフルトの南東百三十六キロの所に、人口約十一万ほどの小都市がある。ヴュルツブルクである。この町はブドウ酒やビールの醸造や印刷機械などの製造が盛んである。マイン川の対岸の丘陵のうえには、すでに十三世紀ごろに建てられたマリエンブルク城がそびえている。この中世の城（ブルク）から見た町の眺望はすばらしい。

町全体は眠っているように静かであり、時折、教会の鐘の音が聞えてくる。マイン川畔の丘陵に見えるのはブドウ畑である。この町もこんどの戦争で大きな被害をこうむったが、ドイツの他の都市の例にたがわず、ほぼ完全に復興をとげた。赤い屋根がわらも美しく、〝花の都〟フィレンツェの町の屋根を思いださせる。

シーボルトを生み、実験物理学者レントゲンの生誕地として広く世に知られたヴュルツブルクは、世界に誇るべき人間をもうひとり生んだのである。一八〇五年二月十六日（水曜日）の夜十二時――ホフマンは呱々の声をあげた。父はアダム・ホフマンといい裁判所の廷吏であった。母の名は不詳。同日、牧師のデビッシュの手を借りて洗礼式を行い、ヨハン・ヨゼフと命名した。粉屋の主人ヨハン・ヨゼフ・ハーネスが代父であったところから、その名をもらって付けたものである。

少年時代のホフマンの生活については明らかにされていないが、下級官吏の子弟ながら十分な初等中等教育を受けたようであり、ギムナジウムを経てヴュルツブルク大学に進み、そこで言語学を学んだとされている。ケルンはホフマン小伝を書く際に、ホフマンの青春時代の日記に目を通し、そこにホーマーやキケロからの引用文があることに気づいた。

おそらく大学生であったころのホフマンは、ギリシア・ラテンの古典文学に親しんだものであろう。語学に対する

ケルン教授（ライデン大学蔵）

愛もすでに学生時代に培われたものにちがいない。バビンガーは、ホフマン伝を執筆するときにケルンの論文を参考にしたが、ホフマンの青春日記が存在することを知り、ライデン在住の中国学者ヤコブ・マリア・ド・フロートといっしょにその捜索に努めたが果たさなかった、と述べている。ケルンは「青春時代の日記から察すれば、かれ（ホフマン）が勉強したのは古典だけであろう」と結論している。

またホフマンは絵心があり、写生を好み、自ら描いたスケッチを相当な数残したらしい。その絵もほとんど自然の風景を描いたものであった。ケルンが驚嘆して見た絵に、マインツ（西ドイツ中西部、フランクフルト＝アム＝マインの西三七キロ）の風景画が一枚あった。マインツはドイツで最も古い歴史をもつ町の一つであり、紀元前十三年にローマの将軍ドルススがここに砦を築いたのに起源を発している。ローマ時代にはマーグシティアクムと呼ばれた。この町はいにしえの面影をとどめ、遺跡にも富んでいる。が、ホフマンはそうしたローマ時代の遺物に魅かれ、古くゆかしい時代に思いをはせながら、絵筆をとったのである。

この芸術上の技能は、後年、かれを大いに助けることになる。が、かれはまだそのことに気づいていない。それからもう一つ、かれはすぐれた才能に恵まれていた。それは音楽に秀で、天性の美声を有していたことである。

あるとき友人から、

——君はすばらしい声をしているから、オペラ歌手になったらよい。

といわれ、その意見に従い、歌劇歌手として人生のスタートを切った。

人生に有為転変はつき物である。かれは芸人としての第一歩を踏みだしてから、実人生の喜びと哀しみとを十分に味わい尽した。愛の喜びと悲哀とを知った。一八二五年（ホフマン二十歳）から一八三〇年までの五年間、かれはドイツ各地をさすらい人のように興行団の座員として巡業した。しかし、かれは旅芸人の生活にひたるあまり、知的なものに対する興味を失っていたわけではない。

ことに言語学に対する思慕の念はおとろえるどころか、巡業中も相変らず燃えつづけていた。——今の生活で満足できるだろうか。このまま歌手で一生を終わりたくない。できれば好きな言葉の勉強をやり直したい、と思ったかも知れない。ホフマンの若き日の日誌や手帳をひもとくと、この若者の折々の感懐やくさぐさの内的苦悶を伝えているという。

一八三〇年の夏——ホフマンの一座は、何か幸運にありつけぬかと思い、期待に胸はずませながら一路ネーデルラントを目ざした。七月アントウェルペン（別称アントワープ、アンベルス州の州都、スケルデ川の河口より八八キロ上流右岸の河港都市）に着いた。ここはベルギー最大の港町だが、旅行者にとってはむしろ「美術の町」として魅力を感じる。

スケルデ川畔に町はあるが、天を摩するように建っているのは、十四世紀に着工して十六世紀に完成したゴチック風の大聖堂である。またこのカテドラからほど遠からぬ所にあるのは、十六世紀に建てたルネッサンス様式の市庁舎や株式取引所である。また美術の町らしく王立美術館、プラティン゠モレトゥス美術館、ルーベンス記念館がある。

アントウェルペンに着いた青年ホフマンは、暇にまかせ、一般旅行者と同じように町の目ぼしい建物を一つずつ見物して回った。ことに美に富むカテドラルには全神経を傾けて、じっくりみつめ、かつて訪れたことがあるストラスブールの大聖堂と比較してみた。そればかりかフランドルの画家ルーベンス（一五七七〜一六四〇）の絵画に魅せられ、うっとりと飽かずに嘆賞した。

同年七月十七日——人生の転機とでも呼べる事件がホフマンの身の上に起った。夕まぐれ、かれはあるホテルの食堂に入る。テーブルの向かい側に若い紳士がすわっている。そのまわりには何人かの聴衆がおり、みな熱心にかれの

話に耳を傾けている。その紳士は、フランス語・オランダ語・マレー語などを交互に用い、極東の旅行談に耽ってい
た。

ホフマンはこの見知らぬ人の発音に耳をそばだてているうちに、

（この人は自分と同郷であるにちがいない……）

と確信するに至った。

そこでかれは勇気を振るって、

——あなたは日本におられた由、ひょっとしてフォン・シーボルト博士をご存じではありませんか？

とたずねてみた。すると相手は、

——わたしがその当人です。

と親しい口調で答えた。


一八二九年十二月三十日、シーボルトはオランダ船籍のフリゲート艦「ジャワ号」に搭乗すると、長崎に別れをつげ、一路故国を目ざした。翌一八三〇年一月二十八日に最初の寄港地バタビアに着き、ここで一カ月ほど過ごし、同年三月五日に同地を出帆し、七月七日にオランダのフリシンゲンに到着した。

三日後、かれは母と親戚に安着したことを知らせた。オランダ到着後、ゆっくりと休暇を心ゆくまでたのしむことなく、わざわざアントウェルペンにやって来たのは、自分の蒐集した日本に関するコレクションの様子を見に来たものであろう。ことにかれの民族学上の資料はアントウェルペンに、博物学のそれは一部ブリュッセルとガンにあったのである（ハンス・ケルナー『シーボルト父子伝』竹内精一訳）。

アントウェルペンの一夜の出会いが機縁となり、やがて二人の仲はいっそう親密となった。かれは単に同郷人であ

ったばかりか、言語学についても共通の話題と研究目的をもっていた。ホフマンはシーボルトより、

——私は日本で蒐集した言語学上の資料をもっているが、君はその編集をやってみないか。それにいろいろ手伝ってもらいたい仕事がある。

といわれた。

ホフマンは、自分の将来の生活に懐疑的になっていた矢先であり、人生の新生面を開くために、シーボルトの誘いを素直に受けることにした。

数日後の七月二十三日、かれは足掛け五年にも及んだ芸人の生活と訣別し、いまいちど人生の振り出しにもどることにした。かれはやがてシーボルトと共に南ネーデルラントで一カ月ばかり過ごしたのち、九月十四日には商業・港湾都市ロッテルダム（アムステルダムの南西七十八キロ）に着いた。

シーボルトが蘭領東インド政庁の委任をうけて日本で蒐集した民族学上のコレクションは、アントウェルペン、ブリュッセル、ガンなどに分けて保管してあったことはすでに述べた。が、オランダの文部省は一八三〇年九月十七日、かれにベルギーの手中にあるコレクションを取ってくるようにいった。じつは、この夏に、ベルギーはワルーン地方とフランドル地方の暴動を機にオランダから独立を達成し、シーボルトのコレクションを押さえていたのである。幸い十月中旬までには、博物学の研究材料がぎっしり詰まった多量の箱を、無事オランダに移送することができた。シーボルトと連れのホフマンが、ベルギーやオランダで道草を食ったのは、どうもコレクションの移送問題のせいであったように思える。枯葉が散る秋十月——この主従はようやくライデンに足を踏み入れることができた。

オランダ最古の大学とレンブラントの生地として、世にあまねく知られている学都ライデンで、ホフマンはその後約五十年にも及ぶ後半生を過ごすことになるのである。ライデンは運河にとり囲まれた、古い家並がつづく、真にオランダ的な街である。やがてかれは静寂の境にひたりながら、中国語とマレー語の研鑽にしばしとして努め、それより

更に畢生の業を見つけ、それに献身するのである。

ライデンのラーペンブルフ十九番地[309]に身を落ち着けたシーボルトは、そこで学究生活を送るのだが、かれの従者に、

——郭成章（Kô Tsing-Tsang）

という博学なる中国人がいた。

郭成章[310]は、広東・大埔県の生まれで、号を乾草堂主人と称した。一八三〇年、シーボルトがバタビアに滞在した折に知り合い、請われるままに寒冷の地にやって来た人である。かれはフォン・シーボルトのために中国語の解説と翻訳を引き受けた。郭は約六年間シーボルトのもとで暮らした。かれはライデンの街に中華料理店が二十軒もないころ、中国服を着て、弁髪のまま暮らしたが、この静寂なる大学町の生活を心からたのしむことができなかったようである[311]。ホフマンはまず郭から中国語の手ほどきを受けた。師匠は母国語以外にマレー語しかできなかったので、ホフマンはそれも学習せざるを得なかった。同年十二月の日記には、すでにわずかながらもマレー語と漢字の記載があるそうである。

またケルンの論文によれば、一八三一年三月にはジャン・ピエール・アベル・レミューザ（一七八八～一八三二）の『中国文法初歩』（一八二二年、パリ刊）を学び始めた記述が見られるという。

当時、中国についての科学的な知識を有する欧州の学者としては、ドイツのユリウス・ハインリヒ・クラップロート[312]（一七八三—一八三五）とフランスのアベル・レミューザ[313]を数えるのみであった。前者のクラップロートは『アズィア・ポリグロッタ』（一八二三年、パリ刊、言語地図付）の著書として、すでに第一級の東洋語学者として認められていた。

後者のレミューザは、コレージュ・ド・フランスの初代の中国学の教授であり、アジア協会の創立者として知られ、フランスにおける中国学の先進の一人である。もともと植物学に関心があり、たまたま中国の植物学書を見ているう

ちに、中国語の学習を思い立ったものらしい。主著には『中国文法初歩』のほか、『中国語と中国文学について』（一八一一年）や『仏教史』（一八三六年）などがある。

ホフマンは一方ではレミューザの『中国文法初歩』に導びかれ、他方では郭の薫陶を受けながら、次第に中国語の口語と文語の知識と運用力を十分に身につけるようになってゆき、やがてそれから日本語学習の準備をした。

シーボルトは言語の分野のみに限らず、他の特殊な分野においても大勢の協力者を招致していた。たとえば著書に多くの図版を入れる必要から、素描家・石版印刷家・美術家たちの助けを仰がねばならなかった。言語の修得において異常な能力を発揮したホフマンは、日本語学習においてもじつに驚くべき進歩をとげたので、シーボルトは『日本』に必要な日本文資料の翻訳を、この若い言語学者にまかせることにした。

シーボルトは日本に滞在中、多少ひらがな文字を学んだが、それだけの語学力では一人で言語学的部分の翻訳をやるには不十分であった。当然、第三者の協力を必要とした。ホフマンはこの点において正にうってつけの人物であった。日本語の文法書もなく、字引といってもわずかに『和漢音釈書言字考節用集』（慎島昭武編、全十巻、享保二年刊）があるだけといった時代に、ホフマンは孤立無援のまま、黙々として困難な仕事に挑んでいった。

『日本』の中で直接ホフマンが手がけた仕事は、

「中国語彙類合」（一八三九年）
「日本文献による日朝・日中関係」（一八三九年）
「千字文」（一八四〇年）
「倭年契」（一八四二年）
「仏像図彙」（一八五一年）

などである。

「類合」は日常的な中国語の分野別の音韻集であり、中国語を学ぶ朝鮮人のために特別に編まれたものである。朝鮮人は学問と事務用の文書に中国語を用いるが、それを読むときは、中国官話といちじるしく異なり、日本でふつう話される音との中間ぐらいの発音で読む。「類合」においては中国語の朝鮮読みがハングル文字で各語の左側に記されている。「類合」の浄写は郭の手になり、朝鮮語の入念な校訂とドイツ語訳はホフマンが担当したのである（シーボルト著『日本』第五巻、解説を参照、雄松堂書店刊）。

「日本文献による日朝・日中関係」は、日本と朝鮮半島及び中国との関係についての概略を述べたものである。日本がアジアの国々と交流するにつれて、自国の文化――学問や宗教がどのような影響を受けたか、また日本と深い接触があった高麗民族の様子などが描かれている。

「千字文」とは千の漢字の意味である。その製作年代と作者については諸説粉々としている。『日本書記』によれば、中国人学者王仁が朝鮮半島から朝廷に招かれた西暦二八五年に、すでに「千字文」をもたらしたという。作者名は不詳だが、漢の章帝（西暦七六―八八年）の時の人であるらしい。しかし、別な説によれば、本書の成立はもっと後代のことであり、梁の周興嗣という人の手になり、それを王義之が作ったものであるという。

「千字文」は見方によっては、名句・箴言集であり、意味上の関連で編んだ語彙集にすぎず、朝鮮語訳も語彙的な翻訳であり、文の関連には考慮を払われていない感がある。ホフマンは朝鮮語訳・日本語訳及びメドハーストの英訳を参照しながらドイツ語に訳したのである。

この若い学者はいま述べたような翻訳に従事するかたわら、自分で利用するためにすでに日本文典と日本語辞典の編纂に取りかかっていた。

前人未踏の学問分野を開拓することが、研究者の自負心と誇りを満足させるものであろうが、ホフマンはヨーロッパにおける日本語研究の先進者として名利にきゅうきゅうとすることもなく、うまずたゆまず、根気よく黙々と研究に従事した。そのころ、まだ日本語を学問的に研究した者もほとんど皆無であり、同学の士の専門的協力もなかった。かれはそれでも文字通り孤軍奮闘をつづけ、ただひたむきに日本学の修得のためにまい進したのである。

だが、かれとて時には大きな壁にぶち当たり、たじろぎ、手をこまねくときもあったであろう。研究が進まず意気阻喪し、すべてを放り出したい気持にもかられたろう。しかし、日本の文物は捨てがたかった。かれの心を終始支えていたのは「日の出ずる国」の言語に対する愛であった。理屈抜きに、好きだからこそ学問に情熱が感じられるのである。

しかし、孤立無援であったとはいえ、ホフマンを暖かく見つめ、その倦んだ心を慰め、精気を与え、激励し、かれの研究を継続せしめた人がいた。フランスにおける中国学の泰斗アベル・レミューザが亡くなってから、その学問上の継承者となったスタニスラス・ジュリアン[314]（一七九九～一八七三）その人である。

かれは、二十年の長きにわたってホフマンのよりよき理解者として、時折、友情にみちた手紙を送り、叱咤激励することを怠らなかった。この謙譲の美徳の権化のような少壮有為の学者のために、広く学界の注意を喚起し、そのあまりにも恵まれぬ境遇に栄誉を授けようと尽力したのもかれであった。

ジュリアンは、当時すでにヨーロッパにおける中国学の大家として、ゆるぎない地位と名声を得ており、指導的立場にあったのだが、一八四六年十一月、ロンドンのジョージ・トーマス・ストーントン卿[315]（一七八一－一八五九）より突如一通の手紙をうけとった。

文面は――ロンドンのキングズ・カレッジに中国語の講座を設ける計画がありますが、教授として任命するに足る、ご存じよりのヨーロッパの中国学者の名前を挙げていただきたいのです、といったものであった。

新しい講座を開く趣旨は、単に中国語の通訳を養成するためではなく、学術本の翻訳もできるような、学者を育てることにあった。ストーントンは、すぐれた中国学者であったばかりでなく、その活動の範囲も商社員・政治家と多岐にわたっているが、イギリスの東洋学者ヘンリー・トーマス・コールブルークと共に国立アジア協会の創立に尽した人である。

程なく折り返しジュリアンから返事が来たので、ストーントンは人捜しの苦労をまぬがれた。返事には——講座の設置によりただ通訳を養成するだけでなく——これは最も困難なことではありますが——つねに古文（クーウェン）で書かれている学術書の翻訳もできる学者を養成したいのでしたら、僭越ながら一人推薦したい人がおります。その人は格別中国語に精通しているばかりか、日本語にも習熟しているヨーロッパ随一の学者です。私がいっておるのは、ライデンのホフマン博士のことです、とあった。

ジュリアンはホフマンを教授に推薦するだけにとどまらず、正当な待遇と俸給が得られるように尽力した。イギリスにはかれの招へいに反対する者もなく、ホフマンは渡英するばかりだった。が、思いがけぬ邪魔が入り、教授に就任の話は流れることになった。

ホフマンの招へいを耳にはさんだオランダの人々は、ようやく目をさまし、かれを正当に評価するようになった。かれの二、三の友人は当時の拓殖大臣ギローム・ルイ・バウト[316]（一七八九〜一八五九）に抗議の手紙を出し、頭脳の流出を阻止しようとした。ホフマンの赴任はわが国の学問にとっていかに大きな損失か、かれを引きとめるために万全の策を講じていただきたい、と要求した。

この懇願はすぐ容れられ、大臣は、このように優れた学者を国外に出さぬためにどうすべきか、国王と協議をこらした。ホフマンの多年の研鑽の労がここにおいてようやく認められることになったのである。

一八四六年十二月十三日——ホフマンは友人のL博士（名前不詳）から、

——重大な知らせがあるから今夜、自宅まで来てほしい。

といった文面の短い手紙を受けとった。

かれは何事かと内心びくびくしながら友人宅を訪れると、

――実はこのたび、畏くも陛下におかせられては、年俸一八〇〇フルデンで君をオランダ政府の日本語翻訳官に任じたい、とおおせ出されたが、君はこの申し出を受けるか。

と問われた。

ホフマンは友人の口から伝えられる国王の言葉に深く感動した。これは多年にわたる刻苦の賜であった。すでに高慢なシーボルトとの関係は冷え、すき間風が吹いていただけに、このニュースは本当にうれしかった。これまでの苦労がようやく報れた、と思った。この職は毎日出勤して、時間まで職場にしばられる必要がなかったので、願ったりかなったりの申し出であった。かれは直ちに承諾する旨を伝えた。

これでようやく正業につけたかれは、この時から余暇のすべてを学問研究に捧げることができた。

（もう衣食住の心配はない。これでやっと思い切り勉強ができる……）

と思った。

いずこの国であれ、いつの世であれ、学問をつづけるには、十分な時間と資力を必要とする。とくにある程度の財力の裏付けがなくてはよい研究ができない。かれはこの点で非常にめぐまれた。この年ホフマンは四十一歳であった。運命の女神はかれを見捨てなかったのである。

オランダ政府の日本語翻訳官となってからのホフマンは、仕事の余暇を読書と執筆にあてたが、その後かれは学問的にも目覚ましい働きをし、抜群の業績をあげるようになった。発表された著書・論文・翻訳の数も相当なものだが、そのうちからシーボルトの『日本』（第五編、一八五一年）に訳出した「仏像図彙」について述べてみよう。

「仏像図彙」とは仏像画集のことであり、ホフマンのドイツ語訳である。これは土佐将曹紀秀信が描いた仏像画集（『仏像画彙』）を底本に、他の本からも引用し、逐語訳せず、自由訳とし、時には改ざんの手をも加えてできた、日本の仏教もしくは仏像の研究書である。

この画集には八百以上の図が収められており、それに簡単な説明が付されている。『仏像図彙』の初版は元禄三年（一六九〇）に出版されたが、普及版は天明三年（一七八三）に出た『増補諸宗仏像図彙』（増補半紙本五冊）である。この版は何度も版を重ね、寛政四年（一七九二）と寛政八年（一七九六）のものがある。

末木文美士氏の研究によれば、ホフマンが依拠したのは寛政八年版であるらしい。かれは同書の巻一の一部と、巻二、三、四までをほぼ訳し、これに底注を入れ、巻頭に自分が翻訳しかつ注を加えたことを明示している。『仏像図彙』には四十枚の石版摺の中に数百の仏像画が収まっているが、その大部分はかれ自らが石に描いたものであり、青年時代のすぐれたスケッチの才能をここにおいて再び役立てることができた。

これはホフマンの数多い業績のうちのほんの一端にすぎないが、やがてオランダ政府やライデン大学は、ホフマンの学才とその学的業績の数々を改めて認めないわけにはゆかず、かれは一八五五年三月二十一日、オランダ東インド政庁の「日本語翻訳官」となり、同時に国立ライデン大学の教授（Hoogleeraar）に任じられた。[317] 程なく追うようにウィレム三世より加俸を裁可する旨を伝えられた。この年ホフマン五十歳であった。

大学教授となったホフマンは、将来オランダ政府や植民地に勤務する多くの若者に、中国語や日本語を教えることが仕事となったが、そのためにこれまでの生活に大きな支障を来たすこともなく、従前どおり学究生活をつづけることができた。かれは更に学的業績の生産性を高め、毎年のように著書・論文を発表したおかげで名声とみに高まっていった。

一八六二年——ホフマン五十七歳。バビンガーのホフマン小伝によると、この年ホフマン教授はロンドンとパリに旅行したとある。パリでは三十年の長きにわたって文通を続けたスタニスラス・ジュリアンと会い、旧交をあたためたが、これは実にたのしくかつうれしい出会いであった。またこのとき、日本学者レオン・パジェス（一八一四〜八六）と面識を得たが、かれを〃すばらしい仲間〃とみなしたようである。

ホフマンの旅行に関しては、バビンガー、ケルン、セリュリエの各論文もつまびらかにしていないが、これはホフマンの遊山旅行ではなく、じつはオランダ政府の命による出張であった。

幕府は、安政五年（一八五八）にアメリカと修好通商条約を締結したのを皮切りに、オランダ、ロシア、イギリス、フランスとも同じ条約を結び、更に二年後の万延元年（一八六〇）にはポルトガル、プロシアとも同様の仮条約を結んだ。横浜、函館、長崎の三港は協定によりすでに開かれていたが、江戸と大坂の二大都市と兵庫、新潟の二港だけはまだ開かれていなかった。幕府は国内に沸騰する攘夷論、外国との通商による諸物価の騰貴等を抑えるために、江戸・大坂の開市と二港の開港を延期する方策をとり、欧州の条約締結国に使節を派遣し、調停にあたらせることにした。

いわゆる文久遣欧使節がこれであるが、一行は正使・竹内下野守、副使・松平石見守、目付・京極能登守以下、総勢三十八人となった。使節団は、文久元年（一八六一）十二月二十二日、イギリス軍艦オーディン号（二千トン）に搭乗し品川を発ち、インド洋を経て、翌文久二年（一八六二）三月五日南仏マルセイユに入港し、そこから汽車に乗り同月九日パリに入った。

パリに着いた一行は「オテル・ド・ルーブル」に止宿するのだが、三月十二日（陽暦の四月十日）にホフマンは使節一行と会っている。一行はフランスよりイギリスに渡り、そこからオランダに入る計画である。ホフマンの訪問は、オランダ政府の意を体したものであり、一行の接待とその他のこまかい点を打ち合わせるためであった、と考えられる。

副使・松平石見守の従者——市川渡は、ホフマン教授と面会したことを日記の中で次のようにしるしている。

三月十二日陰　同　六十二度

今日旅寓ニテ和蘭茘田（レイデン）ノ医師和福満（ハフマン）ニ逢フ年齢五十有余此人漢籍ヲ学ヒ又頗ル日本語ヲ解ス依テ筆談及一二説話ス靴ヲ隔テ爬痒《そうよう》ノ想ハ免レサレトモ又聯覇情ヲ慰メタリ、又此人余ニ短翰ヲ贈ル、其文ニ曰、大日本御上使和蘭国ニ参ル時「ホフマン」ハ日本友ダチニ和蘭ノ贈リ物ヲ上ゲマシヨト望ミマス

日本の使節がヨーロッパに来る、といった知らせを耳にはさんだホフマンは、生きた教材と会える願ってもない機会とばかり歓喜したにちがいない。これまで文字だけを通して日本の文物に親しんできたが、日本人と会って会話を試みたこともなければ、生の発音を聞くこともなかった。それだけにこの機会をどれほどたのしみにしていたか想像にかたくない。

市川の記述から考えられることは、ホフマンは文語にこそよく通じていても、口語の運用力に欠けていたことが判る。そのため筆談に及んだのである。またホフマンから来た短信の中に見える、「大日本御上使……」以下の文はかれの言葉そのままであると思われるが、かれの日本語の調子がよく現れている。

使節一行はフランス訪問を終えると、四月二日（陽暦四月三十日）にカレーよりフランス軍艦に乗りドーバー海峡を渡り、イギリスに第一歩をしるした。そして、約四十日ばかりこの国に滞在し、諸々方々を見物し終え、五月十五日（陽暦六月十二日）にロンドンのウーリッチよりオランダ軍艦「アルヂュノ号」に乗った。

これは排水量五百トン、五百馬力の蒸気機関を備えた艦である。同艦には長崎の海軍伝習所教官としてかつて日本にもいたことがある艦長ペルス・レイケン（一八一〇―一八九）のほか、出島の商館長として日本在勤が長かったドンケル・クルティウス（一八一三～七九）及びホフマン博士が搭乗していた。

ホフマンは一行の接待係兼世話役として乗船していたのである。

同日、使節たちは艦内で一泊した。この日の天気はすぐれず、雨が降ったので安全をとって出発を見合わせたものか。翌十六日は、打って変って好天であった。艦は錨を上げ、日章旗をひるがえしながら、ゆっくりとテームズ川を下り、北海にまず出て、一路オランダの軍港ヘレフートスライスを目ざした。そこはマースの河口にあり、ウーリッチから四十マイルの行程であった。

「アルヂュノ号」は十七日（陽暦六月十四日）の明け方、ヘレフートスライスについた。午前十時、そこから王室専用の蒸気船「獅子号」（ド・レーウ）に乗りかえ、フォールンセカナールを通り、正午近くロッテルダムに到着した。

松平石見守の従者・野沢郁太の「遣欧使節航海日録」には、

> 同十七日　亥天気　六十六度
> 一今朝五時和蘭ヘルンフウ、ツロイスと云ふ港へ着祝炮有之是より川船へ御乗船に相成候此の川船は和蘭王の御座船と申事至て見事なる船なり是にて一時半位川を参る此川掘割と被存候ロットルダムと云ふ処へ御上陸

とある。

この日、マース川の土手、ウィレムスカーデ、マースストラート、駅までの沿道は、やじ馬でごったがえしていた。上陸地点のあたりは、オランダの国旗、王室の旗、ロッテルダムの市旗、日章旗などがひらめいており、ホウダの連隊から派遣された四中隊の兵士と国民軍の一隊が整列していた。使節らは州知事や役人たちの出迎えをうけ、ロッテルダム市長の案内でローデ・ザール（赤い館）に導かれた。

歓迎会場の装飾については、市川渡は次のようにしるしている。

楼上四隅ニハ数種ノ花ヲ植エ堂内正面ノ楯ニハ紅旭旗ト紅白青ノ旗トヲ連挿シ壁上ニハ国王ノ写真像ヲ置キタリ又中央ニ御正使ノ家章梅鉢左ニ御副使ノ家章四目結ヲ置キ……

三使節は会場の花や旗や写真には驚くことはなかったにしても、わが家の家紋を見てはいささかびっくりしたにちがいない。これはおそらくホフマン教授が配慮したものにちがいない。

だが、日本人の一行がいちばん奇異に感じ、かつ驚いたのは妙な日本文字を見たときである。歓迎会場には、数種類の造花でまわりを飾った四尺四方の額があり、その中に漢字と片かなをまじえ、

「和蘭京ヨリ日本尊客ノ為メニ恭建之」

と記されてあった。

庭の中に建てた旗には漢字と平がなで、

「よく御出」

と書いてあった。

「和蘭京ヨリ……」は、オランダの市はこれをお客さまのために建てました、の意味で、日本語としては多少おかしいが文意は通じる。

「よく御出」は、これに比べればもっとこっけいだが、オランダ語の Welkom を訳したものである。これらの日本文字はすべてホフマンが書いたものであろう。

屋内に入ると、知事はホフマン教授の通訳で歓迎の辞を述べ、日蘭両国はお互い古い友だちであるから、今後も友

交を深めてゆきたい、といった主旨のあいさつがあり、これに対して使節の一人は謝辞を述べ、二世紀にも及ぶ両国の親交を明らかにし、それを日本の通訳がみごとなオランダ語に訳した。やがて一行は馬車に分乗してロッテルダム駅（デルフトセ・ポールト）に向かった。先頭の馬車にはドンケル・クルティウスが、第二の馬車にはペルス・レイケン海軍大佐が、第三の馬車にはホフマン教授が、第四の馬車にはオランダ植民地省の高官N・C・ムルデル氏がそれぞれ陪乗した。

これら四名の歓迎委員については、御勘定格兼調役・淵辺徳蔵の「欧行日記」にもその名がみえる。

先年長崎に来りて永く日本え伝習の教師をせしトンクルキュルシュスといふもの此度の待遇役なり外にホフマンといふ日本語を少し為すものも同役なり滞在中は此外に猶二人都合四人にて待遇せり

一行は午後二時十五分発の別仕立の汽車でロッテルダムを出発し、三時にハーグに着いた。ハーグの駅にも、

――和蘭の京は日本尊客のために謹んで立候。

といった歓迎ののぼりが立ててあった。

駅にはハーグ市長、市会議員全員、海軍大臣などをはじめ、大勢の文武官が出迎えた。駅から宿舎の「オテル・ド・ベルヴュー」までの沿道には、四個大隊の兵士が堵列していた。使節は市長の簡単なあいさつを受けたのち、それぞれ馬車に分乗した。駅の付近や沿道はおびただしい数の見物人がひしめき合っていた。一行は軍楽隊の音楽と群衆の喝采とに送られてホテルに向かった。

やがて馬車がホテルの前に着くと、そこには日蘭の国旗が立てられ、三使節の定紋を記し、その下に「和蘭京より日本尊客の為恭建」

といった日本文字が認めてあった。

進物取次上番格・益頭駿次郎の「欧行記」には、

一同車乗にて群衆の中を縦横に乗回し旅館に至る投宿館には両国旗章を立て家前には公使の内竹内下野守定紋梅鉢を描き両国の国旗にて左右を飾り又松平石見守京極能登守両人定紋を正使の左右にて建て中央の梅鉢の定紋の上には和蘭京日本尊客のため恭く建と和文にて認あり

とあるが、これらの日本文字もホフマンが書いたものであろう。

五月二十六日（陽暦六月二十三日）は、外務大臣ファン・デル・メーセン・ド・ソムブレフ主催の盛大な晩さん会が、ハーグ市郊外スヘベニンゲンにある「フロート・ステデレイク・バットハイス」（Groot Stedelijk Badhuis——〃市立大更衣所〃ほどの意）で催され、三使節及び随員がこれに出席した。これにはオランダ政府の閣僚をはじめ、各国の大公使などが陪食したほか、ドンケル・クルティウス、ペルス・レイケン海軍大佐、ホフマン教授なども接待委員として出席した。(318)

六月十六日（陽暦七月十二日）、日本使節の一部はホフマン博士に伴われて印刷場（不詳）を訪れている。これは日本側の史料には出てこないが、『ロッテルダム新聞』（Rotterdamsch Courant，一八六二年七月十四日）に次のような記事が見られる。

七月十二日　ハーグ

本日、日本使節のメンバーの内の何人かは、ホフマン教授に伴われて「アルヘメーネ・ランスドルックケレイ」

を訪れた。かれらは当所で社長のウィットハイス氏に迎えられた。社長は紳士らをあちこち案内し、必要な情報を与えた。

五月二十七日（陽暦六月二十四日）――この日使節は午後よりメッキ工場と風車機械などを見学し終えて帰館したところ、ホフマンより、使節一行の官姓名を印刷し、オランダ語訳をつけた「名簿」が贈られた。

この日の市川渡の日記（「尾蝿欧行漫録」）のくだりに、

……今日館伴ノ医師副福満《ママ》（ホツマン）ヨリ極テ美紙ニテ製シタル左ノ如キ冊子ヲ贈リタリ

和蘭国王

微列謨（ウイレム）第三世在位十四年

西洋紀元一千八百六十二年六月

日本紀年文久二年五月

大日本大君ノ使節其一行ノ士ト共ニ古昔ヨリ親睦ヲ結セシ和蘭国ヲ来訪セリ

此盛挙ヲ記セン為メ諸賓客ノ名表ヲ刷行ス

期ノ如キ叙アリテ此末ニ御三使ヲ始三十八人ノ姓名ヲ記セシカ活字版ニシテ字体厳正印刷鮮明精巧最駭ニ堪タリキ

昭和五十六年の夏、筆者はハーグの古文書館で遣欧使節の名簿を見せてもらい、それを複写してきたが、「微列謨……」と「西洋紀元……」ではじまる文章が、前後あべこべになっていることを除くと、すべて原文通りである。ちなみに、名簿の大きさは、縦三十四センチ、横二十五・五センチである。「医師副福満《ママ》（ホツマン）」はいうまでもなく「ホフマン」の誤りである。

五月二十八日（陽暦六月二十五日）——、使節はアムステルダムの電信局（ダム広場の裏にある現在の郵便局）とトレッスリング石版会社（シンゲルの百八十一番地。現在この建物は無い）を訪問するのだが、このとき同社で複製した「御開港横浜大絵図」を贈られた。これは万延元年に日本で作った同一表題の木版画の複製であり、ホフマン教授は時の拓殖大臣の意をうけ、大尉マウリーの神奈川・横浜図と解説（十六頁）をつけ加えて編んだものである。その別摺は一八六二年に単行本（小冊子）として刊行されたが、三使が贈られたものは色刷りの横浜図だけであろう。ちなみにライデン大学図書館には「御開港横浜大絵図」（色刷り）が収蔵されている。

同日の市川の日記のくだりに、

石版雕鍋並ニ印刷所ニ行此所ニテ最鮮明ニ摺タル我横浜ノ図ヲ御三使ニ贈呈セリ彩色摺ニシテ上ニ御開港横浜図ト題セリ

日本使節の一行は三十五日にも及ぶオランダ滞在を終えて、六月二十一日（陽暦七月十七日）の午前九時に汽車にてユトレヒトを発ち、午後五時にプロシアのケルンに到着した。福沢諭吉の「西航記」によると、この日、接待委員のペルス・レイケン海軍大佐、ドンケル・クルティウス、ミルトン（不詳）、ホフマン教授ら四名が、一行を見送ったことが判る。「西航記」には、

荷蘭のコムミッシー「ペルスレーキ」「ドンクルキュルシス」「ミルトン」「ホフマン」等も此地まで使節を送れ

り

とある。

文久遣欧使節がオランダを訪れて約一年ばかり経った文久三年四月十六日（一八六三年六月二十日）の夜、幕府オランダ留学生十五名を乗せたテルナーテ号がブラーウェルスハーフェン港に着いた。

四月十七日（陽暦六月三日）——午前八時十六分に引き船が来たのでテルナーテ号は錨をあげ、ブラーウェルスハーフェンを出港し、夕方の六時半ごろヘレフートスライスのフォールンセカナールに入り、本船を繋いだ。夕方七時すぎホフマン教授がライデンからやって来たのでオランダ語と日本語を交ぜて談話を始めた。御軍艦方・赤松大三郎の「航海日記」の同日のくだりに、

夕七時後、プロフェッソル、来りたり、依て一同揃面会なす、明朝を約し暫時して帰れり……

とある。ホフマンはこの日、顔を見せる程度にし、話を簡単にすませて帰ったのであろう。

翌四月十八日（陽暦六月四日）——明け方の三時半に水門が開いたので、運河の中に本船を引き入れ、午前八時二十分ごろ十八頭の馬をもって岸にそって船を曳かせた。午後一時三十九分にフォールンセカナールの出口に到着したので、ここで蒸気船が来るのを待ったが、五時ごろホフマン教授が蒸気船とともにやって来、本船に乗り移り、そのまま留学生の一行とロッテルダムまで同行した。

赤松の「航海日記」[319]に、

此時にプロフェッソル、ホフマン来りて、本船江乗組、ロットルダム江着有は直ちに蒸気車にて、今夜五時頃レイエン（ライデン）江至るへき手筈之由なり

とある。テルナーテ号は六時ごろロッテルダムに入港したのだが、同船はマストに日章旗を掲げていたから、たちまちこの珍しい旗に気づいたやじ馬が数百人ばかり岸壁にむらがって来た。短艇で美しいロッテルダムの街に上陸した一行は、やがてホフマン教授の案内で五台の馬車に分乗すると、うんかのごとき見物人をかき分けて駅に向かった。

沿道にはおびただしい数の群衆がむらがっており、市中の家の二階、三階の窓からも大勢の見物人が半身を乗り出していた。また主な家々には日蘭の国旗を十字にして掲げ、歓迎の意を表した。

ライデンの城の内部（筆者撮影）

ときどき群衆の中から、

——日本万歳！

といった歓声が何度も上がった

やがて一行は駅に着くとホフマン教授に案内されて一等室に座をしめた。汽車は七時四十五分に発車し、八時三十五分にライデンに着いた。一行は、汽車の設備や速力などにどぎもを抜かれたばかりか、それが便利な乗物であることにつくづく感心した。

ライデンでもおびただしい人出であったが、警官に通路を開けてもらい馬車に乗り込むと、直ちにブレーストラートの「ホテル・ド・ハウデン・ゾン」に入り、ここをしばらくの宿とした。

翌十九日——ホフマン教授は午前十時ごろ日本学を専攻するド・ブルウクとメイトルの二学生を連れて宿にくると、一同に紹介し、留学生の案内役とした。一行はこのライデンでしばらく何もせず、市内見物をして過ごすのだが、その間に学校、動・植物園、博物館、教会、病院などを見物し、更にホフマンに連れられて市長夫妻などを表敬訪問した。

赤松の「航海日記」の十九日（陽暦六月五日）のくだりに、次のような記述がみられる。

> 今朝十時にホフマン並二人の弟子、デ・ブレーウク並メートル来りて我輩を□（判読不能）市中見物ニ出る、車にて所々乗廻したる上、古昔の城を見る、此城は小岡の上に在りて、バックステーン（煉瓦）にて築立、円形をなす、高サ凡三間、差渡し□（判読不能）入口は一ケ所在なり

この日、ホフマンとその弟子は、一行を案内してブルフト（城）にやって来たのであろう。

この城は市のほぼ中央に位置している。町を守るいわゆる城砦であり、人工の小丘の上に建っている。丘の高さは十六メートル。城址に入るには「カフェ」の中庭を通らねばならない。城門は一六五八年に造られたものであり、ライオンの像が載っている。城は円形をなし、直径三十五メートル。銃眼胸壁からライデンのすばらしいながめが得られる。

九月六日（陽暦十月十八日、日曜日）——この日、赤松は団長の内田と共にハーグ駅に行き、ホフマン教授と待ち合わせた。ホフマンは十時半にやって来たが、三人は汽車でロッテルダムに出、そこから蒸気船に乗り換え、ドルトレヒトのヒップス造船所を訪ねた。幕府が誂えた開陽丸の建造の進捗状態を見るためであった。

一行がオランダで暮らすようになって約一年後の元治元年五月七日（一八六四年六月十日）——赤松はハーグから

ライデンに赴き、津田・西をはじめ職方たちを訪ね、午後にはホフマン宅を訪問している。この日の赤松の日記のくだりに、

七日朝第一のトレインを以てハーケを発しレイテン江至ル、津田、西並ファンバーク及職方之者を訪ふ、午後三時、ホフマン方を訪ひ、雅言集覧なの部迄を同氏江進物とす、ホフマン氏の喜悦大方ならす、惜らくは欠板なるを、然し出板次第精力を尽して取整へ、送るへき積りニ約速《ママ》なす、同氏より右返礼として同氏の著述せる大学並其他両三冊之書を送りて、シヘレルニ面会……

とある。赤松がホフマンに贈った『雅言集覧』は、いろは順の国語辞典で、石川雅望の著である。五〇巻二一冊。文政九年から嘉永二年にかけて、「い」から「な」の項まで刊行された。語の釈義よりは正確な用例を集めることを目的とし、それを主に中古の文学作品に求めた。明治二十年には、中島広足が加筆した『増補雅言集覧』が刊行された。

赤松は同書を日本から持って来たものかどうか明らかでないが、ホフマンはすでに『日本文典』の執筆に着手していたから、教授の懇望を入れて日本に注文を出し取り寄せたものかもしれない。ホフマンがこの辞典の返礼に赤松に与えた著書のうち『大学』は、この年ライデンで出版された本である。「ライデン大学図書館日本図書目録」（セリュリエ編、一八九六年、E・J・ブリル刊[320]）には、同書の未刊の分はホフマン博士の高配により、大学図書館で購入したもの、と書かれている。

一八六六年五月七日——この日、前年九月二十一日（慶応元年八月二日）にアムステルダムのニューマルクト三十八番地（現在の番地）で肝炎のため死去した職方・大川喜太郎の改葬[321]が行われた。ホフマン博士も日本人世話役であったところからこれに立ち会っている。

改葬に立ち会ったのは赤松、沢、ホフマン、クライン・ムアーマン[322]などであった。赤松則良の在蘭中の「手帳」（黒皮製）[323]の五月七日の項には、

七日（月）　今日午後二時喜太郎改葬ス、沢ホフマン来ル、車一時から三時迄雇ふ、ホフマン及ムールマンにヂネーを与ふ

とある。

この一文によると、一同は改葬が終わってから、レストランに入り食事をともにしたことが判る。

一八六八年――ホフマン、六十三歳。この年畢生の力を尽した『日本文典』が刊行され、これによってかれの学問的名声は定まった。ホフマンは本書において初めて日本語の構造を精密に叙述し、将来同じ道をあゆむ後進の研究者のために礎石を築いたのである。バビンガーによれば、本書には、芸術家の手なみと思想家の精神が同じように認められるという。かれは本書において、一般の文法に共通する構造とありきたりの言い回しをできるだけ保存し、日本語の斬新な点をはっきり、判りやすく説いている。が、この文典もあながち欠点が無いわけではなかった。

ホフマンはヨーロッパ随一の日本学の大家であったにもかかわらず、その学識を誇ることもなく至って謙虚であった。常に己れの専門的知識の不足を恥じた。しかし、世の中には人の名声をやっかみ、非を鳴らす手合いが必ずいるものだが、かれはむしろそれを聞くことを望んだ。学問上のたわごとと愚かな陰口にも進んで耳を貸した。自分の物差しですべてを量り、自分の考えだけが正しいとする、心の狭い学者とは異なっていた。

『日本文典』を完成したホフマンは、晩年に『日本研究』（日本文典の第一付録）をドイツ語で執筆し、かたわら『和蘭辞典』を編むことをもくろんだ。が、これらはどれも生前かれの目にはふれなかった。一八七五年、多大の精

ホフマンの埋葬地（ライデン・筆者撮影）

神的、肉体的労苦を強いた辞書の草稿はあらかた完成し、印刷に付することになったが、この時点でかれは年少気鋭の中国学者リンドール・セリュリエの協力を仰いだ。この愛すべき仕事を一人の力ではとうてい成し終えることができぬ、と考えたからである。

ホフマンは晩年健康を害した。が、講義を休んだり、退職を申し出るようなこともなく、健康がゆるす限り講義をつづけ、倦むことなく原稿の上にペンを走らせた。が、晩年の仕事——『日本研究』と『和蘭辞典』の完成の喜びを味わうに至らなかった。しかし、かれの学問上の功績は世に認められ、一八七七年ザクセンのアルバート王はアルブレヒト勲章第一級を、またオランダ国王はオランダ獅子勲章を贈った。

ホフマンは晩年胸を病んでいたようであるが、一八七八年一月十九日午後十時、ホーフラントセ・ケルクフラハト七の九百七十一番地（現在の二十三番地）の家で、ついに不帰の客となった。(324) 享年七十二歳であった。終生ひとり身を通したかれは、病床についてからジッヘレル博士(325)や親しい友人の世話になったが、もうかれらの手をわずらわすことはなくなった。

疲れた頭を枕に横たえ、やすらかな永遠の眠りについたからである。一月二十一日十二時半、ホフマンの友人のヤン・ウィレム・シュウェンク（五十三歳）とピィーテル・フードリエ（四十七歳）は戸籍吏のもとに出頭し、ホフマンが亡くなったことを届けた。翌二十二日、かれの死をいたむ何人かの友人によって、ささやかな葬儀が営まれた。遺骸は翌二十三日、馬車に乗せられ、町はずれの墓地(326)に運ばれ、葬られた。

イギリスの『アスィニーアム誌』は二月九日、ホフマンの追悼文をのせたが、それはありし日のかれの人柄の一端をのぞかせるものであった。

ホフマン氏は最も控え目な、最も気どらぬ学者であり、学問を誇るようなことは断じてなかった。自分の学才を誇らず、弟子を手伝うためなら、いつでも自分の仕事を放り出した。……

学者には家庭的に恵まれぬ人も多いが、ホフマンもその例にたがわなかった。かれは静かな大学町で孤独にじっと耐え、独身のまま世間の喧騒に巻き込まれることなく、書斎の中で暮らし、後半生のすべてを芸術と学問に献げたのである。幸田博士は「彼は終生娶らなかった。読書と作文、それが妻子にも喩ふべき彼の最愛のものであった」と美しい言葉でホフマン小伝を結んでいる。

ライデンのホフマンの家(筆者撮影)

ライデンにおけるホフマンの私生活については判らぬことが多い。が、語り伝えられているところによれば、若いころから音楽をこよなく愛し、また自らもオペラ歌手として舞台にも上ったかれは、大道音楽師の手回しオルガンが大のお気に入りであり、時折それをわざわざ家の前まで連れて来ては、何時間も休みなくひかせたという。おかげで近所の者もホフマン先生にはだいぶ迷惑したらしい。

ライデンに滞在した九年前の夏——ちょうど帰国する前日のこと、筆者はホーフラントトセ・ケルクフラハトの石畳の街路をそぞろに歩き、ありし日のホフマンと津田の生活に思いをはせたが、ホフマン宅の前に佇んだ時、思わずこのエピソードを思い出し苦笑を禁じ得なかった。ホフマン没して一世紀以上にもなるが、通りの家並、石畳、大教会、かれの住居、どれも昔のままのように思え、過去がそのまま今日まで生きづいているような気がした。

最後に語るべきはその業績であるが、簡単にふれておく。バビンガーのホフマン伝の終わりにホフマンの全業績が挙げられているが、それによると、単行本が十三冊、シーボルトの『日本』に寄せた論文が五、翻訳・評論・報告が二十二、全部合わせると四十点近くになる。筆者のホフマン研究は、幸田博士の「ヨハン・ヨセフ・ホフマン」(『科学ペン』五巻十二号、昭和十五年九月)小伝と博士が依拠したバビンガーの「ホフマン小伝」を精読することから始まった。これ以外にケルンやセリュリエが著わした小伝にも目を通したが、やはり文学的な香りが高いバビンガーの「ホフマン小伝」に惹かれた。

これはホフマンの人と生涯と学問的業績を手ぎわよくまとめた研究であり、読物としても優れており、伝記研究がこんなにたのしいものかを教えてくれた。幸田博士のホフマン小伝にも大きな魅力を感じ、それを繰り返し愛読した。これら四名の先達の研究を何度も読むうちに、ホフマン博士のイメージが自ずと出来上り、改めて筆を起し、新しい小伝を書きたい気持にかられた。筆者をそうした気持にさせたのは、ホフマンのゆかしい人柄——国境を越え、海を越えて伝わって来る人格的な魅力によるところが大きい。

日本学研究のためにすべてを犠牲にし、書斎の人となり、そのためには家庭をも顧みなかったホフマンに取りつかれ、余暇を利用し、たのしみながら、書いたものが本稿である。が、先年、ライデンに滞在した折に収集した史料も日本側のそれと一緒に今回余すところなく利用したつもりである。

(306) Johann Joseph Hoffmann (1805-78), ein Würzburger Orientalist von Franz Babinger.

(307)　ケルンのホフマン小伝（一〜二〇頁）は、Jaarboek van de Koninklijk Akademie van Wetenschappen gevestigd te Amsterdam voor 1878, Amsterdam. C. G.van Der Post の中に収録されている Levensbericht van J. J. Hoffmann door H. Kern である。

(308)　セリュリエのものは De Nederlandsche Spectator 1878, 's Gravenhage D.A.Thieme-Martinus Nijhoff 所載（五〇頁から五二頁）の Johannes Josephus Hoffmann である。

(309)　シーボルトがこの家を購入したのは一八三六年八月二十二日のことであり、またコレクションを翌一八三七年にオランダ政府に売却している。かれは一八四二年までこの家で暮らし、この年にライデン近郊のレイデルドルプ（Leiderdorp）村に土地を購め、一八四三年に"Nippon"（住居）を建てた。この家は一八九三年に取りこわされたが、その跡地はブルームストラート（Bloemstraat）となっている。シーボルト夫妻がレイデルドルプ村を離れたのは一八四七年のことであり、やがてドイツのボバルト（Boppard）の近くの St. Martin に移り、後にボンに引っ越した。が、夏にはよくレイデルドルプ村に避暑にやって来たようである。ラーベンブルフの家を売ったのは一八四七年五月十日のことである。

(310)　郭成章は住民登録していないため、記録は残っていない。

(311)　Modern Relations between Japan and the Netherlands (The Netherlands Association for Japanese Studies, 1981) 所載の Japanese Studies in the Netherlands by Dr. Frits Vos. を参照。

(312)　Julius Heinlich Klaproth (1783-1835).

(313)　J. P. Abel Rémusat (1788-1832).

(314)　Stanislas Julien (1799-1873).

(315)　Sir George Thomas Staunton (1781-1859).

(316)　Guillaume Louis Baud (1801-91).

(317)　Album Scholasticum の七〇頁。

(318)　Nieuwe Rotterdamsch Courant（一八六二・六・二五）。

(319)　『幕末和蘭留学関係史料集成』所載。

（320） Bibliothèque Japonaise —— Catalogue raisonné des livres et des manuscrits Japonais enregistrés à la bibliothèque de L'Université de Leyde par le Dr. L. Serrurier, Librairie et imprimerie E. J. Brill, Leyde–1896.

（321） 大川が最初葬られた場所は「古き西墓地」（Oude Westerbegraafplaats）の三級の墓地。この日、一級のCの6に改葬された。この墓地は一九五六年に潰し、公園（「西公園《ヴエスターパルク》」）としたために、大川の亡骸は「新しい東墓地」（Nieuwe Ooster begraafplaats）の共同墓地に再び改葬され無縁仏のようになっていた。が、アムステルダム在住の実業家・勝山光郎氏の献身的な尽力と、アムステルダム市当局、協和銀行アムステルダム支店、オランダ銀行、ホテル・オークラの協力と協賛を得て、昭和五十八年十月に同墓地内に墓が当時のままに再建された。

（322） Kryn Moerman は、大川がニューマルクトの下宿に移る前にやっかいになった人であり、一級の墓地の購め主でもある。一八〇七年三月二十五日アムステルダムに生まれ、一八七二年十二月六日当地において死去。妻のヘンドリカ・サラとの間に三男四女の子供があった。当時アムステルダム市シンゲル百七十四番地に住んでいた。その家は今も存在する。

（323） オランダ製の日記帳四冊のうちの一冊。表紙に「慶応二寅年」といったペン字の書き込みがある。Jaarboekje voor de leden van het Koninklijk Instituut van Ingenieurs.

（324） ライデン市の一八七三年の『死亡台帳』（Register van overleden personen, 1873）によると、ホフマン博士の死去に関しては次のように記載されている。

In het jaar een duizend acht honderd acht en zeventig den eenentwintigster der maand Januari des namiddags te half een uren is voor ons ambtenaar an den burgerlijken stand der gemeente Leiden verscheren : Jan Willem Schwenck, bekende van overledene oud drie en vÿftig jaren agent der Leidsche begrafenis onderneming wonende op de Haarlemstraat alhier en Pieter Goedeljee, bekende van den overledene oud zeven en veertig jaren, boekbinder wonende op het Levendaal alhier, welk ons verklaard hebben, dat op den negentiende januari achtien honderd achten zeventig des morgens te tien uren, in het huis op de Hooglandschekerkgracht binnen deze gemeente overleden is Doctor Johannes Josephus Hoffmann, ridder der orde van den Nederlandschen Leeuw, oud geboren te Würzburg in het jaar achttien honderd en vÿf, gewoond hebbende in voornoemd huis, ongehuwd zynde, de namen der onders van der overledene den aangevers onbekend.

En is deze akte na gedane voorlezing door ons en de declaranten geteekend.

J. W. Schwenck

P. Goedeljee

（325）ジッヘレル博士についてはAlbum Scholasticum の一四一頁に次のようにある。

SICHERER. Carl August Xaverius Gottlob Friedrich ＊ 1807 Oct. 21 Rottweil (Würtemburg) ; †1886 Febr. 9 Goes.
(LETTEREN EN WIJSBEGEERTE) 1848. Lector.
1848 Lector Duitsche Letterkunde.

（326）ホフマン博士の埋葬地に関して、ライデンの古文書館の職員C. J. Pelle氏とB. N. Leverland氏の教示を得た。ホフマン博士が埋葬されたのはGroenesteeg の端にあるNeuw Bolwerk of Begraafplaats の墓地であると教えられた。当時の地図を見るとライデン市の外ぼりに面した所にいくつも稜堡（bolwerk）があるが、そのうちの四カ所を墓地に使っているのが判る。この墓地は現存するが、今は使われていない。

「埋葬台帳」には、次のように記載されている。

1878	埋葬された日	埋葬時刻	氏名	年齢	墓地の等級	墓地の番号	費用（ギルダー）
	23	11	Johannes Josepheus Hoffmann	72	1	228	26

またホフマンの「住民登録」(Bevolkingsregister 1860-1870, Buurt 26 folio 106)には、氏名がJohan Joseph Hoffmann となっており、職業はbuitengewoon hoogleeraar（特任教授）となっていた。記載事項は至って少ない。

ポンペ

ブリュッセルの西北西九十八キロのところにブリュージュ（Brugge――フラマン語で「ブルッハ」とも発音する）という中世の美しい町がある。そこのランゲストラートとカゼルンヴェストとが交差する一帯の地が昔の兵舎の跡地である。今は、当時の建物はほとんど無く、新旧の家が混在し、兵舎があった当時の古いレンガ塀と古い教会を残すだけであるが、ランゲストラート沿いの家並みだけは昔も今も変らないようである。

その兵営の将校宿舎の一室で生まれたのがヨハネス・リディウス・カタリヌス・ポンペ・ファン・メールデルフォールト（以下略して〝ポンペ〟と記す）である。呱々《ここ》の声をあげたのは一八二九年五月五日のことである。当時、父のヨハン・アントワヌ・ポンペ・ファン・メールデルフォールトは三十三歳、第二歩兵連隊の二等中尉としてブリュージュに勤務していた。幼少時代のポンペの生活については史料は乏しく、よく判らぬが、父の転任に伴い、ユトレヒト、マーストレヒト、ライデン、アムステルダムなど転々と住居を変えた。小・中学校を経て、ユトレヒトのスプリングウェヒにある「国立陸軍軍医学校」に入学を許可されたのは、一八四五年七月二十二日。同年九月一日より〝見習い生〟として医学研修に従事し、四年間の医科課程を無事に修了し卒業したのは一八四九年八月十六日のことで、卒業と同時に三等軍医に任官した。

その後、ポンペは海軍軍医としてオランダ海軍の艦船に乗り組み、蘭領東インドに赴き、乗組員の診療に従事するかたわら、陸にも上り医療や調査活動に携わった。足かけ四年の外地勤務を終えて故国に帰ったのは一八五五年十一月八日。帰国後、一時休職給を給付され、翌五六年二月一日までデン・ヘルダーの「海軍病院」に勤務した。同年八月十六日、ポンペは昇進試験にパスし、二等軍医となり、八月三十一日から翌一八五七年二月一日までの半年間、ヘレフートスライス（軍港）の哨艦に勤務した。

一八五七年三月二十五日、ポンペはカッテンディケの率いる第二次海軍教育班の一員としてロッテルダムの埠頭を離れ、一路日本を目ざして出帆した。乗艦「ヤパン号」はヘレフートスライス、リスボン、バタビア、マニラを経て最終目的地の長崎に到着したのは、一八五七年九月二十一日（安政四年八月四日）夜のことであった。ヤパン号の長崎入港に関しては、日本側の記録(327)に次のようにある。

安政四年八月五日入津
　渡来之阿蘭陀蒸気船ゟ差越候書翰和解
船号　ヤッパン
船之大サ　六百弐拾五トン
主役之名　ホイスセンファ《マ》ン《マ》カッテンデーケ
役掛り并士官人数　士官七人
乗組人数　六拾四人
類船之有無　無之候
咬𠺕吧出船　第八月廿六日 七月七日当ル
右之通和解差上申候　以上
　丁巳八月五日
書翰和解之内此ケ条相増申候

一　何国仕出之船ニ候哉　ロットルダム

一　何月幾日出船ニ候哉　第三月廿六日三月朔日ニ当ル

一　指揮役　ウエイセボイスセンフハンカッテンデイス

但士官七人之内

一　乗組惣人数　七拾弐人

石橋ゟ差出候書付ニハ六十四人ニ御座
候未タ何レニ哉相知不申候取糺申上候

一　渡来之次第　御誂船乗渡并伝教之士官乗渡申候

一　日本漂流人連渡之有無　無之候

一　唐船并異国船等　見掛不申候

洋中ニ而見掛不申候哉

八月八日

またヤパン号入港については蘭館日誌（Japan Dagregister）にも記事が見えるが、それは次のようなものである。

21 September

Seinschoten-Aankomst van den voor de Japansche regeering bestemde schroef-schoener Japan, Kommandant Ridder H. v. K ——

Het schip arriveerde des avonds ten half negen van achter den Papenberg. ——

九月二十一日
合図の信号があった――日本政府のためのスクーナ型スクリュー船「ヤパン号」到着す。指揮官リィデル・ハイセン・ファン・カッテンディケ。
同船は今夕八時半に高鉾島のうしろに到着した。

ポンペの任務は教育班の隊員の診察と治療が主なものであったが、日本人に医学教育を授ける仕事も兼ね、また蘭領東インド政庁より日本の動植物・鉱物・地質調査等も命ぜられていたので、かれの肩書は「総督府付医官兼日本における博物学調査官」といったものであった。ポンペは長崎滞在中、日本人の医学生に近代医学教育を講じることを担当し、基礎医学の教科課程から始め、漸次、臨床課程に移向する教育方針を採り、また一等尉官（少佐待遇）B・D・ファン・トローイエン（一八二五～八五）の協力を得て、わが国最初の洋式病院（「長崎養生所」）を小島郷に建設した。

一八六二年（文久二年）初頭、ポンペは年暮れまでに帰国したい旨を幕府に伝え、同時に後任の医師の手配を依頼した。同年十月二十五日、ポンペの後任である一等軍医アントニウス・F・ボードワァン（一八二二～八五）が来日したので十一月一日（陰暦九月十日）、ポンペは滞在五年にも及んだ長崎に別れを告げてオランダ商船ヤコブ・エン・アンナ号（二百六十トンのスクーナー）上の人となった。帰国に先立ち日本滞在中に収集した和書・地図・木版画・原稿・メモ等十八箱を、幕府派遣のオランダ留学生十五名を乗せたカリプソ号に積み込んで本国に送ったが、不幸にして同船はアルセステ暗礁で座礁したので一部失ってしまった。木箱に積めたポンペのコレクションは一説によれば八個であり、このうち失ったのは三個であるという。(328)

若き日のポンペ
（ファン・ウエイデン夫人蔵）

いずれにせよ、一八六二年十一月一日午前十時に、長崎奉行所の役人、出島と大浦居留地のヨーロッパ人らの見送りを受けながら長崎をあとにし、途中、上海、シンガポール等を経て一八六二年十二月三十一日母国に帰った。五年ぶりで帰国したポンペの動向を明かす史料は無いが、父や兄弟・姉妹らの住むハーグ郊外フォールスホーテンのラウコープの館でゆっくり休養をとり、植民地省・外務省・海軍省などに出かけ日本滞在中の報告をなし、また友人知人らと会ったものと思われる。

オランダ留学生らがオランダのブラーウェルスハーフェンに到着したのは一八六三年六月二日のことで、ロッテルダム、ハーグを経てライデンのブレーストラートの「ホテル・ド・ハウデン・ゾン」（今の百五十五番地）に旅装を解いたのは六月四日のことである。当時ポンペは軍医としてハーグ市スパイ一番地（現在のスパイストラート七十一番地）に住んでいたようで、日本の海軍留学生が到着したことによって、海相カッテンディケの命を受け、世話役兼教師となった。ポンペが日本人留学生と会ったのは六月六日の昼時のことで、このとき留学生の研修科目の選定と修学地について、同じように日本人掛となったホフマン教授と協議した。

ポンペは六月十日カッテンディケの意見書を携えて再び留学生の旅宿を訪ねているが、津田・西と職方一同はライデンに留まり、その他の士分の者はハーグに移り、めいめい専門とする科目を学ぶことになった。六月十二日、ポンペは士分の者三名を連れてハーグに赴いているが[329]、これは下宿捜しであったと思われる。内田以下士分の者らは六月十四日にライデンを引き払いハーグに移って行った。

ポンペは日本人留学生らに数学・化学・物理等を内田の下宿（ホーヘンストラート二十三番地）や自宅で教えたが、

その期間はせいぜい一年ほどであったものと思われる。

一八六四年十一月二十五日をもって、ポンペは十五年に及ぶ海軍軍医の生活にピリオドを打ち、同年十二月十日、ブレダに住む姪のヘンリエッテ・ヨハンナ・ルイーズ・ド・ムーラン（十九歳）と結婚した。ポンペは当時三十五歳であった。

一八六五年十一月、長男ヨハン・ヨゼフ・ウィレム（のち弁護士となる）がブレダのヒンネケンで生まれた。翌一八六六年五月二十三日、ポンペ夫妻はブレダよりハーグに移り、「ベルヴュー・ホテル」の裏手、ズワルテウェヒ七十七番地で医院を開いた。この年、コレラが流行したが、長崎時代の経験を大いに生かした。開業医となったのち、「オランダ赤十字」のハーグ委員会の会員として活躍した。

一八六七年十月、次男アンリ・ジャン・アントワーヌ（のち海軍大尉）が生まれた。この年、ポンペの回想録『日本における五年間――日本帝国とその国民の知識への一寄与』上巻が刊行され、翌年下巻が出た。

一八六七年から七四年まで、ポンペはハーグの「デ・ウィッテ・クラブ」の理事を勤めた。一八六八年十一月、長女リディア・マリア・カロリナが生まれた。この年、ハーグでオランダ赤十字主催の医療機器の展示会の委員として活躍し、日本式の「浴槽」を個人出品し銀賞を得た。

一八七〇年から七一年の普仏戦争のときは、オランダの医療班を率いてザールブリュッケン（フランクフルトの南西二百二十二キロ）の野戦病院に勤務し、傷病兵の看護と治療に日夜献身したが、その奉仕活動はオランダ・プロシア・フランス・ポルトガルの認めるところとなり、後年各種の賞牌をうけた。

一八七二年二月十三日から七四年七月二十三日まで、ポンペは医師のままハーグ市の市会議員となり、かたわら「デ・ウィッテ・クラブ」の理事を勤めた。ことに市会議員在任中、スヘベニンゲンの海水浴場やハーグ市内の病院の監督官を兼ねた。

一八七一年十二月二十一日（明治四年十一月十日）、右大臣・岩倉具視を正使とする遣外使節団（岩倉使節団）は、欧米に向けて横浜を出帆した。この使節団の使命と目的は、幕末に結んだ条約締盟国を歴訪し、新政府の国書を捧呈し、条約改正のための予備交渉をし、合わせて欧米先進諸国の諸制度・文物を調査研究することにあった。日本を発った使節団は、アメリカ・イギリス・フランス・ベルギー・オランダ・プロシア・ロシア・デンマーク・スウェーデン・イタリア・オーストリア・スイスなど十二カ国を巡歴し、一年十カ月後の明治六年（一八七三）九月十三日、帰国した。

一行がオランダに滞在したのは、明治六年二月二十四日から三月七日までの約十一日間であり、この間ハーグの「オテル・ポーレ」（Hôtel Paulez ——コルト・フォールハウト二番地、現存しない）を旅宿とし、ロッテルダムのフィイエノールトにあるオランダ汽船会社、ライデンの王立古代博物館、王立人類学博物館、ハーグの外務省、海軍省、王宮、プリンス・マウリッツ博物館、アムステルダムの王宮、美術館、水晶宮（国民工業館）、ダイヤモンドの研磨工場、動物園、北海運河、オランダ銀行、オランダ商事会社、トレスリング石版印刷会社、ハーグ郊外のスヘベニンゲン、フォールスホーテンの王立オランダ金銀器製造工場などの諸施設を見学・視察した。

このときポンペはライデン大学のホフマン博士と共に日本人掛となり、一行をライデンに案内している。一八七三年二月二十八日、日本使節は馬車に分乗し、ライデン街道を通ってライデンに遊覧に出かけたが、このときの模様は『アムステルダム新聞』（〔Amsterdamsche Courant〕一八七三年三月三日）に報じられている。

二月二十八日　ハーグ

日本使節は本日、ポンペ・ファン・メールデルフォールト医師を伴い、馬車でライデンへ遊覧に出かけ、当地にあるいくつかの王立の施設、コレクション及びその他の珍しい物を見学したのち、午後ハーグに帰って来た。

ポンペは使節一行の世話役でもあったが、主治医を兼ねていた。『新ロッテルダム新聞』(Nieuwe Rotterdamsche Courant, 一八七三年二月二六日付) はいう。

二月二十五日　ハーグ

(前略)

私たちの市民、ポンペ・ファン・メールデルフォールト医師は、使節がハーグに滞在する間、主治医を勤めるであろう。

ポンペは日本使節がオランダ滞在中、終始一行に付き添っていたわけではなかったようである。岩倉使節団がオランダを出国する三日前の三月四日、ポンペは自宅で夜会を開き一行を招待している。『アムステルダム新聞』(一八七三年三月七日付) はいう。

三月五日　ハーグ

昨日、グラーフ・ファン・ポルスブルック氏が敬意を表して、私宅において催した晩餐会に出席した日本使節の面々は、そのあと以前日本で医師を勤めたポンペ・ファン・メールデルフォールト氏宅での夜会《ソアレ》に臨んだ。

一八七四年(明治七)三月十日、海軍中将兼特命全権公使として露国公使館在勤を命じられた榎本釜次郎(武揚)

は、この日の朝、随員と共に横浜を出帆し、香港・アレクサンドリア・ヴェニス・フランス・オランダ・プロシアを経て六月十日[330]ごろ任地のペテルブルクに到着した。榎本の使命は樺太問題解決が主なものであったが、このときポンペは榎本より外交顧問に就任してもらいたい旨岩倉具視を通じて懇望された。ポンペはこの依頼を受けると国王ウィレム三世に請願書を提出し、同年七月十四日付の勅命により日本政府の顧問に就任した。ロシア外務省には日本政府を通じて、日本公使館付の「嘱託医兼学術調査官」として届けた。

ポンペは同年八月四日、単身汽車でハーグを発ち、プロシアのリューベック（ハンブルクの北東六十九キロ）を目ざした。途中、オスナブリュック（ブレーメンの南西百二十二キロ）とハンブルクで各一泊し、八月八日の夜、リューベックより「ネバ号」（貨客船）にて出帆した。それより同船はレーベリ（エストニア共和国の首都、現在のターリン）、クロンシュタットを経て、一八七四年八月十三日ペテルブルクに到着した。ハーグを発って十日目のことである。

埠頭には「榎本と書記官が出迎えていました」[331]と、ポンペは父に露都到着の第一報を送っているが、榎本と一等書記官、花房義質《よしただ》、二等書記官・中村博愛《ひろやす》[332]らが迎えに出ていたものであろう。当時、日本公使館はビィビィコフというロシア人の大邸宅を借りて国の出先機関としていた。が、ポンペはそこには住まわず借家に住んだ。妻と三人の子供、家庭教師二名らはポンペと同じ経路をとり、ひと足遅れてペテルブルクにやって来た。

ポンペが日本公使館の顧問としてロシアにいたのは約二カ年で、一八七六年の盛夏ハーグに戻り、ジャバストラート一一六番地（建物は現存し、今は洋服直し屋）に住み、やがてここを引き払ってベルヘン・オプ・ゾーム（ロッテルダムの南七十一キロ）のエンゲルストラート二十二番地（現在の番地）に住み、医院を開業した。

ポンペの弟ヨゼフス・レオナルドゥス・ヘンドリクスは「ゼーラントのカキ」の養殖を始めた草分け的な人物であったが、一八七一年に三十九歳で夭折《ようせつ》した。ポンペはやがて医院を閉じると、弟の事業を継いで、カキ養殖に専念するようになった。この年、ポンペは五十歳であった。

一八八一年秋、ポンペはファン・ニッセという者と一緒にフランスにカキの調査研究に赴き、またこの年「スヘルデ川及びゼーラント海流における漁業報告」と題する、カキ養殖に関する論文を発表した。一八八三年十一月十七日、ポンペは勅令二十七号により「オランダ赤十字協会中央委員会」の会員に選ばれ、それは一八九三年までつづいた。

一八八四年九月一日から六日まで、ポンペはスイスのジュネーブで開かれた第三回赤十字国際会議にオランダ代表として出席している。翌一八八五年八月七日、ポンペは大蔵大臣の推薦により「スヘルデ及びゼーラント漁業組合」の会員に選ばれ、一八九一年まで組合員であった。同年、ベルギーのアントウェルペンで赤十字の万国博覧会が開かれ、ポンペは副審査委員長をつとめ、その功により銅メダルを贈られた。一八八五年から八九年までポンペは、ベルヘン・オプ・ゾームの商工会議所の会員であったが、のちに会頭に就任した。

一八八七年（明治二十）九月二十日より二十七日まで、一週間の日程で第四回国際赤十字会議がドイツ南西部の町カールスルーエで開催され、日本も前年六月には国際赤十字条約（ジュネーブ条約）に加入していたから、今回初めて代表団を派遣した。日本側からは石黒忠悳《ただのり》（一八四五―一九四一、子爵・枢密院顧問官）、谷口謙などが出席し、森林太郎（鷗外）と松平謙が通訳として同行した。開催二日目の九月二十二日、この日午後の総会に先立って、午前中に各国の赤十字支社の代表委員会が開かれ、それが終わって午後三時の総会までかなり間があった。森と松平が会場の議事堂を出てホテルにいったん帰ろうとした時、容貌魁偉、白髪紅顔の外国人が近づいて来て、オランダ赤十字社代表のポンペであると名乗り、また松本良順（初代軍医総監）氏は健在かと尋ねた。このときはお互い自己紹介と世間話をしたにすぎなかったが、鷗外の眼にはポンペはまるで阿羅漢《あらかん》のように映ったようである。(333)

石黒忠悳は青年時代にポンペの『医学七科』（ポンペの講義を松本良順が筆記し、記述したもの――物理・化学・解剖学・生理学・病理・内科・外科など合計四十五冊）を、毎晩、筆写しながら精読した懐しい思い出を持っていたから、ポンペのことはその著述を通じて知っており、また総会において日本側に好意的な発言をしてくれたことで好感を抱き、会議終了後、いろいろ歓談した。九月二十五日は日曜日。この日は会議なく、主催者側の招待により、各国代表は特別列車でバーデン・バーデンに遊覧に出かけ、帰途、ポンペと鷗外は同席した。このとき、森さんの顔が一番林研海君に似ておるといい、在蘭中、女性問題を起した林の急場を救ったことなどが話題となった。

一八九三年九月二十六日、ポンペ夫妻はベルヘン・オプ・ゾームよりベルギーのブリュッセルに移った。この年からこの夫妻は生活地の定まらぬ、さすらい人のようにベルギー、オランダ、プロシア国内を転々と住所を変えている。記録によると、ポンペ夫妻は一八九六年四月四日から一九〇二年六月七日までベルギーのニューポールト（ブリュッセルの西北西百三十二キロに位置する港町）で暮らしたことになっており、この間に住所を三度も変えた。この町で最初に住んだのは波止場に近いカーイストラート四番地、次いでここから数百メートル離れたファルケストラート二十一番地に移ったが、この家は現存しない。ニューポールトにおけるポンペの住民登録簿によると、職業は「不労所得者」（rentenier）となっている。かれはこの町で年金受給者として暮らす一方で、カキ養殖に多少従事していたらしい。

ニューポールトで六年ばかり暮らしたポンペは再びオランダに戻り、一九〇二年六月からハーグ市コンラードカーデ四十五番地に住んだ。このときの職業は「実業家」（industriëel）とある。また正確な日時までは不明だが、この年の七月ごろハーグを引き払い、翌一九〇三年九月十八日までマーススライス（ロッテルダム郊外）のポールクルーヘルストラートAの九十一番地（現在のヤゥベルトストラート九のRd）で暮らした。

ポンペはマーススライスに移る前、まだハーグにいた時分にマーススライスのG・D・マーテンゾーンというセールスマンとE・G・G・H・ロンバウツという名のハーグの技師らと共同で、魚油（vischolie）と魚肥料（vischguano）の工場をマーススライスで造ろうとしたが実を結ばなかった。(334)

一九〇三年九月十八日、ポンペ夫妻はマーススライスをあとにし、ハーグに移った。記録によると同年十月十二日から翌一九〇四年七月二十七日まで、ハーグ市カナール六十一番地（住居は現存しない）に住んだ。

一九〇四年八月五日、ポンペ夫妻はオランダを離れプロシアに赴き、ハンブルク郊外ヴァンツベックのラートハオスマルクト十五番地に住んだ。ポンペはここが気に入ったようで、「景色も建物もすばらしい」と手紙の中で感想の一端をもらしている。

プロシアで暮らしたのもわずか、再びオランダに戻り、一九〇五年六月二十七日から翌年七月二日までの約一カ年、ポンペ夫妻はアーペルドールン（オランダの中部、アムステルダムの東九十キロ）のソフィアパルクDDの百六十七番地で暮らした。その家は今は無いが、当時の地図で見ると、比較的駅に近かったことがわかる。この町で転入届をしたのは一九〇五年六月二十七日のことで、前の住所はハンブルクとあり、職業は「医師」（geneesheer）となっている。この年ポンペは七十七歳である。現役の医師としてはあまりにも高齢すぎるが、家政婦を二名[335]雇い入れているところから考えると、医院を開いていたのかも知れない。

一九〇六年七月二日、ポンペ夫妻はアーペルドールンを引き払い、再び以前暮らしたことのあるベルギーのニューポールトに舞いもどり、スターシプラーツ十一番地に居を構えた。今はその家は無い。しかし、ここで暮らしたのはほんの二十日余りで、同年七月二十八日、ニューポールトを引き揚げ、ブリュッセルに移り、シャルル・マルテル街二十六番地に身を落ち着けた。そしてここがポンペの終焉の地となるのである。

シャルル・マルテル街は当時も今も下層中産階級《プチブル》者が主に住んでいる所であり、いささか陰気くさい雰囲気をかもし出している。一九〇八年十月三日、午前十一時半、ポンペはこの家で息を引きとった。享年七十九歳であった。

三日後の十月六日、柩におさめられたポンペの亡骸は馬車に乗せられ郊外の「ブリュッセル墓地」（Cimetière de Bruxelles）に運ばれ、同墓地の奥——三十区の十二列目の六番目の地下二メートルの所に埋葬された。埋葬に際し

若き日のポンペ夫人
（スハウテン氏提供）

て柩に〝二九〇六〟という番号の鉛の小さな板が打ちつけられた。

ポンペは最下級の三級の墓地に埋葬されたのであるが、その区画の土地を求めたのは妻である。土地の期限は五年間しか保証されず、従って今日、埋葬地の目じるしとなるものは何も残されていない。

一九一三年（大正二）一月、医学博士・入沢達吉氏（ポンペの弟子、入沢恭平の子）はハーグにしばらく滞在した折、ポンペの甥と妹（ヨハンナ・ウィルヘルミナ）と会い、ポンペにまつわる話を聞く機会に恵まれたが、ポンペは晩年に事業の思わくがはずれ、親類などにも少なからず迷惑をかけ、自然親類付き合いも疎遠になったという。ポンペはベルヘン・オプ・ゾームにいた一八九〇年にカキの養殖に失敗しているが、これはその年長い間、海水の低温がつづいたためでもあった(336)。

ポンペが晩年にあんなに頻繁に住所を変えたのは、一つには債鬼から逃れるためでなかったかと思われる。とくに一八九〇年から九一年にかけて財政困難に陥ったことは確かなようだ。

最後にポンペ未亡人の動向だが、夫人は夫を亡くした翌年——一九〇九年四月三日より、「ブリュッセル墓地」に比較的近い、スハエルベークのエルネスト・ロード街二十三番地（ジョセフ・ブラン街と交わる角）に入居し、一九一三年二月六日にそこからわずかに離れたジョゼフ・ブラン街百四十八番地に引っ越した。これらの家はともに現存する。夫人はいつブリュッセルよりハーグに移ったものか詳らかにしないが、夫の死から約七年後の一九一五年五月三日の午前三時半、ハーグで七十年の生涯を閉じた。

ポンペ夫人の亡骸は五月六日、ハーグの「ローマカトリック教会墓地」に葬られた。埋葬地（墓穴）は三級の一二一九号である。この墓地は、長男で弁護士のヨハン・ヨゼフ・ウィレムが当時のお金で六十フロリン出して求めたものである。墓石はすでに取り除かれており、今は目じるしとなるものは何もない。

わが国に近代医学を初めて体系的に教授したポンペは、帰国後、医学教育や研究とは無縁に近い人となり、むしろ実業家として暮らした。しばらく開業医としても暮らしたが、それもわずかの期間であり、医学的にいちばん貢献するところが大きかったのは、赤十字関係の仕事であったと思われる。

医師のままハーグ市会議員となったり、榎本武揚の外交顧問となって日露の外交に尽したり政治畑も歩いたが、それも短い期間であり、むしろ実業家（カキの養殖者）として活躍した期間は長く、帰国後のかれの生活を特徴づけているものはまさにこれである。しかし、事業の方は期待に反して振わず、かれの晩年は不遇であったといえる。不労所得者として、わずかな年金で生計を立てていたのである。未亡人が三級の墓地（一般庶民用）を買い求め、そこに夫を埋葬せざるを得なかったことも、なにか晩年の暮らしぶりを暗示しているように思えてならない。

(327) 片桐一男校訂『鎖国時代対外応接関係史料』二二三〜二二四頁。
(328) フォス美弥子訳『オランダ領事の幕末維新』九一頁。
(329) Leydsche Courant（一八六三・六・一五）。
(330) 加茂儀一『榎本武揚』二四四頁。
(331) 一八七四年八月十四日付の父宛の蘭文書簡による。
(332) G. A. Lensen : Japanese Diplomatic and Consular Officials in Russia, 1968,pp.164-167.
(333) 森鷗外「独逸日記」。
(334) 宮永孝『ポンペ——近代日本医学の父』二四四頁。

（335）同右、二四六頁。
（336）同右、二五〇頁。

あとがき

幕末のオランダ留学生に関心を持ち、その調査を志してからもうかなりになる。昭和五十五年の盛夏、市立函館図書館の薄暗い閲覧室でペリー関係の日本側史料を閲覧していたとき、書架から何気なく手にとった小冊子『よみがえる幕末の軍艦——開陽丸』（非売品、共同通信社編）のページをめくるうちに、筆者はいつの間にかこのパンフレットにすっかり吸い込まれていた。この小冊子は、幕末戊辰戦争の際に江差沖で座礁沈没した幕府海軍の旗艦開陽丸の建造から沈没までのあらましを手ぎわよく説明し、その発掘調査と遺物の豊富な写真をそえている。何よりも筆者の注意を惹いたのは、当時、わが国において最新鋭の洋式軍艦であった開陽丸と深い関わりを持った「和蘭行御軍艦方」（オランダ留学生）の写真《ポートレイト》と略歴であった。榎本武揚や津田真道や西周といった面々はその生涯や行実について詳しくは知らないまでも、その名と横顔ぐらいは知っていたが、他の人たち（士官・職方）に至っては未知の人たちばかりであった。帰路、飛行機の中で渡蘭した日本人留学生のことをあれこれ想い浮かべてみた。帰京後、もっとかれらのことを知りたい欲求にかられ、『赤松則良半生談』（平凡社）を求め、これを精読した。同書の圧巻は何といっても渡蘭記とオランダ生活の部分である。読後、さらに類書を捜すことに努め、古書で水田信利氏の『黎明期の我が海軍と和蘭』（非売品）を大金を払って求めた。同書は、元外交官出身の著者が日本の近代海軍の創設に対するオランダの寄与を、主として日蘭双方の史料に依って書き上げたもので、その研究のきっかけを与えたものは、昭和初期にハーグの日本公使館に勤務中、市内の一書店で徳川幕府の海軍創設に関係ある古文書（海相カッテンディケに与えた感状及び書簡等）を購入したことによる。同書中、直接、オランダ留学生にふれた部分は、「帰国後のカッテンディケと我が国最初の海外留学生」の一章である。留学生派遣の経緯、派遣の目的、渡蘭後の留学生の生活地（ハーグの古老から聞いたもの）、などについて簡略に語り、ホフマン教授、田口俊平、林研海、伊東玄伯、沢太郎左衛門、内田恒次郎、古川庄八、山下岩吉、榎本武揚、ライデンの航海学校、往時のハーグ市内等の珍しい写真を添えていて、在蘭留学生について一層感興をそそられた。〝オランダ留学生〟とは何かについて予備的な知識を得るには必読の文献であるには違いなく、また参考とする点もあったが、記述においてやや実証性に欠けるきらいがある。

かくして筆者は仕事の合い間を利用して関係文献の収集に着手し、これを精読・吟味し、子孫がわかればこれを訪ね、あわせて士分・職方双方の調査を開始し、余暇を見つけては国内の探訪に出かけた。カメラとノートを持ち、北は江差・札幌、南は長崎、江田島・塩飽本島・高見島・大阪・岐阜の山村に史料と子孫等を捜しもとめながら歩いた。やがて筆者は、維新後、顕要の職につき、後世に名を伝えた士分の者に興味は失せ、世に埋もれた職方にこそ関心を抱くようになり、ことにアムステルダムで客死した職方・大川喜太郎のように死亡前後の事情すらわからぬ者、これまでほとんど注意を払われることのなかった各職方の人と事蹟を一層知りたく思うようになった。

国内調査がほぼ終わった時点で、オランダで実地調査を行いたいと願った。ここでの調査は必須である。オランダは幕艦開陽丸が建造された所、留学生の一人ひとりが、理想にあこがれ、孤独に耐え、異性に恋いこがれながら、鋭意研鑽に励んだところ、文字通り多感な青春の一時期を送った国である。夏季休暇を利用しての渡蘭はこれまで数次に及ぶが、当初、実地調査といってもどこで、何をどのように調べてよいものやら全く雲をつかむような状態であり、暗たんたる気持に度々かられた。幸い在留邦人、研究者、古文書館《アルヒーフ》の係員の懇切な協力と説明とに助けられ、全く予想に反して、多くのすばらしい収穫に巡り合うことができた。筆者は渡蘭のつど、欲張らずに一、二つの事実を識り得ればそれで満足して帰国するつもりでいたが、毎回、幸運なことになにがしかの新史料を得て帰ることができた。古文書館は利用の仕方によっては、宝の山でもある。しかし、それは同館の利用法を知り、手書した文書・手紙・稿本等を判読できるか否かによる。筆者は日本人の通弊として語学が十分にできぬため史料解読に一方ならず苦労したが、その困苦に耐え得たのは、極力原史料から研究を進め、多少とも日本人として独創性を出したいと願ったからに外ならない。本書で用いたオランダ側の基礎《データ》事実の多くは、これまでの実地調査や通信等によって得たものであり、完成に漕ぎ着くまでには、実に多くの人の陰の協力があったことは云うまでもない。

国立国会図書館憲政資料室の大久保利謙氏、赤松文書の閲読を許可して下さった宮崎尭氏、アムステルダム在住の実業家勝山光郎氏、沢義道氏（故人）、沢松野氏、沢弘道氏、坂出市の郷土史家藤田一郎氏、下田市立図書館長前田実氏、シンガポール在住の宮本治子氏、三崎ユキ氏（故人）、元高見島（仲多度郡多度津）の中学校長西山保氏、安江浄水氏、柳兼子氏（故人）、日本学士院の元事務長庄司光男氏、元東京大学教授沼田次郎氏、茨城大学教授の中川浩一氏、日仏文化研究家のＣ・ポラック氏、同須見裕氏（故人）、ライデン大学日本科のＪ・スホルテン氏、元国費留学生のバホフネル氏、ライデン大学解剖学研究所のＨ・ヴゥケルス博士、ライデン大学学生課のＨ・Ｅ・コレンロンプ氏、ライデンの古文書館のＮ・Ｂ・レーベルラント氏、アムステルダムの古文書館のエルンスト氏、ハーグの古文書館のファン・アンローイ女史、Ｈ・ボルデウェイク氏、ドルトレヒトの古文書館のＰ・スホーテル氏、ユトレヒトの古文書館のＪ・Ｅ・Ａ・Ｌ・ストライク氏とデ・フリース氏、オランダ国防省海事課の元部長ファン・オーステン氏、ポンペ研究家のＡ・スハウテン氏、Ｐ・Ｃ・リンク氏、Ａ・フォートハルス氏、等にお世話になった。文献資料その他の面では、ハーグの王立図書館、西ドイツ・エッセンのクルップ博物館、シンガポールの国立古文書館及びオランダ国内の各古文書館、市立函館図書館、国立国会図書館、法政大学図書館、早稲田大学図書館、慶応義塾大学図書館、東京大学新聞研究所、東京大学史料編纂所、日本学士院などにお世話になった。記して感謝を表します。

一九九〇年盛夏

著者しるす

主要参考文献

『幕末和蘭留学生関係資料目録』（国立国会図書館考査目録一一号、大久保利謙編・解説）昭和二十八年三月刊

『幕末伝来　蘭・英書展示会』（慶応義塾図書館目録）昭和四十一年十二月刊

『アサヒグラフ』（日蘭交流の跡を訪ねて）朝日新聞社、昭和五十五年九月刊

『よみがえる幕末の軍艦――開陽丸』（昭和五十四年、開陽丸展のカタログ）企画・編集共同通信社

「日蘭通交史資料写真集」（幸田文庫）

『幕末和蘭留学関係史料集成』日蘭学会編、大久保利謙編著、雄松堂出版、昭和五十七年二月刊

『続・幕末和蘭留学関係史料集成』日蘭学会編、大久保利謙編著、雄松堂出版、昭和五十九年二月刊

『幕末維新外交史料集成』第一巻、財政経済学会、昭和十七年十二月刊

『幕末維新外交史料集成』第六巻、財政経済学会、昭和十九年一月刊

『鎖国時代対外応接関係史料』片桐一男校訂、近藤出版社、昭和四十七年六月刊

『川勝家文書』大塚武松編、日本史籍協会、昭和五年五月刊

『近代日本海外留学生史』渡辺実著、講談社、昭和五十二年九月刊

『近代日本の海外留学史』石附実著、ミネルヴァ書房、昭和四十七年九月刊

『西洋教育の発見』石附実著、福村出版、昭和六十年十月刊

『幕末維新の洋学』大久保利謙著、吉川弘文館、昭和六十一年八月刊

『近世日本哲学史』麻生義輝著、宗高書房、昭和四十九年五月刊

『明治初期の思想』淡野安太郎著、勁草書房、昭和四十二年十二月刊

『西洋見聞集』日本思想体系66、沼田次郎・松沢弘陽校注、岩波書店、昭和四十九年十二月刊

『勝海舟全集』勝部真長編、勁草書房、昭和四十九年四月刊

『遣外使節日記纂輯』（第三巻）、大塚武松編、日本史籍協会、昭和五年一月刊

『通信全覧』正・続、雄松堂
『同方会報告』正・続、明治三十～三十二年
『旧幕府』明治三十～四十二年
『大日本』大正七年七～十二月
『新旧時代』昭和二年八月
『交通文化』昭和十三年十一月
『幕末に於ける我が海軍と和蘭』水田信利著、海軍有終会、昭和四年九月刊
『黎明期の我が海軍と和蘭』（非売）、水田信利著、雄風館書房、昭和十五年五月刊
『揺籃時代の日本海軍』水田信利著、海軍有終会、昭和十八年四月刊
『長崎海軍伝習所の日々』ファン・カッテンディケ著（水田信利訳）、平凡社、昭和五十四年二月刊
『幕末外交談』田辺太一著、坂田精一訳、平凡社（東洋文庫）、昭和五十四年六月刊
『徳川慶喜公伝』全四巻、渋沢栄一著、平凡社、昭和四十三年一月刊
『昔夢会筆記』渋沢栄一編・大久保利謙校訂、平凡社、昭和五十四年十月刊
『女聞き書き・徳川慶喜残照』遠藤幸威著、朝日新聞社、昭和六十年十二月刊
『徳川昭武――万博殿様一代記』須見裕著、中央公論社、昭和五十九年十二月刊
『幕府衰亡論』福地源一郎著・石塚裕道校注、平凡社、昭和四十二年二月
『旧事諮問録』上・下、旧事諮問会編・進士慶幹校注、岩波書店、昭和六十一年二月
『三十年史』日本史籍協会編、東京大学出版会、昭和五十三年七月刊
『懐往事談・幕末政治家』日本史籍協会編、東京大学出版会、昭和五十四年六月刊
『幕末外交史の研究』大塚武松著、宝文館、昭和二十七年十一月刊
『日仏文化交流史の研究』西堀昭著、駿河台出版社、昭和五十六年三月刊
『ドイツ統一戦争』望田幸男著、教育社、昭和五十四年十月刊

『伊東玄朴伝』伊東栄著、玄文社、大正五年七月刊
『回天艦長甲賀源吾伝』石橋絢彦著、甲賀源吾伝刊行会、昭和七年十二月刊
『津田真道』（非売）、津田道治編、東京閣、昭和十五年一月刊
『クルップ』W・ベルドロウ著（福迫勇雄訳）、柏葉書院、昭和十八年七月刊
『世界ノンフィクション全集』(14)、筑摩書房編集部、筑摩書房、昭和三十六年三月刊
『海軍歴史』勝安芳編、海軍省蔵版、明治二十二年十一月刊
『幕末軍艦咸臨丸』文倉平次郎著、巌松堂、昭和十三年五月刊
『維新戦史録』平尾道雄著、秋津書房、昭和十七年十一月刊
『幕末の海軍物語』中島武著、三友社、昭和十三年十一月刊
『幕府オランダ留学生』宮永孝著、東京書籍、昭和五十七年三月刊
『夷狄の国へ――幕末遣外使節物語』尾佐竹猛著、万里閣書房、昭和四年四月刊
『幕末外交秘史考』尾佐竹猛著、邦光堂書店、昭和十九年七月刊
『遺魯伝習生始末』内藤遂著、東洋堂、昭和十八年九月刊
『横須賀製鉄所の人々』富田仁・西堀昭共著、有隣堂、昭和五十八年六月刊
『横須賀海軍船廠史』横須賀海軍工廠、大正四年九月刊
『日本近世造船史』造船協会、明治四十四年一月刊
『近代日本造船事始――肥田浜五郎の生涯』土屋重朗著、新人物往来社、昭和五十四年四月刊
『ヘダ号の建造』（非売）戸田村文化財専門委員会、昭和五十四年十二月刊
『北方の空白』吉田武三著、時事通信社、昭和四十五年七月刊
『明治文化全集』第十巻、吉野作造編、日本評論社、昭和三年三月刊
『造幣百年』大蔵省印刷局、昭和四十六年七月刊
『時計史年表』（非売）、株式会社河合企画室編、昭和四十八年五月刊

『鷗外全集』岩波書店、昭和五十年一月刊
『海外交渉史の視点2――近世』箭内健次・沼田次郎編、日本書籍株式会社、昭和五十一年一月刊
『皇帝の帰国』フェリックス・コクロー著（酒井伝六訳）、養神書院、昭和四十一年九月刊
『シモン・フィッセリング研究』渡辺與五郎著、文化書房博文社、昭和六十年六月刊
『オランダ領事の幕末維新』A・ボードワァン著（フォス美弥子訳）、新人物往来社、昭和六十二年八月刊
『日本科学史夜話』田制佐重著、日新書院、昭和十六年十一月刊
『幕末遣欧使節談判私記』尾間立顕編、民友社、大正八年十月刊
『東京大学史料編纂所蔵文久遣欧使節池田筑後守長発将来本について」（『金井圓『蘭学資料研究会　研究報告』第八三号、昭和三十六年六月）
『幕末外交使節　池田筑後守』小林久磨雄著、恒心社、昭和九年三月刊
『鶴遺老――池田筑後守長発伝』（非売）、岸加四郎著、井原市教育委員会、昭和四十四年六月刊
『杉浦譲全集』土屋喬雄編、杉浦譲全集刊行会、昭和五十四年二月刊
「一八六四年のパリ協約をめぐるフランス第二帝制と徳川幕府との交渉」ねずまさし（『歴史学研究』第二一〇号、昭和三十二年八月）
「悲劇の大使――池田筑後守事蹟考」高橋邦太郎（『明治文化研究』第二集、昭和四十三年十一月）
「横山敬一のマルセイユに於ける客死一件」内藤遂（『明治文化の新研究』昭和十九年三月刊）
「和蘭国へ軍艦製造依頼並伝習為派遣セシ器械方職人大河原喜太《ママ》郎死去通知一件」（東京大学史料編纂所蔵）
「マルセイユに眠る幕臣・横山敬一」宮永孝（『法政史学』第三十七号、昭和六十年四月）
「仏国士官カミュス井戸ケ谷村ニ於テ遭害一件」（『横浜市史　資料編5』横浜市、昭和四十四年三月）
『出島図――その景観と変遷――』中央公論美術出版、昭和六十二年三月
『海のロマンス』米窪太刀雄著、誠文堂書店、大正三年二月刊
『和蘭夜話』幸田成友著、同文館、昭和六年九月刊

『和蘭雑話』幸田成友著、第一書房、昭和九年十二月刊
『史話　東と西』幸田成友著、中央公論社、昭和十五年一月刊
『史話　南と北』幸田成友著、慶応出版社、昭和二十三年一月刊
『幸田成友著作集』中央公論社、昭和四十七年刊
『榎本武揚・西比利亜日記――渡蘭日記付』広瀬彦太編、東兆書院、昭和十八年七月刊
『榎本武揚――明治日本の隠れたる礎石』加茂儀一著、中央公論社、昭和三十五年九月刊
『資料・榎本武揚』加茂儀一編、新人物往来社、昭和四十四年八月刊
『榎本武揚伝』井黒弥太郎著、みやま書房、昭和四十三年六月刊
『現代視点――榎本武揚――戦国・幕末の群像』旺文社、昭和五十八年九月刊
「在蘭日誌」（赤松家蔵、文久三亥年五月ヨリ元治元子年中　慶応元丑年四月三十日迄）
『赤松則良半生談』赤松範一編注、平凡社、昭和五十二年十一月刊
「家系永代記録」（安江家蔵）
『田口俊平翁記』（非売）田口耕平著、大海堂、昭和四年六月刊
「沢家過去帳」（沢家蔵）
「沢太郎左衛門履歴」（沢家蔵）
「沢鑑之丞履歴書」（沢家蔵）
「内田恒次郎日記」（赤松家蔵）
『和蘭学制』内田正雄訳
『海軍沿革論』内田正雄記述、明治二年刊
『輿地誌略』内田正雄著、中村熊次郎翻刻出版、明治九年九月刊
『西周伝』（非売）、森林太郎著、明治三十一年十一月刊
『西周全集』大久保利謙編、宗高書房、昭和三十一～四十一年刊

『西周における哲学の成立』蓮沼啓介著、神戸大学研究双書刊行会、昭和六十二年七月刊
『西周の百一新論』桑木厳翼著、日本放送出版協会、昭和十五年五月刊
『渋沢栄一滞仏日記』(非売)、日本史籍協会、昭和三年一月刊
『渋沢栄一伝記資料・第一巻』渋沢栄一伝記資料刊行会、昭和三十年四月刊
『雨夜譚』渋沢栄一述・長幸男校注、岩波書店、昭和五十九年十一月刊
「御日記」(徳川昭武滞欧日記――慶応三年丁卯ト認置候)
『文久航海記』三浦義彰著、冬至書林、昭和十七年五月刊
『佐賀藩海軍史』秀島成忠編、知新会、大正六年五月刊
『高松凌雲経歴談・函館戦争史料』日本史籍協会、明治四十五年四月刊
『幕末実戦史』大鳥圭介著、新人物往来社、昭和四十四年六月刊
『栗本鋤雲遺稿』栗本瀬兵衛編、鎌倉書房、昭和十八年九月刊
『お雇い外国人――明治日本の脇役たち』梅渓昇者、日本経済新聞社、昭和四十年七月刊
『お雇い外国人――軍事』高橋邦太郎著、鹿島研究所出版会、昭和四十三年十二月刊
『花のパリへ少年使節――慶応三年パリ万国博奮闘記』高橋邦太郎著、三修社、昭和五十五年二月刊
「徳川昭武渡仏遺聞」福地重孝(『日本歴史』第五九号、昭和二十八年四月刊)
「徳川昭武の仏文ノート」須見裕・阪上脩(『仏蘭西学研究』第十二号、昭和五十七年三月刊)
「『柴田剛中欧行日載』より」君塚進(『史林』第四十四巻第六号)
『岐阜県郷土偉人伝』(非売)、岐阜県郷土偉人伝編纂会、昭和八年十二月刊
『岐阜県郷土史』鈴木善作編、歴史図書社、昭和五十五年六月刊
『静岡県の歴史と医家伝』土屋重朗、戸田書店、昭和四十八年五月刊
『日本医術伝来史』古賀十二郎、日新書院、昭和十七年十二月刊
『ポンペ日本滞在見聞記』沼田・荒瀬共訳、雄松堂、昭和四十三年十月刊

『ポンペ――日本近代医学の父』宮永孝著、筑摩書房、昭和六十年四月刊
『本所区地籍地図』東京市区調査会、大正元年十一月刊
『文化財協会報・特別号第五集』香川県文化財保護協会、昭和三十六年五月刊
『文化財協会報・特別号第六集』香川県文化財保護協会、昭和三十八年一月刊
『蝦夷錦』荒井宣行著、明治三年刊
『雨窓紀聞』小杉雅之進著、東京青黎閣、明治六年刊
『麦叢録』小杉雅之進著、東京小雅堂、明治七年刊
『江差町史』江差町史編集室、昭和五十一年十一月刊
『開陽丸』（第一次～第五次調査報告）、江差町教育委員会、昭和五十三年三月～昭和五十五年三月刊
『開陽丸――海底遺跡の発掘調査報告Ⅰ』江差町教育委員会・開陽丸引揚促進期成会、昭和五十七年三月刊
「幕末のオランダ留学生赤松大三郎とその蘭語論文」沼田次郎（『蘭学資料研究会研究報告』第六十九号、昭和三十五年九月）
「内田正雄著『輿地誌略』の研究」中島満洲夫（『地理』第十三巻十一号、昭和四十三年）
「『輿地誌略』雑考」中川浩一（『地理』第十三巻十二号、昭和四十三年）
「和蘭学制解題」海後宗臣（『明治文化全集』第十八巻「教育篇」）、日本評論社、昭和四十二年九月刊
「内田正雄『輿地誌略』の成立」石山洋（『日本英学史研究会研究報告』第七十一号、昭和四十二年三月）
『百官履歴』下巻、大塚武松編、日本史籍協会、昭和三年二月刊
『徳川幕府大名旗本役職武鑑』渡辺一郎編、柏書房、昭和四十九年六月刊
『明治初期の官員録・職員録』寺岡寿一編、寺岡書房、昭和五十一年五月刊
『明治職官沿革表――全七冊合本一』内閣記録局編、原書房、昭和五十三年十一月刊
『明治文化史』全十四巻、開国百年記念文化事業会編、原書房、昭和五十六年三月刊
『松平春嶽全集』松平春嶽全集編纂刊行会、原書房、昭和四十八年四月刊
『日本家紋大鑑』能坂利雄編、新人物往来社、昭和五十四年九月刊

「香川県の両墓制」北山正道（『香川県自然科学研究報告』二・六五―七二、昭和五十五年刊）
『高見島――伝統的建造物群調査報告書』多度津町教育委員会、昭和五十二年
『高見島の文化財』西山保・斎部和寿
『多度津文化財』（協会報第二十五号）多度津文化財保護協会、昭和五十九年四月刊
「山下岩吉――幕末オランダ留学生」（非売品、私家本）西山保
「大阪砲兵工廠の創設」三宅宏司（『技術と文明』第一冊、一巻一号）
「大阪砲兵工廠始末記」(1)～(6)、三宅宏司
『佐野伯略伝』（和装本・非売品）
『佐野常民伝』本間楽寛、時代社、昭和十八年二月刊
『鍋島直大公伝』第六編、中野礼四郎編、侯爵鍋島家編纂所、大正九年八月刊
「西周の政治・社会思想解説」鈴木安蔵『明治文化の新研究』亜細亜書房刊、昭和十九年三月刊
「西周助上書別紙議題草案」（『江戸』第三巻第一号、大正五年二月刊）
「男爵西周旧名周助君略伝」石橋絢彦（『江戸』第二巻第八号、大正五年一月刊）
「ライデンにおける西周と津田真道――フィッセリングとの往復書翰を通して――」沼田次郎（『東洋大学大学院紀要』第十九集）
『五代友厚伝』（非売）、五代龍作編、昭和八年九月刊
『五代友厚伝記資料』日本経営史研究所、東洋経済新報社、昭和四十九年十一月刊
「五代友厚の欧行と、彼の滞欧手記『廻国日記』について」大久保利謙（『史苑』第二十二巻第二号、立教大学史学会、昭和三十七年一月刊）
『鹿児島県史』第三巻、鹿児島県、昭和十六年九月刊
『薩摩海軍史』中巻、公爵島津家編纂所、原書房、昭和四十三年七月刊
『中外医事新報』第七百五号、明治四十二年八月
『同方会誌』第五十七号、昭和七年三月

「日本時計産業史覚書（3）」山口隆二（『国際時計通信』七巻九号、国際時計通信社、昭和四十一年九月）
「日本時計産業史（4）」山口隆二（『国際時計通信』九巻二号、国際時計通信社、昭和四十三年二月）
「日本時計産業史（5）」山口隆二（『国際時計通信』九巻四号、国際時計通信社、昭和四十三年四月）
『造幣局沿革史』
「明治二己巳年正月新刻　駿府藩官員録」（静岡県立葵文庫）
『静岡病院の沿革』市立静岡病院編、昭和十四年四月刊
「近世百傑伝」
「静岡県の初期の病院(1)～(2)」土屋重朗（『日本医事新報』二〇一〇～二〇一一号、昭和三十七年十一月）
『林若樹集』（日本書誌学体系28）青裳堂書店、昭和五十八年四月刊
「和蘭童謡（ツウェー・ヤッパネース）」（林若樹『新小説』南蛮紅毛号、大正十五年七月）
明治二巳年改「内過去伝」極月仏成日、第三号（大行寺所蔵）
「モルッカ諸島移住日本人の活動」岩生成一（『史学科研究年報』第五号、台北帝国大学文政学部、昭和十三年十月）
「アレキサンダー・フォン・シーボルト」今宮新（『史学』第十五巻第四号）
『シーボルト父子伝』ハンス・ケルナー著（竹内精一訳）、創造社、昭和四十九年三月
『シーボルトの最終日本紀行』小沢敏夫訳、駿南社、昭和六年五月
「標準語への一問題――幕府留学生とホフマンの『一般教養会話語』――」古田啓（『講座　方言学』第三巻「方言研究の問題」、昭和六十一年五月）
「オランダにおける岩倉使節団」宮永孝（『社会労働研究』第三十四巻第二号、昭和六十三年一月）
その他、英・仏・蘭の外務省文書（東京大学史料編纂所架蔵のマイクロフィルム）
Bevolkingsregister (1860-1870) (1870-1880) Leyden
Bevolkingsregister (1862-1865) Den Haag

Bevolkingsregister (1864-1868) Amsterdam

Bevolkingsregister (1863-1864) (1860-1890) Dordrecht

Bevolkingsregister (1871-1874) Utrecht

Algemeen Adresboek der Stad Amsterdam (1864-1865)

Algemeen Adresboek van de Stad 's Gravenhage en Scheveningen (1863-1866)

Algemeen Adresboek van de Stad Dordrecht (1865)

Algemeen Adresboek van de Stad Leyden (1861-1863)

Nieuw Nederlandsch Biografisch Woordenboek Leiden 1937

Gegevens der Oude Wester Begraafplaats, opgemaakt den 10 des Aug. 1934 door C. Gerritoen

Album Studiosorum (1575-1875) Rijksuniversiteit te Leiden

Album Scholasticum Academiae Lugduno-Batavae (1575-1911) Rijksuniversiteit te Leiden 1941

De Nederlandsche Spectator 1878

De Nederlandsche Spectator 1881

L. J. Kuyck : "De Onze Vloot", Aug, Sep. Nov. en Dec. 1929

H. W. Schokker : Handboek voor de Kennis van den Scheepsbouw, Gebroeders Kraay, Amsterdam 1861

Oud Batavia, bij G. Kolff & Co., Leiden 1919

Kaiyō-Maru Dordrecht 1979

Franz Babinger : J. J. Hoffmann Der am 9. -12. Sept. 1912 in Würzburg tagenden hauptversammlung der Deutschen Geschichs und Altertumsvereine gewidmet vom Historischen Verein von Unterfranken and Aschaffenburg in Würzburg

H. Kern : Levensbericht van J. J. Hoffmann (Jaarboek van de Koninklijke Akademie van Wetenschappen 1878, Amsterdam C. G. Van der Post

Archief van de Nederlands Hervormde kerkvoogdy, administratie van de begraafplaatsen (1873–1889)

Amsterdamsche Courant (1873)
Algemeen Handelsblad (1863-1868)
Leydsche Courant (1863-1873)
De Rotterdamsche Courant (1863)
Nieuw Rotterdamsche Courant (1863-1873)
Dordrechtsche Courant (1865)
De Nieuw Rotterdamsche Courant (1921)
De Nieuw Rotterdamsche Courant (1930)
The Times (1864)
Le Moniteur Universel (1864)
Le Temps (1864-1867)
Le Monde Illustré (1864-1867)
La Petite Presse (1864-1867)
Le Peuple (1864)
Mémorial Diplomatique (1864-1868)
La Gazette des Étrangers (1865)
Le Petit Journal (1865)
Journal des Débats (1865)
Le Journal Illustré (1867)
Liberté (1867)
Bevolkingsregister (1860-1870) Buurt 26 folio 106
Register van overleden person, 1878

ARA II Buitenlandse Zaken 2. 05. 15 Consulaat Yokohama inv. N° 10 [1867]

Gedenkboek der Nederlandsche Handel-Maatschappij (1824-1924) door de Directie uitgegeven te Amsterdam op den 29 sten Maart 1924 ter gelegenheid van het Honderd-Jarig bestaan der Maatschappij

Japan Dagregister (Anno. 1857)

Japon 1867 Affaire. Diverses〔フランス外務省史料、クリスティアン・ポラック氏所蔵〕

Christian Polak : Le Shôgunat s'ouvre à l'Occident, II. La Ikeda Mission (Revu ?)

Ditto : Le Shôgunat s'ouvre à l'Occident, III. La M, ission SHIBATA TAKENAKA 1865 (Vu! No 40, Tokio ; Février / Mars 1984)

Ditto : III La Mission SHIBATA TAKENAKA à Paris en 1865 (Vu! N° 47 Novembre 1984)

Ditto : Shibata économe et timoré, Shibata et Paul Flury-Hérard, Shibata contre Hida et Charles de Montblanc, Shibata et Léon de Rosny, Shibata et l'Exposition de 1867 avec Jules de Lesseps (Vu! N° 48 Décembre 1984)

Madelaine de Langalerie-Robin : Charles de Montblanc et la Restauration de Meiji (Nichifutsu Bunka N° 24 Mars 1969)

Doctor on Desima, Sophia Univ. 1. 1970

Monumenta Nipponica, *ibid.*, vol. V, 1942

Sir Ernest Satow :A Diplomat in Japan, Oxford University Press. 1868

Dr. Wap : Album–Utrecht (1859-1860)

Nederlandsch Magazijn N° 51. (1865)

Kaart van de Wester-Begraafplaats buiten de Willemspoort te Amsterdam

Gravenboek van de Westerbegraafplaats over het jaar 1865

Burgerlÿke stand akten van overlÿden 1865, deel 5 folio 86

Plattegrond van de Nieuwe Oosterbegraafplaats, Amsterdam

J. J. Hoffmann : A Japanese Grammar (2nd ed.) E. J. Brill, Leiden, 1876

Ditto : Japanische Sprachlehre (nach der holländischen Ausgabe von 1868 ins Deutsche Übertragen) E. J. Brill, Leiden, 1877
Gastenboek van het Nederlandsche Gasthuis voor Ooglijders
14 de Jaarlijks verslag betrekkelijk de Verpleging en het Onderwijs in het Nederlandsche Gasthuis voor Ooglijders, 1873
15 de Jaarlijks verslag betrekkelijk de Verpleging en het Onderwijs in het Nederlandsche Gasthuis voor Ooglijders, 1874
W. J. C. Huyssen de Kattendyke : Le Japon en 1857, Traduit du hollandais par sa nièce Madame Thorens-Dollfus, Librairie Fischbacher, 1924
M. Paske-Smith, C. B. E. : Western Barbarians in Japan and Formosa, Paragon Book Reprint Corp, 1968
Roger Pineau : The Japan Expedition 1852-1854, The Personal Journal of Commodore Matthew C. Perry. Smithsonian Institution Press, 1968
G. B. Endacott : A History of Hong Kong, Oxford University Press, 1958
G. A. Lensen : Japanese Diplomatic and Consular officials in Russia, Sophia University and Diplomatic Press, 1968
Thomas R. H. Havens : Nishi Amane and modern Japanese Thought, Princeton University Press, 1970
Susan Abeyasekere : Jakarta–A History, Oxford University Press, 1987
William H. Seward : Travels around the World, D. Appleton and Company, 1873
CH. B-Maybon et Jean Fredet : Histoire de la Concession Française de Changhai, Librairie Plon, 1929
Donald Maclaine Campbell : Jave–Past and Present, William Heineman, 1915
A. J. Versprille : Feeëriek Japan in Leiderdorp, Leiderdorp aan jaagpad en snelweg
1863. –Catalogue Raisonné et Prix-courant des plantes et Graines du Japon et de la Chine, cultivées dans le Jardin d'Acclimatation de Ph. F. von Siebold. à Leide–de l'imprimerie de C. A. Spiu et Fils, à Amsterdam
P. J. Mulder & Zoon : Jaarboekje voor geschiedenis en Oudheidkunde van Leiden en Rijnland (1932-1933)
The Times Atlas of the World 1973
Nieuw Nederlandsch Biografisch Woordenboek, onder redactie van Dr. P. C. Molhuysen en Prof. Dr. P. J. Blok, A. W.

Sijthoff's uitgevers-Maatschappij, Leiden, 1914, 1930

Tim Killian : Amsterdamse Grachtengids, Het Spectrum, Utrecht / Antwerpen, 1978

L. Richard, S. J. : Géographie de l'Empire de Chine, Imprimerie de la mission catholique, Chang-hai, 1905

Chine du Sud, Java. Japon, Librairie Hachette, Paris, 1916

Guide to China, issued by the Japanese Government Railways, Tokyo, 1924

An Official Guide to Eastern Asia Vol. V, East Indies, prepared by the Imperial Government Railways of Japan, Tokyo, 1917

Karl Baedeker : Belgium and Holland, including the Grand-Duchy of Luxembourg, Karl Baedeker Publisher, Leipzig, 1910

Karl Baedeker : Egypt and the Sudan, Karl Baedeker publisher, Leipzig, 1914

Karl Baedeker : Paris and Environs, Karl Baedeker publisher, Leipzig,1913

Karl Baedeker : Southern France, including Corsica, karl Baedeker publisher, Leipzig. 1914

Karl Baedeker : Norway, Sweden and Dermark, kael Baedeker publisher,Leipzig, 1912

Stuart Rossiter : Denmark. Ernest Benn, London, 1965

幕府オランダ留学生関係年表

（関係事項内の月日はすべて陽暦）

年号（邦暦）	関係事項
一八〇五年（文化二年）	ヨハン・ヨゼフ・ホフマン、ヴュルツブルクで生まる。
一八一六年（文化十三年）	ハイセン・ファン・カッテンディケ生まる。
一八一八年（文政元年）	田口俊平（良直）、美濃国加茂郡黒川村の医師安江隆庵の末子として生まる。
一八二〇年（文政三年）	大野弥三郎（規周）生まる。
一八二三年（文政六年）	上田虎吉（寅吉）、伊豆国戸田町大中島で生まる。 シーボルトの来朝。
一八二九年（文政十二年）	津田真一郎（真道）、美作津山藩士津田喜太夫の子として生まる。 西周助（周）、津和野の藩医西時義の長男として生まる。 ポンペ・フォン・メールデルフォールト、ブリュージュで生まる。
一八三二年（天保三年）	伊東玄伯（方成）、相州高座郡上溝村の医師鈴木方策の長男として生まる。 大川喜太郎、江戸で生まる。中島兼吉生まる。
一八三五年（天保六年）	沢太郎左衛門（貞説）、幕臣沢太八郎の長男として生まる。
一八三六年（天保七年）	古川庄八、讃岐国瀬尾島西浦で生まる。 榎本釜次郎（武揚）、勘定役榎本円兵衛の次男として生まる。
一八三八年（天保九年）	内田恒次郎（正雄）、小普請組萬年三郎兵衛の次男として生まる。
一八四一年（天保十二年）	赤松大三郎（則良）、幕府十五番組御徒士吉沢雄之進政範の次男として生まる。 山下岩吉生まる。
一八四四年（天保十五年）	林研海（紀《つな》）、奥医師林洞海の長男として生まる。 オランダ使節コープス、開国を勧告したウィレム二世の親書を幕府に差し出す。
一八五〇年（嘉永三年）	アメリカ船が通商を求めて来日する旨の風説書、幕府に呈出さる。

年号（邦暦）	関係事項
一八五三年（嘉永六年）	
7月8日（嘉永6年6月3日）	アメリカ東インド艦隊司令長官マシュー・カルブレイス・ペリー浦賀に来航す。
8月22日（7月18日）	ロシアのプチャーチン提督、長崎に来航す。
10月（9月）	島津斉彬、艦船建造・兵書・武器購入の許可を幕府に求める。幕府造船のみ許可。
一八五四年（安政元年）	
3月31日（嘉永7年3月3日）	再び来航したペリー提督の黒船艦隊、横浜に上陸し、日米和親条約十二カ条を調印、下田・函館の二港を開く。
10月14日（8月23日）	スターリング提督、長崎に来航し、日英和親条約を調印し、長崎・函館を開港す。
一八五五年（安政二年）	
2月7日（安政元年12月21日）	プチャーチン、下田に来航し、日露和親条約を調印し、下田・函館・長崎を開港す。
11月9日（安政2年9月30日）	ドンケル・クルティウス、長崎にて日蘭和親仮条約を結び、翌年1月30日（12月23日）、日蘭和親条約を調印す。
9月10日（安政2年7月29日）	長崎に海軍伝習所を開設し、翌月開業す。
一八五七年（安政四年）	
5月4日（安政4年4月11日）	江戸築地の講武所内に軍艦教授所（のちの軍艦操練所、海軍所）を開設し、8月28日（7月9日）始業す。
11月8日（9月22日）	オランダへ発注したヤパン号（のちの咸臨丸）、長崎に到着。カッテンディケ少佐（のち海軍大臣）以下三十七名の第二次教育班来日す。医官ポンペ・ファン・メールデルフォールト（のちオランダ留学生掛）もこのとき来日す。
7月29日（6月19日）	日米修好通商条約を調印す。8月（7月）、オランダ・ロシア・イギリスとも修好通商条約を結ぶ。

一八五八年（安政五年） 一八五九年（安政六年）	オランダ総領事館を芝長応寺に設け、出島の商館を閉鎖。長崎海軍伝習所も閉鎖となる。神奈川・長崎・函館を開港し、アメリカ・イギリス・ロシア・フランス・オランダの五カ国に貿易を許す。シーボルトの再来日。安政の大獄。
一八六〇年（万延元年） 2月4日（安政7年1月13日）	日米修好条約批准交換のための随行艦として、木村喜毅・勝海舟ら咸臨丸でアメリカに向かう。3月、桜田門外の変。
一八六一年（文久元年）	1月、アメリカ公使館通訳ヒュースケン暗殺される。4月、南北戦争始まる。5月、シーボルト、幕府の外国事務顧問となる。8月、大船の建造及び外国船購入を許可する。
一八六二年（文久二年） 4月20日（文久2年3月22日）	幕府は、長崎のオランダ総領事デ・ウィットを通じ、オランダ商事会社に軍艦（のちの開陽丸）を発注する。
4月11日（3月13日）	内田・榎本・沢・赤松・田口らオランダ留学の命をうける。
6月19日（5月22日）	職方七名（古川・山下・中島・大野・上田・大川・久保田）らもオランダ行の命をうける。更に長崎からは長崎養生所で修業中の医師伊東玄伯・林研海が一行に加わることになる。
7月7日（6月11日）	在府の士分（オランダ留学生）御軍艦操練所に召し出され、井上信濃守（清直）よりオランダ行について注意をうける。このとき誓紙を差し出す。
7月14日（6月18日）	「和蘭行御軍艦方」（オランダ留学生）、品川にて咸臨丸搭乗、午後四時すぎ出帆。
7月15日（6月19日）	夜半、浦賀に到着。
7月20日（6月24日）	午前八時ごろ浦賀出港、同日の夜八時ごろ下田に入港。榎本・沢・赤松・内田ほか咸臨丸乗組員も多数麻疹にかかったため、しばらく出帆を見合わせる。
8月26日（8月2日）	午後四時ごろ下田を出帆。夜半遠州灘。

年号（邦暦）	関係事項
8月27日（8月3日）	海路を誤ったため、志摩国的《まと》矢浦（三重県志摩郡磯部町）に夜半入港。
8月29日（8月5日）	沢、赤松ら伊勢神宮参拝。
9月2日（8月9日）	朝六時半すぎ的矢浦を出帆、夕刻、天気がくずれたので紀州二木島《にぎしま》（三重県南部、二木島湾）に入港。
9月4日（8月11日）	午前八時すぎ二木島出帆。
9月5日（8月12日）	夕方六時ごろ兵庫津（神戸）に入港。
9月6日（8月13日）	午前八時ごろ兵庫出港、午後七時すぎ塩飽本《しあくほん》島に到着。
9月7日（8月14日）	内田・矢田堀・職方数名、与島《よしま》の名主岡崎藤左衛門宅を訪問、午後七時ごろ出帆。
9月8日（8月15日）	石炭不足のため、周防の上関《かみのせき》（山口県南東部）に寄港。
9月9日（8月16日）	午前八時半ごろ、上関を出港、午後四時ごろ下関に入港、石炭を積み入れる。
9月11日（8月18日）	午前八時ごろ下関を出帆、嵐のため、午後四時半ごろ福浦に入港。
9月12日（8月19日）	午前八時ごろ福浦を出帆、筑前沖・玄海灘・唐津沖を汽走。
9月13日（8月20日）	午前六時ごろ、石炭不足のため肥前（佐賀県）田助浦に寄港。
9月16日（8月23日）	午前八時ごろ田助浦出帆、平戸城側より瀬戸を通過し、午後二時ごろ長崎到着。品川を出帆して六十四日目。
9月19日（8月26日）	内田・榎本ら出島の領事ボードワァンと副領事メットマンを訪問。 留学生一行の仮の宿舎は、下筑後町の福済寺と決まる。
10月19日（閏8月26日）	津田、長崎養生所の伊東玄伯・ポンペらの診察を受ける。
10月22日（閏8月29日）	午後六時半すぎ、咸臨丸、長崎出帆。内田・沢らカリプソ号を訪れ、船長と会う。
10月23日（9月1日）	留学生一同、長崎市内を見物。
10月26日（9月4日）	久保田、養生所に入院。

10月29日（9月7日）	久保田、内田より留学を断念し、療養するよう申しつけられる。
10月30日（9月8日）	留学生一同、出島のボードワァン宅を訪問、いとまごいを告げる。
11月1日（9月10日）	出島の医官兼養生所の医師ポンペは、ヤコブ・エン・アンナ号（二六〇トン、スクーナー）にて離日、帰国の途に上る。
11月2日（9月11日）	午前八時ごろ、オランダ留学生カリプソ号に乗船、十二時四十五分長崎出帆。
11月3日（9月12日）	右舷に五島列島を望む。
11月4日（9月13日）	夜半より横揺れがひどくなる。
11月5日（9月14日）	夜半より船の動揺激しくなる。
11月6日（9月15日）	船の動揺激しく、船内に海水入る。
11月7日（9月16日）	船の動揺激しく、うねり治まらず。
11月8日（9月17日）	気温摂氏約二十四度、段々暑くなる。
11月9日（9月18日）	船長より赤ブドウ酒と菓子ふるまわれる。
11月10日（9月19日）	快晴、気温摂氏二十五度。
11月11日（9月20日）	暑苦しくなる。甲板上にて涼を追う。
11月12日（9月21日）	気温摂氏二十七度、船の動揺やや治まる。
11月13日（9月22日）	サバタ島を見る。
11月16日（9月25日）	気温摂氏三十度。なぎにあい船進まず。夕方、ナトナ諸島をみる。
11月17日（9月26日）	サーデル島（無人島）を見る。夕方、風少し出る。
11月18日（9月27日）	再びなぎにあう。暑気のため寝苦しくなる。
11月19日（9月28日）	風少し出る。海へビを見る。
11月20日（9月29日）	午後、東北の風少し吹く。にわか雨降る。海亀を見る。
11月21日（9月30日）	船わずかに進む。にわか雨降る。

年号（邦暦）	関係事項
11月22日（10月1日）	南西の風吹く。はえに悩まされる。
11月23日（10月2日）	南風吹く。暑気に苦しむ。
11月24日（10月3日）	午後にわか雨降る。寝苦しくなる。
11月25日（10月4日）	明け方、雷雨となる。カンニンクキリップとガスパス島の間を航行。暗礁が多いため、航行は日中だけとする。
11月26日（10月5日）	追い風に乗り航行。ポーロウ・リアート島の方に流される。漁船を見かける。風やみ投錨する。
11月27日（10月6日）	風なく、潮流に流され、ポーロウ・リアート島西南で座礁。
11月28日（10月7日）	内田ほか十六名（職方・オランダ人ら）、ポーロウ・リアート島に上陸。
11月29日（10月8日）	榎本・赤松・伊東・沢らカリプソ号に戻り、残した積荷の陸揚げに取りかかる。夕方、ニヤモック（小虫）に襲われる。
11月30日（10月9日）	ポーロウ・レパル島の酋長マス・アゴース（ラキア）が率いる救援隊に救われる。内田ら、ラキアのポーロウ・レパル島に向かう。
12月1日（10月10日）	留学生ら塩がゆと赤鱏の煮付を食う。夜、ニヤモックに襲われる。
12月2日（10月11日）	残りの荷物をポーロウ・レパル島へ運ぶ。難破により日本から持って来た積荷の五分の一を失なう。ポンペのコレクションも一部失なわれる。
12月3日（10月12日）	カリプソ号の船長ほか水夫三名逃亡する。沢ら後続の者、ボーロウ・レパル島に到着。夕方、トボアリの領事館のファン・ダムメンが日本人に会いに来る。
12月4日（10月13日）	津田、ファン・ダムメンに日本刀を贈る。同人、正午に離島。
12月6日（10月15日）	午後二時ごろ、オランダ軍艦ギニー号到着す。同艦フランス商船の救出に向かう。
12月7日（10月16日）	午後五時ごろ、留学生らギニー号に搭乗。午後七時ごろポーロウ・レパル沖で抜錨。夜十一

12月8日（10月17日）	時ごろトボアリ到着。パレンバング号に移乗。
12月9日（10月18日）	午後四時ごろ、パレンバング号、トボアリ港を出港。
12月10日（10月19日）	午前八時すぎ、バタビア（ジャカルタ）に到着。お昼ごろ上陸。「ハルモニー・クラブ」（紳士クラブ）で休憩ののち、「オテル・デザンド」（インドホテル）に向かう。以後ここを旅宿とする。
12月11日（10月20日）	日本人留学生の積荷、パレンバング号より陸揚される。
12月12日（10月21日）	機械工場・製材場・ガス工場などを見学。ファン・トローイエン（長崎養生所の設計者）、「インドホテル」に日本人を訪ねる。
12月13日（10月22日）	伊東と林、病院・解剖研究所などを見学、また医学生らの授業を参観。その他の日本人、城塞・兵営などを見学。
12月14日（10月23日）	オランダ留学生全員、バタビア湾内のオンルスト島の海軍施設を見学。
12月15日（10月24日）	グラマー・スクール「ウィレム三世」を見学。
12月16日（10月25日）	内田と榎本、バイテンゾルフの総督官邸を表敬訪問。
12月22日（11月2日）	内田と榎本、大植物園を見学、日本の植物などを見る。
12月23日（11月3日）	日本人留学生、フリゲート船「テルナーテ号」に搭乗。
12月24日（11月4日）	同船、午前八時五十分にバタビアを出帆。気温摂氏三十一度。
12月25日（11月5日）	午後六時半ごろ、風向きが悪いためメンスエイテル島付近で投錨。
12月26日（11月6日）	午後にわか雨降る。本船、碇泊したまま。
12月27日（11月7日）	テルナーテ号、碇泊をつづける。
12月28日（11月8日）	午前七時半に抜錨、帆走に移ったが夕方、再び投錨。
12月29日（11月9日）	午前八時ごろ抜錨、昼すぎ再び投錨、碇泊す。
	午後十時ごろ抜錨、夕方再び投錨、碇泊。オランダ船多数を見る。月夜のため、一同甲板で

年号（邦暦）	関係事項
	夕涼みする。
12月30日（11月10日）	午前九時に抜錨、午後再び投錨。
12月31日（11月11日）	午前八時半に抜錨、午後五時ごろ投錨。大晦日につき祝宴が催される。
	ポンペ、五年ぶりでオランダ本国へ帰還。
一八六三年（文久三年）	
1月1日（11月12日）	午前九時すぎ抜錨し帆走に移るが、夕方、投錨、碇泊す。
1月2日（11月13日）	午前六時に抜錨、午後投錨。榎本、下痢に悩む。
1月3日（11月14日）	碇泊をつづける。内田、マレー人の物売りより鳥を二羽求める。
1月4日（11月15日）	午後に抜錨、夜投錨す。強い潮流により北東に流される。榎本、下痢より回復。
1月5日（11月16日）	午前六時ごろ抜錨、シュンダ（スンダ）海峡に入る。夕方、投錨。海峡の景色に故国を想い出す。
1月6日（11月17日）	午前七時に抜錨、帆走に移る。船は激しく動揺す。
1月7日（11月18日）	船あしおそく、風待ちの商船の姿を見かける。
1月8日（11月19日）	終日帆走し、シュンダ海峡を通過。
1月9日（11月20日）	針路を西南西にとり、喜望峰に向かう。夜、月が出る。
1月10日（11月21日）	船の動揺激しくなる。商船の姿を見かける。
1月11日（11月22日）	波、風ともに穏やか。商船六隻を見る。暑気に苦しむ。
1月12日（11月23日）	終日風なく、船あし落ちる。イギリスとオランダの商船を見る。
1月13日（11月24日）	正午に雨降る。暑気に苦しむ。
1月14日（11月25日）	風無く、夕方、ボービス鳥数羽を見る。
1月15日（11月26日）	風向き西南に変る。ボービス鳥を見る。

1月16日	(11月27日)	ボービス鳥とイギリス商船を見る。
1月17日	(11月28日)	商船一隻を見る。夜半ににわか雨が降る。
1月18日	(11月29日)	風が出る。夕方、冷気を感じる。
1月20日	(12月1日)	午前中、少し風でる。ボービス鳥を見る。
1月21日	(12月2日)	朝よりなぎとなる。鮫を一尾釣りあげ、夕飯のとき食べる。夜、風でる。
1月22日	(12月3日)	終日なぎとなる。気温摂氏約三十三度、夕方、商船二隻を見る。
1月23日	(12月4日)	風でる。本船、北及び東に流される。夜、十字星を見る。
1月24日	(12月5日)	終日なぎとなる。商船二隻見る。暑気に苦しむ。
1月25日	(12月6日)	昼すぎ商船一隻を見る。貿易風吹く。夜、甲板の上を遊歩す。
1月26日	(12月7日)	南南東の貿易風が吹く。夜八時ごろ、飛魚二匹とらえる。
1月27日	(12月8日)	貿易風吹く。午前八時ごろ、船一隻を見る。
1月28日	(12月9日)	貿易風に乗り帆走す。夜間、膚寒さを覚えるようになる。
1月29日	(12月10日)	快走をつづける。飛魚をたくさん見かける。
1月30日	(12月11日)	南東の風吹く。全帆を上げで帆走す。夜、十字星を見る。
1月31日	(12月12日)	冷気増す。夜、月が出る。
2月1日	(12月13日)	飛魚を見る。夜、月が出る。
2月3日	(12月15日)	少し蒸し暑さを覚える。鮫のような魚を四、五尾見る。
2月4日	(12月16日)	夜、月が出る。
2月5日	(12月17日)	夕方、風力増す。船の動揺激しくなる。夜、「江戸絵図」を広げ歓談す。
2月6日	(12月18日)	飛魚やイギリス船を見る。
2月7日	(12月19日)	オランダ商船一隻を見る。気温摂氏マイナス約五度。
2月8日	(12月20日)	貿易風吹く。夕方、船一隻を見る。

年号（邦暦）	関係事項
2月9日（12月21日）	昼ごろ、シイラを一尾釣り、夕飯のとき食べる。
2月10日（12月22日）	船の動揺激しくなる。
2月11日（12月23日）	昨夜来の雨、朝まで激しく降る。
2月12日（12月24日）	快晴。船あし六、七里。
2月16日（12月28日）	マダガスカル島の沖合を航行。
2月17日（12月29日）	日本の大晦日にあたり、一同船長の部屋に集り、「江戸絵図」を広げ歓談。
2月18日（文久3年1月1日）	レユーニオン島の沖合を航行。一同、新年の祝詞を述べ合う。ごちそう出る。
2月19日（1月2日）	終日、風一定せず。船一隻を見る。
2月21日（1月4日）	夕方、荒れ模様となる。船の動揺激しくなる。
2月22日（1月5日）	午前八時ごろ、イギリス商船を見る。
2月23日（1月6日）	船の動揺増す。昼ごろアホウドリを見る。
2月24日（1月7日）	船動揺す。午後四時ごろ鯨を見る。夜、月が出る。
2月26日（1月9日）	午前中、松魚（かつを）を釣り、昼食のとき食べる。夕刻より船動揺す。
2月27日（1月10日）	アフリカのセント・ルシアの沖七十里のところを航行。
2月28日（1月11日）	午後、雷雨となる。船動揺す。
3月1日（1月12日）	波立ち、潮流のため南方に流される。
3月2日（1月13日）	終日、冷気ただよう。アホウドリを見る。
3月3日（1月14日）	なぎのため船あし落ちる。喜望峰まで二十四、五里の地点に達す。船三隻を見る。アホウドリを見る。
3月4日（1月15日）	船あし落ちる。オランダの船を見る。
3月6日（1月17日）	船の動揺増す。午後、バーク船を見る。

3月7日（1月18日）	午前中、鯨・海ガメ・アホウドリなどを見る。午後、船三隻見る。
3月9日（1月20日）	喜望峰沖を通過。
3月10日（1月21日）	イルカ・鳥の姿を見かける。
3月11日（1月22日）	高波、舷側を打つ。船二隻を見る。
3月12日（1月23日）	船三隻を見る。
3月13日（1月24日）	デンキクラゲを捕え、榎本それをスケッチする。夕食に鮪のさしみを食べる。
3月15日（1月26日）	船あし四、五里。風向きよくなる。
3月19日（2月1日）	徴風吹く。船一隻見る。
3月20日（2月2日）	船あし三、四里、船一隻見る。
3月21日（2月3日）	ボービス鳥一羽みる。船一隻見る。
3月22日（2月4日）	午前中、右舷にオランダ商船一隻を見る。
3月23日（2月5日）	暖気増す。オランダ商船と交信。
3月24日（2月6日）	ボービス鳥をみる。オランダ商船を見る。
3月25日（2月7日）	右舷前方にセント・ヘレナ島を見る。
3月26日（2月8日）	午前六時半ごろ、セント・ヘレナ島をはっきり見る。午前十一時ごろ、同島のジェイムズタウン港に投錨。午後一時、一同上陸し、「ストラーズ・ホテル」に旅装を解く。
3月27日（2月9日）	午前十時ごろ、オランダ留学生ら馬車に分乗し、病院・寺院・砲台・鎮台・ナポレオンの墓地・ナポレオンの旧宅などを訪れる。
3月28日（2月10日）	士分の者四名、各国領事館を訪ねる。午後、内田・伊東・赤松・沢らプリッチャード（英人）宅を訪れ、アルバムに署名する。
3月29日（2月11日）	午前七時、テルナーテ号、セント・ヘレナ島を出帆、針路を北北西にとる。
3月30日（2月12日）	晴。帆を全部張って航行。

年号（邦暦）	関係事項
3月31日（2月13日）	船あし、平均五里。
4月3日（2月16日）	午前六時ごろ、アセンション島を望見。気温摂氏二十九度。
4月5日（2月18日）	復活祭にあたり、朝食前にチョコレート出る。
4月6日（2月19日）	暖気増す。船あし八里。
4月9日（2月22日）	風向き定まらず、二本マストの船を見る。
4月10日（2月23日）	午後二時半ごろ、ロッテルダムの船と交信。暑気に苦しむ。
4月11日（2月24日）	夕方、なぎとなる。針路は北北西。
4月12日（2月25日）	船あし平均四里。午前十一時ごろ、オーストリアの商船と出会う。
4月13日（2月26日）	夜、にわか雨降る。
4月14日（2月27日）	商船二隻見る。イルカを一匹釣る。
4月16日（2月29日）	午前十時ごろ、イギリス船一隻見る。
4月18日（3月1日）	風の向き北東に変る。豚を屠殺する。
4月19日（3月2日）	前日殺した豚、食膳に出される。
4月20日（3月3日）	船あし約六里。北極星をみる。
4月23日（3月6日）	午前五時半ごろ、イギリス商船と交信。午後二時半ごろ、鯨三頭見る。
4月25日（3月8日）	商船一隻と鯨七頭を見る。
4月27日（3月10日）	午前十時ごろ浮草を見る。イギリス商船を見る。
5月2日（3月15日）	西インドへ向かう蒸気船を見る。
5月4日（3月17日）	針路定らず。海上に漂う海草を見る。
5月6日（3月19日）	針路を北北東にとる。北西の方向に稲光りを認める。
5月8日（3月21日）	午前五時半、商船を見る。

5月12日（3月25日）	船あし約八里。濃霧に包まれる。
5月16日（3月29日）	針路を東北東にとる。船動揺する。
5月18日（4月1日）	夕方、にわか雨降る。商船を見る。
5月19日（4月2日）	日本の二月上旬の寒さを覚える。午前六時ごろ、各国の商船を多数見る。船の動揺増し、船内に海水入ってくる。
5月22日（4月5日）	商船四隻見る。
5月24日（4月7日）	午前十一時ごろ、漂流中のイギリス商船と出会う。水・食糧を与える。
5月25日（4月8日）	商船九隻見る。夜、船あし約四里。
5月26日（4月9日）	針路は東北東。午前十時半ごろ、イギリスの物売り船が近づく。気温摂氏約十四度。イギリス海峡に入る。
5月27日（4月10日）	海はおだやか。午後七時半ごろ、三、四十隻のイギリス漁船を見る。
5月28日（4月11日）	イギリスのポートランドの灯台の光をみる。
5月29日（4月12日）	テルナーテ号、濃霧に包まれ、微速航進。霧笛を鳴らす。
5月30日（4月13日）	早朝、イギリスのヘイスティングズの灯台の明かりを見る。オランダの水先案内船がやって来る。午後四時ごろ、ドーバー海峡を通過す。
5月31日（4月14日）	昼ごろ、フランスとベルギーの国境あたりを通過す。
6月1日（4月15日）	燈台船及び数十隻の漁船を見る。オランダ南西部の陸地を初めて望見する。夜、ウェストカペレの灯台の明かりを見る。
6月2日（4月16日）	午前六時半ごろ、右舷にオランダのスハウェン地方を見る。テルナーテ号、ブラーウェルスハーフェンの入江に入る。夜八時ごろ、瀬戸に投錨。同夜十一時ごろ、船長の部屋に留学生一同集まり安着を祝す。
6月3日（4月17日）	午後十時すぎ引き船が到着し、エルファアトの瀬戸を通ってヘレフートスライスに向かい、

年号（邦暦）	関係事項
	午後六時半ごろ当地に着く。 午後七時ごろ、ライデン大学のホフマン博士、テルナーテ号を訪れる。
6月4日（4月18日）	午前三時半、テルナーテ号運河（フォールンセカナール）の中に引き入れられる。午前八時ごろ、二十頭ほどの馬で本船を曳き始める。午後一時四十分ごろ、運河の出口に到着。のち再び引き船に曳かれる。午後五時四十五分、ロッテルダム港に到着。岸壁より馬車に分乗し、ロッテルダムの駅（デルフトセ・ポールト）へ向かう。ホフマン博士の案内で午後七時四十五分の汽車に乗車し、ライデンへ向かう。午後八時三十五分、ライデンに到着、直ちに馬車で「ホテル・ド・ハウデン・ゾン」（ホテル・ド・ゾン）に行き、旅装を解く。以後、しばらくここを旅宿とする。
6月5日（4月19日）	ホフマン博士とその弟子の案内でライデン市内の学校・動植物園・養老院・博物館・寺院・病院・城などを見物。昼食時、ポンペ、旅宿に日本人を訪ねる。この日、風呂屋に行く。
6月6日（4月20日）	『ロッテルダム新聞』に、日本人留学生がライデンに到着した旨の記事のる。
6月7日（4月21日）	日本人留学生、ライデンの市長宅を訪問。
6月8日（4月22日）	午前中、内田・榎本・伊東・林・津田・大川らハーグに出かけ、午後四時ごろ帰宿。
6月10日（4月24日）	ポンペ、オランダ外相の意見書を携えて日本人を訪ねる。
6月11日（4月25日）	榎本・沢・伊東・林・田口ら先発としてハーグに移動し、チーマン宅に入る。
6月14日（4月28日）	内田・赤松らハーグに移動。夕方、ポンペの案内でカッテンディケ宅の音楽会に出席。
6月17日（5月2日）	内田、家具付の下宿に移る。
6月19日（5月4日）	榎本、下宿に移る。
6月22日（5月7日）	午後、先年長崎にいたハルデス、ポンペと共に赤松の下宿を訪れる。
6月23日（5月8日）	赤松、洋服をあつらえる。午後八時半ごろ、榎本・田口、赤松を訪ねる。

6月24日（5月9日）	林・榎本・沢らポンペ宅を訪問。赤松、風呂屋に行く。
6月25日（5月10日）	夜、内田らカッテンディケ宅を訪れ、日本政府からの贈り物と書状を届ける。大川、転入登録す。下宿はライデン市アウデ・フェスト六十七番地（現在の番地）。
6月26日（5月11日）	赤松ら馬車でスヘベニンゲンへ遊覧に赴く。海の家で休息す。大野・上田、転入登録す。下宿はライデン市レーベンダール二十七番地（現在の番地）。
6月27日（5月12日）	赤松、内田と返礼訪問のことで相談する。
6月28日（5月13日）	夕食後、榎本・赤松らスヘベニンゲンに音楽の演奏を聴きに出かける。のち内田宅を訪問。
6月29日（5月14日）	ウィッテ（小使）を雇い入れる。
6月30日（5月15日）	赤松・ブーセス（不詳）・林ら榎本宅を訪問。午前十時ごろ、榎本・林・伊東・沢・赤松らプロンク写真館に人物写真を取りに行き、帰途、ポンペ宅を訪問。
7月2日（5月17日）	午後一時、ハーグ在住の士分の者、ホーヘンストラートの内田宅に参集し、受講に先立って語学と数学のテストを受ける。夕方、林研海スパイ七十五番地モーデマークル方に転居。
7月3日（5月18日）	午前十時よりホーヘンストラートの内田宅でポンペの物理学の講義始まる。
7月4日（5月19日）	午前十時より内田宅でディノー大尉の機械学の講義始まる。午後、オランダ語と数学のテスト行われる。
7月5日（5月20日）	昼食時に、ライデンの津田と西、赤松宅を訪問。夕方、赤松・榎本・ブーセスらスヘベニンゲンの海の家に音楽を聴きに行く。
7月6日（5月21日）	午前中は物理、午後は代数とオランダ語の授業が内田宅で行われる。
7月7日（5月22日）	夜、赤松は内田宅を訪れ入費について調べ、のち一緒に市内を遊歩。
7月8日（5月23日）	赤松、フィッセルと共にマリー・バーンに音楽を聴きに出かける。
7月9日（5月24日）	午前中は物理、午後は幾何の授業をうける。ライデン大学生メイトル、赤松宅を訪問。のち

年号（邦暦）	関係事項
	榎本・林・田口らの下宿に案内する。
7月12日（5月27日）	伊東・林・榎本・沢・赤松らライデンに赴き津田・西・職方一同と会う。「ホテル・ド・ハウデン・ゾン」で夕食を食べる。
7月14日（5月29日）	午後、オランダ語と数学のテスト。夕方、「ホテル・ド・ハウデン・ゾン」の息子、赤松を訪ねる。
7月15日（5月30日）	赤松・伊東・林・榎本・沢・メイトルら「ハーグの森」へ音楽を聴きに行く。
7月20日（6月5日）	沢、スパイストラートに転宅す。
7月21日（6月6日）	津田、転入登録す。下宿はライデン市ホーフラントセ・ケルクフラフト四十四番地（現在の番地）。中島、転入登録す。下宿はライデン市アウデ・レイン五十二番地（現在の番地）。西、転入登録す。下宿はライデン市ホーイフラフト九十四番地（現在の番地）。のちニューウェ・レイン九十四番地（現在の番地）に転居。古川・山下、転入登録す。下宿はライデン市アウデ・レイン四十三番地（現在の番地）
7月22日（6月7日）	夕方、榎本・沢・田口・赤松らリアルツ（不詳）の案内でオラニエ公の鉄工場を見学に訪れる。
7月24日（6月9日）	伊東、アムステルダムセ・フェアカーデの下宿に荷物を搬入す。
7月25日（6月10日）	赤松、ワーヘンストラートの時計屋ベェール方（不詳）に転宅。
7月26日（6月11日）	赤松、伊東の下宿を訪問。
7月28日（6月13日）	榎本・林・ハルデスらオランダ汽船会社を見学。
7月29日（6月14日）	榎本、ハルデスの案内でデン・ヘルダーの海軍施設を視察。
7月31日（6月16日）	内田、ライデンに赴く。お昼すぎ、赤松、林と共に「ハーグの森」を散策。
8月1日（6月17日）	榎本、デン・ヘルダーより戻る。赤松、榎本・ハルデスと会う。

8月5日（6月21日）	内田・赤松・ボルスト（不詳）らアムステルダムのオランダ商事会社を訪ね、御用金三千ドルを交換。ダイヤモンドの研磨工場を見学、のち「オテル・デ・ペイイ・バ」（ドーレンストラート十一番地、数年前に取り毀す）で夕飯を食べる。
8月9日（6月25日）	赤松・林・田口・古川らロッテルダムのカルス（テルナーテ号の船長）宅を訪ね、感謝状を手渡す。のち美術館・動物園を訪れる。
8月14日（7月1日）	赤松・林・榎本らファン・トイル大佐の案内で船舶用の鉄板の硬度テストの実験を見学。
8月16日（7月3日）	赤松、ライデンの中島の下宿、ファン・バーク（書籍商）宅を訪問。のち林・沢・津田らと舟遊びをやる。
8月17日（7月4日）	赤松・内田・ディノー大尉らロッテルダムに赴き、装甲艦を見学。
8月20日（7月7日）	赤松、長崎にいたウィヘルス（元二等尉官）宅を訪問。
8月23日（7月10日）	赤松、ロッテルダムのカルス宅を訪問、夕飯をごちそうになる。
8月30日（7月17日）	赤松、午後スヘベニンゲンに赴く。夜、フレデリックス（オランダ語教師）宅を訪問。
9月4日（7月22日）	ファン・オラニエ親王の誕生パレードがマリー・バーンであり、赤松らこれを見学。
9月6日（7月24日）	久保田、江戸にて病死。
9月13日（8月1日）	内田・榎本・赤松・ディノー大尉ら、ハーグ郊外ワースドルプの練兵場を訪れ、演練を見学。この日、開陽丸に龍骨が据えられる。
9月16日（8月4日）	赤松、ディノー大尉と装甲板の試験を見学にプルーフヘルドに赴く。
9月18日（8月6日）	古川・山下、オランダ軍艦ゼーラント号で南アメリカ、喜望峰、紅海へ遠洋航海に出るため、支度金前借を願い出る。
9月20日（8月8日）	赤松、職方に御手当金を渡す。赤松、西と共にライデンの遊女屋に登楼。
9月21日（8月9日）	津田・西・古川、ハーグに来て、赤松・内田・田口の下宿訪問。この日、オランダ国の国会が開会。

年号（邦暦）	関係事項
9月25日（8月13日）	内田、ニューウェ・ディープに赴き、古川と山下をペルス・レイケン海軍大佐に託す。
9月28日（8月16日）	赤松、日本からの郵便にてオランダ軍艦が下関で砲撃を受けたことを知る。
9月29日（8月17日）	カッテンディケ海相宅にて晩餐会あり。ディノー・ポンペ・ウィヘルス・ブラーウ・内田・榎本・赤松・伊東ら出席す。
10月4日（8月22日）	カッテンディケ海相より手紙にて、古川・山下の乗艦に異議ありの連絡あり。
10月7日（8月25日）	古川・山下、ニューウェ・ディープよりハーグに戻る。
10月10日（8月28日）	赤松・フレデリックスの妻の誕生パーティの招待をうける。
10月18日（9月6日）	内田・赤松、ホフマン教授と共にロッテルダムに赴き、蒸気船にてドルトレヒトに着。ヒップスの造船所に赴いたのち、フートハルト宅訪問。引っ越しの相談す。夜、ハーグに帰る。
10月27日（9月15日）	赤松、午後、ガス工場を見物す。
10月31日（9月19日）	赤松、フィッセル宅に伺い、新聞「スターツ・クーラント」の配達を十二月より依頼す。
11月5日（9月24日）	田口、ラームストラート三十九番地に転居す。赤松、ストーブ用い始める。
11月15日（10月5日）	赤松、ライデンに赴く。
11月19日（10月9日）	赤松、ライデンに赴く。西・津田と市内を散歩す。
11月27日（10月17日）	オランダ建国五十年祭。留学生江戸出立より五百日目。
12月1日（10月21日）	赤松・上田、ホフマン教授と汽車でロッテルダムに至り、船にてドルトレヒトに着。赤松、この日より旧造幣《ムント》所（家主フートハルト、現存）を下宿とす。
12月9日（10月29日）	赤松、ヒップス造船所に赴く。のち「ハルモニー・クラブ」（現存）で玉突きをやる。
12月10日（10月30日）	赤松、蒸気船にてロッテルダムに行き、ハーグに赴く。沢・内田、フレデリックス宅を訪問。
12月11日（11月1日）	榎本・林・伊東・沢、ライデンに赴く。赤松は内田・林・田口の下宿を訪問したのちドルトレヒトに帰る。

12月12日（11月2日）	赤松・ヤンセン、メケルン大佐を訪問し、ブルールス大尉と会い、三人でファン・ホーフ大尉宅を訪問。
12月13日（11月3日）	赤松、馬車でメケルン大佐・ブルールス大尉・スティルワール将軍・ヤンセン宅を順次訪問。
12月14日（11月4日）	赤松、観劇す。
12月18日（11月8日）	赤松、ヒップス造船所に赴く。
12月20日（11月10日）	赤松、ブルールスと市長を訪問。三時すぎヒップス宅を訪問。
一八六四年（元治元年）	
1月2日（文久3年11月23日）	ハーグの伊東の下宿に、ドルトレヒトより赤松が来て、榎本・沢・林らと集う。赤松、ライデンのファン・バーク宅訪問、「ホテル・ド・ハウデン・ゾン」に止宿す。
1月3日（11月24日）	赤松、レイデルドルプに赴きレンガ工場を見学す。「ホテル・ド・ハウデン・ゾン」で赤松、大野・中島・大川・古川・山下と会す。
1月4日（11月25日）	赤松、ハーグの林・ポンペ・内田を訪問。
1月6日（11月27日）	赤松、ドルトレヒトに帰る。
1月21日（12月13日）	上田、ドルトレヒトに転宅。
1月25日（12月17日）	赤松、造船所に赴く。
2月6日（12月29日）	横浜鎖港使節（池田筑後守一行）横浜を出帆す。
2月7日（12月30日）	沢は伊東・林・榎本・津田らを下宿に招き、雑煮を供す。
2月10日（文久4年1月3日）	沢と林に日本より手紙がとどき、祖国の不穏なるを知る。
2月18日（1月11日）	オランダ国王誕生日。沢、ハーグ在住の留学生と市内見物す。
2月26日（1月19日）	榎本、ハーグよりドレトレヒトの赤松を訪ね、ドイツとデンマークの戦争の観戦を誘う。
2月27日（1月20日）	榎本・赤松、オランダ人のクーフールデンとホッツと共に観戦（三月十八日まで）に出立、上田・フートハルト夫妻の見送りをうける。

年号（邦暦）	関係事項
3月18日（2月11日）	榎本・赤松、ハーグに帰り、観戦を内田に報告す。
3月23日（2月16日）	赤松・伊東・林、ドルトレヒトに赴き、「ベルヴュー・ホテル」（現存）にて会食す。
3月24日（2月17日）	赤松・伊東・林、ヒップス造船所を見学す。夜、ドルトレヒト市内を遊歩す。
3月25日（2月18日）	伊東・林、ハーグに帰る。
3月27日（元治元年2月20日）	赤松、スヒーダム（ロッテルダム郊外）に赴きヒップス一族に会う。コルネリス・ヒップス宅に滞在す。
3月28日（2月21日）	赤松、フィッセル造船所に赴く。同夜、コルネリス・ヒップス宅で一泊。
3月29日（2月22日）	赤松、ドルトレヒトに帰る。
4月1日（2月25日）	赤松、ドルトレヒトの精神病院（現在は美術館）を見学す。
4月2日（2月26日）	赤松、造船所へ赴く。
4月5日（2月29日）	ホッツとブロウンニ（不詳）、ハーグより赤松を訪問。赤松、造船所に赴く。
4月9日（3月4日）	赤松、造船所に赴く。「ハルモニー・クラブ」の入会通知来る。
4月18日（3月13日）	赤松、クラーリンゲンのヒップスの親類宅を訪問後、スミット、ヒップスらとスヒーダムに赴く。
4月19日（3月14日）	赤松、スヒーダムに滞在す。同夜、コルネリス・ヒップス宅で一泊。
4月20日（3月15日）	赤松、ドルトレヒトに帰り、造船所に赴く。
4月21日（3月16日）	横浜鎖港使節、パリに到着。
4月22日（3月17日）	赤松、キンデルディクで進水式を見物す。
5月1日（3月26日）	内田、池田筑後守一行来着の知らせ受く。
5月5日（3月30日）	キリストの昇天祭。「ベルヴュー・ホテル」で、赤松とヤンセン、ファン・トイルと面会す。
5月6日（4月1日）	内田と林、パリに赴く。

5月7日（4月2日）	赤松とファン・トイル、造船所に赴く。
5月8日（4月3日）	赤松・伊東及びファン・トイルとバスチンフ、ロッテルダム駅で会し、「ストホイス病院」（不詳）を見物す。
5月10日（4月5日）	赤松、ハーグのフレデリックス宅・田口・榎本の下宿等訪問。
5月12日（4月7日）	津田、ライデンよりハーグへ赴く。ハーグの沢・赤松・榎本、市内でケルミスの祭を見物す。
5月14日（4月9日）	赤松・上田・フートハルトとマイプル、ドルトレヒトを出航し、ノールトベフェラント島（オランダ南西部）に赴く。
5月15日（4月10日）	赤松ら、島を見物し、ウィッセケルケ村、コーレンスプラート村に赴く。
5月16日（4月11日）	赤松ら、ドルトレヒトに帰る。フレデリックス、沢を訪問し借金を申し込む。
5月18日（4月13日）	赤松、造船所に赴く。
5月19日（4月14日）	赤松、ウェルクメルウェーデに赴き、ドイツ人ウェイス・ミュルデンの筏舟を訪問。
5月21日（4月16日）	カッテンディケ・内田・ポンペとクルースら、ハーグよりドルトレヒトに赴き、造船所を見学す。
6月4日（5月1日）	林、パリからハーグに帰る。
6月5日（5月2日）	赤松、ロッテルダムのカルス船長宅を訪問。赤松・林、榎本の下宿で会す。
6月7日（5月4日）	内田、金子と船の図面を赤松に渡す。パリの池田使節より内田に電報あり。
6月8日（5月5日）	内田と榎本、一番列車でパリへ向かう。赤松、沢宅でうなぎのかば焼きをごちそうになる。
6月10日（5月7日）	赤松、ハーグよりライデンに赴き、津田・西・職方・ファン・バーク及びホフマン教授を訪ね、夜ドルトレヒトに帰る。
6月20日（5月17日）	内田と榎本、ハーグに帰る。池田筑後守一行、帰国に決す。
6月22日（5月19日）	赤松、ハーグの田口の下宿を訪問。
6月24日（5月21日）	原田吾一、パリよりハーグに赴き、榎本・沢・赤松・伊東・林らと会す。

年号（邦暦）	関係事項
6月25日（5月22日）	池田筑後守一行、帰国の途につく。
6月26日（5月23日）	沢、司法省書記官ウェルテンとハーレム（アムステルダムの西十八キロ）を見物す。
7月4日（6月1日）	ホッツとホイヘンス大佐、ドルトレヒトの赤松を訪ね、圧延工場を見学す。
7月12日（6月9日）	津田、ライデン市ホーヘウールト百二十五番地（現在の番地）に転宅。
7月22日（6月19日）	沢、オランダ人パヨーとスヘベニンゲンへ海水浴に行く。
9月3日（8月3日）	大野、アムステルダムに転宅。
9月16日（8月16日）	赤松、造船所に赴く。開陽丸に竜骨を備えて一年目の祝いあり。
9月17日（8月17日）	赤松、ハーグの伊東と会い、午後ハーレムに赴く。ブルーメンダールのトネイ宅訪問。
9月20日（8月20日）	赤松、ドルトレヒトに帰る。
9月30日（8月30日）	江戸の軍艦奉行より「開陽丸」命名の手紙届く。
10月13日（9月13日）	赤松、造船所に赴き、ヒップスにいとまごいす。
10月14日（9月14日）	赤松、ハーグに赴く。
10月17日（9月17日）	内田・赤松らイギリス視察に赴く。
11月18日（10月19日）	内田と沢、ハーグよりドルトレヒトに赴く。
11月19日（10月20日）	開陽丸の命名式をヒップス造船所にて挙行す。内田・沢・赤松・オランダ商事会社社長・ドルトレヒト市長及びヒップスらが出席、「ハルモニー・クラブ」で祝宴開く。内田、夜ハーグに帰る。
11月20日（10月21日）	沢、ハーグに帰る。上田、風邪のため病床にあり。
11月26日（10月27日）	沢と赤松、ホッツ宅訪問。伊東と林、近日中にニューウェ・ディープの「海軍病院」に赴くため、沢宅で送別会を開く。
11月27日（10月28日）	内田、赤松に三カ月分の生活費渡す。ディノー大尉の船具運用学の講義始まる。

11月28日（10月29日）	赤松、コルネリス・ヒップスの結婚式に参列す。
12月3日（11月5日）	ヒップス造船所の工員二二八人をクルーンマルクト（不詳）の料理店に招宴す。
12月24日（11月26日）	赤松、ハーグの内田・榎本らを訪問。
12月25日（11月27日）	榎本と赤松、ライデンの津田を訪問。
一八六五年（慶応元年）	
1月3日（元治元年12月6日）	ニューウェ・ディープの海軍病院（第二次大戦で焼失す）の林より赤松に借金（二百フルデン）の申し出あり。
1月5日（12月8日）	上田、旧造幣所よりヒップスの事務所の二階に転居す。
3月15日（元治2年2月18日）	肥田浜五郎・古縄亥吉郎・中島、フリシンゲンより赤松を訪問。造船所などを見学す。
3月16日（2月19日）	赤松と肥田、ボードワァン宅を訪問。
3月17日（2月20日）	赤松と肥田、キンデルディクのクロース造船所とフォップ・スミット造船所を訪問。同夜、ロッテルダムの「バットホテル」に投宿。
3月18日（2月21日）	赤松と肥田、ロッテルダムのシーモンス染物工場、ビュルフマンス製鉄工場を見学す。
3月19日（2月22日）	沢、ベフト夫妻と共にベルギーに赴く。
3月20日（2月23日）	榎本・赤松・肥田、ハーグで会談し、夕方、観劇す。
3月23日（2月26日）	榎本・赤松・田口、ハーグよりドルトレヒトに赴く。
3月24日（2月27日）	赤松、榎本と田口を造船所などに案内す。
3月25日（2月28日）	造船所の工員セ・デ・メール、墜落死。
3月27日（3月1日）	職方ら、月々の手当金増額を申し出る。
4月14日（3月19日）	リンカーン、ワシントンのフォード劇場で観劇中に射殺される。
4月21日（3月26日）	赤松、ホーフェン宅で金星及び天王星を見る。
4月22日（3月27日）	榎本、セ・デ・メールの見舞金（百フルデン）支払いを赤松に依頼す。

年号（邦暦）	関係事項
4月24日（3月29日）	セ・デ・メールの寡婦、赤松より見舞金を受く。
4月28日（4月4日）	ピート・ヒップスの妻病死す。
5月4日（慶応元年4月10日）	赤松、ハーグの内田と肥田を訪問。
5月5日（4月11日）	赤松と肥田、フリシンクの製鉄場を訪問。
5月6日（4月12日）	大川と大野、赤松を訪問。のち一同、大野の下宿（現在のトーレン・ステーヒ七番地）を訪れる。
5月23日（4月29日）	赤松、留学延期願をハーグの内田に送る。
6月1日（5月8日）	赤松・上田、アムステルダムに転居す。
6月3日（5月10日）	大川と大野、赤松を訪問。
6月4日（5月11日）	大川・大野・ムアーマン（大川の前の家主、アムステルダム市シンゲル百七十四番地）、「ケイゼルスクローン」（ホテル）で赤松と会う。
6月5日（5月12日）	大川・大野、赤松を訪問。
6月10日（5月17日）	内田・榎本、パリより帰る。
6月14日（5月21日）	内田、ハーグより赤松を訪問の後、「オテル・デ・ペイイ・バ」に一泊す。
6月15日（5月22日）	内田・赤松、オランダ商事会社の博物館（現在のトロッペン博物館）を見物す。
6月27日（閏5月5日）	遣仏使節（柴田日向守一行）横浜を出帆。
7月6日（閏5月14日）	榎本・沢・赤松・伊東、ニューウェ・ディープに九日まで逗留す。
8月22日（7月2日）	ハーグの原田、ボルストとアムステルダムの赤松を訪問。
8月23日（7月3日）	赤松、オランダ商事会社より受け取る百ドルを原田に渡す。
8月26日（7月6日）	赤松・原田、オランダ商事会社の使者とニューウェ・ディープに向かう。
8月29日（7月9日）	原田、ニューウェ・ディープを出帆す。

8月30日（7月10日）	赤松・上田・大野、九月一日までニューウェ・ディープに滞留し、ドック、天文台などを見学す。
9月1日（7月12日）	伊東・林・沢ら、飯田を連れてアムステルダムに来る。飯田、ニューウェ・ディープの海軍病院に入院を決める。
9月6日（7月17日）	遣仏使節パリに到着。
9月21日（8月2日）	大川、アムステルダム市一四区二百五十九番地（現在のニューマルクト三十八番地）で病死す。
9月23日（8月4日）	大川の葬儀をとり行う。
10月21日（9月2日）	パリの肥田より、沢に火薬製造機械購入の件で相談の要請あり。
10月29日（9月10日）	沢、ハーグよりパリへ赴く。
10月30日（9月11日）	沢、柴田日向守に火薬製造機械の図面を見せる。
11月1日（9月13日）	沢、パリよりドルトレヒトへ赴く。
11月2日（9月14日）	開陽丸の進水式を挙行。内田・榎本・沢・赤松・田口・古川・上田・山下、列席す。
11月3日（9月15日）	沢、ディノーを訪問、火薬製造所について質問す。
11月9日（9月21日）	沢、デルフトの火薬工場の所長宅を訪問。
11月14日（9月26日）	沢、カッテンディケに面会し、ベルギーのウェッテレン火薬工場の見学希望を伝う。開陽丸、蒸気機関取付のため、ヘレフートスライス（軍港）へ向かう。古川と上田、搭乗す。
11月28日（10月11日）	沢、十二月二十日までウェッテレンのコーバル火薬工場の一工員となり、火薬製造を学ぶ。
12月1日（10月14日）	西と津田、下宿を引き払い、帰国の途につく。
12月2日（10月15日）	ライデンの書籍商ピィーテル・ファン・サンテン、津田・西をベルギーまで見送る。
12月19日（11月2日）	西と津田、サイド・マルセイユ号でマルセイユを出帆す。

一八六六年（慶応二年）

年号（邦暦）	関係事項
1月7日（慶応元年11月21日）	飯田、ハーグに赴く。
1月12日（11月26日）	肥田・布施・飯田、パリへ赴く。
1月13日（11月27日）	赤松、ハーグよりアムステルダムへ帰る。
1月19日（12月3日）	遣仏使節（柴田日向守一行）マルセイユを出帆し、帰国の途に上る。
2月6日（12月21日）	海相カッテンディケ、ハーグで死去。
3月26日（慶応2年2月10日）	薩摩万博使節、鹿児島を出帆。
5月7日（3月23日）	大川の改葬を行う。沢・赤松・ホフマン及びムアーマン立会う。
8月13日（7月4日）	大野、時計師アンドレアス・ホーヴゥ（アウスデスカンス四十二番地、建物現存せず）に引き合わさる。
8月15日（7月6日）	中島、ライデンの王立鉄工所（現存せず）で数カ月修業することとなる。
8月21日（7月12日）	大川の石碑をリンセ（石屋）に依頼す。
9月19日（8月11日）	赤松、ブラーウェルスハーフェンに赴く。
10月2日（8月24日）	赤松、エムデンの店（カルバーストラート二十六番地）に注文した六分儀を受け取る。
11月6日（9月29日）	内田主催のお別れ会がハーグの「オテル・ド・ルーロープ」で催される。
11月7日（10月1日）	赤松、フリシンゲンに赴く。
12月1日（10月25日）	開陽丸、日本へ向けてフリシンゲンを出港す。内田・榎本・沢・田口・上田・古川・山下・大野・中島が乗船、赤松・伊東・林はオランダに引きつづき留学のため残留す。
一八六七年（慶応三年）	
1月21日（慶応2年12月16日）	開陽丸、リオ・デ・ジャネイロに到着。
2月6日（慶応3年1月2日）	薩摩万博使節、マルセイユに到着。
2月15日（1月11日）	遣欧特使徳川民部大輔昭武一行、横浜を出帆す。
3月29日（2月24日）	開陽丸、アンボイナに入港。

4月11日（3月7日）	昭武一行、パリに到着。
4月12日（3月8日）	佐野栄寿左衛門（常民）の一行（佐賀藩の遣仏使節）、イギリス汽船で長崎を出帆。
4月29日（3月25日）	開陽丸、横浜に到着。
6月7日（5月5日）	佐野一行、マルセイユに到着、「オテル・ユニヴェルセル」に投宿。
6月18日（5月16日）	赤松、パリの徳川昭武に拝謁す。
6月22日（5月20日）	開陽丸、横浜にて幕府に引き渡される。
7月8日（6月7日）	赤松、パリを発つ。
8月9日（7月10日）	第二次オランダ留学生――松本銈太郎・緒方弘哉、ボードワァンと共にパリに到着。
9月3日（8月6日）	昭武一行、パリを発ち、各国巡遊に赴く。
9月15日（8月18日）	赤松・伊東・林・松本・緒方、ドイツ国境の町ゼフェナールに昭武一行を迎える。
9月18日（8月21日）	昭武一行、デン・ヘルダーのニューウェ・ディープに赴く。赤松、ハーレムで一行と会う。
9月20日（8月23日）	昭武一行、アムステルダムで浚渫機械を見物す。
9月21日（8月24日）	赤松、昭武一行とライデンのシーボルトの別荘「日本」（現存せず）を訪問。
9月24日（8月27日）	昭武一行、ライデンを発ちベルギーへ向かう。伊東・林・松本・緒方、ベルギーのエッセンまで見送る。
10月21日（9月24日）	赤松、ブリュッセルを発ち、パリに赴き、田辺・箕作・山内と会う。
12月9日（11月14日）	佐野、ロッテルダムに到着。赤松の出迎えを受ける。
12月13日（11月18日）	田口、麻布一本松の自宅で病死す。
一八六八年（明治元年）	
1月27日（慶応4年1月3日）	鳥羽・伏見の戦い。
3月27日（3月4日）	佐賀藩の「日進丸」の命名式を挙行。
4月27日（4月5日）	赤松、パリに着。

年号（邦暦）	関係事項
5月18日（4月26日）	赤松、向山公使以下の面々とマルセイユに赴き、帰国の便船を待つ。
5月19日（4月27日）	赤松ら、マルセイユを発ち日本へ向かう。
5月22日（閏4月1日）	エジプトのアレクサンドリア到着。
6月2日（閏4月12日）	アデン到着。
6月17日（閏4月27日）	シンガポールに到着。
6月24日（5月5日）	香港に到着。
7月6日（5月17日）	横浜に到着。赤松、横浜表語学所に入る。
10月4日（8月19日）	榎本、艦船八隻（開陽、回天、蟠竜、千代田形、神速、長鯨、咸臨、美加保）を率いて品川より脱走す。
12月2日（明治元年10月19日）	開陽丸、蝦夷地内浦湾に到着。
12月14日（11月1日）	榎本、開陽丸で函館に向かい、五稜郭に入る。
12月28日（11月15日）	開陽丸、江差沖で座礁す。十数日後、沈没す。
一八六九年（明治二年）	四月、東京遷都。
6月27日（5月18日）	榎本軍の降伏。戊辰戦争終わる。
7月25日（6月17日）	版籍奉還、藩知事を置く。
一八七一年（明治四年）	
3月	伊東玄伯（方成）、ユトレヒトの「オランダ眼科病院」に留学。
一八七四年（明治七年）	
4月23日	伊東、帰国。
一八七八年（明治十一年）	
1月19日	ホフマン博士、ライデンで死去。享年七十二歳。

一八八一年（明治十四年）
10月22日　内田恒次郎（正雄）病死。享年三十九歳。芝白金台・瑞聖寺に埋葬。

一八八二年（明治十五年）
8月30日　林研海（紀）、パリにおいて腎臓炎により死亡。享年三十九歳。モンパルナスの墓地に葬むる。遺髪のみ谷中の墓地に埋葬。

一八八六年（明治十九年）
10月6日　大野弥三郎（規周）病死。享年六十七歳。

一八九〇年（明治二十三年）
9月12日　上田寅吉、伊豆の戸田村で没す。享年六十八歳。戸田村の大行寺に葬る。

一八九七年（明治三十年）
1月31日　西周、大磯にて死去。享年六十九歳。青山墓地に埋葬。

一八九八年（明治三十一年）
5月2日　伊東玄伯（方成）、東京で死去。享年六十七歳。谷中・臨済宗天龍院に埋葬。
5月9日　沢太郎左衛門、急性肺炎により死亡。享年六十五歳。谷中・宗林寺に埋葬後、大正時代に青山墓地に改葬。

一九〇三年（明治三十六年）
9月3日　津田真一郎（真道）東京の自邸で脳溢血により死亡。享年七十五歳。谷中・天王寺に埋葬。

一九〇八年（明治四十一年）
10月3日　ポンペ、ブリュッセルのシャルル・マルテル二十六番地で死去。享年七十九歳。
10月26日　榎本釜次郎（武揚）、向島の自邸で死去。享年七十三歳。駒込・吉祥寺に埋葬。

一九〇九年（明治四十二年）
6月8日　中島兼吉没す。享年七十九歳。蔵前・智光院に埋葬。

年号（邦暦）	関係事項
一九一二年（明治四十五年・大正元年） 2月18日	古川庄八、池上の自宅で死去。享年七十八歳。南麻布・光林寺に埋葬。
一九一六年（大正五年） 6月26日	山下岩吉、郷里の高見島の自宅で老衰により死亡。享年七十三歳。
一九二〇年（大正九年） 9月23日	赤松大三郎（則良）、千駄ヶ谷の自邸で老衰により死去。享年八十歳。駒込・吉祥寺に埋葬。

A STUDY OF THE JAPANESE NAVAL STUDENTS IN THE NETHERLANDS DURING THE LAST DAYS OF THE TOKUGAWA REGIME (1862-1868).

by
Takashi Miyanaga
Professor of Hōsei University

Contents

〔著者略歴〕
宮永　孝（みやなが・たかし）
1943年富山県生まれ。
早稲田大学大学院文学研究科博士課程修了。
現在法政大学社会学部教授。専攻は英米文学・日欧交渉史。
著書――『文壇の異端者――エドガー・A・ポーの生涯』（絶版，ゆまにて出版），『ペリー提督――日本遠征とその生涯』（有隣堂），『幕府オランダ留学生』（東京書籍），『異常な物語の系譜――フランスにおけるポー』（三修社），『ポンペ――日本近代医学の父』（筑摩書房），『開国の使者――ハリスとヒュースケン』（雄松堂出版），『阿蘭陀商館物語』（筑摩書房），『文久2年のヨーロッパ報告』（新潮社）。
訳書――『グラント将軍日本訪問記』（雄松堂出版），『北槎聞略』（雄松堂出版）

幕末オランダ留学生の研究

1990年10月15日　第1刷発行©

著者　宮永　孝
発行者　栗原哲也

発行所　株式会社　日本経済評論社
〒101東京都千代田区神田神保町3－2
電話03-230-1661　振替東京3-157198

乱丁落丁本はお取替え致します。　文昇堂印刷・小泉製本

幕末オランダ留学生の研究（オンデマンド版）

Digital Publishing

2003年7月25日　発行

著　者　宮永　孝

発行者　栗原　哲也

発行所　株式会社　日本経済評論社

〒101-0051　東京都千代田区神田神保町3-2

電話　03-3230-1661　FAX　03-3265-2993

E-mail: nikkeihy@js7.so-net.ne.jp

URL: http://www.nikkeihyo.co.jp/

印刷・製本　株式会社　デジタルパブリッシングサービス

URL: http://www.d-pub.co.jp/

AB324

乱丁落丁はお取替えいたします。

Printed in Japan

ISBN4-8188-1614-0